Der Kampf um die Demokratisierung der Justiz

Campus Historische Studien
Band 47

Jörg Requate, PD Dr. phil., ist Oberassistent an der Fakultät für Geschichte der Universität Bielefeld.

Jörg Requate

Der Kampf um die Demokratisierung der Justiz

Richter, Politik und Öffentlichkeit in der Bundesrepublik

Campus Verlag
Frankfurt/New York

Bibliografische Information der Deutschen Bibliothek
Die Deutsche Bibliothek verzeichnet diese Publikation in der Deutschen Nationalbibliografie.
Detaillierte bibliografische Daten sind im Internet über http://dnb.ddb.de abrufbar.
ISBN 978-3-593-38761-1

Umschlaggestaltung: Guido Klütsch, Köln
Umschlagmotiv: Prozess gegen Fritz Teufel und Rainer Langhans im Juli 1967. © ullstein bild
Gedruckt auf säurefreiem und chlorfrei gebleichtem Papier.
Printed in Germany

Besuchen Sie uns im Internet: www.campus.de

Inhalt

Einleitung

Am Vormittag des 7. November 1968 ging während des CDU-Parteitags in Berlin eine junge Frau auf den Platz des Bundeskanzlers Kiesinger zu, scheinbar in der Absicht, sich ein Autogramm zu holen. Doch war es alles andere als Bewunderung, was Beate Klarsfeld dem ehemaligen NSDAP-Mitglied entgegenzubringen dachte. Mit den Worten »Nazi, Nazi« schlug sie ihm ins Gesicht, um, wie sie später sagte, die Nazi-Vergangenheit des Kanzlers ins öffentliche Bewusstsein zu bringen.[1] Die in Berlin geborene, inzwischen deutsche und französische Staatsangehörige, frühere Sekretärin des deutsch-französischen Jugendwerks, wurde sofort dem Haftrichter vorgeführt und noch am selben Abend in einem gerichtlichen Schnellverfahren zu einem Jahr Haft ohne Bewährung verurteilt. Das war die höchste Strafe, die in einem beschleunigten Verfahren überhaupt möglich war. Im Prozess sagte Beate Klarsfeld aus, es sei immer ihre Absicht gewesen, Herrn Kiesinger zu einem Prozess zu zwingen und so eine Klärung seines Verhaltens im »Dritten Reich« herbeizuführen.[2] Doch diesen Gefallen tat das Gericht der Angeklagten nicht. Den entsprechenden Antrag des Verteidigers Horst Mahler lehnte der Amtsrichter Drygalla mit Hinweis auf »Prozessverschleppung« ab.

Dabei erfüllte der Amtsrichter keineswegs das Klischee eines vielleicht noch in der NS-Zeit tätigen Richters. 1930 geboren, hatte er seine politische und juristische Sozialisation in der Bundesrepublik erhalten und wurde von den Zeitungen als durchaus wohlwollend und freundlich beschrieben. Er ließ die Angeklagte stets ausreden, blieb auch ruhig, als ihm vorgeworfen wurde, alte Nazis zu decken, und billigte der Angeklagten sogar zu, ein ehemaliges NSDAP-Mitglied als Regierungschef für untragbar zu halten. Entscheidend für die Beurteilung der Tat sei jedoch, so der Richter in seiner Urteilsbegründung, dass wieder einmal versucht worden sei, eine politische Überzeugung mit

---

1 Zum Tathergang vgl. aus der Presseberichterstattung u.a.: Den Kanzler ins Gesicht geschlagen, in: *Der Tagesspiegel*, 8.11.1968; Ganz hübsch, in: *Der Spiegel*, 11.11.1968, S. 30.

2 Zu den Motiven vgl. u.a.: Die Ohrfeige war eine symbolische Tat. Nach ihrer Verurteilung begründet Beate Klarsfeld ihre Handlungsweise, in: *SZ*, 9.11.1968.

Mitteln der Gewalt zu vertreten. Derartiges müsste angesichts der deutschen Vergangenheit im Keim erstickt werden.[3]

Für die APO bestätigte das Urteil einmal mehr das, was man ohnehin von der Justiz erwartete: Beate Klarsfeld wurde gefeiert, das Urteil als »typischer Fall von Klassenjustiz« und »symptomatisch für die Justiz« angesehen.[4] Aber auch in der liberalen, bürgerlichen Öffentlichkeit stieß das Verfahren auf erhebliches Unbehagen. Schriftsteller protestierten, die *Münchner Abendzeitung* sprach von einem »Terrorurteil« und auch die *FAZ* empfand das Urteil als unangemessen und deutlich zu hoch.[5] Das politische Bonn schwieg betreten. Horst Ehmke, zu diesem Zeitpunkt Staatssekretär im Bundesjustizministerium, gab vor, die Gerichte nicht bevormunden zu wollen.[6] Max Güde, CDU-Bundestagsabgeordneter und ehemaliger Generalbundesanwalt, behauptete, als ehemaliger Richter und Staatsanwalt sich grundsätzlich nicht zu Urteilen zu äußern. Befragte Rechtsanwälte gaben nüchtern zu bedenken, dass ein nicht vorbestrafter Angeklagter kaum mehr als drei Monate auf Bewährung erhalte, wenn er jemanden »krankenhausreif« schlage.[7] So hatte das Urteil zwar in der nächsten Instanz tatsächlich keinen Bestand, doch vier Monate auf Bewährung blieben auch in dem zweiten Verfahren noch. Erst das Amnestiegesetz aus dem Jahr 1970 löschte die Strafe ganz.[8]

Ein paar Jahre später machte noch einmal ein Ohrfeigen-Prozess Schlagzeilen. Im Jahr 1974 war es der konservative Fernsehmoderator Gerhard Löwenthal, der sich eine Ohrfeige gefallen lassen musste, und zwar von dem Bremer Studenten Horst Wesemann. Doch statt einer einjährigen Gefängnisstrafe, wie Beate Klarsfeld in erster Instanz, erhielt der junge Mann nun ledig-

---

3 Das Urteil (Az: 380 Ds 161/68) befindet sich u.a. in den Akten des Bundesjustizministeriums, BA Koblenz, B 141, Nr. 25830.

4 Vgl. dazu u.a.: Spruch gegen Beate Klarsfeld symptomatisch für die Justiz, in: *Münchner Abendzeitung*, 9.11.1968; Typischer Fall von Klassenjustiz, in: ebd.; in München wurden von etwa 50 jungen Leuten die Scheiben des Amtsgerichts mit der Begründung eingeworfen, sie seien nicht bereit, »Terrorurteile« wie das gegen Beate Klarsfeld hinzunehmen; vgl. dazu Fischer, Scherbengericht; auch bei Drygalla selbst wurden Scheiben eingeworfen: Scheiben bei Klarsfeld-Richter Drygalla in Berlin eingeworfen, in: *SZ*, 26.11.1968.

5 Vgl. hier u.a. Nistl, Ohrfeige; Müller-Meiningen, Schnellgerichte, Den Bundeskanzler misshandelt, in: *Der Spiegel*, 11.11.1968, S. 32; Ein Jahr Gefängnis ist wirklich ein Terror-Urteil!, in: *Münchner Abendzeitung*, 12.11.1968; Schriftsteller protestieren gegen Klarsfeld-Urteil, in: *SZ*, 16.11.1968; Gründler, Frau; Ein Jahr Gefängnis?, in: *FAZ*, 9.11.1968.

6 Schweigen über Klarsfeld-Urteil, in: *Münchner Abendzeitung*, 9.11.1968; Güde, Urteil.

7 Typischer Fall von Klassenjustiz, in: *Münchner Abendzeitung*, 9.11.1968.

8 Zur Berufungsverhandlung, die zunächst an der Frage scheiterte, ob Kiesinger als Zeuge vorgeladen werden sollte, vgl. aus der Presseberichterstattung u.a.: Mauz, Widerstandskämpfer; Sudau, Hand; Klarsfeld-Prozess vertagt, in: *SZ*, 18.6.1969; Vier Monate für Beate Klarsfeld, in: *SZ*, 26.8.1969.

lich eine Geldbuße von DM 150. Für diesen Preis würde er gerne auch einmal dem Moderator des Fernsehmagazins *Panorama* eine Ohrfeige verpassen, ließ ein Dr. Gabriel die zuständige Richterin telefonisch wissen, und ein anderer Anrufer wollte gleich der Richterin selbst »für 150 Mark mal eine runterhauen«[9].

Wellen der Empörung schlug jedoch nicht nur das Urteil, sondern auch die vermeintlich laxe Verhandlungsführung und das, was die 29-jährige Richterin, Mitglied der SPD, in der Urteilsbegründung gesagt haben sollte. Angeblich habe sie dem Angeklagten verständnisvoll geraten, »sich etwas anderes einfallen zu lassen«, wenn er eine Revolution machen wollte. Das war zwar eine grobe Verzerrung ihrer tatsächlichen Worte[10], doch der justizpolitische Sprecher der hessischen CDU-Landtagsfraktion forderte eine sofortige Überprüfung der Richterin und gegebenenfalls entsprechende Konsequenzen. Der 63-jährige Vizepräsident des zuständigen Wiesbadener Amtsgerichts trat aus Protest gegen die Verhandlungsführung seiner Kollegin von seinem Amt zurück und die Tageszeitung *Die Welt* sah in dem Urteil die Vorboten des zugrunde gerichteten Rechtsstaats im demokratischen Sozialismus. So, wie 1968 das Urteil gegen Beate Klarsfeld vor allem von linker und liberaler Seite als symptomatisch für eine autoritätsgläubige, drakonisch strafende Justiz angesehen worden war, witterten nun Konservative in dem Urteil gegen den Bremer Studenten das Ergebnis einer linken Unterwanderung der Justiz, die am Ende der sechziger Jahre eingesetzt haben sollte.

Wollte man zeigen, dass »1968« eine tiefe Zäsur darstellte, die weitreichende, liberalisierende Wirkungen nicht zuletzt innerhalb der Justiz einleitete, könnten die Beispiele als schöne, wenn auch etwas plakative, Illustration dienen. Es ist schon zu ahnen, dass die Interpretation der Fälle wesentlich komplexer ausfallen muss. Dies gilt nicht nur wegen des augenfälligen methodischen Wagemuts, aus zwei Fällen so weitreichende Schlüsse zu ziehen. Gleichwohl sind die beiden Prozesse von einigem Interesse, und zwar weniger wegen der so unterschiedlichen Urteile als deshalb, weil beide in unterschiedlicher Weise von den Zeitgenossen als symptomatisch interpretiert wurden. Mit

9 Krumm, Panorama-Chef.

10 Nach eigener Aussage hatte Frau Unger gesagt: »Wenn man die Auffassung der Angeklagten zur Kenntnis nehmen will, daß die Gesellschaft verändert werden muß und dies durch eine Revolution geschehen soll, dann ist die Tat Wesemanns trotzdem unangebracht und sinnlos, weil mit einer Ohrfeige keine Revolution gemacht werden kann«. Die Richterin wollte den Angeklagten nach eigenen Angaben nur die Sinnlosigkeit ihrer Tat vor Augen führen. Vgl. dazu: Langanhaltendes Echo einer Ohrfeige. Verzerrte Berichterstattung führt zu heftigen CDU-Attacken gegen Richterin, in: *FR*, 6.2.1974; vgl. aus der Berichterstattung weiter u.a.: Jasper, Ohrfeigen-Prozeß; zum Fortgang der Überprüfungen der Richterin vgl. Jasper, Amtsrichterin.

anderen Worten: In beiden Fällen standen nicht nur die jeweiligen Richter mit ihren Urteilen in der Kritik. Vielmehr mündete die Kritik direkt in weitreichende Debatten über den Zustand und die Entwicklung der Justiz insgesamt. Die Frage, wie diese zeitgenössische Einordnung der Fälle zu werten ist, wo ihre Ursachen und möglicherweise ihre Berechtigung lagen, führt zum Kern dessen, worum es im Folgenden gehen soll.

Die ausgehenden sechziger und frühen siebziger Jahre gelten gemeinhin als *die* Reformära der bundesrepublikanischen Geschichte.[11] »Demokratisierung« avancierte zu einem, wenn nicht zu *dem* Schlüsselbegriff einer ausufernden Literatur, die in fast allen gesellschaftlichen Bereichen tiefgreifende Veränderung anmahnte.[12] Dies galt nicht zuletzt für den Bereich der Justiz und des »Rechtsdenkens«. Der etwas vage Begriff des »Rechtsdenkens«[13] erscheint hier neben dem der Justiz deshalb angemessen, da es einerseits nicht ausschließlich um die Institution der Justiz ging. Andererseits stand in der gesamten Debatte – trotz der in den Jahren 1968/69 umgesetzten Strafrechtsreform – nicht vordringlich das Recht in seiner kodifizierten Form in der Kritik. Im Zentrum einer seit etwa Mitte der sechziger Jahre intensiv geführten Debatte stand vielmehr das Verhältnis von Recht und Justiz zu einer sich mit enormer Dynamik entwickelnden Gesellschaft. Gefragt werden soll demnach zunächst, wo die Gründe für den »Wandel im Rechtsdenken« zu suchen sind, von wo die Anstöße dafür kamen, dass in bislang nie gekanntem Maße über das Verhältnis von Recht, Justiz und Gesellschaft nachgedacht und publiziert wurde und dass sich die Justiz und die traditionelle Rechtswissenschaft einem Ansturm von Kritik ausgesetzt und in die Defensive gedrängt sahen. Nicht nur die zeitliche Koinzidenz der Hochphase dieser Debatte mit der Zeit der Studentenproteste, sondern auch die »Soziologisierung« der Diskussion sowie deren zunehmende Konzentration auf eine Reform der Juristenausbildung legen es zudem nahe, nach dem Einfluss von »1968« auf die Debatte, die Reformvorschläge und nicht zuletzt die Durchsetzung etwaiger Reformen zu fragen. Hier liegt der zweite Schwerpunkt der Untersuchung. Drittens schließlich soll gefragt werden, wie nachhaltig die Kritik war und was am Ende von den Reform- und Veränderungsvorstellungen blieb. Dies bedeutet nicht zuletzt, nach den »Wirkungen von ›68‹« in einem Bereich zu fragen, der auf den ersten Blick eher fernab der eigentlichen Zielsetzungen der 68er-Bewegung lag. Es ist unmittelbar nachvollziehbar, dass die Fragen, die hier für den Bereich des »Rechtsdenkens« gestellt wurden, nicht isoliert, sondern in engem Zusammenhang mit der

---

11 In diesem Sinne: Bracher, *Republik*; ähnlich: Görtemaker, *Geschichte*.

12 Zur Rekonstruktion der Demokratisierungsdebatte vgl. Scheibe, »Suche«.

13 Der Begriff wird ohne nähere Erläuterung verwendet bei Simon, »Zäsuren«.

Entwicklung der bundesdeutschen Gesellschaft insgesamt standen. Sie waren Teil der übergreifenden Fragen nach den auslösenden Momenten des weit verzweigten gesellschaftlichen Aufbruchs in den sechziger Jahren, der Rolle und dem Ort der Studentenbewegung und der Ereignisse »der 68er Jahre« in der gesellschaftspolitischen Entwicklung der Bundesrepublik.[14]

Aus den skizzierten Fragestellungen ergibt sich bereits, dass das Buch zwei unterschiedliche Forschungskontexte miteinander verbindet. Auch wenn sich die Darstellung insgesamt auf die Zeitspanne zwischen der Entstehung der Bundesrepublik und den ausgehenden siebziger bzw. frühen achtziger Jahre erstreckt, stehen die sechziger und frühen siebziger Jahre im Zentrum des Interesses. Hier schließt das Buch auf der einen Seite an die umfangreiche zeitgeschichtliche Forschung an, die sich auf die sechziger Jahre konzentriert hat und stark geprägt ist vom Paradigma der Liberalisierung und der Verwestlichung der Bundesrepublik. Auf der anderen Seite ergeben sich klare Verbindungen zur juristischen Zeitgeschichte, die sich als Teilbereich der Rechtsgeschichte zu etablieren begonnen hat. Beide Forschungskontexte seien kurz skizziert.

Zu den sechziger Jahren insgesamt liegt seit einigen Jahren eine relativ breite Forschung vor. Zum Jahr 1968 ist die Literatur fast schon unüberschaubar geworden und hat anlässlich des »Jubiläums« von 2008 zuletzt noch einmal Auftrieb erhalten.[15] Auffällig ist jedoch, dass die Forschungen zu den sechziger Jahren insgesamt und zum Jahr 1968 relativ unverbunden nebeneinander stehen. Auf der einen Seite hat sich die Forschung zu »1968« und der Genese der Ereignisse seit einigen Jahren erheblich intensiviert. Zu nennen sind hier insbesondere die Arbeiten, die Ingrid Gilcher-Holtey zu dem Thema verfasst und inspiriert hat. Ausgehend vom sozialen Bewegungs-Ansatz konzentrieren sich diese Untersuchungen vornehmlich auf die Ursachen und die kognitive Orientierung der 68er-Bewegungen und ihre Ausläufer.[16] Auf der anderen Seite fällt

---

14 Der Begriff der »68er Jahre«, der zunächst in der französischen Zeitgeschichtsschreibung aufgekommen ist, findet inzwischen auch zunehmend Eingang in die deutsche Terminologie. Er bietet sich insofern an, als sich die Phänomene und Ereignisse, die gemeinhin mit »1968« assoziiert werden, nicht auf das kalendarische Jahr 1968 beschränkten. In der französischen Forschung scheint der Begriff zum Teil allerdings eine sehr weite Ausdehnung erfahren zu haben und fast synonym mit den »langen sechziger Jahren« zu werden. Wenn hier für den bundesdeutschen Kontext von den »68er Jahren« die Rede ist, bezieht sich dies auf die Kernphase der Studentenbewegung zwischen 1966/67 und 1968/69. Für Frankreich vgl. insbes. Dreyfus-Armand et al. (Hg.), *Les années 68*; Zancarini-Fournel, »Mai 68«; für den deutschen Kontext: Schmidtke, *Aufbruch*, insbes. S. 12ff.

15 Vgl. hier insbes. Frei, *1968* sowie Hodenberg/Siegfried (Hg), *Wo »1968« liegt*.

16 Vgl. hier insbes. Gilcher-Holtey, *Phantasie*; Dies., »68er Bewegung«; Dies. (Hg.), *1968*; als ebenfalls von diesem Ansatz inspirierte Arbeiten vgl. Schmidtke, *Aufbruch*; Schulz, *Provokation*; Tolomelli, *Studenten*. Aus der weiteren Vielzahl von Arbeiten zu 1968 in der Bundesrepublik

für einen großen Teil der sonstigen sechziger Jahre-Forschung auf, dass »1968« oft nur am Rande vorkommt und in seiner Bedeutung deutlich minimiert wird.[17] So wendet sich etwa Axel Schildt explizit gegen das vor allem in der Publizistik verbreitete Bild von der tiefen Zäsur des Jahres 1968, das je nach politischer Prägung des Betrachters »die bleiernen Zeiten des autoritären Immobilismus« beendete, um den »lichten Weiten der modernen Zivilgesellschaft« Platz zu machen, oder aber den Untergang des Abendlandes eingeleitet habe.[18] An die Stelle der Vorstellung von den sechziger Jahren als »Inkubationszeit des Protestes«[19] setzt Schildt mit anderen dagegen »die eigenständige Bedeutung«[20] der sechziger Jahre und betont den tiefen gesellschaftlichen Umbruch, der sich seit etwa 1960 vollzog.[21] Schildt unterstreicht aus dieser Perspektive zu Recht, dass die sechziger Jahre insgesamt von einer Verdichtung und Intensivierung eines gesellschaftskritischen, reformorientierten Diskurses geprägt waren und keineswegs erst 1968 als Katalysator fungierte.

Unter ähnlichem Blickwinkel stehen auch die von Ulrich Herbert geleiteten Forschungsprojekte zur »Liberalisierung der Bundesrepublik«.[22] Liberalisierung wird von Herbert in diesem Kontext verstanden als ein »wert- und handlungsbezogener Begriff der politischen Kultur, der sich vor allem auf Mentalitäten, Wahrnehmungs-, Aktions- und Reaktionsmuster bezieht, mithin auf Dispositionsstrukturen der Gesellschaft von der Familie bis zur Regierung«. Zur Erklärung der Liberalisierungsprozesse in der Bundesrepublik liegt dabei ein besonderes Augenmerk auf der so genannten »Flakhelfer-Generation«, oder, etwas weiter gefasst, der »45er«.[23] Diese Generation, so Ulrich Herbert im Einklang

---

vgl. u.a. Otto, *Ostermarsch*; Kraushaar, *1968*; Ders., *1968 als Mythos*; aus internationaler Perspektive: Fink/Gassert/Junker (Hg.), *1968*; Etienne u.a. (Hg.), *1968*.

17 Vgl. in dieser Perspektive viele Beiträgen in dem Sammelband von Schildt/Siegfried/Lammers (Hg.), *Dynamische Zeiten*.

18 Die Betonung der scharfen Zäsur – im positiven wie im negativen Sinne – findet sich vor allem in Beiträgen, die nicht unbedingt von Fachhistorikern, sondern von Wissenschaftlern anderer Disziplinen stammen, die häufig persönlich in der Zeit bereits mehr oder weniger aktiv waren; vgl. hier etwa Negt, *Achtundsechzig*, insbes., S. 12; Preuß, »Erbschaft«. Aus konservativer Perspektive dezidiert insbesondere Lübbe, »1968«; Lübbe befasst sich hier ausdrücklich mit den »Folgeschäden«; vgl. auch Ders., »Mythos«; zudem Schneider (Hg.), *Dienstjubiläum*.

19 Bude, *Generation*, S. 55.

20 Bracher, »Bewährung«, hier, S. 7.

21 Schildt, »Revolte«.

22 Vgl. hier den Sammelband von Herbert (Hg.), *Wandlungsprozesse*.

23 In der zeitgeschichtlichen Forschung der letzten Jahre – ebenso wie in der Publizistik – hat das Generationenparadigma sowohl innerhalb der NS-Forschung, als auch für die Darstellung der Geschichte der Bundesrepublik einen hohen Stellenwert erhalten. Für die NS-Forschung vgl. hier insbes. Herbert, *Best*; Ders., »Generation«; Wildt, *Generation*; für die Bundesrepublik zuletzt insbes. Moses, »Die 45er«, dort findet sich auch umfassend die einschlägige Literatur zu dem Thema dokumentiert; als Überblick über die neueren Anätze vgl. Leggewie, »Genera-

mit vielen anderen, habe die Bundesrepublik geprägt wie keine andere und somit das Liberalisierungsprojekt in einer Mischung aus nüchternem Pragmatismus und Kritik an den überkommenen Normen und Werthaltungen im Wesentlichen getragen und vorangetrieben.[24] Als Kernphase des Liberalisierungsprozesses betrachtet Herbert die Zeitspanne zwischen 1959 und 1973/74, dem allerdings ein Vorlauf voraus gegangen sei und der mit dem Ende der Ära Brandt und der Ölkrise jedoch keineswegs zum Abschluss gekommen sei. In der Folgezeit sieht Herbert eine gewisse »Abflachung« des Prozesses, ohne dass dessen Ende auszumachen wäre.[25] Die »68er Jahre« spielen auch hier keine besondere Rolle. Herbert sieht darin in erster Linie »überschießende Reaktionen auf die tatsächlich bestehenden Liberalitäts- und Modernisierungsdefizite«, die aber durchaus mit geholfen hätten die »antiliberalen Bastionen« zu schleifen.[26] Eine sehr untergeordnete Rolle spielen die »68er Jahre« schließlich auch aus der Perspektive der Forschungen, die unter der Leitung von Anselm Doering-Manteuffel den Prozessen der »Verwestlichung« nachgehen.[27] Hier ist unbestreitbar, dass diese Prozesse bereits mit der politischen Westintegration einsetzten und bis weit in die sechziger Jahre hineinreichten. In dieser Hinsicht ist der Protestbewegung zum Teil sogar eine »antiwestliche«, insbesondere »antiamerikanische« Stoßrichtung unterstellt worden. Von alten Affekten »einer antiliberalen und antiwestlichen Romantik« sprach Richard Löwenthal in polemischer Auseinandersetzung mit der Protestbewegung bereits 1970.[28] Doch spricht angesichts des weltweiten, gerade auch in den USA selbst besonders vehementen Protestes, der sich unter anderem gegen die amerikanische Rolle in der Welt richtete, vieles dafür, im Ergebnis eher von einer Fortsetzung der »Verwestlichung« zu sprechen.[29]

---

tionenschichten«; weiterhin in grundsätzlicher Auseinandersetzung mit dem Thema: Jaeger, »Generationen«; kritisch zuletzt auch Weinhauer, »Eliten«. Eines der Probleme des Generationskonzeptes besteht darin, dass die Festlegung auf die Geburtsjahrgänge eine gewisse Beliebigkeit hat. Moses, »Die 45er«, S. 235, fasst die Geburtsjahrgänge 1918 bis 1930 darunter; Herbert sieht als Kern dieser Generation die »um 1930 herum Geborenen«, vgl. Ders., »Liberalisierung«, S. 44; Bude, *Karrieren*, argumentiert in seiner Arbeit, dass die »Flakhelfer-Generation« gerade dadurch geprägt gewesen sei, dass sie eben nicht mehr »richtig« dabei gewesen seien. Tatsächlich erscheint es auch aus dieser Perspektive wenig sinnvoll, diejenigen, die zum Teil noch als Offiziere an der Ostfront gekämpft haben, mit den tatsächlichen Flakhelfern zusammen als eine »Generation« zu betrachten.

24 Herbert, »Liberalisierung«, S. 44.

25 Ebd., S. 14.

26 Ebd., S. 47f.

27 Vgl. hier insbes. Doering-Manteuffel, *Amerikanisierung*.

28 Löwenthal, *Rückfall*, S. 8.

29 In diesem Sinne auch Gilcher-Holtey, »68er Bewegung«, hier S. 13.

Eine gewisse Verbindung zwischen den beiden Ansätzen, dem eher gesellschaftsgeschichtlichen, auf die sechziger Jahre insgesamt ausgerichteten und dem auf die Sozialen Bewegungen konzentrierten Ansatz stellt schließlich Franz-Werner Kersting her.[30] Kersting bietet als Leit- und Arbeitsbegriffe für die längerfristigen Veränderungen den der »Vergesellschaftung«, den der »inneren Demokratisierung«, aber auch den der »Polarisierung« an. Dabei betont Kersting, dass diese Prozesse nicht erst 1968 ihren Ausgang nahmen, sondern ihre Anfänge mindestens bis in die frühen sechziger Jahre zurückreichen. Ähnlich wie Christoph Kleßmann sieht Kersting hier wichtige Voraussetzungen für die Genese der Protestbewegung, wie auch für ihre späteren Wirkungen.[31] Erst die Protestbewegung habe der »Vergesellschaftung«, die als Öffnung der Institutionen, Gruppen und Milieus zur Gesellschaft hin verstanden wird, der inneren Demokratisierung, aber auch der Radikalisierung und Polarisierung ihre »eigentliche Dynamik und Breite« verliehen. Hervorzuheben ist, dass der Begriff der »*inneren* Demokratisierung« den in der zeitgenössischen Literatur abundant verwendeten allgemeinen Demokratisierungsbegriff auf die Einführung und den Ausbau demokratischer Verfahren und Mitspracherechte in Institutionen, Parteien, Verbänden und sonstigen Organisationen einschränkt. Wichtig ist dabei, dass der Demokratisierungsbegriff nicht nur auf bestimmte Werthaltungen rekurriert, sondern vor allem bestimmte – eben demokratische – Verfahrensweisen zum Maßstab erhebt. Damit ist der Demokratisierungsbegriff dem der Liberalisierung nicht entgegengesetzt, kann aber eine Reihe von Prozessen präziser erfassen.[32] Zu klären wäre allerdings, welche weiteren Bedeutungsebenen der Begriff der Demokratisierung in der zeitgenössischen Debatte – im konkreten Fall bezogen auf die Justiz – jeweils hatte und in welchem Maße der Quellenbegriff dann – möglicherweise über den gerade erläuterten Sinn hinausgehend – auch analytisch zu verwenden ist. Wichtig in der Darstellung von Kersting ist schließlich, dass die angedeuteten Entwicklungsschübe alles andere als gradlinig verliefen und immer wieder von Tendenzen des »Rollback« begleitet waren.

Kersting deutet all diese Entwicklungen allerdings eher an, als dass er sie im Einzelnen nachweist, so dass der Trend der gesellschaftsgeschichtlich orientierten Forschung in den letzten Jahren darauf zielt, der Zeit »vor der Revolte« einen deutlich höheren Stellenwert für die Prozesse der Liberalisierung der Bundesrepublik zuzumessen als den etwaigen von der Revolte ausgelösten

---

30 Kersting, »Entzauberung«; der Beitrag bildet zugleich die Einleitung zu dem Aufsatzteil des Bandes, der insgesamt dem gesellschaftsgeschichtlichen Ort der 68er-Bewegung gewidmet ist.

31 Vgl. Kleßmann, »1968«.

32 Zur Definition des Demokratisierungsbegriffs vgl. aus der reichhaltigen Literatur den Beitrag von Quaritsch, »Demokratisierung«.

Veränderungen. Eine solche Sichtweise steht allerdings im klaren Widerspruch nicht nur zu weit verbreiteten gesellschaftlichen Vorstellungen, sondern zu permanenten Wirkungsbehauptungen über die »68er Jahre«, die allerdings vor allem im publizistischen Bereich zu finden, nicht selten jedoch bar jeder sinnvollen Grundlage sind.[33] Zudem existiert sehr wohl eine breite Literatur, auch zu den Folgen von »68«. Doch stammt diese zu einem überwiegenden Teil von ehemaligen Akteuren und Zeitgenossen, in der sich oft persönliche Erfahrungen mit retrospektiven Betrachtungen mischen, ohne dass dabei ein explizit wissenschaftlicher Anspruch gestellt würde.[34] Zum anderen existieren bislang tatsächlich erst relativ wenige Arbeiten, die mit einem historisch-kritischen Anspruch die Wirkungen und Folgen der 68er-Ereignisse untersuchen. Abgesehen von der eher publizistisch einzuordnenden Literatur stammen die fundiertesten Überlegungen bezeichnenderweise nicht von Historikern. Zu nennen wären dabei insbesondere die Arbeiten von Claus Leggewie, der den kulturellen Folgen der 68er-Bewegung einen relativ hohen Stellenwert zumisst, in deren Beurteilung allerdings schwankt.[35] Auffällig ist auch, dass es in dieser Literatur sehr wohl Auseinandersetzungen über die Folgen von »68« gibt, diese aber eben im Wesentlichen außerhalb der Geschichtswissenschaft geführt werden.[36] Dies gilt insbesondere für die Frage, inwieweit »die 68er« in ihrem Kampf gegen autoritäre und illiberale Strukturen, gegen Hierarchien und Traditionsüberhänge über das Ziel hinausgeschossen sind und von daher für diverse Fehlentwicklungen späterer Zeiten verantwortlich zu machen sind. Dies gilt sicher auch für die Frage nach der Verantwortung »der 68er« für die Entgrenzung von Gewalt und vieles andere mehr. In der öffentlichen Wahrnehmung und der Publizistik scheint die Bedeutung der Zuordnung solcher Negativentwicklungen zu den Folgeerscheinungen der »68er Jahre« schon seit einer ganzen Reihe von Jahren die Überhand zu gewinnen. Im Zuge der Untersuchung langfristiger Liberalisierungsprozesse scheint es sinnvoll, die Frage nach der Bedeutung und den Folgen von »68« expliziter zu stellen. Durch eine vorschnelle Einebnung der Bedeutung der »68er Jahre« entzieht man sich eben

33 Als Beispiele seien hier etwa die irrlichternden Behauptungen des Publizisten und ehemaligen Historikers Arnulf Baring genannt, der in den 68ern die »Väter der Spaßgesellschaft« sehen möchte, sie aber gleichzeitig auch für die »Entbürgerlichung, den Terrorismus, den Verlust von Führungsqualitäten und die Reduzierung des Geschichtsbildes« und vieles andere mehr verantwortlich macht. Vgl. dazu: Die Achtundsechziger als Väter der Spaßgesellschaft; mit weitreichenden, aber in keiner Weise belegten Wirkungsvermutungen auch: Michael Kimmel, *Studentenbewegungen*, insbes., S. 237.

34 Zum Teil mit interessanten Überlegungen, die jeweils stark aus eigenen Erfahrungen gespeist sind, vgl. hier etwa Baier u.a., *Früchte*.

35 Vgl. hier insbesondere Leggewie, »Laboratorium«; der., »1968«; Ders., *89er*.

36 Nur als Beispiel vgl. hier etwa Leggewie, Plädoyer; dagegen: Klaus Hurrelmann, Mitdenken.

diesen und anderen Fragen nach deren etwaigen tiefergreifenden Folgen. So plausibel Ulrich Herbert, Axel Schildt und andere argumentieren, dass lange vor 1968 Liberalisierungsprozesse auf vielen Ebenen eingesetzt hatten und sie insofern »die eigenständige Bedeutung« der sechziger Jahre betonen, ist aber auch umgekehrt nach der eigenständigen Bedeutung »der 68er Jahre« zu fragen.

Methodisch allerdings wirft die Frage nach den Folgen nicht unerhebliche Probleme auf. Wenn etwa Christoph Kleßmann zustimmend den Satz von Rainer Bieling zitiert, die Gesellschaft habe vor dem revolutionären Entwurf der Außerparlamentarischen Opposition kapituliert, »indem sie ihn pragmatisch zur Gesellschaftsreform ummünzte«[37], bleibt zu fragen, wie ein solcher Prozess im Einzelnen nachzuweisen ist. Auch die Behauptung von Franz-Werner Kersting, dass die Protestbewegung den von ihm diagnostizierten Tendenzen erst ihre »Dynamik und Breite« verlieh, wäre im Einzelnen nachzuweisen und abzuwägen gegen die These, dass die wesentlichen Anstöße in dieser Richtung längst vorher vorhanden waren.

Wie also lässt sich das Problem der Wirkungsanalyse lösen? Ingrid Gilcher-Holtey gibt in diesem Kontext zu bedenken, dass »soziale Bewegungen aus sich heraus den von ihnen erstrebten Wandel nur selten realisieren«. Vielmehr formulieren sie zunächst vor allem gesellschaftliche Widersprüche und bringen bestimmte Themen ins öffentliche Bewusstsein, die dann von den Parteien, Verbänden etc. aufgenommen werden müssen, um in konkrete Veränderungen umgesetzt werden zu können. Dann aber, so Gilcher-Holtey zu Recht, ist es schwer, genau zu unterscheiden, welche Veränderungen tatsächlich noch den Impulsen der Protestbewegung zuzuschreiben und welche Veränderungen auf einen wesentlich längerfristigen Wandel zurückzuführen sind.[38] Dies gilt für gesellschaftliche und politische Veränderungen gewiss ebenso wie für die kulturellen Veränderungen. Denn gerade vor diesem Hintergrund erscheint der oftmals suggerierte direkte Zusammenhang zwischen der so genannten Kulturrevolution und der 68er-Bewegung weit weniger eindeutig, als oftmals angenommen.[39]

Versucht man das Problem methodisch einigermaßen sauber zu lösen, bieten sich in meinen Augen zwei unterschiedliche Vorgehensweisen an. Erstens lässt sich von der Protestbewegung ausgehend danach fragen, ob und in welchem Maße deren Vorstellungen zumindest in Ansätzen Umsetzungen

37 Bieling, *Tränen*, S. 48; zustimmend zitiert bei Kleßmann, »1968«, S. 105.

38 Gilcher-Holtey, »68er Bewegung«, S. 13.

39 Dies gilt vor allem dann, wenn man über den nationalen Kontext hinaus insbesondere nach England blickt, wo es eine 68er-Bewegung kaum gegeben hat, London aber durchaus so etwas wie die Hauptstadt einer kulturellen Revolution war. Vgl. dazu Marwick, *Sixties*.

fanden. Diesen Weg geht etwa Kristina Schulz in ihrer Arbeit zu der Geschichte der Frauenbewegung in der Bundesrepublik und in Frankreich. Dabei vermeidet sie eine einfache Zuschreibung der neuen Frauenbewegung zu den Folgen von »68«, und untersucht sehr genau Brüche und Kontinuitäten. Auch Michael Schmidtke geht in seiner Arbeit über den »Aufbruch der jungen Intelligenz« dem Schicksal der jeweiligen Vorstellungen nach, die von der Neuen Linken und der an sie anschließenden Protestbewegung propagiert worden sind.[40] Methodisch ist dieser Weg insofern am »saubersten«, als hier die Zuschreibungsprobleme relativ gering sind, da sich die Kontinuitäten in den Vorstellungen und deren etwaigen Umsetzungen etwa in der Frauen- oder in der Kinderladenbewegung genau verfolgen lassen. Auf der anderen Seite aber beschränkt man bei diesem Vorgehen die Untersuchung eines möglichen Wirkungsspektrums auf einen zu schmalen Bereich. Unbeabsichtigte oder gar den Absichten der Protestbewegung entgegenlaufende Wirkungen geraten dabei nicht in den Blick.

Daher besteht die zweite Möglichkeit, der Frage nach den Folgen von »68« näher zu kommen, darin, nicht von den Absichten und Vorstellungen der Bewegung, sondern von der Gesellschaft her zu blicken. Zu untersuchen wäre dabei, wie die Impulse, die von den Ereignissen und von den Forderungen der Studentenbewegung ausgingen, aufgenommen wurden und wie diese Impulse von welchen Gruppen »angeeignet« wurden. Ein solches, den cultural studies entlehntes Konzept der Aneignung fragt daher auch weniger nach den Urhebern der Impulse und deren Intentionen als danach, wie diese Impulse vor dem Hintergrund sehr unterschiedlicher Kontexte verarbeitet und möglicherweise instrumentalisiert wurden. Das bedeutet, dass es möglicherweise keinen oder keinen empirisch nachvollziehbaren Zusammenhang zwischen den Vorstellungen der Bewegung und der Aufnahme und Interpretation dieser Impulse mehr geben muss, um von Wirkungen zu sprechen. Gleichwohl wäre plausibel zu machen, in welchen Fällen es sich tatsächlich um die Aneignung solcher Impulse handelte, um eben nicht einfach jede Veränderung der ausgehenden sechziger Jahre den Impulsen der Protestbewegung zuzuschreiben.

Eine solche Untersuchung ist schwerlich in Bezug auf die Gesellschaft insgesamt durchzuführen. Vielmehr muss sie sich auf konkrete Teilbereiche konzentrieren, um herauszuarbeiten, auf welche längerfristigen, eigendynamischen Entwicklungen die Impulse treffen. Prinzipiell ließe sich eine solche Untersuchung für nahezu alle gesellschaftlichen Bereiche durchführen. Das Untersuchungsfeld der Justiz bietet sich hier jedoch aus verschiedenen Gründen besonders an. Zum einen ist es ein Bereich, der nicht nur als konservativ galt,

40 Vgl. Schulz, *Provokation*; Schmidtke, *Aufbruch*.

sondern auch durch die Demonstrationsprozesse unmittelbar mit den Aktionsformen der Bewegung konfrontiert war und dort nicht zuletzt Adressat von Protesten und Verunglimpfungen wurde. Insofern dürfte eine vergleichsweise hohe Resistenz sowohl gegen von innen als auch von außen kommende Liberalisierungs- und Demokratisierungstendenzen zu vermuten sein. Die Reichweite von Impulsen der 68er-Bewegung scheint daher gerade in diesem Bereich besonders gut zu untersuchen zu sein. Dabei ließe sich auch die ältere These von Hermann Lübbe prüfen, dass die Protestbewegung in vielem eher kontraproduktiv für längst vorhandene Reformansätze gewesen sei.[41] Denn gerade für einen Bereich, der durch die 68er Bewegung so unter Druck geriet wie die Justiz, wäre eine Reaktion, wie sie Lübbe unterstellt, am Ehesten zu vermuten.

Der zweite Grund, aus dem sich die Justiz als Untersuchungsfeld besonders anbietet, ist, dass sie aus einem spezifischen Blickwinkel mit allen Bereichen und Problemen gesellschaftlicher Entwicklungen konfrontiert und verbunden ist. Obwohl der juristische Bereich ein klar abgegrenztes gesellschaftliches Subsystem mit seinen spezifischen Regeln und Kommunikationsweisen ist[42], bildet er in sich die Gesellschaft insgesamt ab und interpretiert ihre Probleme auf eine spezifische Weise. In der für dieses Buch zentralen zeitgenössischen Diskussion darüber, inwieweit Recht und Justiz politisch sind oder sein sollten, kommt dieses Wechselverhältnis besonders zum Ausdruck. Die Frage, inwieweit sich gerade ein so stark von Experten bestimmter Bereich wie der des Rechts und der Justiz zur Gesellschaft und ihren Veränderungen hin öffnen muss, hat von daher einen besonders hohen Stellenwert.

Das Buch leistet jedoch nicht nur einen Beitrag zur Gesellschaftsgeschichte der Bundesrepublik, sondern ist auch als eigenständiger Beitrag zur juristischen Zeitgeschichte zu verstehen.[43] Dieser Bereich hat in den letzten Jahren innerhalb der Rechtsgeschichte eine gewisse Eigenständigkeit gewonnen und sich in erster Linie mit der Rechts- und Justizgeschichte der beiden deutschen Diktaturen befasst. Die Rechts- und Justizgeschichte der Bundesrepublik kam dabei vor allem insoweit in den Blick, als es um Fragen der Aufarbeitung des in den Diktaturen begangenen Unrechts und der möglichen Belastung der Bundesrepublik insbesondere durch personelle Kontinuitäten aus der NS-Zeit ging.[44] Darüber hinausgehende Forschungen zur Rechts- und Justizgeschichte der

41 Lübbe, »1968«, S. 191f.

42 Luhmann, *Recht*.

43 Zu konzeptionellen Fragen vgl. Stolleis (Hg.), *Zeitgeschichte*; als Forschungsbericht zudem: Rückert, »Zeitgeschichte«.

44 Vgl. hier insbes. Wrobel, *Verurteilt*; Stolleis, »Rechtsordnung«; Rückert, »Abbau«; Diestelkamp, »Verfassungsgebung«; Perels, »Restauration«; Wassermann, *Kontinuität*.

Bundesrepublik sind dagegen noch relativ spärlich. An erster Stelle ist der wichtige, von Dieter Simon herausgegebene Sammelband zur »Rechtswissenschaft in der Bonner Republik« zu nennen, dessen Beiträge, ausgehend von der wissenschaftsgeschichtlichen Entwicklung, zumeist konzise Überblicke über die Entwicklung der einzelnen Rechtsbereiche liefern.[45] Aus historischer Perspektive ist zudem eine ganze Reihe von Beiträgen von Interesse, welche die jeweiligen Rechtsentwicklungen auf ihre konkreten gesellschaftlichen und kulturellen Hintergründe befragen. Zu nennen sind in dieser Hinsicht Untersuchungen zu Entwicklungen in verschiedenen Rechtsbereichen, etwa zur Rechtsstellung der Frauen, zur Strafrechtsreform, zum Umgang mit Jugenddelinquenz und anderem mehr.[46] Was speziell die Entwicklung der Justiz angeht, ist neben den Arbeiten, die sich auf die frühe Nachkriegszeit, die Phase der Entnazifizierung und des Neuaufbaus der Justiz konzentrieren, eine neue Dissertation von Peter Kauffmann zu erwähnen, die sich mit dem Wandel des Richterbildes zwischen 1945 und 1990 befasst.[47] Die Arbeit zeigt zwar bestimmte Konjunkturen von Leitbildern auf, verzichtet allerdings weitestgehend auf eine zeithistorischen Kontextualisierung und fragt so auch kaum nach den Gründen für den Wechsel der Konjunkturen.

Auch aus rechtsgeschichtlicher Perspektive spielt jedoch der gesellschaftliche Umbruch der sechziger und siebziger Jahre eine zentrale Rolle. Der Rechtshistoriker Dieter Simon hat vor einigen Jahren in einem Überblicksaufsatz über »Zäsuren im Rechtsdenken« die Geschichte der Bundesrepublik in dieser Hinsicht in vier Dekaden eingeteilt, wobei er die Einschnitte jeweils 1948, 1958, 1968, 1978 und 1988 setzte.[48] Wie alle derartigen Einteilungen hatte auch diese gewiss etwas Willkürliches. Dass die Dekaden aber jeweils auf »acht« endeten, wird man wohl der Symbolkraft des Jahres 1968 zuschreiben können. An anderer Stelle hatte Simon zuvor bereits einmal ohne weitere Begründung geschrieben, die spätere Rechtsgeschichte werde »die Jahre 1945–1965 voraussichtlich ebenso zu einer Epoche zusammenfassen, wie dies etwa heute für 1871–1918, 1918–1933 und 1933–1945 üblich zu werden scheint«[49]. Unabhängig davon, ob man nun das symbolträchtige Datum 1968 oder das »runde« Datum 1965 wählt, steht außer Zweifel, dass für Simon die zweite

45 Simon (Hg.), *Rechtsgeschichte*; als älterer Beitrag mit stärkerem Fokus auf der Rechtspolitik vgl. With (Hg.), *Rechtspolitik*; vgl. weiter: Nörr (Hg.), *Bundesrepublik*; Mußgnug (Hg.), *Rechtsentwicklung*.

46 Nur als Beispiele vgl. hier u.a. Sacksofsky, *Grundrecht*; Degener, »Streit«; Buske, »Unehelichkeit«; Dies., »Fräulein Mutter«., Baumann, »Interpretation«; Kandora, »Homosexualität«.

47 Kauffmann, *Konstruktion*.

48 Simon, »Zäsuren«.

49 Simon, *Unabhängigkeit*, S. 66.

Hälfte der sechziger Jahre einen erheblichen Einschnitt »im Rechtsdenken« markiert. Der Prozess gegen Jürgen Bartsch, der 1968 wegen der grausamen, sexuell motivierten Tötung von vier Jungen vor Gericht stand, habe selbst »den affirmativ Gesinnten« gezeigt, »daß die Moderne die Richterschaft noch nicht erreicht hatte«. Das Schlusswort des Richters, der dem Angeklagten wünschte, dass »der Herrgott« ihm helfen möge, dass auch er seine »Triebe beherrschen lerne«, bildete so den letzten Anstoß für diese Zuspitzung. Den wichtigsten Indikator für Veränderungen im Zuge der »politisch aufgeregten und aufregenden Jahre(n) der sozialliberalen Koalition, der Studentenbewegung, der Ölkrise und der Entdeckung der ›Grenzen des Wachstums‹« bildet für Simon das intensive Nachdenken über Reformkonzepte, der Aufschwung der Rechts- und Justizsoziologie, und die »wahre Explosion analytischer und kritischer Schriften« zum Bereich des Rechts und der Justiz in dieser Phase.[50] In ähnlicher Weise weist auch der Rechtshistoriker Uwe Wesel »1968« eine wichtige Rolle für Veränderungen innerhalb des juristischen Feldes zu.[51]

Oben ist schon kurz auf die Verwendung des Begriffs des Rechtsdenkens eingegangen worden, der hier dem der Justiz zur Seite gestellt wird. Denn es geht in der vorliegenden Untersuchung nicht im engeren Sinne um eine Institutionengeschichte der Justiz, sondern darum, wie sich die Vorstellungen von der Rolle der Justiz in der Gesellschaft gewandelt haben und welchen Einflüssen dieser Wandel unterlag. Diese Frage zieht diejenige nach den »tatsächlichen« Veränderungen ohne Zweifel direkt nach sich. Das führt zurück zu den am Anfang bereits angedeuteten methodischen Problemen, nicht zuletzt im Umgang mit Einzelfällen, mit denen sich jede Justizgeschichte konfrontiert sieht. Eine tatsächlich Repräsentativität beanspruchende Studie zum Wandel der Rechtsprechung und zur Frage, in welchem Maße der Spielraum, der von der Gesetzgebung gelassen wird, in »liberaler« oder in »konservativer« Weise genutzt wurde, müsste sich auf konkrete Bereiche beschränken und wäre auch hier nur unter enormem Aufwand möglich. Urteile wie die gegen Beate Klarsfeld oder auch die erstinstanzliche Verhandlungsführung im Fall Jürgen Bartsch können daher immer nur als Indikatoren für eine weitergehende Analyse dienen.[52] Von besonderer Bedeutung ist dabei, dass Gerichtsverfahren und -urteile prinzipiell stets in doppelter Weise der öffentlichen Kritik ausgesetzt sind, der der Fachöffentlichkeit auf der einen und jener der allgemeinen Öffentlichkeit auf der anderen Seite. Es versteht sich dabei von selbst, dass nur ein Bruchteil der Prozesse tatsächlich zum Gegenstand der einen oder der

50 Simon, »Zäsuren«, S. 160.

51 Wesel, Schlipse; Ders., »Klassenjustiz«.

52 In ähnlicher Weise auch die Argumentation von Jasper, »Justiz«.

anderen öffentlichen Kritik wurde, wobei sich die Kritik oft an unterschiedlichen Punkten entzündete. Auf diese Weise unterlag die Rechtsprechung jedoch ständiger Beobachtung, die wichtige Hinweise über die jeweilige Einordnung und Beurteilung unterschiedlichster Aspekte der Rechtsprechung liefert. Aus der hier eingenommenen geschichtswissenschaftlichen Perspektive, die von einer stärker juristischen oder rein rechtsgeschichtlichen Perspektive zu unterscheiden wäre, interessiert dabei insbesondere die Frage, in welchem Maß und von wem die gerichtlichen Verhandlungen und ihre Ergebnisse vor dem Hintergrund der jeweiligen gesellschaftlichen Verhältnisse als adäquat empfunden oder abgelehnt wurden.

Die Tatsache, dass in der Zeitspanne etwa zwischen der Mitte der sechziger und der Mitte der siebziger eine wahre Flut an Literatur entstanden ist, die sich kritisch mit der Justiz und deren gesellschaftliche Rolle auseinandergesetzt hat, ist ein zentraler Ausgangspunkt des Buches. In diesen Publikationen wird immer wieder auf Einzelfälle Bezug genommen, die dann aber eingebettet sind in oftmals sehr grundsätzliche Auseinandersetzungen mit der Justiz. Diese Literatur liefert eine wichtige Basis der Untersuchung, die aber einerseits nicht bei einer Diskursgeschichte stehen bleibt, andererseits auch nicht den Anspruch einer Diskursgeschichte im engeren Sinne erhebt. Denn das Interesse liegt nicht nur auf der Erforschung des plötzlich gesteigerten Interesses der Zeitgenossen an der Justiz, sondern richtet sich auch darauf, welche Folgen dies für die Justizpolitik hatte. Dabei schließt die Untersuchung nicht zuletzt an Überlegungen zu einer »Neuen Politikgeschichte« an, die den kommunikativen Aspekt politischen Handelns betonen.[53] Für die Frage danach, wie das Thema »Reformbedürftigkeit de Justiz« überhaupt auf die politische Agenda kam und wie dort damit verfahren wurde, ist dieser Punkt zentral. Es ist in diesem Zusammenhang auffällig, dass die Politikwissenschaft verhältnismäßig wenig Anknüpfungspunkte dafür bietet, Prozesse wie die der Entstehung eines »Reformklimas« zu beschreiben. Zwar entstanden im Kontext der Planung zu weitreichenden Reformen in allen gesellschaftlichen Bereichen gerade in dieser Phase durchaus Überlegungen zu einer »Theorie der Reform«.[54] In aller Regel wurde dabei aber von der Politik aus gedacht und analysiert, wie auf den verschiedenen Politikfeldern mehr oder weniger erfolgreich agiert wird. Mit anderen Worten: Die Analyse setzt hier zumeist erst dort ein, wo bereits Übereinkunft herrscht, dass politisches Handeln erforderlich ist. In den wenigen Arbeiten, in denen es darum geht, Bedingungen für Reformen festzulegen, fallen

53 Kurze Andeutungen dazu bei Frevert, »Neue Politikgeschichte«; zur Frage der sprachlichen Verfasstheit politischen Handelns insgesamt zentral: Steinmetz, *Das Sagbare*.

54 Vgl. hier insbes. Greiffenhagen (Hg.), *Theorie*.

die Analysen zumeist allzu funktionalistisch aus. Da Institutionen von sich aus nicht fähig seien, sich zu reformieren, so Christian Graf von Krockow, bedürfe es dazu des Drucks, und zwar entweder »von oben«, »von unten« oder »von der Seite«, das heißt durch Konkurrenzsituationen.[55] Für die konkrete historische Analyse ist es jedoch nicht nur von Interesse, dass es möglicherweise einen solchen Druck gab, sondern *wie* er hergestellt wurde, wer daran beteiligt war und welche Dynamik die Debatte um den etwaigen Reformbedarf annahm. Dies gilt insbesondere auf einem Politikfeld wie dem der Justizpolitik, das in gewisser Weise erst einmal hergestellt werden musste. Tatsächlich spricht vieles für die These, dass ein wesentlicher Teil der Reformdynamik durch das ständige öffentliche Reden von der Notwendigkeit von Reformen in Gang gesetzt wurde. Die zeitgenössische Klage der Konservativen über die Diskurshoheit der »Reformer« ist ein deutlicher Hinweis darauf.[56] Es spricht viel dafür, dass für das Zustandekommen ebenso wie für das Verschwinden des Reformklimas die von Peter Wagner in anderem Kontext analysierten »Diskurskoalitionen« eine zentrale Rolle spielten.[57] Um das Zustandekommen und das Zerbrechen solcher Koalitionen nachzuzeichnen, ist es methodisch unabdingbar, die unterschiedlichen Teildebatten um die Justiz zu verfolgen und zu fragen, welche Bedingungen für politisches Handeln sich daraus ergaben. Damit richtet sich das Interesse des Buches sowohl auf die Ursprünge als auch auf die Ergebnisse der Reformprojekte, die in der so genannten »Reformära« auch den Bereich der Justiz überschwemmten. Nicht zuletzt wird dabei zu problematisieren sein, wie weit das Paradigma von der permanent fortschreitenden »Liberalisierung« trägt. Die siebziger Jahre scheinen damit kaum angemessen zu fassen zu sein, so dass sich die Frage nach alternativen Kennzeichnungen aufdrängt. Der Stellenwert des Demokratisierung ist oben bereits betont werden, wobei auch dessen Reichweite abzustecken sein wird.

Die hier skizzierten Fragestellungen lassen einen chronologischen Aufbau des Buches zunächst zwingend erscheinen. Diesen Anforderungen folgt die Gliederung in Form von vier prinzipiell zeitlich aufeinanderfolgenden Großkapiteln. Da innerhalb dieser Kapitel unterschiedliche thematische Schwerpunkte gesetzt werden, ist eine zeitliche Überlappung im Einzelnen kaum zu umgehen. Wie aus den Fragestellungen hervorgeht, liegt der Schwerpunkt des Buches auf den sechziger und frühen siebziger Jahren, was sich auch in der unterschiedlichen Gewichtung der Kapitel niederschlägt. Das erste Kapitel umfasst zeitlich die fünfziger Jahre und setzt sich inhaltlich mit den Grundla-

55 Krockow, *Reform*, S. 18ff.

56 Vgl. hier etwa: Bergsdorf, »Sprache«.

57 Wagner, *Sozialwissenschaften*.

gen der justiziellen Entwicklung der Bundesrepublik auseinander, wobei sowohl die Selbst- als auch Fremdverortung der Justiz betrachtet werden soll. Im Einzelnen wird es darum gehen, welche Rolle auf der einen Seite die Politik der Justiz zumaß und welche Rolle auf der anderen Seite die Justiz, gerade im Verhältnis zur Politik, für sich beanspruchte. Aufgrund der überragenden Bedeutung des Bundesverfassungsgerichts, nicht nur gegenüber der Politik, sondern auch innerhalb des Gerichtswesens, wird skizziert werden, wie das Gericht seine Position vor allem gegenüber dem BGH zu festigen suchte und welche Versuche es umgekehrt seitens anderer oberster Bundesgerichte gab, diese Stellung nicht unwidersprochen zu lassen.

Wenn hier als erster Einschnitt die Zeit um 1960 gewählt wurde, so folgt dies nicht nur der inzwischen gängig gewordenen Periodisierung, sondern auch dem Umstand, dass für die Justiz ebenfalls eine neue Phase einsetzte. Die Justiz geriet aus sehr unterschiedlichen Gründen in zunehmendem Maße unter Druck, sich der Gesellschaft gegenüber zu öffnen, sich zu liberalisieren und zu demokratisieren. Zu untersuchen ist dabei, wodurch dieser wachsende Druck ausgelöst wurde, welche Rolle dabei nicht zuletzt die einsetzende Debatte um die NS-Belastung der Richterschaft spielte und wie die Richterschaft darauf reagierte. Erklärungsbedürftig ist dann vor allem für die etwa 1966/68 einsetzende Phase, wieso es für kurze Zeit – 1968 – so aussah, als vollziehe sich innerhalb der Richterschaft in kürzester Zeit eine rasante Öffnung und als hätten »die Reformer« in der Justiz, in den mit Recht und Justiz befassten Wissenschaften und in der Politik die Oberhand gewonnen, so dass Veränderungen auf allen Ebenen kurz vor der Verwirklichung zu stehen schienen. Das Schlagwort von der notwendigen »Demokratisierung der Justiz« hatte in dieser Phase, die etwa bis 1972/74 dauerte, ebenso ihren Höhepunkt wie die Forderung nach einer Reform der Juristenausbildung. Aufgrund des engen zeitlichen Ineinandergreifens von Reformplanungen, den Ansätzen ihrer Verwirklichung und dem Scheitern auf vielen Ebenen, ist die genaue Trennlinie zwischen der Hochphase der Reformeuphorie und dem Rollback, dem wachsenden, scharfen Widerstand gegen jede Reform, besonders schwer zu ziehen. Vor allem im vierten Kapitel wird dann jedoch auf der einen Seite die Frage danach zu stellen sein, wieso die Reformphase ein so jähes Ende nahm und das Klima in der Politik, der Justiz und der Rechtswissenschaft in kurzer Zeit so deutlich gegen die liberalisierenden und demokratisierenden Veränderungen der vergangenen Jahre umschlug. Auf der anderen Seite wird zu untersuchen sein, was, trotz einer deutlichen Gegenbewegung, von den unterschiedlichen Ansätzen blieb, und welche langfristigen Veränderungen hier zu verzeichnen sind. Anzumerken ist in diesem Zusammenhang schließlich noch, dass sich die Darstellung nicht auf einen bestimmten Rechtsbereich oder justiziellen Zweig konzentriert, da es nicht um die Entwicklung der Rechtsprechung in einem dieser Bereiche gehen soll. Vielmehr wird insgesamt die Diskussion der Rolle der Justiz im Verhältnis zum kodifizierten Recht und zum gesellschaftlichen Wandel thematisiert. Daher stehen zwangsläufig diejenigen Rechtsbereiche im Mittelpunkt, die als besonders »politiknah« erscheinen. Dies ist erstens das politische Strafrecht und zweitens das Verfassungsrecht. Da sich die angedeuteten Diskussionen in erster Linie an diesen Bereichen entzündeten, werden sie hier privilegiert behandelt.

Was schließlich die Quellen angeht, so ist bereits auf die breite zeitgenössische Diskussion und die daraus resultierende Fülle an Literatur verwiesen worden. Beteiligt an diesen Debatten waren, neben den Richtern und Staatsanwälten selbst, in erster Linie Rechtswissenschaftler und Soziologen aus dem akademischen Bereich, dann die (Justiz-)Politiker aus den verschiedenen Parteien und schließlich Journalisten und Publizisten. Entsprechend erstreckt sich das Quellenmaterial von den Standesorganen des Deutschen Richterbundes über die juristischen Fachzeitschriften, die Stellungnahmen der Politiker in den unterschiedlichsten Formen bis hin zu Tageszeitungen. Aus der Aufzählung geht bereits hervor, dass veröffentlichte Quellen von zentraler Bedeutung sind. Dies ergibt sich auch daraus, dass sich der Stellenwert der Debatten nicht zuletzt an ihrer jeweiligen öffentlichen Resonanz ermessen lässt. Das bedeutet jedoch keineswegs, dass auf archivalische Quellen verzichtet werden kann. Für die Standesorganisation der Richter und Staatsanwälte lieferte vor allem das Archiv des Deutschen Richterbundes wertvolles Material. Für die politische Seite sind insbesondere die Akten des Bundesjustizministeriums sowie das Material aus den Parteiarchiven zu nennen. Höchst problematisch stellte sich allerdings die Überlieferungssituation für die Landesjustizministerien dar. In keinem der angefragten Landesarchive existieren die für die Thematik einschlägigen Akten, so dass auf dieser Ebene darauf verzichtet werden musste. Die Lücke konnte jedoch auf zweierlei Weise geschlossen werden. Zum einen lag mit den im Archiv der Friedrich-Ebert-Stiftung vorhandenen Nachlässen des nordrhein-westfälischen Justizministers Neuberger und des hessischen Justizministers Strelitz, die beide maßgeblich an den justizpolitischen Diskussionen der ausgehenden sechziger Jahre beteiligt waren, wichtiges Material aus dieser Zeit für die Landesebene vor. Zum anderen liefern – neben den Zeitungen – die Parlamentsprotokolle eine wichtige Quellengrundlage für die justizpolitischen Auseinandersetzungen in den einzelnen Bundesländern.

Da die Untersuchung von ihrem Entstehungsprozess an in ein Projekt eingegliedert war, das in getrennten Studien neben der Bundesrepublik Deutschland auch Italien und Frankreich einbezog, wird wiederholt auf die Entwicklung in diesen beiden Ländern verwiesen, ohne dass dieser Vergleich jedoch systematisch verfolgt wird.[58]

58 Die Grundlage des Vergleiches bildete das VW-Projekt »Diskurs und Handeln. Untersuchungen zur Funktion von Justiz und richterlichem Verhalten in der gesellschaftlichen Umbruchperiode der 1960er und frühen 1970er Jahre Bundesrepublik Deutschland, Italien und Frankreich im Vergleich«. Die Studie zu Frankreich erarbeitet Elisabeth Bokelmann, zu Italien Herbert Reiter. Vgl. dazu Bokelmann, »Richterschaft«; dies, *Aufstand*; Reiter, »Verfassungsverwirklichung«. Zur vergleichenden Perspektive zudem: Requate, »Einleitung«.

1. Zwischen politischem Zölibat und konservativer Konsolidierung – Die Justiz in den fünfziger Jahren

Wie das »Wunder von Bonn« habe es den Justizjuristen erscheinen müssen, so Heinz Wrobel in seiner Darstellung der deutschen Justizpolitik der Jahre 1945–49, dass die Richter als »große Gewinner« aus den Verfassungsberatungen hervorgegangen seien.[1] Tatsächlich hatte die Verfassung die Justiz gegenüber den anderen Gewalten deutlich gestärkt.[2] Nun lag den »Müttern und Vätern« der Verfassung gewiss weniger am Schicksal der Richter als am Aufbau einer gestärkten, unabhängigen Justiz, die nicht zuletzt über die Einhaltung der Verfassung zu wachen hatte. Angesichts der Rolle, die die Justiz im Nationalsozialismus gespielt hatte, der personellen Kontinuität[3] und der Tatsache, dass einige Gerichte bereits durch höchst problematische Urteile gegen NS-Täter aufgefallen waren, mag der Vertrauensvorschuss in der Tat erstaunen, welcher der Justiz und damit notgedrungen auch den darin tätigen Personen gewährt wurde.[4] Ob die Juristen im Allgemeinen und die Justizjuristen im Besonderen dieses Erstaunen allerdings teilten, erscheint eher fraglich. Dies hätte ein Unrechtsbewusstsein vorausgesetzt, das man unter der Mehrheit der Betroffenen vergeblich suchen dürfte. Im Bewusstsein der Richter traf die Schuld an etwaigen Fehlurteilen in der NS-Zeit allein die Politik und deren Instrumentalisierung der Justiz, nicht aber die Justiz selbst. Werner Sarstedt,

---

1 Wrobel, *Verurteilt*, S. 341. Vgl. daneben weiterhin als konzisen Überblick über die Justizpolitik bis 1949: Stolleis, »Rechtsordnung«, S. 383–407.

2 Vgl. hier u.a. Wassermann, *Gewalt*, S. 28ff.

3 Aus der Literatur zur personellen Kontinuität vgl. insbes. Wenzlau, *Wiederaufbau*, Godau-Schüttke, *Renazifizierung*, Niermann, »Amnestie«; Rüping, *Staatsanwälte*.

4 Herausragend war hier der Fall des Erzberger-Mörders Tillessen, dessen Verfahren 1946 vom Landgericht Offenburg unter anderem mit Hinweis auf die »vaterländischen Motive« des Täters eingestellt wurde, bevor die französische Militärregierung eingriff und das Verfahren an sich zog. Vgl. hierzu: Broszat, »Siegerjustiz«, insbes. S. 495; zu weiteren skandalösen Urteilen und Protesten dagegen vgl. Wrobel, *Verurteilt*, S. 239ff und S. 253ff.; zu den deutlich positiver verlaufenen Frankfurter »Euthanasie«-Prozessen: Meusch, »›Euthanasie'-Prozesse«.

Richter am Bundesgerichtshof, empfand schon 1948 den »in der Presse immer wieder […] (erhobenen; J.R.) Vorwurf«, die Justiz sei dem Nationalsozialismus besonders ergeben gewesen und ihm immer noch verschrieben, als »sehr ungerecht«[5]. Die Justiz sei von der Politik missbraucht worden, also selbst Opfer, und die einzige Schuld, die Justiz vielleicht treffe, sei der Positivismus, der die deutsche Richterschaft dazu gebracht habe, die unmenschlichen NS-Gesetze anzuwenden[6] – eine Legende, die sich als enorm zählebig erwies. Im Zusammenhang mit der so genannten Naturrechtsrenaissance wird darauf noch einmal zurückzukommen sein.[7]

Genugtuung oder gar Jubelstürme löste die Neuordnung der Justiz und vor allem der Justizverwaltung weder in der Justiz noch in der Rechtswissenschaft aus. Denn die starke Stellung der Gerichtsbarkeit war in den Augen vieler Juristen inner- und außerhalb der Justiz dadurch teuer erkauft, dass die Sphäre des Rechts nicht, wie angestrebt, vom Einfluss der Politik – schlimmer noch der Parteipolitik – freigehalten worden war. Wrobel sieht es wohl zu Recht als einen Sieg für die Richterschaft an, dass die Länderverfassungen die Einrichtung von Richterwahlausschüssen nicht vorschrieben und zudem das Mittel der Richteranklage gegenüber dem ursprünglichen Entwurf des Grundgesetzes habe entschärft werden können.[8] Für die obersten Bundesgerichte aber musste akzeptiert werden, dass die Auswahl allein durch Mitglieder der Legislative und der Exekutive, also durch »die Politik« vorgenommen wurde und damit in den Augen vieler die Gefahr der Politisierung der Justiz ebenso wie die der Juridifizierung der Politik heraufbeschworen wurde.

Die Leitvorstellung der Richter, die im Rechtspflegeausschuss des Parlamentarischen Rats gehört worden waren, sowie vieler anderer, die sich aus der Justiz und der Rechtswissenschaft zu Wort meldeten, hatte anders ausgesehen.

---

5 Sarstedt, *Justiz*, S. 17.

6 Im Nürnberger Juristenprozess hatte der Staatsrechtler Hermann Jahrreiß in seiner Zeugenaussage bereits den vermeintlichen Gesetzespositivismus für die Haltung der Justiz im NS ins Feld geführt, vgl. Alfons (Hg.), *Urteil*, S. 156. Vgl. dazu auch weiter: Müller, *Juristen*, S. 223f. sowie Wrobel, *Verurteilt*, S. 211ff.; für die tatsächliche Rechtspraxis im NS vgl. aus der umfangreichen Literatur Rüthers, *Auslegung* .

7 Einer der Hauptvertreter dieser These war der BGH-Präsident Hermann Weinkauff, der auch noch daran festhielt, nachdem Friedrich Kübler die These in einem Aufsatz von 1962 bereits ziemlich zerrupft hatte: Vgl. Kübler, »Richter«; Weinkauff, *Justiz*, insbes. S. 177.

8 Wrobel, *Verurteilt*, S. 322ff. u. S. 330ff.; bei der Frage der Richterwahlausschüsse ging es allerdings nicht nur um die Frage, ob sie eingerichtet wurden, sondern auch um die Besetzung. Richterwahlausschüsse mit Beteiligung von Richtern standen dieser Frage naturgemäß ganz anders gegenüber als die rein politisch besetzten Ausschüssen. Aus der umfangreichen Literatur vgl. weiter: Ruscheweyh, »Richteranklage«, Dahs, »Stellung«; Schmidt, »Rechtsbeugung«; U. M., Die Zusammensetzung der Richterwahlausschüsse, in: AöR 76, 1950, S. 232–236; Billing, *Problem*.

Hermann Ruscheweyh, Präsident des Deutschen Obergerichts für das Vereinte Wirtschaftsgebiet und Ernst Wolf, Präsident des Obersten Gerichtshofs für die britische Zone, die 1948 vor dem Ausschuss als Sachverständige gehört wurden, plädierten mit Vehemenz für die »Reinhaltung« der Justiz von politischem Einfluss und politischer Kontrolle.[9] Sie knüpften damit nahtlos an die Vorstellung von der unpolitischen Justiz an, die schon in der Weimarer Republik die Distanz, wenn nicht gar die Feindseligkeit weiter Teile der Justiz zum demokratischen Staat ideologisch zu untermauern geholfen hatte. Auch wenn man den Richtern hier nicht per se antidemokratisches Denken unterstellen muss, so war ein Plädoyer wie das des Koblenzer Landgerichtsdirektors Hans Rotberg für eine »Entpolitisierung der Rechtspflege« gleichwohl weit von jenen Vorstellungen einer demokratischen Rechtspflege entfernt, wie sie etwa der hessische Justizminister Georg August Zinn oder Elisabeth Selbert, die für die SPD im Rechtspflegeausschuss saß, anstrebten.[10] Wo Zinn, Selbert und andere forderten, dass der Richter sich als »leidenschaftlicher Repräsentant einer neuen demokratischen und sozialen Gemeinschaft« fühlen und als solcher auch Recht sprechen sollte, empfahl Rotberg für den Richter das »politische Zölibat«.[11] Gerade die Demokratie, so Rotberg, sei auf eine »rein sachlich eingestellte, über den Parteien stehende Rechtspflege in besonderem Maße angewiesen«, die an den »Idealen des Rechts« ausgerichtet, »wie ein Leuchtturm [...] den auf dem schwankenden Meer der Politik Treibenden die Richtung zu weisen« hätte.[12] Als nahezu unangreifbares Argument diente Rotberg und allen anderen, die für die Entpolitisierung eintraten, nicht nur der Verweis auf die politische Instrumentalisierung der Justiz im »Dritten Reich«, sondern in zunehmendem Maße auch auf die Justiz in der SBZ/DDR. Rotbergs Forderung nach einem »Gelübde politischer Keuschheit« und dem Verzicht auf das aktive und passive Wahlrecht wird dabei vermutlich nur von wenigen geteilt worden sein. Doch grundsätzlich herrschte innerhalb von Justiz und Rechtswissenschaft ein weitgehender Konsens darüber, dass Recht und Politik zwei gänzlich zu trennende Bereiche bildeten und dass die Justiz von allem Politischen fern zu halten sei. Dagegen blieb es lange Zeit der politischen Seite, vor

9 Parlamentarischer Rat. Ausschuss für Verfassungsgerichtshof und Rechtspflege. Stenographischer Bericht, 5. Sitzung, 11.11.1948; vgl. dazu auch Wrobel, *Verurteilt*, S. 298ff.

10 Vgl. zu Georg August Zinn den Eintrag im Internationalen Biographischen Archiv (Munzinger Archiv); Zu Elisabeth Selbert vgl: Meyer/Selbert, »Gleichberechtigung«.

11 So Zinn bei der Eröffnung des Frankfurter Oberlandesgerichts im März 1946; hier zit. nach Oppler, »Justiz«, S. 323–326. In ähnlichem Sinne äußerte sich Zinn auch auf dem Konstanzer Juristentag vom Juni 1947: *Konstanzer Juristentag, Ansprachen, Vorträge, Diskussionsreden*, S. 129ff.

12 Rotberg, »Entpolitisierung«, S. 108.

allem Rechtspolitikern der SPD, vorbehalten, von der Justiz ein aktives Engagement für die Demokratie zu verlangen.[13]

Vor diesem Hintergrund ist es kaum erstaunlich, dass die Auseinandersetzungen um das Verhältnis von Justiz und Politik, um das Leitbild des Richters und nicht zuletzt um die Rolle des Bundesverfassungsgerichts, das schließlich genau im Bereich zwischen Recht und Politik angesiedelt war, auch nach Inkrafttreten des Grundgesetzes fortgeführt wurden. Die Debatten an der Grenze zwischen Politik und Justiz sollen im Folgenden zunächst an vier zentralen Punkten untersucht werden. Erstens wird der Debatte um die Selbständigkeit oder die Selbstverwaltung der Justiz nachzugehen sein, die bereits im Parlamentarischen Rat geführt worden war und die auf dem Juristentag von 1952 noch einmal einen Höhepunkt erreichte, bevor sie dann für gut 15 Jahre fast ganz verschwand. Erst am Ende der sechziger Jahre entzündete sich hier unter anderen Voraussetzungen erneut die Diskussion, für deren Verständnis diese frühe Auseinandersetzung unabdingbar ist. Zweitens wird zu fragen sein, wie es dem Bundesverfassungsgericht gelang, seine zunächst umstrittene Position als unangefochten oberstes bundesdeutsches Gericht einzunehmen und zu festigen.

Am Beispiel der gerichtlichen Auseinandersetzung um die Rechtmäßigkeit von »politischen Streiks« soll dann drittens exemplarisch danach gefragt werden, wie sich die Gerichte in einer solchen politischen Rechtsfrage aus der Affäre zogen. Viertens ist in diesem Zusammenhang schließlich die Forderung nach einer, oder besser gesagt *der* »Großen Justizreform« zu betrachten, bei der es, von den technischen Fragen abgesehen, nicht zuletzt um das Richterleitbild ging. Auch diese Debatte spielte bereits im parlamentarischen Rat eine Rolle, flammte dann am Ende der fünfziger Jahre wieder etwas heftiger auf, bevor die »Große Justizreform« dann am Ende der sechziger Jahre unter anderen Vorzeichen erneut auf der Tagesordnung stand. Auch hier ist es daher für das spätere Verständnis notwendig, den Gesamtverlauf vor Augen zu haben.

13 Vgl. hier neben den Diskussionen im Parlamentarischen Rat, wo die zentralen Positionen aufeinander trafen, zunächst die Antwort von Oppler auf Rotberg sowie aus der umfangreichen Literatur weiter: Bader, »Juristen«; Ule, »Betätigung«; Schmidt, »Richter«; Hodenberg, »Rückschau«; Erdsiek, »Kontrolle«; Dirks, »Die Beamten«; Willms, »Richter«; Melsheimer, »Richter«.

1.1 Der Wunsch nach einer »entfesselten« Justiz. Die Auseinandersetzung um die Selbstverwaltung der Justiz

Im Jahr 1952 veröffentlichte Paul van Husen, Oberverwaltungsgerichtspräsident aus Münster, einen Aufsehen erregenden Artikel mit dem Titel »Die Entfesselung der Dritten Gewalt«. Man hätte das Thema auch »Selbständigkeit« der Gerichte nennen können, so van Husen, aber diese Formulierung treffe die Lage der Dinge nicht hinreichend deutlich. Es gehe vielmehr darum, aufzudecken, »daß die Selbständigkeit der Gerichte in Deutschland ein Schein ist, hinter dem eine andere rechtliche und oft auch tatsächliche Wirklichkeit steht«. Denn die Tatsache, dass die Justizverwaltung in der Hand der Exekutive sei, hebe »den Seinsbestand der Dritten Gewalt auf und macht ihn zur Fiktion«. Insbesondere gelte dies für die Verwaltungsgerichtsbarkeit, die schließlich die Exekutive kontrollieren solle, gleichzeitig aber von dieser abhängig sei. Das Hauptübel sah van Husen n der Richterernennung durch die Exekutive. In ihr bestünde »die häufig verwirklichte Gefahr [...], daß für das Richteramt ungeeignete Personen aus sachfremden Gründen, die der Exekutive nützlich erscheinen«, zum Zuge kämen.[14] Als Vorbild richterlicher Selbstverwaltung empfahl van Husen Italien und Frankreich. Tatsächlich entschieden vor allem in Italien die Richter in hohem Maß selbst über Ernennungen und Beförderungen, und auch in der Vierten französischen Republik besaßen die Richter ein ähnliches personalpolitisches Gewicht, bevor De Gaulle auch hier zum Primat der Exekutive zurückkehrte.[15]

Mit seiner pointierten Stellungnahme sorgte van Husen dafür, dass die zunächst eher vorsichtig geführte Debatte um die Stellung der Justiz im neuen Staat eine deutlich polemische Note bekam. Nachdem sich der erste bundesrepublikanische Juristentag im Jahr 1949 allgemein und wenig kontrovers mit der »Rechtspflege im Bonner Grundgesetz« befasst hatte[16], setzte sich der darauf folgende Juristentag im Jahr 1952 explizit mit der Frage auseinander, ob es sich empfehle, »die vollständige Selbstverwaltung aller Gerichte im Rahmen

14 van Husen, »Entfesselung«, Zitate: S. 49f., 52, 55. Der Text basiert auf einem während einer Tagung der Oberverwaltungsgerichtspräsidenten im September 1951 gehaltenen Vortrag.

15 Zu Italien vgl. Reiter, »Verfassungsverwirklichung«; zu Frankreich: Bokelmann, »Richterschaft«. Auffällig ist, dass Anfang der fünfziger Jahre insgesamt in weit höherem Maße über die Grenzen hinaus geblickt wurde, als dies später der Fall war.

16 Vgl. dazu die Vorträge von H. Jahrreiss und G. A. Zinn in: Verhandlungen des 37. Deutschen Juristentages, 1949.

des Grundgesetzes gesetzlich einzuführen«[17]. Mit seiner vehement vorgetragenen Forderung nach einer »Entfesselung der Justiz«, verstanden als Befreiung von den »Fesseln« der Kontrolle durch Dienstaufsicht und Personalpolitik seitens der Exekutive, erwies der Oberverwaltungsgerichtspräsident Paul van Husen den Befürwortern einer größeren richterlichen Selbstverwaltung allerdings nicht unbedingt einen Dienst: Eine völlig autonome, im übertragenen Sinne »entfesselte« Justiz konnte im Ernst niemand wollen. Den konkreten standespolitischen Forderungen nach der »Entbeamtung« und höherer Besoldung der Richterschaft, nach Zurückdrängung des (partei)politischen Einflusses bei der Richterwahl und der Übertragung der Dienstaufsicht auf die Justiz selbst konnte die radikale Parole einer »entfesselten Justiz« nur schaden.[18]

In seinem Referat auf dem Juristentag von 1952 war Staatsrechtler Hans Peter Ipsen daher sichtlich bemüht, sich von derartigen Forderungen nach einer »autonomen« Justiz zu distanzieren. Er stellte klar, dass eine »Selbstverwaltung der Gerichte im Rechtssinn, d.h. Autonomie vom Staat unterschiedener, rechtlich verselbständigter Träger der Rechtsprechung«, weder gefordert werde noch diskutabel sei. Gleichwohl plädierte auch er für eine Ausweitung der richterlichen Selbstverwaltung und für die Ausschaltung des parteipolitischen Einflusses auf die Wahl der Richter.

Trotz der moderaten Töne, die Ipsen hier anschlug, zeigte sich Adolf Arndt, der das Korreferat zu halten hatte, keineswegs befriedigt von den Ausführungen. Arndt war zu diesem Zeitpunkt im Begriff, sich zu *der* rechtspolitischen Stimme der SPD der fünfziger Jahre zu entwickeln, nachdem Zinn zum hessischen Ministerpräsidenten aufgestiegen war und Elisabeth Selbert, die im Parlamentarischen Rat in rechts- und justizpolitischen Fragen eine zentrale Rolle gespielt hatte, auf bundespolitischer Ebene weniger exponiert blieb.[19] In aller Deutlichkeit legte er den politischen Gehalt der Forderung nach erhöhter Selbstverwaltung frei und verlieh damit der verqueren Fachdebatte deutliche Konturen: In Ipsens sachlicher Distanzierung von dieser Forderung werde gar nicht deutlich, welche Ressentiments sich dahinter verbürgen. Die Behauptung, dass Selbstverwaltung im Sinne einer Autonomie vom Staat nicht gefordert sei, verharmlose den Ursprung und die Stoßrichtung der Kräfte, die weit über die Unabhängigkeit der Richter hinaus nach einer verselbständigten Dritten Gewalt strebten. Die Forderung nach Selbstverwaltung sei also weit mehr

17 Ridder, »Selbstverwaltung«. Vgl. auch das Referat von Hans Peter Ipsen, das Korreferat von Adolf Arndt sowie die anschließende Diskussion zu dem Thema, in: Verhandlungen des 40. Deutschen Juristentages, 1953.

18 Auf die Frage der »Entbeamtung« wird im Kontext der »Großen Justizreform« noch einmal zurückzukommen sein.

19 Zu Adolf Arndt vgl. Gosewinkel, *Adolf Arndt*.

als nur eine gerichtsreformatorische Forderung. Vielmehr beinhalte sie Kampfansage auch gegen die Volksvertretung als das gesetzgeberische Organ. »Ein Unbehagen vor der Macht, ein Unbehagen, das einen von Parteien vermittelten und geformten Staat nicht als rechtlich glaubhaft, nicht als gerechtfertigt oder legitim zu erkennen fähig ist, dieses Unbehagen ist der Grund – ja, gestatten Sie, der Abgrund – aus dem der Ruf nach der Herrschaft des Rechts durch die Richter aufsteigt«. Da sich dieses Unbehagen unweigerlich in der Personalpolitik verdichtete, widmete sich Arndt vor allem diesem Problem und stellte die entscheidende Frage, ob sich »Unbefangenheit und Unabhängigkeit des Richters damit vereinbaren (lassen), daß es Politik war, die ihm einen Richterstuhl einräumte«. Mit einem leichten Anflug von Sarkasmus legte er der Richterschaft schließlich die Frage in den Mund: »Und wenn sich schon der deutsche Traum von der unpolitischen Politik nicht verwirklichen lassen sollte, muß es dann in einer Verfassungswirklichkeit, die man als Parteienstaat beschreibt, unvermeidlich Parteipolitik sein, die hierbei entscheidet, oder gibt es nicht wenigstens parteilose Politik?«[20]

Dass der Juristentag mit dem Thema »Selbstverwaltung« einen Nerv getroffen hatte, zeigte sich sowohl bereits in dessen Vorfeld als auch in der ausführlichen Debatte, die sich an die Referate von Ipsen und Arndt anschloss. Der erste Redner, der prominente Strafrechtslehrer Eberhard Schmidt aus Heidelberg, leitete die Debatte mit den Worten ein, dass er »noch niemals […] auf einen Juristentag mit so beklommenen Gefühlen gegangen« sei, wie auf diesen und sprach weiter von einer »ziemlich vergifteten Atmosphäre«, die sich im vorhinein angesichts des Themas eingestellt habe. Zu dieser Atmosphäre hatte wohl auch das Gutachten beigetragen, das der junge Privatdozent Helmut Ridder im Auftrag es Juristentages zu dem Thema »Selbstverwaltung der Gerichte« verfasst hatte. Ridder war ungewöhnlich polemisch und provokant auf die Position van Husens eingegangen: Bei dem Ruf nach »vollständiger Selbstverwaltung« handele es sich »um einen stark verdichteten und zum Teil politisch überschatteten Slogan«, der »aus einem reichlich giftigen Gewebe von Sentiments und Ressentiments geboren« sei. Zudem scheute sich Ridder nicht, eine Prüfung der neuen sowjetzonalen Justizgesetzgebung »sine ira sed magno cum studio« zu empfehlen.[21] Die Schriftleitung der *Deutschen Richterzeitung*, ansonsten äußerst zurückhaltend mit eigenen Stellungnahmen, sah sich dann auch veranlasst, im Vorfeld des Juristentages ihrer »Sorge« ob solcher Äußerungen Ausdruck zu verleihen.[22] Tatsächlich wird man davon ausgehen kön-

20 Arndt, »Korreferat«.

21 Ridder, »Selbstverwaltung«, S. 93f. u. S. 125.

22 Zum 40. Deutschen Juristentag, in: *DRiZ* 31, 1953, S. 153f.

nen, dass sich Ridder mit seinen Äußerungen wenig Freunde unter den Juristen gemacht hat, zumal er ausgerechnet die Öffentlichkeit als Kontrollorgan für die Justiz empfahl.

Dass sowohl Ridder als auch Arndt die Forderung nach Selbstverwaltung der Justiz als tendenziell konservativ verstanden, dürfte einigermaßen klar sein, auch wenn sie dies nicht offen aussprachen. Gleichwohl lassen sich die unterschiedlichen Haltungen zur Frage der Selbstverwaltung keineswegs so leicht politisch einordnen, wie es die Stellungnahmen Arndts und Ridders auf den ersten Blick suggerieren. Ridder verwies in seinem Gutachten ausdrücklich auf die zum Teil verqueren »Spannungen und Frontverwerfungen« in der Forderung nach Selbstverwaltung, die auf der einen Seite »vom liberalen Selbstverwaltungsgedanken und der Rechtsstaatsidee eigentümlich beflügelt« sei, auf der anderen Seite aber »gar nicht auf eine Loslösung der bestehenden Gerichtsorganisation aus ihrer unmittelbaren Staatlichkeit« hinauswolle.[23] Tatsächlich sah etwa der konservative Publizist Paul Wilhelm Wenger im *Rheinischen Merkur* offenbar keinerlei Widerspruch darin, die Richter auf der einen Seite aufzufordern, eine »volle richterliche Selbstverwaltung« anzustreben und gleichzeitig zu »Sachwaltern eines überparteilichen Staatsethos zu werden«[24]. Das alte liberale Selbstverwaltungsideal hatte hier seine antistaatliche Stoßrichtung vollkommen verloren. Auch dem konservativen Staatsrechtler und Carl Schmitt-Schüler Werner Weber galt Anfang der fünfziger Jahre »das Richtertum«, neben der Beamtenschaft, als einzig noch verbliebener Statthalter »der staatlichen Obrigkeit, die überall sonst in ein System pluralistischer Teilmächte aufgelöst« sei.[25]

Webers Position zur Frage der Selbstverwaltung war jedoch eine deutlich andere, klassisch etatistisch-konservative. Eine Selbstverwaltung der Justiz und eine damit verbundene Autonomie gegenüber dem Staat konnte für Weber nicht in Frage kommen, da sie den Staat in seinen Funktionen tendenziell eingeschränkt hätte. Eine »Entbeamtung«, wie sie von den Richtern – nicht zuletzt mit Blick auf höhere Gehaltsvorstellungen – gefordert wurde, konnte für Weber daher auch kein Ziel sein. Richter sollten Träger der Staatsidee und nicht gegen sie gerichtet sein. Die Forderung nach Selbstverwaltung oder Autonomie bedeutete für Weber von daher ein unzulässiges Machtstreben und ging bei ihm einher mit der Warnung vor einer unerhörten Ausbreitung justizstaatlicher Elemente im Verfassungsgefüge, in dem die richterliche Gewalt gleichsam als politische »Machtkonkurrenz« zur Exekutive auftrete.[26]

23 Ridder, »Selbstverwaltung«, S. 94.
24 Wenger, Richter.
25 Weber, *Spannungen*, S. 98.
26 Vgl. ebd. S. 29ff., S. 84ff. u. S. 143ff.

Lässt sich somit an der Frage der Befürwortung oder der Ablehnung einer Selbstverwaltung der Justiz keine eindeutige politische Frontstellung etablieren, so stand hinter der Forderung nach verstärkter Selbstverwaltung auch keine einheitliche politische und ebenso wenig eine einheitliche juristische Haltung. An die alte liberale Vorstellung einer Trennung von Staat und Gesellschaft mit einer Rechtsordnung, die die bürgerliche Gesellschaft vor den Zugriffen des Staates schütze, knüpfte am ehesten noch der Strafrechtler Eberhard Schmidt an, der sich in den fünfziger und sechziger Jahren wiederholt zur Frage der Stellung der Justiz in Staat und Gesellschaft zu Wort meldete.[27] Schmidt sah sich in jener liberalen Tradition, die die Justiz als eine Institution betrachtete, die in gleicher Weise Freiheit und Ordnung zu schützen hatte und dafür einer möglichst weitgehenden Unabhängigkeit bedurfte. Er betonte immer wieder, dass juristische Entscheidungen reine »Sachentscheidungen« zu sein hätten, die von allen äußeren Einflüssen so weit wie möglich abgeschirmt werden müssten. Die parteipolitische Besetzung der Richterwahlausschüsse war ihm daher genauso suspekt wie die Einmischung der »politischen Öffentlichkeit« in die »Sache der Justiz«.[28] Insofern war der Vorwurf Arndts an die Adresse der Justiz, dem Trugbild eines »Niemandslands des Unpolitischen« nachzujagen, zweifellos auch auf Schmidt gemünzt.[29]

Die Debatte um eine »vollständige Selbständigkeit« war mit ihrer Behandlung auf dem Juristentag zumindest vorerst weitgehend erledigt. Sie hatte nicht unwesentlich dazu beigetragen, die Justiz in dem neu gegründeten Staat zu verorten. Die Frage nach dem Verhältnis zur Politik begleitete die Justizdebatte gleichwohl weiter, bis sie Ende der sechziger Jahre mit der Auseinandersetzung um den »politischen Richter« und die Politisierung der Justiz ihren Höhepunkt erreichte. In den fünfziger Jahren verlagerte sich die Diskussion indes zunächst auf die Rolle des Verfassungsgerichts.

1.2 Das Bundesverfassungsgericht erobert seinen Platz

Es ist wohl unbestritten, dass »die Mütter und Väter« des Grundgesetzes keine wirklich genaue Vorstellung davon hatten, welche Rolle das Verfassungsgericht sowohl innerhalb der Rechtsprechung als auch gegenüber der Politik spielen

---

27 Zu Schmidt vgl. knapp den Eintrag im Internationalen Biographischen Archiv (Munzinger Archiv). Vgl. neben Schmidts ausführlichen Wortmeldungen auf dem Juristentag von 1952 u.a. Ders., »Richtertum«, Ders., »Probleme« sowie Ders., »Verantwortung«.

28 Vgl. Schmidt, *Justiz*.

29 Arndt, »Korreferat«, S. C 45.

sollte. In jedem Falle dürften sie seine relative Bedeutung im Vergleich zu den anderen Verfassungsorganen unterschätzt haben. Diese Unterschätzung war vermutlich auch einer der Gründe, warum das Verfassungsgericht als einziges Verfassungsorgan erst nach Gründung der Bundesrepublik aufgebaut wurde und seine Arbeit aufnahm. Ein weiterer Grund dürfte darin gelegen haben, dass sich keiner der an der Ausgestaltung der Bestimmungen über das Gericht Beteiligten genau über die Konsequenzen klar sein konnte, welche die eine oder andere Entscheidung nach sich ziehen würde. Das Feld der Auseinandersetzung aber war immerhin klar definiert und lag wenig überraschend im Grenzgebiet von Recht und Politik. Genauer gesagt: sie kreiste um Fragen der »Juridifizierung der Politik« und der »Politisierung der Justiz«.[30] Die entscheidenden Weichenstellungen waren schon beim Verfassungskonvent in Herrenchiemsee dadurch vorgenommen worden[31], dass man sich auf eine Verfassungsgerichtsbarkeit mit möglichst umfassenden Kompetenzen geeinigt hatte – eine Festlegung, die im Übrigen vor allem die Vertreter der CDU im Parlamentarischen Rat noch einmal zurückzudrängen versuchten.[32] Im Wesentlichen ging es der konservativen Seite in den Beratungen darum, »die Sphäre des Rechts« und die »Sphäre des Politischen« so weit wie möglich von einander getrennt zu halten. In den weitreichenden Kontrollmöglichkeiten sowohl gegenüber der Exekutive als auch der Legislative sahen Staatsrechtler aus der Schule Carl Schmitts eine »unerhörte Ausbreitung justizstaatlicher Elemente« und damit eine »Juridifizierung der Politik«, die ihrerseits wiederum zur »Entmachtung der Exekutive« führe und den Staat in letzter Konsequenz handlungsunfähig mache.[33] Von der als mindestens so verhängnisvoll empfundenen Gefahr der »Politisierung der Justiz« war oben schon kurz die Rede.

Für diese Position konnte das Verfassungsgericht nicht das Gericht sein, das in letzter Instanz über allen anderen Gerichten stand, sondern es sollte lediglich einige klar definierte Kompetenzen haben, die vor allem im Staatsschutz und gerade nicht in der Sicherung der Grundrechte bestand. »Für die CDU und ihren Sprecher«, so Heinz Laufer in seiner grundlegenden Studie über das Bundesverfassungsgericht zu Recht, »standen […] der Staatsschutz, die Beseitigung von Störern und die Möglichkeit des Entzugs von Grund-

30 Der zentrale Bezugspunkt in dieser Auseinandersetzung war, ausgesprochen oder unausgesprochen, nach wie vor Schmitt, »Reichsgericht«, hier: S. 98; vgl. ansonsten aus der umfangreichen Literatur: Katz, »Bundesverfassungsgericht«; Leibholz, *Demokratie*; Hollerbach, »Auflösung«; Bachof, *Grundgesetz*.

31 Zu dem Konvent vgl. knapp und informativ: Görtemaker, *Geschichte*, S. 56ff.; aus der Sicht eines der wichtigsten Teilnehmer: Schmid, *Erinnerungen*, S. 339ff.

32 Laufer, *Verfassungsgerichtsbarkeit*, S. 70ff.

33 Vgl. vor allem Weber, *Spannungen*, Zitate S. 27 u. 29; grundlegend zu der Frage: Schmitt, *Hüter*.

rechten im Vordergrund ihrer Überlegungen«.[34] So wie für den Schmitt-Schüler Werner Weber die Verfassungsgerichtsbarkeit ein »tiefer Graben« von der Zivil-, Straf- und Verwaltungsgerichtsbarkeit trennte[35], drängte man seitens der CDU auch auf eine klare organisatorische Trennung des Verfassungsgerichts von der sonstigen obersten Gerichtsbarkeit. Im Gegensatz dazu wollte die SPD sichergestellt sehen, dass die Verfassungsgerichtsbarkeit voll und ganz in die sonstige Rechtsprechung integriert und eben nicht auf »politische« Funktionen des Staatsschutzes beschränkt wurde. Sie plädierte daher auch für eine einheitliche oberste Gerichtsbarkeit. Wenn sich in dieser organisatorischen Frage schließlich die CDU weitgehend durchgesetzt hat und der von der SPD gewünschten Koppelung nur dadurch entgegengekommen wurde, dass zunächst in beiden Senaten jeweils zwei BGH-Richter saßen, dürften sich beide Parteien in den Auswirkungen der von ihnen durchgesetzten programmatischen und organisatorischen Elemente getäuscht haben. Nicht die personelle Koppelung mit dem BGH, sondern die Eigenständigkeit des Gerichts und der Kampf darum, als ein eigenes Verfassungsorgan neben dem Bundestag, dem Bundesrat, der Bundesregierung und dem Bundespräsidenten anerkannt zu werden, hat schließlich zu der einflussreichen und unangefochtenen Stellung des Bundesverfassungsgerichts an der Spitze der Gerichtsbarkeit insgesamt geführt.

Dieser Prozess soll hier nicht in seinen Einzelheiten nachgezeichnet werden, zumal – vor allem über die Auseinandersetzungen mit der Politik – umfangreiche Darstellungen vorliegen.[36] Wegen seiner grundsätzlichen Bedeutung für die spätere Rolle des Bundesverfassungsgerichts werden die zentralen Punkte der Auseinandersetzungen in der Gründungskrise jedoch kurz skizziert. Man erfasst allerdings nur die halbe Geschichte der Durchsetzung des Verfassungsgerichts in den fünfziger Jahren, wenn man sich lediglich auf die politische Seite konzentriert. Mindestens so wichtig für die Stellung des Bundesverfassungsgerichts war die Tatsache, dass es seine Definitionsmacht über die Geltung und Auslegung der Verfassung gegenüber der sonstigen höchstrichterlichen Rechtsprechung, insbesondere dem BGH, durchsetzen musste. Der BGH suchte nach »objektiven Werten« lieber »oberhalb« der Verfassung im Naturrecht, als die Verfassung selbst zur Grundlage seiner Entscheidungen zu nehmen. So wird es im Folgenden zunächst um die institutionelle Durchsetzung des Verfassungsgerichts gegenüber der Politik und dann um die

34 Laufer, S. 71

35 Weber, »Richtertum«., S. 272.

36 Vgl. hier neben der grundlegenden Studie von Laufer die Darstellung von Wengst, *Staatsaufbau.* sowie Lietzmann, *Bundesverfassungsgericht* und Friesenhahn, *Verfassungsgerichtsbarkeit.*

Durchsetzung seiner Interpretationsgewalt für alle die Verfassung berührenden Rechtsfragen gehen.

1.2.1 Die Gründungskrise des Verfassungsgerichts

Als das Bundesverfassungsgericht im September 1951 seine Arbeit aufnahm, hatte es – wie bereits angedeutet – seine spätere unangefochtene Position bei weitem noch nicht inne, ja mehr noch, der Status des Gerichts im Verfassungsgefüge war noch weitestgehend ungeklärt. So ist es nicht verwunderlich, dass das Verfassungsgericht hochgradig daran interessiert war, hier möglichst schnell Klarheit geschaffen zu sehen. Doch das Selbstbewusstsein, mit dem das Gericht, oder besser gesagt, dessen Mehrheit, daran ging, »seinen Status selbst im Rahmen des Gesamtgefüges der Verfassung zu definieren«[37], irritierte die Bundesregierung erheblich und führte sofort zu einem Konflikt, der sogar das Gericht selbst durchzog. Die Bundesregierung sah in dem Gericht gerade kein eigenständiges Verfassungsorgan, sondern eine Art Behörde, deren Dienstherr in ihren Augen der Justizminister war. Damit hätte das Verfassungsgericht mit den anderen Verfassungsorganen nicht von gleich zu gleich, sondern immer nur über den Justizminister verkehren können. Die Schwächung, die dies für das Verfassungsgericht bedeutet hätte, ist unverkennbar. Im Juni 1952 stellten die Verfassungsrichter daher ihre Sicht vom Status des Verfassungsgerichts in einer an die anderen Verfassungsorgane gerichteten Denkschrift klar:

> »Das Verfassungsgericht als der oberste Hüter der Verfassung ist nach Wortlaut und Sinn des Grundgesetzes und des Gesetzes über das Bundesverfassungsgericht zugleich ein mit höchster Autorität ausgestattetes Verfassungsorgan. Hieraus ergibt sich, dass das Bundesverfassungsgericht weder einem anderen Bundesorgan noch einer Bundesbehörde unterstellt sein kann. Die gegenwärtige Staatspraxis ist mit dieser Stellung des Bundesverfassungsgerichts nicht im Einklang«.

Daraus ergebe sich, dass das Verfassungsgericht »organisatorisch nicht irgendwie von einem anderen Verfassungsorgan abhängig oder gar ihm unterstellt sein« könne. Die Richter könnten daher auch nicht als Beamte qualifiziert werden, sondern müssten das »Privileg der Weisungsfreiheit« für sich in Anspruch nehmen. Die konkreten Forderungen, die sich daraus ableiteten, zielten dann auch konsequenterweise darauf ab, das Verfassungsgericht zu einer voll-

37 Leibholz, »Einleitung«, S. 113.

kommen eigenständigen, insbesondere vom Justizministerium getrennten Verwaltungseinheit zu erheben.[38]

Unterzeichnet war die Denkschrift vom Präsidenten des Bundesverfassungsgerichts, Hermann Höpker-Aschoff, der aber offenkundig selbst den Inhalt nicht vollständig mit trug und in einem eigenen Schreiben an den Justizminister kurze Zeit später auf Distanz dazu ging. Dass ausgerechnet Höpker-Aschoff, der wie Justizminister Dehler der FDP angehörte, seinen Kollegen gleichsam in den Rücken fiel und sich wieder auf die Position des Ministers zubewegte, ließ die Gefahren erahnen, die aus der von der Bundesregierung angestrebten Konstruktion erwuchsen. Umgekehrt wurde allerdings auch der Bundesregierung sehr schnell klar, wie unangenehm ein unabhängiges Verfassungsgericht mit dem Status eines eigenständigen Verfassungsorgans für sie werden konnte. Denn parallel zu der Auseinandersetzung um den Status des Gerichtes hatten die Richter über die Klage der SPD-Bundestagsfraktion gegen die Einführung der Wehrpflicht zu entscheiden, die im Zusammenhang mit dem von der Bundesregierung geplanten Beitritt zur Europäischen Verteidigungsgemeinschaft (EVG) stand. Die Brisanz der Klage war für die außenpolitische Handlungsfähigkeit des jungen Staates tatsächlich kaum zu überschätzen.

Schwer zu überbieten war allerdings auch das ungeschickte Verhalten des Justizministers gegenüber dem Verfassungsgericht. Den ebenso offenkundigen wie legitimen Versuch der SPD, das Verfassungsgericht für ihre politischen Ziele einzuspannen, konterte Dehler, aber auch Adenauer selbst, mit massiven Versuchen, das Gericht unter Druck zu setzen und zu delegitimieren.[39] Dehler hatte schon im Frühjahr 1952, als durch die Stellungnahme des Verfassungsrichters Gerhard Leibholz zu der Statusfrage die Gesamttendenz deutlich geworden war, gegenüber Adenauer gegen die angebliche »Sucht« des Verfassungsgerichts polemisiert, seine Kompetenzen auszuweiten und »neues Recht zu ›schöpfen‹«. Außerdem argwöhnte er »Schwächen gegenüber sozialdemokratischen Forderungen«[40].

Auch Adenauer beteiligte sich angesichts der bevorstehenden Entscheidung des Gerichts zur Wiederbewaffnung gegen den ausdrücklichen Rat des

38 »Denkschrift des Bundesverfassungsgerichts vom 27. Juni 1952«, Zitate: S. 144, 145, 146.

39 Zu der gesamten Auseinandersetzung vgl. Laufer, *Verfassungsgerichtsbarkeit*, S. 379ff.; Wengst, *Staatsaufbau*, S. 319ff. sowie Baring, *Adenauer*, 378ff.

40 Vgl. Wengst, *Staatsaufbau*, S. 317. Wengst spricht davon, Leibholz habe im März 1952 im Auftrag seiner Kollegen den Statusbericht (die Denkschrift) vorgelegt. Tatsächlich legte Leibholz im März erst seinen Bericht als Berichterstatter vor, während der eigentliche Statusbericht dann im Juni erschien. Zu dem Verlauf der Auseinandersetzungen vgl. zudem Laufer, *Verfassungsgerichtsbarkeit*, S. 279ff.

Vorsitzenden der CDU/CSU Fraktion im Bundestag an Versuchen, das Gericht öffentlich herabzusetzen. Im Herbst 1952 prägte er, bezogen auf den Ersten Senat, der die SPD-Klage zu bearbeiten hatte, das Wort vom »roten Senat«, um eine etwaige negative Entscheidung in der Wiederbewaffnungsfrage von vorneherein als parteipolitisch motiviert zu denunzieren. Dehler verlor in seinen Äußerungen jedoch jedes Maß. Auf dem Bundesparteitag der FDP am 21. November 1952 holte der Justizminister zum Rundumschlag aus: »Der Sozialismus ist schlecht und der Sozialismus macht schlecht! Ich sage es aus bitterster Sorge meine Damen und Herren! Ich sage Ihnen wohlüberlegt ein Wort aus der Qual und Verpflichtung heraus, die ich habe. [...] Sie wissen, die Barriere des Bundesverfassungsgerichts besteht für unsere Verträge. Ich möchte hoffen, daß sich dort der Geist des Sozialismus nicht auswirkt. Ich möchte hoffen, daß in dem höchsten deutschen Gericht keine politischen Willensentscheidungen, sondern Rechtsentscheidungen fallen«[41]. Nachdem sich das Gericht scharf gegen die »herabsetzenden Äußerungen« gewandt hatte, spitzte sich die Auseinandersetzung im Dezember 1952 dann noch weiter zu. Die Bundesregierung war in Erwartung einer möglichen Ablehnung der Verträge durch den »roten«, Ersten Senat auf die Idee verfallen, diesen mit Hilfe des Zweiten Senats auszuspielen. Dazu sollte der Bundespräsident beim Zweiten Senat ein Rechtsgutachten über die Frage der Verfassungsmäßigkeit der Verträge in Auftrag geben. Wäre hier das Votum positiv für die Regierung ausgefallen und wäre ein derartiges Gutachten zudem *vor* dem eigentlichen Urteil ergangen, so das Kalkül, hätte sich auch der Erste Senat schwer getan, der SPD-Klage stattzugeben. Als das Verfassungsgericht den offensichtlichen Manipulationsversuch jedoch dadurch zurückwies, dass man der Klage Vorrang gegenüber dem Gutachten einräumte und das Urteil zudem als bindend für eben dieses Gutachten erklärte, reagierte vor allem der Justizminister nicht gerade in einer Weise, die Souveränität und politische Klugheit verriet: Dehler warf dem Gericht vor, mit dieser Entscheidung, die lediglich den Manipulationsversuch der Bundesregierung konterte, »in einer erschütternden Weise von dem Wege des Rechts abgewichen« zu sein.[42] Und der Justizminister ließ sich auch nicht von Adenauer bremsen, dem langsam aufging, dass derartige Äußerungen wohl kontraproduktiv seien. Stattdessen verkündete Dehler im Bundestag, dass er es als Pflicht seines Amtes empfinde, »die Rechtsprechung des Bundesverfassungsgerichts sorgfältig zu überwachen«[43].

41 Zit. nach Baring, *Adenauer*, S. 393.

42 Friesenhahn, *Verfassungsgerichtsbarkeit*, S. 48

43 Deutscher Bundestag, *Stenographische Berichte*, 1. WP, 252. Sitzung, 4.3.1953, S. 12103.

Mit derartigen Äußerungen bewirkte Dehler gewiss eins: Er schweißte das Verfassungsgericht zusammen und sorgte dafür, dass nun auch sein Partei-Freund Höpker-Aschoff ganz auf die Linie des Statusberichtes einschwenkte. Adenauer, der sich intern in ähnlicher oder gar noch schärferer Weise über das Verfassungsgericht geäußert hatte, musste schließlich erkennen, dass die Konfrontation langfristig der Bundesregierung nur schaden konnte. So ließ er Dehler als Justizminister fallen und das Verfassungsgericht konnte seine Forderungen schließlich in vollem Umfang durchsetzen.[44] Zur Glättung der Wogen trug gewiss auch bei, dass die Klage der SPD-Fraktion gegen die EVG-Verträge aus formalen Gründen abgewiesen wurde und eine zweite Klage wegen der veränderten politischen Bedingungen – dem Scheitern der EVG-Verträge – gegenstandslos geworden war und so nicht mehr zur Entscheidung kam.

Zu erwähnen bleibt noch, dass während des gesamten Streites eine Nachwahl für den bereits im März 1952 ausgeschiedenen Verfassungsrichter Kurt Zweigert anstand und angesichts der brisanten Klage gegen die EVG-Verträge eine Entscheidung für einen neuen Richter vor allem seitens der CDU blockiert wurde. Auch dieses Verhalten trug wenig dazu bei, das Vertrauen in eine unabhängige Verfassungsjustiz zu stärken.[45] Dies galt zumal, da die Bundesregierung die Auseinandersetzung um die Neubesetzung zu einem ersten Vorstoß für eine Novellierung des Bundesverfassungsgerichtsgesetzes nutzte: Demnach sollten die Richter nur noch mit einfacher Mehrheit und nicht mehr mit einer Drei-Viertel-Mehrheit gewählt und somit der Zwang zur Einigung mit der Opposition ausgehebelt werden. Die Bundesregierung zog ihren Vorstoß zwar zurück, doch trug der ganze Vorgang nicht dazu bei, die Bedenken der Kritiker an der Besetzungspraxis des obersten deutschen Gerichts zu zerstreuen.

Zeitgenossen haben in Hinblick auf die gesamte Auseinandersetzung der Jahre 1952/53 von der »Schlacht um Karlsruhe« gesprochen.[46] Man muss diese martialische Sprache nicht pflegen, doch hätte die Konfrontation tatsächlich kaum schärfer ausfallen können. Und es kann schließlich auch kein Zweifel darüber bestehen, dass das Verfassungsgericht eindeutig gestärkt aus seiner Gründungskrise hervorgegangen ist. Die Auseinandersetzung dürfte wesentlich dazu beigetragen haben, dass die Verfassungsrichter sich als Repräsentanten eines eigenen Verfassungsorgans empfanden und so handelten. In späteren Auseinandersetzungen – insbesondere im so genannten Fernseh-Streit von

44 Wengst, *Staatsaufbau*, S. 321ff.

45 Vgl. Laufer, *Verfassungsgerichtsbarkeit*, S. 245ff. sowie Gosewinkel, *Adolf Arndt*, S. 338.

46 Thilenius, »Schlacht«.

1960/61 – zwar wiederholt heftigen Anwürfen ausgesetzt, doch berührten diese den Status des Gerichtes nicht mehr.

1.2.2 Naturrecht und Staat als Werte oberhalb der Verfassung?

Die Tatsache, dass das Bundesverfassungsgericht »mit letzter rechtlicher Verbindlichkeit für Volk und Staat die ihm zur Beurteilung zugewiesenen Streitigkeiten entscheidet«[47], liegt in der Logik des modernen Verfassungsstaates. Zu dieser gehört auch, dass allein die Verfassung die Normen liefert, die zur Grundlage dieser Entscheidungen dienen. Beides, die Letztverbindlichkeit der Verfassungsnormen und Rechtsprechung des Verfassungsgerichts, war bei der Gründung des Gerichts zwar nicht offen umstritten, aber bei weitem auch noch nicht so selbstverständlich, dass die Position des Bundesverfassungsgerichts hier bereits unangefochten gewesen wäre. Das bedeutet, dass das Bundesverfassungsgericht seitens der Rechtswissenschaft oder der Justiz zwar nur wenigen offenen Angriffen auf seine Position ausgesetzt war, es aber gleichwohl Tendenzen gab, sowohl von der Theorie als auch von der Rechtsprechungspraxis her, die oben genannten Letztverbindlichkeiten in Frage zu stellen. Eine zentrale Rolle dabei spielte der BGH. Hier gab es zum einen die entsprechenden ideologischen Vorbehalte gegen eine zu starke Verfassungsgerichtsbarkeit. Zum anderen war der BGH auch als Institution daran interessiert, die Rolle des Bundesverfassungsgerichts möglichst zu beschränken.

Das Mittel, die oben genannten Letztverbindlichkeiten zu unterminieren, bestand darin, dass sich der BGH in seiner Rechtsprechung auf Werte bezog, die er quasi jenseits oder oberhalb der Verfassung ansiedelte. Ein Bezugspunkt war »das Naturrecht«, wobei der BGH selbst die Definitionsmacht darüber beanspruchte, was als Naturrecht zu gelten habe. Der andere lag in einem übergeordneten Staatsideal. Beide Positionen sollen hier sowohl in ihren theoretischen Grundlagen als auch in der Umsetzung in der Rechtsprechung verdeutlicht werden.

Die Renaissance des Naturrechts lässt sich einreihen in die Suche nach bleibenden, verbindlichen Werten, die für die Kultur der Nachkriegszeit eine zentrale Rolle spielte. Der Bezug auf das Naturrecht kann hier als Pendant im Bereich des Rechts zum sonstigen Bezug auf »Abendland« und »Christentum« gelten, nachdem der Nationalsozialismus in jeder auch nur denkbaren Hinsicht Verwüstung und Zerstörung hinterlassen hatte.[48] Hinter der Renaissance des

47 Leibholz, »Verfassungsgerichtsbarkeit«, hier S. 6; auch in: ders, *Strukturprobleme*.

48 Vgl. Schildt, *Abendland*.

Naturrechts stand aber auch die oben schon kurz zitierte Vorstellung, der Rechtspositivismus sei dafür verantwortlich, dass die Richter im »Dritten Reich« die NS-Gesetze widerstandslos angewendet hätten. Eine grundsätzliche Orientierung am Naturrecht erschien so als Schutzwall gegen von einer unberechenbaren Politik gemachte Gesetze, die nicht sklavisch befolgt, sondern am Naturrecht gemessen werden sollten. So wichtig eine solche Haltung wohl in der Tat als Begründung für Widerstand gegen die NS-Diktatur gewesen wäre, so problematisch ist sie im demokratisch verfassten Rechtsstaat.[49] Denn wenn nicht die von politischen Gremien gemachten Gesetze, sondern ein wie auch immer geartetes Naturrecht den rechtlichen Letztbezug liefern soll, bleibt nicht nur die Frage, wer dieses formulieren und auslegen sollte. Vielmehr wird die geforderte Entpolitisierung zur Distanzierung von der demokratisch legitimierten Politik. Das Grundgesetz der Bundesrepublik Deutschland verstand sich schließlich nicht zuletzt als Umsetzung jener naturrechtlichen Prinzipien, die den Menschen vor einem terroristischen Regime schützen sollten. Werte »oberhalb« der Verfassung konnte es in diesem Sinne eigentlich nicht geben.

Vor diesem Hintergrund schrieb der Rechtshistoriker Dieter Simon pointiert, dass die Phase der Naturrechtsrenaissance »voll in die beiden Dezennien der politischen und gesellschaftlichen Restauration in der Bundesrepublik (1947–1967)« fiel.[50] Die Vorstellung allerdings, dass der Rechtspositivismus durch den Nationalsozialismus eine »fürchterliche Kompromittierung« erfahren hatte[51], war unter den Juristen in der frühen Nachkriegszeit so weit verbreitet, dass die Gleichung von Naturrechtsorientierung und Konservativismus noch nicht uneingeschränkt galt. Gleichwohl ist unverkennbar, dass das Naturrecht in der Rechtsprechung »nicht wie einst in alten Tagen […] von einer von veralteten Gesetzen angedrohten Strafe oder Last freistellen«, so Franz Wieacker in seiner Fundamentalkritik an der Praxis der Naturrechtsrenaissance, »sondern vielmehr mit Schärfe des Strafdrucks eine bedrohte öffentliche Moral wieder herstellen« sollte.[52] Mit anderen Worten: Naturrecht wurde vor allem dort bemüht, wo man »die sittliche Ordnung« oder die »öffentliche« Moral gefährdet sah. Dies galt im Übrigen auch für die frühe Rechtsprechung des Bundesverfassungsgerichts.[53] Unter Berufung auf das allerdings in Artikel 2 Absatz 1 GG ausdrücklich verankerte »Sittengesetz« wies das Bundesverfassungsgericht im Jahr 1957 eine Verfassungsbeschwerde zurück, die in den Strafvorschriften gegen die männliche Homosexualität sowohl eine Verletzung

49 Vgl. hierzu grundlegend Grimm, »Methode«.

50 Simon, *Unabhängigkeit*, S. 136.

51 Wieacker, *Stand*, S. 8.

52 Ebd., S. 20.

53 Vgl. dazu auch Simon, *Katholisierung*, S. 16ff., sowie Evers, »Naturrechtsbewusstsein«.

des Gleichheitssatzes (Artikel 3 Absatz 2 und 3 GG) als auch des Grundrechts auf freie Entfaltung der Persönlichkeit sah. Es stellte dabei zum einen unter Berufung auf verschiedene Gutachter fest, dass es sich »von den biologischen Verschiedenheiten her bei der männlichen und der weiblichen Homosexualität um verschiedene Tatbestände« handele, so dass der Gleichheitssatz nicht verletzt sei. Zum anderen befand das Gericht, dass die gleichgeschlechtliche Betätigung »eindeutig gegen das Sittengesetz« verstoße, sah sich dabei jedoch zumindest in Begründungszwang. Es räumte die Schwierigkeiten ein, »die Geltung eines Sittengesetzes festzustellen« und schloss dafür »das persönliche Gefühl des Richters« jedenfalls aus. Stattdessen versuchte es, die Unsittlichkeit der männlichen Homosexualität aus den Geboten der »beiden großen christlichen Konfessionen« sowie vor allem aus den »sittlichen Anschauungen des Volkes« abzuleiten.[54]

Hier wird auf der einen Seite deutlich, dass auch das Bundesverfassungsgericht nicht davor gefeit war, das »Sittengesetz« in durchaus diskutabler Weise zu bemühen. Auf der anderen Seite zeigt sich aber auch, dass sich das Verfassungsgericht der Problematik bewusst war und die Geltung des Sittengesetzes nicht a priori annahm, sondern für begründungsnotwendig befand. In seiner Entscheidung über den väterlichen Stichentscheid aus dem Jahr 1959 ging das Bundesverfassungsgericht noch einen deutlichen Schritt weiter. Hier wies es die Vorstellung scharf zurück, dass naturrechtliche Überlegungen in der Frage, wer im Falle eines elterlichen Konfliktes letztlich die Entscheidung treffe, maßgeblich sein könnten: »Die verfassungsrechtliche Prüfung an diesen Vorstellungen zu orientieren, verbietet sich jedoch schon durch die Vielfalt der Naturrechtslehren, die zutage tritt, sobald der Bereich fundamentaler Rechtsgrundsätze verlassen wird, und die sich vor allem bei der Erörterung der innerhalb der naturrechtlichen Diskussion selbst sehr bestrittenen Fragen des Verhältnisses ›Naturrecht und Geschichtlichkeit‹, ›Naturrecht und positives Recht‹ zeigt. Für die hier vorzunehmende Prüfung kommt daher als Maßstab nur das Grundgesetz in Betracht«[55].

Fast scheint es, als habe sich das Bundesverfassungsgericht selbst zur Ordnung gerufen. Der Hauptadressat dieser Ausführungen war aber gewiss der BGH, der unter der Leitung und maßgeblichem Einfluss seines Präsidenten Hermann Weinkauff das Naturrecht wiederholt direkt gegen den Wortlaut des Grundgesetzes in Stellung brachte und damit ein erhebliches Mitspracherecht bei der Verfassungsinterpretation beanspruchte. In besonders deutlicher Weise geschah dies in der Frage der Gleichberechtigung, zumal hier der Verfassungs-

54 BVerfGE 6, S. 434f.
55 BVerfGE 10, S. 81.

grundsatz – Artikel 3 Absatz 2: »Männer und Frauen sind gleichberechtigt« – die entsprechenden Rechtsnormen und die Rechtswirklichkeit vielleicht am weitesten hinter sich ließ. In Artikel 117 Absatz 1 GG war dem Gesetzgeber daher auch eine Frist bis Ende März 1953 eingeräumt worden, um die Gesetzeslage entsprechend anzupassen. Zwar hatte sich der Gesetzgeber schließlich mit vierjähriger Verspätung im ersten Gleichberechtigungsgesetz von 1957 zumindest ein Stück auf die Verfassung zubewegt.[56] Doch klaffte in vielen Punkten zwischen der Verfassung und dem übrigen Recht noch eine erheblich Lücke, so dass es den Richtern qua Richterrecht oblag, die alte Gesetzeslage dem Grundgesetz anzupassen. Dies verlangte den Richtern die Einsicht ab, dass das Grundgesetz tatsächlich uneingeschränkt Gültigkeit besaß und auch in ganz »normalen« Verfahren als höchste gesetzliche Norm zu berücksichtigen war. Zudem zielte das Gleichberechtigungsgebot geradezu darauf ab, gesellschaftlichen Wandel mit Hilfe rechtlicher Mittel herbeizuführen. Ging es Weinkauff und seiner naturrechtlich verbrämten Rechtsprechung gerade darum, sich einem gesellschaftlichen Wandel explizit entgegenzustellen, verlangten das Grundgesetz und das Verfassungsgericht von ihm, gesellschaftlichen Wandel sowohl auf der Ebene des Bewusstseins als auch in der Realität dadurch herbeizuführen, dass es das Gleichberechtigungsgebot tatsächlich durchsetzte. Auch dieser Konflikt verweist bereits auf die Auseinandersetzung um die Frage nach der gesellschaftlichen Steuerungsfunktion der Richter am Ende der sechziger Jahre.

Nachdem sich schon eine Reihe anderer Gerichte mit Fragen befasst hatten[57], für die der Artikel 3 Absatz 2 GG relevant gewesen wäre, nahm der BGH erstmals am 6. September 1953 in einem Rechtsgutachten zu der Frage Stellung. Der Erste Zivilsenat des BGH machte sogleich deutlich, wie er das Gleichberechtigungsgebot des Grundgesetzes verstanden wissen wollte: Das Gebot sollte im vorliegenden Fall »naturrechtlich« interpretiert und damit faktisch außer Kraft gesetzt werden. Es ging um die Frage des schon erwähnten so genannten Stichentscheids des Ehemanns, den der BGH aus naturrechtlichen Gründen nicht im Widerspruch zur Verfassung sah. Die Verfassung war in den Augen des BGH gewissermaßen im Naturrecht »aufgehoben«, oder anders formuliert: eine sich nach dem Wortlaut der Verfassung richtende Verwirklichung der Gleichberechtigung wäre naturrechtswidrig und damit ungültig. Mann und Frau, so die Begründung, seien nicht nur »im eigentlich Biologisch-Geschlechtlichen« streng verschieden, »sondern auch in ihrer seinsmäßigen, schöpfungsmäßigen Zueinanderordnung zu sich und dem Kind

56 Vgl. dazu u.a. Sacksofsky, *Grundrecht*.

57 OLG Frankfurt, *NJW* 6. 1953, S. 1308; OLG Celle *NJW* 6, 1953, S. 987–989.

in der Ordnung der Familie, die von Gott gestiftet und daher für den menschlichen Gesetzgeber undurchbrechbar ist […]. Der Mann zeugt Kinder, die Frau empfängt, gebiert und nährt sie und zieht die Unmündigen auf. Der Mann sichert, vorwiegend nach außen gewandt, Bestand, Entwicklung und Zukunft der Familie; er vertritt sie nach außen; in diesem Sinne ist er ihr 'Haupt'; die Frau widmet sich, vorwiegend nach innen gewandt, der Ordnung und dem inneren Aufbau der Familie«[58]. Daran ändere nichts, dass diese »gewissermaßen zeitlose«, »urtümliche Ordnung der Familie heute mannigfach zivilisatorisch verzerrt« sei.[59] Folgerichtig, so das Gericht, komme dem Mann die letzte, »allerdings die Meinung der Frau achtende und nur vom Wohl der Familie geleitete Entscheidung in Sachen der Familie« zu. Das Bundesverfassungsgericht verwarf diese Argumentation erst einige Jahre später in seiner Entscheidung aus dem Jahr 1959 und wandte sich dabei nun, wie oben schon erwähnt, in aller Deutlichkeit gegen die naturrechtlichen Vorstellungen des BGH.[60] Dieser ließ sich davon jedoch nicht beirren und entschied kurze Zeit später ganz auf seiner ursprünglichen Linie, dass der Mann »der natürliche Repräsentant« eines bäuerlichen Betriebes und die Frau daher »aus sachlichen, in der natürlichen bäuerlichen Lebensordnung liegenden Gründen« aus der Hoferbfolge ausgeschlossen sei.[61]

Ein weiteres herausragendes Beispiel in dieser Hinsicht war der so genannte Kuppeleibeschluss aus dem Jahre 1954, in dem überdeutlich wurde, in welchem Maße hier rigide Moralvorstellungen mit Mitteln des Strafrechts durchgesetzt werden sollten. Am 17.2.1954 stellte der BGH fest, dass die so genannte Kuppelei gegenüber Verlobten strafwürdig sei, da Geschlechtsverkehr zwischen Verlobten als eine »grundsätzlich gegen die geschlechtliche Zucht verstoßende Handlung« angesehen werden müsse und dass diese Norm des Sittengesetzes aus sich heraus und unabhängig von wirklicher Befolgung oder jeder Änderung der Anschauungen gelte. Denn, so die Begründung, »die sittliche Ordnung will, dass sich der Verkehr der Geschlechter grundsätzlich in der Einehe vollziehe, weil der Sinn und die Folge des Verkehrs das Kind ist«. Anders als »Gebote der bloßen Sitte, der Konvention«, die einem Wandel unterworfen seien, gelten die Normen des Sittengesetzes »aus sich heraus«. »Ihre (starke) Verbindlichkeit beruht auf der vorgegebenen und hinzunehmenden Ordnung der Werte und der das menschliche Zusammenleben regierenden Sollenssätze. Sie gelten unabhängig davon, ob diejenigen, an die sie sich

58 BGHZ 11 Anhang, S. 65; vgl auch Kübler, »Richter«, S. 122.

59 BGHZ 11 Anhang, S. 66.

60 BVerfGE 10, 81; vgl. H. Simon, *Katholisierung*, S. 37.

61 BGHZ, 30, S. 50–56, Zitate, S. 54 u. 56; *JZ* 14, 1959, S. 441ff.; dazu die Kritik von Baur, in: *JZ* 14, 1959, S. 443f.

mit dem Anspruch auf Befolgung wenden, sie wirklich befolgen und anerkennen oder nicht. Ihr Inhalt kann sich nicht deswegen ändern, weil die Anschauungen über das, was gilt, wechseln«[62]. Damit machte man klar, dass die Justiz sich hier als Wahrer quasi überzeitlicher Ordnungsvorstellungen verstand und diese Ordnungsvorstellungen auch gegen gegenläufige gesellschaftliche Strömungen durchzusetzen beabsichtigte. Weinkauff selbst nahm die Urteilsbegründung später noch einmal in einer Darlegung der von ihm als naturrechtlich verstandenen Rechtsprechung des BGH auf und bekannte hier offen: »Unausgesprochen steht dahinter (hinter der Urteilsbegründung, J.R.) die Vorstellung, das schlechthin Verbindliche der Ordnung der Werte und des daraus entspringenden naturrechtlichen Sollens beruhe auf göttlicher Ordnung«[63]. Der spätere Bundesverfassungsrichter Helmut Simon sprach angesichts derartiger Begründungen der höchstrichterlichen Rechtsprechung 1962 von einer Tendenz zur »Katholisierung« des bundesdeutschen Rechts.[64]

Auch wenn man sich auf den Standpunkt stellen kann, dass gerade der Kuppeleibeschluss für die Rechtspraxis insofern in seiner Bedeutung begrenzt blieb, als man vergleichbare Fälle in der sonstigen Rechtsprechung vergeblich sucht, zeigt die Intensität, mit der in der Rechtswissenschaft die Naturrechtsproblematik im Allgemeinen und die genannten Fälle im besonderen diskutiert wurden, jedoch die grundsätzliche Bedeutung der Fälle, die für die Gleichberechtigungsproblematik ohnehin auf der Hand liegt. Für den Kontext hier ist zudem hervorzuheben, dass in der Auseinandersetzung die Bedeutung des Grundgesetzes und damit auch des Verfassungsgerichts gegenüber der zunehmend als ebenso ideologisch wie nebulös erscheinenden Naturrechtsorientierung des BGH schärfer hervortrat. Vor allem nachdem Hermann Weinkauff in einem viel beachteten Aufsatz im Jahr 1960, in dem er als BGH-Präsident ausschied, den »Naturrechtsgedanken« für die Rechtsprechung noch einmal offensiv vertreten hatte, wurde die Kritik gerade von Juristen immer lauter, die nicht unbedingt im Verdacht standen, besonders »progressiv« zu sein. So schrieb der einflussreiche Strafrechtler Eberhard Schmidt im Hinblick auf den BGH: »Die Art, wie mitunter über das positive Recht hinausgegangen und das Sittengesetz oder das Naturrecht unmittelbar wie eine mit inhaltserfüllten Normen versehene höhere Werteordnung zur Einzelfallentscheidung herangezogen wurde, stellt eine Simplifizierung des schwierigsten aller Rechtsanwendungsprobleme dar« und führe keineswegs zu überzeugenden und befriedigenden Entscheidungen. Insbesondere gelte dies in der berühmten Kuppelei-

62 BGHSt, 6, S. 46ff., S. 53 (=*NJW* 7, 1954, S. 766ff.).

63 Weinkauff, »Naturrechtsgedanke«, S. 1691.

64 Simon, *Katholisierung*.

entscheidung, dem Selbstmordproblem wie auch bei der Schwangerschaftsunterbrechung. Das ungeschriebene Recht sei keineswegs identisch mit der Werteordnung des »Sittlichen«. Der Neigung, »durch kühnen Griff in die Sittenordnung die Karte der eigenen subjektiven Weltanschauung vorzeitig auszuspielen und sich einzubilden, daß damit der Gerechtigkeit gedient sei«, müsse klar entgegengewirkt werden, so Schmidt weiter.[65] Wie eine Art endgültiger Schlussstrich unter die wissenschaftliche Debatte um die Naturrechtsrenaissance wirkt ein Beitrag von Franz Wieacker, Professor für Zivilrecht in Göttingen, der Vorzüge und Probleme des »Naturrechtsgedankens« in der Rechtsprechung noch einmal systematisch durchging und vor allem in der BGH-Rechtsprechung die Gefahr einer »Verabsolutierung einer subjektiven Moral« und den Versuch der Durchsetzung einer bestimmten Weltanschauung sah.[66]

Tatsächlich ist bemerkenswert, dass der BGH – gewissermaßen der Hort der »reinen Sphäre des Rechts« – sich unter der Leitung Weinkauffs unter Ideologieverdacht gebracht hatte, während das als politisch beargwöhnte Bundesverfassungsgericht dagegen in der Diskussion deutlich aufgewertet erschien: »Nicht die Überzeugungskraft naturrechtlicher Argumente«, so hieß es in einem weiteren Beitrag der Debatte, habe »die Einheit des Rechts gewahrt, sondern die maßvolle Haltung und die vom Grundgesetz gesicherte Autorität des BVerfG«[67].

Vielleicht ist es kein Zufall, dass diese klare Hervorhebung des Bundesverfassungsgerichts als Wahrer der Rechtseinheit aus der jüngeren Generation stammte, wie es auch in einem weiteren Beitrag dem jungen rechtswissenschaftlichen Assistenten Friedrich Karl Kübler vorbehalten blieb, den Rückgriff auf das Naturrecht einem tiefen Misstrauen gegen die Gesellschaft und die von ihr hervorgebrachte Verfassung zuzuschreiben.[68]

Von politischer Seite hatte Adolf Arndt schon 1959 von einer zunehmenden »ideologischen Unterwanderung« des Grundgesetzes gesprochen und eindringlich eine »Erfüllung« des Grundgesetzes in all seinen Bestimmungen angemahnt. Die erwähnten BGH-Urteile dienten ihm dabei als typische Beispiele: »Symptomatisch ist auch die Art, wie zuweilen ein in der Rechtsprechung erwirkter Sieg des Verfassungsrechts in der Öffentlichkeit aufgenommen wird. Dann werden – wie bei der Gleichberechtigung der Geschlechter –

65 Schmidt, *Sache*, S. 45.

66 Wieacker, *Stand*; bei dem Beitrag handelt es sich um einen Vortrag mit anschließender Diskussion, in der Wieacker breite Zustimmung erfuhr. Ähnlich auch schon Ders., »Rechtsprechung«; ablehnend gegenüber dem Versuch, Naturrecht in materielle Gerechtigkeit umzusetzen auch schon: Welzel, *Naturrecht*.

67 Evers, »Naturrechtsbewusstsein«, S. 248.

68 Kübler, »Richter«, S. 122.

der ›allzu generelle Wortlaut‹ der Verfassung, seine ›sture Anwendung‹, der ›Perfektionismus‹ und eine ›krankhafte Übersteigerung‹ der Rechtsmittel, womit besonders auf die Verfassungsbeschwerde gezielt wird, beklagt«. Und er fuhr in aller Deutlichkeit fort: »Mit dem Stichwort Perfektionismus beginnt das böse Kapitel, daß dem Überhang alter Ideologien neue hinzugefügt werden. Die Verwirklichung soll als das Perfekte, die demokratische Teilhabe des Volkes an seiner Staatsgewalt soll als das Plebiszitäre, die Rechtsgleichheit als das Egalitäre diskreditiert werden«[69].

Der Versuch des Bundesgerichtshofs, das Naturrecht als dem Grundgesetz übergeordnetes und dieses sogar brechendes Recht zu etablieren war damit klar gescheitert, wodurch umgekehrt das Verfassungsgericht in seiner Rolle eindeutig bestärkt wurde. Ohne dass es so klar ausgesprochen worden wäre, war die Debatte um das Naturrecht ein eindeutiger Beweis dafür, wie wenig haltbar die Unterscheidung zwischen einer rein sachlich entscheidenden, unabhängigen, unpolitischen, »normalen« Justiz auf der einen und einer politisierten Verfassungsjustiz auf der anderen Seite war. In der rechtswissenschaftlichen Literatur war es in erster Linie der BGH, der sich den Vorwurf einhandelte, subjektive Werturteile abzugeben. Als »positiver« Gegenpol zum vermeintlich politischen Bundesverfassungsgericht konnte sich der BGH in den fünfziger Jahren eindeutig nicht etablieren. Nicht nur Adolf Arndt, dem »Kronjuristen« der SPD, fiel es leicht, dem BGH eine »ideologische Unterwanderung des Grundgesetzes« vorzuwerfen, auch der etablierten Rechtswissenschaft blieb der ideologische Einschlag nicht verborgen.

Wie schon angedeutet, bildete die Auseinandersetzung um das Verhältnis von Grundgesetz und etwaigen naturrechtlich begründeten Sittengesetzen nur den einen der beiden zentralen Streitpunkte zwischen dem BGH und dem Bundesverfassungsgericht in den fünfziger Jahren. Auch in dem anderen ging es nicht zuletzt um das oberste rechtliche Deutungsmonopol. Man knüpfte pikanterweise an Auseinandersetzungen um das Verhältnis von Staat und Staatsform an, die schon in der Weimarer Republik von unheilvoller Bedeutung gewesen waren. Die Weimarer Justiz hatte sich in weiten Teilen als Vertreterin einer abstrakten, übergeordneten Staatsidee verstanden, und diese gegen die Staatsform, sprich die Weimarer Demokratie, ausgespielt.[70] In dieser Schärfe findet sich die Gegenüberstellung von Staat und Staatsform zwar in der Rechtsprechung des BGH nicht, doch gab es Ansatzpunkte, beides wieder

---

69 Arndt, *Grundgesetz*, S.6f u. S. 15f.

70 Neben dem weiterhin nicht überholten Aufsatz von Kübler, »Richter«, vgl. aus der reichhaltigen Literatur hier insbes. Jasper, »Justiz«.

auseinander zu dividieren und eine Kontinuität des Staates als solchem bei wechselnden Staatsformen zu sehen.

Relevant wurde diese Konstruktion für die Frage, ob die Beamten als Diener des Staates trotz des Untergangs des »Dritten Reichs« und dem damit nicht schärfer zu denkenden Bruch in jedem Fall weiter als Beamte oder Pensionäre anzusehen seien.[71] Da sich weder der Parlamentarische Rat noch der Bundestag eindeutig zu den Fragen der Rechtsverhältnisse der Beamten erklärt hatte, aber durch die Entnazifizierung letztlich doch eine Reihe von Beamten aus dem Staatsdienst entlassen und nicht wie die meisten wieder eingestellt worden waren, landeten derartige Fälle fast zwangsläufig bei den obersten Gerichten und führten zu einer »atemverschlagenden Auseinandersetzung« (Norbert Frei) zwischen dem BGH und dem Bundesverfassungsgericht. Nachdem bereits eine Reihe von Gerichten mit diesen Fällen befasst waren, hatte sich im Schrifttum und in der Rechtsprechung die Meinung durchgesetzt, dass zum einen der »Wechsel der Staatsform« die Beamtenverhältnisse unberührt gelassen habe und zum anderen durch die Entnazifizierungen lediglich vorläufige Suspendierungen vorgenommen worden seien.[72]

Höchst überraschend für Kenner der Materie entschied dagegen 1953 das Bundesverfassungsgericht im Fall einer Klage mehrerer Beamter, die sich von dem »131er«-Gesetz, das diese Fragen betraf, benachteiligt fühlten, dass »alle Beamtenverhältnisse [...] am 8. Mai 1945 erloschen« seien. Ausdrücklich wendete sich das Gericht in seinem Urteil dabei gegen eine Auffassung, »die hier lediglich von einem ›Wechsel der Staatsform‹ sprechen und daraus ›nach anerkannten Regeln des Staatsrechts‹ ein Weiterbestehen der Beamtenrechte folgern möchte«. Das Bundesverfassungsgericht vertrat dabei offensiv die Ansicht, dass eine derartige staatsrechtliche Frage nicht einfach nach einer scheinbar rein rechtlichen Subsumtion, sondern nur durch eine genaue historisch-politische Analyse zu lösen sein. Darüber hinaus warf sie denen, die ohne weiteres von einem Wechsel der Staatsformen ausgingen, vor, selbst mit der scheinbar rein rechtlichen Argumentation die Bemäntelung politischer Absichten zu betreiben.[73]

---

71 Grundlegend zu der Auseinandersetzung um die 131er: Kirn, *Verfassungsumsturz*, vgl. weiter Frei, *Vergangenheitspolitik*, S. 69ff., zur Auseinandersetzung zwischen BGH und Bundesverfassungsgericht vgl. ebd, S. 93ff. sowie Rolf Grawert, »Zusammenbruch«.

72 Vgl. Kirn, *Verfassungsumsturz*, S. 115.

73 In seiner Darstellung über die gesamte Auseinandersetzung schreibt Kirn, *Verfassungsumsturz*, S. 205, es dürfte »kaum jemals in der deutschen Rechtsgeschichte [...] eine Diskussion von ähnlichem Umfang und Schärfe gegeben haben, wie sie nach der Diskontinuitätsthese insbesondere des Beamtenurteils des BVerfG entstand«. Von den 40 Beiträgen, die er dazu gezählt hat, verteidigten lediglich zwei das Ergebnis und die Begründung des Urteils, während alle anderen die Begründung verwarfen. Unter den positiven Stellungnahmen zählt Kirn allerdings

Als sich nur wenige Monate nach diesem Urteil für den BGH anlässlich einer Klage eines Pensionärs auf Nachzahlung von Ruhegehältern die Gelegenheit bot, griff der BGH das Urteil des Bundesverfassungsgerichts auf und versuchte noch einmal eine Trennungslinie zwischen einer rein rechtlichen und einer politischen Beurteilung der Kontinuitätsfrage aufzubauen. Es versteht sich von selbst, dass der BGH sich auf der Seite des Rechts und das Verfassungsgericht auf Seiten der Politik sah, eine Auffassung, die umso näher zu liegen schien, da es schließlich der Erste, also der so genannte »rote« Senat gewesen war, der dieses angeblich verirrte Urteil gesprochen hatte: »Bei dieser Beurteilung (des Sachverhalts durch das Bundesverfassungsgericht, J.R.) handelt es sich nicht um ein rechtliches, sondern um ein geschichtliches Werturteil«[74]. Tatsächlich habe der »rechtliche Kern« des Beamtenverhältnisses auch im »Dritten Reich« darauf beruht, »daß das Beamtentum verwaltende und rechtsprechende, nicht aber im eigentlichen Sinne politische Funktionen« gehabt habe, »also Funktionen, die der Staat als solcher immer übt und die weitgehend unabhängig sind von seiner wechselnden Erscheinungsform«[75].

Die Gelegenheit zu einem letzten rechtlichen Wort in der Angelegenheit verschaffte dem Bundesverfassungsgericht ausgerechnet ein ehemaliger Gestapo-Beamter. Auf Grund seiner Tätigkeit im »Dritten Reich« war diesem die Weiterbeschäftigung als Beamter verweigert worden, eine nicht mit der Verfassung zu vereinbarende Benachteiligung, wie er meinte. Das Verfassungsgericht nahm diesen Fall sicher gerne auf und nutzte in seinem Beschluss vom 19.2.1957 die Gelegenheit, um seinen Standpunkt wiederum ausführlich darzulegen und die Kritiken in zum Teil sehr scharfer Form zurückzuweisen.[76] Dabei ging es den Verfassungsrichtern nicht zuletzt darum, dem vom BGH insinuierten Gegensatz von einer für sich selbst beanspruchten rein rechtlichen und einer dem Verfassungsgericht vorgehaltenen politisch gefärbten Beurteilung der Kontinuitätsfrage entgegenzutreten. Zwar hatte das Verfassungsgericht selbst argumentiert, dass man ohne eine eingehende historisch-politische Betrachtungsweise in der Frage nicht auskomme. Doch wollte man diese gerade nicht in einen Gegensatz zu einer rechtlichen Beurteilung bringen, sondern als deren Voraussetzung verstanden wissen. So hielt das Bundesverfas-

---

nicht den Beitrag von Kreile, »Magna Charta«; zu Kreile, der zu diesem Zeitpunkt gerade 24 Jahre alt war, und dessen positiver Würdigung des Urteils vgl. Frei, *Vergangenheitspolitik*, S. 94. Aus der übrigen Literatur vgl. ansonsten insbesondere: Bachof, »Bundesverfassungsgericht«; Forsthoff, »Bundesverfassungsgericht«; Kern, »Probleme«; Jerusalem, »131–er Urteile«; Köttgen, »Beamtenurteil«.

74 BGHZ 13, S. 299.

75 BGHZ 13, S. 265–319.

76 BVerfGE 6, S. 132–222.

sungsgericht dem BGH dann auch vor, es sei ein »begriffsjuristischer Irrtum, von einem gewissermaßen über- oder vorstaatlichen Begriff des Berufsbeamtentums auszugehen und von dieser Grundlage aus die rechtliche Unmöglichkeit einer inhaltlichen Umgestaltung oder die Unmöglichkeit grundsätzlich verschiedenartiger rechtlicher Gehalte von Beamtenverhältnissen eines konkreten Staates zu folgern«[77]. Die staatsrechtliche Konzeption, die sich der BGH in Anlehnung an Forsthoff und andere zu eigen gemacht hatte[78], ging von eben einem solchen, von der politischen Verfasstheit des Staates unabhängigen Beamtentums aus, das damit von den Verbrechen des Regimes ferngehalten wurde und auf diese Weise auch dem Nachfolgestaat selbstverständlich weiter dienen konnte. Wenn das Bundesverfassungsgericht dagegen betonte, dass es »auf der verfassungspolitischen Entscheidung eines jeden Staates« beruhe, »in welcher Weise er das Rechtsverhältnis seiner Staatsdiener gestaltet«, so gab es damit zunächst einmal ein Urteil über die Beamtenschaft im »Dritten Reich« ab und betonte dessen Involviertheit in den nationalsozialistisch verfassten Staat. Darüber hinaus hebelte es aber auch grundsätzlich jene Konzeption von einem unpolitischen Beamtenapparat aus, die die unmittelbare Bindung der Beamtenschaft an die jeweilige – und damit eben auch die demokratische – Ordnung verneinte. Ausdrücklich bezog das Verfassungsgericht seine Argumentation zudem auf die Richter und betonte, dass die Beamten und Richter keine »im eigentlichen Sinne politischen Funktionen« haben. Gleichwohl müsse jedem Beamten und jedem Richter ein bestimmter Ermessensspielraum eingeräumt werden, der dann den Ansatzpunkt zur Politisierung liefere. Der Staat könne »den Sachauftrag des Beamten politisch fixieren, indem er ihm vorschreibt, dass er bei der Ausübung dieses Ermessens einen ganz bestimmten politischen Standpunkt einzunehmen habe«. Bezogen auf den nationalsozialistischen Staat war die Argumentation damit klar: Die Funktion der Beamten – wie im Übrigen auch der Richter – war in so hohem Maße politisch bestimmt, dass ein etwaiger unpolitischer Kern ihrer Tätigkeit nicht mehr erkennbar war und damit »der Beamte des nationalsozialistischen Deutschlands […] der Beamte Adolf Hitlers« war.[79]

Das Urteil argumentierte allerdings so grundsätzlich, dass auch die Verhältnisse im freiheitlich-demokratischen Staat mit einbezogen wurden. Hier zeigte sich dann einmal mehr, wie komplex und vermint das Grenzgebiet zwischen Recht und Politik war. Gerade weil die Möglichkeit bestehe, dass der Staat die Aufgaben der Beamten und Richter politisch festlege, so das Gericht

77 Ebd., S. 152.

78 Vgl. hier vor allem Forsthoff, *Staat*.

79 So Kreile, »Magna Charta«, S. 85.

weiter, »bemüht sich der freiheitlich-demokratische Staat, die Tätigkeit der Beamten gegenüber parteipolitischen Einflüssen weitgehend zu neutralisieren, Verfassungsfeinde nicht nur von der funktionell politischen, sondern gerade auch von der Beamtentätigkeit fernzuhalten und Vorsorge gegen die Möglichkeiten politischen Missbrauchs in Verwaltung und Rechtsprechung zu treffen«[80]. Abgesehen von dem interessanten Nebenaspekt, dass das Urteil hier gewissermaßen schon das viel spätere Urteil zum Radikalenerlass vorzeichnet, ist wichtig, wie hier nicht argumentiert wird: Der festgestellten politischen Funktion des Beamtentums und der Richterschaft im Nationalsozialismus wird nicht einfach deren unpolitische Funktion im demokratischen Rechtsstaat gegenübergestellt. Der BGH hatte es hier wesentlich einfacher: Er schrieb der Beamten- und Richterschaft grundsätzlich eine »unpolitische« Funktion zu und räumte höchstens deren Missbrauch ein. Das Bundesverfassungsgericht betonte nun aber zum einen die grundsätzliche Gebundenheit der Richter und Beamten an die Verfasstheit des Staates, und zwar sowohl im totalitären wie im freiheitlichen Staat, legte aber zum anderen größten Wert auf die Unterschiede in der politischen Verfasstheit der beiden Staaten. Implizit ging das Verfassungsgericht damit insofern von einer politischen Funktion der Beamten und Richter aus, als sie ihre Tätigkeit in Übereinstimmung mit der verfassungsmäßigen Grundordnung auszuüben hatten. Gleichzeitig wollten die Verfassungsrichter die Tätigkeit – durchaus aus guten Gründen – »im eigentlichen Sinne« als nicht-politische verstanden wissen, die zudem von »parteipolitischen« Einflüssen freizuhalten sei. Eine eindeutige Zuweisung sowohl der beamtlichen wie der richterlichen Tätigkeit als »politisch« oder »unpolitisch«, das zeigt sich bereits in dieser Argumentation, erweist sich für den demokratischen Rechtsstaat als unmöglich. In der Auseinandersetzung um die politische Funktion der Richterschaft am Ende der sechziger Jahre wird sich diese Aporie noch einmal deutlich zeigen.

Und noch in anderer Hinsicht können die Auseinandersetzungen zwischen BGH und Bundesverfassungsgericht als Vorboten einer späteren Auseinandersetzung gelesen werden, nämlich die um die Frage des Einflusses weltanschaulicher Hintergründe auf die Rechtsprechung. Denn mit den Urteilen, in denen der BGH zur Kontinuität eines »unpolitischen Beamtenapparats« Stellung nahm, sprach er quasi ein Urteil in eigener Sache. Schließlich stand er selbst institutionell und personell in direkter Kontinuität zu einer staatlichen Institution des »Dritten Reiches«, dem Reichsgericht.[81]

---

80 BVerfGE 6, S. 154.

81 Vgl. in diesem Zusammenhang auch ein Urteil aus dem Jahr 1961, das einen Anspruch auf Entschädigung für ein im Jahr 1939 ergangenes Urteil gegen einen Wehdienstverweigerer mit der Begründung ablehnte, Widerstand gegen das NS-Regime habe zu diesem Zeitpunkt keine

Bezeichnenderweise geriet aber in den fünfziger Jahren zunächst keineswegs die Zusammensetzung des BGH und die Problematik der Kontinuität ins Visier der Kritik, sondern die Zusammensetzung des Bundesverfassungsgerichts. Im Zusammenhang mit seinem Beamtenurteil von 1953 schrieb der Staatsrechtler Günther Krauss ungeniert, was vermutlich auch viele seiner Kollegen dachten: Gegner der These von der Kontinuität des deutschen Staates, die sich aus Nichtjuristen, Juristen, die nicht Staatsrechtler seien, und Emigranten rekrutierten, könnten »in der Frage der moralischen Einstimmigkeit der deutschen Staatsrechtslehre nicht mitgezählt werden«[82]. Personen, die mit dem Attentat auf Hitler vom 20. Juli 1944 zu tun gehabt hatten, waren für den schwer NS-belasteten Staatsrechtler Otto Koellreutter Verräter und »keinesfalls« zum Verfassungsrichter geeignet.[83]

In der *FAZ* schrieb Paul Sethe in ähnlichem Zusammenhang, dass man das Gefühl habe, »als hätten die Mitglieder des Ersten Senats (des Bundesverfassungsgerichts J.R.) unter dem Nationalsozialismus keine ausreichende persönliche Verbindung zum Beamtentum gehabt«[84]. Der Vorwurf an die Verfassungsrichter hätte kaum absurder ausfallen können. Ebenso ließe sich einem Richter, der einen Kriminellen verurteilt, vorwerfen, ihm fehle die persönliche Bindung zum kriminellen Milieu.

Erst als zum einen seit Anfang der sechziger Jahre die NS-Belastung der Richter verstärkt thematisiert wurde und als zum anderen die Herkunft und die Sozialisation der Richterschaft ins Blickfeld der Soziologen geriet, begann sich hier das Blatt zu wenden, und es wurde zunehmend danach gefragt, welchen Belastungen die Rechtsprechung durch die weitgehend ungebrochene personelle und mentale Kontinuität seit dem Kaiserreich ausgesetzt war.[85]

Festzuhalten bleibt an dieser Stelle, dass es das Bundesverfassungsgericht in seiner Rechtsprechung, die Fragen der Kontinuität des Beamtentums und des Staates anging, wesentlich schwerer hatte, sich gegen die nahezu geschlossene Phalanx der Staatsrechtswissenschafter und der entsprechenden Recht-

---

Aussicht auf Erfolg gehabt und sei somit nicht als politisch, sonder rein als persönlich zu werten. Urteil abgedruckt in: *NJW* 15, 1962, S. 195–196.

82 Krauss, »Verfassung«, S. 580. Tatsächlich war die Wahl eines großen Teils Bundesverfassungsrichter mit großem Bedacht auf Personen gefallen, die eben keine »ungebrochene« Vita in der NS-Zeit aufweisen konnten, sondern dem Regime in deutlicher Distanz oder Gegnerschaft gegenüberstanden. Kurze biographische Skizzen der einzelnen Richter in den fünfziger Jahren in: *Das Bundesverfassungsgericht*, S. 307ff.; zur sozialen Zusammensetzung der Obersten Bundesgerichte in den fünfziger und frühen sechziger Jahren vgl. zudem Feest, »Bundesrichter«.

83 Koellreutter, »Karlsruher Urteile«, S. 35.

84 Vgl. den Leitartikel in der *FAZ* von Paul Sethe zum so genannten Soldatenurteil vom 26.2.1954 (BVerfGE 3, S. 288–352): Sethe, Urteil.

85 Vgl. dazu unten Kapitel 2.

sprechung durchzusetzen, als in der Zurückweisung der naturrechtlich verbrämten Rechtsprechung des BGH. In einer Mischung aus persönlichen und ideologischen Motiven hielten die Richter und Staatsrechtswissenschaftler an der Kontinuität einer übergeordneten Staatsidee fest, der die Staatsform letztlich nachgeordnet war, und der sie die Beamten, und damit letztlich auch sich selbst, als verpflichtet definierten. Dass mit einer solchen Konstruktion der Realität beamtlicher und richterlicher Praxis im »Dritten Reich« kaum entsprochen wurde, ist insofern wenig verwunderlich, als hier schließlich auch in eigener Sache Stellung bezogen wurde. Wichtig ist in diesem Zusammenhang zudem die Frage nach den Folgen einer derartigen Konstruktion für die staatsrechtlichen Vorstellungen im demokratischen Rechtsstaat. Zwar verlor die Diskussion um die Kontinuitätsfrage an Brisanz, doch das Problem des Verhältnisses von Staat und Staatsform, konkreter gefasst, vom Staat zur demokratisch verfassten Gesellschaft, blieb für die staatsrechtliche Diskussion weiter zentral. Letztlich verlor das Festhalten an einer übergeordneten Staatsidee selbst bei einem durch und durch etatistisch orientierten Staatsrechtler wie Ernst Forsthoff seine eindeutig antidemokratische Stoßrichtung und mündete schließlich in die Debatte um die Reichweite der innergesellschaftlichen Demokratie.[86] Für die fünfziger Jahre kommt hier dem Verfassungsgericht das Verdienst zu, im Zusammenhang mit der Kontinuitätsfrage einen deutlichen Kontrapunkt gegen die Vorstellung einer übergeordneten, zeitlosen Staatsidee gesetzt zu haben.

1.3 Reformbestrebungen in restaurativer Absicht: Die Forderung nach einer großen Justizreform

»Der Ruf nach der Justizreform hat die Klage über eine Justizkrise abgelöst«, konstatierte Adolf Arndt Ende der fünfziger Jahre in einer Rede vor Richtern und Staatsanwälten. Er fuhr fort: »Unter dem Stichwort Justizkrise hatte die Justizkritik einen negativen Akzent. Mit dem Stichwort Justizreform bekam die Justizkritik einen positiven Akzent«[87]. In diesem Wechsel drücke sich ein bedeutsamer Wandel aus. Die Forderung nach einer Justizreform komme nicht

---

86 Als wichtigen Ausgangspunkt der Debatte um das Verhältnis von Staat und Gesellschaft und damit um das Staatsverständnis in der Demokratie vgl. Ehmke, »Staat«, auch in: Böckenförde (Hg.), *Staat*, S. 241–274; in dem von Böckenförde herausgegebenen Sammelband finden sich auch die weiteren wichtigsten Beiträge zu der Debatte.

87 Arndt, »Grundfragen«, S. 199.

mehr von außen, sondern von den Richtern selbst und spiegele deren zunehmendes Unbehagen mit ihren Berufsbedingungen wider. Tatsächlich findet sich in den ausgehenden vierziger und beginnenden fünfziger Jahren sowohl in der allgemeinen wie in der Fachpublizistik immer wieder das Stichwort der Justizkrise, wobei der Begriff insgesamt eine wenig spezifische Bedeutung hatte und je nach Kontext durchaus Verschiedenes meinen konnte. Der Begriff – teilweise auch als »Vertrauenskrise der Justiz« – tauchte erstmals bereits in der unmittelbaren Nachkriegszeit im Zusammenhang mit den haarsträubend abwiegelnden frühen NS-Prozessen auf.[88] Schon kurze Zeit später meinte der Begriff mit ganz anderen Vorzeichen die Gefahr einer direkten Einmischung der Politik in die Angelegenheiten der Justiz.[89] In diesen Zusammenhang gehört auch die erwähnte Auseinandersetzung um das Bundesverfassungsgericht im Jahr 1952. Bezeichnend für die Debatte war jedoch, dass der Begriff insgesamt schillernd bleibt und man anstatt einer klaren Krisenbenennung eher Formulierungen findet, in denen davon die Rede ist, dass man von einer Justizkrise eigentlich gar nicht sprechen könne.[90]

Wenn der Begriff im Laufe der fünfziger Jahre mehr und mehr verschwand, so lag dies daran, dass die Unsicherheiten über die Stellung der Justiz im neuen Verfassungsgefüge und die damit verbundene Gründungskrise des Verfassungsgerichts bald überwunden war. Außerdem machte die Justiz bald nicht mehr durch problematische Urteile gegen NS-Täter von sich reden, weil bekanntermaßen seit Beginn der fünfziger Jahre zunächst so gut wie keine Prozesse mehr stattfanden.

Wenn es daher, wie Arndt konstatierte, im Laufe der fünfziger Jahre einen Umschwung von der Krisen- zur Reformrhetorik gab, so verwundert es vor diesem Hintergrund kaum, dass eine klare Krisendiagnose und daraus abgeleiteten Reformforderungen nicht existierten. Vielmehr trat der ohnehin amorphe Begriff von der Justizkrise schlicht in den Hintergrund. Mit der Forderung nach einer Reform gelang es der Justiz, aus der defensiven Position hinauszugelangen, in die sie durch die Rede von der Krise geraten war. Vorstellungen von einer »Großen Justizreform« durchzogen die Literatur zur Justiz bereits seit Beginn des Jahrhunderts. Nachdem die Idee schon im Parlamentarischen

88 Als Beispiele von vielen aus der Tagespresse vgl. etwa: Krise der Justiz, in: *SZ*, 3.6.1948; Ist Befehl ein Argument des Rechts? Eine Untersuchung über die Ursachen deutscher Justizkrise, in: *FR* 31.3.1950; Vertrauenskrise in der Justiz?, in: *FR*, 3.3.1951; Justizkrise sei beinahe ein »modisches Schlagwort«, heißt es in einem Kommentar von Müller-Meinigen, Bollwerk; *DRiZ* 31, 1953, S. 59.

89 Vgl. hier Müller-Meinigen, Justiz und die sich daran anschließende Debatte.

90 Als Beispiel von vielen: Dehler bestreitet Krise der Justiz, in: *SZ*, 26.6.1950; die meisten Beiträge in der *Deutschen Richterzeitung* haben genau diese Tendenz, die Krise zu bestreiten, ohne klar zu sagen, worin sie bestand.

Rat eine gewisse Rolle gespielt hatte[91], wurden die alten Vorstellungen und Forderungen etwa seit Mitte der fünfziger Jahre nicht zuletzt im Hinblick auf das in Aussicht genommene Richtergesetz wieder verstärkt aktualisiert. Ausgangs- und Bezugspunkt der gesamten Debatte war eine Rede des Frankfurter Oberbürgermeisters Franz Adickes aus dem Jahr 1906[92], in der er, sehr knapp formuliert, eine Vereinfachung und eine Vereinheitlichung des Justizaufbaus sowie eine drastische Reduzierung der Richterschaft forderte. An die Stelle des vierstufigen Gerichtsaufbaus der ordentlichen Gerichtsbarkeit – Amtsgericht, Landgericht, Oberlandesgericht und Bundesgerichtshof – sollte ein dreistufiger – letztlich durch Abschaffung der Amtsgerichte – treten. Zudem sollten die Gerichte entweder eine Allzuständigkeit bekommen – also auch die Funktionen übernehmen, die Arbeitsgerichte, Verwaltungsgerichte etc. hatten – oder aber zumindest sollte die Justizverwaltung vereinheitlicht werden. An deren Spitze sollte ein Rechtspflegeminister für alle Gerichte, und nicht mehr der Finanzminister für die Finanzgerichte und der Arbeitsminister für die Arbeitsgerichte etc. zuständig sein. Weitere technische Aspekte der Reform brauchen hier zunächst nicht weiter zu interessieren. Wichtig für die Frage der Stellung der Justiz in der Gesellschaft war die Vorstellung, dass mit einer Reduzierung der Richterschaft auch die Schaffung einer schmalen und nicht zuletzt hoch bezahlten Elite verbunden war.[93] Bei der Existenz eines wahrhaften Richterheeres sei klar, dass »die geistige Mittelmäßigkeit bei weitem überwiegen muss«. So hatte Adickes schon 1906 ähnliche Vorstellungen formuliert[94], zu denen Adolf Arndt 1959 spöttisch anmerkte, es gehöre »zu den Lieblingsspielzeugen der großen Justizreformer«, zu erwarten, »man könne mit einem Zauberschlage die Verringerung der Richterzahl von augenblicklich weit über 10.000 auf einen Bruchteil davon erreichen, um die verbleibende Elite der Richterkönige dann paradiesisch zu inthronisieren«[95]. Tatsächlich war (und ist) die Zahl der deutschen Richter im internationalen Vergleich relativ hoch, ein Umstand in dessen Zusammenhang auch immer wieder die tatsächliche oder

91 Vgl. dazu Wrobel, *Verurteilt*, S. 295ff.

92 Adickes, *Grundlinien*. Seitdem hat es eine Vielzahl von Vorschlägen gegeben, die das Modell der Dreistufigkeit variieren. Zusammenfassend zu diesen Vorschlägen vgl. u.a. Kern, *Geschichte*; Einen knappen Überblick über die unterschiedlichen Vorschläge liefert auch Kickler, *Ausbau*. Zur Reformdebatte der fünfziger Jahre vgl. weiter: Gerner, »Vorstellungen«.

93 Seidel, »Gedanken«.

94 Adickes, *Grundlinien*, S. 37.

95 Arndt, »Grundfragen«, S. 199. Zu den Vorstellungen von einer drastischen Verringerung der Richterstellen vgl. Weinkauff, »Justizreform«; Weinkauff hielt hier eine Reduzierung auf 40 Prozent des damaligen Standes für möglich; vgl. ebd. S. 93.

vermeintliche Prozessfreudigkeit der Deutschen genannt wird.[96] Als Vorbild einer schmalen Richterelite galt im Übrigen England, ohne dass man sich tatsächlich mit dem englischen Rechts- und Justizsystem näher auseinandergesetzt hätte.

Möglichst weitgehende politische und finanzielle Unabhängigkeit für eine kleine Richterelite: Das waren die entscheidenden standespolitischen Ziele, die die Befürworter einer Großen Justizreform verfolgten. Dass mit den Forderungen, die fast ausnahmslos von höheren Richtern erhoben wurden, den unteren Richtern langfristig nicht nur das Wasser abgegraben, sondern diese indirekt auch als minder qualifiziert beiseite geschoben wurden, erregte jedoch bei den Amtsrichtern keinen nennenswerten Widerspruch. Der Richterbund, der sich die Forderungen zu eigen gemacht hatte, wurde sowohl auf Bundesebene als auch auf der Ebene der Landesorganisationen von höheren Richtern geleitet und entsprechend dominiert.

Bezeichnend in diesem Zusammenhang ist, dass gerade die höheren Richter vor einer Konsequenz der Forderung nach der »Großen Justizreform« zurückschreckten. Denn da die »Große Justizreform« zugleich das Ziel der »Entbeamtung« verfolgte, hätte dies auch den Verzicht auf die Richtertitel bedeutet, die an die Beamtenlaufbahn erinnerten: Amtsgerichtsrat, Landgerichtsrat, Landgerichtsdirektor etc. Der Vorteil der »Entbeamtung« lag nicht zuletzt darin, auf diese Weise eine Abkoppelung von den Beamtengehältern und damit eine höhere Besoldung zu erreichen. In dem Verzicht auf die Titel sah mancher Richter gleichwohl einen erheblichen Verlust an symbolischem Kapital. In der Logik seiner Reformforderungen hatte sich der Richterbund allerdings nur halbherzig zu dieser Forderung durchgerungen. Ein Referentenentwurf für ein neues Richtergesetz aus dem Jahr 1954 sah dann auch vor, dass Richter nur noch den Titel »Richter« (am … -gericht) oder »Vorsitzender Richter« (am … -gericht) tragen sollten.[97] Wo sich die *Deutsche Richterzeitung* sonst nicht durch besondere Kontroversen auszeichnete, regte sich hier nun Widerstand, der aus der Titelfrage ein grundsätzliches Problem der Gesellschaftsordnung machte. Das Gespenst von der »Gleichmacherei« wurde beschworen, und überhaupt drohte die gesamte Ordnung aus den Fugen zu geraten: »Das deutsche Volk bedarf der überlieferten Titel, Amtstrachten usw. als Orientierungsmittel bestehender Ordnung. Die Beseitigung dieser Orientierung bedeutet im Behördenverständnis nicht weniger als die Beseitigung der

96 Die *Deutsche Richterzeitung* gab etwa für die Bundesrepublik im Jahr 1958 die Zahl von 9280 Richtern (allein in der ordentlichen Gerichtsbarkeit) auf 54 Millionen Einwohner an, während Frankreich zu diesem Zeitpunkt über 2880 Richter auf 44 Millionen Einwohner verfügte. Vgl. *DRiZ* 41, 1963, S. 239.

97 Vgl dazu Müller-Meinigen jr., Richter ohne Titel, auch in *DRiZ* 32, 1954, S. 176.

Ampeln und Verkehrsschilder«, schrieb 1954 ein Landgerichtsrat in der *Richterzeitung* und ließ dabei zugleich keinen Zweifel an seiner Vorstellung der Rolle der Justiz in der Gesellschaft: »Sollte man [...] angelsächsischen Vorbildern nacheifern wollen, so bietet die Richterbesoldung dazu hinreichende und autoritätsbegründende Möglichkeiten. Solange aber der britische Richter seine Perücke trägt, soll man die Titulatur des deutschen Richters ungeschoren lassen, wie es der konservativen Verpflichtung der Institution entspricht«[98]. Da der Protest gegen die Abschaffung der Titel offenbar doch zu groß war, ließ das Richtergesetz von 1961 den Richtern schließlich doch ihre Titel. Ende der sechziger Jahre kam die Frage in verändertem Kontext erneut auf die Tagesordnung und erhitzte die Gemüter einmal mehr.

Ebenso unverkennbar wie bezeichnend ist, dass auf der einen Seite standes- und gesellschaftspolitische Vorstellungen in der Reformdiskussion ständig ineinander griffen, auf der anderen Seite aber die neue verfassungsrechtliche Situation der Justiz in der Bundesrepublik oder eine Auseinandersetzung mit der eigenen Vergangenheit dabei jedoch kaum eine Rolle spielten. Unter den Zeitgenossen blieb es einmal mehr Adolf Arndt vorbehalten, dies kritisch anzumerken.[99] Zwar ist insgesamt die Auseinandersetzung um die »Große Justizreform« äußerst komplex, und die verschiedenen Positionen zu den einzelnen Fragen sind ideologisch keineswegs eindeutig zuzuordnen. Dies wird sich in der zum Teil verwirrenden Diskussion am Ende der sechziger und zu Beginn der siebziger Jahre noch einmal zeigen, als sich die SPD die Große Justizreform auf die Fahnen geschrieben hatte. Doch für den Kontext der ausgehenden fünfziger Jahre ist entscheidend, dass mit der Forderung nach einer Großen Justizreform zunächst weniger eine Neubestimmung der Justiz im demokratischen Staat als vielmehr der Versuch einer konservativen Konsolidierung der Justiz verbunden war. Nicht von ungefähr war es wiederum der BGH-Präsident Hermann Weinkauff, der sich hier besonders profilierte. Er verband am deutlichsten die in manchem eher technischen Reformvorstellungen mit ideologischen Positionen. Als Ziel der Zusammenfassung der verschiedenen Gerichtszweige nannte er die Schaffung eines »einheitlichen Ethos mit einer einheitlichen richterlichen Grundüberzeugung« und er fuhr in dem ihm eigenen Pathos fort:

---

98 Vgl. die Leserzuschrift von Landgerichtsrat Kewer, Richter ohne Titel? in: *DriZ* 32, 1954, S. 190f. in ähnlichem Sinne: Senatspräsident Castner, Amtsbezeichnung der Richter, in: *DRiZ* 33, 1955, S. 66f.; vgl. dagegen Amtsgericht Mohr, Nochmals: Richter ohne Titel? in: *DRiZ* 32, 1954), S.239f.; als historischen Rückblick und internationalen Vergleich: Heiner, Zur Änderung der richterlichen Amtsbezeichnungen, in: *DRiZ* 32, 1954, S. 263–265, 33, 1955, S. 9–10, S. 35–36.

99 Vgl. Arndt, »Grundfragen«.

»Gerade in unserer Zeit, die sich durch die ›Anarchie der Werte‹ kennzeichnet, wie es noch selten da war, in unserer Zeit, in der die sittlichen und die rechtlichen Grundanschauungen, ich meine die gemeinsamen sittlichen und die rechtlichen Grundanschauungen, praktisch nicht mehr vorhanden sind, gerade in einer solchen Zeit muss wenigsten in den Gerichten ein einheitlicher richterlicher Geist erstrebt werden, und darf nicht im Wege einer immer weitergehenden Aufsplitterung und eines immer mehr fortschreitenden Auseinanderjudizierens in den Grundfragen dieser unheilvollen Entwicklung noch Vorschub geleistet werden«[100].

Weinkauff schwebte eine kleine, mächtige Richterelite vor, die mit Hilfe seiner Vorstellungen vom Naturrecht für jene Gemeinsamkeit sittlicher und rechtlicher Grundanschauungen sorgen sollte, die er sonst in der modernen Welt des Pluralismus untergehen sah. Den Traum von einer Einheit der Rechtsprechung in organisatorischer und weltanschaulicher Hinsicht formulierte niemand so klar wie der BGH-Präsident, und angesichts der Kritik an seinen Naturrechtsvorstellungen ist auch fraglich, ob ihn in dieser Ausprägung viele teilten. Dennoch ist Weinkauffs Position charakteristisch, da die Bestrebungen zu einer »Großen Justizreform« – gerade auch, aber nicht nur in der Weinkauffschen Wendung – im Zusammenhang mit den Bestrebungen um eine »Große Strafrechtsreform« ein homogenes Bild ergeben. 1954 konstituierte sich eine Kommission mit dem Ziel, das seit 1871 geltende Strafgesetzbuch einer gründlichen Reform zu unterziehen. Im Jahr 1962 legte die Kommission schließlich einen Entwurf (den sog. »E 1962«) vor, der heftige Kritik hervorrief. Mit einem modernen Strafrecht, das die Frage der Strafwürdigkeit von Moralvorstellungen möglichst freihält, hatte der Entwurf wenig zu tun. Die Chance zu einem »großen Wurf« wurde hier eindeutig vertan. Stattdessen fiel den Kritikern schon an der Terminologie der Grundtenor von »eigentümlich affektbetontem, wertbetontem wie moralisierendem Gehalt auf: ›Laster‹, ›lasterhaftes Treiben‹, ›widernatürlich‹, ›verwerflich‹, ›Verstoß gegen Zucht und Sitte‹, ›pflichtwidrig‹ […] ›allgemeines Schamgefühl‹; Sauberkeitsgefühl‹, […] ›Abartigkeit‹, ›wollüstige Absicht‹, ›Unzucht‹«[101]. Zur Abschaffung kurzzeitiger Gefängnisstrafen konnte sich der Entwurf ebenso wenig durchringen wie zur

100 Weinkauff, »Justizreform«, S. 94.

101 Hochheimer, »Sexualstrafrecht«, S. 94. Die Arbeit der Kommission erstreckte sich von 1954 bis 1959. Der Verlauf der Beratungen zu dem Entwurf von 1962 ist nachzulesen in: *Niederschriften über die Sitzungen der Großen Strafrechtskommission*; Der Entwurf selbst findet sich in: Entwurf eines Strafgesetzbuches (StGB) E 1962; aus der umfangreichen Kritik sei hier nur genannt: Baumann, »Entwurf«; ders, *Kleine Streitschriften*; zu der Debatte vgl. aus historischer Perspektive Goedecke, »Strafrechtsreform«. Zur Frage der ›Sittlichkeit‹ vgl. neben der reichhaltigen Literatur auch die Debatte auf dem Juristentag von 1968 zur Frage: Empfiehlt es sich, die Grenzen des Sexualstrafrechts neu zu bestimmen?, in: Verhandlungen des 47. Deutschen Juristentages, Bd. II Sitzungsberichte, München 1969, S. K 6 – K 189.

Abschaffung des »Zuchthauses« und so wirkten die Vorstellungen der »Großen Strafrechtskommission« eher wie der Versuch, zutiefst konservative Anschauungen zur Frage, was und wie eine Gesellschaft bestrafen soll, gerade auch für den neuen demokratischen Staat zu zementieren und ihn vor pluralistischen und liberalistischen Auflösungserscheinungen zu bewahren. Die Debatte um die Strafrechtsreform und die Kritik an dem Entwurf von 1962 ist an dieser Stelle nicht weiter auszuführen. Für den ideologischen Hintergrund sowie für die Frage, an welche Vorstellungen mit den groß angelegten Reformansätzen der fünfziger Jahre angeknüpft wurde, sind Gemeinsamkeiten gleichwohl unübersehbar: Beide Reformvorhaben der fünfziger Jahre sollten nicht nur »große Würfe« werden, sondern sie knüpften vor allem durchweg an Reformvorstellungen aus dem Kaiserreich an. Insofern waren es Reformrestaurationen in einem doppelten Sinne. Denn auf der einen Seite wurden hier alte Reformpläne wieder aus der Schublade geholt und restauriert. Auf der anderen Seite sollte mit Hilfe der Reformen ein Stück Restauration betrieben werden.

1.4. Arbeitsgerichtsbarkeit und Verfassung

Bewegt man sich für die fünfziger Jahre in dem Grenzgebiet zwischen Recht und Politik, so wird man sich auch der juristischen Auseinandersetzung um den so genannten politischen Streik und der entsprechenden Rechtsprechung des Bundesarbeitsgerichts (BAG) zuwenden müssen. Die Auseinandersetzung ragt zwar zeitlich deutlich in die sechziger Jahre hinein, bezieht sich jedoch auf Urteile aus den fünfziger Jahren. Zudem ist die Auseinandersetzung wichtig für die Frage des Bezugs auf die Verfassung und verweist sie einmal mehr auf die problematische Frage eines »politischen« oder »unpolitischen« Verständnisses der richterlichen Tätigkeit. Dies ist für die Arbeitsgerichtsbarkeit insofern von besonderer Brisanz, weil die Literatur die Arbeitsgerichte im Allgemeinen und das Bundesarbeitsgericht im Besonderen immer wieder als »Ersatzgesetzgeber« bezeichnet hat, der in Folge fehlender gesetzlicher Regelungen in vielen Einzelpunkten zu eigenständigen, gesetzlich nicht abgesicherten Positionen kommen musste.[102] Aufgrund der zentralen Rolle der Arbeitsgerichte für die Gestaltung der Arbeitsbeziehungen sind die gesellschaftspolitischen Implikationen der Rechtsprechung, insbesondere des BAG, evident. Dies gilt vor allem für das kollektive Arbeitsrecht. Zudem stellt sich aufgrund der besonderen

102 Als grundlegenden Überblick über die Geschichte der Arbeitsrechtswissenschaft und damit auch über die Rechtsprechung des Bundesarbeitsgerichts vgl. Ramm, »Pluralismus«.

Rolle der Richter für die Entwicklung des Arbeitsrechts auch in besonderem Maße die Frage nach den gesellschaftspolitischen und weltanschaulichen Hintergründen der Entscheidungen.

Zu den ersten wichtigen Urteilen im Streikrecht kam es 1953 im Zusammenhang mit dem so genannten Zeitungsstreik der IG Druck und Papier. Den Hintergrund bildete die Auseinandersetzung um das geplante Betriebsverfassungsgesetz, dessen Entwurf die Gewerkschaften scharf ablehnten. In einem Brief an den Bundeskanzler kündigte der DGB-Vorsitzende Christian Fette im Mai 1952 »gewerkschaftliche Kampfmaßnahmen« an, mit dem Ziel der »Schaffung eines einheitlichen und fortschrittlichen Betriebsverfassungsgesetzes, das dem gemeinsamen Willen nach einer neuen Ordnung gerecht wird«[103]. Im Jahr zuvor hatte es der DGB tatsächlich geschafft, mit einer Streikdrohung zu verhindern, dass Pläne, die das für die Montanindustrie geltende Mitbestimmungsgesetz wieder außer Kraft setzen sollten, auch umgesetzt wurden.[104] Adenauer hatte sich in dem Konflikt zwar erfolgreich um Vermittlung bemüht, aber auch sehr deutlich gemacht, dass er die Streikdrohung als verfassungswidrig und als Angriff auf das parlamentarische System wertete: »Der angekündigte Streik«, so Adenauer in einem offenen Brief an den damaligen DGB-Vorsitzenden Hans Böckler, »könnte nur das Ziel haben, die Entscheidung der frei gewählten Volksvertretung durch die Androhung oder Herbeiführung wirtschaftlicher Schäden, die alle treffen, in die Richtung der gewerkschaftlichen Wünsche zu drängen. Ich befürchte, dass damit ein Weg beschritten wird, der letztlich zu einem Konflikt mit der staatlichen Grundordnung führen kann«[105]. In seiner Antwort an Adenauer stellte sich Böckler unter Berufung auf Art. 9 Absatz 3 GG auf den Standpunkt, dass den Arbeitnehmern von der Verfassung nicht nur zugestanden werde, sich zur Regelung der Lohn- und Arbeitsbedingungen zu vereinen, sondern auch, »um ihren Auffassungen und ihren Interessen entsprechende Wirtschaftsbedingungen zu gestalten«[106].

Der Kern der Auseinandersetzung bestand also in der Frage, in welchem Maße der »politische« Streik von der Verfassung gedeckt sei oder nicht. Es ist dabei fast unnötig zu sagen, dass bereits der Begriff des »politischen« Streiks selbst umstritten war. So stellte sich Wolfgang Abendroth auf den Standpunkt, dass ein »politischer« von einem »arbeitsrechtlichen« Streik gar nicht klar zu

---

103 Zentrale Dokumente zu der Auseinandersetzung finden sich in: *Drittes Europäisches Gespräch*, hier S. 26; zu der Auseinandersetzung vgl. knapp Kleßmann, *Staatsgründung*, S. 236ff. sowie Hirsch-Weber, *Gewerkschaften*, S. 104ff.; Schmidt, *Neuordnung*, S. 211ff.; Hartwich, *Sozialstaatspostulat*, S. 180ff.

104 Vgl. Pirker, *Macht*, Bd. 1, S. 160ff.

105 Zit. nach *Drittes Europäisches Gespräch*, S. 16.

106 Zit. nach ebd., S. 18.

trennen sei, da ein Streik immer öffentliches Handeln sei und insofern immer auch die Staatsgewalt beeinflusse.[107] Die meisten Gerichte machten dagegen den Adressaten des Streiks zum zentralen Kriterium.[108] Tatsächlich erscheint es sinnvoll zu unterscheiden, ob die Arbeitgeber oder der Gesetzgeber Adressat eines Streiks waren und bei aller Unschärfe des Begriffes im einzelnen, von einem politischen Streik zu sprechen, wenn der Gesetzgeber der Adressat ist, ohne dass damit bereits etwas über dessen Rechtmäßigkeit gesagt wäre.

Nachdem die Gewerkschaften also trotz massiven Protestes mit ihrer Streikdrohung gegen die Abschaffung der Montanmitbestimmung erfolgreich waren, setzte der DGB im Zuge der Beratungen zum Betriebsverfassungsgesetz noch einmal auf dieses Mittel. Diesmal blieben jedoch die politische Vermittlung und der damit verbundene Erfolg für die Gewerkschaften aus. Stattdessen drohten die Arbeitgeberverbände damit, Schadenersatzklagen zu erheben für den Fall, dass die Gewerkschaften ihre als verfassungswidrig eingestuften Streiks tatsächlich durchführen sollten. Davon äußerlich unbeeindruckt kam es seit dem 21. Mai 1952 zu wiederholten Warnstreiks, bis am 27. Mai die IG Druck und Papier für 48 Stunden zur Bestreikung aller Tageszeitungen aufrief.[109] Nachdem tatsächlich für zwei Tage so gut wie keine Zeitung in der Bundesrepublik erschienen war, machten die Arbeitgeber ihre Drohung war und verklagten die Gewerkschaften auf Schadensersatz. Wegen der grundsätzlichen Bedeutung der Fälle holten beide Parteien – Arbeitgeberverbände und Gewerkschaften – hochkarätige Gutachten ein: Die Arbeitgeberverbände, die für die Zeitungsunternehmer die Prozesse führten, beauftragen Ernst Forsthoff und Hans Carl Nipperdey. Für die Gewerkschaften gutachtete Wolfgang Abendroth. Forsthoffs und Abendroths Beurteilungen der Rechtslage boten von ihren jeweiligen bekannten staatsrechtlichen Positionen aus wenig Überraschendes. Forsthoff sah in dem Streik eine »Gefährdung des Staates in der Autonomie seiner Willensbildung«[110]. Wenn Forsthoff mit Werner Weber vor den wachsenden Macht der »oligarchischen Herrschaftsgruppen« warnte, geschah dies bezeichnenderweise weniger aus Sorge um die parlamentarische Demokratie, als um den Staat, und »das verfassungsmäßig geordnete Verfahren der Staatswillensbildung«[111]. Forsthoff versuchte in dieser

---

107 Abendroth, »Streik«, S. 74.; vgl. dagegen Forsthoff, der die Unterscheidung zwischen »politischem« und »arbeitsrechtlichem« Streik daran festmachen wollte, dass dem Streik »erkennbare politische Motive« zu Grunde lagen oder die »neutrale Stellung des Staates gegenüber kollektiven Arbeitsstreitigkeiten« angetastet würde. Vgl. Forsthoff/Hueck, *Streikaktionen*, S. 18.

108 Vgl. Rajewsky, *Arbeitskampfrecht*, S. 52.

109 Vgl dazu Pirker, *Macht*, S. 264; Hirsch-Weber, *Gewerkschaften*, S. 105f.; Rajewsky, *Arbeitskampfrecht*, S. 35.

110 Forsthoff/Hueck, *Streikaktionen*, S. 26.

111 Ebd., S. 30.

Interpretation das Grundgesetz zum Garanten eines Staates zu machen, der zwar formal demokratisch verfasst war, dabei aber gegen die organisierten gesellschaftlichen Gruppen in Schutz genommen werden musste. Abendroth ging dagegen von einem wesentlich erweiterten Demokratieverständnis aus, das die gesellschaftlichen Gruppen – Parteien, Verbände etc. und hier insbesondere die Gewerkschaften – als Beteiligte der gesellschaftlichen und damit auch der staatlichen Willensbildung ansah. Der zeitlich befristete Streik war damit für Abendroth kein Erpressungsversuch des Parlaments oder des Staates, sondern lediglich eine Aufforderung an das Parlament, den Willen der Gewerkschaften bei der Gesetzgebung mit zu berücksichtigen.[112]

Das Gutachten von Nipperdey ist hier aus zweierlei Gründen von besonderem Interesse: Zum einen stützten sich die meisten Urteile auf sein Gutachten in der Schadensersatzfrage und zum andern war Nipperdey in den fünfziger und sechziger Jahren *die* Kapazität im bundesdeutschen Arbeitsrecht schlechthin und nahm spätestens seit 1954 als Präsident des neu gegründeten Bundesarbeitsgerichtes nicht nur von der wissenschaftlichen Seite her, sondern auch als oberster Arbeitsrichter lange Zeit eine nahezu unangefochtene Position ein. In seinem Gutachten verfolgte er nun die Frage, mit der sich Forsthoff und Abendroth maßgeblich auseinandergesetzt hatten, gar nicht weiter.[113] Stattdessen suchte er eine privatrechtliche Lösung und fand sie in § 823 Absatz 1 des BGB, nach dem die vorsätzliche oder fahrlässige Verletzung »des Lebens, des Körpers, der Gesundheit, der Freiheit, des Eigentums oder eines sonstigen Rechtes eines anderen« widerrechtlich ist und zum Schadensersatz verpflichtet. Unter diese sonstigen Rechte fasste Nipperdey nun auch »die Rechte am eingerichteten und ausgeübten Gewerbebetrieb« und kam auf diese Weise zu dem Ergebnis, dass der Streik grundsätzlich zunächst solange rechtswidrig ist, wie er sich nicht auf einen besonderen Rechtfertigungsgrund berufen kann. Dies sei der Fall, wenn der Streik sich »innerhalb des Rahmens der geschichtlich gewordenen sozial-ethischen Ordnung des Gemeinschaftslebens« bewege. Aus dieser denkbar unklaren Formulierung leitete er nun konkret drei Bedingungen für die von ihm festgelegte »Sozialadäquanz« her[114]: Erstens müssten Streiks gegen die Arbeitgeber oder deren Vereinigungen gerichtet sein, zweitens müssten sie um Arbeitsbedingungen geführt werden und drittens müsste das Streikziel durch privatrechtlich-arbeitsrechtliche Vereinbarungen zwischen Arbeitgebern und Arbeitnehmern verwirklicht werden. Damit sah Nipperdey den Zeitungsstreik ebenso wie Forsthoff als unrechtmä-

---

112 Vgl. Abendroth, »Berechtigung gewerkschaftlicher Demonstrationen«.

113 Nipperdey, *Ersatzansprüche*; zum Folgenden vgl. ansonsten Rajewsky, *Arbeitskampfrecht*, S. 44ff.

114 Als Kritik an dem Begriff der Sozialadäquanz und der Nipperdeyschen Auslegung des Streikrechts vgl. Ramm, »Sozialadäquanz«.

ßig an. Im Gegensatz zu diesem war es Nipperdey mit dieser Argumentation allerdings gelungen, den Konflikt auf die Ebene des vermeintlich unpolitischen Privatrechts zu bringen und ihn so innerhalb der »Sphäre des reinen Rechts« zu behandeln. Nicht von ungefähr richteten sich die Landesarbeitsgerichte in ihren Urteilen mit einer Ausnahme nach den Vorgaben, die Nipperdey mit seinem Gutachten gemacht hatte, und verurteilten die Gewerkschaften auf der Basis der privatrechtlichen Konstruktion zu Schadensersatz.[115]

Für den Kontext der bundesdeutschen Arbeitsrechtsprechung ist die Episode von Bedeutung, weil die Handschrift Nipperdeys hier bereits deutlich erkennbar ist: Mit der Art der Lösung des Falls im Allgemeinen und mit dem Begriff der Sozialadäquanz schuf sich der künftige Präsident des BAG in souveräner Eigenwilligkeit einen Rahmen für die künftige Arbeitskampfrechtsprechung, der es ihm angesichts der nicht sehr präzisen Gesetzeslage erlaubte, die Richterschaft zum »eigentliche(n) Herr(n) des Arbeitsrechts« zu machen.[116] Im Kontext der bundesdeutschen Justiz insgesamt ist nun die Nipperdeysche Konstruktion und die weitere von ihm maßgeblich geprägte Rechtsprechung des BAG zum einen wegen der damit verbundenen Rolle des Richters wichtig, zum anderen aber auch wegen des spezifischen Bezugs auf die Verfassung. Einmal mehr ist zu betonen, dass es auch bei Nipperdey nicht darum ging, die Verfassung auszuhebeln, sehr wohl aber darum, Begriffe außerhalb der Verfassung zu finden, mit Hilfe derer sich die Verfassungsgrundsätze in besonderer Weise interpretieren ließen. Ähnlich wie mit Friedrich Kübler ein junger Privatdozent die »naturrechtlich« geprägte Rechtsprechung des BGH in besonders deutlicher Weise am Wortlaut der Verfassung maß, war es auch im Bereich des Arbeitrechts mit Thilo Ramm einem noch nicht bzw. gerade erst etablierten Kollegen der Zunft vorbehalten, die Rechtsprechung des BAG am

---

115 Die Summe, um die es hier ging, fiel nicht besonders ins Gewicht. Es ging um das Grundsätzliche der Auseinandersetzung. In der ersten Instanz, in der das Nipperdeysche Gutachten noch nicht vorlag, waren die Gewerkschaften zumeist auf der Basis des Forsthoffschen Gutachtens bei insgesamt 21 Klagen in 12 Fällen verurteilt worden, in sechs Fällen war die Klage abgewiesen worden, in zweiten kam es zum Vergleich und eine Klage wurde zurückgezogen. In der zweiten Instanz rückten die Landesarbeitsgerichte davon ab, dass es sich bei dem Streik um eine verfassungswidrige Parlamentsnötigung gehandelt habe und verurteilten – abgesehen vom Landesarbeitsgericht Berlin – die Gewerkschaften auf der Basis des Nipperdeyschen Gutachtens zu Schadensersatz. Das Landearbeitsgericht Berlin übernahm auch den Begriff der Sozialadäquanz, hielt diese aber für gegeben und sah die Streiks daher als rechtmäßig an (LAG Berlin Urteil v. 17.8.1953, in: *NJW* 7, 1954, S. 125); vgl. ansonsten Rajewsky, *Arbeitskampfrecht*, S. 36ff. u. S. 47ff.

116 Die Formulierung stammt von Gamillscheg, »Grundrechte«, S. 388, der damit jedoch keinerlei Kritik übte, sondern lediglich affirmativ feststellte: »Der Richter ist der eigentliche Herr des Arbeitsrechts. Er wertet selbst und prüft die Wertungen des Normengebers«.

Umgang mit der Verfassung zu messen.[117] Wo Franz Gamillscheg, wie eben zitiert, noch die Souveränität des Arbeitsgerichtes gepriesen hatte, kam Ramm sachlich ähnlich, nur mit ganz anderem Akzent, zu dem Ergebnis: »Nicht Verfassung, Gesetz oder Autonomie der sozialen Gegenspieler beherrschen das neue deutsche Arbeitsrecht, sondern den entscheidenden Machtfaktor stellt das Bundesarbeitsgericht dar«[118].

In Ramms Kritik am BAG ist es sinnvoll, grundsätzlich zwei Ebenen zu unterscheiden. Erstens kritisierte er, dass sich das BAG »von seiner Unterworfenheit unter das Gesetz« gelöst und das Selbstverständnis des »Richterkönigtums« auf diese Weise im Sinne des »absoluten Herrschers« ausgebaut habe.[119] Mit dieser Loslösung vom Gesetz, so Ramm weiter, sei das BAG in die fatale Lage geraten, politisch zu argumentieren und zu entscheiden. Dieser Vorwurf ist von daher besonders interessant, als Nipperdey nicht nur mit dem oben zitierten Gutachten versucht hatte, »rein rechtlich« und möglichst »unpolitisch« zu argumentieren. Ramm entlarvte genau diese Strategie und verwies nun auf die Verfassung als maßgebliche gesetzliche Grundlage. Damit ist die zweite Ebene von Ramms Kritik berührt: Mit Blick auf den konkreten Verfassungsbezug warf er dem BAG vor, »daß es die Grundrechte zu Generalklauseln degradiert hat und über ihre Anwendbarkeit nach freiem Ermessen entscheidet«[120]. Auch für ihn sei »die Verfassung die oberste politische Entscheidung über die gesamte Staats- und Gesellschaftsordnung, doch betone ich ihren juristischen Charakter sehr viel stärker, der für das Zivilrecht mehr als eine Generalklausel darstellt. Das Grundgesetz enthält, vornehmlich in seinem Grundrechtsteil, eine klar herausgearbeitete Zuständigkeitsregelung zwischen Individuum, Gruppe und Staat. Es bestätigt weitgehend das überkommene liberale Zivilrecht und befreit es, indem es auf seine Verwurzelung in einer freiheitlichen Ordnung verweist, von Überlagerungen des Nationalsozialismus«[121].

Ramm machte hier deutlich, dass er in der Verfassung eben nicht nur die politischen Festlegungen für die Gesellschaftsordnung der Bundesrepublik sah, sondern rechtsverbindliche Bestimmungen, denen sich auch das Zivilrecht zu unterwerfen hatte. Wo, wie oben gesehen, in der direkten Nachkriegszeit der

---

117 Der erste kritische Aufsatz von Ramm stammt aus dem Jahr 1961, als er noch Assistent in Freiburg war: Ramm, »Recht«; vgl. dann weiter: »Die Rechtsprechung des Bundesarbeitgerichts«, in: *JZ* 19, 1964, S. 494–501, S. 546–555, S. 582–587; dazu insbesondere die Polemik von Gamillscheg, »Nipperdey«; sowie schließlich die Antwort von Ramm, »Rechtsprechung«.

118 Ramm, »Das Recht des Arbeitskampfrechts«, S. 586.

119 Ebd.

120 Ramm, »Rechtsprechung«, S. 219.

121 Ebd., S. 220; vgl. dazu ausführlicher auch Ramm, *Arbeitskampf*.

Bezug aufs Naturrecht mit der vermeintlichen Problematik des Positivismus begründet wurde, versuchte nun Ramm die Richter auf einen Verfassungspositivismus zu verpflichten. »Als Verfassungspositivist« könne der Richter nicht »stets die Freiheit proklamieren, um dann doch zuletzt festzustellen, dass sie aus irgendwelchen konkreten praktischen Erwägungen eingeschränkt werden muss. Bei solchen Ergebnissen erscheint es ratsamer, auf theoretische Prämissen lieber ganz zu verzichten, als diese zu entwerten«[122]. So hatte das BAG zwar durchaus grundsätzlich »die unmittelbare privatrechtliche Wirkung der Grundrechtsbestimmungen« anerkannt[123], sich aber etwa in den Entscheidungen zur freien Meinungsäußerung von Arbeitnehmern, so Ramm, »weniger um die Durchsetzung dieser Grundrechte als darum bemüht, die ›richtigen Grenzen zu ziehen‹«[124]. Ähnliches führte Ramm auch für andere Entscheidungen aus.

Gegen eine solche restriktive Interpretation bezüglich der Geltung der Grundrechte setzte Ramm nun seinerseits die Forderung an die Arbeitsgerichte, das Grundgesetz umgekehrt gerade so zu interpretieren, dass es eine grundlegende Verbesserung der sozialen Situation der Arbeitnehmer ermögliche. Wenn das BAG festgestellt habe, dass das Grundgesetz den Arbeitsgerichten die Vorgabe mache, dass stets so zu entscheiden sei, »daß die Gewährleistung eines menschenwürdigen Daseins, frei von Furcht und Not, nicht beeinträchtigt« werde, so reichte Ramm dies nicht aus: »Man wird bezweifeln können, ob angesichts der vielfältigen, außerhalb des Arbeitsrechts liegenden sozialen Sicherungen überhaupt eine Rechtsprechung vorstellbar ist, die das menschenwürdige Dasein des Arbeitnehmers gefährden könne. [...] Die für das höchste deutsche Arbeitsgericht eigentlich wichtige Frage, die von Nipperdey nicht angeschnitten worden ist, lautet anders: Garantiert nicht die Sozialstaatsklausel des Grundgesetzes die progressive Verbesserung der sozialen Lage des Arbeitnehmers?«[125]

Ramm interpretierte hier die Sozialstaatsklausel gewissermaßen als ein Versprechen auf die Zukunft für die Arbeitnehmer. Er sah die Arbeitsgerichte von der Verfassung her daran gebunden, wenn nicht selbst »zum Motor des sozialen Fortschritts« zu werden, so doch den Arbeitnehmern und ihren Vertretungen möglichst weitgehende Instrumente dafür in die Hand zu geben, ihre Lage nicht zuletzt durch Streik verbessern zu können. Dass das Bundesarbeitsgericht etwa mit seiner wichtigen Entscheidung aus dem Jahr 1955 hier einiges im Sinne einer Verrechtlichung des Arbeitskampfes und damit auch zur Ver-

122 Ramm, »Rechtsprechung«, S. 220.

123 Urteil vom 3.12.1954, in: Entscheidungen des BAG 1, S. 185–196, hier S. 553.

124 Ramm, »Rechtsprechung«, S. 584.

125 Ebd., S. 586.

besserung der rechtlichen Situation der streikenden Arbeitnehmer getan hatte, stand in diesem Kontext für Ramm nicht zur Diskussion. Ihm ging es darum, die Verfassung auch für das Arbeitsrecht als oberste juristische Richtschnur etabliert zu sehen und die gleichsam freirechtliche Rechtsprechung des BAG als nicht verfassungskonform anzuprangern. Ramms Versuch, für seine Auslegung Gesetzestreue in Form eines Verfassungspositivismus zu beanspruchen und gegen Nipperdeys »politische« Entscheidungen auszuspielen, erweist sich dabei als argumentativ und methodisch äußerst geschickt, ist aber letztlich kaum zu halten. Vor allem seine Lesart der Sozialstaatsklausel wird von anderer Seite durchaus leicht als »politisch« eingestuft werden können, so dass sich einmal mehr eine genaue Grenzziehung als unmöglich erweist. Gleichwohl bleibt wichtig, dass Ramm hier noch einmal die grundlegende juristische Bedeutung der Verfassung hervorhob, und sie nicht zu einem Reservoir beliebig auslegbarer Generalklauseln verkommen sehen wollte.

1.5. Zwischenbilanz: Justiz am Ende der fünfziger Jahre

Am Ende der fünfziger Jahre bewegte sich die bundesdeutsche Justiz in vergleichsweise ruhigem Fahrwasser. Die Rede von der Justizkrise war weitgehend verklungen, und wenn der einflussreiche Staatsrechtler Otto Bachof 1959 bereits wieder ein »großes Vertrauen in unsere Gerichte« auszumachen glaubte[126], so stand er damit sicher nicht allein. Als Albert Norden 1957 mit seiner Kampagne gegen »Adenauers Blutrichter« die Kontinuität der Richterschaft an den Pranger zu stellen begann, stieß er damit in der Bundesrepublik zunächst auf so gut wie keine Resonanz. Die anfängliche Kritik an den Urteilen gegen NS-Täter war längst verstummt. Im Zuge der allgemeinen Stimmung, dass »endlich Schluss« sein müsse mit der Erinnerung an die Vergangenheit, stellte auch Ende der fünfziger Jahre zunächst kaum mehr jemand die Qualifikation der Richterschaft für den demokratischen Rechtsstaat in Frage.

Tatsächlich hatte sich die Justiz in manchen Bereichen durchaus als wirksames demokratisches Instrumentarium erwiesen. An erster Stelle ist hier ohne Zweifel das Bundesverfassungsgericht zu nennen. Frei von institutioneller und personeller Kontinuität stand es gleichzeitig unter dem Druck, sich als neue, gewichtige Institution beweisen und durchsetzen zu müssen. Es hatte zunächst gegenüber der Politik in der direkten Auseinandersetzung um seinen Status deutlich gemacht, dass es gewillt war, den ihm von der Verfassung vorgegebe-

126 Bachof, *Grundgesetz*, S. 43.

nen Rahmen als eigenständiges Verfassungsorgan auch einzunehmen und sich in keiner Weise in Abhängigkeit von der Exekutive zu begeben. Befürchtungen oder Hoffnungen, dass die Parteien das Gericht mit »ihren Leuten« besetzte, die auch nach den Vorgaben der Parteien urteilen würden, erfüllten sich nicht. Zudem unterstrich das Bundesverfassungsgericht in verschiedenen Entscheidungen, dass es alles andere als ein für im engeren Sinne »politische« Rechtsfragen zuständiges Sondergericht zu sein beabsichtigte. Es wollte vielmehr das Gericht sein, das für alle die Verfassung berührenden Rechtsfragen die letztverbindliche Instanz und damit auch dem BGH und den anderen obersten Gerichten übergeordnet war.

Die Auseinandersetzungen zwischen dem Bundesverfassungsgericht und dem BGH, aber auch die Kritik, die Thilo Ramm an der Rechtsprechung des Bundesarbeitsgerichts erhob, zeugen davon, dass diese Position des Bundesverfassungsgerichts in den fünfziger Jahren noch keineswegs unangefochten, und dass die Durchsetzung der Verfassung mit all ihren juristischen Konsequenzen ein langer und umkämpfter Prozess war. Am Ende der fünfziger Jahre brachte Kritik am Umgang der Gerichte mit der Verfassung am pointiertesten ohne Zweifel Adolf Arndt vor, als er 1959 in einem Vortrag vom »nicht erfüllten Grundgesetz« sprach. An Deutlichkeit ließ diese Kritik an den »ideologischen Unterwanderungen des Grundgesetzes« nichts zu wünschen übrig.[127] Dennoch war Arndts Position als Justizkritiker eine besondere. In seiner Funktion als *der* rechtspolitischen Stimme der SPD war er einer der wenigen Politiker, die der Justiz innerhalb der Politik – der Opposition zumal – als Ansprechpartner zur Verfügung standen. Zudem hatte er sich wiederholt durchaus für Belange der Justiz eingesetzt. Damit war Arndt so etwas wie der offizielle Kritiker der Justiz, dessen Kritik zwar zur Kenntnis genommen wurde, jedoch sowohl in der juristischen als auch der weiteren politischen Öffentlichkeit von begrenzter Resonanz blieb. Es war gerade seine besondere Position, die dazu führte, dass Arndts Kritik gewissermaßen akzeptiert und abgehakt wurde.[128]

Zur Einordnung dieser Kritik ist wichtig, dass auch Arndt der Justiz im Allgemeinen und dem BGH, auf den die Kritik im Besonderen zielte, mit dem Vorwurf der ideologischen Unterwanderung letztlich keine dezidiert antidemokratische Haltung in der Tradition der Weimarer Justiz vorwarf. Gleichwohl war die spezifische Koppelung eines als »unpolitisch« gekennzeichneten Selbstverständnisses mit einer Orientierung an einem oberhalb der Verfassung angesiedelten Staatsbegriffs sowohl in der Rechtsprechung des BGH als insbe-

127 Arndt, *Grundgesetz*, S. 22.
128 Zu Arndts Verhältnis zur Justiz vgl. Gosewinkel, *Adolf Arndt*, S. 447ff.

sondere auch in der Staatsrechtslehre durchaus noch zu finden. Neu hingegen waren die sich ebenfalls unpolitisch gebenden Tendenzen, das Naturrecht dafür in Anspruch zu nehmen, bestimmte konservative Werthaltungen in der Rechtsprechung zu verankern.

Dass diese Tendenzen nicht unwidersprochen blieben, ist ausgeführt worden. Wenn man zudem den BGH und das Bundesverfassungsgericht als die Hauptrepräsentanten der bundesdeutschen Justiz nimmt, war die Justiz von einer einheitlichen Werthaltung, die sich der BGH-Präsident Hermann Weinkauff wünschte, weit entfernt. Bei der Heftigkeit der Auseinandersetzung zwischen den Gerichten und innerhalb der Rechtswissenschaft bleibt mit Blick auf die sechziger Jahre festzuhalten, dass die Auseinandersetzungen gleichwohl beschränkt blieben auf eine kleine juristische Fachöffentlichkeit. Auffällig dabei ist vor allem, dass sich die Richterschaft mit öffentlichen Äußerungen enorm zurückhielt. Allein Hermann Weinkauff kam hier eine besondere Rolle zu. Es ist in dieser Hinsicht bezeichnend, dass ausgerechnet der Streit um die Amtsbezeichnungen der Richter eine der ganz wenigen Kontroversen innerhalb der *Deutschen Richterzeitung* auslöste.

So war eine ganze Reihe der Konflikte, die in den sechziger Jahren hohe Wellen schlagen sollten, in den fünfziger Jahren nicht nur angelegt, sondern auch schon ausgefochten worden. Doch zum einen schienen die grundsätzlichen Auseinandersetzungen um das Verhältnis zur Politik am Ende der fünfziger Jahre im Wesentlichen ausgestanden. Zum anderen ist gerade mit Blick auf die sechziger Jahre festzuhalten, dass das Ausmaß der Kritik zunehmend andere Formen und Dimensionen annahm.

2. Skandale und Kritik – Die Justiz in den sechziger Jahren

»Manche Tatsachen sprechen dafür, dass die deutsche Justiz wieder so anrüchig wird wie unter der Weimarer Republik, wo sie zu den Totengräbern des Staates gehörte«. Dieses Zitat, das aus der *Züricher Weltwoche* von 1958 stammte, setzte der hessische Generalstaatsanwalt Fritz Bauer unter einen Aufsatz zum Zustand der Justiz in der Bundesrepublik von 1962.[1] Bauer ließ das Zitat unkommentiert und gab nicht zu erkennen, ob er sich diese Ansicht zu eigen machte oder sie nur als Warnung verstanden wissen wollte. In jedem Fall meinte auch Bauer in der Justiz weiter »autoritäre und bloß formal-demokratische Haltungen« zu finden, und so zeigt seine Bestandsaufnahme an, dass das öffentliche Klima für die Justiz seit den frühen sechziger Jahren zunehmend rauer wurde.

Eine derartige Kritik an der Justiz aus den eigenen Reihen war zu diesem Zeitpunkt ausgesprochen ungewöhnlich. Sie erklärt sich aus Bauers Sonderrolle. Bauer war als remigrierter Jude einer der ganz wenigen hoch positionierten Justizjuristen in der Bundesrepublik, die nicht auch schon im Nationalsozialismus Karriere gemacht hatten.[2] Bauers Äußerungen trafen sich jedoch mit einer Kritik, die zunehmend auch von anderer Seite, insbesondere in der »politischen Öffentlichkeit« laut wurde.[3] Die wachsende Justizkritik in der politischen Presse hing indes nicht nur damit zusammen, dass die Zeitungen von sich aus der Justiz mehr Aufmerksamkeit schenkten. Vielmehr schaukelten sich äußere Anlässe und verstärkte Zuwendung sukzessive hoch, so dass sich die unterschiedlichen Kritikpunkte mehr und mehr zu einem Gesamtbild fügten, das für die Justiz wenig schmeichelhaft ausfiel. Ein Indikator für die

1 *Weltwoche*, 12.12.1958; Bauer, »Justiz«.

2 Zu Fritz Bauer vgl. u.a. Perels/Wojak, »Motive«; Meusch, »Gerichtstag«.

3 Der Begriff der »politischen Öffentlichkeit« wurde in diesem Kontext von Juristen verwendet, um eine Trennlinie zwischen der »juristischen«, zu Kritik legitimierten, und der »politischen« Öffentlichkeit zu ziehen, deren Kritik, wenn schon nicht als illegitim, so doch als nachrangig galt. In diesem Sinne: Schmidt, *Sache*, insbes. S.23ff.; Ders., *Justiz*.

wachsende Aufmerksamkeit ist die Zahl der identifizierbaren journalistischen Experten für Fragen der Justiz. Neben Ernst Müller-Meiningen jr., der für die *Süddeutsche Zeitung* schrieb und seit Ende des Zweiten Weltkrieges wohl einer der kompetentesten kritischen Begleiter der Justiz in der Presse war, trat mit Gerhard Mauz, der zunächst für die *Welt* und dann für den *Spiegel* arbeitete, ein weiterer Journalist, dessen Name über Jahrzehnte hinaus für eine kenntnisreiche und engagierte Gerichtsberichterstattung stand. Aber auch in den andern großen überregionalen Zeitungen gab es mit Hans Schueler, der für das *Sonntagsblatt* und dann für die *Welt* schrieb, Karl-Heinz Krumm von der *Frankfurter Rundschau*, Gerhard Ziegler von der *Zeit* und anderen eine Reihe sachkundiger, auf Fragen des Rechts und der Justiz spezialisierte Journalisten.

So wichtig diese Journalisten für eine kontinuierliche Berichterstattung waren, ging die Skandalisierung der Justiz gar nicht von ihnen, sondern von anderen Akteuren aus. Zu nennen sind hier an erster Stelle die Veröffentlichungen und Anschuldigungen aus der DDR. Als der Propaganda-Chef Albert Norden im Jahr 1957 die Kampagne gegen »die Blutrichter im Dienst des Adenauer-Regimes« startete, setzte er damit eine erst zögernd und widerwillig, dann aber doch immer intensiver geführte Debatte über die NS-Vergangenheit der bundesdeutschen Justiz in Gang, an der schließlich weder Politik noch Justizverwaltung vorbeikamen. Weiteren Anteil an der Skandalisierung hatte eine Gruppe von Kritikern, die sich auch in der Presse zu Wort meldeten, aber nicht mit den Tagesjournalisten gleichzusetzen sind. Sie sollen hier unter den Begriff der »Bürgerrechtler« gefasst werden. So diffus diese »Gruppe« auch war, ist gleichwohl unverkennbar, dass sich vor dem Hintergrund der *»Spiegel-Affäre«*, aber auch der politischen Prozesse gegen Kommunisten, der Diskussion um die Notstandsgesetze und anderem mehr ein bürgerrechtliches Engagement formierte, das bislang zumindest in seinen Zusammenhängen noch wenig erforscht ist. Neben einer Reihe von Einzelpersonen, die im einen oder anderen Fall das Wort ergriffen, sind hier auch verschiedene organisatorische Zusammenschlüsse wie vor allem die 1961 gegründete »Humanistische Union« und die Zeitschrift *Vorgänge* zu nennen, die sich explizit der Verteidigung und weiteren Durchsetzung von Bürgerrechten und Rechtsstaatlichkeit verschrieben hatten. Eine Skandalisierung ging schließlich von Personen aus, die durch ein erhebliches Maß an Sturheit und Radikalität immer wieder die Assoziation des Kleistschen Helden Michael Kohlhaas hervorriefen. Im Kontext der Justizkritik der ersten Hälfte der sechziger Jahre verdienen sie tatsächlich mehr als eine Fußnote, denn es fragt sich, aus welchem Grunde solche, an sich kurios anmutenden Fälle einen symptomatischen Charakter erhielten.

Subsumiert man die hier angeführten Akteure unter dem Begriff der »politischen Öffentlichkeit«, empfiehlt es sich – bei allen Überlappungen – die wissenschaftlichen Beiträge zur Debatte davon zu unterscheiden. Zu nennen sind hier in erster Linie Soziologen und Rechtswissenschaftler, die allerdings kaum am gleichen Strang zogen, zumal sie sich naturgemäß aus sehr unterschiedlichem wissenschaftlichen Interesse mit der Justiz befassten. Ins Blickfeld der Soziologen geriet die Justiz seit dem Ende der fünfziger Jahre, wobei es zunächst um die soziale Zusammensetzung, dann aber auch um die Frage nach dem etwaigen Einfluss der Herkunft und der Sozialisation auf die Urteilstätigkeit ging. Beim Umgang mit zeitgenössischen soziologischen Studien ist grundsätzlich zu beachten, dass sie zwar auch Material für eine Rekonstruktion »realgeschichtlicher« Veränderungen, im vorliegenden Fall also für die Frage nach der sozialen Zusammensetzung und deren Wandel liefern. Doch die Verwendung dieser Ergebnisse ist nicht unproblematisch, da sie stets die spezifische Methodik der jeweiligen Erhebungen mit zu bedenken hat.[4] Hier wird es daher eher um die Gründe und Motive für bestimmte Fragestellungen sowie um die Einordnung, Bewertung und Resonanz der Ergebnisse gehen.

Was die Rechtswissenschaft angeht, so gehört es zu ihren Aufgaben, richterliche Entscheidungen der Kritik zu unterziehen und diese Kritik konnte, wie das erste Kapitel gezeigt hat, durchaus grundsätzlich ausfallen. Wie noch auszuführen sein wird, nahmen weite Teile der Rechtswissenschaft für sich jedoch das Monopol der Kritik in Anspruch und wehrten äußere Einmischungen durch die »politische Öffentlichkeit« als unzulässig ab. Gemeinsam mit Richtern und Staatsanwälten argumentierten sie zunächst einmal systemimmanent. Die Frage, inwieweit sich sowohl die richterliche Tätigkeit als auch die Rechtswissenschaft politisch verstehen sollte, wird dann vor allem für die Zeit nach 1968 relevant. Die Auseinandersetzung um die Frage nach dem Verhältnis von Presse und Justiz, die in der ersten Hälfte der sechziger Jahre hohe Wogen schlug, gehört jedoch bereits in diesen Kontext. Schließlich ging es darum, in welchem Maße sich das System Recht gegenüber der Gesellschaft legitimieren musste oder überhaupt konnte.

Anzumerken ist an dieser Stelle, dass die Anwälte, die gegenüber den gemeinsam im »Deutschen Richterbund« vertretenen Richtern und Staatsanwälten eine klar getrennte Gruppe bildeten, in dieser Phase der Debatte um die Justiz kaum in Erscheinung traten. Zwar spielten sie im Rahmen der Prozesse, insbesondere der politischen Prozesse, eine zentrale Rolle und trugen im Wesentlichen den Protest gegen die massiven Einschränkungen von Bürgerrechten. Doch ging dieser Widerspruch nur von einigen wenigen Einzelpersonen aus und war in der Regel relativ eng an die konkreten Prozesse gebunden. Die

---

4 Vgl. hierzu Raphael, »Verwissenschaftlichung«.

Anwaltschaft trat weder als homogener Akteur, noch durch innere Zersplitterung in Erscheinung.

Als letzter Teilnehmer an der Debatte ist hier schließlich die Justizpolitik zu nennen, die – differenziert nach Parteien, nach Bund und Ländern – sowohl konkrete Maßnahmen einleitete als auch Adressat von Forderungen wurde und schließlich selbst – sofern in der Opposition – Forderungen stellte. Dabei ist nicht zuletzt zu fragen, ob und in welchem Maße die Politik dabei auf die wachsende Justizkritik reagierte.

2.1 Wachsende Kritik an der Justiz in der »politischen Öffentlichkeit«

»Wegen des Verdachtes der Beteiligung« an der Anordnung unrechtmäßiger Erschießungen, die dem ehemaligen Generalfeldmarschall Schörner zur Last gelegt wurden, teilte der zuständige Richter in dem Prozess aus dem Jahr 1957 gleich mehreren Zeugen mit, er werde auf eine Vereidigung verzichten. Verblüfft waren darüber nicht nur die Zeugen. Auch in der Öffentlichkeit horchte man auf. Denn die Zeugen waren vier hochrangige Richter, unter anderem der Oldenburger OLG-Präsident Hülle.[5] Die retrospektive Wahrnehmung des Richters Theo Rasehorn, dass dieser Prozess »wie mit einem Donnerschlag [...] die Legende von der durch Hitler verfolgten Justiz zerstört«, war gewiss überzogen.[6] Gleichwohl ging von diesem Prozess mit Blick auf die NS-Vergangenheit der Richterschaft eine erste Irritation aus. Von weit größerer Wirkung war jedoch die bereits erwähnte DDR-Kampagne gegen »Adenauers Blutrichter«. Doch die Aufmerksamkeit, die die Nicht-Vereidigung der Richter auf sich zog, zeigt, wie Gerichtsverfahren schlaglichtartig die mediale Aufmerksamkeit bündeln konnten. Häufig sind es die Angeklagten und die Hintergründe eines Verbrechen, die das Interesse auf sich ziehen, manchmal ist es aber auch die Justiz selbst, die ins Visier der Öffentlichkeit gerät.

Auch wenn so genannte »Skandalprozesse« gewiss keine Spezialität der sechziger Jahre waren, kam es gerade in dieser Zeit zu einer Häufung von Fällen, die eben nicht nur wegen der Angeklagten oder deren Verbrechen die Aufmerksamkeit auf sich zogen. Vielmehr stand in einer ganzen Reihe von

5 Aus der Berichterstattung in der Presse vgl. insbes. den Beitrag: Kriegsrichter – Wer half Schörner?, in: *Der Spiegel*, 16.10.1957, S. 22–24; weiter zu dem Prozess: Müller-Meiningen jr., Durchhalten; Hitlers Durchhalte-Marschall muß hinter Gitter, in: *SZ*, 16.10.1967.

6 Berra, *Paragraphenturm*, S. 51.

äußerst unterschiedlichen Fällen – genannt seien hier nur die Prozesse gegen Maria Rohrbach, Vera Brühne, Elmar Herterich, Günther Weigand, Eva-Maria Mariotti, Axel Dohrn und schließlich auch gegen den Kindermörder Jürgen Bartsch – immer auch die Justiz und ihr Verhalten mit auf dem Prüfstand. »Auf die Zerstörung der Legende von der NS-Feindlichkeit der Justiz«, so Theo Rasehorn, »folgte die Zeit der Affären«[7].

Wenn in diesen Prozessen aus gegebenem Anlass immer wieder danach gefragt wurde, in welcher Weise die weltanschaulichen Hintergründe in die Urteilsfindung hineinspielten, so geriet dabei auch immer wieder die Vergangenheit der Justiz ins Visier. Es spricht einiges dafür, dass dies nicht zuletzt mit der Sensibilisierung zusammenhing, zu der unter anderem die DDR-Kampagne gegen die ehemaligen NS-Richter beigetragen hatte. Den unterschiedlichen Ansatzpunkten, an denen sich die sich verdichtende Kritik entzündete, soll im Folgenden nachgegangen werden. Dabei wird unter anderem die Frage verfolgt, inwieweit diese Kritik punktueller oder grundsätzlicher Natur war und in welchem Maße und von wem sie in Reformforderungen umgesetzt wurde. Zu klären ist dabei etwa, inwieweit sich die Kritik, dass schwer belastete Richter und Staatsanwälte aus der NS-Zeit in der Bundesrepublik noch weiter tätig waren, nur auf die konkreten Einzelfälle bezog oder ob daraus grundlegende Reformforderungen für das bundesdeutsche Justizsystem abgeleitet wurden. In ähnlicher Weise ist zu fragen, inwieweit sich die Kritik am Verhalten der Gerichte in der »*Spiegel*-Affäre« oder die Praxis der politischen Prozesse gegen die Kommunisten nur auf die jeweiligen Einzelfälle bezog oder ob die Verfahren als symptomatisch angesehen wurden. Das bedeutet auch, dass zu untersuchen ist, inwieweit die einzelnen Bereiche getrennt voneinander Kritik auf sich zogen oder in einem Zusammenhang gesehen wurden.

2.1.1 Die Auseinandersetzung um die NS-Vergangenheit der bundesdeutschen Justiz

Oben war bereits davon die Rede, dass im Zusammenhang mit den frühen Prozessen gegen NS-Täter der Begriff der Justizkrise aufgetaucht war, der sich dann aber schnell wieder verflüchtigte. Von krisenhafter Stimmung in der Justiz ob ihrer eigenen Vergangenheit war ohnehin wenig zu spüren. Im Gegenteil: Die Richter versuchten, sich zu Verfolgten des Nazi-Regimes zu stilisieren. Mit seiner Rede vom 26. April 1942 hatte Hitler der Justiz im Nachhinein einen ganz besonderen Dienst erwiesen. Hier war er gegen eine vermeint-

7 Ebd., S. 53.

lich allzu formale Rechtsauffassung der Richterschaft zu Felde gezogen und hatte denen, »die ersichtlich das Gebot der Stunde nicht erkennen«, mit Amtsenthebung gedroht.[8] So war es durchaus symptomatisch, wenn etwa der Rottweiler Landgerichtspräsident Reinhold Teufel 1953 im Zusammenhang mit der steten Klage über die zu niedrige Besoldung der Richter im vollen Brustton der Überzeugung in der *Deutschen Richterzeitung* schrieb: »Dass vom Nationalsozialismus her der Untergang des Richtertums im freiheitlich rechtsstaatlichen Sinne drohte, ist bekannt. Von den öffentlichen Einrichtungen war Hitler selbst nächst den Kirchen die Justiz am meisten verhaßt. Es versteht sich von selbst, daß in diesen zwölf Jahren für die Richter höchstens Nachteile zu erwarten waren«[9]. Der demokratische Staat, so die Forderung, sollte dieses an den Richtern begangene Unrecht wieder gutmachen und sie besser entlohnen.

Das nur zu gerne von den Richtern entworfene Bild einer im Nationalsozialismus schwer benachteiligten, wenn nicht gar verfolgten Justiz, bekam seit Ende der fünfziger Jahre im Zuge der schon genannten DDR-Kampagne tiefe Risse. Auch wenn man sich über die politischen Motive der DDR keinen Illusionen hingeben muss, erzielte die DDR mit dieser Kampagne vielleicht ihren beachtlichsten Erfolg, was den direkten Einfluss auf innenpolitische Prozesse der Bundesrepublik anging.[10] Gleichwohl stellte sich dieser nicht sofort ein. Im Gegenteil: Die ersten Reaktionen bewegten sich sowohl von Seiten der Politik als auch der Justiz im üblichen Rahmen, in dem auch sonst auf Angriffe und Beschuldigungen seitens der DDR reagiert wurde – durch Ignorieren und Abwehren. Da eine Reihe von Untersuchungen zu unterschiedlichen Aspekten der Reaktionen seitens der Politik und der Richterschaft vorliegt, beschränkt sich die folgende Darstellung auf die Grundzüge der Entwicklung.[11]

Versucht man die Reaktionen zu systematisieren, zeichnen sich grob drei Phasen ab. Die erste Phase erstreckt sich vom Beginn der DDR-Kampagne im Jahr 1957 bis Ende 1959, als die Ausstellung »ungesühnte Nazijustiz«, die auf den in der DDR, Polen und der Tschechoslowakei zusammengetragenen Materialien beruhte, erstmals in umfassender Form einer breiten Öffentlichkeit in

8 Verhandlungen des Reichstags, *Stenographische Berichte*, Bd. 460, S. 109ff., abgedr. in. Dokumente der Deutschen Politik und Geschichte, Bd. 5, Berlin 1951, S. 363–366, hier S. 365.

9 Teufel, »Besoldung«, S. 37.

10 Zur Funktion und Durchführung der Kampagnen aus der Perspektive der DDR vgl. Lemke, »Kampagnen«.

11 Vgl. Bästlein, »DDR-Kampagnen«; für den Oberlandesgerichtsbezirk Hamm: Niermann, »Unbehagen«; für Berlin: Weinke, »Selbstamnestierung«; zu den außenpolitischen Implikationen vgl. Brochhagen, *Vergangenheitsbewältigung*; zur Vorgeschichte des § 116 des Deutschen Richtergesetzes von 1961, das belasteten Richtern ein freiwilliges Ausscheiden aus dem Amt ermöglichte, vgl. Gosewinkel, »Ahndung«.

der Bundesrepublik die von der NS-Justiz begangenen Verbrechen vor Augen führte und damit eine deutliche Zäsur für die Reaktionen bedeutete.[12]

Diese erste Phase zeichnete sich dadurch aus, dass von politischer Seite so gut wie niemand die Brisanz des Materials erkannte und ernsthaften Handlungsbedarf sah. Bezeichnend erscheint in diesem Sinne ein Antwortschreiben des Staatssekretärs im Justizministerium Walter Strauss an den Bundesverfassungsrichter Gerhard Leibholz kurz nach Veröffentlichung des ersten Materials. Leibholz zeigte sich tatsächlich beunruhigt. Zwar zweifle er nicht daran, dass das Material unzuverlässig sei, doch glaube er auch nicht, »daß die in demselben erhaltenen Fakten einfach erfunden sind«[13]. Obwohl sich Leibholz und Strauss gut kannten und duzten, blieb Leibholz Brief – wegen Arbeitsbelastung und »unerträglicher Hitze« – fast einen Monat lang liegen und ohnehin sah Strauss keinen Grund zur Aufregung. Auch ihm sei das »ostzonale Propagandaheft« zugegangen, »wird aber von uns nicht zum Anlaß genommen, darauf zu reagieren. Ich halte es für durchaus möglich, daß einige der darin mitgeteilten Fakten zutreffen [...] Aber man kann wohl nicht verlangen, daß wir auf derartige Äußerungen der Fortsetzer des nazistischen Terrors eingehen«[14].

Die Justizminister sahen dies zunächst offenbar ganz ähnlich. Bereitschaft zu Reaktionen zeigten sie erst, nachdem das Außenministerium – auch nur zögerlich – erkannt hatte, dass im Ausland, insbesondere in England, die Kampagne der DDR sehr wohl ernst genommen wurde.[15] So ließen sie in Einzelfällen bei konkreten Vorwürfen Nachforschungen anstellen, ohne dass daraus direkte Konsequenzen erwachsen wären. Zudem hielten die Justizminister es grundsätzlich nicht für ratsam, dass ehemalige Sonderrichter mit Strafsachen befasst würden. Vor allem aber waren sie bemüht, die ganze Angelegenheit auf möglichst kleiner Flamme zu kochen.

Ahnten die meisten Justizminister jedoch zumindest, dass die Vorwürfe kaum ganz aus der Luft gegriffen sein konnten, sah der »Richterbund« offenbar keinen Anlass zu schamhafter Zurückhaltung. In einem Brief vom 3. November 1958 wandte sich die Standesorganisation der Richter und Staatsanwälte direkt an den Bundeskanzler und forderte Schutz vor den »Verleumdun-

---

12 Vgl. dazu die Dokumentation von Koppel (Hg.), *Nazijustiz* sowie Ders., *Justiz*. Zur Bedeutung der Ausstellung als Zäsur vgl. Kohlstruck, »Ende«; Zur Würdigung der Ausstellung vgl. zudem Bauer, »Ungesühnte Nazijustiz«; Fichter, *SDS*, S. 306ff.; Albrecht, *Der Sozialistische Deutsche Studentenbund*, S. 256ff., Briem, *SDS*, S. 50 u. 245f.

13 Gerhard Leibholz an Walter Strauss, 11.6.1957, IFZ München, ED 94, NL Strauss, Bd. 213a.

14 Walter Strauss an Gerhard Leibholz, 5.7.1957, IFZ München, ED 94, NL Strauss, Bd. 213a.

15 Zu den Reaktionen im Ausland und deren Einfluss vgl. Brochhagen, *Vergangenheitsbewältigung*, S. 321ff.

gen«. In zunehmendem Umfang würden in der deutschen Öffentlichkeit Richter und Staatsanwälte geschmäht und »wegen ihres beruflichen Wirkens in der Zeit vor dem Zusammenbruch von 1945« verunglimpft. »Diese Angriffe«, so das Schreiben weiter, »beruhen zum großen Teil auf der kritiklosen Übernahme der gesteuerten sowjetzonalen Propaganda, deren Ziel es ist, das Vertrauen in die Rechtspflege zu untergraben«. Von der »Staatsführung« erwartete der »Richterbund« nun, dass sie sich »schützend vor die Organe der Rechtspflege stellt«.[16] Mit keinem Wort ließ man erkennen, dass auch nur in Erwägung gezogen werden könnte, ob die Vorwürfe möglicherweise doch einen wahren Kern hätten. Erst als die Richter erkennen mussten, dass die geforderte pauschale Ehrenerklärung nicht abgegeben wurde, gaben sie sich in einem zweiten Brief etwas konzilianter. Man gab zumindest vor, nicht zu verkennen, »daß aufgrund der zu einem Teil mit konkretem Material belegten Beschuldigungen gegen einzelne Richter und Staatsanwälte – soweit die zum Vorwurf gemachten Handlungen nach rechtsstaatlicher und demokratischer Auffassung sich als Verfehlung darstellen – die Notwendigkeit bestand, Untersuchungen einzuleiten«[17]. Distanzierter konnte man sich zur möglichen Berechtigung der Vorwürfe nicht äußern. Immerhin betrachtete der »Richterbund« es als sinnvoll zu akzeptieren, dass einzelne »Verfehlungen« vorgekommen sein konnten – jedenfalls dann, wenn eine »demokratische Auffassung« zugrunde gelegt würde. Ansonsten aber zeigten sich die Richter und Staatsanwälte weiter von den Vorwürfen tief in der Ehre verletzt und sie verlangten an Stelle von Aufklärung den Beistand durch die Politik.[18]

Einzelne gewährten diesen dann auch anstandslos. In einem großen Artikel in der *Welt* vom Mai 1960 ließ sich der schleswig-holsteinische Justizminister Bernhard Leverenz (FDP) ausführlich zu der Frage aus und brachte dabei den NS-Richtern jedes nur denkbare Verständnis entgegen: Jede Epoche habe nun einmal ihre eigene Ansicht vom Sinn und Zweck der Strafe. Es werde »nur allzu leicht vergessen, daß nach 1933, besonders aber nach Kriegsbeginn, die Generalprävention, die Abschreckung als Zweck der Strafe im Vordergrund stand [...] Das erforderte naturgemäß höhere Strafen, als wir sie heute vertreten zu können glauben. [...] Kann man den Richtern des nationalsozialistischen Staates aus der Anwendung der Abschreckungstheorie Vorwürfe machen, wenn man sich heute auf eine andere Theorie vom Wesen der Strafe

16 Der Brief findet sich abgedruckt in: *Im Namen des Deutschen Volkes*, S. 411.

17 Deutscher Richterbund an Bundesminister der Justiz, 6.4.1959, abgedr. in: ebd.

18 Zum Stimmungsbild in der Richterschaft vgl. auch die Beiträge in der *Deutschen Richterzeitung*, in der auch verschiedene Erklärungen des Richterbundes zu dem Thema abgedruckt wurden. Vgl. insbes.: Um die Ehre der Richter und Staatsanwälte, in: *DRiZ* 3, 1959, S. 101; weitere kurze Notizen vgl. ebd., S. 97, 157 u. 216; vgl. auch Schorn, »Richterschaft«.

stützt?«[19] Das Problem exzessivster Strafen erschien hier schlicht als eine Frage der Straftheorie.

Doch eine derartige Auffassung war unter den Länderjustizministern kaum mehrheitsfähig, zumal die Debatte durch die Ausstellung »Ungesühnte Nazijustiz«, die im November 1959 in Karlsruhe gezeigt worden war, eine neue Dimension erhalten hatte. Die Ausstellung bildete eindeutig eine Zäsur und leitete eine zweite Phase im Umgang mit den Vorwürfen ein. In dieser Phase intensivierte sich zunächst die politische Diskussion um eine Lösung des Problems der belasteten Richter, das man mit der Verabschiedung des Richtergesetzes von 1961 aus der Welt geschaffen zu haben hoffte. Das Ende markierte die Entlassung des gerade erst berufenen Generalbundesanwalts Wolfgang Immerwahr Fränkel im Juli 1962, die das Scheitern des Versuchs der (Selbst)reinigung der Justiz verdeutlichte.

Erst durch die Ausstellung, die von den Studenten Reinhard Strecker und Wolfgang Koppel initiiert worden war, wurde das Thema von den Medien, das heißt hier vor allem von den Zeitungen, wirklich aufgegriffen. Die Resonanz zeigte, dass die Zahl derer, die glaubte, dass es sich bei dem Material nicht nur um üble Machenschaften der DDR handelte, eindeutig stieg.[20] Die West-Berliner Justizverwaltung versuchte zunächst allerdings auch noch einmal die Ausstellung als »Akt östlicher Agitation« zu brandmarken und damit die Glaubwürdigkeit des Materials zu untergraben. In einen Brief an die West-Berliner Universitäten warnte die Justizverwaltung davor, den aus dem Osten gesteuerten Vorwürfen auf den Leim zu gehen.[21] Die SPD reagierte ähnlich reflexhaft: Sie schloss die Organisatoren der Ausstellung Wolfgang Koppel und Reinhard Strecker, der Vorsitzende des West-Berliner SDS, aus der Partei aus und erhielt dafür den Beifall der *FAZ*. Die Reaktion der SPD lasse darauf schließen, so das Blatt, dass sie hinter den Studenten »Pankows Schatten« sehe. »Es wäre gut, wenn dieser Schatten überall gesehen würde«[22].

Doch dadurch, dass der spätere CDU-Abgeordnete und amtierende Generalbundesanwalt Max Güde, aber auch andere Staatsanwaltschaften die Authentizität des Materials bestätigt hatten, gerieten diejenigen, die hier nur Ma-

19 Leverenz, Rechtsbeugung.

20 Als erster großer überregionaler Bericht vgl. auf Photokopien, in: *Der Spiegel*, 11.1.1960, S. 31; ohne die Ausstellung zu nennen, aber klar davon angeregt: Carolus, Erbe; nachdem die *FAZ* zunächst die Initiatoren der Ausstellung als reine Handlanger der DDR diffamiert hatte (Keine reinen Toren, in: *FAZ*, 19.2.1960), sprach man sich letztlich auch dort wenige Tage später – auch hier ohne Bezug auf die Ausstellung – für eine vorzeitige Pensionierung der Belasteten aus, auch wenn man die einzelnen Richter selbst ohne eigene Schuld sah: Gillessen, Not.

21 Vgl. dazu die Berichte in der Tagespresse (u.a. *Tagesspiegel* und *FR*) vom 27.2.1960.

22 Keine reinen Toren, in: *FAZ*, 19.2.1960.

chenschaften aus dem Osten am Werk sehen wollten, in arge Bedrängnis. In einem Brief an den Staatssekretär im Justizministerium Walter Strauss musste sich Güde im Januar 1960 denn auch für seine öffentlichen Stellungnahmen rechtfertigen. Nachdem Strauss um Unterrichtung über die Ausstellung gebeten hatte, habe er angenommen, so Güde in seiner Antwort süffisant, »dass Sie sich für den Gegenstand der Ausstellung, die Authentizität und die Glaubwürdigkeit des Materials interessiert hätten« Er habe keinen Grund gesehen, den Organisator der Ausstellung, Reinhard Strecker, nicht zu empfangen. Der sei zwar ein »linker Sozialist«, aber kein Kommunist und es deute nichts darauf hin, »dass Strecker aus der Zone gesteuert ist«. Zudem plädierte Güde für Offenheit. Das Ausland sei immer noch misstrauisch und daran sei man selber Schuld, »weil wir zuviel hingenommen haben und zuviel geschwiegen haben«[23].

Auch in der Presse setzte sich zunehmend die Ansicht durch, dass Reaktionen im Geist des Kalten Krieges der Sache kaum angemessen waren. Unabhängig von den Motiven der DDR-Regierung hatte Ernst Müller-Meiningen jr. schon Ende 1959 in der *Süddeutschen Zeitung* darauf hingewiesen, »daß deutsche Richter mit mindestens 16.000 eigenen Todesurteilen, neben schätzungsweise 30.000 der Militärgerichtsbarkeit, ein Schreckensdokument dafür schufen, wie billig ein Menschenleben in den Händen der Hüter des Rechtes in Deutschland damals geworden war«[24]. Viele andere Zeitungen zogen nach und forderten, ähnlich wie *Die Zeit* oder *Die Welt*, dass man angesichts der Vorwürfe nicht einfach zur Tagesordnung übergehen dürfe.[25]

Da die Enthüllungen in die Zeit der Vorbereitung des Deutschen Richtergesetzes fielen, das im Jahr 1961 in Kraft trat, wuchs nun auch der Druck auf die Justizpolitiker, sich des Problems anzunehmen. Nachdem im Rechtsausschuss des Bundestags anfangs auch die SPD wenig Neigung gezeigt hatte, sich mit der NS-Vergangenheit der Richter überhaupt zu befassen, blieb das in der DDR zusammengestellte Material schließlich nicht ohne Wirkung auf die Ausschussmitglieder.[26] Die Justizminister und -senatoren ließen die Vorwürfe prüfen und kamen dabei zu nicht sehr erfreulichen Ergebnissen. Angesichts von Urteilen, die der nordrhein-westfälische Justizminister Otto Flehinghaus in aller Deutlichkeit »objektiv rechtswidrig und in ihrer grausamen Härte unfasslich nannte«[27], sah es für kurze Zeit so aus, als ob sich bei den Landesjustizmi-

23 IFZ München, ED 94, NL Strauss, Bd. 211, Max Güde an Walter Strauss, 21.1.1960; zu Max Güde vgl. Tausch, *Max Güde*.

24 Justiz – nicht ferngesehen, in: *SZ*, 3.12.1959.

25 Sommer, Nazis; Gründler, Justiz.

26 Zum Folgenden vgl. Gosewinkel, »Ahndung«.

27 So Flehinghaus in der Sitzung des Rechtsausschusses des Bundestages vom 23.2.1962, hier zit. nach Gosewinkel, »Ahndung«, S. 64.

nistern die Einsicht durchsetzen würde, dass die Politik mehr tun müsste, als auf ein freiwilliges Ausscheiden der Richter zu warten. Vor einer Grundgesetzänderung, die notwendig gewesen wäre, um Richter tatsächlich gegen ihren Willen aus dem Dienst zu entlassen, schreckte man letzten Endes jedoch zurück.[28]

Zum einen, so die Argumentation, sei die richterliche Unabhängigkeit – die immunisierende Allzweckwaffe der Justiz schlechthin – ein so hohes Gut, dass die Politik nicht in sie eingreifen dürfe. Zum anderen kippte die Einbeziehung des Richterbundes in die Beratungen die zeitweilige Stimmung für eine Grundgesetzänderung wieder. Angesichts des Eichmann-Prozesses in Israel hielt es der Präsident des Richterbundes Meuschel für nicht opportun, mit einer Aufsehen erregenden Grundgesetzänderung Maßnahmen einzuleiten, die in seinen Augen als »zweite Entnazifizierung« hätten interpretiert werden können.[29] Zudem hielt er die Zahl der belasteten Richter für sehr gering – er schätzte sie auf ein Prozent – und er sah auch diese in aller Regel nur durch unglückliche Umstände an Sondergerichte versetzt, an denen sie dann – in völliger Umkehrung der ansonsten vehement beanspruchten richterlichen Verantwortung – auf wundersame Weise dann doch nicht für die dort gefällten Urteile verantwortlich zu machen seien.

Die vermeintlich kleine Zahl der noch amtierenden belasteten Richter, die Erwartung, dass ohnehin viele von diesen in kurzer Zeit in Pension gehen würden, wohl auch die Angst vor einem Wiederaufflammen einer Entnazifizierungsdiskussion und nicht zuletzt die Drohung des Richterbundes, vor das Bundesverfassungsgericht zu ziehen, führte schließlich zu dem ominösen § 116 des Richtergesetzes vom 8. September 1961. Diese ermöglichte all jenen Richtern, die an ungerechtfertigten Todesurteilen mitgewirkt hätten, freiwillig und ohne größeres Aufsehen aus dem Dienst zu scheiden. Dass dies bei voller Pension geschehen sollte, verstand sich dabei von selbst, und reizte nicht zu-

28 Erst nachdem klar wurde, dass auch nach dem Richtergesetz von 1961 immer noch belastete Richter im Amt geblieben waren, gab es noch einmal Vorstöße, das Grundgesetz doch noch zu ändern, um belastete Richter und Staatsanwälte auch gegen ihren Willen aus dem Amt zu entfernen. Die Landesregierungen von Hessen und Hamburg versuchten dies gleich zweimal: Das erste Mal im Juli 1963, als offiziell noch sechs Richter und Staatsanwälte trotz ihrer aktenkundigen Beteiligung an exzessiven Unrechtsurteilen im Amt verblieben waren, und das zweite Mal im März 1965, nachdem die DDR noch einmal neue Zahlen über belastete Richter und Staatsanwälte vorgelegt hatte. Die Initiativen blieben jedoch erfolglos. Vgl. dazu aus der Presseberichterstattung u.a.: Möritz, Konsequenzen; Das Bundeskabinett berät über die Ablösung belasteter Richter, in: *FAZ*, 11.7.1963; Heute Debatte im Bundesrat über belastete Richter, in: *FAZ*, 5.3.1965; Bundesrat berät über belastete Richter, in: *FR*, 12.3.1965; Verhandlungen des Bundesrates. *Stenographische Berichte*, 280. Sitzung, 12.3.1965; Bundesrats-Drucksachen. 315/63, 316/63.

29 Vgl. Gosewinkel, »Ahndung«, S. 66.

letzt die Karikaturisten zu spitzer Feder. Das Richtergesetz gewährte den Richtern und Staatsanwälten eine Frist bis Ende Juni 1962, um diese Regelung für sich in Anspruch zu nehmen. Danach, so die Drohung, könnte der Bundestag doch noch eine Grundgesetzänderung mit der Möglichkeit der Amtsenthebung beschließen, falls das Gesetz ohne einschneidende Wirkung blieb.

Damit setzte sich die Bundesregierung allerdings der Beweispflicht aus, dass das Gesetz tatsächlich die gewünschten Effekte zeitigte. Zu belegen war der Erfolg am besten durch die Nennung von Zahlen. So verkündete das Bundesjustizministerium im September 1962, dass insgesamt 149 der Richter und Staatsanwälte, von denen man es erwartet habe, in Pension gegangen seien, nur zwölf nicht.[30] Da auch nach dem eigentlichen Ende der gesetzten Frist, dem 30. Juni 1962, einige Betroffene auf dem Umweg des Antrags auf »Dienstunfähigkeit« aus dem Amt schieden[31], verringerte sich in den folgenden Monaten die offizielle Zahl der Belasteten noch weiter, so dass im Februar 1963 angeblich nur noch sechs belastete Richter und Staatsanwälte im Amt verblieben waren.[32]

Diese Zahlen erweckten den Eindruck, als reduzierte sich das ganze Problem auf einige wenige benennbare Einzelfälle, jene »schwarzen Schafe«, die es gewissermaßen in jedem Beruf gab, derer man sich jedoch weitestgehend entledigt hatte. Doch gerade im Jahr 1962 trat ein Fall auf, der erahnen ließ, dass die Frage der Belastung eine deutlich größere Dimension besaß und die Veröffentlichung konkreter Zahlen mehr auf beliebiger Setzung als auf klaren Erkenntnissen beruhte. Denn Wolfgang Immerwahr Fränkel, der im März 1962 zum Generalbundesanwalt ernannt wurde, befand sich nicht auf dieser Liste.

---

30 Bundesdrucksache IV/634. Für eine Besprechung mit den Landesjustizministern am 26.9.1962 ließ sich Bundesjustizminister Stammberger eine genaue Auflistung der noch verbliebenen Fälle anfertigen, von denen man einen Antrag nach § 116 DRiG erwartet hatte. Nachdem von den acht Richtern zwei einen Antrag auf Zurruhesetzung aus dienstrechtlichen Gründen gestellt hatten, verblieben noch 6 Amtsgerichtsräte und 2 Landgerichtsdirektoren sowie vier Staatsanwälte, vgl. Schmidt-Ränsch an Stammberger, September 1962, IFZ München, ED 94, NL Strauss, Bd. 160.

31 Das ist auch der Grund dafür, dass die Zahlenangaben aus verschiedenen Quellen leicht variieren. Bästlein nennt auf der Basis seiner Quellen die Zahl von 135 Richtern und Staatsanwälten, die von § 116 Gebrauch gemacht und 14, die sich geweigert hätten. Vgl. Bästlein, »DDR-Kampagnen«, S. 419 und Anm. 62.

32 So Justizminister Bucher am 15.2.1963 im Deutschen Bundestag (*Stenographische Berichte*, 4. WP, 61. Sitzung, 15.2.1963, S. 2784). Bucher nahm Bezug auf die Bundestags-Drucksache IV/634 vom 10.9.1962, in welcher der zu diesem Zeitpunkt noch amtierende Bundesjustizminister Stammberger noch von 12 belasteten Richtern und Staatsanwälten ausgegangen war, die nicht von der Möglichkeit Gebrauch gemacht hatten, sich pensionieren zu lassen. Diese Zahl, so Bucher, habe sich auf zwei Richter und vier Staatsanwälte reduziert. Vgl. dazu auch Möritz, Konsequenzen.

Fränkel war in den Jahren 1940 bis 1943 bei der Reichsanwaltschaft des Reichsgerichts tätig gewesen und hatte in dieser Funktion selbst in Bagatellfällen die Todesstrafe beantragt.[33] Veröffentlichungen aus der DDR, die schon vor Fränkels Ernennung dessen Beteiligung an Unrechtsurteilen angeprangert hatten, waren ignoriert worden. So brachte sich die Bundesregierung in peinliche Bedrängnis, als sie Fränkel, kaum vier Monate im Amt, schon wieder entlassen musste. Damit setzte die dritte Phase der Reaktionen auf die ursprünglich aus der DDR stammenden Vorwürfe ein. Statt der Erledigung des Problems und des Abschlusses der Diskussion, die das Richtergesetz hätte bringen sollen, wurde nun jeder neu auftauchende Einzelfall zu einem Politikum, das deutlich machte, wie unzulänglich der Versuch gewesen war, auf eine Selbstreinigung der Justiz zu setzen.

Die Affäre zeigte zweierlei: Zum einen hatten die Justizpolitiker den Kreis der Belasteten offenbar viel zu eng gefasst. In den Blick geraten waren allein die exzessiven Todesurteile der Sondergerichte. Andere Unrechtsurteile und Beteiligungen daran hatten bei der Festlegung der Liste von Belasteten keine Rolle gespielt. Wenn nicht einmal bei einer so exponierten Position wie der des Generalbundesanwalts Recherchen über dessen Vergangenheit angestellt worden waren und der zuständige Personenkreis sogar die bestehenden Hinweise ignoriert hatte, warf dies kein besonders gutes Licht auf die Sensibilität und den Aufklärungswillen der Bundesregierung. Zum anderen zeigte der Fall auch, dass auf ein Unrechtsbewusstsein und eine entsprechende Zurückhaltung bei den Betroffenen kaum zu zählen war. Offenbar war Fränkel selbst der festen Überzeugung, dass er sich nichts vorzuwerfen hatte und ihm daher auch niemand sonst etwas vorwerfen konnte. Und tatsächlich gab es genügend Leute, die dies ähnlich sahen. Der ehemalige Justizminister Dehler kam in einem Beitrag für die *Süddeutsche Zeitung* zu dem Ergebnis, dass »der Vorwurf, Fränkel habe während seiner Tätigkeit bei der Reichsanwaltschaft [...] seine Rechtspflichten verletzt, nicht gerechtfertigt ist«. Zudem sei Fränkel »Sohn eines evangelischen Pfarrers und unbedingter Gegner des Hitlerschen Unrechtskrieges« gewesen und habe – erstaunlich genug – »aus Grundsatz die Todesstrafe abgelehnt«. Gleichwohl sei Fränkels Tätigkeit »zwangsläufig mit dem Staatsunrecht des nationalsozialistischen Regimes verbunden« gewesen. Da aber die Position des Generalbundesanwalts verlange, dass ihr Repräsentant über jeden Zweifel erhaben sei, sei es ein Fehler gewesen, Fränkel mit diesem Amt zu betrauen.[34]

33 Zu Fränkel vgl. Müller, *Juristen*, S. 218 und 279.

34 Dehler, Rechtspflichten.

Mit dieser Argumentation gelang Dehler das Kunststück, sich sowohl schützend vor Fränkel und seinesgleichen zu stellen als auch den vermeintlich besonders hohen moralischen Anspruch der Bundesrepublik zu unterstreichen. Intern war der Unmut über die Angelegenheit jedoch erheblich. In einem Schreiben an den Staatssekretär im Bundesjustizministerium Walter Strauss machte der Vorsitzende der CDU/CSU-Fraktion Heinrich von Brentano, seinem Ärger Luft und nahm dabei sowohl die Justizverwaltung als auch die Angehörigen der Justiz aufs Korn. Es sei für alle Beteiligten »geradezu peinlich«, dass es eines Hinweises aus der »Zone« bedurft habe, um Fränkel zu Fall zu bringen. Außerdem habe er den Eindruck, »dass hier ein Mann von sogenannten Kollegen gedeckt wurde, der auf die Anklagebank, aber nicht auf den Richterstuhl gehört. In Karlsruhe waren und sind doch zahlreiche Richter tätig, die dem früheren Reichsgericht angehört haben. [...] Wie soll ein anständiger Mensch noch Vertrauen in die deutsche Justiz haben, wenn sich solche Dinge ereignen?«[35] So echt die Empörung des Vorsitzenden der CDU/CSU-Fraktion über den Fall auch war und so sehr er auch dessen grundsätzliche Bedeutung erkannte, zeigt sein Schreiben jedoch auch, wie wenig die Dimension der Belastung der Richter- und Staatsanwaltschaft insgesamt im Bewusstsein war. In der *Süddeutschen Zeitung* schrieb Ernst Müller-Meiningen jr., dass sich Fränkel gewiss dadurch sicher gefühlt habe, »daß auch andere prominente Kollegen aus der NS-Justiz, die einst in der Reichsanwaltschaft seine Vorgesetzten und Kollegen waren, unbehelligt in höchsten Richterämtern wieder am Werk sein durften«. Fränkel habe lediglich Pech gehabt. Sein unmittelbarer Vorgesetzter in der Reichsanwaltschaft sei als Bundesrichter in Ehren pensioniert und mit dem Bundesverdienstkreuz ausgezeichnet worden.[36]

Unrechtsbewusstsein von Seiten der direkt oder mittelbar Betroffenen sucht man vergebens. Empört über Müller-Meiningens Artikel in der *Süddeutschen Zeitung* wandte sich der ehemalige Präsident des Bundesgerichtshofes und vormaliges Mitglied des Reichsgerichts Hermann Weinkauff an den Bundesjustizminister. Gerade unter den Reichsanwälten hätten sich »die leidenschaftlichsten und überzeugtesten Gegner des Nationalsozialismus« befunden und es könne für die Justiz nichts Schlimmeres geben, als wenn »die kollektiven Verdammungsurteile, die Müller-Meiningen, unbeschwert von jeder Sachkenntnis gegen alle ehemaligen Mitglieder des Reichsgerichts [...] richtet, Gemeingut der deutschen und ausländischen Publizistik würden«[37]. Nicht in den Fällen

35 Heinrich von Brentano an Walter Strauss, 12.7.1962, IFZ München, ED 94, NL Strauss, Bd. 218.

36 Ernst Müller-Meiningen jr., Fränkel und das politische Augenmaß, in: *SZ*, 14.7.1962.

37 Hermann Weinkauff an den Bundesminister der Justiz, 12.7.1972, IFZ München, ED 94, NL Strauss, Bd. 218.

der ehemaligen NS-Richter und Staatsanwälte, die aufgrund ihrer Beteiligung an exzessiven Todesurteile Empörung ausgelöst hatten, sondern in eben dieser Empörung sah er die Gefahr für das Ansehen der bundesdeutschen Justiz. Der ehemalige Justizminister Dehler sah das im Übrigen ähnlich.[38] So verwundert es auch nicht, wenn ein Artikel in dem konservativen Selbstverständigungsorgan der Richterschaft, *Die Dritte Gewalt*[39], zwar Dehlers Parteinahme für Fränkel begrüßte, dann aber zu dem Ergebnis kam, dass Fränkel vor allem der »Optik« wegen »geopfert« worden sei. Die Frage sei nun, »ob also das Opfer zugunsten der ›Optik‹ sich lohnt, oder ob es nicht vielleicht doch – auf Dauer gesehen – lohnender gewesen wäre, diesen Fall so ›durchzustehen‹ wie den Fall Globke«[40]. Widerspruch unter den Lesern aus den Reihen der »Dritten Gewalt« ist nicht zu verzeichnen.

Der Argumentation, dass sich Fränkel nicht wirklich etwas zu Schulden habe kommen lassen, vermochte in der politischen Presse kaum jemand zu folgen. Die großen überregionalen Zeitungen und nicht zuletzt der *Spiegel* befassten sich alle ausführlich mit dem Fall und ordneten ihn zumeist in den größeren Kontext der Frage nach den Kontinuitäten und der Kraft zur (Selbst)reinigung der Justiz ein.[41] Aus den Reihen der Justiz blieb es einmal mehr dem hessischen Generalstaatsanwalt Fritz Bauer überlassen, Kritik am politischen Umgang mit der NS-Vergangenheit der Justiz zu üben. In einem Interview mit der *Welt der Arbeit* wies Bauer mit Nachdruck darauf hin, dass sich die Bundesregierung bei Studium der Veröffentlichungen aus der DDR die peinliche Affäre erspart hätte. Überhaupt reagiere die Bundesregierung immer erst dann, wenn das westliche Ausland ihr demokratische Unzuverlässigkeit vorwerfe. Zudem war er überzeugt, dass noch jahrelang belastendes Material aus dem Osten kommen werde und das Problem keineswegs vom Tisch sei.[42]

Insgesamt trug der Fall Fränkel wesentlich dazu bei, dass die Verunsicherung darüber, wie viele belastete Richter tatsächlich noch im Amt waren, wei-

38 Vgl. hier einen Leserbrief von Dehler in: *Die Welt*, 23.7.1962.

39 Die Zeitschrift stellte eine Art justizinternes Diskussionsforum dar und siedelte sich selbst »im Grenzbereich von Politik und Recht« an.

40 Martini, »Fall Fränkel«. Martini war einer der umtriebigsten, streng konservativen Journalisten mit deutlich antiwestlichem Einschlag und als solcher häufiger Mitarbeiter für *Die Dritte Gewalt*. Vgl. in diesem Sinne: Ders., *Ende*; zu Martini vgl. jetzt auch Payk, »Mobilisierung«.

41 Vgl. hier insbesondere die Beiträge von Ernst Müller Meiningen jr. in der *Süddeutschen Zeitung*, u.a.: Fall Fränkel; Ders., Verstrickung; als Beispiele aus anderen Zeitungen: Hoffmann, Generalbundesanwalt; Ziegler, Richter; Vorführung empfiehlt sich, in: *Der Spiegel*, 11.7.1962, S. 22f.; Nicht geküßt, in: *Der Spiegel*, 1.8.1962, S. 15f.

42 Selbstreinigung klappt nicht: Interview von Klaus Jelonneck mit Fritz Bauer, in: *Welt der Arbeit*, 13.7.1962.

ter stieg. An eine Zahl zwischen sechs und zwölf, die offiziell genannt wurden, glaubten wohl nur die wenigsten. Reinhard Strecker, der Mitorganisator der Ausstellung »Ungesühnte Nazijustiz«, sprach etwa im Oktober 1962 noch von mindestens 400 weiterhin beschäftigten NS-Richtern und -Staatsanwälten.[43] Genaue Angaben über die Zahlen konnte ohnehin niemand machen, zumal auch kaum Einigkeit darüber zu erzielen war, was »Belastung« genau bedeutete. Entscheidend war, dass sich auf Grund von Einzelfällen, die nun aus unterschiedlichen Gründen ans Licht kamen, die Debatte um die NS-Belastung von Richtern und Staatsanwälten auch in den folgenden Jahren nicht beruhigte. Als besonders skandalös wurden 1965 die Fälle der beiden in Rheinland-Pfalz tätigen Staatsanwälte Leonhard Drach und Josef Wienecke wahrgenommen, die beide nicht auf der Liste der »erwarteten Anträge« standen.[44] Sowohl Drach als auch Wienecke waren im Rahmen von Strafverfahren, die in den Jahren 1948/49 in Luxemburg gegen Richter und Staatsanwälte von deutschen Sondergerichten durchgeführt worden waren, in Abwesenheit zu 15 beziehungsweise 10 Jahren Haft verurteilt worden. Beide waren anstandslos in den bundesdeutschen Justizdienst übernommen, Drach sogar zum Oberstaatsanwalt befördert worden.[45] Erst als der ehemalige rheinland-pfälzische Landesfinanzminister Wilhelm Nowack sich wegen Beihilfe zum Meineid vor Gericht zu verantworten hatte und Drach die Anklage vertrat, bezeichnete Nowack Drach offen als Kriegsverbrecher. Schnell kam heraus, dass neben Drach auch dessen Kollege Wienecke eine ähnliche Vita aufwies, und dass man im Mainzer Justizministerium darüber sehr wohl Bescheid gewusst hatte.

Nicht minder beunruhigend war der Fall des niedersächsischen Staatsanwalts Karl-Heinz Ottersbach, der auch erst 1965 Wellen schlug. Ottersbach war in den Jahren 1941 und 1942 Staatsanwalt am Sondergericht in Kattowitz gewesen. Der hatte z. B. angeordnet, dass ein Angeklagter, der statt der von ihm geforderten Todesstrafe, freigesprochen worden war, nach Haftentlassung der Gestapo übergeben werden sollte.[46] Auch er versah in Niedersachsen unbehelligt weiter seinen Dienst.

Unverkennbar ist, dass derartige Fälle insgesamt zu einer Sensibilisierung vor allem der Öffentlichkeit beitrugen, was die Frage des Verhältnisses der

---

43 Noch 400-NS-Juristen im Amt?, in: *FR*, 5.10.1062.

44 Die Liste vgl. bei Schmidt-Ränsch an Minister Stammberger, September 1962, IFZ München, ED 94, NL Strauss, Bd. 160.

45 Vgl. zu den Fällen Müller, *Juristen*, S. 274 sowie ansonsten die breite Presseberichterstattung, hier insbes.: Der Fenstersturz, in: *Der Spiegel* 3.2.1965, S. 34–38; Lob im September, in: *Der Spiegel*, 5.5.1965, S.66; Ein Angeklagter macht seinem Herzen Luft, in: *FR*, 26.1.1965; Ein Ankläger wird angeklagt. Der Fall Drach – Irrungen und Wirrungen der Justiz in Rheinland-Pfalz, in: *Die Zeit*, 5.2.1965; Lehmann, Dolch.

46 Lehmann, Dolch; vgl. auch Müller, *Juristen*, S. 217.

Justiz zur NS-Vergangenheit anging. In der Folge wurden die Karrieren von Richtern und Staatsanwälten deutlich schärfer als früher unter die Lupe genommen wurden. Als der Berliner Senatsrat Carl Creifelds nach seiner Wahl durch den Richterwahlausschuss 1965 zur Ernennung zum Bundesrichter durch den Bundespräsidenten anstand, verweigerte dieser die Unterschrift. Es war bekannt geworden, dass Creifelds sich in den dreißiger Jahren als Kommentator von NS-Gesetzen hervorgetan hatte. Vor dem Hintergrund des Fränkel-Skandals war man im Bundespräsidialamt vorsichtig geworden. Creifelds bat kurze Zeit später darum, seine Ernennung zum Bundesrichter nicht weiter zu betreiben.[47] Zudem wurde auch das Verhalten der Richter und Staatsanwälte in den NSG-Prozessen zunehmend kritisch beäugt. Dass dies für den im Dezember 1963 in Frankfurt begonnenen und ohne Beanstandung geführten Auschwitz-Prozess der Fall war, versteht sich dabei nahezu von selbst.[48] Doch auch in anderen Verfahren stand die Verhandlungsführung der Richter nun unter besonderer Beobachtung und die Ergebnisse waren zum Teil bedrückend. Insbesondere galt dies für den so genannten Hunsche-Krumey-Prozess, der 1964 in Frankfurt stattfand.

Hermann Krumey und Otto Hunsche waren enge Mitarbeiter Eichmanns und unter anderem für die Deportation der ungarischen Juden nach Auschwitz mit verantwortlich gewesen. Gegenstand der Verhandlung war eben diese Verantwortung für den Abtransport und die anschließende Ermordung von 435.000 ungarischen Juden im Frühjahr 1944. Kritik kam zunächst von dem ehemaligen stellvertretenden Chefankläger in Nürnberg, Robert Kempner, der weiterhin in der Bundesrepublik lebte und schon aus »professionellem« Interesse das Verfahren verfolgte. Auch der ehemalige Sprecher des Budapester Rettungskomitees der Juden, Joel Brand, kritisierte das Gericht, das um den Kern der Sache »herumschleiche«.[49] Mehr und mehr nahmen sich aber auch die deutschen Zeitungen des Prozesses an und stießen sich an der Verhandlungsführung des Vorsitzenden Richters, des Landgerichtsdirektors Arnold Schmidt. Als Beispiel für eine zum Teil geradezu skandalös harmlose Art der Befragung führte etwa Karl-Heinz Krumm, der für die *Frankfurter Rundschau* den Prozess beobachtete, die Zeugenvernehmung des ehemaligen Reichsbevollmächtigten für Ungarn, Veesenmayer, an, der wegen seiner Mitverantwor-

47 Vgl. hierzu die Berichterstattung in der Presse, hier u.a. Lübke verweigert Unterschrift, in: *FR*, 20.1.1965; Ceifelds will pensioniert werden, in: *FR*, 25.2.1965.

48 Für die *FAZ* berichtete Bernd Naumann laufend über den Prozess. Die wichtigsten Artikel finden sich zusammengefasst in: Naumann, *Auschwitz*. Zu der gesamten Berichterstattung vgl. Kröger, *Ahndung*; allgemeiner zu den NS-Prozessen in der öffentlichen Wahrnehmung: Miquel, »NS-Prozesse«.

49 Vgl. dazu Krumm, Unbehagen.

tung für die Ermordung der ungarischen Juden von einem amerikanischen Militärgericht zu 20 Jahren Haft verurteilt worden, dann aber wie viele schon 1951 entlassen worden war. Vom Vorsitzenden Richter befragt, wofür er in Nürnberg verurteilt worden sei, antwortete Veesenmayer dreist: »Das weiß ich nicht mehr«. Und auf die Nachfrage, ob er nicht auch für die Judenvernichtung verantwortlich gemacht worden sei, entgegnete Veesenmayer: »Sicher nicht, denn davon wußte ich ja nichts!« Das Gericht ließ die Antwort so stehen. Es fällt tatsächlich schwer, hier nur an Naivität und Unbedarftheit zu glauben, zumal der Vorsitzende Richter nach Angaben der Prozessbeobachter die Angeklagten ausführlich und widerspruchslos Ausführungen machen ließ, während er Überlebende der Ungarn-Aktion häufig ungeduldig unterbrach.[50]

Für die oben aufgeworfene Frage, inwieweit die einzelnen Problemfelder innerhalb der Justiz in der Zeit zwischen 1960 und 1968 vorwiegend separat oder in einem Zusammenhang wahrgenommen wurden, ist schließlich noch der Fall eines Richters aufschlussreich, der die Öffentlichkeit und die nordrhein-westfälische Landespolitik über gut ein Jahrzehnt beschäftigte. Es handelte sich um den Bonner Landgerichtspräsidenten Heinrich Becker, der 1959 das erste Mal in die Schlagzeilen geriet. Dabei ging es jedoch zunächst nicht um seine Vergangenheit als Richter an einem Sondergericht, sondern um eine vermeintlich harmlose interne Verwaltungsanordnung. Diese Anordnung, die die Zuständigkeiten innerhalb des Gerichts neu regelte, hatte zur Folge, dass einem ermittelnden Untersuchungsrichter ein äußerst brisanter Fall entzogen wurde. Es ging um einen Prozess, in dem neben drei hohen Daimler-Benz-Managern auch der ehemalige persönliche Referent Adenauers, Kilb, der schweren aktiven und passiven Bestechung angeklagt war. Kurz vor der geplanten Eröffnung der Hauptverhandlung musste der ursprünglich zuständige Richter Quirini, der als »scharfer ›Prominenten-Richter‹« und Korruptionsspezialist galt[51], den Fall abgeben, weil er nun nicht mehr für die Buchstaben A bis K, sondern nur noch bis Hn zuständig war. Da einer der fünf Angeklagten Hummelsheim hieß und auf diese Weise die Mehrheit der Angeklagten mit den Buchstaben Ho bis P begannen, änderte sich die Zuständigkeit für den gesamten Fall. Eine neu eingerichtete Strafkammer musste den Fall übernehmen, die das Verfahren dann tatsächlich einstellte.

Unter der Überschrift »H-Spalterei« breitete der *Spiegel* genüsslich Einzelheiten des Falles aus und führte die diversen persönlichen Beziehungen auf, die den Bonner Landgerichtsdirektor Heinrich Becker, selbst CDU-Mitglied,

---

50 Vgl. hier insbesondere ebd.

51 Bonner Landgerichtspräsident aus »Drittem Reich« belastet? In: *Westdeutsches Tageblatt*, 11.2.1963.

mit dem Milieu der Angeklagten in Verbindung brachten.[52] Dass hier offensichtlich nicht alles mit rechten Dingen zugegangen war, fand zudem nicht nur die Presse, sondern auch der Düsseldorfer Landtag, der einen parlamentarischen Untersuchungsausschuss einrichtete. Zwar wurde dort der Vorwurf fallen gelassen, dass Becker in ungesetzlicher Weise auf das Verfahren gegen Kilb Einfluss genommen hatte, gerügt wurde jedoch, dass Becker nicht die notwendige Zurückhaltung gezeigt habe, um das Ansehen der Rechtsprechung zu wahren.[53] Damit war die Angelegenheit für Becker jedoch noch keineswegs erledigt. Einmal im Blick der Öffentlichkeit, interessierte sich die Presse nun auch für Beckers Vergangenheit. So stellte sich heraus, dass er nicht nur zu den »März-Gefallenen« gehörte und direkt nach Hitlers Wahlerfolg in die NSDAP eingetreten, sondern auch zweieinhalb Jahre an Sondergerichten in Köln und Den Haag tätig gewesen war. Selbstverständlich sei er »immer ein anerkannter Gegner des Nationalsozialismus gewesen«, wie er Journalisten gegenüber erklärte.[54] Diese Gegnerschaft müsse er jedoch, so der *Spiegel*, während der NS-Zeit gründlich versteckt haben. Zudem leitete Justizminister Sträter (CDU) nach dem Ende der Arbeit des Untersuchungsausschusses ein Disziplinarverfahren gegen Becker ein, das feststellen sollte, ob Becker vor dem Ausschuss die Unwahrheit gesagt und durch sein Verhalten die Würde seines Amtes verletzt hatte. Das Verfahren kam jedoch mehrere Jahre lang nicht von der Stelle, bis der neue sozialdemokratische Justizminister Josef Neuberger im Spätsommer 1967 noch einmal einen Anlauf nahm, disziplinarrechtliche Konsequenzen wirksam werden zu lassen. Doch auch Neubergers Vorstoß blieb erfolglos und das Verfahren wurde im November 1968 eingestellt.[55] Im September 1970 ging Becker schließlich in Pension, nicht ohne dass ihm vom »Landesverband Junger Juristen NRW« eine »Festgabe« mit dem Titel »Gesetz und Recht eines allerhöchst-privilegierten Landgerichtspräsidenten« zu Teil wurde, in der die Autoren Beckers Karriere noch einmal »würdigten«.[56]

Nicht erst hier erschien Becker als typischer Fall einer nahtlosen Karriere vom NSDAP-Parteimitglied und Richter im Dienste des NS-Regimes zum CDU-Parteimitglied und Landgerichtspräsidenten. Dabei war es jedoch nicht

52 Vgl. H-Spalterei, in: *Der Spiegel*, 13.5.1959, S. 15f.; vgl. zu dem Vorfall auch Brüggemann, *Gewalt*, S. 93f. ; Brüggemann war selbst Richter am Landgericht und empfand den Eindruck, der hier in der Öffentlichkeit erweckt wurde, als »ausgesprochen ungünstig«.

53 Die Akten des Parlamentarischen Untersuchungsausschusses finden sich im AdSD Bonn, NL Neuberger, Nr. 183, 192, 193; weiteres Material zu der Affäre vgl. ebd., Nr. 169.

54 Vgl. *Der Spiegel* 26.12.1962, S.15ff.; Zur Selbststilisierung Beckers als »Widerstandskämpfer« vgl. auch *Die Welt*, 14.12.1960 sowie *Die Welt* 19.1.1961.

55 Vgl. hier u.a.: Gericht zog Schlußstrich unter Bonner Justizaffäre, in: *Westdeutsche Allgemeine Zeitung*, 25.11.1968; Die Kleinen hängt man, in: *Die Zeit*, 17.1.1969

56 Zu finden im AdSD Bonn, NL Neuberger, Nr. 169.

allein der Opportunismus, der als mehr oder weniger verstörend empfunden werden konnte. Zwar wurde in den Presseberichten zu der Affäre um den Landgerichtspräsidenten Heinrich Becker keine Kontinuitätslinie von dessen Tätigkeit als Sonderrichter zu seinen Machenschaften in dem Kilb-Prozess gezogen. Daran, dass sich Becker weder durch seine Tätigkeit während der NS-Zeit noch durch sein Eingreifen in den Korruptionsprozess in besonderem Maße als Richter eines demokratischen Rechtsstaats qualifiziert hatte, blieb jedoch nach der Lektüre der verschiedenen Artikel auch für die Zeitgenossen kaum ein Zweifel. So wurde Becker mehr und mehr zum Symptom einer grundlegend reformbedürftigen Justiz. In der »Festgabe« der »Jungen Juristen« im Jahr 1970 hieß es schließlich: »Damit nicht wieder solche Leute wie Becker Macht und Einfluß gewinnen und damit Juristen nicht wieder willig in den Dienst eines neuen Faschismus treten, müssen Juristen lernen, die Abhängigkeiten eines jeden Rechtssystems von den jeweiligen außerrechtlichen Bedingungen zu erkennen«[57]. So wurde der Bogen von Beckers NS-Belastung und dessen Demokratie-Verständnis zur Reform der Juristenausbildung geschlagen. Damit ist bereits die Richtung genannt, in die sich die Reformdebatte später entwickelte. Hier bleibt zunächst festzuhalten, dass sich zum einen die öffentliche Debatte um die NS-Vergangenheit der bundesdeutschen Justiz unter dem Einfluss des Materials, das vor allem die DDR, aber auch Polen und die Tschechoslowakei zusammengestellt hatten, schrittweise einen grundsätzlicheren Charakter annahm. Die Hoffnung, dass das Problem durch das Richtergesetz von 1961 aus der Welt geschaffen sei, erwies sich binnen kurzem als trügerisch. Der Fall Becker verweist bereits darauf, dass das Problem der NS-Karrieren kein isoliertes war, sondern mit anderen Fragen nach dem rechtsstaatlichen und demokratischen Bewusstsein der Justiz in einem unmittelbaren Zusammenhang stand.

2.1.2 Wie rechtsstaatlich agierte die bundesdeutsche Justiz?

Dem folgenden Abschnitt liegt die These zu Grunde, dass in den sechziger Jahren die Sensibilität für Fragen der Rechtsstaatlichkeit und Geltung der Grundrechte erheblich zunahm. Eine wichtige Rolle spielte hier ohne Zweifel die »*Spiegel*-Affäre«, in der es grundsätzlich darum ging, was der Staat auf der einen und die Presse auf der anderen Seite darf oder nicht darf. Aber auch bei der wachsenden Kritik an den »gewöhnlichen« politischen Prozessen infolge des KPD-Verbots sowie dem Protest gegen die Notstandsgesetze wurde die

57 Festgabe, S. 4.

Frage der Geltung und möglichen Einschränkung von Grundrechten thematisiert. Die Justiz war von diesen Protesten in sehr unterschiedlicher Weise betroffen: ganz direkt durch die Kritik an den politischen Prozessen, in nicht unbeträchtlichem Maß auch in der »*Spiegel*-Affäre«, praktisch gar nicht von den Protesten gegen die Notstandsgesetze.[58] Für die Sensibilisierung der Öffentlichkeit hinsichtlich der Bedeutung von Grundrechten, insbesondere dem Recht der freien Meinungsäußerung, stehen alle drei Konfliktfelder gleichwohl in einem gemeinsamen Kontext.

Es soll hier nicht darum gehen, die einzelnen Konflikte und Proteste noch einmal genau zu rekonstruieren. Vielmehr wird argumentiert, dass im Zuge dieser Proteste zum einen auch die Justiz ins Visier geriet und zum anderen die Bedeutung der Verteidigung von Grundrechten gegen Übergriffe von einer der drei Gewalten an Bedeutung gewann. In der seit einigen Jahren boomenden sozialwissenschaftlichen Literatur zum Thema »Zivilgesellschaft« fällt auf, dass die (grund)rechtlichen Aspekte der Zivilgesellschaft erstaunlich wenig Beachtung finden.[59] Für die Durchsetzung zivilgesellschaftlicher Strukturen in der Bundesrepublik wird dort, wo überhaupt historisch argumentiert wird, aus den sechziger Jahren allenfalls die Studentenbewegung als Impuls für die Neuen Sozialen Bewegungen in den Kontext einer zivilgesellschaftlichen Perspektive gestellt.[60] Anders als in den USA, wo die Bürgerrechtsbewegung mit ihrem Protest gegen die Diskriminierung der afro-amerikanischen Bevölkerung einen zentralen Stellenwert innerhalb der Geschichte der Protestbewegungen, aber auch innerhalb der amerikanischen Gesellschaftsgeschichte der sechziger Jahre insgesamt einnimmt[61], findet sich für die Bundesrepublik weder in der einen noch in der anderen Hinsicht eine besondere Betonung bürgerrechtlicher Auseinandersetzungen. Doch auch wenn die Dimensionen des Kampfes gegen Rassendiskriminierung andere waren als etwa die Proteste gegen das Verhalten von Regierung und Justiz im Umfeld der »*Spiegel*-Affäre« oder gegen die politischen Prozesse, ging es in den verschiedenen Fällen gleichwohl darum, den verfassungsmäßig garantierten Grundrechten ihre Durchsetzung zu verschaffen, beziehungsweise deren Einschränkung zu verhindern. Es spricht manches dafür, auch für die Bundesrepublik die genannten Konfliktfelder in den Kontext der Auseinandersetzung um die Geltung der Bürgerrechte zu stellen und

58 Zur Diskussion über die Notstandsgesetze vgl. Schneider, *Demokratie*.

59 Aus der reichhaltigen Literatur die Beiträge in: Hildermeier u.a. (Hg.), *Zivilgesellschaft*.

60 Vgl. etwa Klein, *Diskurs*, S. 132ff.

61 Aus der reichhaltigen Literatur zur amerikanischen Bürgerrechtsbewegung und deren spezifischen rechtlichen Aspekte vgl. Sitkoff, *Struggle*; Lawson, *Civil Rights*; Chafe, *Civilities*; Cmiel, »Politics«.

damit auch als wichtigen Beitrag zur Ausweitung und Sicherung zivilgesellschaftlicher Strukturen zu begreifen.

Untermauern lässt sich diese These durch eine Reihe organisatorischer Zusammenschlüsse in den sechziger Jahren, die in einem weiteren Sinne als bürgerrechtlich oder auch zivilgesellschaftlich gelten können. Zu nennen ist hier an erster Stelle die »Humanistische Union«, die 1961 von dem Journalisten und Verleger Gerhard Szczesny gegründet wurde.[62] In einen breiteren Kontext bürgerrechtlicher Zusammenschlüsse lassen sich auch die Republikanischen Clubs, der Club Jean Moulin oder die 1967 gegründete »Demokratische Aktion« sowie schließlich auch das »Kuratorium Notstand der Demokratie« rechnen. Auch wenn die jeweilige Ausrichtung der Vereinigungen unterschiedlich war, ist die bürgerrechtliche Orientierung all dieser Zusammenschlüsse unverkennbar. Abgesehen vom »Kuratorium Notstand der Demokratie«, das auf ein Thema – die Notstandsgesetze – ausgerichtet war und darüber ein größeres Protestpotentials besaß, einte die anderen Gruppierungen auch der Charme der kleinen Zahl. All diese Vereinigungen setzten mehr auf Prominenz als auf breite Mobilisierung und verkörperten damit eine spezifische Variante zivilgesellschaftlichen Engagements. Versammelt war hier eine Art bürgerlich-intellektueller Avantgarde, die mehr über ihre Prominenz und die Kraft ihrer Argumente als über breite Mobilisierung zu überzeugen suchte.

Vor allem der »Humanistischen Union« gelang es, in kurzer Zeit eine große Zahl aus dem Kreis der bekannten links-liberalen Intelligenz an sich zu binden und damit zu einem Kristallisationspunkt bürgerlich-intellektuellen Protests zu werden. Unter den Mitgliedern von Vorstand und Beirat finden sich neben der beträchtlichen Ansammlung von bekannten Professoren wie Alexander Mitscherlich, Hellmut Gollwitzer, Osip Karl Flechtheim, Hartmut von Hentig, René König, Werner Maihofer und Georg Picht auch Politiker wie der SPD-Abgeordnete und spätere Bundesverfassungsrichter Martin Hirsch, der Publizist Axel Eggebrecht und schließlich neben einer Reihe von Theologen auch zwei Angehörige der Justiz.[63] Es kann kaum überraschen, dass es sich dabei um den hessischen Generalstaatsanwalt Fritz Bauer und den Stuttgarter Oberlandesgerichtspräsidenten Richard Schmid handelte, die beide auf Grund ihrer Lebensläufe alles andere als typisch für ihren Berufsstand waren. Von Fritz Bauer und seinem Engagement für eine juristische Auseinandersetzung mit Vergangenheit war schon die Rede. Wie Bauer war auch der Sozialdemokrat

62 Zur Zielsetzung und Mitgliedschaft vgl. Hofmann, *Humanistische Union*.

63 Das Briefpapier der Humanistischen Union zierte ein breiter Rand mit den Mitgliedern von Beirat und Vorstand. Zur Struktur der Mitgliedschaft vgl. ansonsten Hofmann, *Humanistische Union*, S. 70ff.

Richard Schmid vom NS-Regime schikaniert worden.[64] Seine Anwaltstätigkeit konnte er nach 1933 zunächst zwar noch fortsetzen, 1938 wurde er jedoch verhaftet. 1945 beteiligte er sich am Wiederaufbau der SPD. Noch im gleichen Jahr wurde er zum Generalstaatsanwalt in Württemberg, 1953 schließlich zum Präsidenten des Oberlandesgerichts Stuttgart ernannt. Trotz ihrer herausgehobenen Positionen waren Richard Schmid ebenso wie Fritz Bauer schon von ihrer Biografie her, und erst recht durch ihre justizkritischen Stellungnahmen und ihr bürgerrechtliches Engagement – beide traten auch gegen Notstandsgesetze ein[65] – Ausnahmeerscheinungen. Von dem schmalen Rinnsal der justizinternen Kritik wird später noch ausführlicher die Rede sein. Hier ist nur festzuhalten, dass sich innerhalb des bürgerrechtlichen Engagements zwar auch hochrangige Angehörige der Justiz finden. Doch die Justizkritik, die von hier ausging, war im Wesentlichen eine Kritik von außen.

Betrachtet man zunächst die »*Spiegel*-Affäre«, so war die Justiz gewiss nicht das erste und wichtigste Ziel der publizistischen Attacken, doch sie geriet mit ins Visier.[66] Für Sebastian Haffner, der sich während der »*Spiegel*«-Affäre massiv zu Wort meldete und sich durch sie zu einem der heftigsten Kritiker der politischen Kultur der Bundesrepublik entwickelte, gehörte die Justiz neben Strauss und der Regierung Adenauer insgesamt zu den wichtigsten Verantwortlichen. [67] »Ohne die aktive Mitarbeit der Bundesanwaltschaft«, so Haffner in einem rückblickenden Artikel aus dem Jahr 1963, sei die Aktion gegen den *Spiegel* ebenso unmöglich gewesen wie »ohne ein gewisses Maß an Mitarbeit der Gerichtsbehörden, welche durch ihre vorläufigen Entscheidungen, den Verhaftungen, Durchsuchungen, Beschlagnahmungen sowie anderen angefochtenen polizeilichen Maßnahmen die formaljuristische Deckung gaben«[68]. Darin sah Haffner nicht nur ein einfaches situatives Versagen von einzelnen Beteiligten. Vielmehr ordnete er das Verhalten der Justiz in einen langen histori-

64 Zu Schmid vgl. die biografischen Skizzen von Böttcher, »Richard Schmid (1899–1986)«; Ders., »Richard Schmid – ein Radikaler«.

65 Vgl. dazu Schneider, *Demokratie*, S. 122 u. 179.

66 Vgl. hier immer noch vor allem Seifert (Hg.), *Spiegel-Affäre*; außerdem: Schoenbaum, *Abgrund*; Schoeps, *Spiegel-Affäre*.

67 Vor seinem Engagement in der »*Spiegel*-Affäre« galt Haffner als »kalter Krieger« mit eher »konservativen« als »linken« Anschauungen. Zur »*Spiegel*-Affäre« hat sich Haffner erstmals in der Panorama-Sendung vom 4.11.1962 geäußert; das Protokoll der Sendung ist abgedr. bei: Seifert (Hg.), *Spiegel-Affäre*, Bd. 2, S. 408–419; als weitere wichtige Interventionen von Haffner vgl. Die Stunde der Prüfung, in: *SZ*, 8.11.1962 sowie seine Teilnahme in Werner Höfers Sendung *Internationaler Frühschoppen* vom 12.11.1962, Auszüge daraus sind abgdr. in: *Der Spiegel*, 21.11.1962, S. 73–79. Zur vor allem von konservativer Seite wahrgenommenen »Konversion« Haffners im Zuge der »*Spiegel*-Affäre« vgl. Morhard, Umweg sowie Cramer, Wandlung; als biografische Annäherung vgl. Soukup, *Sebastian Haffner*.

68 Haffner, Jahr Eins. Dort auch die weiteren Zitate.

schen Kontext ein. »Das schlimmste Gespenst der deutschen Vergangenheit« sei wieder lebendig geworden, nämlich die »einseitige politische Parteinahme«. Diese habe schon in der Weimarer Republik zu den »alarmierendsten Erscheinungen des deutschen öffentlichen Lebens« gehört. Unter Hitler hätten sich die Richter dann »schlimmer als irgendein anderer Berufsstand« aufgeführt, doch die »Heiligkeit« ihres Amtes habe sie nach dem Ende des Regimes alle gerettet. Durch die *»Spiegel*-Affäre*«* sei den Deutschen erstmals wieder ins Bewusstsein gebracht worden, »daß ihre Rechtsordnung noch immer zutiefst vom Geist des Obrigkeitsstaats durchdrungen ist«. In einem Artikel im *Stern*, der kurze Zeit später erschien, drückte sich Haffner noch drastischer aus: Hier sprach er von der Justiz als »Schreckens- und Folterinstrument des Obrigkeitsstaats« und forderte eine Reform der Justiz »an Haupt und Gliedern«.[69]

Haffner brachte damit als einer der ersten eine Denkfigur in die öffentliche Debatte um die Justiz, die in den folgenden Jahren eine zentrale Rolle für die Forderung nach Reformen spielen sollte: die obrigkeitsstaatlichen Strukturen und Denkweisen in der bundesdeutschen Justiz. Damit war insofern ein ganz neuer Akzent gesetzt, als sich die Debatte um Belastung der Justiz durch die Vergangenheit auf diese Weise nicht mehr auf Einzelpersonen und deren Verfehlungen konzentrierte. Vielmehr verwies Haffner auf langfristige wirksame Strukturen und Denkweisen, die nicht nur die Weimarer Republik schwer belastet hatten, sondern für das Verhalten der Justiz im Nationalsozialismus mit verantwortlich waren. Damit erhielt die Kritik an der Justiz einen ganz neuen Stellenwert, da sie in ihrer obrigkeitsstaatlichen Orientierung als potentielle Gefahr für die Demokratie erschien. Tatsächlich erfuhr der Begriff der Obrigkeitsstaatlichkeit eine enorme Konjunktur und wurde vor allem durch Dahrendorfs Kritik am Zustand der bundesdeutschen Demokratie weiter popularisiert. Die *»Spiegel*-Affäre*«* war jedoch unzweifelhaft der Auslöser dafür, dass die Frage danach, welches Demokratieverständnis in der bundesdeutschen Gesellschaft im allgemeinen und seinen zentralen Institutionen – nicht zuletzt der Justiz – vorherrschte, einen ganz neuen Stellenwert bekam. Die Bedeutung der »*Spiegel*-Affäre« ist in dieser Hinsicht tatsächlich kaum zu überschätzen.[70]

---

69 Sebastian Haffner, Justizreform an Haupt und Gliedern, in: *Der Stern*, 30.6.1963, S. 10f.

70 Als weiteren Beleg für die Bedeutung der *Spiegel*-Affäre und als Anstoß für die Debatte um Fragen der Rechtsstaatlichkeit vgl. auch eine lange Serie in der *Frankfurter Rundschau* von 1962/63 in der Richard Schmid, Diether Posser, Fritz Bauer, Thomas Dehler, Curt Freiherr von Stackelberg (Rechtsanwalt am Bundesgerichtshof und Mitglied in der Großen Strafrechtskommission), der Staatsrechtler Erich Küchenhoff, der Strafrechtler Jürgen Baumann sowie Bundesjustizminister Ewald Bucher (FDP) zu unterschiedlichen Fragen des Reformbedarfs im Rechts- und Justizwesen Stellung nahmen. Als Anlass für die Serie, welche die *Rundschau* anschließend zu einem Sonderdruck zusammenfasste, nannte die Zeitung neben der

Mit Blick auf die Justiz ist für den weiteren Verlauf der Affäre noch hervorzuheben, dass der BGH im Mai 1965 die Eröffnung eines Hauptverfahrens gegen den ehemaligen Chefredakteur des *Spiegel*, Conrad Ahlers, und den Herausgeber Rudolf Augstein ablehnte.[71] Damit fügte der BGH sicher nicht zuletzt der Bundesanwaltschaft, die das Verfahren eingeleitet hatte, eine Niederlage zu. Zu einem klaren Sieg für das Grundrecht der Pressefreiheit geriet jedoch weder der Einstellungsbeschluss des BGH noch das Urteil des Bundesverfassungsgerichts, vor dem der *Spiegel* seinerseits Beschwerde gegen die von der Bundesanwaltschaft veranlassten Durchsuchungen eingelegt hatte. Der Einstellungsbeschluss des BGH erfolgte »mangels Beweises« und damit eher zähneknirschend. Anspruch auf Entschädigung für die Untersuchungshaft wurden Augstein und Ahlers nicht zuerkannt und somit die Bundesanwaltschaft keineswegs in dem Maße desavouiert, wie es Augstein gerne sah.[72] So war es bezeichnend für die Wahrnehmung des Einstellungsbeschlusses wie für das rechtsstaatliche Verständnis, wenn es dazu in dem Kommentar einer Provinztageszeitung hieß, dass »Mangel an Beweisen« eben nicht »erwiesene Unschuld« sei. Letztlich hieße dies, so das Blatt weiter, dass der Angeklagte »wahrscheinlich […] doch schuldig« sei, man es ihm nur nicht nachweisen könne.[73] Der BGH hatte einer solchen Interpretation insofern Vorschub geleistet, als es ein klares Bekenntnis zur Pressefreiheit vermissen ließ.

Auch das Bundesverfassungsgericht tat sich allerdings schwer mit der rechtlichen Beurteilung des Verfahrens. Erstmalig in seiner Geschichte kam es zu einem Patt in der Abstimmung über das Urteil, was nach den Bestimmungen des Bundesverfassungsgerichtsgesetzes bedeutete, dass die Verfassungsbeschwerde des *Spiegel* abgewiesen war. [74] Die 96-seitige Urteilsbegründung trug gleichwohl auch der Position der vier Richter Rechnung, die das Vorgehen

---

Diskussion um die Strafrechtsrefom die *Spiegel*-Affäre. Neben dem einleitenden Artikel von Flach, Staat vgl. hier insbesondere die Artikel von Schmid, Gefährdung; Posser, Waffengleichheit; Fritz Bauer, Bauer, Herrschaft.

71 Zu den verschiedenen Verfahren im Zusammenhang mit der *»Spiegel*-Affäre*«* vgl. Seifert (Hg.), *Spiegel-Affäre*, Bd. 1, S. 213ff.; der Einstellungsbeschluss findet sich abgedruckt unter dem Titel »Die Kosten trägt die Bundeskasse«, in: *Der Spiegel*, 26.5.1965, S. 83–86.

72 Augsteins Interpretation des Einstellungsbeschlusses findet sich im Editorial des *Spiegel*, 19.5.1965, S. 3.

73 *Der Spiegel* druckte ausführlich die Stellungnahmen anderer Zeitungen zum Einstellungsbeschluss durch den BGH ab: »Mehr als ein Freispruch«, in: *Der Spiegel*, 26.5.1965, S. 72–80; hier findet sich auch der Kommentar aus der *Deutschen Tagespost*, der hier zitiert wurde. Das Blatt hatte sich auch schon zuvor durch besonders scharfe Töne gegenüber dem *Spiegel* ausgezeichnet und das Nachrichtenmagazin des Landesverrats geziehen; vgl. Seifert (Hg.), *Spiegel-Affäre*, Bd. 1, S. 235.

74 § 15, Absatz 2, Satz 4 des Gesetzes besagt: »Bei Stimmengleichheit kann ein Verstoß gegen das Grundgesetz oder sonstiges Bundesrecht nicht festgestellt werden«.

gegen den *Spiegel* als verfassungswidrig einstuften. Die »Dissenter« argumentierten, dass Augstein und seine Mitarbeiter ganz offensichtlich nicht auf eine Stufe mit gewöhnlichen Spionen und Landesverrätern hätten gestellt werden dürfen. Besonders deutlich nahmen sie zudem zu der so genannten »Mosaiktheorie« Stellung. Die Anklage gegen den *Spiegel* hatte eingeräumt, dass die verschiedenen Einzelheiten des Artikels möglicherweise auch an anderer Stelle öffentlich zugänglich gewesen seien. Der Landesverrat habe aber in der Zusammensetzung der verschiedenen Mosaikstücke bestanden. Die »Dissenter« nahmen die Gelegenheit wahr, sich an dieser Stelle grundsätzlich zu den Aufgaben und Arbeitsweisen der Presse zu äußern: Die typische Aufgabe der Presse bestehe gerade darin, Nachrichten zu sammeln und zu einem Gesamtbild zusammenzutragen, Schlussfolgerungen daraus zu ziehen und Zusammenhänge aufzudecken.

Die anderen vier Verfassungsrichter argumentierten dagegen eindeutig von den Interessen des Staates aus und ordneten ihnen die Grundrechte erstaunlich deutlich unter. Bei einem Verdacht auf Landesverrat, der schließlich den Staat in seinem Bestand bedrohe, sei die Staatsanwaltschaft berechtigt, unnachgiebig einzuschreiten. Das konnte eigentlich nichts anderes heißen, als dass man es hier mit den Bestimmungen des Grundgesetzes im Zweifel nicht so eng sehen dürfe. Die Richter gaben auch deutlich zu erkennen, in welchem Maße die Argumentation vom Kalten Krieg und damit von situativen Opportunitätserwägungen abhängig war. Die Gefahr durch die Cuba-Krise wurde hier ebenso erwähnt wie die Vertrauenswürdigkeit der Bundesrepublik im Atlantischen Bündnis.[75] Damit bewegten sich die vier Verfassungsrichter nahe an der Linie, die auch die »gewöhnliche« politische Justiz seit dem KPD-Verbot aus dem Jahr 1956 prägte.

Während allerdings die Aktionen gegen den *Spiegel* und die sich daran anschließenden Prozesse ein ungeahntes Maß an Aufmerksamkeit und Protest auf sich zogen, interessierte sich für diese »gewöhnlichen« politischen Prozesse lange Zeit kaum jemand, obwohl hier im Kleinen in ähnlicher Weise mit rechtsstaatlichen Grundsätzen umgegangen wurde wie auf der oberen Ebene in der »*Spiegel*-Affäre«.[76] Noch Ende der fünfziger Jahre klagte der Münchner Rechtsanwalt Burger darüber, dass er keinen Weg wisse, wie man die »viel zu brave Presse« dazu bringen könne, endlich über »einige der haarsträubenden

75 BVerfGE 20, 162–230.

76 Als nach wie vor maßgebliche Darstellung zu den politischen Prozessen vgl. Brünneck, *Politische Justiz*.

Fälle« zu berichten, um der Bevölkerung zu zeigen, »daß es mit unserem Rechtsstaat gar nicht so weit her ist«[77].

In den sechziger Jahren begann sich dies langsam zu ändern. Eine erste umfangreiche kritische Darstellung der Praxis der politischen Rechtsprechung erschien 1961 im *Spiegel*.[78] In der *Zeit* folgte wenig später eine scharfe Kontroverse zwischen dem Stuttgarter Oberlandesgerichtspräsidenten Richard Schmid und dem ehemaligen Generalbundesanwalt Max Güde (CDU) auf der einen und dem Präsidenten des 3. Strafsenats beim BGH Jagusch auf der anderen Seite, der für die Durchführung der Prozesse beim BGH verantwortlich war.[79] Die öffentliche Resonanz blieb jedoch weiter verhalten.

Umso bemerkenswerter war das Echo, das der Fernsehjournalist Lutz Lehmann mit seinem am 9. November 1964 in der Sendung *Panorama* ausgestrahlten Bericht zur politischen Justiz auslöste – nicht zuletzt eine Debatte im niedersächsischen Landtag.[80] Zwei Jahre später veröffentlichte Lehmann zudem ein umfangreiches Buch zu dem Thema, in dem er eine Vielzahl von Fällen aufführte und kritisch besprach.[81] Wichtig ist, dass er die politische Justiz eben nicht in erster Linie als ein Problem des materiellen Strafrechts einstufte, sondern die Richter und deren Rechtsprechung ins Visier nahm und die bundesrepublikanische Justiz in die Tradition Weimars stellte. So sah es Lehmann als symptomatisch für die Richterschaft an, wenn als Strafmilderungsgrund in einem politischen Prozess von 1961 die »vorbildliche Führung (des Angeklagten) im zweiten Weltkrieg« ins Feld geführt wurde und das Gericht weiter ausführte: Soldatischer Einsatz in Gesinnung und Opferbereitschaft trage seinen Wert in sich selbst, unabhängig davon, welche Ziele die politische Führung anstrebe. Lehmann schrieb zu Recht, dass die Haltung des Richters mit »restaurativ« wohl nur sehr unzureichend umschrieben sei.[82] Bezeichnend für die sich langsam verdichtende Debatte um die Justiz ist, dass Lehmann als Ursache für eine solche Haltung in der Richterschaft deren sozi-

---

77 So Burger im so genannten »erweiterten Initiativausschuss für die Amnestie und der Verteidiger in politischen Strafsachen«, kurz »Amnestieausschuss« (Brünneck, S. 318). In dem Ausschuss fanden sich von 1957 bis 1968 neben den betroffenen Verteidigern wie Amman, Posser, Hannover und anderen auch Professoren wie Abenroth, Ridder, Maihofer sowie schließlich auch die Richter Curt Staff und Richard Schmid zusammen. vgl. dazu Brünneck, *Politische Justiz*, S. 314.

78 Moritz Pfeil, Römisches Recht, in: *Der Spiegel*, 5.7.1961, S. 12; Güde – Gebrochenes Rückgrat, in: ebd., S. 20–31.

79 Schmid, Kritisches; Ders., Streitbare Demokratie; Judex (d.i. Heinrich Jagusch), streitbare Demokratie; Güde, Gesetzesanwendung.

80 Niedersächsischer Landtag, *Stenographische Berichte*, 5. WP., 31. Sitzung, 10.12.1964, S. 2113–2148.

81 Lehmann, *Justiz*.

82 Ebd., S. 4.

ale Zusammensetzung anführte. Dieses Argument gewinnt durch die Tatsache Gewicht, dass Ralf Dahrendorf in der juristischen Fachwelt mit einer Studie genau über diese Frage für Aufsehen gesorgt hatte. Er zeigte unter anderem, dass sich die Richterschaft zur Hälfte aus der Beamtenschaft rekrutierte.[83] Auf die Untersuchungen wird später noch genauer einzugehen sein. Entscheidend ist an dieser Stelle, dass die Zahlen als Ursache für eine besondere Staatstreue der Richterschaft interpretiert und insofern als Grundlage für Reformforderungen vor allem in der Ausbildung und Rekrutierung genommen wurden. Auch Adolf Arndt argumentierte in seiner Urteilskritik zu dem bekannten Blinkfüer-Fall aus dem Jahr 1964 ähnlich und machte »historische und soziologische« Gründe für die in seinen Augen autoritäre und staatstreue Orientierung der Richterschaft verantwortlich.[84]

Die Kritik an der politischen Justiz zielte primär zwar auf eine Änderung des politischen Strafrechts, vor allem auf die Abschaffung der Straftatbestände, die Kontakte zu DDR inkriminierten. Ihr galt insbesondere auch die Arbeit des Amnestieausschusses.[85] Mit der Reform des politischen Strafrechts unter der Federführung von Gustav Heinemann, der in der gemeinsamen Kanzlei mit Diether Posser auch selbst mit politischen Fällen vertraut war, wurde dieses Ziel 1968 schließlich erreicht.[86] Für den Kontext der Debatte um die Justiz ist jedoch vor allem hervorzuheben, dass die Kritik sich nicht nur

83 Vgl. ebd.

84 Arndt zum Blinkfüer-Urteil, *NJW* 1964, S. 23f.; Vgl. das Urteil selbst, ebd., S. 29–33. Blinkfüer war der Titel einer Radio- und Fernsehzeitschrift, die neben dem Programm der bundesrepublikanischen Stationen auch das DDR-Radio- und Fernsehprogramm abdruckte. Nach dem Mauerbau forderte der Springer-Verlag in einem Rundschreiben die Hamburger Zeitungshändler auf, keine Blätter mehr zu vertreiben, die die Programme der DDR abdruckten. Ansonsten müsse der Verlag prüfen, ob die Geschäftsbeziehungen zu diesen Händlern fortgesetzt werden könnten. Die Herausgeber von Blinkfüer klagten dagegen und diese Klage wurde vom BGH abgewiesen. Der BGH bezog sich in seiner Entscheidung auf den nicht minder bekannten Lüth-Fall, in dem es ebenfalls um einen Boykottaufruf gegangen war. Der damalige Leiter des Hamburger Presseamtes Lüth hatte dazu aufgerufen, den neuesten Film des Nazi-Regisseurs Veit Harlan zu boykottieren. Der Fall kam 1958 vor das Bundesverfassungsgericht, das in dem Boykottaufruf eine Meinungsäußerung sah, die durch das Recht auf Meinungsfreiheit geschützt war. Dieselbe Argumentation bemühte nun der BGH im Blinkfüer-Fall. Doch war das Lüth-Urteil klar eine Entscheidung für das Recht auf freie Meinung. Lüth hatte schließlich keinerlei Möglichkeit den Boykottaufruf durchzusetzen. So ging es in dem Fall im Grunde darum, einen Konkurrenten vom Markt zu drängen. Adolf Arndt nahm nun diesen Fall zum Anlass, zu fragen, ob es wirklich bloß ein Versagen der Presse sei, über das sich die Justiz zu beschweren habe oder ob es nicht tiefer liegende Gründe gebe, warum die Rechtsprechung in zunehmendem Maße der Kritik ausgesetzt sei. Zum Lüth-Urteil vgl. Henne (Hg.), *Lüth-Urteil.*

85 Brünneck, *Politische Justiz*, S. 314.

86 Vgl. dazu Basten, *Reform*; aus Possers persönlicher Perspektive dazu: Posser, *Anwalt.*

punktuell auf die Gesetzeslage, sondern in wachsendem Maße auf die Justiz bezog, die sich in vielen Fällen in vermeintlicher Staatstreue noch überschlug.

2.1.3 Gute Zeiten für Michael Kohlhaas: Skandalträchtige Prozesse und radikale Justizkritik

Heinrich von Kleists Erzählung *Michael Kohlhaas* handelt bekanntlich von der Geschichte eines Mannes, dem bitteres Unrecht geschehen ist und der darauf hin mit allen Mitteln versucht, doch sein Recht zu bekommen. Kohlhaas greift zu immer radikaleren Mitteln, scheitert und wird zur tragischen Figur. Nicht zufällig verfilmte Volker Schlöndorff 1969 die Erzählung als Hommage an den gescheiterten »Widerstandskämpfer« Michael Kohlhaas. Der Film lässt sich gewiss als eine Verarbeitung der 68er Proteste lesen. Blickt man jedoch konkreter auf Auseinandersetzungen mit der Justiz, fallen bereits in den frühen sechziger Jahre Prozesse auf, die unwillkürlich an Kleists tragischen Helden erinnern und die enorme publizistische Wellen geschlagen haben.

Drei Fälle, die zunächst von der Tatseite keinerlei Gemeinsamkeiten aufwiesen, sollen hier in den Blick genommen werden. Als symptomatisch und erklärungsbedürftig erscheint dabei, dass die Fälle nicht nur als Kuriosa wahrgenommen, sondern von vielen Beobachtern auf eine grundsätzliche Ebene gehoben wurden. Auffällig ist auch die Vehemenz, mit der die Protagonisten der Fälle die Skandalisierung vorantrieben, die zumindest in zwei der drei Fälle, die hier behandelt werden, an Kleists tragischen Helden denken lassen.

Einer von ihnen war »der Nervenarzt« Dr. Elmar Herterich. Weit über ein Dutzend Anzeigen hatte Herterich in den Jahren 1960 bis 1964 erstattet und im gleichen Zeitraum ist in mindestens sechs Fällen gegen ihn ein Strafverfahren eingeleitet worden.[87] Ein Richter und ein Staatsanwalt schieden nach Herterichs Vorwürfen wegen ihrer NS-Vergangenheit »aus gesundheitlichen Gründen« aus dem Amt und Herterich selbst hatte sich an den Rand des Ruins und schließlich ins »Exil« nach Schweden gebracht, nachdem unzählige Zeitungsartikel zu seinem »Kampf«, wie er es selbst ausdrückte, erschienen waren.[88]

---

87 Ein Auflistung der verschiedenen Verfahren findet sich in einem Schreiben des bayerischen Generalstaatsanwalts an den bayerischen Justizminister vom 9.7.1964, BA Koblenz, B 141, 17082. Dort auch die Urteile und diverse Briefwechsel zum Fall Herterich.

88 Aus der Vielzahl von Zeitungsartikeln vgl. insbesondere: Säugling in Not, in: *Der Spiegel*, 13.3.1963, S. 31–33; Heusinger, Nervenarzt; Ders., Der einsame Kampf Elmar Herterichs, in: *FR*, 4.8.1964; Ders., Der einsame Kampf des Elmar Herterich, in: *FR*, 11.8.1964; Mauz, Deutscher.

Worum es in allen Einzelheiten ging, verstand am Ende niemand mehr und auch hier müssen nur die Grundzüge interessieren.

Ausgangspunkt der gesamten Affäre bildete eine Auseinandersetzung zwischen Herterichs Mutter, Miterbin eines Grundstückes und zerbombten Gebäudes in der Würzburger Innenstadt, und der »Kronprinz-Rupprecht-von-Bayern-Stiftung zur Förderung des Wiederaufbaus der Stadt Würzburg«, die sich um das Gebäude gekümmert hatte. Frau Herterich fühlte sich von der Stiftung übervorteilt und beauftragte ihren Sohn, sich der Sache anzunehmen. Nach jahrelangen ergebnislosen Verhandlungen klagte Herterich schließlich 1960 vor dem Verwaltungsgericht in Würzburg und verlor. Herterich war nicht nur verärgert, sondern er sah sich nun schon zum zweiten Mal als Justizopfer. Denn Erfahrungen mit der Justiz hatte er schon zu NS-Zeiten gemacht: Wegen angeblicher »Wehrkraftzersetzung« war er damals als Luftwaffenhelfer zu drei Jahren Jugendgefängnis verurteilt worden. Da fügten sich die Mosaiksteine schnell zusammen. Herterich erinnerte sich, dass ihm sein Prozessgegner, der Vorsitzende der Stiftung und ehemalige Gauamtsleiter, Adalbert Wopert, bedeutet hatte, gegen ihn könne Herterich ohnehin nichts ausrichten. Zudem erfuhr Herterich, dass der Kammervorsitzende Schiedermair mit seiner juristischen »Expertise« – nicht zuletzt in »Rassenfragen« – bereits in verschiedenen Funktionen dem NS-Regime gedient hatte. Für Herterich, der an Zufälle nicht recht glauben mochte, war der Weg zu Verschwörungstheorien nicht weit. Statt zu resignieren, ging er in die Offensive. Fast allen Schlüsselfiguren des Verfahrens warf er Amtsmissbrauch und Bestechlichkeit, Begünstigung im Amt, Urkundenfälschung, Urkundenbeseitigung im Amt, Rechtsbeugung und anderes mehr vor und erstattete Anzeige. Die Hartnäckigkeit, die ihn trotz chronischer Erfolglosigkeit vor Gericht an seinem Weg festhalten ließ, zeigte Herterich aber auch bei seinen Recherchen zur Vergangenheit der beteiligten Richter und Staatsanwälte.[89] Außer bei dem Verwaltungsgerichtspräsidenten Schiedermair, der von einem norwegischen Gericht wegen seiner Mitwirkung an einem Standgericht in Norwegen zu 25 Monaten Zwangsarbeit verurteilt worden war, wurde Herterich vor allem beim Leiter der Würzburger Staatsanwaltschaft, Oberstaatsanwalt Kolb, fündig: Der hatte als Staatsanwalt im polnischen Kalisch eng mit der Gestapo kooperiert. Durch Herterichs Recherchen wurde tatsächlich ein Verfahren gegen Kolb eingeleitet, doch auch bald wieder eingestellt. Vor dem Hintergrund der laufenden öffentlichen Debatte um die NS-Vergangenheit von Richtern und Staatsanwälten zogen es

89 Zusammengetragen hat Herterich die Ergebnisse seiner Recherchen in einer im Selbstverlag herausgebrachten Broschüre. Vgl.: Herterich, *Nazijustiz*.

Schiedermair und Kolb vor, sich aus gesundheitlichen Gründen pensionieren zu lassen.

Auch bei weiteren Würzburger Richtern fand Herterich Belastendes und entwickelte sich so von einem starsinnigen Querulanten zu einem »Nazijäger«. Und er wurde zum Märtyrer. Ende 1962 hatte Herterich seine Facharztausbildung unterbrochen, um sich ganz der Nazivergangenheit der Würzburger Justiz zu widmen. Auch seine Frau schaltete sich in den Kampf ein: Sie verteilte Flugblätter in der Würzburger Innenstadt, in der die betroffenen Richter scharf attackiert wurden. Die ließen sich nicht lange bitten und sorgten für eine einstweilige Verfügung, welche die Verbreitung der Flugblätter untersagte. Diese Verfügung zog wiederum Gerichtskosten von 231,57 DM nach sich. Herterich konnte nicht zahlen, was die Würzburger Justiz unverzüglich veranlasste Katalin Herterich, Mutter eines kleinen Kindes und hochschwanger, in Haft zu nehmen. Sie wurde erst entlassen, als ein Gönner die Schulden übernommen hatte.

Wie gerufen kam für Herterich da, dass in England der Philosoph Bertrand Russel gerade im Jahr 1963 die *Russel-Friedensstiftung* ins Leben gerufen hatte, deren Ziel es war, Menschenrechtsverletzungen ins öffentliche Bewusstsein zu heben. Tatsächlich fand Herterich hier Gehör und Russel intervenierte zu seinen Gunsten. Dem finanziellen Ruin nahe, ging Herterich 1964 zunächst nach England, wo ihn Freunde beherbergten. Anschließend bat er in Schweden, wo sein Fall in der Presse ebenfalls Beachtung fand, um politisches Asyl. Das erhielt er zwar nicht, doch man gewährte ihm eine Arbeitserlaubnis als Arzt, so dass er sich schließlich in Schweden niederließ. Er wolle »nicht den Friedensnobelpreis im KZ bekommen«, so Herterich als Begründung für seine »Flucht« nach Schweden zu dem *Spiegel*-Reporter Gerhard Mauz. Herterichs Wahrnehmung der Wirklichkeit war offensichtlich in mehrfacher Hinsicht etwas verzerrt. Gleichwohl fiel bei der gesamten Affäre ein reichlich trübes Licht auf die Justiz. »Wenn Herterich ein Amokläufer ist«, so Gerhard Mauz im *Spiegel*, »dann ist er auch das Opfer einer Justiz, die über ihre eigene Gebrechlichkeit zu rasch zur Tagesordnung überging und immer wieder übergeht«. Die Tatsache, dass als Anwalt aller von Herterich belasteten Richter ausgerechnet ein ehemaliger Würzburger Landgerichtsrat fungierte, der 1961 das Amnestieangebot des § 116 des Deutsches Richtergesetzes wahrgenommen und wegen seiner NS-Belastung aus dem Dienst geschieden war, erhöhte das Vertrauen in die Justiz schließlich auch nicht gerade.[90] Und so erschien Herterich eben nicht nur als »Amokläufer«, sondern wurde auch zu einer

90 Vgl. ebd.

»Symbolfigur des demokratischen Einzelkämpfers im Paragraphendschungel« und im Kampf mit alten NS-Seilschaften.[91]

Kohlhaassche Züge trug gewiss auch Günther Weigand, dessen Fall die Presseberichterstattung über Herterich fast nahtlos ablöste und sich bis 1967 hinzog. Allein der *Spiegel* brachte vier große Berichte über Weigand. Einmal schaffte er es gar auf das Titelbild.[92] Auch hier nur kurz die wichtigsten Details: Den Ausgangspunkt bildete der Tod des Münsteraner Rechtsanwalts Paul Blomert im August 1961. Die Polizei legte sich schnell auf Selbstmord fest, was der Vater und die Brüder des Verstorbenen jedoch nicht glauben mochten. Als sich in der Münsteraner Anwaltschaft niemand fand, der sich des Falles noch einmal annehmen wollte, um eine Wiederaufnahme des Verfahrens zu erreichen, wandte sich die Familie Blomerts an den selbst ernannten »Sozialanwalt« Dr. Günter Weigand.[93] Obwohl gar nicht selbst betroffen, stürzte sich Weigand mit ähnlicher Intensität in »seinen« Fall wie Elmar Herterich und führte sich mehr noch als dieser in den Ruin. Nachdem Weigand, der seit Sommer 1962 mit dem Fall befasst war, zunächst vergeblich mit verschiedenen Eingaben eine Wiederaufnahme des Verfahrens zu erreichen versucht hatte, griff er zu ungewöhnlichen Mitteln: Er verteilte in der Münsteraner Innenstadt hunderte von Handzetteln, in denen er die Frage stellte, »warum Paul Blomert sterben musste«. In diesen Handzetteln verbreitete Weigand eine Reihe von pikanten Details aus dem Umfeld des Toten und konstruierte daraus ein Mordmotiv. Dabei ging es auf der einen Seite darum, dass sich Blomert als Sozius des damaligen Bürgermeisters Peus mit diesem überworfen haben und ihm gedroht haben sollte, den »ganzen schmutzigen Laden hochgehen zu lassen«, was auch immer damit gemeint war. Auf der anderen Seite ging es um Blomerts Frau, die angeblich ein Verhältnis mit dem Stahlkaufmann Gustav Krabbe hatte, dessen Frau ihrerseits mit einem ehemaligen Zahnarzt namens Hans Freiberg liiert gewesen sein soll. Dieser »Vierecksbeziehung« soll Blomert im Weg gewesen sein, und insbesondere seine Frau habe verhindern wollen, dass sie durch eine seitens ihres Mannes geplante Scheidung ihren Lebensstandard verlöre.[94]

Weigand stieß mit seinen Anschuldigungen direkt ins Zentrum der Münsteraner Gesellschaft und es spricht in der Tat vieles dafür, dass Nachforschungen in der Affäre um jeden Preis verhindert werden sollten. Dem Amtsrichter,

---

91 *FR*, 4.8.1964.

92 Affäre Weigand – Schlägt's 13, in: *Der Spiegel*, 18.11.1964, S. 68–79, hier, S. 68; Mauz, Anstalt; Ders., Abs; Ders., Mord.

93 Vgl. zu der gesamten Affäre auch Weigands eigene Darstellung: Weigand, *Rechtsstaat*.

94 Zum Hergang der Ereignisse vgl. vor allem: Affäre Weigand – Schlägt's 13, in: *Der Spiegel*, 18.11.1964, S. 68–79.

der nach der Intervention der Familie mit dem Fall befasst war und nun tatsächlich eine ganze Reihe von Widersprüchen und Ungereimtheiten entdeckte, wurden nicht nur erhebliche Schwierigkeiten bereitet, sondern er wurde sogar disziplinarrechtlich verfolgt. Eine übergeordnete Strafkammer befand noch vor Fertigstellung der Vernehmungsprotokolle, dass die Haftbefehle, die der Amtsrichter gegen Blomerts Frau und deren angebliche Komplizen erlassen hatte, sofort aufzuheben seien. Der Staatsanwalt, der den Amtsrichter schon zuvor massiv bedrängt hatte, die Sache auf sich beruhen zu lassen, stellte das Verfahren daraufhin ein und der Richter wurde einem Verfahren wegen Amtspflichtsverletzung ausgesetzt.[95]

Um auf die Idee zu kommen, dass hier etwas vertuscht werden sollte, musste man nicht unbedingt paranoid veranlagt zu sein. Genau dieser Vorwurf traf Weigand jedoch – wenngleich sicher nicht ohne sein Zutun. Nach Weigands Flugblatt-Aktion, die immerhin zur Exhumierung Blomerts geführt hatte, beantragte der Staatsanwalt Weigands Einweisung in die Psychiatrie. Schließlich hatte er die Justiz scharf angegriffen und behauptet, auch in Münster sei diese »von ehemaligen Nazis und Rechtsbrechern unter dem unseligen Adolf Hitler unterhöhlt«[96]. Weigand erwirkte nun selbst ein psychiatrisches Gutachten, das ihn wiederum für zurechnungsfähig erklärte. Die Münsteraner Justiz ließ aber nicht locker und erreichte schließlich, dass Weigand im September 1964 nicht nur verhaftet, sondern wegen Gemeingefährlichkeit geknebelt und gefesselt in die psychiatrische Anstalt Eickelborn bei Münster transportiert wurde.[97]

Von der wachsenden öffentlichen Empörung über diese Art des Umgangs mit dem Angeklagten leß sich das Gericht jedoch kaum beeindrucken. Vielmehr entwickelte sich das gesamte Verfahren, das sich allein in der ersten Instanz über 120 Verhandlungstage hinzog, zunehmend zu einem Rachefeldzug der Münsteraner Justiz gegen einen Mann, der es gewagt hatte, sie – wie überzogen auch immer – anzugreifen. Das Urteil und die mündliche Urteilsbegründung fielen entsprechend aus: 2 Jahre Gefängnis wegen Beleidigung, übler Nachrede, Widerstandes gegen die Staatsgewalt, Beamtennötigung und falscher Anschuldigung, die er sich bei seinem Kampf um die Gerechtigkeit eingehandelt hatte. Die Urteilsbegründung sei ein »Ausbruch beleidigter Gefühle«, gespickt mit moralischen Werturteilen gewesen, so die Journalistin Nina Grunenberg in der *Zeit*: »Ein verständiger Mensch« zeihe die Justiz nicht der

95 Ebd., S. 68.

96 Zit. nach: Mauz, Anstalt, S. 33.

97 Zu dem Streit um den Gutachter, der daraus enstand vgl. u.a.: Verteidiger attackieren Gutachter, in: *FAZ*, 28.1.1965; Die Verteidiger Günter Weigands lehnen zwei Gutachter ab, in: *Die Welt*, 28.1.1965; Grunenberg, Arzt.

Lüge, der Heimtücke, der Terrorbefehle und verfassungsfeindlicher Rechtsbeugung, hatte der Richter ausgeführt. So etwas könne in der Demokratie nicht hingenommen werden. Und mit einer verzerrten Wahrnehmung, die der Weigands um nichts nachstand, hatte der Richter hinzugefügt, nur in der Diktatur bleibe so etwas ungestraft. Mit »ratlosem Kopfschütteln und fassungslosem Schweigen« hätten die Zuhörer die Ausführungen des Vorsitzenden Richters verfolgt, so Nina Grunenberg in ihrem Bericht.[98]

Tatsächlich war die öffentlich geäußerte Fassungslosigkeit über das Gebaren der Justiz im Fall Weigand noch deutlicher als im Fall Herterich. Mehr noch wurde vor allem nach der Symptomatik des Falles und möglichen Konsequenzen daraus gefragt. »Der Weigand-Prozeß hat wie wenige andere für die gesamte Entwicklung der deutschen Justiz große Bedeutung«, so der ehemalige Bundesjustizminister Ewald Bucher (FDP) in einem Leserbrief zu der Berichterstattung in der *Zeit*. Dabei gehe es weniger um das Strafmaß, von dem zu hoffen sei, dass es revidiert werde. Als besonders dramatisch empfand Bucher – sicher nicht alleine – das Verhalten der Richter in dem gesamten Prozess: »Daß aber die Richter von Münster, insbesondere der Vorsitzende, nicht in der Lage waren, persönlich von dem sie angreifenden Dr. Weigand Abstand zu gewinnen, sondern in der Urteilsbegründung über den Angeklagten schimpften, so wie es ein Privatmann tut, wenn er von einem anderen beleidigt wird, zeigt, daß wir noch lange nicht den Richtertyp haben, den wir brauchen«[99].

Auch wenn nur in einem Leserbrief, fiel hier ein Begriff, der in den folgenden Jahren eine zentrale Rolle spielen sollte: Der Richtertyp, beziehungsweise die Forderung nach einem neuen, demokratischen Richtertyp. Damit ging es nicht mehr um eine Provinzposse. Vielmehr wurde die Diskussion nicht nur grundsätzlicher, sondern zunehmend auch in soziologischen Kategorien geführt. »Nur ein Einzelfall?«, fragte Martin Kriele, der als Privatdozent für öffentliches Recht an der Universität Münster während des Verfahrens gegen Weigand von dem Recht als Hochschullehrer Gebrauch gemacht hatte, für Weigand zu plädieren: »Das Verfahren gegen Weigand hat deutlich gemacht«, so Kriele, »daß das Problem ›gesellschaftlicher Befangenheit‹, das beispielsweise in den von Rassenspannungen gequälten Teilen der USA besonders akut ist, auch bei uns auftreten kann«. Eine solche »gesellschaftliche Befangenheit« könne daraus entstehen, »daß der Angeklagte wie im Fall Weigands das ›establishment‹ angegriffen oder sonst eine lokale oder auch konfessionelle oder landsmannschaftliche Voreingenommenheit herausgefordert hat«. Richter seien dann möglicherweise in Gefahr, »sich und ihr Milieu zu ausschließlichen

98 Grunenberg, Münster.

99 Leserbrief in der *Zeit* vom 13.5.1966.

Lasten des Angeklagten zu rechtfertigen«. Vollkommen im Gegensatz zum richterlichen Selbstbild von einem gesellschaftlichen und politischen Neutrum, das allein dem Gesetz unterworfen ist, zeichnete Kriele hier das Bild eines ganz und gar in sein Milieu eingebundenen Richters.

Angestoßen waren diese Überlegungen Krieles ohne Zweifel durch soziologische Studien zur Justiz, auf die noch ausführlich einzugehen sein wird. Festzuhalten bleibt hier zunächst, dass für jeden nur halbwegs unbefangenen Beobachter des Prozesses gegen Weigand ins Auge stach, dass sich die Richter in höchstem Maße von weltanschaulich geprägten Ressentiments leiten ließen und vom eigenen Selbstbild weit entfernt waren.[100] Doch weder die Gerichte noch der nordrhein-westfälische Justizminister Neuberger (SPD) hatten schließlich Erbarmen mit Weigand. Trotz zahlreicher prominenter Fürsprecher wie dem ehemaligen Generalbundesanwalt Güde, dem ehemaligen Bundesjustizminister Bucher oder dem »SPD-Kronjuristen« Adolf Arndt musste Weigand schließlich im Juli 1968 seine Haft antreten. Da er außerdem auf rund 1,2 Millionen Mark Prozesskosten saß, hatte sich Weigand restlos ruiniert.[101]

Der dritte und letzte Fall unterscheidet sich insofern von den beiden anderen, als hier eine Kohlhaas-ähnliche Figur fehlt, die sich mit der Suche nach Gerechtigkeit selbst in den Ruin getrieben hätte. Doch der Prozess gegen Vera Brühne und ihren vermeintlichen Komplizen Johann Ferbach gehört unzweifelhaft in die Reihe der aufsehenerregendsten und skandalträchtigsten Prozesse der sechziger Jahre, wenn nicht in der Geschichte der Bundesrepublik insgesamt. Der Prozess hielt die Medien über ein ganzes Jahrzehnt lang in Atem und warf einmal mehr Fragen grundsätzlicher Art zum Gebaren der Justiz auf. Wichtig ist der Prozess hier nicht zuletzt deshalb, weil er selbst und damit auch die Kritik daran eine enorme Breitenwirkung bis in die Boulevardblätter hinein erzielte. In mehreren Wellen ergossen sich wahre Fluten von Presseartikeln über die geneigte Leserschaft. Zunächst waren es die Illustrierten, allen voran *Quick*, *Revue*, die *Neue Illustrierte* und der *Stern*, die die Geschichte mit immer neuen »Enthüllungen« aufgriffen und sogar den Deutschen Presserat zum Einschreiten veranlassten. Doch das Interesse an dem Fall zog bald größere Kreise und nahm immer grundsätzlichere Dimensionen an. In den Jahren 1965

---

100 Die Kritik an der Prozessführung, die hier vor allem aus dem *Spiegel* und der *Zeit* zitiert worden ist, findet sich ganz ähnlich in der Berichterstattung der meisten anderen überregionalen Zeitungen, aber auch in Rundfunk- und Fernsehkommentaren. Vgl. hier auch den Überblick über die Presseberichterstattung in der *DRiZ* 1966, S. 191 und 244 sowie die »Funk- und Fernsehkritik« ebd., S. 194. Als Stellungnahme »eines neutralen, aber gutinfomierten Beobachters« wird in der *DRiZ* auch die Darstellung aus der *Münsterschen Zeitung* nachgereicht, die erkennen lasse, »daß man Prozessverlauf und Urteilsbegründung auch anders beurteilen kann, als dieses in einem großen Teil der deutschen Presse geschehen ist«. Vgl. ebd., S. 341.

101 Vgl. hierzu kurz: Weigand wird nicht begnadigt, in: *FAZ*, 5.7.1968.

und 1966 erschienen zwei Dokumentationen zu dem Fall, die die Prozessführung bereits scharf angriffen.[102] Der Gipfel der Kritik wurde schließlich 1970 erreicht, als der Publizist Ulrich Sonnemann in dem Fall einen bundesdeutschen »Dreyfus-Skandal« witterte, was wiederum die Staatsanwaltschaft dazu veranlasste, das Buch zu konfiszieren.[103] Sonnemann hatte sich bereits seit einigen Jahren als scharfer Gesellschafts- und Justizkritiker profiliert. In seinem weithin beachteten Essay über »Das Land der unbegrenzten Zumutbarkeiten«, der im Jahr 1963 erschienen war, hatte er der deutschen Justiz bereits »Lust am Unrecht« vorgeworfen. Sonnemann empörte sich hier unter anderem über die NS-Belastung der bundesdeutschen Justiz, aber auch die obrigkeitsstaatlichen Überhänge sowie die fehlende rechtsstaatliche Fundierung der Justiz, die damit jede Menge Unrecht produziere. »Wo Unrecht maß-los ist«, so Sonnemann, »muß die Lust an ihm absolut herrschen«[104]. Nach weiteren justizkritischen Interventionen meinte Sonnemann im Prozess gegen Vera Brühne nun den Gipfel eines Justizskandals gefunden zu haben. So merkwürdig vieles an dem Fall erschien, war der gewählte Vergleich dann aber gewiss viel zu hoch gegriffen. Einmal mehr hatte die Justiz jedoch ganz offensichtlich zur Maßlosigkeit provoziert.

Was also war passiert? Am 19. April 1960 wurden der Münchner Arzt Otto Praun und seine vielfach als »Haushälterin« titulierte Lebensgefährtin Elfriede Kloo tot aufgefunden, der Todeszeitpunkt wurde später auf Gründonnerstag, den 14. April festgelegt. Angenommen wurde zunächst, dass Otto Praun zuerst seine Lebensgefährtin und dann sich selbst erschossen hatte. Erst als nach Intervention des Sohnes die Leiche ein halbes Jahr später exhumiert und obduziert wurde, stellte man bei Praun zwei Einschussstellen fest – ein ziemlich sicheres Indiz dafür, dass Selbstmord kaum die Todesursache gewesen sein konnte. Ein knappes weiteres Jahr später ergingen Haftbefehle gegen Vera Brühne und Johann Ferbach, der den Mord in Brühnes Auftrag begangen haben sollte. Vera Brühne war seit dem Sommer 1957 mit dem Arzt Otto Praun befreundet und bis zu einem gewissen Grad »ausgehalten« worden.[105] Das Mordmotiv erkannte das Gericht in dem Testament des Angeklagten, in

---

102 Arnau, *Fall Blomert*; Gritschneder, *Fall Brühne*. Als zumeist eher journalistische als wissenschaftliche Literatur zu dem Fall vgl. Wickert, »Dreyfus«. Preute, *Vera Brühne*; Schaeffer, *Vera Brühne*; Arnau (Hg.), *Vergangenheit*; mit stärker wissenschaftlichem Anspruch: Soltau, »Gift«.

103 Sonnemann, *Dreyfus-Skandal*; das Buch basierte auf einer am 22. Januar 1970 im *Hessischen Rundfunk* ausgestrahlten Rundfunksendung mit dem Titel »Zwischenbilanz eines Justizskandals«; zur Konfiszierung durch die Staatsanwaltschaf vgl. *Der Spiegel*, 6.4.1970, S. 68.

104 Sonnemann, *Land*, S. 212ff.

105 Zu dem Tathergang, so wie er vom Gericht festgestellt worden ist vgl. Gritschneder, *Fall Brühne*, zu den Beziehungen der Angeklagten zu Otto Praun vgl. ebd. S. 23ff.

dem er Vera Brühne seine spanische Villa vermachte. Die Befürchtung, Praun könnte dies nach Abkühlung der Beziehung ändern, habe Brühne den Mordplan ersinnen lassen. »Berücksichtigt man«, so dass Gericht in seiner Begründung, »daß es sich bei ihr um eine alternde Frau ohne wesentliches Vermögen handelt, die nicht hoffen konnte, noch einmal einen Mann von der finanziellen Potenz Dr. Prauns zu finden, dann ist die Frage nach dem Motiv hinsichtlich ihrer Person eindeutig beantwortet«[106]. Mit anderen Worten: für das ausschließlich aus Männern zusammengesetzte Gericht verstand es sich quasi von selbst, dass eine alleinstehende Frau um die 50 ihre »letzte Chance« auf Versorgung durch einen Mann gewissermaßen schon verwirkt hatte. Das verzweifelte Klammern an diese letzte Chance stellte für das Gericht ein Mordmotiv a priori dar, das keiner weiteren Begründung bedurfte. Als Motiv für Johann Ferbach, den eigentlichen Täter, wurde »Hörigkeit« gegenüber seiner Komplizin, verbunden mit möglichen finanziellen Versprechungen, angenommen.

Da die Spurensicherung äußerst schlampig vorgenommen worden war und die Angeklagten bis zuletzt bestritten, etwas mit der Tat zu tun zu haben, entwickelte sich ein Indizienprozess mit vielen bleibenden Ungereimtheiten, an dessen Ende die Verurteilung von Ferbach und Brühne stand. Ob es sich dabei im engeren Sinne um einen Justizirrtum, gar einen »bundesdeutschen Dreyfus-Skandal« handelte, zogen auch viele Kritiker des Prozesses in Zweifel. Für Rudolf Augstein sprach ebenso wie für Gerhard Mauz, der den Prozess noch als Gerichtsreporter der *Welt* verfolgt hatte, einiges dafür, dass Vera Brühne tatsächlich den Mord an Otto Praun und dessen Lebensgefährtin veranlasst hatte.[107] In die Kritik aber gerieten das Verfahren und die spezifische Logik, die das Gericht mangels handfester Beweise für die Konstruktion von Tat und Tatmotiv bemühte. Die entscheidende Frage, die die Kritiker in vielen Variationen immer wieder stellten, war im Kern die, ob das gesamte wackelige Gebäude aus Indizien und Behauptungen nicht letztlich nur durch das immer wieder durchscheinende Verdikt über den Lebenswandel einer Frau um die 50 zusammengehalten wurde, die sich aushalten und in einem hoch aufgeschlitzten Tigerkleid ablichten ließ. Der Lebenswandel, darin waren sich die Kritiker einig, spielte für das Verfahren eine kaum zu überschätzende Rolle: »Das zweiundfünfzigjährige Leben der Angeklagten«, schrieb Ulrike Meinhof schon 1962 in *konkret* zu dem Prozess, »wird zum Vorleben, zu dem verstiegenen, unsoliden, unkonventionellen, extravaganten, kurz typischen

106 Zit. nach Gritschneder, *Fall Brühne*, S. 68.

107 *Der Spiegel*, 6.4.1970, S. 70–86, insbes. S. 70 u. 84.

Vorleben einer Doppelmörderin«[108]. Und sie fügte hinzu: »Die Vera Brühne hat den Tod des Dr. Praun veranlaßt, verschuldet, gemanaged. Sie wissen es so genau, so anmaßend, so entrüstet, so schamlos, besserwisserisch wie sie es – ja – wie sie es bei der Maria Rohrbach gewußt haben, d.h. sie wissen es nicht«.

Vielleicht wären die Wogen, die der Prozess schlug, insgesamt weniger hoch gewesen, wenn der Fall der Maria Rohrbach, auf den Ulrike Meinhof hier anspielte, nicht gerade erst unter Beweis gestellt hätte, dass die Justiz durchaus zu erstaunlichen Fehlern in der Lage war und solche Fehler nicht zuletzt daher rührten, dass man sich sehr früh auf einen Täter festlegte und alle möglichen Zweifel ignorierte. Im Mordfall Maria Rohrbach, die angeklagt war, ihren Mann ermordet zu haben, hatte das Gericht auf der Basis eines Sachverständigengutachtens festgestellt, die Angeklagte habe den Kopf ihres Mannes in ihrem Ofen verbrannt. Tatsächlich aber wurde später die gesamte Leiche mit Kopf gefunden, ein Umstand, der zur Wiederaufnahme des Verfahrens führte und dort die gesamte Anklage zusammenbrechen ließ. Auch im Fall der Maria Rohrbach hatte man allzu schnell das Vorleben der Angeklagten und den Mord in einen engen, verhängnisvollen Zusammenhang gebracht. Zweifel schienen sich auch hier nicht zu stellen oder sie wurden beiseite gewischt. Auch dieser Fall hatte bereits einiges Aufsehen ausgelöst –, nicht zuletzt war ein Fernsehfilm darüber gedreht worden – und hatte das Vertrauen in die Unfehlbarkeit der Justiz erheblich erschüttert.[109]

Der Fall Rohrbach und die Möglichkeit eines Fehlurteils spielten daher in der Berichterstattung über den Fall Brühne eine wichtige Rolle, gerade auch in der so genannten *yellow press*. Spätere Darstellungen des Falles haben immer wieder auf die Rolle der Sensationspresse und deren vorverurteilende Berichte verwiesen. Tatsächlich war der Prozess eine wahre Goldader für manchen Reporter. Und tatsächlich schrieben viele Zeitungen Vera Brühne bereits vor der Verurteilung ins Gefängnis, war auch für sie diese schillernde »Lebedame« als Mörderin ein willkommenes Objekt. Es ist aber allenfalls die halbe Wahrheit, wenn man die Illustriertenpresse allein unter dem Gesichtspunkt der Vorverurteilung der Angeklagten verbuchen will. Vielmehr weitete sich eine soziologisch angehauchte Kritik am Gebaren der Justiz selbst bis in diese Bereiche der Öffentlichkeit aus.[110]

Mit dem Schuldspruch im Juni 1962 war die Affäre alles andere als beendet, ja in gewisser Weise begann sie damit erst. Erst nach und nach griff nun auch „die seriöse Presse" den Fall auf. Zwar hatte vor allem *Die Welt*, für die

108 Meinhof, Menschen.

109 Zum Fall Rohrbach vgl. u.a. die ausführlich Darstellung: Rohrbach-Prozeß – Suchten und fanden, in: *Der Spiegel*, 21.6.1961, S. 28–37.

110 Vgl. dazu ausführlicher Requate, »Lebedame« .

zu dem Zeitpunkt noch Gerhard Mauz als Gerichtsreporter arbeitete, kritisch über den Fall berichtet. Dem *Spiegel* aber war der Fall zunächst nicht viel mehr als eine Glosse wert gewesen, in dem das Münchner Milieu der Vera Brühne karikiert wurde.[111] Zweifel an Urteil und Prozesshergang wurden gleichwohl kaum geweckt. Auch 1964, als sich anlässlich eines Wiederaufnahmeantrags des Verteidigers von Johann Ferbach für die Illustrierten erneut die Chance ergab, mit dem Sujet die Auflagen zu steigern, betrachtete der *Spiegel* deren Bemühungen, Partei für die Verurteilten zu ergreifen, mit leicht belustigtem Hochmut. So näherte sich das Magazin dem publikumsträchtigen Thema, indem es die Berichterstattung der Boulevardpresse unter die Lupe nahm. Auf diese Weise suchte man zu vermeiden, sich mit der *yellow press* auf eine Stufe zu stellen, ohne auf das Thema ganz verzichten zu müssen. Erst als jedoch die Ungereimtheiten in dem Fall immer größer wurden und Sonnemanns Buch über den vermeintlichen »bundesdeutschen Dreyfus-Skandal« verboten worden war, griff Augstein selbst das Thema im *Spiegel* mit Titelgeschichte und vierteiliger Serie auf und lieferte die insgesamt wohl fundierteste Kritik des gesamten Verfahrens.[112]

Eine wirkliche Klärung wurde gleichwohl nie erreicht. Der Bundesgerichtshof verwarf die Revision und trotz wiederholter Versuche der Anwälte und trotz neuer Erkenntnisse kam es nie zu einem Wiederaufnahmeverfahren. Johann Ferbach starb in Haft; Vera Brühne wurde 1979 begnadigt. Aber unabhängig davon, ob es sich hier nun tatsächlich um einen Justizirrtum handelte oder nicht: Der Fall gehörte eindeutig in die Reihe der Prozesse, mit denen die Justiz in den sechziger Jahren alles andere als positive Schlagzeilen machte. Dass manches an der Kritik überzogen war und bereits in die Nähe von Verschwörungstheorien kam, ist nur ein Beleg für das Kritikpotential, das sich angesammelt hatte.

2.1.4 Mit einem NS-Gesetz gegen den Sittenverfall: Der Frauenarzt Dr. Dohrn vor Gericht

Dass man in Konflikt mit der Justiz geraten konnte, wenn man nicht den rigiden sexualmoralischen Vorstellungen mancher Richter und Staatsanwälte entsprach, ist bereits im Zusammenhang mit dem Kuppeleibeschluss des BGH aus dem Jahr 1954 erörtert worden. War dieser Beschluss allerdings weniger von seineen praktischen Folgen her von Belang als für bestimmte Geisteshal-

---

111 Das süße Leben beginnt mit vierzig, in: *Der Spiegel*, 16.5.1962, S. 67.

112 *Der Spiegel*, 6.4.1970, 13.4.1970, 20.4.1970 und 27.4.1970.

tungen beim BGH und seines Präsidenten, so waren von dem Fall des Frauenarztes Axel Dohrn zumindest indirekt hunderttausende von Frauen betroffen. Denn es ging um die grundlegende Frage, ob und unter welchen Umständen ein Arzt Sterilisationen vornehmen durfte.

Als Chefarzt des Krankenhauses Großburgwedel in der Nähe von Hannover hatte Dohrn in der Zeit zwischen 1946 bis 1958 nach eigenen Angaben rund 1300 Frauen auf deren Wunsch hin sterilisiert.[113] Der einfache Wunsch der Frauen war für Dohrn jedoch keineswegs ausreichend gewesen, um die Tubenligatur durchzuführen. Vielmehr verlangte er zusätzlich erstens das Einverständnis beider Eheleute, was zweitens bedeutete, dass er die Maßnahme ausschließlich bei verheirateten Frauen durchführte, die drittens bereits Kinder, und zwar in der Regel mindestens drei Kinder hatten. Auch für Dohrn stand damit außer Frage, dass es die Pflicht von Frauen war, Kinder, und zwar durchaus mehrere, zur Welt zu bringen. Ziel der Tubenligatur, so Dohrn, sei es »niemals einen Menschen kinderlos zu machen«, sondern nur dort »wo die Fruchtbarkeit zur Qual wird, helfen [...] diese Fruchtbarkeit zu begrenzen«[114]. Dohrn hatte zudem seine Maßnahmen jeweils bei der Ärztekammer angemeldet, die sich – anders als beim Schwangerschaftsabbruch – jedoch gar nicht in der Pflicht sah, hier eigens Genehmigungen auszusprechen.

Wenn Dohrn dennoch in die Fänge der Justiz geriet und dadurch eine gewisse Berühmtheit erlangte, so hatte er das seinem Kollegen und Stellvertreter zu verdanken. Wohl mehr durch persönliche Animosität als durch tiefe Sorge um die Moral getrieben, zeigte er Dohrn an. Die Basis der Anzeige bildete in Teilen ausgerechnet das Erbgesundheitsgesetz vom 14. Juli 1933. Ziel des Gesetzes war es, die Bedingungen zur Sterilisation so genannter »erbkranker« Frauen festzulegen. Gleichzeitig ging es den Urhebern des Gesetzes aber auch darum, in allen übrigen Fällen, Sterilisationen möglichst zu unterbinden. So hieß es in § 14 Absatz 1 des Gesetzes: »Eine Unfruchtbarmachung, die nicht nach den Vorschriften dieses Gesetzes erfolgt [...] ist nur dann zulässig, wenn ein Arzt sie nach den Regeln der ärztlichen Kunst zur Abwendung einer ernsten Gefahr für das Leben oder die Gesundheit desjenigen, an dem er sie vornimmt, und mit dessen Einwilligung vollzieht«. Ausdrücklich außer Kraft gesetzt war das gesamte Erbgesundheitsgesetz nur in Bayern und Hessen. Im ehemaligen Württemberg-Baden war die Anwendung des Gesetzes mit Aus-

113 Zum Fall Dohrn vgl. außer den noch zu zitierenden Zeitungsartikeln die umfangreiche Dokumentation von Ott, *Dokumentation*. Nicht zufällig erschien das Buch im Verlag des Gründers der »Humanistischen Union«, Gerhard Szczesny.

114 So Dohrn im Gespräch mit Sieghart Ott, vgl. ebd., S. 32. In Otts Dokumentation findet sich auch noch eine ausführliche Stellungnahme über die Indikationen zur Unfruchtbarmachung, von denen er sich hat leiten lassen.

nahme des § 14 Absatz 1 ausgesetzt worden. In den übrigen Ländern war keine ausdrückliche gesetzliche Regelung ergangen, wobei Einigkeit darüber herrschte, dass bis auf diesen Paragraphen das Gesetz unanwendbar sei.[115] Bezeichnend ist aber, dass es überhaupt unterschiedliche Meinungen über die Gültigkeit oder Anwendbarkeit des § 14 Absatz 1 gab und bei vielen Juristen offenbar keine Scheu herrschte, sich auf das NS-Gesetz zu beziehen.[116]

Die zweite gesetzliche Bestimmung, die Dohrn auf die Anklagebank bringen sollte, war § 226a StGB, der besagte: »Wer eine Körperverletzung mit Einwilligung des Verletzten vornimmt, handelt nur dann rechtswidrig, wenn die Tat trotz der Einwilligung gegen die guten Sitten verstößt«. Rechtlich gesehen ist eine Operation eine Körperverletzung, die aber mit Einwilligung des Betroffenen geschieht und damit gedeckt ist. Was waren aber nun die »guten Sitten«, die einer solchen Einwilligung wiederum Beschränkungen auferlegten? Das war das Kernproblem, um das sich der Fall nicht zuletzt in der öffentlichen Wahrnehmung drehte.

Beide rechtlichen Bestimmungen, die in dem Fall eine zentrale Rolle spielten, nicht nur in den Augen der späteren Prozessbeobachter von der Presse, sondern auch nach Ansicht der zunächst zuständigen Staatsanwaltschaft beim Landgericht Hannover, lieferten keinerlei Grundlage für eine Anklage und so wurde das Verfahren im September 1960 eingestellt. Doch der Celler Generalstaatsanwalt Biermann war hier grundlegend anderer Ansicht. Dohrns Verhalten verstieß nach seiner Auffassung sehr wohl gegen die »guten Sitten«, und er ließ das Verfahren Anfang 1961 wieder aufnehmen. Als die hannoversche Staatsanwaltschaft erneut keinen Anhaltspunkt sah, Anklage zu erheben, zog

115 Stellung bezogen hatte bereits 1951 mit Eberhard Schmidt einer der einflussreichsten Strafrechtslehrer der Nachkriegszeit. Schmidt hatte die Ansicht vertreten, dass die Bestimmungen des § 14 Absatz 1 des Erbgesundheitsgesetzes zwar grundsätzlich noch Gültigkeit hätten, aber die Unfruchtbarmachung nicht mehr ausschließlich aus medizinischen Gründen, sondern auch aus sozialen zulässig sei. Eine Bestrafung des Arztes sei in derartigen Fällen nicht nur ungerecht, sondern »übelste Heuchelei«. Vgl. Schmidt, »Schwangerschaftsunterbrechung«, hier S. 302; Ders., »Sterilisationsproblem«.

116 Der BGH bemerkte in seinem Urteil zum Fall Dohrn sehr prägnant, dass die in der Zeit des Nationalsozialismus erlassenen Gesetze zur Sterilisation »eine geschlossene Einheit« bildeten und einer Weltanschauung entsprachen, »wonach die Entstehung nach seiner Auffassung wertloser Menschen zu verhindern und die Entstehung nach seiner Auffassung wertvoller Menschen mit allen Mitteln zu fördern war. Diese Weltanschauung kam dabei noch nicht so sehr durch den Wortlaut der Gesetze als durch die Art ihrer Anwendung zum Ausdruck. Es ist daher ausgeschlossen, daß der Kontrollrat auf einem Teilgebiet gerade der Sterilisierungen, nämlich für die Bestrafung freiwilliger Sterilisierungen, den Gerichten die Machtvollkommenheit einräumen wollte, die sie durch die Anwendung der Körperverletzungsbestimmungen einschließlich des § 226a StGB erhalten hätten«. Vgl. BGH Urteil vom 27.10.1964: BGHSt, Bd. 20, S. 81–86.

Biermann das Verfahren im April 1961 an sich. Dohrn war zu diesem Zeitpunkt im Übrigen schon fristlos gekündigt worden. Damit hatte er auch keine Verfügungsgewalt mehr über die Krankenblätter der sterilisierten Frauen. Bereits vor Dohrns Entlassung hatte die Staatsanwaltschaft versucht, das sensible Material, das durch die ärztliche Schweigepflicht ohnehin hätte geschützt sein müssen, einzusehen. Der Celler Generalstaatsanwalt Biermann nahm es damit jedoch genauso wenig ernst wie die Krankenhausverwaltung, die Dohrn entlassen hatte. Auf Initiative von Dohrns Anwalt entschloss sich daraufhin eine der betroffenen Frauen, den Celler Generalstaatsanwalt wegen Anstiftung zum Bruch der ärztlichen Schweigepflicht anzuzeigen. Es verwunderte vermutlich niemanden wirklich, dass diese Anzeige ohne Folgen für den Celler Generalstaatsanwalt blieb. Nachdem überhaupt erst ein Klageerzwingungsverfahren eingeleitet werden musste, bis die Staatsanwälte gegen ihren Kollegen ermittelten, lehnten sie die Eröffnung eines Hauptverfahrens ab. Für die Aufklärung der »Verbrechen«, derer Dohrn beschuldigt wurde, sei es gerechtfertigt gewesen, in die »Privatgeheimnisse« der Frauen Einblick zu nehmen. Dies galt umso mehr, als für die Celler Juristen die Frauen selbst und dabei insbesondere die Antragstellerin, »derart mit der Straftat des Dr. Dohrn verbunden (ist), daß ihr Verhalten sittlich zu mißbilligen ist und deshalb ihr Anspruch auf Wahrung eines Privatgeheimnisses hinter dem öffentlichen Interesse an der Verfolgung, gegebenenfalls Sühne einer Straftat des Dr. Dohrn zurücktreten muß«[117].

Zu Empörung in der Presse führte der Einstellungsbeschluss des Celler Oberlandesgerichts vor allem allerdings, weil er ein Urteil über Dohrns Sterilisationen quasi vorwegnahm: »Sterilisationen, die nur sozial indiziert sind oder gar nur zur Gefälligkeit vorgenommen werden«, so das Gericht, seien »in aller Regel als schwere Körperverletzungen (§§ 224, 225 StGB) zu werten. Sie sind, auch wenn man in einem zu Heilzwecken erfolgten ärztlichen Eingriff keine Körperverletzung sieht, tatbeständlich Körperverletzungen, weil diese Sterilisationen eben nicht zu Heilzwecken erfolgen, sondern allenfalls der sozialen Besserstellung dienen, im Falle der Gefälligkeitssterilisationen aber sogar einer ungehemmten Genußsucht Vorschub leisten«[118]. Untermauert wurde die Stoßrichtung des Beschlusses noch von einer Äußerung des Generalstaatsanwalts Biermann, der in der Presse mit der Äußerung zitiert wurde, er werde »die Rudimente des Anstands im deutschen Volke wiederherstellen«[119]. Der

117 Beschluss des Oberlandesgerichts Celle vom 23.11.1962, abgdr. in: Ott, *Dokumentation*, S. 180–187, hier S. 186.

118 Ebd., S. 183. Das Gericht ignorierte dabei die bereits zitierten Stellungnahmen von Eberhard Schmidt zu der Frage und berief sich stattdessen auf Hanack, *Zulässigkeit*.

119 Biermann behauptete später, sich nie so geäußert zu haben; vgl. dazu den Artikel: Was sagen Sie zum Freispruch von Dr. Dohrn? in: *Abendzeitung*, 29.10.1963.

missionarische Moralismus der Juristen löste nun nicht mehr nur im *Spiegel* und im *Stern* Verwunderung aus; auch bei Zeitungen wie dem *Sonntagsblatt* oder *Christ und Welt*, die nicht in Verdacht standen, Verfechter der Libertinage zu sein, trafen die Celler Juristen damit auf wenig Verständnis.[120] Als Henri Nannen im *Stern* die Richter als »muffige Moralisten« bezeichnete, bei denen eine Krähe der anderen kein Auge aushacke, wehrten sich die angesprochenen Celler Richter ihrerseits mit einer Klage gegen Nannen. Auch der niedersächsische Justizminister schaltete sich ein und stellte sich vor die Richter. Zu einer weiteren Eskalation des Falles kam es schließlich, als sich im September 1963 vor Beginn der Hauptverhandlung am gleichen Tag sowohl der Präsident des Oberlandesgerichts Celle, Koch, in einem Rundschreiben an sämtliche Richter seines Bezirks wandte, als auch der Leiter der Justizpressestelle des Celler Oberlandesgerichts eine ausführliche Stellungnahme zu dem Fall abgab. Im Schreiben des OLG-Präsidenten Koch hieß es dabei, man könne nur »mit Mitgefühl an unsere Kollegen denken, die in der betreffenden Sache nach dem geltenden Gesetz zu entscheiden haben und gewärtig sein müssen, wie schon bisher bei nicht genehmer Entscheidung von einem systematisch aufgehetzten Teil der Öffentlichkeit mit Kübeln des Schmutzes übergossen und persönlich bedroht zu werden«[121]. Diese Stellungnahme, die schon an sich äußerst ungewöhnlich war, ließ sich ohne weiteres so lesen, dass eine Verurteilung Dohrns schon vorweggenommen wurde. Noch deutlicher als der OLG-Präsident Koch äußerte sich die Justizpressestelle des Celler Oberlandesgerichts am selben Tag. Sie ging ausführlich auf den Fall ein und lieferte die Begründung für eine Verurteilung von Dohrn, dessen Prozess noch gar nicht begonnen hatte. Wenn Sterilisation bei Einwilligung straffrei bleiben solle, so müsse dies konsequenterweise auch für schwere Verstümmlungen oder für Tötung auf Verlangen gelten, hieß es hier unter anderem.[122]

---

120 Nachdem die meisten überregionalen Zeitungen bereits zuvor kontinuierlich über den Fall berichtet hatten, erschienen vor allem im August 1963, nachdem Dohrn die Anklageschrift zugestellt bekommen hatte, in allen großen Zeitungen ausführliche Artikel zu dem Fall, deren Tenor durchweg kritisch bis verständnislos war. Vgl. hier u.a.: Sterilisation: Geheimnis gebrochen, in: *Der Spiegel*, 31.7.1963, S. 40f.; Henri Nannen, Editorial, in: *Der Stern*, 16.8.1963, S. 6f.; Handelte Dr. Dohrn unsittlich? Nazigesetze, Sterilisation und ein Generalstaatsanwalt, in: *Christ und Welt*, 6.9.1963; Hans Schueler, In Sachen Dr. Dohrn. Anklage nach viereinhalb Jahren, in: *Sonntagsblatt*, 25.8.1963; Günter Hartmann, Enthaltsamkeit – statt Genußsucht, in: *Abendzeitung*, 12.8.1963; Die vielen Fragezeichen im Fall Dohrn, in: *SZ*, 19.8.1963; allein im konservativ-klerikalen *Rheinischen Merkur* fanden die Richter Unterstützung: Josef Nowak, Warum der Fall Dohrn unterdrückt werden soll. Es gibt offenbar Leute, die Sterilisation billigen, in: *Rheinischer Merkur*, 30.8.1963.

121 Abgedr. bei Ott, *Dokumentation*, S. 200f.

122 Die Presseerklärung findet sich ebenfalls bei Ott abgedr., vgl. ebd., S. 201–204.

Der niedersächsische Justizminister Nottbeck (FDP), der sich zuvor schützend vor die angegriffenen Celler Richter und Staatsanwälte gestellt hatte, wurde, als er die Schreiben der beiden Richter vorgelegt bekam, in der Presse mit den Worten zitiert: »Das glaube ich nicht. Das kann nicht wahr sein«[123]. Wo sich Richter stets gegen jede Einmischung in ein schwebendes Verfahren verwahrten, flößte das Gericht mit den beiden Stellungnahmen auch den Wohlmeinendsten nicht gerade Vertrauen in ein offenes, faires Verfahren gegen Dohrn ein. Nachdem der Antrag auf Befangenheit des Gerichtes, den Dohrns Anwalt, Josef Augstein gestellt hatte, abgelehnt worden war, konnte es angesichts der Vorgeschichte des Falls kaum verwundern, dass Dohrn verurteilt wurde. Als Dohrn schließlich nach vierjähriger Ermittlung und drei Verhandlungstagen am 22.11.1963 von der 2. Großen Strafkammer des Landgerichts Hannover zu sechs Monaten Gefängnis verurteilt wurde, rief die Entscheidung und deren Begründung noch einmal erhebliche Verblüffung hervor. Die Basis des Urteils bildete der in den Augen des Gerichts erwiesene Vorwurf der vorsätzlichen schweren Körperverletzung. Dafür sah § 225 StGB zwei bis zehn Jahre Zuchthaus vor.[124] Das aber schien den zuständigen Richtern dann aber doch »zu grausam«, wie es im Urteil hieß.[125] Schließlich war Dr. Dohrn Arzt und vor der Vorstellung, einen Arzt zu gemeinen Schlägern und Mördern ins Zuchthaus zu schicken, schreckte die Kammer schließlich doch zurück. Hier gab sich der Vorsitzende Klingebiel als souveräner Richter: »Man kann uns nicht zumuten«, so Klingebiel als Begründung dafür, dass er eine weit mildere Gefängnisstrafe anstelle der vorgeschriebenen Zuchthausstrafe verhängt hatte, »jemanden nach einer Bestimmung zu verurteilen, die wir für falsch halten, für glatt falsch«[126]. Dazu war jedoch eine höchst ungewöhnliche Hilfskonstruktion nötig: Obwohl die Kammer Dohrn wegen vorsätzlicher schwerer Körperverletzung verurteilte, bestrafte sie ihn »im Wege der richterlichen Rechtsfindung« nach § 216 StGB (Tötung auf Verlangen), um so zu einem geringeren Strafmaß zu kommen.[127] Die »schwindelerregende Kombination« (*Die Zeit*) aus Paragraphen, die mit dem Fall überhaupt nichts zu tun hatte, löste unter den Prozessbeobachtern ein eben solches Kopfschütteln aus wie die Normen, die das Gericht für die Sittenwidrigkeit der Sterilisation fest-

123 Vgl. Pfeil, Presse, hier S. 74.

124 Das Zuchthaus wurde erst durch die Strafrechtreform von 1968 abgeschafft.

125 In den wesentlichen Passagen abgedr. bei Ott, *Dokumentation*, S. 247–283, zit. S. 280.

126 Die Äußerung wird zitiert im *Spiegel*, 13.11.1963, S. 47 (Dohrn-Urteil: Nie grausam).

127 Urteil des Landgerichts Hannover, zit. nach Ott, *Dokumentation*, S. 281.

legte[128]: »In besonderem Maße und offensichtlich sittenwidrig«[129]seien die Tubenligaturen in den 40 Fällen gewesen, in denen die Frauen noch nicht 30 Jahre alt waren und noch keine drei Schwangerschaften hinter sich hatten. Angesichts des öffentlichen Proteststurms, das das ganze Verfahren ausgelöst hatte, war die Feststellung einer »offensichtlichen« Sittenwidrigkeit wohl etwas gewagt.

Die in hohem Maße willkürlich anmutenden Setzungen und Konstruktionen standen zudem in einem krassen Widerspruch zu dem besonderen Verständnis von Positivismus, das der Vorsitzende der Kammer, Klingebiel, in Bezug auf die Geltung des § 14 Absatz 1 des Erbgesundheitsgesetzes zeigte: Hier sah man sich »einfach an dieses Gesetz gebunden«. Und auch angesichts der Generalklausel der »guten Sitten« sah sich die Kammer schlicht dem Gesetz unterworfen, so als ob es dem Richter überhaupt keine Wahl ließe, Sterilisationen in der im Urteil festgelegten Art und Weise als »offensichtlich sittenwidrig« einzustufen.[130]

Als ein Jahr später der BGH über den Fall Dohrn zu befinden hatte, fiel nicht nur die äußerst wackelige Konstruktion der 2. Strafkammer des Landgerichts Hannover in sich zusammen. Auch das Oberlandesgericht Celle, das in Person seines Präsidenten, des Generalstaatsanwalts und des Richters, der die dortige Pressestelle leitete, eine Verurteilung Dohrns für unbedingt geboten gehalten hatten, und nicht zuletzt die Kammer, die über die Rechtmäßigkeit der staatsanwaltschaftlichen Einsichtnahme in die Krankenblätter zu entscheiden gehabt hatte, mussten sich vollkommen desavouiert sehen. Denn der Leitsatz des BGH-Urteils lautete schlicht: »Es gibt keine deutsche Strafvorschrift mehr, die freiwillige Sterilisierungen mit Strafe bedroht. Diese Gesetzeslücke kann nur durch den Gesetzgeber geschlossen werden«[131]. In aller Deutlichkeit stellte der 5. Strafsenat des BGH fest, dass das Erbgesundheitsgesetz insgesamt keinerlei gesetzliche Grundlage in der Bundesrepublik mehr sein könne. Die Begründung ist oben bereits zitiert worden. Des Weiteren kam der BGH zu dem Ergebnis, dass § 226a StGB »für freiwillige Sterilisierungen rechtlich bedeutungslos« sei, so dass es überhaupt nicht darauf angekommen sei, ob die Sterilisationen »gegen die guten Sitten« verstießen.[132] Damit zog sich der BGH gerade in dieser heiklen Frage aus der Affäre.

---

128 Aus der Vielzahl der kritischen Presseartikel zu dem Urteil vgl. u.a. Jüdes, Gewissen; Josef Schmidt, Revision gegen Dohrn-Urteil eingelegt, in: *SZ*, 25.11.1963; Reißmüller, Was bei uns sittenwidrig sein kann.

129 Ott, *Dokumentation*, S. 270.

130 Klingebiels Äußerungen zit. nach: *Der Spiegel*, 13.11.1963, S. 46.

131 BGHSt, Bd. 20, S. 81.

132 Ebd. S. 82.

Fragt man nach dem Stellenwert, den der Fall Dohrn innerhalb der Justizkritik in der ersten Hälfte der sechziger Jahre einnahm, so ist zunächst die enorme Aufmerksamkeit für den gesamten Fall sowie der fast vollständige Konsens in der Kritik am Verhalten der Justiz festzuhalten. Von *Stern* und *Spiegel* über die *Süddeutsche* und die *Frankfurter Allgemeine* bis hin zur *Bild-Zeitung* gab es kaum Verständnis für die Verfolgung des Frauenarztes.[133] Im Vordergrund stand dabei die Kritik an der als heuchlerischem Moralismus empfundenen Haltung der beteiligten Richter und Staatsanwälte. Dohrn galt in der Presse nahezu durchweg nicht als Straftäter, sondern als jemand, der Frauen in einer Notlage geholfen hatte. Immer wieder wurden daher auch Fälle von Frauen, die Dohrn operiert hatte, zitiert und insbesondere bei der Berichterstattung über die Verhandlung selbst wurde dieser Aspekt in vielen Zeitungen dadurch unterstrichen, dass die Dankbarkeit der Frauen hervorgehoben wurde. Der Freispruch Dohrns durch den BGH begrenzte den »Imageschaden« für die Justiz schließlich wieder.[134] Doch das Bild, das die beteiligten Personen und Instanzen für die zeitgenössischen Beobachter bis dahin abgegeben hatten, war ziemlich kläglich. Die niedersächsische Justiz präsentierte sich selbst der eher konservativen Presse als ein geschlossenes Korps, das um jeden Preis – nicht zuletzt um den abenteuerlicher juristischer Konstruktionen – ein Ziel durchsetzen wollte, das unübersehbar in einer bestimmten Weltanschauung wurzelte. Ohne dass hier bereits das Phänomen in soziologischer Terminologie beschrieben worden wäre, ging es um die Frage nach den weltanschaulichen Hintergründen der Rechtsprechung. Von grundsätzlicher Bedeutung erschien dabei nicht nur der Moralismus, sondern auch der in vielen Zeitungen als zumindest problematisch empfundene Bezug auf das Erbgesundheitsgesetz. Zwar wurde der Fall, soweit sich dies feststellen ließ, nicht direkt mit dem Problem der belasteten Richter in Zusammenhang gebracht, doch die Schatten der Vergangenheit lagen unübersehbar auch auf diesem Fall. Dass Dohrn in der Zeit des Nationalsozialismus nicht hatte praktizieren dürfen, weil ein Großelternteil Jude war, gab dem vermeintlichen Verstoß gegen das Erbgesundheitsgesetz noch eine besondere Note.

Schließlich wurde der Prozess noch in einem letzten Punkt auf einer grundsätzlichen Ebene diskutiert, die man unter dem Stichwort der »Geschlechterjustiz« fassen könnte. In der zeitgenössischen Presse war der Aspekt zwar nicht dominant, aber durchaus vorhanden. Auffällig ist in dieser Hinsicht

---

133 Auch in dem vorwiegend konservativen Diskussionsforum für Fragen des Rechts und der Justiz, *Die Dritte Gewalt,* löste das Urteil gegen Dohrn Kritik aus: Kienzle, »Demokratie«.

134 Vgl. etwa den kurzen Bericht in der *FR* vom 29.10.1964 mit dem in diesem Zusammenhang häufig gebrachten Zitat: »Es gibt noch Richter«. Im Tenor ähnlich auch u.a. Dr. Dohrns Freispruch, in: *SZ*, 29.10.1964 sowie Arnau, Urteil.

vor allem die Berichterstattung in der München-Augsburger *Abendzeitung*, in der der Gedanke wiederholt auftauchte. So brachte die Zeitung am 23.11.1963 eine Karikatur, die eine im Vergleich zu den Richtern winzig gezeichnete, nackte Frau bei der Verlesung eines Urteils zeigte. Die Richter, ausschließlich Männer, hatten zerfurchte, griesgrämige Gesichter und verurteilten die Frau zum Kinderkriegen.

Im Namen des Volkes ergeht folgendes Vorurteil: "Das Weib hat in jedem Fall Kinder in die Welt zu setzen. Ob, wann und wie, das entscheiden ausschließlich wir Männer!"

AZ-Zeichnung: Dieter Hanitzsch

Abb. 1: Geschlechterjustiz

(Quelle: München-Augsburger Abendzeitung)

In dem Prozess hatte Dohrns Anwalt, Josef Augstein, schon die rein männliche Zusammensetzung des Gerichtes kritisiert.[135] Tatsächlich saß im Berliner Strafsenat des BGH, der über die Revision im Falle Dohrn zu entscheiden hatte, eine von drei Richterinnen, die zu diesem Zeitpunkt beim BGH tätig

135 Nur eine Frau kann über den Angeklagten urteilen, in: *Abendzeitung*, 23/24.11.1963.

waren. Nach dem Freispruch brachte die *Abendzeitung* ein großes Foto von Else Koffka, mit der nicht ganz korrekten Bildunterschrift: »Sie sprach das Urteil: Dr. Else Koffka, die einzige Bundesrichterin Westdeutschlands«.[136] Der Aspekt wurde in dem Artikel jedoch nicht weiter vertieft. Grundsätzliche Forderungen, etwa nach mehr weiblichen Richtern, wurden in dem Kontext weder hier noch, soweit festgestellt, an anderer Stelle erhoben.

Anders als in den Fällen Weigand oder Herterich blieb die Kritik an der Justiz im Fall Dohrn weitestgehend sachlich, fiel aber nicht minder deutlich aus und konnte sich auf einen breiten Konsens stützen. Wichtig für den Gesamteindruck, den der Fall hinterließ, war nicht zuletzt die Tatsache, dass nicht nur eine einzelne Kammer beteiligt war. Damit wurde insgesamt die Frage danach, auf welcher Grundlage und in welchem Geist Staatsanwälte anklagten und Richter urteilten, enorm popularisiert. Der Fall Dohrn trug wie die anderen behandelten Fälle dazu bei, dass bis in die eher populäre Presse hinein die Justiz als ein gesellschaftliches Phänomen wahrgenommen wurde, als eines, das gesellschaftlichen Bedingungen unterlag und in die Gesellschaft hineinwirkte. Es liegt daher nahe, in einem nächsten Schritt nach dem Beitrag der Soziologie zur Analyse der gesellschaftlichen Rolle der Justiz zu fragen.

2.2 Der Richter im Blickfeld soziologischer Untersuchungen

Das Vordringen eines soziologischen Vokabulars ist im Zusammenhang mit der Kritik am Gebaren der Justiz bei den oben behandelten Prozessen bereits hervorgehoben worden. Der Befund passt zu dem auch auf anderen Ebenen registrierten Vordringen der Gesellschaftsterminologie und des damit auch verbundenen Aufstiegs der Soziologie.[137] Noch Ende der fünfziger Jahre hatten unabhängig von einander René König, Helmut Schelsky und Ralf Dahrendorf übereinstimmend beklagt, dass die deutsche Soziologie ihre zeitdiagnostische Aufgabe nicht wahrnehme und weitgehend rückständig, provinziell und orientierungslos vor sich hin dümpele.[138] Mitte der sechziger Jahre stellte dagegen der Philosoph Hans Egon Holtusen, der Anfang der fünfziger Jahre das »Unbehaustsein« des Menschen zu dessen existenziellem Problem in der Mo-

136 Das Foto findet sich innerhalb des Artikels: »Was sagen Sie zum Freispruch von Dr. Dohrn?, in: *Abendzeitung* 29.10.1964.

137 Zur Entwicklung der Soziologie nach 1945 vgl. immer noch Lepsius, »Soziologie«; stärker bezogen auf die Entwicklung des soziologischen Denkens nach 1945 vgl. Nolte, *Ordnung*, S. 235ff.

138 Vgl. Dahrendorf, »Betrachtungen«; König (Hg.), *Soziologie*, S. 13; Schelsky, *Ortsbestimmung*.

derne erklärt hatte, einen Paradigmenwechsel im Deutungsbezug vom Menschen zur Gesellschaft fest: »Statt ›Existenz‹ sagt man heute ›Gesellschaft‹, statt Benn oder Eliot sagt man Brecht, statt Jaspers – Adorno oder Bloch. Begriffe, die um 1950 unter historischen Spinnweben kaum noch zu erkennen waren (›Aufklärung' zum Beispiel) werden als blitzblanke Neuheiten vertrieben. Alles Soziologische ist Trumpf«[139]. Kurze Zeit später schien die Soziologie zur Leitwissenschaft avanciert.

Eingebettet in den allgemeinen Prozess des Aufstiegs der Soziologie verlief auch der rasante Bedeutungsgewinn der soziologischen Betrachtung einer Vielzahl von Teilwissensgebieten und gesellschaftlichen Teilbereichen, insbesondere des Rechts und der Justiz. Dabei hatte die Rechtssoziologie zwar eine günstige Ausgangsposition, sah sich aber mit besonderen Problemen konfrontiert. Die günstige Ausgangsposition bestand darin, dass das Fach gerade in Deutschland auf eine beachtliche Tradition zurückblicken konnte, die allerdings zunächst wiederentdeckt werden musste. Am Beginn der disziplinären Expansion stand denn auch eine Rückbesinnung auf die Klassiker der Rechtssoziologie wie Ludwig Bendix, Eugen Ehrlich, Ernst Fränkel, Theodor Geiger, Hermann U. Kantorowicz, Arthur Nußbaum, Hugo Sinzheimer, Max Weber und anderen, nicht selten verbunden mit einer Neuauflage ihrer Werke.[140] Die von diesen Namen begründete Tradition des Faches war in der Bundesrepublik tatsächlich so gut wie völlig abgerissen. Allein Ernst E. Hirsch betätigte sich als »einsamer Rufer in der Wüste« (Gerd Bender). Mit dem allgemeinen Aufstieg der Soziologie begann auch eine Wiederbelebung der Rechtssoziologie. In einer Situationsbeschreibung des Faches von 1968 mutmaßte der Soziologe Paul Trappe zu Recht, dass eine »rechtssoziologische Renaissance« bevorstehe.[141]

Ins Blickfeld der Soziologie geriet die Justiz allerdings schon seit den ausgehenden fünfziger Jahren. Der beherrschende Themenkomplex der Justizsoziologie der sechziger Jahre war die Frage der sozialen Herkunft der Richterschaft und deren weltanschaulicher Hintergrund. Der eigentlich entscheidende Punkt, welcher dahinter stand, war das Problem des Zusammenhangs und des Einflusses des Milieus, der Schicht und der Weltanschauung der Richter auf die Rechtsprechung selbst. Die Hoffnung, hierüber Aussagen machen zu können, die Fragen nach der hierfür notwendigen Methodik, verbunden mit dem Bestreben, die Rechtsprechung auf eine rationalere, wissenschaftlich fundierte Basis zu stellen, und letztlich die Kapitulation vor dieser Problematik markie-

---

139 So Hans Egon Holthusen im Vorwort zu der Taschenbuchausgabe seines ursprünglich 1951 erschienenen Werks: *Der unbehauste Mensch*, S. 9f.

140 Vgl. dazu auch Röhl, *Dilemma*, S. 11f.

141 Trappe, *Situation*, S. 7.

ren den Aufstieg, aber auch die spätere Desillusionierung der justizsoziologischen Forschung. In den Jahren von 1959 bis 1968/70 stand zunächst die Frage nach der sozialen Herkunft der Richter (und sonstigen Juristen) und nach deren weltanschaulicher Einstellung und Werteorientierung, sowie nach den Zusammenhängen von beidem im Mittelpunkt des Interesses. In den Jahren von 1968/70 bis 1974, unzweifelhaft dem Höhepunkt der rechtssoziologischen Debatte, rückte dagegen verstärkt die Frage nach dem Zusammenhang von Werteorientierung und Rechtsprechung in den Vordergrund, worauf später noch einzugehen sein wird.

Um den Themenkomplex richtig einordnen zu können, ist es zunächst notwendig etwas weiter auszuholen, da sich die Beschäftigung mit den hier angeschnittenen Fragen aus zwei unterschiedlichen Wurzeln speiste. Der eine Traditionsstrang wurde gebildet von denen, die seit dem ausgehenden 19. Jahrhundert wiederholt auf die Problematik der unterschiedlichen Klassenzugehörigkeit der Justiz auf der einen und dem Gros der Delinquenten auf der anderen Seite verwiesen hatten.[142] Dazu gehörten sowohl sozialdemokratische Zeitungen und Politiker als auch einige wenige liberale und linksliberale Juristen. »Wenn wir sehen, woher unser Richterstand sich rekrutiert«, so Karl Liebknecht 1910, »so genügt das bereits, um zu kennzeichnen, aus welchem Milieu, aus welchen Auffassungen heraus unsere Richter der Regel nach urteilen werden. Es sind naturgemäß nur die besitzenden Klassen, die für den Richterstand in Frage kommen, schon wegen der teuren Kosten der Ausbildung«[143]. Ähnlich hatte sich früher auch schon der liberale Strafrechtler Franz von Liszt ausgedrückt. In der Weimarer Republik wurde die »Klassenjustiz« gleichsam zu einem Dauerthema und insbesondere Ernst Fränkel hat sich bemüht, die sonst anhand einer Vielzahl von Einzelfällen exemplifizierten Vorwürfe soziologisch zu untermauern.[144] Nachdem das Thema weder in der NS-Zeit noch in der Bundesrepublik der fünfziger Jahre irgendeine Rolle gespielt hatte, führte dessen Wiederaufgreifen durch Ralf Dahrendorf zu Beginn der sechziger Jahre quasi direkt zu den ersten justizsoziologischen Untersuchungen der Bundesrepublik.

Mit amerikanischen justizsoziologischen Studien gab es jedoch noch einen zweiten Anknüpfungspunkt. Bekanntermaßen begann die westdeutsche Soziologie in den sechziger Jahren, sich an der amerikanischen empirischen Sozialforschung zu orientieren.[145] Wer in den Bereich der Rechtssoziologie blickte, stieß auf eine Flut von Publikationen über milieubedingte und weltanschauli-

142 Vgl. knapp zusammenfassend dazu Rottleuthner, »Bürgerlichkeit«, insbes. S. 155ff.

143 Liebknecht, »Klassenjustiz«, S. 26f.

144 Fränkel, *Soziologie*.

145 Vgl. dazu Plé, *Wissenschaft*.

che Hintergründe der Rechtsprechung. Trotz der Vielzahl an Veröffentlichungen drehte sich im Grunde alles nur um ein Kernproblem: Wie kommen die Entscheidungen im Supreme Court zustande?[146]

Der Ausgangspunkt lag in der berühmten Auseinandersetzung Franklin D. Roosevelts mit dem Supreme Court um seine New Deal-Gesetzgebung. Der Supreme Court bestand aus neun Mitgliedern. Bei sieben von ihnen war die Haltung zu Roosevelts einschneidenden Gesetzen mehr oder weniger bekannt: Vier von Ihnen waren ziemlich eindeutig einem wirtschaftspolitischen laissez-faire-Liberalismus verpflichtet, der jede Art von sozialstaatlicher Intervention ablehnte. Denen standen drei »progressive« Richter gegenüber. Offen war im Grunde nur, wie sich die beiden übrigen Richter, der Vorsitzende Charles E. Hughes, ein ehemaliger republikanischer Politiker und Owen J. Roberts, ein ehemaliger Rechtsprofessor, entscheiden würden. Nachdem Roberts in allen wichtigen und Hughes in einigen Fällen gegen Roosevelts Gesetze gestimmt hatten, drohte Roosevelts gesamtes New Deal-Projekt zu scheitern. Da dieser die Wahlen im gleichen Jahr – 1936 – jedoch mit überwältigender Mehrheit erneut gewonnen hatte, entschloss er sich, den Kampf mit dem obersten Gericht wieder aufzunehmen. Nachdem Roosevelt damit gedroht hatte, für jeden Richter, der das siebzigste Lebensjahr erreicht hatte, ein zusätzliches Mitglied zu ernennen, und auf diese Weise sechs reformorientierte Richter hätte berufen können, nahmen Hughes und Roberts dem Präsidenten den Wind aus den Segeln, indem sie nun die Verfassungsmäßigkeit der New Deal-Gesetzgebung anerkannten. Damit zog Roosevelt seine Gesetzesvorlage zur Vergrößerung des Gerichts zurück, hatte sich aber letztlich mit seinem New Deal-Programm durchgesetzt.

Die zentrale politische Funktion des Gerichts, die in der gesamten Auseinandersetzung deutlich geworden war, ließ den Supreme Court zu einem attraktiven neuen Forschungsfeld werden. Nie zuvor war die Personengebundenheit richterlicher Entscheidungen so deutlich geworden wie in diesem Fall. Unübersehbar war zudem, dass die unterschiedliche Bewertung der Verfassungsmäßigkeit der Gesetze kaum auf eine wie auch immer geartete Subsumtionstechnik zurückzuführen war.

Da die Richter sowohl von ihrer Vita als auch von ihren einzelnen Entscheidungen und Begründungen her bekannt waren, wendete sich die Forschung nun diesen Einzelpersonen zu, um auf dieser Basis möglicherweise allgemeingültigere Schlüsse für richterliches Verhalten insgesamt ziehen zu

146 Vgl. dazu aus deutscher Sicht: Weiss, *Theorie*; von den wichtigsten amerikanischen Studien und Sammelbänden vgl. insbesondere: Pritchett, *Court*; Ders., »Division«; Schubert, *Analysis*; Ders. (Hg.), »Decision Making«; Ders., *Judicial Behaviour*.; Murphy/Pritchett (Hg.), *Courts*.

können. Der Behaviorismus bildete die theoretische Basis dieser Untersuchungen. Mit einer Vielzahl methodisch immer aufwendigerer Studien bis hin zum Bestreben, mathematisch fundierte Voraussagen über die Entscheidungstätigkeit zu treffen, wurde versucht, den Einfluss der Einstellung des Richters auf die Rechtsprechung so weit wie möglich einzukreisen.[147] Da allerdings die Gesamtheit der individuellen Einstellungen höchstens dem privaten Umfeld zugänglich war, erwies es sich als notwendig, auf die bekannten äußeren Faktoren wie soziale Herkunft, Schulbildung, Gruppenzugehörigkeit etc. zurückzugreifen.[148] Die Ergebnisse der »background«–Studien gingen jedoch nicht wesentlich über die Erkenntnis hinaus, dass es zwischen diesen Faktoren und der richterlichen Entscheidungstätigkeit zwar irgendwelche, im einzelnen aber diffuse und nicht genau bestimmbare Zusammenhänge gebe.[149] Für die deutschen Studien wird darauf noch einmal zurückzukommen sein.

Als man in der Bundesrepublik begann, sich derartigen Fragen zuzuwenden, war die Diskussion in den USA noch in vollem Gange und es spricht vieles dafür, dass Dahrendorf, der die Debatte in der Bundesrepublik mit angestoßen hatte, die amerikanischen Arbeiten dazu kannte. Noch vor den Soziologen entdeckten jedoch die Richter selbst das Thema der Richtersoziologie. Die ersten Daten lieferte 1959 der Münchner Oberlandesgerichtsrat Albrecht Wagner. Das Buch, in dem Wagner unter anderem die soziale Zusammensetzung der Assessoren aufschlüsselte, stand in unmittelbarem Zusammenhang mit dem bevorstehenden Richtergesetz und vertrat in erster Linie Standesinteressen.[150] So kam Wagner auch trotz des – im Vergleich zu den anderen Studien noch vergleichsweise hohen – Ergebnisses von lediglich 3,5 Prozent Arbeiterkindern unter den Richtern zu dem Schluss, dass die Richter »aus allen Schichten des Volkes stammten«. Wagner konstruierte daraus eine soziale Stellung des Richters, die seiner beruflich festgelegten Unparteilichkeit entsprach, nämlich in der »natürlichen Mitte« des Volkes angesiedelt, mit gleichem Abstand nach oben und nach unten. Der Umstand, dass die Richter »zum größten Teil aus den nichtbegüterten Kreisen« stammten, so Wagner weiter, trüge »zu ihrem nicht mehr bezweifelten sozialen Verständnis bei«[151]. Dass darin ein Eingeständnis eines Zusammenhanges von sozialer Lage und Urteilstätigkeit steckte, dürfte dem Autor vermutlich kaum aufgefallen sein.

Auch eine weitere Studie aus dem Jahr 1959 stammte ebenfalls von einem Richter – dem Bremer Oberlandesgerichtspräsidenten Walther Richter. Eine

---

147 Vgl. Kort, »Analysis«, sowie Nagel, »Calculations«.

148 Für den Supreme Court vgl. Schmidthauser, »The Justices«; Ders., »Stare Decisis«.

149 Vgl. dazu Grossmann, »Backgrounds« sowie Ders., »Decisions«.

150 Wagner, *Richter*; vgl. dazu die Rezension von Richard Schmid, *Stuttgarter Zeitung*, 9.1.1960.

151 Wagner, *Richter*, S. 136f.

legitimatorische Zielsetzung ist hier nicht erkennbar, zumal sie in Zusammenarbeit mit dem Soziologen Ralf Dahrendorf konzipiert wurde. Die für die Richter nicht sehr schmeichelhafte Kommentierung durch Dahrendorf hätte jedenfalls eine legitimatorische Zielsetzung, so sie denn bestanden hätte, zunichte gemacht.[152]

Mit seiner Untersuchung knüpfte Richter ganz explizit an die Debatte über die »Klassenjustiz« an. Es sei »seit Jahren und Jahrzehnten« von der »Bindung der Richter an die jeweilige oder frühere staatstragende Schicht«, von »militaristischer Einstellung der Richter« und ähnlichem die Rede, es fehle aber an empirischem Material, um wirklich Genaues darüber aussagen zu können. Eine Position Richters in dieser Frage ist, anders als bei Dahrendorf, jedoch nicht erkennbar. Mit Wertungen seiner Ergebnisse, die auf einer Auswertung der Personalbögen der 859 an Oberlandesgerichten tätigen Richter beruhte, hielt sich Walther Richter zurück und überließ sie weitgehend Dahrendorf.[153] Die Interpretation war jedoch schwierig, da Richters Untersuchung allein auf den Daten der Personalakten beruhte. Fragen der Einstellung der Richterschaft waren daraus, wenn überhaupt, nur sehr mittelbar zu eruieren. Im Einzelnen folgerte Richter aus den Daten über den Geburts- und den Berufsort, dass es sich bei dem Richterberuf erstens um einen eher »urbanen Beruf« handelte: Fast zwei Drittel seiner Untersuchungsgruppe kamen aus Groß- und mittelgroßen Städten, in denen 1910 – also etwa zu dem Zeitpunkt als die Richter der Untersuchungsgruppe im Durchschnitt geboren waren – nur ein Drittel der Bevölkerung wohnte. Den Schluss einer in irgendeiner Weise mental »urbanen« Haltung zog Richter gleichwohl nicht, und er wäre wohl auch auf der Basis dieses Materials nur schwer zu ziehen gewesen. Zweitens stellte Richter auf der Basis der Geburtsorte fest, dass fast die Hälfte aller untersuchten Richter an dem für den Geburtsort zuständigen Oberlandesgericht tätig waren, und folgerte daraus eine »geringe örtliche Mobilität«.[154]

Größere Brisanz lag in den Ergebnissen der Daten zur sozialen Herkunft: 40,5 Prozent der Väter der Richter und 44,2 Prozent der Väter der Ehefrauen der Richter stammten aus der »Oberen Mittelschicht«, 19,6 Prozent der Väter und 12,3 Prozent der Väter der Ehefrauen waren zudem Beamte des gehobenen Dienstes. Beide Gruppen zusammen machten in der Gesamtbevölkerung einen Anteil von 4,6 Prozent aus. Kinder, also in der Regel Söhne, aus der

152 Der Versuch von Feest, »Bundesrichter«, Wagner und Richter in dieselbe Ecke zu stellen, geht meiner Ansicht nach fehl.

153 Richter hatte zusammen mit Dahrendorf einen Untersuchungsplan ausgearbeitet und mit der notwendigen Zustimmung sämtlicher Oberlandesgerichtspräsidenten Zugang zu den Personalakten. Vgl. Richter, »Richter«; Dahrendorf, »Bemerkungen«.

154 Richter, »Richter«, S. 244.

»oberen« und »unteren Unterschicht« – insgesamt 52,9 Prozent der Bevölkerung – hatten sich gerade einmal zu 2,8 Prozent zu einem Richterposten an einem Oberlandesgericht emporgearbeitet.[155] Diese Zahlen allein rechtfertigen den Pauschalvorwurf der »Klassenjustiz« ohne Zweifel noch nicht, und Richter selbst stellte zunächst nur fest, »daß das klein- bis mittelbürgerliche Milieu von besonderer Bedeutung für die überwiegende Zahl der Richter ist«. Diesem Milieu schrieb er gleichwohl unbesehen eine »konservative Einstellung« zu, die er mit dem Argument der Sesshaftigkeit zusätzlich zu stützen suchte.[156]

Dahrendorf spitzte in seiner Interpretation des Zahlenmaterials noch weiter zu: Richter entstammten ganz offensichtlich dem, was man »geordnete Verhältnisse« nenne, führten eine Existenz »ohne Brüche und Sprünge, ohne wirtschaftliches und soziales Risiko«. Aus ihrer Soziallage gebe es wenig Anhaltspunkte dafür, dass sie »mit den Unterschichten anders als im Gerichtssaal in Berührung« kämen. Es dränge sich die Vermutung auf, so Dahrendorf in schwer zu überbietender Zuspitzung, »daß in unseren Gerichten die eine Hälfte der Gesellschaft über die ihr unbekannte andere Hälfte zu urteilen befugt ist«[157]. Zwar schränkte Dahrendorf ein, es sei übertrieben, daraus die Annahme einer »Klassenjustiz« im Sinne einer bewusst auf Herrschaftssicherung abzielenden Rechtsprechung abzuleiten, doch der Satz besaß Symbolkraft.[158]

Trotz der auffallend scharfen und engagierten Urteile, die Dahrendorf über die deutsche Richterschaft fällte, kann nicht unerwähnt bleiben, dass sein Interesse an der Soziologie des Berufs nur sehr mittelbar war. Adressat seiner Ausführungen war nur zum Teil die deutsche Justiz. Im Blick hatte Dahrendorf vor allem die »Ideologie der ›nivellierten Mittelstandsgesellschaft'«. Diese gehe so weit, »daß jede Erwähnung des ›Oben‹, sei es als ›Elite‹, sei es als ›herrschende Klasse‹ schockierend empfunden und beiseite geschoben wird«[159]. Von daher ist auch Dahrendorfs sicher problematische Verwendung des Begriffs »Oberschicht« zu verstehen: An die Stelle eines ideologisierten Begriffs der »Mitte« und des »Mittelstandes« setzte er bewusst die Begriffe »oben« und »unten«, verstanden als »obere« und »untere Hälfte«, zwischen denen er einen »unverändert bestehenden Abgrund« sah.[160] Erst so wird im Übrigen auch

155 Ebd., S. 247. Die Klassifikation hat Richter im Anschluß an Janowitz, »Soziale Schichtung« vorgenommen, aber leicht verändert. Zu der Veränderung vgl. Feest, »Bundesrichter«, S. 107.

156 Zitate Richter, »Richter«, S. 247 u. S. 259.

157 Dahrendorf, »Bemerkungen«, S. 265 u. S. 274f.

158 Hubert Rottleuthner bemerkte später zu Recht, daß die Aussage höchstens für die Strafjustiz zutreffe, während Ziviljustiz eindeutig die Sache der Mittelschicht sei.

159 Dahrendorf, »Bemerkungen«, S. 261.

160 Ebd., S. 275.

Dahrendorfs Zuordnung der Richter zur »Oberschicht« – sprich zur »oberen Hälfte« der Gesellschaft – verständlich.

Auch wenn die Ergebnisse zur sozialen Herkunft auf den ersten Blick wenig spektakulär waren und sich über die Einstellungen der Richterschaft ebenso wie über den Zusammenhang von Einstellung und Rechtsprechung auf dieser Basis nichts aussagen ließ, erhielten sie vor eben diesem Hintergrund ihre Brisanz. Denn zur richterlichen Standesideologie des auf Ausgleich bedachen Richters passten die Ergebnisse nicht recht, wie wiederholte Äußerungen zu dem Thema aus der Richterschaft zeigen. »Der Einebnung der Gesellschaft folgte die Ergänzung der Richterschaft aus allen Schichten des Volkes«, schrieb der Oberlandesgerichtsrat Dieter Brüggemann 1962 lapidar, ohne die Ergebnisse der Studie von Richter auch nur zu erwähnen.[161] Dieser legte schließlich 1968 noch eine weitere Studie vor, in der er die 2062 Richter, die zwischen 1961 und 1965 neu eingestellt worden waren, auf ihre soziale Herkunft hin untersucht hatte. Anstelle einer zunehmenden Öffnung des Berufs stellte Richter dagegen eine erstaunliche Stabilität der Herkunft fest.[162] Hatte sich seine erste Untersuchung auf die im Schnitt 1905 geborenen Jahrgänge bezogen, lag das durchschnittliche Geburtsjahr der Richter in seiner zweiten Untersuchung bei 1933, also etwa eine Generation später. Wenn weiterhin 44,4 Prozent der Anfang der sechziger Jahre eingestellten Richter aus der Beamtenschaft (davon nur zu 0,8 Prozent aus dem einfachen Dienst) und lediglich 0,9 Prozent aus der Arbeiterschaft stammten, war die Behauptung, die Richter kämen aus allen Schichten der Bevölkerung, gelinde gesagt, euphemistisch.[163]

Neben den Studien Richters hatten zudem auch andere Arbeiten das Bild des gleichsam natürlich aus der Mitte der Gesellschaft hervorgehenden Richters mit der entsprechenden »angeborenen« Unparteilichkeit zerstört. Johannes Feest hatte 1965 in einer Untersuchung über die Herkunft der Bundesrichter, die Studie von Walther Richter dahingehend ergänzt, dass sich deren Herkunftsmilieu noch einmal weiter »nach oben« verschoben habe. Feest verwies zudem insbesondere für die Zeit des Nationalsozialismus auf die sehr unterschiedlichen Lebensläufe der BGH-Richter auf der einen und der Bundesverfassungsrichter auf der anderen Seite. Während das Gros der späteren Richter am Bundesgerichtshof im »Dritten Reich« ihre Karriere ungebrochen fortgesetzt hatte, war fast die Hälfte der Bundesverfassungsrichter emigriert. Auch von den übrigen hatte kaum jemand unter dem NS eine staatsnahe Karriere

161 Brüggemann, *Gewalt*, S. 3.
162 Richter, *Struktur*.
163 Ebd., S. 38.

gemacht. Den direkten Einfluss dieser unterschiedlichen Lebenswege auf die Rechtsprechung belegte Feest zumindest an einem kurzen Beispiel.[164]

Mindestens so wichtig wie die quantitativen Studien waren die Ergebnisse qualitativer Untersuchungen. Die Arbeiten mit der größten Wirkung waren sicher die von Dahrendorf. In seiner Kommentierung der Ergebnisse von Richter hatte er, wie erwähnt, dem Herkunftsmilieu auch eine politische Haltung unterstellt, ohne hierfür jedoch wirkliche Belege angeführt zu haben. In seinem Aufsehen erregenden Buch »Gesellschaft und Demokratie in Deutschland« widmete er den Juristen ein Kapitel und arbeitete an ihnen exemplarisch die Zählebigkeit der obrigkeitsstaatlichen Traditionen heraus. Zwar differenzierte er zwischen den Justizjuristen und den sonstigen Juristen nur bedingt, ließ aber insgesamt keinen Zweifel daran, dass er in der Justiz eine Bastion konservativen und nur eingeschränkt demokratischen Denkens sah.[165] Da sich Dahrendorfs Interesse eher exemplarisch, wenn auch nicht zufällig auf die Justiz richtete, blieb sein eigenes empirisches Material vergleichsweise dünn. Er stützte sich bei seinen Ausführungen unter anderem auf eine Studie des deutsch-amerikanischen Juristen Walter Weyrauch, der an der Universität von Florida Jura lehrte.[166] Dessen Ziel war es, typische Verhaltensweisen, Vorstellungen und Einstellungen »der« Juristen zu eruieren und auf diese Weise auf die subjektiven Faktoren in der Rechtsanwendung im Allgemeinen (nicht nur in der Rechtsprechung, da es ja nicht speziell um Richter ging) zu verweisen. Dahrendorf fand in den Interviews, auf denen die Untersuchung beruhte, viele der Einstellungen bestätigt, die er der Richterschaft auch schon zuvor unterstellt hatte. Vor allem Weyrauchs Resümee, dass die deutschen Juristen »als Gruppe im Gegensatz zur allgemeinen Meinung und zu förmlichen Bekenntnissen Persönlichkeitszüge haben, die eine weite Ausbreitung demokratischer Werte unter allen Menschen behindern oder verzögern«, korrespondierte mit Dahrendorfs These von der obrigkeitsstaatlichen Orientierung der Juristen.[167]

Ergiebiger für die Einstellung der deutschen Richterschaft im engeren Sinne war ein Aufsatz des jungen Rechtswissenschaftlers Friedrich Karl Kübler von 1963.[168] Obwohl Kübler kein Soziologe war und für seine Untersu-

164 Feest, »Bundesrichter«, S. 105.

165 Dahrendorf, *Gesellschaft*, S. 260ff.

166 Vgl. Weyrauch, *The personality of Lawyers* (dt.: *Ders., Gesellschaftsbild*).

167 Dahrendorfs weitgehend positive Auseinandersetzung mit dem Buch, das methodisch eine Reihe von Fragen aufwarf vgl. in Dahrendorf, *Gesellschaft*, S. 272ff.; vgl. zu Weyrauchs Buch darüber hinaus die Rezensionen von Hans Peter Bull in: *DRiZ* 44, 1966, S. 153f. und in: *Die Zeit*, 22.10.1965, S. 50.

168 Kübler, »Richter«.

chung keine Daten erhob, gehört die Studie in diesen Kontext. Die Basis seiner Untersuchung bildeten neben einigen prägnanten Gerichtsurteilen in erster Linie schriftliche Selbstaussagen der Richter, die er im Wesentlichen aus dem Verbandsorgan des Richterbundes, der *Deutschen Richterzeitung*, entnahm.

Ausgangspunkt der Untersuchung war die historisch gestützte Selbstverortung der Richterschaft, wie sie sich Anfang der sechziger Jahre vor dem Hintergrund der Angriffe aus der DDR einerseits und der Verabschiedung des Richtergesetzes andererseits zu verfestigen begann. Danach wurde der Rückgriff auf überpositives Naturrecht, der, wie oben ausgeführt, in den fünfziger Jahren vor allem in der Rechtsprechung des BGH eine große Rolle gespielt hatte, als abgrenzende Reaktion auf die Rechtsprechung im Nationalsozialismus interpretiert. Gegen die These vom vermeintlichen Gesetzespositivismus der deutschen Richterschaft argumentierte Kübler, dass die deutschen Richter sich immer dann besonders gesetzestreu verhalten hätten, wenn der Staat besonders autoritär gewesen sei.[169] Bereits im Kaiserreich habe die Richterschaft im Zuge des langsam wachsenden Einflusses des Reichstags seine bisherige Rolle als »blinder Gesetzesdiener« abzustreifen begonnen. Die Gesetzgebung wurde in den Augen führender Richtervertreter durch die darin zum Ausdruck kommenden Parteiinteressen diskreditiert. Dagegen habe sich die Justiz, so Kübler, »zum sachverständigen Gegenspieler der Politik, zum eigenständigen Hort der Sachlichkeit und richtigen Ordnung« stilisiert.[170] Diese Haltung habe sich dann in der Weimarer Republik noch einmal radikalisiert, wie etwa die Rechtsprechung auf der Basis des Republikschutzgesetzes gezeigt habe. Den Rückgriff auf das Naturrecht in der Bundesrepublik interpretierte Kübler nicht als Reaktion auf den Nationalsozialismus, sondern sah darin vielmehr den »Ausdruck eines sehr tiefen Mißtrauens gegen diese Gesellschaft [...] und die von ihr hervorgebrachte und gelebte Verfassung«[171]. Für unseren Kontext ist nun vor allem wichtig, dass Kübler die Urteilstätigkeit des BGH, insbesondere etwa das Gleichberechtigungsgutachten von 1953 und 1959 und den Kuppeleibeschluss von 1954 unter anderem auf das Herkunftsmilieu der Richter zurückführte. Der Einfluss mittelbürgerlicher, oft Beamten-Elternhäuser, wo ausschließlich die Väter arbeiteten und die Mütter auf Kinder, Küche und Kirche beschränkt blieben, sei hier unverkennbar. Das Leitbild bestehe in einer utopisch-autoritären Gesellschaftsordnung, die vor jedem Wandel bewahrt werden solle. Kübler hebt allerdings hervor, dass es vergleichbare Entscheidungen in der letzten Zeit nicht mehr gegeben habe. Die *Deutsche Richter-*

169 Den Nationalsozialismus nimmt er dabei jedoch insoweit aus, als dieser nicht autoritär, sondern totalitär gewesen sei.

170 Ebd. S. 111.

171 Ebd. S. 122.

zeitung wies in einer nicht gezeichneten kurzen Rezension auf den Beitrag hin und empfahl ihn »der Aufmerksamkeit der Leser«, auch wenn er »in mancher Hinsicht angreifbar« sei.[172]

Überhaupt verfolgte das Organ des deutschen Richterbundes die diversen Veröffentlichungen zu dem Thema vergleichsweise aufmerksam und druckte selbst verschiedene Beiträge dazu ab. Nachdem 1961 Walther Richter mit seinen Ergebnissen zu Wort gekommen war, veröffentlichte das Standesorgan im Januar 1965 eine gekürzte Fassung eines Vortrags von Ralf Dahrendorf zu dem Thema »Zur Soziologie der juristischen Berufe in Deutschland«, ließ ihr aber sogleich eine ausführliche Erwiderung folgen.[173] Diese stammte von dem Ludwigsburger Verwaltungsrichter Hans Thierfelder, der Dahrendorfs Ausführungen ohne Polemik sachkundig auseinander nahm. Geschickt konzedierte er Dahrendorf zwar pauschal, man könne ihm in vielen Punkten zustimmen, nannte aber keinen einzigen. Etwas oberlehrerhaft wies er den Soziologieprofessor zunächst auf methodische Schwächen und Brüche in seiner Argumentation hin. Dann drang er zu dem eigentlichen Problem der Dahrendorfschen Ausführungen vor, nämlich dem unterstellten, aber nicht nachgewiesenen Zusammenhang von sozialer Herkunft und faktischem Verhalten, insbesondere in der Urteilstätigkeit. Auch wies er darauf hin, dass Dahrendorf seine als »naheliegend« bezeichnete Vermutung ungebrochener Staatsnähe der Richterschaft beziehungsweise der Juristen im Allgemeinen nicht belege. Damit lautete das Urteil gleichsam: gewogen und für zu leicht befunden. »Im ganzen gesehen«, so resümierte Thierfelder knapp, vermittle Dahrendorf »kein allzu zutreffendes Bild von der Soziologie der juristischen Berufe in Deutschland«[174]. Zu demselben Urteil kam Thierfelder auch ein Jahr später in seiner ausführlichen Besprechung von Dahrendorfs Werk »Gesellschaft und Demokratie in Deutschland«.[175]

In dem Erscheinen der schon erwähnten zweiten Untersuchung von Walther Richter aus dem Jahr 1968 kann man das Ende einer ersten Phase der justizsoziologischen Untersuchungen sehen. Richter präsentierte seine Ergebnisse, welche die Stabilität des richterlichen Herkunftsmilieus deutlich belegte, in nüchterner Form. Was die Frage des Zusammenhanges von Herkunft und Weltbild betraf, urteilte er wesentlich vorsichtiger als Dahrendorf. Wichtig für den Unterschied zu den kommenden Arbeiten ist vor allem, dass Richter keine

---

172 Der deutsche Richter und das demokratische Gesetz, in: *DRiZ* 41, 1963, S. 128–129.

173 Der gesamte Vortrag findet sich unter dem Titel: Zur Soziologie der juristischen Berufe in Deutschland, in: *Anwaltsblatt,* 14, 1964, S. 216–234 und die gekürzte Version u.d.T. Zur Soziologie des Richters, in: *DRiZ* 43, 1965, S. 5–9. Als Erwiderung vgl. Thierfelder, »Soziologie«.

174 Thierfelder, »Soziologie«, S. 45.

175 Thierfelder, »Überlegungen«.

weiterreichenden Reformforderungen stellte. Zwar appellierte er an seine Berufskollegen, offen zu sein »für die gesellschaftliche Wirklichkeit, um ein zu starres Festhalten am Überkommenen zu vermeiden«[176], Forderungen nach einer veränderten Ausbildung stellte er jedoch nicht. Zwar schrieb er der Personalpolitik der Justizverwaltung eine Mitverantwortung für eindimensionale Karrieren zu, Reformforderungen leitete er aber auch daraus nicht ab.

Auf die weitere Entwicklung der soziologischen Auseinandersetzung mit der Justiz und den Aufschwung der Rechtssoziologie in den Jahren nach 1968 wird unten noch ausführlich eingegangen. Festzuhalten ist hier zunächst, dass die soziologischen Untersuchungen zur Justiz zum einen mit der Herkunftsanalyse einen neuen Ansatzpunkt der Kritik in die Diskussion brachten, zum anderen aber mit der Frage nach der mentalen Orientierung der Richter und Staatsanwälte die publizistische Kritik flankierte und auf eine wissenschaftliche Ebene hob. Auch wenn die publizistische Kritik an den einzelnen Fällen und grundlegendere wissenschaftliche Kritik, wie sie etwa Dahrendorf an der obrigkeitsstaatlichen Orientierung vorbrachte, nicht immer direkt aufeinander bezogen waren, ist die Verdichtung der Kritik unübersehbar. Punktuell ist auf Reaktionen aus der Richterschaft verwiesen worden. Ebenso ist angemerkt worden, dass in dem Chor der Kritiker vereinzelt auch Stimmen von Angehörigen der Justiz, insbesondere von Fritz Bauer und Richard Schmid, zu vernehmen waren. Im Folgenden wird jedoch systematischer zu klären sein, wie innerhalb der Justiz auf die Kritik reagiert wurde.

2.3 Zwischen Abschottung und Öffnung: Reaktionen aus der Richterschaft

Wie reagierten die Richter und Staatsanwälte auf die Kritik, die von verschiedenen Seiten auf sie niederging? In den vorangegangenen Kapiteln ist nur punktuell auf abwehrende Reflexe verwiesen worden, ohne die Frage systematisch zu untersuchen. Dies soll nun in drei Etappen geschehen. Zu Beginn ist bereits darauf verwiesen worden, dass in der neueren Forschung zur Geschichte der Bundesrepublik dem Generationenmodell ein relativ hoher Stellenwert in Bezug auf deren Liberalisierung zugemessen wird. Ohne die These bereits auf Richter und Staatsanwälte zu übertragen, bietet sich in diesem Zusammenhang als erstes ein kurzer Blick auf den Altersaufbau der Richter und Staatsanwälte an. Anschließend soll weniger im Einzelnen analysiert werden,

176 Richter, *Struktur*, S. 45.

wie die Richter und Staatsanwälte die konkreten Vorwürfe, denen sie ausgesetzt waren, zu entkräften suchten. Von größerer Bedeutung ist vielmehr die grundsätzliche Debatte um das Verhältnis von Justiz und Öffentlichkeit, die vor dem Hintergrund der Kritik einsetzte. Denn mit dieser Auseinandersetzung, so die These, setzte ein langsames Umdenken bei Richtern und Staatsanwälten in der Frage ein, inwieweit sich die Justiz der Kritik in einer demokratischen Gesellschaft stellen musste. Drittens wird dann zu zeigen sein, wie die Debatte um Probleme und Missstände in der Justiz in die eigenen Reihen der Richter und Staatsanwälte getragen und dort mit Vehemenz geführt wurde.

2.3.1 Generationeller Umbruch

Anfang der sechziger Jahre kündigte sich bereits in der Wahrnehmung der Zeitgenossen ein »Generationswechsel« an.[177] Unabhängig davon, wie man die »Generationen« im einzelnen definiert und von einander abgrenzt, ist unübersehbar, dass seit Beginn der sechziger Jahre in vielen Bereichen zunehmend neue, jüngere Köpfe auftauchten, die sich öffentlich einmischten und sich anschickten, in Führungspositionen nachzurücken. In seiner Studie über die südwestdeutschen Verwaltungsbeamten, die den Richtern und Staatsanwälten in ihrer Funktion und Zusammensetzung vergleichsweise ähnlich sind, argumentiert Michael Ruck, dass ein Kontinuitätsbruch, so dieser im 20. Jahrhundert überhaupt stattgefunden habe, sich weder 1918 noch 1933 noch 1945, sondern in den späten sechziger Jahren vollzogen habe.[178] Ruck führt diesen Kontinuitätsbruch in erster Linie auf das Zusammentreffen eines Generationenwechsels und der 1967/68 einsetzenden Kulturrevolution zurück, ohne diese Zäsur jedoch konkret zum Untersuchungsgegenstand zu machen. Zu Recht weist Ruck in diesem Zusammenhang auf den enormen Aderlass hin, den die Alterskohorte der etwa zwischen 1910 und den frühen zwanziger Jahren Geborenen in Folge des Zweiten Weltkrieges zu erleiden hatte und der dazu führte, dass der Generationsbruch hier besonders scharf ausfiel.

Die Frage, inwieweit auch bei der Justiz eine ähnliche Zäsur anzusetzen und wie dabei der Faktor des Generationenumbruchs zu gewichten ist, kann erst später genauer diskutiert werden. An dieser Stelle seien jedoch bereits die wichtigsten statistischen Daten zum Altersaufbau genannt. Dabei ist zunächst festzuhalten, dass sich die Zahl der Richter insgesamt in den sechziger Jahren

177 Vgl. hier etwa Horné, »Generation«; Horné unterstreicht die Bedeutung der »Männer um die 40 oder gar darunter« für die künftige Gestaltung der Bundesrepublik. Vgl. dazu auch Mayer, »Struktur«.

178 Ruck, *Korpsgeist*, S. 263.

erhöht hat.[179] Zwischen 1961 und 1971 stieg die Zahl der Richter von 11.609 auf 12.954 und nahm damit um rund 11,6 Prozent zu. Der ohnehin deutliche Trend zur Verjüngung wurde damit noch einmal verstärkt. Ablesbar ist dieser Trend aus den folgenden beiden Schaubildern, die den Altersaufbau aus den Jahren 1961 und 1971 zeigen.

179 Aggregierte Daten liefert dazu zum einen die *Deutsche Richterzeitung*, die in mehr oder weniger regelmäßigen Abständen Angaben zum Altersaufbau brachte sowie zum anderen eine 1971 vom Bundesjustizministerium erstellte Richterstatistik, hier zit. nach dem Exemplar aus dem Bestand der SPD-Bundestagsfraktion, AdSD Bonn, BT-Fraktion, 6. WP, 1431.

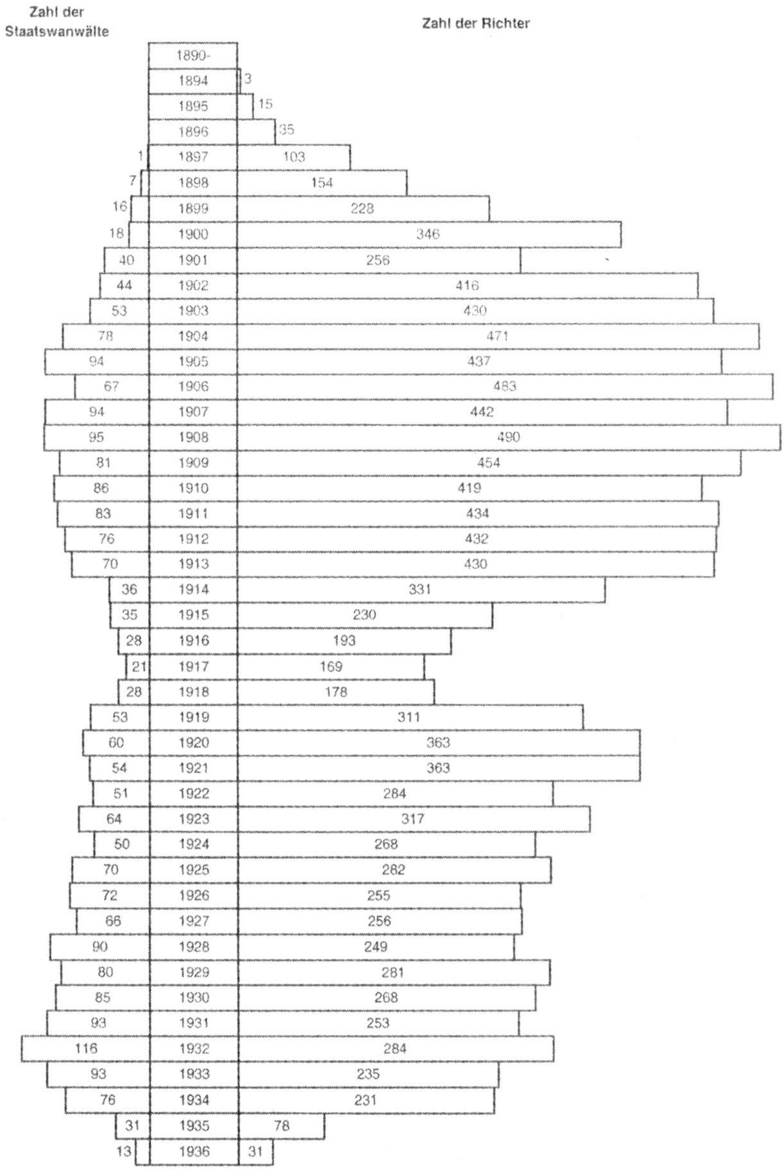

Abb. 2: Altersaufbau der Richter und Staatsanwälte am 1.7.1963

(Quelle: Bundesjustizministerium)

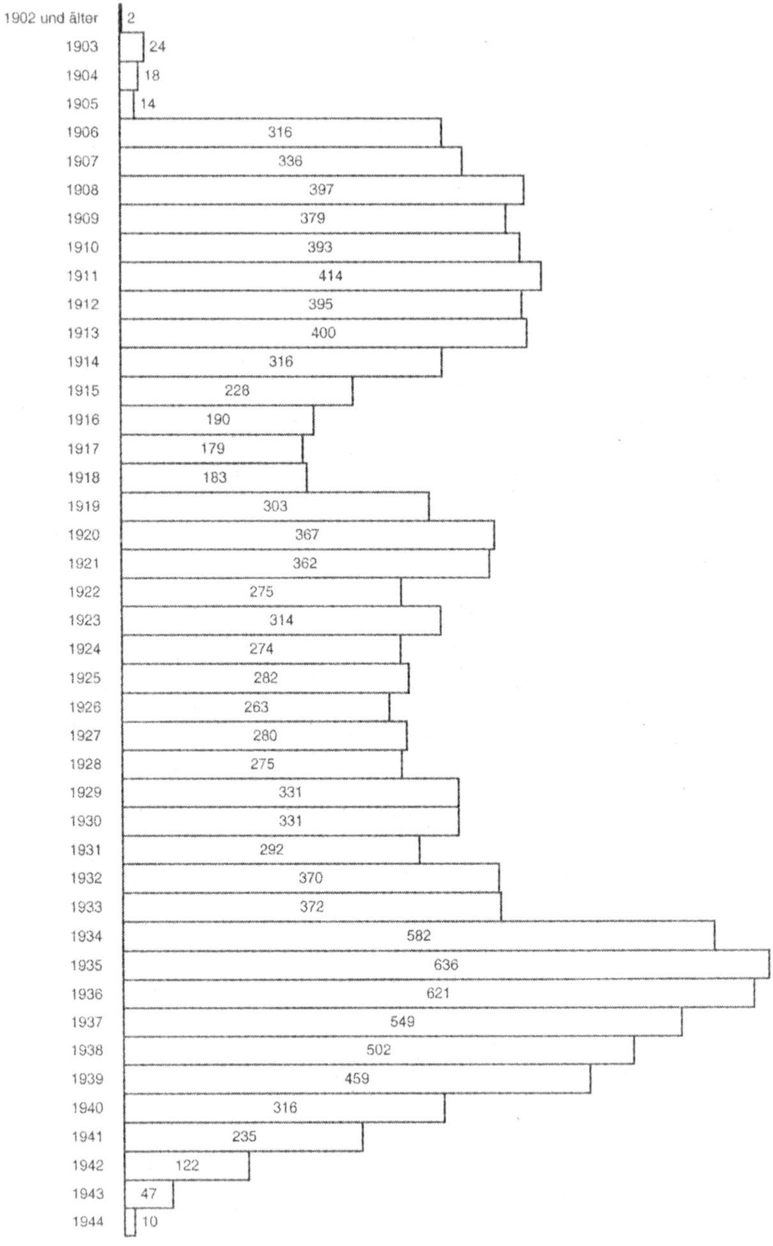

Abb. 3: Altersaufbau der Richter am 1.1.1971

(Quelle: Bundesjustizministerium)

Nimmt man die Gesamtzahl der Richter, so ging hier der Anteil der über 50-jährigen in den Jahren 1963 bis 1971 von 50 Prozent auf 37,5 Prozent zurück. Im gleichen Zeitraum gab es zudem, wenn auch noch auf niedrigem Niveau, nahezu eine Verdoppelung des Frauenanteils in der Richterschaft, und zwar von 4 Prozent im Jahr 1965 auf 7,4 Prozent im Jahr 1971. Bei den Gerichtsassessoren lag der Frauenanteil 1971 bereits bei 18,9 Prozent gegenüber 13,3 Prozent im Jahr 1969.

Die ganz basalen Folgen dieses Generationsumbruchs bestanden zum einen darin, dass die Frage des Nachwuchses immer wieder thematisiert wurde und zum anderen darin, dass auch bei den Beförderungsstellen in hohem Maße ein Austausch stattfand, so dass sich die Karrierechancen für die Richter in den sechziger Jahren ausgesprochen positiv gestalteten. Untersucht man den Altersaufbau bei den gehobenen Leitungspositionen – als solche wurden hier die OLG-Präsidenten und deren Stellvertreter, die Senatspräsidenten an den Oberlandesgerichten sowie die Landgerichtspräsidenten definiert – sticht die Verjüngung auch hier ins Auge: Waren 1960 noch knapp 85 Prozent aus diesem Kreis über 55 Jahre und gut 46 Prozent über 60 Jahre, so verringerte sich deren Anteil bis 1972 auf gut 70 Prozent bzw. 37 Prozent. Anzumerken ist zudem, dass im Jahr 1960 noch 11,2 Prozent der Leitungspositionen bereits 66 Jahre und älter waren, eine Zahl die jedoch schon bis 1966 auf 1,9 Prozent und bis 1972 auf 1,1 Prozent zurückging. Im gleichen Zeitraum stieg die Zahl der unter 50-jährigen auf diesen Posten von 4,2 Prozent auf 10,6 Prozent, nachdem er 1966 allerdings nur 2,5 Prozent betragen hatte.[180] Hier zeigt sich, wie zunächst der »Beförderungsstau« bei den älteren Richtern beseitigt wurde, bevor dann auch deutlich jüngere in Führungspositionen einrücken konnten. Der jüngste OLG-Präsident im Jahr 1972 wurde der 43-jährige Otto Rudolf Kissel in Frankfurt.

Kennzeichnend für die Altersstruktur der Richter in den sechziger Jahren waren somit insgesamt ein tendenzieller Mangel an qualifizierten Nachwuchskräften sowie gute Beförderungschancen – eine Situation im Übrigen, die in den sechziger Jahren auf nahezu alle akademischen Berufe zutraf. Dass der generationelle Umbruch auch günstige Voraussetzungen für einen mentalen Umbruch schuf, kann hier bereits festgehalten werden.

180 Die Angaben beruhen auf eigenen Berechnungen auf der Basis des »Handbuch der Justiz«.

2.3.2 Die politische Öffentlichkeit als Bedrohung der »Sache der Justiz«

Wenn oben ausgeführt worden ist, dass sich die Justiz in der ersten Hälfte der sechziger Jahre von unterschiedlichster Seite und aus unterschiedlichen Motiven von der Presse angegriffen sah, verwundert es zunächst wenig, dass die Justiz sich gegen diese Angriffe zur Wehr setzte. Der Richtertag von 1963 reagierte mit dem Thema »Justiz und Öffentlichkeit« unübersehbar auf die Angriffe, der sich die Justiz insbesondere im Zuge der Debatte um ihre NS-Vergangenheit, aber auch im Zusammenhang mit der »*Spiegel*-Affäre« ausgesetzt sah. Auch jenseits des Richtertages löste das Thema »Justiz und Presse« bzw. »Justiz und Öffentlichkeit« sowohl in der Fachpublizistik, als auch in der politischen Presse eine Flut von Beiträgen aus. Es ist sicherlich nicht zu hoch gegriffen, wenn man dieser Auseinandersetzung für die sechziger Jahre einen zentralen Stellenwert innerhalb der übergreifenden Debatte um das Verhältnis von Justiz und Gesellschaft zumisst.[181] Es ging dabei um weit mehr als um Stilfragen. Vielmehr stand grundsätzlich in Frage, ob und vor wem sich die Justiz in der demokratischen Gesellschaft zu rechtfertigen hatte. Sebastian Haffners bereits erwähnte Artikel in *Spiegel* und *Stern* mit der Forderung nach einer »Justizreform an Haupt und Gliedern« hatten zumindest für diese Debatte seine Wirkung nicht verfehlt. Der Vorsitzende des Deutschen Richterbundes, Heinz Meuschel, hatte Haffners Angriffe mit scharfen Worten zurückgewiesen und der Richterbund hatte sich an die Justizminister von Bund und Ländern mit der Bitte gewandt, den Angriffen nachdrücklich entgegenzutreten.[182] In mehreren Beiträgen in der *Deutschen Richterzeitung* empörten sich Richter über Haffners Äußerungen, die von dem Standesorgan gleichzeitig als »fachlich so minderwertig« abgetan wurden, dass sich ein Abdruck nicht lohne.[183] Allein Haffners Frage, ob nicht das gesamte Justizsystem, in dem obrigkeitsstaatliche und antidemokratische Traditionen immer noch in beson-

---

181 Vgl. hier aus der breiten Literatur: Reynold (Hg.), *Justiz*; der Herausgeber war ein ehemaliger Landgerichtsdirektor und Pressereferent des schleswig-holsteinischen Richterverbandes und seit 1964 am Aufbau der Öffentlichkeitsarbeit des Deutschen Richterbundes beteiligt. Vgl. weiter Bockelmann, »Öffentlichkeit«; Schmidt, »Verantwortung«, insbes., S. 382ff.; Ders., *Sache*, insbes. S. 23ff.; Ders., *Publizistik*; Schorn, »Justiz« (auch in: *Rheinischer Merkur*, 19.4.1963.); Neidhard, »Justiz«; Kohlhaas, »Richter«; Wassermann, »Public Relations«; Ders., »Notwendigkeit«; Ders., »Öffentlichkeit«; Berlit, »Justiz«; kritisch gegenüber der Richterschaft: Rasehorn, »Rechtswirklichkeit«; aus Sicht der Presse: Müller-Meiningen jr., »Presse«; Eberhard, »Massenkommunikationsmittel«.

182 Leserbrief des Vorsitzenden des Deutschen Richterbundes im *Stern* abgedr. in: *DRiZ* 41, 1963, S. 279.

183 *DRiZ* 1963, S. 278. Es war sonst gängige Praxis in der *Deutschen Richterzeitung*, relevante Zeitungsartikel nachzudrucken.

derem Maße virulent seien, von Grund auf erneuert werden müsse, wurde als eine »nicht zu überbietende Kränkung der amtierenden Richter« empfunden.[184] Selbst Rudolf Wassermann, der sich im Laufe der sechziger Jahre zu dem wohl engagiertesten Vertreter demokratisierender Reformen in der Justiz entwickelte, empfand die Anwürfe als »unqualifiziert« sowie »jedes Maß vermissen lassend« und sah wenig Anlass, sich mit den Argumenten auseinander zu setzen.[185]

Um solchen Angriffen entgegenzutreten, bemühte sich der Richterbund für den Richtertag von 1963 erfolgreich um gewichtige Unterstützung von Seiten der Rechtswissenschaft. Den zentralen Vortrag hielt Eberhard Schmidt zu dem Thema »Probleme der richterlichen Verantwortung«[186]. Nach längeren Ausführungen zur richterlichen Macht im Allgemeinen und unter den Bedingungen des Grundgesetzes im Besonderen kam Schmidt schließlich auch zum Verhältnis der Rechtsprechung zur Öffentlichkeit: Rechtsprechung, argumentierte Schmidt, vollziehe sich nicht hinter geschlossenen Türen, sondern, »was wir als eine freiheitliche Errungenschaft betrachten dürfen, in und vor der Öffentlichkeit«. Damit setze sie sich automatisch der Kritik aus. Unterscheiden müsse man jedoch zwischen zwei Arten von Kritik und damit auch zwischen zwei Arten von Öffentlichkeit, der Fachöffentlichkeit und der »politischen Öffentlichkeit«. Die gesamte Rechtsprechung, ihre Entscheidungsmethoden und -ergebnisse unterlägen der wachsamen Kritik durch die Rechtswissenschaft. An diesem »kritischen Dauergespräch« könnten durchaus auch andere Juristen, Rechts- und Staatsanwälte, Richter sowie Verwaltungsbeamte beteiligt sein und diese Debatte könne auch sehr heftig ausfallen. Doch entscheidend war in Schmidts Augen, dass die Debatte in einem »rechtswissenschaftlichen Geiste«, und das bedeutete von Juristen, geführt wurde.

Scharf davon abgesetzt sah Schmidt die »von der politischen Öffentlichkeit herkommende Kritik«. In ihr sah der Strafrechtler neben der von außen kommenden »bolschewistischen Gefahr« die zweite große, »von innen« kommende Bedrohung für die »Sache der Justiz«.[187] Wenig überraschend prangerte Schmidt insbesondere die »Sensationsgier« an und erhielt dafür auf dem Richtertag großen Beifall.[188] Zwar gestand er durchaus zu, dass es auch »von

184 Ebd.

185 Wassermann, »Public Relations«, S. 294. Die Zurückweisung von Haffners Kritik durch den Vorsitzenden des Richterbundes empfand er als »gebührend«.

186 Vgl. Schmidt, »Verantwortung«, S. 382ff.

187 Schmidt, *Sache*, S. 23ff. Dieter Simon sah in Schmidts Ausführungen zum Verhältnis von Justiz und Presse später die »Höhepunkte einer giftigen Pressefeindschaft«, vgl. Simon, *Unabhängigkeit*, S. 129.

188 Vgl. dazu Wassermann, »Öffentlichkeit«, S. 73.

Verantwortung getragene« Berichterstattung in der Presse gebe. Als Kritikinstanz erkannte Schmidt die Presse gleichwohl nicht an. Allenfalls gestand er ihr noch Kritik an möglicherweise ungebührlichem Auftreten der Richter zu – hier gab es konkrete Fälle, auf die Schmidt sich bezog[189] – ‚doch was ansonsten die Bewertung eines Falls anging, war die Presse für ihn insgesamt nicht zur Kritik qualifiziert, solange die nicht auch »in einem rechtswissenschaftlichen Geiste« vorgebracht wurde. Von einem tiefen Misstrauen gegen »die Masse« geprägt, meinte Schmidt, die Justiz vor dem »Gebaren der politischen Öffentlichkeit« und »dem Druck der Straße« schützen zu müssen. »Dass nur bei Vorliegen ganz bestimmter, im Gesetz festgelegter Voraussetzungen ein Haftbefehl erlassen, ein Hauptverfahren eröffnet werden darf, dass eine streng juristisch sachliche Prüfung dieser Voraussetzungen erforderlich ist, um Freiheit und Ehre des Bürgers gegen politische Stimmungsmache und unsachliche Vorurteile zu schützen, das ist für eine politische Öffentlichkeit, die aus der trüben Erfahrung machtstaatlicher Zeit nichts gelernt hat, viel zu unbequem«.

Mit dieser Argumentation drehte Schmidt den Kontinuitätsvorwurf gewissermaßen um: Die rechtsstaatliche Justiz sah er einer politischen Öffentlichkeit gegenüber, die dem Rechtsstaat noch fremd gegenüberstand und kein Verständnis für die Komplexität der »juristisch sachlichen« Verfahren habe. Schmidt sah sich damit als Vertreter des bürgerlich-liberalen Rechtsstaats, dessen Errungenschaften er gegen die sensationshungrige Masse zu schützen hatte. Diesen Schutz wollte er dann auch gesetzlich verankert sehen. Als Mitglied der großen Strafrechtskommission hatte Schmidt dazu beigetragen, dass in den Entwurf des neuen Strafrechts ein Paragraph aufgenommen wurde, der die Berichterstattung während eines Prozesses erheblich einschränken sollte. Es sei »ein großer Irrtum, wenn Vorschläge, die dem Schutze der Unabhängigkeit der Rechtspflege gegen *Mißbräuche* des Pressewesens dienen sollen«, – so wie er sie im Entwurf zu einem neuen Strafgesetzbuch unterbreitet hatte – »immer gleich als Eingriffe in die Pressefreiheit bekämpft werden«[190]. Pressefreiheit bedeute in erster Linie Zensurfreiheit, und die anzutasten sei noch niemandem eingefallen. Diese Argumentation, die von einem vollkommenen Unverständnis für die Rolle der Öffentlichkeit in einer demokratischen Gesellschaft zeugt, ist umso bemerkenswerter, da Schmidt keineswegs zu den Ultrakonservativen gehörte. Seine Position in der Sterilisationsfrage ist oben erwähnt worden und auch im Kreise der Strafrechtskommission muss er als vergleichsweise liberal gelten. Die Vorstellung aber, »die politische Öffentlichkeit« könne in irgendeiner qualifizierten Weise eine Kontrollfunktion über die

189 Vgl. hierzu Schmidt, *Sache*, S. 21f.
190 Ebd., S. 93 (Anm. 47).

Tätigkeit der Gerichte ausüben, schien Schmidt wohl ebenso absurd wie vielen seiner Kollegen.

Als in der schon erwähnten Auseinandersetzung um die Rolle des Bundesarbeitsgerichts Thilo Ramm, selbst zu dem Zeitpunkt gerade zum Hochschullehrer berufen, eben eine solche Kontrollfunktion angemahnt hatte, reagierte sein Kollege Franz Gamillscheg mit vollkommenem Unverständnis. In Anspielung auf Ramm selbst schrieb er: »Nun, wie so mancher Professor irrige Ansichten hegt, so kann sich auch das Gericht einmal irren; [...] Aber welche Öffentlichkeit soll hier kontrollieren? Da wissenschaftliche Kritik nicht gemeint sein kann, denn sie besteht ja in voller Freiheit, wie gerade der Missbrauch zeigt, den Ramm mit dieser Freiheit treibt. Möchte er den Richter vor das Forum einer gewissen Presse und gewisser Meinungsmacher zerren und ihn das Zittern vor der Schlagzeile, vor der Versammlung auf dem offenen Markt und vor hochgereckten Fäusten lehren?«[191] Die Presse erschien hier schlicht als Meute. Kritik konnte nur eine sein, die sich im Rahmen der rein fachlichen Diskussion bewegte. Vor dem Rest mussten die Gerichte geschützt werden.

Wie breit unter den Richtern die Zustimmung für eine solche Position war, zeigte nicht nur die Stimmung auf dem Richtertag. Als ein Kamerateam den Eröffnungsvortrag filmen wollte und die dazu notwendigen Scheinwerfer anschaltete, kam es zu lauten Missfallensäußerungen, bis schließlich ein Richter selbst unter dem Beifall seiner Kollegen die Leitung ausstöpselte. Erklärt wurde der Vorfall mit Unkenntnis: Man habe nicht gewusst, dass das Fernsehen Lampen benötigte.[192]

Die Breite des pressefeindlichen Konsenses zeigt sich schließlich auch in den Stellungnahmen der späteren »Reformer«. So schrieb etwa der Amtsrichter Jan-Wolfgang Berlit, der sich Ende der sechziger Jahre gemeinsam mit Rudolf Wassermann im »Aktionskomitee Justizreform« engagierte, im Jahr 1963 ganz im Sinne Schmidts: Wohl kaum ein Berufsstand sei so dem » – teils aus Unkenntnis und Mißverständnis herrührenden, teils in Nihilismus und Wollust an der Zersetzung staatlicher Ordnung sich gründenden – ›Zerfetzen in öffentlicher Kritik‹ ausgesetzt, wie der des Richters«. Es gebe sicher zahlreiche Darstellungen in den Medien, die von »hohem Verantwortungsbewußtsein« getragen seien, doch um die gehe es hier nicht, sondern um die in seinen Augen zahlenmäßig überwiegenden Publikationen mit »verzerrender und verfälschender Kritik«. Ein Musterbeispiel dieser medialen Verzerrung habe der Fernseh-

191 Gamillscheg, »Nipperdey«, S. 23.

192 Vgl. zu dem Vorfall wie zu dem Richtertag insgesamt die Berichterstattung in der Presse, hier insbes. Kramer, Richter; Schueler, Anklagebank; Mauz, Gericht; Bull, Justiz.

film zum Fall Rohrbach geliefert: Mit einem »Bullenbeißer« als Richter, einem »blutdürstigen Staatsanwalt«, einem um Gerechtigkeit kämpfenden Anwalt und einer schönen Angeklagten. Ärgerlich sei vor allem auch das Vorwort vom Ex-Generalbundesanwalt Güde gewesen, der zwar darauf hingewiesen habe, daß sich das Ganze in der Praxis etwas anders abspiele, aber tatsächlich dem Ganzen durch sein Vorwort höhere Legitimität verliehen habe. »Der Film war ein namhafter Beitrag zur Untergrabung des Vertrauens in die deutsche Rechtspflege«. Wer von unseren Landsleuten in der »Zone« den Film gesehen habe, könne kein Vertrauen mehr in die bundesdeutsche Rechtsprechung haben. Selbst wenn sich das Ganze so zugetragen habe, frage sich, wem dann mit dem Film gedient sei: »Denn an Entartungserscheinungen demonstriert man doch wohl nicht die Spezies? Der Geistliche, der sich sittlich vergeht, der Arzt, der durch mangelnde Sachkunde seinen Patienten ins Grab befördert, der Politiker, der Verrat betreibt – sie alle sind doch für ihren Beruf nicht so typisch, daß sich ihre wiederholte Darstellung lohnt«[193].

Rudolf Wassermann, dessen scharfe Zurückweisung von Haffners Kritik schon erwähnt worden ist, bemühte sich zwar um einen wesentlich souveräneren und rationaleren Umgang mit der Kritik. Auch er sah die öffentliche Kritik zunächst jedoch als Bedrohung. Befremdlich sei »die sich immer wieder aufdrängende Erkenntnis, daß sich die so genannte öffentliche Meinung weder spontan bildet noch von vernünftigen, einsichtigen Eliten gesteuert, sondern auf in schwer zu durchschauender Weise manipuliert wird«[194]. Im Prinzip sei Kritik zwar wichtig, aber auch die schärfste Kritik müsse gerecht sein – ein Argument, das Wassermann selbst einige Jahre später als völlig verfehlt zurückwies: Zwischen konstruktiver und destruktiver Kritik lasse sich ohne weiteres gar nicht unterscheiden, so Wassermann 1974; Misstrauen sei in der Demokratie legitim und Vertrauen verdiene nur, was öffentliche Kritik aushalte.[195] Das war ein Standpunkt, von dem die Richterschaft, Wassermann eingeschlossen, zehn Jahre zuvor noch weit entfernt war. So widersprach auch Rudolf Wassermann grundsätzlich Eberhard Schmidts Darstellung der Problematik nicht. Auch ihm wäre es lieber, so Wassermann, wenn die Justiz »in einem allseitig abgeschirmten Raum ihren Amtspflichten genügen« könne.[196] Doch anstatt wie Schmidt und andere im Grunde einen noch stärkeren Rückzug in die Wagenburg zu empfehlen, riet Wassermann zu einem offensiven Umgang mit der Kritik: Die Justiz sei in der modernen Gesellschaft dazu gezwungen, von sich aus an die Öffentlichkeit zu gehen und dort ihre Position

193 Berlit, »Justiz«.

194 Wassermann, »Public Relations«, S. 295.

195 Ders., *Rechtsstaat*, S. 113; vgl. aus der späteren Zeit auch Ders. (Hg.), *Justiz*.

196 Wassermann, »Public Relations«, S. 296.

zu verteidigen. Das Prinzip der Public Relations laute: »Tue Gutes und rede darüber«. Für die Justiz bedeutete dies, dass »kritische Aufklärung« über die Tätigkeit der Justiz geleistet werden müsse. Von den Justizverwaltungen, den Standesorganisationen und von den einzelnen Richtern sei daher mehr Öffentlichkeitsarbeit gefordert.

Taktisch geschickt bekundete Wassermann in seiner Argumentation zwar seine grundsätzliche Sympathie mit der Position Eberhard Schmidts, plädierte aber gleichwohl für eine grundlegende Änderung in der Haltung der Öffentlichkeit gegenüber. Der Richtertag von 1963 lässt sich als letzter Versuch verstehen, die Wagenburgmentalität der Justiz noch einmal zu stärken und zu rechtfertigen. Doch nicht nur Rudolf Wassermann dämmerte, dass eine derartige Haltung die Justiz auf Dauer in die Defensive bringen würde. Sowohl der Richterbund, als auch die Justizverwaltungen unternahmen in den Jahren, die sich an den Richtertag anschlossen, erkennbare Bemühungen, die Kontakte zur Presse zu verbessern. So bauten die Gerichte und der Richterbund ihre Pressearbeit aus. Zudem kam es vor allem in den Jahren 1964 bis 1967 zu mehreren Diskussionsveranstaltungen zwischen Vertretern der Presse und des Richterbundes. Einen Höhepunkt bildete eine gemeinsame Veranstaltung des Deutschen Journalistenverbandes und des Deutschen Richterbundes im November 1965, auf der man sich des gegenseitigen Verständnisses versicherte.[197] So sehr diese und andere Veranstaltungen vor allem für die Richterschaft gewiss einen Schritt der Öffnung bedeuteten, ging es dem Richterbund hier in erster Linie um die Verbesserung des Images und weniger um eine wirkliche Auseinandersetzung mit den Vorwürfen. Als Referent für den Richterbund hielt fast schon selbstverständlich Rudolf Wassermann den Vortrag. Mitte der sechziger Jahre verkörperte er geradezu das Bild des Richters, der sich nicht mehr in die Wagenburg zurückzog, sondern offen zur Justiz und ihrem Verhältnis zur Gesellschaft Stellung bezog. In einer Reihe von Beiträgen hatte sich Wassermann bereits kritisch mit der Justiz auseinandergesetzt, überscharfe Kritik aber gleichzeitig zurückgewiesen. In seiner Rolle als Vertreter des Richterbundes, die er auf der Veranstaltung einnahm, legte auch Wassermann in seinem Vortrag über die »Notwendigkeit und Grenzen der Justizkritik« den Schwerpunkt weit stärker auf die Grenzen als auf die Notwendigkeit der Kritik. Ob dies eher aus taktischen Gesichtspunkten oder aus Überzeugung ge-

197 Vgl. dazu die Broschüre: Notwendigkeit und Grenzen der Justizkritik; Auf regionaler Ebene hatten zuvor schon ähnliche Veranstaltungen stattgefunden, etwa im März 1964 in München, vgl. dazu Wehner, Justiz; vgl. auch die Hinweise in den einleitenden Worten des Vorsitzenden des Deutschen Richterbundes, Barth, auf der Bad Godesberger Veranstaltung. Zu einer weiteren, ähnlichen Veranstaltung aus dem Jahr 1967 vgl.: Offenes Gespräch baut Brücken. Justiz und Presse um besseres Verständnis bemüht, in: *FR*, 22.5.1967.

schah, sei dahingestellt. Da gerade Wassermann Anfang der siebziger Jahre zu *der* Reizfigur der bundesdeutschen Justiz schlechthin wurde und zu dem Zeitpunkt nicht mehr für die Öffnung der Justiz, sondern für deren radikale Veränderung zu stehen schien, ist seine Position in der Debatte um das Verhältnis von Justiz und Öffentlichkeit nicht nur von biographischem Interesse. Vielmehr ist die Dynamisierung der Debatte um die gesellschaftliche Rolle der Justiz, die in den frühen sechziger Jahren ihren Ausgang nahm, von dem Namen Wassermanns nicht zu trennen.

Auch wenn die Frage nach dem Verhältnis von Justiz und Presse in der Folgezeit wiederholt thematisiert worden ist, markierte die Debatte, die um die Mitte der sechziger Jahre stattfand, den Beginn eines Prozesses, in dem zumindest einige wenige Richter und Staatsanwälte eine bemerkenswerte Präsenz in der Öffentlichkeit zeigten.

2.3.3 Selbstkritik und Reformforderungen

»Eine Gefahr, die nach meiner Meinung und Erfahrung tief im deutschen Richterwesen steht, ist der Hang zum standesmäßigen Denken und Handeln und die Tendenz zur standesmäßigen Abschließung«, so schrieb der pensionierte Stuttgarter OLG-Präsident Richard Schmid in einem Beitrag für *Die Zeit* aus dem Jahr 1964.[198] Der Beitrag stand in unmittelbarem Zusammenhang mit der Debatte um das Verhältnis von Justiz und Öffentlichkeit. Schmid warnte seine Berufskollegen eindringlich vor dieser Abschließung und vor der »umso bösere(n) Gefahr der Selbstgerechtigkeit«, unabhängig davon, ob sie ihre Wurzel »im Gefühl der sozialen, der fachlichen oder der moralischen Überlegenheit« habe. Von Selbstkritik war die Auseinandersetzung um das Verhältnis zur Öffentlichkeit allenfalls insofern getragen, als eingesehen wurde, dass die Außendarstellung verbessert werden musste. Die Frage, welche Kritikpunkte möglicherweise berechtigt waren, spielte dagegen in den Stellungnahmen der Richter zunächst kaum eine Rolle. Nachdem jedoch Fälle wie die oben zitierten – etwa der des »Nervenarztes« Elmar Herterich oder des »Sozialanwalts« Günther Weigand – nicht gerade überzeugende Beispiele für eine demokratische Justiz geliefert hatten, mehrten sich auch innerhalb der Justiz die kritischen Stimmen.

198 Schmid, Kritik. Der Beitrag wurde auszugsweise auch in der *DRiZ* abgedruckt (1964, S. 209f.) und erntete sogleich heftigen Widerspruch: Die Justiz habe immer schon Kritik ertragen, so ein ebenfalls pensionierter Landgerichtspräsident aus Schweinfurt, und der Typ des selbstgerechten Richters sei ihm in 40-jähriger Amtszeit nicht begegnet, vgl. *DRiZ* 42, 1964, S. 305f.

Mit der Vorstellung, die Justiz werde lediglich von einer fachunkundigen und »manipulierten« Öffentlichkeit angegriffen, der man nur durch »Aufklärung« entgegentreten müsse, war es endgültig vorbei, als der Bonner Richter Theo Rasehorn unter dem Pseudonym Xaver Berra im Jahr 1966 seine fulminante Justizkritik »Im Paragraphenturm« veröffentlichte. Nicht nur der Untertitel – »Eine Streitschrift zur Entideologisierung der Justiz« – war schon eine Provokation, sondern auch das Vorwort, geschrieben »nur für Juristen«[199]. Juristische Laien, so Rasehorn, bedürften einer besonderen Einführung in die Gedankengänge nicht, wohl aber Juristen. Für die sei es nämlich ein Sakrileg, »in *publizistischer* (Hervorhebung i. O.) Weise zu rechtlichen Problemen und Tatbeständen Stellung zu nehmen«. Juristen lebten oftmals auf einem eigenen »Planeten«, von dem aus sie die »Lebensvorgänge« beobachteten und beurteilten: »Von dieser Sicht aus scheinen sich Berge und Täler einzuebnen und auch die Veränderungen in den Zeiten dahinzuschwinden. […] Wir aber leben nun einmal auf diesem Planeten; hier ist der Ausgangspunkt unserer Betrachtungen. Wie sich dabei Berge und Täler dem Bewußtsein einprägen, so auch die großen Veränderungen innerhalb der Geschichte zwischen dem Kaiserreich und der Demokratie von heute«[200]. Es sei an dieser Stelle angemerkt, dass die Beobachtung, die Rasehorn hier machte, einem Forschungsprojekt zu Grunde lag, das der »Vater« der modernen italienischen Rechtssoziologie, Renato Treves, 1962 auf den Weg gebracht hatte. Den Ausgangspunkt bildete auch bei Treves die Wahrnehmung einer zunehmend auseinanderklaffenden Lücke zwischen einer sich dynamisch wandelnden Gesellschaft und einer statischen Justiz, die sich »auf einem anderen Planeten« den Veränderungen der Zeit entzog.[201]

Rasehorn war 1918 geboren, er verstand sich als »Linkskatholik« und hatte durch seine Sozialisation nach eigenem Bekunden von vornherein eine gewisse Distanz zum NS-Regime.[202] Sein Studium hatte er zwar bereits während des »Dritten Reiches« aufgenommen, Richter wurde er aber in dieser Zeit nicht mehr. Zur Irritation, die Rasehorns Schrift auslöste, trug wesentlich bei, dass Rasehorn kein Laie wie Haffner oder Sonnemann war und gleichwohl in einer »laienhaften«, d.h. nicht spezifisch juristischern Terminologie schrieb. Zudem war er weder, wie der ehemalige Stuttgarter OLG-Präsident Richard Schmid, ein auf Grund seiner Biographie quasi »natürlicher« Kritiker der Justiz, noch

199 Rasehorn hatte zuvor schon wiederholt in der Richterzeitung unter seinem Namen, aber an eher entlegener Stelle unter dem Pseudonym Xaver Berrra veröffentlicht, vgl. hier u.a.: »Der weite Weg«.

200 Berra, *Paragraphenturm*, S. 14.

201 Treves, »ricerca sociologica«, hier S. 231f.,; vgl. dazu auch Reiter, S. 208.

202 Gespräch mit Theo Rasehorn vom 28.8.1997.

ein möglicherweise frustrierter Amtsrichter, der sich bei Beförderungen übergangen fühlte. Als Richter am Bonner Landgericht noch nicht am Ende seiner Aufstiegsmöglichkeiten angelangt, war er angeblich vor der Veröffentlichung des Buches zur Beförderung vorgesehen gewesen.[203] Als Sakrileg dürfte auch empfunden worden sein, dass Rasehorn einen Auszug aus dem Buch bereits vorab veröffentlicht hatte, und zwar ausgerechnet im *Spiegel*.[204] Die Tatsache, dass das Buch, zu dem im Übrigen Adolf Arndt ein Geleitwort geschrieben hatte, binnen Jahresfrist bereits eine zweite Auflage erfuhr, ist überdies ein Beleg dafür, dass Rasehorn offensichtlich einen Nerv getroffen hatte. Tatsächlich haben wohl nur wenige Bücher über die Justiz jemals soviel Wirbel ausgelöst wie der »Paragraphenturm« und Rasehorn avancierte damit, zusammen mit Rudolf Wassermann, zum wichtigsten Justizkritiker aus der Richterschaft selbst. Von der Herkunft, Ausbildung und Einstellung der Richter, den hierarchischen Strukturen in der Justiz über die obrigkeitsstaatlichen Traditionen und die Rolle der Richter in der Zeit des Nationalsozialismus bis hin zu Bereichen der politischen Justiz und der »Klassenjustiz« griff Rasehorn die Justiz in fast allen nur möglichen Bereichen an. Er löste damit Protest, aber durchaus auch Zustimmung aus. Für den Bundesjustizminister Richard Jaeger (CSU) war die Schrift schlicht ein »Pamphlet«, das »auf Verwirrung in den eigenen Reihen« beruhte.[205]

Die deutlichste Kritik stammte aus der Feder des einflussreichen BGH-Senatspräsidenten Werner Sarstedt.[206] Wenn man unter »publizistisch« so viel verstehe, wie »oberflächlich, zusammenhanglos, ungegliedert, stark aufgetragen und in nachlässigem Deutsch geschrieben«, so Sarstedt, »dann ist der Versuch gelungen«. Auf Adolf Arndts im Geleitwort geäußerte Erwartung, das Buch werde »Widerspruch, Zorn und Entrüstung« auslösen, die es aber wert seien,

---

203 *Der Spiegel* berichtete, dass Rasehorn wegen der Veröffentlichung von einer geplanten Beförderung zurückgezogen worden sei; vgl. *Der Spiegel*, 25.7.1966, S. 90.

204 Berra, Abhängigkeit.

205 So Jaeger auf dem Juristentag von 1966 in seiner Eröffnungsrede, in der er freilich den Namen des »Nestbeschmutzers« gar nicht nannte und auch sonst nicht weiter auf die Ausführungen einging; vgl. Verhandlungen des 46. Deutschen Juristentages, Bd. 2 (Sitzungsberichte), S. A 22.

206 Sarstedt, »Paragraphenturm«, hier auch die folgenden Zitate; klar ablehnend auch der Kommentar von Albert Mösl, ebenfalls Richter am BGH, der das Buch aber ausdrücklich weder nennen noch besprechen wollte, vgl. *DRiZ* 1966, S. 402; eher abfällig auch die kurze Rezension von Claus Seibert, ebenfalls Bundesrichter, in: MDR 1966; positiver dagegen die Stellungnahmen von Ostermeyer (*DRiZ* 44, 1966, S. 404), Schneider (*DRiZ* 45, 1967, S. 50); Thierfelder (*DRiZ* 45, 1967, S. 50); Bueckling (*DRiZ* 45, 1967, S. 19); Haehling von Lanzenauer (*DRiZ* 45, 1967, S. 87); als weitere Rezensionen: Stein, in: *NJW* 1966, S. 2105; Jürgen Baumann, in: *FAZ*, 3.12.1966; Sebastian Haffner, in: *konkret*, Januar 1967; Richard Schmid, in: *Die Zeit*, 23.9.1966.

diskutiert zu werden, entgegnete der professorale Senatspräsident mit spöttischer Herablassung: »Wir haben es, wie man in Berlin sagt, ein bißchen kleiner«. Zorn oder Entrüstung, so gab er dem Leser zu verstehen, täten dem Pamphlet schon zuviel Ehre an. »Ein Gefühl der Peinlichkeit« hinterlasse es vielmehr. Er wolle gar nicht daran zweifeln, dass »Berra« das Richtersein so empfinde, wie er es darstelle, und darum sollte man »ihm und jedem, der etwa ähnlich empfindet, unsere Sympathie, unser Mitgefühl nicht versagen; und wir sollten uns bemühen, Richtern, die so denken und so leiden, durch ein offenes kollegiales Wort zu helfen«. Rasehorn erschien hier als armes, bedauernswertes Wesen, der seine berufliche Umwelt in leicht paranoidem und verwirrtem Zustand wahrnahm. Wenn Rasehorn etwa hierarchische Strukturen und Abhängigkeiten beklagte, so machte Sarstedt daraus ein persönliches Problem, das den Autor als schwachen Charakter ohne Rückgrat auswies. Schon in der Tatsache, dass hier jemand unter Pseudonym schrieb, machte ihn verdächtig: »Eine Persönlichkeit stellen wir uns anders vor«, so Sarstedt.

Angreifbar war an Rasehorns Schrift gewiss vieles. Wenn Sarstedt die Zusammenhanglosigkeit beklagte, so ähnelte die Schrift in manchem tatsächlich eher einem wütenden Ausbruch als einer systematischen Analyse. Damit machte Rasehorn aber auch klar, dass die Kritik letztlich an beliebig vielen Stellen ansetzen konnte, schließlich aber doch immer auf einen zentralen Punkt hinauslief: Die Justiz präsentierte sich Rasehorn als ein Apparat, der sich vor allem durch Staatstreue und konservative Werthaltungen auszeichnete. Neben den Einzelbeispielen lieferte Rasehorn jedoch auch eine etwas impressionistische soziologische Einteilung der Richterschaft.[207] Ausgehend von den Untersuchungen Richters und Dahrendorfs zur sozialen Herkunft der Richterschaft leitete Rasehorn zu der ebenso interessanten wie problematischen Frage ihrer »bewußtseinsmäßigen Einstellung« über. Er räumte ein, dass hierzu keine Untersuchungen vorlägen, teilte die Richterschaft aber auf der Basis von »Beobachtung« und »Erfahrung« in vier Kategorien ein: In der ersten Gruppe sah er »mehr oder weniger offene Anhänger der herrschenden Ordnung in der Bundesrepublik«. Unter »herrschender Ordnung« verstand Rasehorn nicht die »kapitalistische Ordnung« oder die Ordnung des Grundgesetzes, sondern das, was in anderem Kontext »der CDU-Staat« genannt worden ist.[208] Denn zu dieser Gruppe zählte er »natürlich« die Mitglieder von CDU und CSU, aber auch »die oft sehr aktiven Angehörigen katholischer Verbindungen«. Diese Richter ständen stets auf der Seite der Regierung – die bei Verfassen des Buches noch quasi »selbstverständlich« von der CDU gestellt wurde – und fällten

---

207 Berra, *Paragraphenturm*, S. 23ff.; hier auch die folgenden Zitate.
208 Vgl. Schäfer/Nedelmann, *CDU-Staat*.

von daher Entscheidungen, die der Regierung zum Nachteil gereichten, allenfalls »nach Überwindung eines erheblichen inneren Widerstands«. Die Folge davon seien »oft erschreckende Fälle von Rechtsblindheit«. Als zweite, in seinen Augen größte Gruppierung stufte er »die zumeist aus der unteren Mittelschicht stammenden meinungslosen, unpolitischen Richter, ohne geistiges und persönliches Format« ein. Diese Richter seien nach innen wie nach außen stark autoritäts- und ordnungsorientiert. Sie würden zwar, anders als die erste Gruppe, durchaus Kritik an der Regierung üben, doch käme ihnen auch nicht in den Sinn, »andere als die christlichen Parteien zu wählen«. Wie einen Lackmustest wertete Rasehorn hier die *Spiegel*-Affäre, bei der die Richter dieser Gruppe »völlig auf Regierungskurs« gelegen hätten, da es dabei schließlich um die Staatsräson gegangen sei.

Die dritte Gruppe bildeten für Rasehorn »die bewußt konservativen – wenn man so will: kaiserlichen Richter«. Diese gingen häufig aus Burschen- und Landsmannschaften hervor, seien von oft »beträchtlichem persönlichen Format« und »mit einem feinen Empfinden für das Standesethos« ausgestattet. Sie übten Kritik sowohl an rechtswidrigem Verhalten der Regierung als auch an »unrichterlichem Verhalten von Kollegen«, würden aber nie aktiv dagegen vorgehen. Als letzte und schwächste Gruppe blieben schließlich noch die »aufgeschlossenen Richter liberaler und sozialer Prägung, die sich um eine bewußtseinsmäßige Umstellung der Richterschaft bemühen«. Da diese Gruppe nur langsam anwachse, erwartete Rasehorn auch für die nähere Zukunft keine einschneidenden Veränderungen.

Es war wohl kein Zufall, dass Rasehorn, der sich selbst gewiss zu den »aufgeschlossenen« Richtern zählte, die dritte Gruppe der konservativen Richter noch im günstigsten Licht erscheinen ließ. Rasehorns Klage über das weit verbreitete Mittelmaß und die fehlenden »Richterpersönlichkeiten« wäre von dieser Gruppe vermutlich auch unterschrieben worden. Diese Klage hatte auch schon die immer wieder aktualisierte Forderung nach der »Großen Justizreform« getragen, wie sie nicht zuletzt von Hermann Weinkauff vorgebracht worden war, den Rasehorn wohl kaum zur Gruppe der »aufgeschlossenen« Richter gezählt hätte. Auch seine Idealvorstellung vom umfassend gebildeten Richter, der nebenher seine schriftstellerischen Ambitionen pflegte, hatte nicht unbedingt einen »modernisierenden« Zug.

Diese im Grunde kulturkonservative Haltung verband Rasehorn nun aber mit einer beißenden Analyse der gesellschaftlichen und beruflichen Rolle des Richters. Auffällig war dabei nicht zuletzt die Anlehnung an einen soziologischen Sprachgebrauch, der schon in der Justizkritik der Zeitungen zu beobachten war. Nicht von ungefähr fügte Rasehorn in der zweiten Auflage eine Fußnote hinzu, in der er die Kritik an seiner Einteilung der Richterschaft aufnahm, und noch einmal betonte, dass diese Einteilung nicht das Ergebnis einer soziologischen Untersuchung sei, sondern auf seiner Beobachtung beruhe.[209] Wenn er einräumte, dass es sich dabei um »ungenaue Teilergebnisse« gehandelt habe, bedeutete das aber gleichzeitig den Anspruch, eine, wenn auch unvollständige, soziologische Analyse gebracht zu haben.

Auch wenn Rasehorns Schrift nicht der Beginn der richterlichen Kritik am eigenen Apparat war, bedeutete sie in jedem Fall einen wichtigen Markstein. Die Schrift bestätigte das, was auch Rudolf Wassermann schon zuvor in einem *Zeit*-Artikel von 1964 geschrieben hatte, nämlich, dass es in der Richterschaft neben den »Traditionalisten« auch Kräfte gäbe, die auf Reformen drängten. Auch Wassermann hatte hier bereits den Konservatismus der Richterschaft beklagt und beschrieben. Die Justiz sei in einem für Außenstehende schwer nachzuvollziehendem Maße »von konservativem Geist geprägt«. Wassermann wollte dies aber ausdrücklich nicht in einem parteipolitischen, sondern »im allgemeinen Sinn des Wortes« verstanden wissen und fuhr fort: »Die bewahrende Einstellung ist den Richtern zwar nicht angeboren, aber vielen so natürlich, als wäre es ihre zweite Haut«[210]. Wassermann argumentierte zu diesem Zeitpunkt noch deutlich zurückhaltender und vor allem wesentlich strategischer als Rasehorn. Er versuchte hier noch innerhalb des Richterbundes Bewegung und Öffnung zu erreichen. So knüpfte er ausdrücklich an die Vorstellungen von der »Großen Justizreform« an, so dass auch Hermann Weinkauff, für den diese, wie oben gesehen, ein eindeutig konservatives Projekt war, in der Reihe der »Reformer« stand. Der *Zeit*-Artikel wurde mit einem Bild Weinkauffs versehen, auf dem er jedoch nicht als Prototyp des Vertreters der konservativen Richterschaft, sondern als »Reformer« vorgestellt wurde. Während Wassermann allerdings – wie im Übrigen später auch die SPD-Rechtspolitik – das Projekt gewissermaßen in einen progressiv-modernisierenden Kontext stellen wollte, sah Rasehorn hier bereits den falschen Ansatz für Veränderungen.

Doch unabhängig von solchen Differenzen im Einzelnen entwickelten sich Rudolf Wassermann und Theo Rasehorn – »Wasserhorn und Rasemann« wie die Spötter sagten – für die ausgehenden sechziger und frühen siebziger Jahre zu den beiden zentralen Figuren einer von innen kommenden Kritik an der Justiz. Vor allem Rudolf Wassermann trat in einer schier unüberschaubaren Menge an Publikationen und auf ebenso vielen Veranstaltungen für eine gesellschaftspolitische Öffnung der Justiz ein. Durch diese Vielzahl von Beiträgen und öffentlichen Auftritten trugen Wassermann und Rasehorn erheblich dazu

209 Berra, *Paragraphenturm*, 2. Auflage, S. 24.
210 Wassermann, Unsere konservativen Richter.

bei, dass das Thema wohl stärker als je zuvor und auch danach auf der öffentlichen Agenda stand. Die Frage, um die es dabei zunächst ging, zielte darauf, auf welcher weltanschaulichen Basis die Richter zu ihren Urteilen kamen. »Was formt den Richter?« fragte Theo Rasehorn in einem Beitrag eines Sammelbandes mit dem Titel »Weltanschauliche Hintergründe in der Rechtssprechung« und Rudolf Wassermann setze sich an anderer Stelle mit den »irrationalen Elementen der Urteilsfindung« auseinander.[211]

Um die Provokation zu verstehen, die hinter derartigen Titeln stand, wird sich vor allem der Nicht-Jurist den zutiefst rationalen Anspruch vor Augen halten müssen, den die Jurisprudenz mit dem Prozess der Rechtsfindung verband. Rechtsauffassungen konnten selbstverständlich unterschiedlich, ja nach einer beliebten Formulierung auch »irrig« sein. Die ernsthafte Auseinandersetzung mit der Frage nach den ideologischen Hintergründen der Rechtsprechung rührte jedoch an den Grundfesten des überkommenen juristischen Selbstverständnisses insgesamt. Damit erhielt nicht nur die publizistische Kritik an Prozessen wie denen gegen Axel Dohrn, Günther Weigand oder Elmar Herterich ihre ausdrückliche Legitimation, sondern es tauchte auch das Gespenst der »Klassenjustiz« wieder auf. Hatte Dahrendorf hier bereits die Vorlage geliefert, nahm vor allem Rasehorn den Ball auf und sah eine eindeutige Affinität der Juristen im Allgemeinen und der Richter im Besonderen zur Macht. Die Unterwerfung des deutschen Richters unter das Gesetz, so Rasehorn weiter, habe immer die Unterwerfung unter die Autorität bedeutet.[212]

So weit ging Wassermann mit seinen Vorwürfen gegen die Justiz nicht. Zentral war für ihn jedoch ähnlich wie für Rasehorn das beamtenähnliche Dasein und die daraus erwachsende Mentalität, welche die Richterschaft in hohem Maße prägte. Die Untersuchungen von Dahrendorf und Richter, die unter anderem festgestellt hatten, dass rund die Hälfte der Richter aus einer Beamtenfamilie kam, zeitigten hier nachhaltige Wirkung. Wassermann erschien Dahrendorfs Schlussfolgerung, dass die Richter »in ihrer Mehrzahl durch eine staatskonservative Haltung gekennzeichnet« seien und in ihrer Mentalität dem »Staatsdiener alten Stils« entsprächen, als »zwingend«. Rasehorn wie Wasser-

211 Beide Beiträge beruhten im Übrigen auf Vorträgen bei Veranstaltungen evangelischer Akademien, deren wiederholte Tagungen zu dem Themenfeld Recht, Justiz und Gesellschaft ein weiteres Indiz für dessen Bedeutung und Aktualität am Ende der sechziger Jahre ist. Vgl. Rasehorn, »Was formt den Richter«; weitere Beiträge zu der Tagung, die im Dezember 1967 in Herrenalb stattfand, lieferten Richard Schmid zum Thema »Weltanschauliche Hintergründe in der Strafrechtssprechung«, Thomas Würtenberger über »Die irrationalen Elemente bei der Strafzumessung«, Martin Drath über »Grundgesetz und pluralistische Gesellschaft. Wie weit dürfen weltanschauliche Tendenzen in der Rechtsprechung Berücksichtigung finden?«.Vgl. weiter Wassermann, »Grundlagen«.

212 Rasehorn, »Was formt den Richter«, S. 16.

mann betonten zudem die wenig demokratischen Traditionen der deutschen Richterschaft, wobei Rasehorn schärfer als Wassermann die Kontinuität des »Autoritäts-Bewußtseins« betonte, während Wassermann als klare Differenz zu Weimar hervorhob, dass antidemokratisches Denken in der bundesdeutschen Richterschaft nicht mehr zu finden sei.[213] Zudem hatte Wassermann ebenso wie Rasehorn auch den Ausbildungsgang der Juristen, der diese Haltung in ihrer Sicht immer wieder reproduzierte, und die innerrichterliche Hierarchie im Visier. In »grob-sarkastischen Eruptionen«, die »bis hart an die Grenze der Solidität« gingen, wie Dieter Simon – ansonsten gewiss kein Gegner der Aufbruchstimmung – später schrieb[214], stellte Rasehorn – auch hier weit schärfer als Wassermann – die richterliche Unabhängigkeit als reine Illusion dar: »Jeder Richter hält sich für unabhängig, aber eben deshalb, weil er seine Unabhängigkeit nicht ausprobiert, wie ja auch den eine Ausgangssperre nicht betrifft, der ohnehin sein Haus nicht verläßt«[215].

Rasehorns Ausführungen waren in Vielem kaum weniger radikal, als es Haffners Kritik an der Justiz gewesen war. Selbst der schon wiederholt zitierte ehemalige OLG-Präsident Richard Schmid, der zusammen mit Fritz Bauer lange Zeit einen Alleinvertretungsanspruch auf innerjustizielle Kritik gehabt hatte und sich 1967 auch noch einmal mit einer justizkritischen Schrift zu Wort meldete, nahm Rasehorns Ausführungen eher mit Zurückhaltung zur Kenntnis.[216] Für den Verlauf der Debatte insgesamt aber war entscheidend, dass die Frontlinie nun nicht mehr zwischen Journalisten, die sich in den Augen der Richterschaft mehr oder weniger sachunkundig über einzelne Fälle empörten, und den Angehörigen der Justiz verlief, die sich gegen jede Kritik abschotteten. Mit dem »Paragraphenturm« und anderen Beiträgen von Rasehorn war die Auseinandersetzung um das Verhalten und die Prägungen der Justiz voll im Zentrum der Justiz selbst angelangt. Schon die bewusst »publizistische« Sprache Rasehorns hatte die Trennung zu den Angriffen »von außen« komplett aufgehoben. Wassermann hatte sich dagegen zunächst sehr eindeutig als Kritiker »von innen« definiert und »ungerechtfertigte« Angriffe »von außen« zurückgewiesen. Beide zusammen standen dafür, dass der gesellschaftliche Aufbruch der sechziger Jahre auch die Justiz erreicht hatte.

---

213 Vgl. u.a. Berra, *Paragraphenturm*, S. 47 sowie Wassermann, Unsere konservativen Richter.

214 Simon, *Unabhängigkeit*, S. 102.

215 Rasehorn, »Was formt den Richter«, S. 23. Vgl. auch Ders., »Strukturen«; der Beitrag war eine Antwort auf die Kritiker des »Paragraphenturms«.

216 Vgl. Schmids Rezension in: *Die Zeit*, 23.9.1966.

2.4 Justizpolitik

Wenn erst an dieser Stelle von der Justizpolitik die Rede ist, dann hängt das damit zusammen, dass von der Politik lange Zeit kaum wesentliche Impulse für die Debatte um die Rolle der Justiz und deren etwaige Reformbedürftigkeit ausgingen. Nachdem zu Beginn der Bundesrepublik die wesentlichen Rahmenbedingungen für den Aufbau einer demokratischen Justiz geschaffen worden waren und sich das Bundesverfassungsgericht in der Auseinandersetzung mit der Regierung gegen direkten politischen Einfluss gewehrt hatte, hielten sich sowohl die Regierungs- als auch die Oppositionsparteien mit justizpolitischen Vorstößen weitgehend zurück. Von der »Großen Justizreform« – der Abschaffung des vierstufigen zugunsten des dreistufigen Aufbaus bei gleichzeitiger radikaler Reduktion der Richterschaft – war zwar dann und wann die Rede, ohne dass es hier jedoch ernsthafte Ansätze gegeben hätte. Dort, wo die Politik vor allem gefordert war – im Zusammenhang mit der Auseinandersetzung um die NS-Belastung der Richterschaft – verfolgte sie eine Linie der Schadensbegrenzung. Der § 116 des Deutschen Richtergesetzes von 1961, der den belasteten Richtern die Möglichkeit bot, freiwillig aus dem Dienst zu scheiden, war angesichts der massiven Vorwürfe wohl das Minimum dessen, was von politischer Seite an Maßnahmen erwartet werden konnte.

Unter den Bundesjustizministern entfaltete nach dem Ausscheiden Thomas Dehlers aus dem Amt im Jahr 1953 kaum einer der Nachfolger ein wirkliches rechtspolitisches Profil. Zwar betrachtete die FDP das Ministerium als »ihr« Ressort und leitete dieses auch bis zum Rücktritt Ewald Buchers im Jahr 1965 in allen Koalitionsregierungen, an denen sie beteiligt war.[217] Eine prägende rechtspolitische Handschrift ist jedoch bei kaum einem der Minister erkennbar.[218] Das Gleichberechtigungsgesetz von 1957 stellte zwar einen wichtigen Schritt bei der Umsetzung von Verfassungsnormen dar, folgte aber weit mehr dem Auftrag des Bundverfassungsgerichts als einem rechtspoliti-

217 1953 übernahm Fritz Neumayer die Leitung des Ministeriums. In den Jahren der absoluten Mehrheit von CDU/CSU zwischen 1957 bis 1961 war der ehemalige Bundesfinanzminister Fritz Schäffer (CSU) für die Rechtspolitik der Regierung verantwortlich, bis 1961 die FDP mit Wolfgang Stammberger wieder »ihren« Platz in der Rosenburg einnahm. Nach der *Spiegel*-Affäre, in der Stammberger alles andere als eine glückliche Figur abgab, übernahm Ewald Bucher das Ministerium, bis er im Jahr 1965 zurücktrat, weil er die Verlängerung der Verjährungsfrist für Mord nicht akzeptieren wollte. Da die FDP die Verjährung insgesamt nicht mittragen wollte, weigerte sie sich auch einen neuen Minister zu benennen, so dass vom März bis zu Bundestagswahl im Oktober 1965 Karl Weber (CDU) das Amt interimsmäßig übernahm.

218 In Darstellungen zur FDP-Politik dieser Jahre insgesamt finden sich bezeichnenderweise kaum Hinweise zur Rechtspolitik der Partei.

schen Gestaltungswillen.[219] Am ehesten eine originäre liberale Handschrift trug die Reform der Strafprozessordnung aus dem Jahr 1964, die eine Verbesserung der Rechtsstellung des Beschuldigten und eine größere Waffengleichheit zwischen Anklage und Verteidigung herstellte. Zu den zentralen Punkten der Reform gehörten die veränderten Bestimmungen zur Untersuchungshaft, die sich verstärkt am Prinzip der Verhältnismäßigkeit orientierte. Vor allem durch die Notwendigkeit, die Haftgründe präziser zu benennen, wurden der Umfang sowie die Dauer der Maßnahme beschränkt. Zentral für die Reform war zudem Stärkung der Verteidigerrechte, die vor allem das Recht auf Akteneinsicht erweiterte und den ungehinderten Verkehr mit dem Beschuldigten ermöglichte. Das Vertrauen in die Unvoreingenommenheit des Richters und damit in die Funktionsfähigkeit der Gerichte sollte schließlich dadurch gestärkt werden, dass das Recht auf Ablehnung des Richters wegen Befangenheit zeitlich verlängert und im Wiederaufnahmeverfahren nicht die gleichen Richter, die an der ersten Entscheidung beteiligt waren, das Urteil fällen sollten.[220]

Der entscheidende Motor hinter dem Gesetz war jedoch die Anwaltschaft, die schon seit langem auf eine umfassende Reform des Strafverfahrensrechts gedrängt hatte. Ähnlich wie bei der Strafrechtsreform träumten mache auch hier von der »Großen Strafprozessrechtsreform«. Nachdem sich jedoch aus der Anwaltschaft die Stimmen mehrten, die auf eine Lösung der in ihren Augen wichtigsten Probleme drängten[221], bereitete das Bundesjustizministerium unter Fritz Schäffer (CSU) seit 1959 verstärkt eine »kleine« Reform vor.[222] Unter den Justizministern Stammberger und Bucher wurde die Reform zu Ende geführt, ohne dass die FDP-Politiker in besonderem Maße als Fürsprecher von liberalen, anwaltlichen Positionen aufgetreten wären.

An dem wohl wichtigsten rechtspolitischen Projekt der fünfziger und sechziger Jahre, der »Großen Strafrechtsreform«, war die FDP zwar insofern maßgeblich beteiligt, als die Reform noch von Thomas Dehler angestoßen und die Große »Strafrechtskommission« von dessen Nachfolger Neumayer im Jahr 1954 berufen worden war. Doch gerade in Bezug auf die Strafrechtsreform sticht das Fehlen einer klaren rechtspolitischen Linie der FDP besonders ins Auge. Während etwa Fritz Neumayer, Bundesjustizminister von 1953 bis 1957,

219 Vgl. dazu Kapitel I.2.2.

220 Zu dem Gesetz vgl. insbes. Kleinknecht, »Gesetz«; eine weitergehende Einordnung des Gesetzes mit einer Periodisierung der Reformansätze bei Rieß, »Gesamtreform«.

221 Vgl. hier vor allem die Referate von Dahs und von v. Stackelberg auf dem 30. Deutschen Anwaltstag im Mai 1959: Dahs, »Anwalt«; Stackelberg, »Anwalt«; als besonders dringlich war von der Anwaltschaft eine Reform der Bestimmungen für die Untersuchungshaft angemahnt worden, vgl. Dahs, »Recht«; sowie Schmidt-Leichner, »Haftbefehl«.

222 Die erste Ankündigung einer Reform in der Rede Schäffers im Deutschen Bundestag im Rahmen der Justizdebatte vom 29.1.1959; *Stenographischer Bericht*, S. 3060 D.

noch die Todesstrafe befürwortete und die FDP-Bundestagsfraktion dem konservativ geprägten Entwurf von 1962 keinen nennenswerten Widerstand entgegensetzten[223], waren mit Jürgen Baumann, Werner Maihofer und Ulrich Klug drei FDP-Mitglieder bereits mit einem Gegenentwurf befasst, ohne dass die Partei zunächst erkennen ließ, dass sie sich in irgendeiner Weise damit identifizierte. Immerhin war Jürgen Baumann seit Anfang der sechziger Jahre der stellvertretende Vorsitzende des FDP-Bundesfachausschusses für Rechts- und Innenpolitik.[224] Doch obwohl Baumann schon 1963 einen ersten Gegenentwurf zum E 1962 präsentiert und damit wesentlich dazu beigetragen hatte, dass eine breite öffentliche Diskussion über die Strafrechtsreform in Gang kam[225], brachte die FDP am 13.1.1966 gemeinsam mit der CDU eben diesen E 1962 in den Bundestag ein.[226] Gerade einmal zwei Jahre später war die Partei komplett umgeschwenkt und machte sich nun den neu erarbeiteten Alternativentwurf, der in vielen Punkten reformpolitisch deutlich über den ersten Entwurf von Baumann hinausging, zu eigen und brachte ihn als Gesetzesentwurf in den Bundestag ein.[227]

Unübersehbar ist, dass dieser Schwenk mit der völligen Neuorientierung der Partei in den Jahren der Großen Koalition insgesamt zusammenhing.[228] Innerhalb dieser Neuorientierung spielte die Rechts- und Justizpolitik gleichwohl nur eine untergeordnete Rolle. Zur reformpolitischen Kraft hatte sich auch auf diesem Gebiet stattdessen etwa seit Mitte der sechziger Jahre die SPD aufgebaut. Dies hing zunächst unverkennbar mit der scharfen Zäsur zusammen, die der Wechsel an der Spitze des Bundesjustizministeriums von Richard Jaeger (CSU) zu Gustav Heinemann (SPD) bedeutete. Im Gegensatz zu den meisten seiner Vorgänger hatte es Richard Jaeger in seiner kurzen Amtszeit von Oktober 1965 bis Dezember 1966 tatsächlich geschafft, rechtspolitisches Profil zu gewinnen, das allerdings kaum in Richtung Liberalisierung wies. Jaegers Einstellung zur Todesstrafe brachte ihm bald den Spitznamen »Kopf-ab-Jaeger« ein, und auch sein übriges Verständnis vom Rechtsstaat deckte sich nicht unbedingt mit dem Grundgesetz, hielt er doch den Rechtsstaat auch ohne Demokratie für möglich und zeigte vor diesem Hintergrund wiederholt

223 Zur Haltung Neumayers vgl. den Eintrag in: Internationales Biographisches Archiv (Munzinger-Archiv), Lieferung 20/73. Vgl. ansonsten die Position der FDP-Abgeordneten Diemer-Nicolaus, der für die FDP in dem Sonderausschuss für die Strafrechtsreform saß, in: Sonderausschuß für die Strafrechtsreform, *Stenographische Berichte*, 1965–1969.

224 Vgl. dazu Wassermann, »Vorwort«, S. 10.

225 Baumann, *Entwurf*. vgl. dazu auch Goedecke, »Strafrechtsreform«.

226 Bundestags-Verhandlungen, Anlagen, Bd. 101, Bonn 1965, Drs. V/32.

227 Vgl. hierzu Goedecke, »Strafrechtsreform«, S. 151ff.

228 Vgl. hierzu Koerfer, *FDP*; im breiteren Kontext Juling, *FDP*; Kaack, *F.D.P.*; Lösche/Walter: *FDP*.

Sympathien für die Diktaturen Francos und Salazars.[229] Von jeglichen liberalisierenden Vorstellungen für die anstehende Strafrechtsreform war Jaeger denkbar weit entfernt. So hielt er an der Beibehaltung des Zuchthauses für Kapitalverbrechen ebenso fest wie an der prinzipiellen Strafbarkeit der Abtreibung nach einer Vergewaltigung.[230]

Angesichts dieser Positionen konnte man es dem ehemaligen Generalbundesanwalt und damaligen CDU-Abgeordneten Max Güde durchaus abnehmen, wenn er bei Amtsantritt Heinemanns an diesen schrieb, er freue sich »ganz unbefangen, daß gerade Sie in dieses Amt berufen worden sind, weil es Ihnen zusteht und wohl ansteht«[231]. Vermutlich stand Güde, der sowohl in der Frage des politischen Strafrechts als auch in der Auseinandersetzung mit der NS-Vergangenheit der Justiz innerhalb seiner Partei Außenseiterpositionen eingenommen hatte, in manchen Positionen Heinemann näher als dessen Vorgänger Jaeger. Mit Heinemann zog jedenfalls ein Minister in die »Rosenburg« ein, der in den Jahren 1947/48 als nordrhein-westfälischer Justizminister bereits Erfahrungen in dem Amt hatte sammeln können und der sich zudem als Anwalt, nicht zuletzt in politischen Prozessen profiliert hatte. Auch wenn die Elogen auf Heinemanns Zeit als Justizminister in erster Linie von Parteigängern stammen, ist unverkennbar, dass mit dessen Übernahme des Ministeriums zum einen Rechtspolitik in der öffentlichen Wahrnehmung einen deutlich gehobenen Stellenwert erhielt. Zum anderen bedeutete sie eine klare Wendung gegenüber dem Kurs, den insbesondere Richard Jaeger verfolgt hatte.

Wenn sich die SPD in der zweiten Hälfte der sechziger Jahre als rechts- und justizpolitische Reformkraft etablierte, so hing dies gleichwohl nicht nur an der Person Heinemanns. Die SPD hatte das Thema Rechtspolitik schon im Wahlkampf von 1965 als Profilierungsfeld entdeckt und sich stolz als die Partei präsentiert, die überhaupt als erste einen rechtspolitischen Kongress veranstaltete. Der Kongress, der am 26. und 27. März 1965 in Heidelberg stattfand, stand unter dem Motto »Der Bürger und das Recht«. Der Bürger, so die Botschaft sollte sich als Subjekt und Objekt des Rechts ernst genommen fühlen. Zwar wurde hier auch die Diskussion um die Strafrechtsreform aufgenommen, das Themenspektrum ging jedoch erheblich darüber hinaus. In vier Arbeitsgemeinschaften – Bürger vor Gericht, der Bürger als Partner der Verwaltung, der Bürger als Verbraucher, der straffällige Bürger – wurde eine erhebliche Spannbreite von Fragen präsentiert, die die Bedeutung des Rechts für den

229 Vgl. dazu etwa die »Hausmitteilung« in: *Der Spiegel*, 3.11.1965, S. 3. Zu seinen rechtspolitischen Vorstellungen insgesamt vgl. das *Spiegelinterview* mit Jaeger vom 17.11.1965, »Ich bin für eine scharfe Klinge«, S.47–59.

230 Vgl. ebd.

231 Zit. nach Lindemann, *Heinemann*, S. 201.

einzelnen wie für die Gesellschaft verdeutlichten.[232] In der Planung war ursprünglich ein Podiumsgespräch zum Thema »Justizreform« gewesen. Gerhard Jahn, der gerade begann, sich in der Partei als Rechtspolitiker einen Namen zu machen, sprach sich dagegen für das Thema »Der Bürger und das Recht« aus, da praktische Ergebnisse von der seit Jahrzehnten dauernden Debatte über die »Große Justizreform« ohnehin nicht zu erwarten seien. Seinen Themenvorschlag sah er dagegen als Beitrag zu dem Bemühen »dem Bürger das Gefühl zu geben, daß die Rechtsordnung für ihn und nicht gegen ihn da ist«[233]. Tatsächlich löste sich die Partei damit von Einzeldebatten etwa um die Strafrechtsreform oder die »Große Justizreform«. Stattdessen wurde mit dem Kongress sowohl innerhalb der Partei als auch nach außen das Signal gegeben, Rechtspolitik zum einen als ein wichtiges gesellschaftliches Steuerungsmittel ernst zu nehmen und zum anderen die Bürger in ihren Rechten und ihrem Rechtsbewusstsein zu stärken. Gegenüber den anderen Parteien hatte es die SPD hier verhältnismäßig leicht, Punkte zu sammeln. In keinem anderen Bonner Ministerium, so konnte Gerhard Jahn in seiner Rede auf dem justizpolitischen Kongress anprangern, habe der Hausherr so oft gewechselt wie in der »Rosenburg«, und er hatte wohl auch nicht ganz Unrecht mit der Bemerkung, dass das Amt nicht zuletzt als »Altenteil« für »verbrauchte Politiker« missbraucht worden sei.

Bezeichnend für die reformpolitische Konzeption, die die SPD zu entwickeln begann, ist der Umstand, dass sich darin zwei der zentralen Grundmotive gesellschaftspolitischer Vorstellungen der zweiten Hälfte der sechziger Jahre insgesamt wiederfinden: Planung und Demokratisierung. Dem Vortrag von Gerhard Jahn, von dem die Konzeption des Kongresses weitgehend stammte, lagen einmal mehr die schon wiederholt angeführten Überlegungen zu Grunde, dass die Rechtsordnung mit der Dynamik der gesellschaftlichen Entwicklung nicht mithalte. Jahn berief sich auf Franz Wieacker, der in seiner »Privatrechtsgeschichte der Neuzeit« darauf hingewiesen hatte, dass »große Kodifikationen der Vergangenheit immer dann gelungen seien, wenn eine Übereinstimmung zwischen dem Rechtsbild der Wissenschaft und dem Sozialbild der jeweiligen Gesellschaft bestand«. Eine solche Übereinstimmung, so Jahn weiter, könne »in unserer so sehr im Wandel befindlichen Zeit kaum verzeichnet werden«. Gleichwohl müsse versucht werden, »das Bild unserer Gesellschaft rechtlich einzufangen und festzuhalten und neue Formen in unserer Rechtsordnung zu finden«[234].

232 Vgl. den Bericht über den rechtspolitischen Kongress in: RuP 1, 1965, H. 2, S. 28–31.
233 Gerhard Jahn an Alfred Nau, 19.9.1964, AdSD PV 2326.
234 Jahn, »Rechtspolitik«, S. 38.

Die Vorschläge, die Jahn dazu unterbreitete, zielten zum einen darauf, eine in sich kohärente rechtspolitische Konzeption zu entwickeln. Die »Verwaltungsmaschinerie« spucke am laufenden Band Gesetzesentwürfe aus, »die sie dann wahllos dem Parlament zuleitet, wie sie eben fertig werden«[235]. Jahn dagegen forderte für die Rechts- und Justizpolitik das, wovon auch in gesellschaftlichen Bereichen die Zukunft abzuhängen schien: eine Planung.

Gegenüber Adolf Arndt, der bis dahin das rechtspolitische Profil der Partei bestimmt hatte, aber auch gegenüber Gustav Heinemann verkörperte Jahn gemeinsam mit Horst Ehmke, der 1966 als Staatssekretär in Heinemanns Ministerium ging, eine neue Generation, auf die die boomende Literatur zur Planung gesellschaftlicher Prozesse eine enorme Faszination ausübte.[236] Diese Faszination reichte bis in Teile der Richterschaft. Rudolf Wassermann bezog sich in einem Aufsatz zur Rechtspolitik aus dem Jahr 1966 ganz explizit auf eine Studie des SPD-Politikers Ulrich Lohmar, dem im Kreis der jungen Planer die Rolle des Vordenkers zukam.[237] Lohmars Forderung nach umfassender Planung, die aus einer Zusammenarbeit von Politikern und Wissenschaftlern hervorgehen sollte, machte sich auch Wassermann in Bezug auf die Rechts- und Justizpolitik zu Eigen. In diesen Planungskontext wollte Jahn die Rechtspolitik inkorporieren und so zu einem geschlossenen, effektiven gesellschaftlichen Steuerungsinstrument umfunktionieren. Ziel war dabei im Grunde nicht weniger als das perfekte Rechtssystem: »Eine klare Gesetzessprache, eine übersichtliche Gesetzgebung und eine durchschaubare Rechtsordnung«[238].

In dieser Rechtsutopie verband sich das Ziel der allumfassenden Planung auf wunderbare Weise mit dem Ziel der Demokratisierung: Das Recht sollte kein undurchschaubarer Dschungel sein, dem der Bürger ausgeliefert war, sondern ein rationales System, das er nutzen konnte. Rudolf Wassermann wies in seinem Plädoyer für Planung in der Rechts- und Justizpolitik zur Unterstützung seines Arguments auf die Analyse des »Club Jean Moulin« hin, dass angesichts der wachsenden Macht der Apparate, nicht zuletzt der des Staates, der Schutz der Rechte und der Freiheit des Bürgers immer notwendiger werde.[239] Dass möglicherweise ein Widerspruch zwischen der Hoffnung auf einen perfekt planenden Staat und der Wahrung der Bürgerrechte bestand, blieb hier außerhalb des Horizonts. Es wird an dieser Stelle jedoch deutlich, dass man

235 Ebd., S. 38f.

236 In der Diktion von Dirk Moses würde dieser Personenkreis zu den »45ern« gehören.

237 Wassermann, »Parteiprogramme«; Wasserman bezog sich hier auf Lohmar, »Politik«; vgl. dazu auch Wassermanns positive Rezension in: RuP 1, 1965, H. 2, S. 21; zentral für Lohmars Konzeption vgl. Lohmar, *Wissenschaftsförderung*.

238 Ebd., S. 40.

239 Club Jean Moulin, *Staat*, S. 50; vgl. Wassermann, »Parteiprogramme«, S. 43.

das Ziel der »Demokratisierung« von dem der Planung zunächst trennen sollte. Sowohl auf theoretischer als auch auf praktischer Ebene fügten sich die Ziele keineswegs immer so wie in der Jahnschen Rechtsutopie.

Der schillernde Begriff der Demokratisierung, der in den ausgehenden sechziger und frühen siebziger Jahren den Höhepunkt seiner Konjunktur erreichte, findet sich in der Mitte der sechziger Jahre noch selten in der Quellensprache. Versteht man unter Demokratisierung in einem analytischen Sinn unter anderem die Hinwendung zum Bürger und dessen verstärkte Einbeziehung in gesellschaftliche Prozesse, so war die rechts- und justizpolitische Konzeption, die die SPD entwickelte, unverkennbar auf eine Demokratisierung ausgerichtet. In der Rhetorik des Kongresses waren »der Bürger« und »die Demokratie« allgegenwärtig. Der Bürger stand nicht nur in den Titeln aller Sektionen, sondern wurde auch in den Reden immer wieder bemüht. Adolf Arndt bezog sich auf Theodor Mommsens berühmtes Bekenntnis, dass er Bürger habe sein wollen und leitete daraus das für ihn unabdingbar symbiotische Verhältnis von »Bürger-sein« und Recht ab. Bürger und Recht gehörten so zusammen, »daß es keinen Bürger gibt, wenn der Mensch entrechtet wird, und kein Recht, wenn es dem Bürger nicht in Fleisch und Blut übergeht«[240]. Wohl mehr als jeder andere in dieser Zeit beschwor Arndt die fundamentale Bedeutung des Grundgesetzes für die demokratische Gesellschaft. So wie er die Juristen immer wieder dazu mahnte, das Grundgesetz zu erfüllen und sie umgekehrt vor dessen Aushöhlung warnte, sah er dann aber auch den im Grundgesetz wurzelnden Juristen als Garanten der Bürger-Gesellschaft an. Die gänzliche Identifikation mit dem Grundgesetz war für Arndt die unmittelbare Voraussetzung, im Mommsenschen Sinne Bürger sein zu können.

Auf weniger hohem theoretischen Niveau, aber mit gleicher Stoßrichtung bemühte auch Gerhard Jahn immer wieder den Bürger als Adressaten der Rechtspolitik: Die Gesetze dürften nicht in einer Geheimsprache, sondern müssten »in der Sprache des Bürgers« abgefasst sein, es müsse ein »Vertrauensverhältnis zwischen dem Recht und dem Bürger« herangebildet werden; so wie die Juristen, sei es in der Rechtsprechung oder in der Verwaltung, den Bürgern gegenüberträten, so werte der Bürger auch die Rechtsordnung; der Jurist müsse in der Demokratie Partner des »Vertrages der Bürger mit sich selbst sein«. Und noch einmal in der Verbindung von Zukunftsgestaltung und Demokratisierung formulierte Gerhard Jahn: »Rechtspolitik bedeutet heute auch für den Juristen, die Entwicklung der Gesellschaft für die Zukunft abzuschätzen und rechtzeitig zu bedenken, wie er daran mitwirken kann, die Stellung des Bürgers so zu gestalten, daß seine vom Grundgesetz umrissene Posi-

240 Arndt, »Jurist«, S. 21f.

tion auch unter neuen und veränderten Lebensbedingungen gewahrt bleibt«. All dies war in den Augen Gerhard Jahns Teil des umfassenden Konzepts einer »Rechtspolitik im Dienste des Bürgers«[241].

Organisator des Kongresses war neben der Partei selbst die Arbeitsgemeinschaft Sozialdemokratischer Juristen (ASJ), die sich in diesen Jahren wohl zur aktivsten rechts- und justizpolitischen Gruppierung in der Bundesrepublik entwickelte. Während die CDU erst 1968 gewahr wurde, dass sie auf diesem Gebiet der SPD etwas entgegensetzen musste und ihrerseits einen »Arbeitskreis christlich-demokratischer Juristen« gründete[242], bestand die Arbeitsgemeinschaft in der SPD nominell bereits seit 1950.[243] Erst seit Anfang der sechziger Jahre begann die Arbeitsgemeinschaft jedoch langsam größere Aktivitäten zu entfalten. Verfolgen lassen sich diese insbesondere an den Veröffentlichungen der ASJ, die aus Mitteilungen von ASJ-Landesverbänden in die immer stärker beachtete Zeitschrift *Recht und Politik* mündeten.[244] Der rechtspolitische Kongress aus dem Jahr 1965 bildete einen ersten Höhepunkt der öffentlichen Aufmerksamkeit für die ASJ. Doch auch darüber hinaus versuchte die Arbeitsgemeinschaft in einer Vielzahl kleinerer Veranstaltungen – allein im Wahljahr 1965 waren dies bundesweit deutlich über 60 – die SPD als *die* rechts- und justizpolitische Reformkraft zu präsentieren. Neben einer breiten Palette rechtspolitischer Themen – Strafrechtsreform, Strafprozessrechtsreform, Reform des politischen Strafrechts, Notstandsgesetzgebung, Fragen des Arbeitsrechts, Fragen des Kindschaftsrechts, Fragen des Konsumentenschutzes und anderem mehr – entwickelte die Arbeitsgemeinschaft schließlich auch konkrete Vorstellungen in der Justizpolitik. Ausgangspunkt war wiederum die Diagnose des Wandels der Gesellschaft und der damit verbundenen neuen Aufgaben für die Justiz:

»Die Aufgabe der Rechtsprechung beschränkt sich nicht mehr darauf, dem Bürger Rechtsschutz zu gewähren und die staatliche Strafgewalt auszuüben. Im demokratischen und sozialen Rechtsstaat sind der Rechtsprechung weitere bedeutsame Aufgaben zugefallen: Die Verfassungsmäßigkeit der gesetzgebenden Gewalt zu kontrollieren und Freiheitsrechte der

241 Alle Zitate bei Jahn, »Rechtspolitik«, S. 40–43.

242 Vgl. dazu Kapitel IV.

243 Zur Geschichte und den Aktivitäten der ASJ vgl. Kunze, »Arbeitsgemeinschaft«. Kunze war zu dieser Zeit Vorsitzender der ASJ. Vgl. zur Geschichte der ASJ auch Rasehorn, »Arbeitsgemeinschaft«; Rasehorn gibt hier als Gründungsdatum 1947 an.

244 Die offizielle Bandzählung der Zeitschrift wurde später auf das Jahr 1965 festgelegt. Zuvor hatte es die ASJ-Mitteilungen des Landesverbandes Berlin gegeben, bis sich 1965 der Berliner und der hessische Landesverband zusammenschlossen und gemeinsame Mitteilungen eben unter dem Titel *Recht und Politik* herausgaben. Nachdem 1966 zunächst der Landesverband Niederrhein hinzugekommen war, strich man von Heft 3 des Jahres 1966 die *Mitteilungen* aus dem Untertitel und nannte sich nun »Vierteljahreshefte für Rechts- und Verwaltungspolitik«.

Bürger durchzusetzen, die Rechtmäßigkeit der vollziehenden Gewalt im Streitfall zu überprüfen und die fortschreitende Durchdringung des gesellschaftlichen Lebens durch die Staatsgewalt so zu begrenzen, daß die Würde des Menschen gewahrt und die freie Entfaltung der Persönlichkeit innerhalb der verfassungsmäßigen Ordnung gewährleistet bleiben, Interessenkonflikte in fast allen Bereichen des gesellschaftlichen Lebens im Sinne der sozialen Gerechtigkeit zu entscheiden. Diese Aufgaben kann die Justiz in ihrer überkommenen Gestalt nicht hinreichend erfüllen. Eine umfassende Reform ist notwendig, um die Justiz den politischen und gesellschaftlichen Entwicklungen anzupassen. Aufbau, Verfahren und innere Ordnung sind den Erfordernissen der Zeit entsprechend neu zu gestalten.«[245]

In einem ursprünglichen, vom ASJ Berlin erarbeiteten Entwurf hieß es noch deutlicher zur Justiz:

»Aufbau und Verfahren der Gerichte, die aus den Zeiten des Obrigkeitsstaats stammen, entsprechen noch nicht den Bedürfnissen des demokratischen und sozialen Rechtsstaats. Das Richteramt ist noch nicht der Verfassung gemäß ausgestattet. Die innere Ordnung der Gerichte genügt noch nicht den Anforderungen der Demokratie. Demokratisch ist eine Justiz dann, wenn ihre innere Ordnung demokratisch ist und wenn sie aus dem Volk, in dessen Namen sie urteilt, ihre Legitimation bezieht. An der ersten Voraussetzung fehlt es ganz, die zweite ist als theoretisches Postulat unbestritten, in der Praxis jedoch kaum aufzufinden. Eine umfassende Reform ist notwendig, um die Justiz den politischen und gesellschaftlichen Entwicklungen anzupassen.«[246]

Quasi parallel zu Rasehorns Polemik gegen die Zustände in der Justiz, von der oben die Rede war, postulierte die ASJ den Gleichklang einer inneren Demokratisierung der Justiz und ihrer gesellschaftlichen Legitimation. Wenn die hier vorgelegten Reformvorschläge bereits einen großen Teil des Spektrums der Diskussionspunkte enthielten, die in den folgenden Jahren unter dem Stichwort Justizreform eine Rolle spielten, hing das nicht zuletzt damit zusammen, dass Rudolf Wassermann, der in der gesamten Debatte eine zentrale Rolle spielte, auch federführend bei der Erarbeitung der ASJ-Leitsätze zur Justizpolitik beteiligt war.[247]

Bezeichnend und wichtig für die weitere Debatte über die Reformbedürftigkeit der Justiz, die immer wieder mit dem Begriff der Demokratisierung in

245 »Leitsätze zur Justizpolitik«, S. 99; die endgültige, nur unwesentlich veränderte Fassung der Leitsätze in: *RuP* 4, 1968, S. 107–110.

246 Leitsätze der Justizpolitik 1. Entwurf der ASJ Berlin, 1.11.1966, in: NL Heinemann, Teil 2, Nr. 0473. In sprachlich etwas veränderter Form wurde ein weiterer Entwurf veröffentlicht in: »Leitsätze der Kommission für Justizpolitik der ASJ (Entwurf)«.

247 Außer Wassermann, der der ASJ-Kommission »Leitsätze zur Justizpolitik« vorgesessen hatte, gehörten der Kommission der Fuldaer Oberstaatsanwalt Gauf, der Frankfurter Landesarbeitsgerichtsprädisent Joachim, der Wiesbadener Leitende Ministerialrat Kissel, der Münchner Rechtsanwalt Kahlndorfer, der Düsseldorfer Justiz-Staatssekretär von Münchhausen, der BGH-Richter Pfeiffer, der Kölner Landgerichtsdirektor Recken sowie der Bundesverfassungsrichter Zeidler an.

Verbindung gebracht wurde, ist die Verbindung alter standespolitischer Forderungen des Richterbundes mit den Vorstellungen zur Schaffung eines neuen demokratischen Richtertyps sowie einer demokratisierten inneren Justizordnung. Verblüffend ist insbesondere die ideologische Umdeutung, die in dieser Konzeption die Pläne zur »Großen Justizreform« erfuhren. Waren diese Pläne noch Anfang der sechziger Jahre in der Vorstellung des ehemaligen BGH-Präsidenten, wie oben gezeigt worden ist, Teil einer konservativen Justizkonzeption, in der die Justiz für die Einhaltung einer konservativen Gesellschafts- und Werteordnung sorgen sollte, wurde der Umbau zur Dreistufigkeit nun als Beitrag zur Schaffung einer übersichtlichen, bürgernahen Justiz postuliert.[248] Die unterschiedlichen Rechtswege und Instanzenzüge, so die Argumentation von Wassermann und verschiedenen Rechtspolitikern in der SPD, seien zu kompliziert für den Bürger. Sie bildeten Hemmnisse die beseitigt werden müssten, damit das Gerichtswesen auch für den Nicht-Fachmann besser überschaubar, kontrollierbar und zugänglich werde.[249]

Für das weitere Verhältnis zwischen dem Richterbund und der SPD ist diese »Aneignung« eines alten, vom Richterbund vertretenen Reformprojektes symptomatisch. Die SPD machte sich zentrale Forderungen des Richterbundes zu eigen – neben der »Großen Justizreform« auch die nach höherer Besoldung – und stellte sie nun aber ganz in den Kontext einer zu demokratisierenden Justiz. Auch bei der Forderung nach der Schaffung und Neukonzeption der Richterwahlausschüsse, in denen nicht mehr nur die Politik, sondern auch die Richter selbst vertreten sein sollten, kam die SPD zu diesem Zeitpunkt den alten Forderungen der Richter entgegen, die sich gegen die rein politische Bestellung der Richter gewehrt hatten. Auch mit der Frage der Abschaffung des Laufbahnprinzips und der Abschaffung der Titel griff die SPD Punkte auf, die aus den Reihen der Richter gefordert worden.

Schwieriger sah es mit der Forderung aus, die Präsidien der Gerichte zu »demokratischen Organen« umzugestalten. Dies galt erst recht für die Forderung, dass die Richter das Recht erhalten sollten, ihre abweichende Meinung (dissenting opinion) im Urteil kundzutun. Zudem sollten sich die Richter ständig fortbilden, insbesondere sollten sie ihre Kenntnisse »in forensischer Psychologie, Kriminologie, Soziologie, Wirtschafts- und Politischer Wissenschaft« erweitern. Fast schien es, als ob der Richter eine Art demokratischer Modellmensch zu werden hatte: Von ihnen wurde nicht nur »soziales Verständnis, demokratische Gesinnung sowie mehrjährige Erfahrung und Bewährung in der

248 Vgl. »Leitsätze der Kommission für Justizpolitik der ASJ (Entwurf)«., S. 2.

249 Wassermann, »Gesellschaft«, insbes, S. 13 u. 15; Lauritzen, »Bürger«, insbes. S. 3f.; Strelitz, »Stand«; »Leitsätze der Kommission für Justizpolitik der ASJ (Entwurf)«.

Rechtspflege« verlangt, sondern auch seine Auswahl nach strengsten Persönlichkeitskriterien. Es müssten »innerlich freie Persönlichkeiten aus allen Schichten der Gesellschaft für das Richteramt gewonnen werden. [...] Als politisch gebildeter Mensch darf der Richter nicht in der Vorstellungswelt seiner eigenen sozialen oder weltanschaulichen Gruppe befangen sein; er muss die anderen Gruppen der Gesellschaft verstehen können und wissen, dass nur aus der Gesamtsicht aller gesellschaftlichen Probleme eine Entscheidung im Sinne einer demokratischen und sozialen Gesellschaftsordnung möglich ist«. Schöner hätte man wohl die Lehren aus Dahrendorfs soziologisch motivierter Justizkritik nicht ziehen können.

Um den Stellenwert der Leitsätze zu ermessen, wäre es gewiss verfehlt, hierin die Handschrift oder gar das Regierungsprogramm des amtierenden Justizministers zu sehen. Von Heinemann selbst finden sich kaum konkrete Aussagen zu der Thematik und seine Tätigkeit als Justizminister konzentrierte sich auf ganz andere Bereiche: Unter seiner Ägide kam es endlich zu der seit langem vorbereiteten »Großen Strafrechtsreform«, für die er aber von dem ursprünglichen Entwurf von 1962 weit abrückte und stattdessen in zentralen Punkten den Alternativentwurf zur Basis nahm. Heinemanns Handschrift trug dann vor allem die überfällige Reform des politischen Strafrechts, die schon 1968, wie Christoph Kleßmann zu Recht betont, erstaunlich problemlos vom Bundestag verabschiedet wurde.[250] Und schließlich erwarb sich Heinemann erhebliche Verdienste bei der rechtlichen Gleichstellung nicht-ehelicher Kinder.[251] Justizpolitik in einem engeren Sinne wurde dann erst, nach dem kurzen Zwischenspiel von Horst Ehmke als Heinemanns Nachfolger, unter Gerhard Jahn Programm.

Gleichwohl verliehen die 1967 veröffentlichten Leitsätze der Diskussion um die Justizreform bereits zu diesem Zeitpunkt eine ganz neue Richtung. Zumindest auf diskursiver Ebene erfüllte sich damit eine von Rudolf Wassermann schon 1964 geäußerte Hoffnung. In seinem *Zeit*-Artikel aus dem Jahr 1964 über die »konservativen Richter« forderte er die Politik auf, sich eine Reform der Justiz auf die Fahnen zu schreiben: »Wenn wir eine Justizreform erleben wollen, muß sie Sache der Politiker und Parteien werden«[252]. Der Satz ist insofern bemerkenswert, als Wassermann hier die traditionelle Distanz der Justiz nicht nur zur Politik, sondern vor allem zu den Parteien durchbrach, und sie ausdrücklich den reformwilligen Kräften in der Justiz zu Hilfe rief. Die Arbeitsgemeinschaft Sozialdemokratischer Juristen, der Wassermann selbst

250 Kleßmann, *Zwei Staaten*, S. 237.

251 Sommer, *Gustav Heinemann*.

252 Wassermann, Unsere konservativen Richter.

beitrat, nahm diese Aufforderung nun tatsächlich auf und trug so dazu bei, dass eine Reform der Justiz zu einem öffentlichen Traktandum wurde. Mindestens so wichtig aber war, dass sich die SPD damit der Richterschaft als die Partei präsentierte, die ihre Forderungen ernst nahm. Die überwiegend positiven Reaktionen des alles andere als progressiven »Deutschen Richterbundes« zeigen, dass es der SPD hier gelungen war, vom Richterbund zumindest für kurze Zeit als die Partei wahrgenommen zu werden, mit der sie ihre alten Forderungen nach einer »Großen Justizreform«, nach Beteiligung an den Richterernennungen und nach höherer Besoldung durchsetzen konnte, obwohl der ideologische Kontext, in dem die SPD diese Forderungen umzusetzen plante, ein ganz anderer war als der, in dem sich der Richterbund traditionell verortete.

Bevor allerdings im nächsten Kapitel die Verwerfungen innerhalb des Richterbundes und zwischen dem Richterbund und der Politik auch vor dem Hintergrund der neuen politischen Situation der ausgehenden sechziger Jahre genauer analysiert werden, sei hier zunächst eine Zwischenbilanz gezogen.

2.5 Zwischenbilanz: Zur Entstehung eines Reformklimas

Ende der fünfziger Jahre hatte Adolf Arndt in einer Rede davon gesprochen, dass es der Richterschaft gelungen sei, mit dem Ruf nach der »Großen Justizreform« der Kritik an der Justiz einen positiven Akzent zu geben und in der öffentlichen Diskussion von einer defensiven in eine offensive Position zu gelangen.[253] Unter dem Begriff »Justizkrise«, so Arndt, habe die Justizkritik einen negativen Beigeschmack, unter dem Label »Justizreform« bekomme die Kritik eine positive Stoßrichtung. Die Bemerkung ist hier in zweierlei Hinsicht interessant. Auf der einen Seite verweist sie auf die Bedeutung der sprachlichen Fassung von Kritik und damit auch auf die Bedeutung der sprachlichen Konstruktion von Reformnotwendigkeiten. Auf der anderen Seite ist bemerkenswert, wie sich Arndts Beschreibung des Debattenverlaufs der fünfziger Jahre auch auf die sechziger Jahre übertragen lässt. Die massive Kritik, die in der ersten Hälfte der sechziger Jahre nicht nur im Zuge der Auseinandersetzung um ihre NS-Vergangenheit über die Justiz hereinbrach, wurde von einer kleinen, aber um so lautstärkeren Minderheit in der Richterschaft aufgegriffen und in Reformforderungen umgemünzt.

253 Arndt, »Grundfragen«, S. 199.

Die zeitliche Eingrenzung des Kapitels auf die Zeit etwa zwischen 1960 und 1967/68 ging davon aus, dass sich gerade in dieser Phase die Debatte um die Justiz in erheblichem Maße dynamisierte und Justiz als Politikfeld mit Reformbedarf konstruiert wurde. Das Ziel der Darstellung bestand darin, die Themen und die Akteure zu benennen, die an der Debatte beteiligt waren und zu verdeutlichen, wie sich zwischen den unterschiedlichen punktuellen Debatten etwa um einzelne Prozesse immer mehr Vernetzungen ergaben, so dass schließlich Sebastian Haffners Diktum aus dem Jahr 1963, dass eine Reform der Justiz »an Haupt und Gliedern« unabdingbar sei, immer mehr an Plausibilität zu erhalten schien. Die Ausweitung der Gesamtdebatte, die Vernetzungen zwischen einzelnen Teildebatten und die zunehmende Überlagerung von sehr unterschiedlichen Argumenten, macht es nicht immer einfach, die Stoßrichtung einzelner Forderungen und Interessen genau zu sezieren. Ein wichtiges Kennzeichen der Debatte und Voraussetzung für deren wachsende Dynamik bestand schließlich gerade darin, dass die sehr unterschiedliche Kritik an der Justiz immer mehr im Zusammenhang gesehen wurde und daraus schließlich Reformnotwendigkeiten abgeleitet wurden. Um klären zu können, welche Einzelkritikpunkte für die Reformforderungen besonderes Gewicht hatten, seien hier zusammenfassend noch einmal die wichtigsten Themen und Akteure genannt.

Für die von außen kommende Kritik an der Justiz spielte als erstes deren NS-Vergangenheit eine zentrale Rolle. Ausgehend von der DDR wurde diese Kritik in zunehmender Weise nicht nur von Studenten, die mit der Ausstellung »Ungesühnte Nazijustiz« Furore machten, sondern auch von der Tagespresse aufgegriffen, die die immer neu auftauchenden Einzelfälle breit thematisierte und skandalisierte. Für die Frage der daraus erwachsenden Reformforderungen ist festzuhalten, dass sich die Kritik zunächst vorwiegend an den Einzelfällen festmachte, die zwar als ärgerlich, jedoch nicht als Strukturproblem empfunden wurden. Bemerkenswert war dann aber, dass in vielen anderen Fällen, in denen die Justiz ins Gerede kam – bei der politischen Justiz, im Fall Herterich, im Fall Dohrn, im Fall Weigand, in der Frage der sozialen Zusammensetzung der Richterschaft – immer wieder auch die NS-Vergangenheit eine Rolle spielte. Diese andauernde Präsenz ließ in der Debatte insgesamt deutlich werden, dass die Vergangenheitsfrage schließlich doch nicht an ein paar noch zu erledigenden Einzelfällen festzumachen war. In der innerrichterlichen Debatte spielte hingegen die NS-Vergangenheit als Empörungsmotiv gleichwohl eine klar untergeordnete Rolle. Rasehorn sprach zwar deutlich von der »Legende [...] der NS-Feindlichkeit der Justiz« und prangerte die Bagatellisierungs- und Beschwichtigungsstrategien des Richterbundes an, doch ein vernehmbarer Protest etwa von jüngeren Richtern blieb völlig aus. Die kritischen Stimmen der profilierten, älteren NS-Gegner Richard Schmid und Fritz Bauer sind oben erwähnt worden. Doch anders als in Italien, wo sich eine Reformfraktion in der Richterschaft auch durch die Auseinandersetzung mit der faschistischen Vergangenheit des Justizapparates formierte[254], spielte das Thema selbst bei den »aufgeschlossenen« Richtern, wenn man diese Kategorie von Rasehorn übernehmen will, keine zentrale Rolle. Den Fall des Generalbundesanwalts Fränkel hielt Rudolf Wassermann zwar insofern für symptomatisch, als er unglaubliche politische Instinktlosigkeit verriet, aber typisch für eine antidemokratische Gesinnung unter den Richtern der Bundesrepublik sei er nicht.[255] In ähnlichem Sinne schrieb auch der Amtsrichter Jan-Wolfgang Berlit, der sich Ende der sechziger Jahre ebenfalls aktiv für eine durchgreifende Reform der Justiz stark machte, 1963: Die »teilweise Un-Rechtsprechung« im Nationalsozialismus sei eine schwere Hypothek für die heutige Richterschaft, »obwohl auch diese keinesfalls den Umfang gehabt haben dürfte, wie man nach den sich damit beschäftigenden Publikationen annehmen muß«[256]. Empörung über die Kontinuitäten oder ein echter Wille, sich mit der NS-Vergangenheit tatsächlich auseinandersetzen zu wollen, spricht daraus nicht. Vielmehr waren gerade auch die Richter, die wie Rudolf Wassermann die Frage nach der demokratischen Gesinnung der deutschen Richterschaft stellten und offen die verbreitete konservative Gesinnung anzuprangern begannen, geneigt, das Problem der NS-Verstrickung tendenziell für erledigt zu halten. Erst als 1968 der Freisler-Beisitzer Rehse vom Vorwurf der Rechtsbeugung freigesprochen wurde, gehörte Wassermann zu den wenigen Richtern, die offen gegen das Urteil Stellung nahmen.[257]

Eine für die Reformforderungen wesentlich wichtigere Rolle spielte als zweites Thema der Gesamtdebatte die Frage nach den obrigkeitsstaatlichen Traditionen und dem Maß an Verankerung demokratischen Denkens in der Richterschaft. Hier setzten die einflussreichen Arbeiten von Ralf Dahrendorf, aber auch die »aufgeschlossenen« Richter und sonstigen Juristen selbst an. Adolf Arndt hatte 1959 vom »nicht erfüllten Grundgesetz« gesprochen und auch in anderen Bereichen ist wiederholt dazu gemahnt worden, den demokratischen Geist und Wortlaut des Grundgesetzes auszuschöpfen. In diesem Zusammenhang sei noch einmal an die Kritik Thilo Ramms an der Rechtsprechung des BAG erinnert. Außerdem spielte in der Auseinandersetzung um die Demonstrationsprozesse, wie noch genauer darzustellen sein wird, die Frage

254 Luminati, »Richterschaft«.

255 Wassermann, »deutsche Justiz«, S. 716; ähnlich auch Ders., »Notwendigkeit«, S. 12f.

256 Berlit, »Justiz«, S. 225.

257 Reaktion auf das Rehse-Urteil. Landgerichtspräsident fordert Konsequenzen für die Juristenausbildung, in: *FAZ*, 11.12.1968.

nach der verfassungsgemäßen Auslegung des Demonstrationsstrafrechts eine Rolle.

Wichtig für die konkreten Forderungen, die daraus im weiteren Verlauf der Debatte erwuchsen, ist die Tatsache, dass die Kritik am obrigkeitsstaatlichen Denken zunehmend in Bezug zur Frage der sozialen Zusammensetzung der Richterschaft, insbesondere der hohen Rekrutierung aus der Beamtenschaft gebracht wurde. Die Forderung danach, dass in der Justiz in weit höherem Maße ein demokratischer Geist einziehen musste, war der zentrale Punkt, der aus soziologischer Perspektive von Ralf Dahrendorf, aus publizistischer Perspektive von Sebastian Haffner und Ulrich Sonnemann und von richterlicher Seite vor allem von Rudolf Wassermann und Theo Rasehorn vertreten wurde. Eng damit verbunden war nicht zuletzt eine Neuorientierung auf klassische, nicht zuletzt rechtssoziologische Arbeiten aus der Weimarer Republik, die einen klaren Kontrapunkt zu dem ansonsten, gerade auch in den Reformdebatten der fünfziger Jahre vorherrschenden Bezug aufs Kaiserreich setzten. Die Wiederentdeckung der Arbeiten von Ernst Fränkel, Hermann Heller und Hugo Sinzheimer zeigt den klaren Versuch an, an demokratische Traditionen im Rechtsdenken anzuknüpfen. Wie auf gesamtgesellschaftlicher Ebene ging auch in der Debatte um die gesellschaftliche Rolle von Recht und Justiz soziologisches und demokratisches Denken eine ungewöhnlich enge Verbindung ein, die den Abbau obrigkeitsstaatlicher Vorstellungen in unmittelbaren Zusammenhang sowohl mit der Forderung nach einer soziologischen Öffnung der Justiz als auch mit einer Hinwendung zur Rechtssoziologie koppelte. So lagen hier auch die Wurzeln für die Forderungen nach einer Reform der Juristenausbildung, die in den ausgehenden sechziger und frühen siebziger Jahren dann zu der zentralen Reformforderung in der gesamten Debatte avancierte.

Der dritte Themenkomplex, an dem sich die Kritik an der Justiz entzündete, war die politische Justiz. Die Verbindung zur Kritik am obrigkeitsstaatlichen Denken war auch in dieser Debatte vorhanden. Dies galt insbesondere für die Auseinandersetzung um die Rolle der Justiz in der *Spiegel*-Affäre. Im engeren Kontext der Auseinandersetzung um die Kommunistenprozesse konzentrierte sich die Kritik der Anwälte auf die konkrete Prozessführung der zuständigen Strafkammern, die durch ihre Spezialisierung im Grunde so etwas wie Sonderstrafkammern darstellten. Die Reformforderungen waren hier zunächst ganz konkret auf Änderung der Gesetzeslage gerichtet und insofern mit der Reform des politischen Strafrechts im Jahr 1968 auch erfolgreich. In der Kritik an den Prozessen wurde aber offenkundig, dass das Problem nicht nur in der Gesetzeslage, sondern mindestens so sehr in dem Umgang der Richter mit den Gesetzen bestand.

Den vierten und letzten Schwerpunkt der Kritik bildeten schließlich die rigiden Vorstellungen der Richterschaft zu Fragen von Sitte und Moral. Die Kritik am »Kuppelei-Beschluss« des BGH ist bereits im ersten Kapitel besprochen worden. Hier nun spielte der Prozess gegen den Gynäkologen Axel Dohrn eine wichtige Rolle, nicht zuletzt wegen der enormen Wirkung, den er in der Öffentlichkeit gehabt hat. Der spätere Bundesverfassungsrichter Helmut Simon hatte schon Anfang der sechziger Jahre eine Tendenz der »Katholisierung der Rechtsprechung« ausgemacht und der ehemalige OLG-Prädident Richard Schmid widmete dem Thema »Sitten und Moral« in seinem Buch zur Justiz in der Bundesrepublik ebenso ein Kapitel wie Theo Rasehorn in seinem »Paragraphenturm«.[258] Schmid machte in diesem Kontext im Übrigen auf ein Thema aufmerksam, das zwar weder in einer breiteren Öffentlichkeit noch in der engeren Fachöffentlichkeit eine größere Rolle spielte, das aber eine weit höhere (familien)politische Relevanz hatte als der viel diskutierte Kuppeleibeschluss. Schmid verwies darauf, dass der BGH durch seine Rechtsprechung im Scheidungsrecht die Auffassung vertreten habe, dass die Ehe prinzipiell unauflösbar sei und so die Hürden für eine Scheidung deutlich höher gesetzt habe, als es die Gesetzeslage bis 1961 vorgesehen habe. 1961 änderte die CDU mit ihrer absoluten Mehrheit das Gesetz dann so, dass die Rechtsprechung des BGH nun auch im Gesetz fixiert wurde.[259] Um feststellen zu können, inwieweit die Rechtsprechung des BGH sich auch schon vor der Gesetzesänderung diesen Vorgaben angepasst hat und in welchem Maße sich die Rechtsprechung durch die neue Gesetzeslage verändert hat, bedürfte es eigener Untersuchungen. Da hier zunächst von der öffentlichen Wirksamkeit aus argumentiert wurde, bleibt festzuhalten, dass das Scheidungsrecht tatsächlich erst in den siebziger Jahren zu einem zentralen Thema der öffentlichen Auseinandersetzung wurde.

Zu diesen Schwerpunkten der Kritik fügten sich, wie ausgeführt, noch eine Vielzahl weiterer hinzu: Der Corpsgeist der Justiz, die Hierarchie in der Richterschaft, die fehlende Expertise in den modernen Sozialwissenschaften und anderes mehr. Konzentriert lief die Kritik sowohl in der Presse, und hier zwar mehrheitlich, aber keineswegs ausschließlich in der linksliberalen Presse, als

258 Schmid, *Justiz*, S. 62ff.; Berra, *Paragraphenturm*, S. 85ff.

259 Es ging um die Frage, wann der Widerspruch eines Ehegatten gegen die Scheidung zu beachten sei, damit die Ehe gegen den Willen eines Partners aufrechterhalten werden musste. Das Gesetz vom 11.8.1961 traf hier nun folgende Festlegung: »Hat der Ehegatte, der die Scheidung begehrt, die Zerrüttung ganz oder überwiegend verschuldet, so darf die Ehe gegen den Widerspruch des anderen Ehegatten nicht geschieden werden, es sei denn, dass dem widersprechenden Ehegatten die Bindung an die Ehe und eine zumutbare Bereitschaft fehlen, die Ehe fortzusetzen«. In der älteren Gesetzeslage sollte dem Widerspruch nun in Ausnahmefällen gefolgt werden. Vor allem wurde hier von der Schuldfrage weitgehend abgesehen.

auch in soziologischen Arbeiten darauf hinaus, der Justiz ein unzureichendes Demokratieverständnis, eine konservative Grundeinstellung und nicht zuletzt fehlende Lebens- und Bürgernähe zu bescheinigen.

Für den Verlauf der Debatte in den Jahren zwischen 1960 und 1967/68 bleiben drei Punkte festzuhalten. Erstens: Die Impulse für die Debatte kamen zunächst »von außen«, aus der DDR, von Journalisten, von bürgerrechtlich motivierten Publizisten und von Soziologen. Zwar gab es selbstverständlich auch vorher innerjuristische Debatten unter Beteiligung von Rechtswissenschaftlern, Richtern und Staatsanwälten, doch fanden die im engen Kreis der Fachöffentlichkeit statt. Daher kam der Metadebatte um Justiz und Öffentlichkeit für die Öffnung der Justiz und bis zu einem gewissen Grad auch der Rechtswissenschaft eine maßgebliche Rolle zu. Der Versuch der juristischen Fachwelt, sich einzuigeln und gegen öffentliche Kritik abzuschotten, provozierte schnell auch in den eigenen Reihen Widerspruch und die Einsicht in die Notwendigkeit einer Öffnung zur Gesellschaft.

Diese Öffnung, das ist der zweite Punkt der hervorzuheben ist, hatte unmittelbar zur Folge, dass die Richterschaft nicht mehr per se als monolithischer Block auftrat und wahrgenommen wurde. Teile der Richterschaft interpretierten die Öffnung zur Gesellschaft so, dass sie mit standespolitischen Forderungen, insbesondere der nach höherer Besoldung, nun offensiver in die Öffentlichkeit gingen. Darauf wird noch zurückzukommen sein. Andere machten sich als Einzelpersonen dadurch einen Namen, dass sie sich selbst in die Reihe der Kritiker stellten und der von außen kommenden Kritik die interne Kritik an die Seite stellten.

Drittens ist noch einmal die enorme Dynamisierung und Verdichtung der Debatte hervorzuheben. Das Verhältnis von Recht, Justiz und Gesellschaft wurde zu einem Thema das bis weit außerhalb der engen Fachöffentlichkeit Resonanz fand. An den verschiedenen Prozessen kristallisierte sich die Aufmerksamkeit des öffentlichen Interesses, doch über die Einzelfälle hinaus tauchen die Motive der NS-Belastung, der konservativ-obrigkeitsstaatlichen Grundhaltung, der engen sozialen Zusammensetzung und anderes mehr immer wieder auf. Das wachsende Interesse an rechts- und justizpolitischen Fragen sowohl innerhalb als auch außerhalb des engeren Fachpublikums zeigte sich zudem daran, dass zum einen in den Jahren 1965 bis 1968 gleich drei rechtpolitische Zeitschriften – *Recht und Politik*, die *Zeitschrift für Rechtspolitik* und die *Kritische Justiz* – gegründet wurden und zum anderen sich auch der Buchmarkt dem Thema öffnete. Der Luchterhand-Verlag rief im Jahr 1965 die Reihe »Demokratie und Rechtsstaat« ins Leben, in der die ganze Spannbreite rechts- und justizpolitischer Fragen zur *Spiegel*-Affäre, zu den Kommunisten-

Prozessen, zum Demonstrationsstrafrecht und anderes mehr behandelt wurden.

Kritik an der Justiz hatte sich seit den frühen sechziger Jahren in beträchtlichem Maße angesammelt. Foren für diese Kritik waren vorhanden, hatten sich weiter ausdifferenziert und zum Teil auch neu gebildet. Die Debatte um das Verhältnis von Recht, Justiz und Gesellschaft hatte folglich längst vor 1968 begonnen und bedurfte eines Anstoßes von der Studentenbewegung sicher nicht. Gleichwohl spricht manches dafür, dass vieles von dem, was gerade in den Jahren 1967/68 vor allem an quantitativer Ausweitung der Debatte stattfand auch mit den Synergieeffekten im Kontext der Studentenbewegung zusammenhing. Aus der vielfältigen Kritik an der Justiz, die sich seit den frühen sechziger Jahren nach und nach anhäufte und zunächst nur diffus miteinander verknüpft war, kristallisierten sich gerade in dieser Phase sowohl auf gesamtgesellschaftlicher Ebene als auch im Bereich der Justiz zunehmend jene Labels heraus, die dann die Debatte bis in die siebziger Jahre hinein bestimmen sollten: Demokratisierung und Politisierung. Was sie im einzelnen bezogen auf die Justiz bedeuteten, und wie sie die Debatte bestimmten, ist im Folgenden zu klären.

3. Die Justiz im Fahrwasser der Demokratisierungsforderungen

»Wer sich die Aufgabe stellt, herauszufinden, welcher Begriff am bündigsten, prägnant und doch umfassend den Generalanspruch unserer Zeit zum Ausdruck bringt, der muß nicht lange suchen: Es genügt, das tägliche Morgenblatt aufzuschlagen. In jedem Ressort, dem politischen ohnehin, aber auch in allen Sparten des Feuilletons, im Wirtschaftsteil, in allen Berichten aus der Welt der Kirche, Schule, dem Sport, im Frauenfunk und Kinderfunk, in den Kontroversen um Börsenverein und Kunstverein, Universitätsreform, Theaterreform, Verlagsreform, Reform der Kindergärten, Krankenhäuser und Gefängnisse bis hin zur allgemeinsten Forderung der Gesellschaftsreform – der Generaltenor aller Ansprüche auf Veränderung der uns umgebenden gesellschaftlichen Welt findet seine knappste Formel in dem einen Wort ›Demokratisierung‹«[1]. Die Justiz fehlte in Wilhelm Hennis etwas sarkastischem, nichts desto weniger ernst gemeinten Befund aus dem Jahr 1970. Er hätte sie aber ohne weiteres hinzusetzen können. Wie Hennis zu Recht bemerkte, war jeder Veränderungs- oder Reformgedanke Ende der sechziger Jahre fast automatisch mit dem Schlagwort der Demokratisierung verbunden. Die Justiz bildete dabei keine Ausnahme. Wie oben bereits erwähnt, tauchte der Begriff im Zusammenhang mit der Justiz etwa seit Mitte der sechziger Jahre auf. Auf dem rechtspolitischen Kongress der SPD im Jahr 1965 kam der Prozess-Begriff der Demokratisierung zwar selbst nicht vor, doch standen die Begriffe Bürger und Demokratie im Mittelpunkt und zwei Jahre später hätte das Schlagwort der Demokratisierung bei der gleichen Thematik gewiss nicht mehr gefehlt. Gegen Ende der sechziger Jahre bündelten sich auch in der Debatte um die Reformbestre-

1 Hennis, *Demokratisierung*, auch in und hier zit. aus: Greiffenhagen (Hg.), *Demokratisierung*, 1973, S. 47–70, hier S. 47; vgl. auch schon Ders., Demokratisierung, 1969. Aus der umfangreichen Literatur zu dem Thema »Demokratisierung« neben weiteren wichtigen Artikeln in dem Band von Greiffenhagen u.a.: Vilmar, *Strategien*; *Demokratisierung – Möglichkeiten und Grenzen*; dort jeweils mit reichhaltigen Hinweisen zu weiterer Literatur. Aus historischer Perspektive zu der Debatte vgl. Scheibe, »Suche«.

bungen in der Justiz ganz im Sinne von Hennis die unterschiedlichsten Vorstellungen im Schlagwort von der »Demokratisierung der Justiz«. Spiegelbildlich dazu avancierte der Begriff von konservativer Seite zum Synonym all dessen, was als Bedrohung für »die Sache der Justiz« galt.[2]

Was meinte nun der Begriff konkret und welche Ziele verbargen sich im Einzelnen dahinter?[3] Mindestens sechs Bedeutungsebenen lassen sich – bezogen auf die Justiz – im zeitgenössischen Sprachgebrauch unterscheiden. In einem sehr umfassenden Sinn zielte der Begriff erstens auf eine Abwendung von den obrigkeitsstaatlichen Denkstrukturen und die stärkere mentale Hinwendung zur Demokratie. Eine zentrale Rolle spielte dabei der Stellenwert des Grundgesetzes für die allgemeine Rechtsprechung. In der Verfassung waren schließlich die fundamentalen Prinzipien des demokratischen und sozialen Rechtsstaats festgelegt, so dass das Maß der Bereitschaft zur Durchsetzung dieser Prinzipien in der allgemeinen Rechtsprechung auch etwas über die Haltung der Justiz zu diesen Prinzipien aussagte. In diesem Sinne lassen sich die Auseinandersetzungen der fünfziger Jahre um die »Erfüllung des Grundgesetzes« auch als Auseinandersetzung um die »Demokratisierung der Justiz« lesen. 1968 flammte eine Debatte um den Verfassungsbezug der Rechtsprechung erneut auf, nachdem Gustav Heinemann im Zusammenhang mit den Demonstrationsprozessen zu einer »verfassungskonformen Auslegung« des § 116

2 Aus konservativer Perspektive vgl. hier vor allem den Aufsatz von Schmidt, »Demokratisierung«. Schmidt war es auch, der sich hier und an anderer Stelle immer wieder auf »die Sache der Justiz« berief. Vgl. darüber hinaus als Diskussionsbeiträge in den Fachorganen, die sich direkt auf den Demokratisierungsbegriff beziehen: Dinslage, »Demokratisierung«; dazu die Leserzuschriften und weitere Diskussionsbeiträge, *DRiZ* 46, 1968, S. 140f., 239ff., 242f., 339; weiterhin: Bull, »Richter«; Für eine Demokratisierung der Justiz. Ein Reformprogramm für das Amtsrecht der Richter, in: *ZRP* 1, 1968, S. 29–30; Sontheimer, »Justiz«; Glofke, »Angst«; Görlitz, *Verwaltungsgerichtsbarkeit*; Ule, »Demokratisierung«; in breiter, internationaler Perspektive: Kastari, »Unabhängigkeit«. Nur als kleine Auswahl von Beispielen von Berichten in der Tagespresse und dem Fernsehen: In einem Kommentar vom 1.12.1967 sprach der ZDF-Journalist Gerd Jauch in der Spätausgabe der »heute«-Sendung von einem Demokratisierungsprozess in der Justiz; der Kommentar ist abgedr. in: Deutscher Richterbund, Landesverband NRW, Rundschreiben 9 (zu finden in: Archiv des Deutschen Richterbundes, Berlin, Landesverband NRW); »In Zukunft soll es nur noch ›Richter‹ geben«. Die Justizminister der Länder sprechen sich für eine ›Demokratisierung der Justiz‹ aus, in: *FR*, 4.10.1967; »Demokratisierung der Justiz. Oswald: Rechtsschutz des einzelnen Bürgers verbessern«, in: *FR*, 24.11. 1969. Die Beispiele ließen sich vervielfältigen. Vgl. schließlich auch die Debatte im hessischen Landtag, die sich an eine große Anfrage von Abgeordneten der CDU zu dem Begriff »Demokratisierung der Justiz« anschloss: Hessischer Landtag, *Stenographische Berichte*, 7. WP, 15. Sitzung, 9.6.1971, S. 724–742.

3 In der zeitgenössischen Literatur bemüht sich vor allem Bull, »Richter«, S. 65f. um begriffliche Klärung. Die von ihm angeführten unterschiedlichen Bedeutungsebenen erscheinen mir aber noch nicht ausreichend.

StGB (Auflauf) aufgerufen hatte.[4] Berührt war damit das Problem des politischen Charakters der Rechtsprechung, in dessen Zusammenhang auch die vehemente Debatte um den »politischen Richter« stand.[5] Wilhelm Hennis hat in seinem Beitrag zur Demokratisierung den engen Zusammenhang von Politisierung und Demokratisierung in den Mittelpunkt gestellt und versucht, einen fundamentalen Gegensatz von politischen Entscheidungen und Sachentscheidungen zu etablieren. Damit wollte er die in seinen Augen tief greifende Problematik herausarbeiten, die eine Demokratisierung und damit eine Politisierung von Institutionen mit sich bringen würde. Mit der Denkfigur des Gegensatzes von Sachentscheidungen und politischen Entscheidungen ging es ihm darum, bestimmte Ansätze zur Demokratisierung zu delegitimieren. Das bedeutete auf der anderen Seite auch, dass »Sachentscheidungen« auf diese Weise der Frage nach ihrem etwaigen politischen Gehalt entzogen waren. Auch auf die Justiz bezogen, ging es bei den Forderungen nach Demokratisierung darum, den politischen Charakter von Sachentscheidungen offen zu legen. So hängt die Diskussion um den politischen Richter, aber auch die um eine politische Rechtswissenschaft eng mit dieser Ebene der Demokratisierungsforderungen zusammen. Hier ging es darum, das Interpretationsmonopol derer zu brechen, die gesellschaftspolitisch konservative Positionen als rein sachliche Rechtspositionen hinzustellen suchten.

Damit ist eine zweite Dimension der Demokratisierungsforderung berührt. Diese zielte darauf, rechtlichen Positionen und Entscheidungen mehr Transparenz zu verleihen und sie damit der Aura der reinen, möglichst eindeutigen Sachlichkeit zu entheben. Für die Justiz stand hier die Diskussion um die Einführung der »dissenting opinion« im Mittelpunkt. Es ging um die Frage, ob bei Kollegialgerichten neben mehrheitlich beschlossenen Urteil auch eine etwaige abweichende Meinung mit öffentlich gemacht werden sollte.[6] Ebenso wie für die Diskussion um den politischen Richter eine Paralleldebatte in der Rechtswissenschaft um eine politische Rechtswissenschaft stattfand, fand sich auch

---

4 Die Bestimmung des § 116 StGB lautete: »Wird eine auf öffentlichen Wegen, Straßen oder Plätzen versammelte Menschenmenge von dem zuständigen Beamten oder Befehlshaber der bewaffneten Macht aufgefordert, sich zu entfernen, so wird jeder der Versammelten, welcher nach der dritten Aufforderung sich nicht entfernt, wegen Auflaufs mit Gefängnis bis zu drei Monaten oder mit Geldstrafe belegt«.

5 Vgl. dazu Wassermann, *Richter*. Hier werden allerdings nur Beiträge und Vorträge noch einmal zusammengestellt, die Wassermann schon publiziert oder öffentlich gehalten hatte. Das heißt, dass der »politische Richter« schon vorher in der Diskussion war.

6 Es war gewiss kein Zufall, dass sich der Juristentag von 1968 mit dem Thema befasste. Vgl. hier insbes. den zentralen Vortrag von Zweigert, »Bekanntgabe«; vgl. auch die entsprechenden Diskussionsbeiträge von Rudolf Pehle und Ernst Friesenhahn auf dem Juristentag, in: Verhandlungen des 47. Deutschen Juristentages, Teil R.

für die Debatte um die dissenting opinion eine vergleichbare Debatte in der Rechtswissenschaft. Hier konnte es selbstverständlich nicht um die Frage der Veröffentlichung »abweichender« Meinungen gehen, da dies für den wissenschaftlichen Prozess ohnehin selbstverständlich war. Nimmt man aber die Frage nach der Transparenz als entscheidendes Kriterium für diese Debatte, so lässt sich innerhalb der Rechtswissenschaft die Debatte um den rationalen Charakter rechtlicher Entscheidungsfindungsprozesse in diesem Kontext verorten. Hier mündete die Debatte um die »weltanschaulichen Hintergründe der Rechtsprechung«, von der oben die Rede war, in Versuche, die rechtswissenschaftliche Methodik insgesamt auf neue wissenschaftstheoretische Füße zu stellen. In diesen Kontext gehört insbesondere die so genannte Vorverständnis-Debatte mit dem – letztlich wohl gescheiterten – Versuch, die Rationalität rechtlicher Entscheidungen dadurch zu erhöhen, dass »das Vorverständnis« im Habermasschen Sinne zur Offenlegung von Entscheidungsprozessen in diesen selbst mit einbezogen werden sollte.[7] In gewisser Weise lässt sich in diesen Kontext auch der Versuch Hubert Rottleuthners einordnen, die Rechtswissenschaft als Sozialwissenschaft neu zu definieren.[8] Auch wenn diese Debatten nicht direkt unter dem Schlagwort der Demokratisierung geführt wurden, ist der Zusammenhang mit dem Bemühen, erhöhte Transparenz und Rationalität für rechtliche Entscheidungen zu erreichen, unübersehbar. Damit soll nicht der ohnehin breite Begriff der Demokratisierung noch stärker ausgeweitet werden. Sieht man aber das Bemühen um mehr Transparenz, Nachprüfbarkeit und damit um mehr Rationalität als eine Dimension der Demokratisierungsbestrebungen, so wird man die genannten rechtswissenschaftlichen Debatten nicht ausklammern können.

Die dritte Stoßrichtung der Debatte über Demokratisierung betraf die symbolische Ebene. Es war bereits die Rede davon, dass im Zuge älterer Forderungen nach einer »Entbeamtung« der Richter auch Forderungen nach der Abschaffung der an die Beamtenlaufbahn angelehnten Titel gestellt worden waren. Am Ende der sechziger Jahre flammte diese Debatte unter ganz neuen Vorzeichen wieder auf: Unter dem Ansturm der Studentenproteste gegen die in ihren Augen reaktionäre Symbolik und hohlen Rituale in den Gerichten, setzte auch in der Richterschaft – diesmal im Übrigen auch unter Beteiligung der Anwälte – eine intensive Debatte um die Titulatur, die Roben und das Barett, den Eid und andere Fragen der Symbolik ein. Der Kern der Debatte war auch hier die Frage, ob die gerichtsüblichen Rituale und Symbole den

7 Von zentraler Bedeutung hier: Esser, *Vorverständnis*.

8 Rottleuthner, *Rechtswissenschaft*.

obrigkeitsstaatlichen Charakter der Gerichte untermauerten und deren Abschaffung damit umgekehrt die Demokratisierung der Justiz symbolisierte.

Ebenso wie die Titelfrage erhielt eine weitere Debatte Ende der sechziger Jahre nicht nur neue Aktualität, sondern auch eine neue Stoßrichtung. Oben ist ausgeführt worden, dass Anfang der fünfziger Jahre unter dem Stichwort der »Selbstverwaltung der Justiz« mit zum Teil großer Vehemenz dagegen opponiert wurde, dass die Richterschaft selbst von der Berufung und Beförderung der Richter weitgehend ausgeschlossen war. Ende der sechziger Jahre sahen hier Teile der Richterschaft zumindest auf Länderebene die Chance, eine solche Beteiligung zu erreichen. Die Forderung nach Demokratisierung gab diesen alten, standespolitischen Bestrebungen eine neue Legitimation, so dass hiermit die vierte Bedeutungsebene der Debatte um die »Demokratisierung der Justiz« genannt ist.

Fünftens wurde unter diesem Schlagwort schließlich die Demokratisierung der inneren Strukturen diskutiert. Dabei ging es im Kern um die Punkte, die Rasehorn und andere im Zusammenhang mit der innerrichterlichen Hierarchie angeprangert hatten. Der Forderungskatalog erstreckte sich von Wahlen zu den Präsidialräten bis zur Rotation des Vorsitzes. Als sechster und letzter Punkt wäre hier schließlich noch die Forderung nach einer Erleichterung des Zugangs der Bürger zum Gericht und eine größere Bürgernähe zu nennen. Dieser Punkt mündete nicht zuletzt in die Frage nach adäquateren Verhandlungsformen vor Gericht.[9]

Dieses Spektrum der zeitgenössischen Verwendung des Demokratisierungsbegriffs am Ende der sechziger Jahre geht erheblich über den in der Einleitung verwendeten Begriff der inneren Demokratisierung hinaus. Daher ist es sinnvoll, die Ebenen der zeitgenössischen und der analytischen Verwendung des Begriffs auseinander zu halten. Hier geht es zunächst um die Bedeutung der zeitgenössischen Verwendung des Begriffs, die für die Untersuchung der Auseinandersetzung um die Justiz in den Jahren 1967/68 bis 1972/74 in zweierlei Hinsicht zentral ist. Zum einen machte seine Verwendung im Kontext der Justiz deutlich, dass die hier geführte Debatte eng an die übergreifende Debatte um Demokratisierung der Gesellschaft und ihrer Teilbereiche gekoppelt war. Zum anderen verlieh der Begriff den zum Teil sehr unterschiedlichen, auch politisch keineswegs einheitlichen Forderungen eine Bündelung und damit scheinbar eine gemeinsame Stoßrichtung. Diese Bündelung von Reformforderungen unter einem zentralen gesellschaftspolitischen Begriff

9 Hans-Peter Bull nennt bei seiner Aufschlüsselung des Begriffs noch eine weitere Bedeutungsebene, und zwar die stärkere Beteiligung von Laien an der Rechtsprechung, die aber in der gesamten Debatte keine wirkliche Rolle spielte.

schuf wiederum die Voraussetzung für die zunehmende Ideologisierung der Debatte. Auch hier bildeten die Debatten um die Justiz keine Ausnahme.

Kehrt man noch einmal zurück zu dem Befund von Wilhelm Hennis aus dem Jahr 1970, dass in dem Demokratisierungsbegriff »die universalste gesellschaftspolitische Forderung unserer Zeit« zum Ausdruck kommt und fragt nach den Ursachen dafür, führt der Weg unweigerlich zu den Studentenprotesten. Es ist schwerlich nur eine zeitliche Koinzidenz, wenn der Begriff »Demokratisierung« im Jahr 1968 in den Registern juristischer Fachzeitschriften auftaucht. Über diesen impressionistischen Befund hinaus ist jedoch genauer nach dem Einfluss der 68er Proteste auf die Justizdebatte zu fragen. Die direktesten Berührungspunkte zwischen der Justiz und der Studentenbewegung fanden in den Demonstrationsprozessen statt. Ihnen kommt nicht nur deshalb hohe Bedeutung zu, weil sie sich – oft zum Leidwesen der Richter – durch die medienwirksam inszenierten Auftritte nicht weniger Angeklagter, Zeugen und Zuschauer erheblicher öffentlicher Resonanz erfreuten und damit das Verhalten der Richter, Staatsanwälte und Anwälte in den Mittelpunkt öffentlichen Interesses rückte. Die Prozesse sind aber auch deshalb von zentraler Bedeutung, weil es um die Verhandlung des Umganges mit einem der vornehmsten demokratischen Rechte, der Demonstrationsfreiheit ging. Damit bewegten sich die Gerichte einmal mehr im Grenzbereich von Recht und Politik, so dass die gesamte Debatte um die weltanschaulichen Hintergründe der Rechtsprechung und dem politischen Charakter der Justiz unmittelbare Anschauung und Nahrung erhielt. So wurde die Frage des Verhaltens der Justiz in diesen Prozessen, aber auch ihre öffentlichen Stellungnahmen dazu, in der zeitgenössischen Wahrnehmung nicht zu Unrecht als Indikator für ihren demokratischen Charakter gewertet.

Im Folgenden wird es daher zunächst um diese Prozesse und die öffentlichen Debatten darum gehen. Da eine der zentralen Fragestellungen der vorliegenden Studie auf die Auswirkungen des studentischen Protestes auf die Justiz zielt, wird anschließend die innerrichterliche Debatte um Reformen wieder aufgegriffen, die in den Jahren 1968–72 ihren Höhepunkt erlebte. Nimmt man die Debatte um Justiz und Öffentlichkeit vom Anfang der sechziger Jahre als Maßstab, hätte angesichts der direkten, auf persönliche Konfrontation ausgerichteten Angriffe ein Rückzug auf die Wagenburgmentalität der Richterschaft durchaus im Bereich des Möglichen gelegen. Tatsächlich aber, so die These, die es zu belegen und zu begründen gilt, erhielt die Öffnung der Justiz zur Gesellschaft einerseits und zur Reformwilligkeit andererseits gerade 1968 noch einmal einen Schub. Anders ausgedrückt: Die Debatte um Demokratisierung und Politisierung erreichte auch die Richterschaft und ihre maßgebliche Standesorganisation, den Richterbund.

Von der Beteiligung der Wissenschaften, der Soziologie, Rechtssoziologie und Rechtswissenschaft an der Debatte um die gesellschaftliche Rolle der Justiz ist bereits ebenso die Rede gewesen wie von den kontextuellen Bedeutungen dieser Debatten innerhalb der jeweiligen Wissenschaften. Die vielfachen Verknüpfungen der von soziologischer, rechtssoziologischer, rechtswissenschaftlicher, demokratietheoretischer, standespolitischer und publizistischer Seite geführten Debatte um die gesellschaftliche Rolle der Justiz sind bereits erwähnt worden. Diese Debatte erlebte auch in den Jahren zwischen 1968 und 1972/74 ihren Höhepunkt und ist als dritter großer Komplex in diesem Zusammenhang zu analysieren. Der zentrale Punkt auf den die Debatte in all ihren Verzweigungen hinauslief, war schließlich die Reform der Juristenausbildung. Die Hoffnung auf den »neuen Juristen« verband »die Reformer« innerhalb der Justiz mit denen, welche die Rechtsprechung auf neue wissenschaftliche Grundlagen gestellt sehen wollten. Hier sind dann auch die konkretesten Reformbemühungen zu verzeichnen. Da sie in engem Zusammenhang mit den Selbstverständnisdebatten innerhalb der beteiligten Wissenschaften standen, wird die Auseinandersetzung um die Reform der Juristenausbildung auch an dieser Stelle anzusiedeln sein.

3.1 Die Herausforderung durch die Demonstrationsprozesse

Unabhängig davon, wie man am Ende die Auswirkungen der Studentenproteste auf die Reformdebatte über die Justiz beurteilt, kann kein Zweifel darüber bestehen, dass die Demonstrationsprozesse eine ganz erhebliche Herausforderung nicht nur für die direkt betroffenen Richter und Staatsanwälte darstellte. In den Prozessen bündelten sich die gesellschaftlichen und kulturellen Auseinandersetzungen der ausgehenden sechziger Jahre. Der Gerichtssaal wurde teilweise zur Bühne des Showdowns zwischen jenen Teilen der Gesellschaft, die das Problem der Proteste durch möglichst harte Bestrafung in den Griff bekommen wollten und der Protestbewegung, die auf jede nur mögliche Weise nicht nur das Verfahren, sondern die gesamte Justiz und damit die Gesellschaft, die sie vertrat, zu delegitimieren versuchte.

Will man die Herausforderung, die die Prozesse darstellten, genauer analysieren, empfiehlt sich die Unterscheidung von mindestens vier Ebenen. Erstens boten die Demonstrationsprozesse Anlass für eine grundsätzliche Auseinandersetzung mit dem Demonstrationsstrafrecht und dessen Verhältnis zum Grundgesetz. Gustav Heinemanns Aufforderung zur verfassungskonformen Auslegung des Landfriedensbruchparagraphen ist schon erwähnt worden. Sie war allerdings nur ein Element einer breiten Debatte um den Stellenwert des Demonstrationsrechts in der demokratischen Gesellschaft. Zweitens trug ein Teil der Angeklagten, Zeugen und Zuschauer unverkennbar kulturrevolutionäre Elemente in den Gerichtssaal. Jenseits der als mehr oder weniger witzig empfundenen Aktionen, die vom SDS schließlich in einer Justizkampagne zu steuern versucht wurden, ging es dabei um ebenfalls grundsätzliche Fragen nach dem Sinn von Ritualen, Symbolen und Umgangsformen. Drittens lieferten die Prozesse weiterreichenden (rechts- und justiz)politischen Zündstoff. Der öffentliche Druck, dem die Gerichte in diesen Prozessen ausgesetzt waren, bot nicht zuletzt Anlass zur Abwehr dieses Drucks und damit auch zu einer neuen politischen Positionierung der Richterschaft. Viertens schließlich lieferten die Prozesse weiteren Stoff für die rechts- und justizsoziologische Debatte. Denn dass die rechtliche Beurteilung des Verhaltens von Demonstranten immer auch eine politische Frage war, entging den meisten Beobachtern nicht, so dass die Auseinandersetzung um »die weltanschaulichen Hintergründe der Rechtsprechung« weitere Nahrung erhielt.

Ziel ist es im Folgenden, der Frage nachzugehen, wie genannte Herausforderungen auf den verschiedenen Ebenen angenommen und verarbeitet wurden. Insbesondere wird dabei die Rolle der Richter zu untersuchen sein. Das bedeutet zum einen, dass die Urteile selbst in den Blick zu nehmen sind. Zum anderen ist danach zu fragen, wie die Richter außerhalb der Urteile in die Debatte eingriffen. Der oben genannte vierte Punkt allerdings, der neue Anstoß für die rechts- und justizsoziologische Debatte, wird erst im Kontext der Auseinandersetzung mit dem Aufstieg der Rechtssoziologie aufgegriffen.

Zunächst erscheint es sinnvoll, sich eine Vorstellung darüber zu verschaffen, wie viele solcher Verfahren überhaupt stattgefunden haben. Auch wenn neuere Untersuchungen dazu noch fehlen und insofern genaue Angaben nicht zu machen sind, liefern zwei zeitgenössische Zusammenstellungen gewisse Anhaltspunkte. Die erste Statistik stammt vom Juni 1968 und liefert eine Übersicht über Strafverfahren wegen Straftaten, die im Zusammenhang mit Demonstrationen seit dem 1.1.1967 begangen worden sind.[10]

10 Zusammenstellung zu finden in AdsD Bonn, BT-Fraktion 5. WP, 1167. Die offiziellen Angaben in den veröffentlichten polizeilichen Kriminalstatistiken sind zu grob, als dass sich daraus Schlüsse ziehen ließen.

Land	EV	GV	Verurt.[b]	Jugend-arrest	Geld-Strafe	FS bis 3 Monate	FS bis 6 Monate	Fs über 6 Monate
B-W	79	33	4 (-)	-	1	3	-	-
Bayern	152	120	21 (6)	3	12	4	-	2
Berlin	379	112	12 (-)	-	8	3	-	1
Bremen	12	24	15 (11)	3	5	-	1	-
Hambg.	892[a]	42	-	-	-	-	-	-
Hessen	208	6	2 (1)	-	-	2	-	-
Nieders.	81	1	-	-	-	-	-	-
NRW	189	72	18 (2)	1	16	1-	-	-
Rh.-Pfalz	6	-	-	-	-	-	-	-
Saarland	-	-	-	-	-	-	-	-
Schl-H.	13	75	7 (4)	4	3	-	-	-
Insges.	2011	485	79 (24)	11	45	13	1	3

EV= Ermittlungsverfahren; GV= Gerichtsverfahren; FS= Freiheitsstrafe
a) In diesen Zahlen sind etwa 400 Selbstanzeigen enthalten.
b) Die in Klammern angegebenen Zahlen bezeichnen den jeweiligen Anteil von Jugendlichen.

Abb. 4: Übersicht über Strafverfahren wegen Straftaten, die im Zusammenhang mit Demonstrationen zwischen dem 1.1.1967 und dem 31.5.1968 begangen worden sind

(Quelle: AdsD Bonn, BT-Fraktion 5. WP, 1167)

Die zweite Übersicht (*Abb. 5*) betrifft lediglich die Staatsanwaltschaft Frankfurt a. M., damit aber einen der Brennpunkte der gerichtlichen Auseinandersetzungen. Der Zeitraum der hier erfassten Verfahren gegen Demonstranten umfasst die Zeitspanne vom 1.1.1968 bis zum 30.6.1969.[11]

Zum Verständnis der ersten Übersicht ist anzumerken, dass sich die Zahlen der Gerichtsverfahren nicht als Teilmenge der Ermittlungsverfahren und die Zahl der Verurteilungen nicht als Teilmenge der Gerichtsverfahren zu interpretieren sind. Das bedeutet etwa für den Fall Bayerns, dass nicht aus 152 Ermittlungsverfahren 120 Gerichtsverfahren und daraus 21 Verurteilungen hervorgegangen sind. Die Zahlen geben jeweils für sich stehend an, wie viele Verurteilungen, Gerichts- und Ermittlungsverfahren es in diesem Zeitraum gegeben hat.

11 Die Zusammenstellung findet sich im NL Strelitz, AdSD, Bonn, Mappe 56.

Ermittlungsverfahren insges.	805
davon noch offen	152
Erledigung ohne Anklage	589
davon Einstellung wg. unbekanntem Täter oder mangels Nachweisbarkeit	539
sonstige Einstellungen	51
Anklagen	60
Hauptverfahren eröffnet	45
Hauptverfahren nicht eröffnet	2
über Eröffnung noch nicht entschieden	13
Urteile	29
Bestrafungen	20
rechtskräftig	7
nicht rechtskräftig	13
Freisprüche	9
rechtskräftig	6
nicht rechtskräftig	3

Abb. 5: Verfahren wegen Demonstrationen bei der Staatsanwaltschaft Frankfurt a. M. vom 1.1.1968 bis zum 30.6.1969

(Quelle: AdsD Bonn, BT-Fraktion 5. WP, 1167)

Durch die zeitliche Nähe, die bei diesen Fällen in der Regel zwischen dem Ermittlungsverfahren und der Gerichtsverhandlung lag, sind die Angaben gleichwohl nicht ohne Beziehung zueinander. Gemeinsam mit der zweiten Übersicht, die eine stärkere Beziehung zwischen den einzelnen Verfahrensschritten deutlich werden lässt, vermitteln die Zahlen so zumindest eine gewisse Größenvorstellung und lassen bestimmte Tendenzen deutlich werden. Erstens zeigt sich, dass die Zahl der Ermittlungsverfahren – deutlich zu sehen am Frankfurter Beispiel – die Zahl der Gerichtsverfahren bei weitem überstieg. Die meisten der Verfahren endeten folglich mit Einstellung. Zweitens wird im Vergleich zwischen beiden Übersichten deutlich, dass die Demonstrationsverfahren in der Zeit zwischen dem 1.1.1968 und dem 30.6.1969 bei weitem höher lag, als im Zeitraum zwischen dem 1.1.1967 und dem 31.5.1968. Das ist angesichts des Verlaufs der Proteste nicht überraschend, aber dennoch sehr auffällig. Auch wenn Frankfurt zu den Hochburgen der Proteste zählte und insofern nicht repräsentativ für den Bundesdurchschnitt ist, bleibt die Tendenz offenkundig. Drittens deuten die Zahlen bereits einen unterschiedlichen Umgang mit Fällen von vermeintlichem Rechtsbruch im Zusammenhang mit Demonstrationen an. Dabei geht es hier weniger um den Nachweis, dass etwa in Bayern Demonstranten mit härteren Bestrafungen durch die Gerichte zu rechnen hatten als anderswo. Zentral ist vielmehr der Eindruck einer insgesamt sehr unterschiedlichen Behandlung von Demonstrationsdelikten, der sich bei der Lektüre der Urteile deutlich bestätigt. Auch wenn jeder Einzelfall seine Spezifika aufweist, stach der unterschiedliche Umgang mit den Delikten nicht nur der »politischen«, sondern auch der Fachöffentlichkeit ins Auge. Das bedeutet auch, dass anders als bei den oben behandelten Fällen, die von der Fachöffentlichkeit nur marginal wahrgenommen wurden, die Demonstrationsprozesse eine Flut von auch fachwissenschaftlicher Literatur hervorbrachten.

Irritierend wirkte hier nicht allein die Diskrepanz zwischen Freisprüchen und geringen Geldstrafen auf der einen und nicht unbeträchtlichen Freiheitsstrafen auf der anderen Seite, sondern vor allem Begründungen, die deutlich machten, dass unterschiedliche Strafmaße nicht nur auf einer unterschiedlichen Beweislage, sondern auf einer grundsätzlich anderen rechtlichen Beurteilung dessen beruhte, welches Verhalten von Demonstranten als strafbar zu gelten habe.

3.1.1 Die Demonstrationsprozesse als (verfassungs-)rechtliche Herausforderung

Rein rechtlich gesehen lässt sich die Ursache für die Diskrepanz in den Urteilen auf die jeweilige Beurteilung der Grenzen der Verfassungsrechte, der Versammlungsfreiheit und des Rechts der freien Meinungsäußerung zurückführen. Besondere Brisanz bekam diese Frage angesichts einer Reihe strafrechtlicher Paragraphen, die noch aus dem Kaiserreich stammten und deren Vereinbarkeit mit dem Grundgesetz überhaupt in Frage gestellt wurde. Dabei handelte es sich insbesondere um die §§ 113 (Widerstand gegen Vollstreckungsbeamte), 115 (Aufruhr), 116 (Auflauf) und 125 (Landfriedensbruch) StGB, die zu einer Zeit gesetzlich verankert worden waren, in der eine verfassungsmäßige Absicherung der Grundrechte noch in weiter Ferne lag.[12] Zudem spielte der § 240 StGB (Nötigung) in der rechtlichen Auseinandersetzung mit den Demonstranten eine wichtige Rolle. Zentral war dabei die Frage, inwieweit Blockadeaktionen Gewalt darstellten und insofern als Nötigung zu bestrafen oder als friedliche und damit legitime Mittel in politischen und gesellschaftlichen Auseinandersetzungen einzustufen waren.

Es sei hier noch einmal daran erinnert, dass die Demonstrationsprozesse damit in die Reihe der rechtlichen Auseinandersetzungen gehörten, in denen die Reichweite der Verfassung zur Debatte stand. Zwar waren Demonstrationen in der Bundesrepublik in den Jahren 1967/68 alles andere als ein No-

12 Ebenfalls zur Debatte stand die Frage, inwieweit verschiedene Bestimmungen des Versammlungsgesetzes aus dem Jahr 1953 geändert werden sollten. Dabei ging es vor allem um die §§ 14–17, die einerseits verschiedene Auflagen für die Anmeldung von Versammlungen machte, andererseits Gottesdienste, kirchliche Prozessionen und ähnliches davon ausnahm; vgl. dazu Ott, *Recht*, S. 21ff.; als dezidierte Gegenposition, nicht nur in diesem Punkt: Merten, »Demonstrationsfreiheit«; Ders. »Demonstration«; weiterhin: Heinitz, »Demonstrationsrecht«.

vum.[13] Große Protestkundgebungen hatte es in den fünfziger Jahren etwa gegen die Wiederbewaffnung und gegen die Atombewaffnung längst gegeben. Proteste von Gewerkschaften oder einzelnen Berufsgruppen wie etwa Bergleuten oder Bauern waren ohnehin üblich. Gleichwohl stellten die Demonstrationen der ausgehenden sechziger Jahre Polizei und Justiz nicht nur vor ganz neue praktische Probleme. Vielmehr sahen nicht wenige zeitgenössische Beobachter in der, durch die außerparlamentarische Opposition geschaffene Lage, »im weitesten Sinne eine neue Verfassungswirklichkeit«.[14] Ein Indiz dafür ist auch, dass in vielen Untersuchungen zur Frage des Demonstrationsrechts der Begriff der »Demonstration« selbst zunächst als klärungsbedürftig angesehen wurde.[15] Zudem herrschte keineswegs Konsens darüber, dass bei den Prozessen gegen Demonstranten überhaupt verfassungsrechtliche Fragen betroffen waren.

Oben ist bereits erwähnt worden, dass Gustav Heinemann im Zusammenhang mit den Demonstrationsprozessen zu einer »verfassungskonformen Auslegung« des § 116 StGB aufgerufen hatte. Erneut war es der Strafrechtler Eberhard Schmidt, der sich zu Wort meldete und sich dagegen verwahrte, dass es hier überhaupt Auslegungsdifferenzen von der Art gebe, »daß eine der verschiedenen Auslegungsmöglichkeiten als die dem GG ›konforme‹ anzusehen wäre und demgemäß den Vorrang von den anderen erhalten müßte«[16]. Für Schmidt konnte es nur eine sachgerechte und nicht eine »obrigkeitsstaatliche« oder »demokratische« Auslegung von Gesetzen geben. Damit bezog Schmidt indirekt klar Stellung zur Vorstellung vom »politischen Richter«, der vor allem durch Rudolf Wassermann in die Diskussion gebracht worden war. Die Aufforderung zu einer »verfassungskonformen Auslegung«, die von vielen Juristen geteilt wurde, führte in den Augen Schmidts dazu, dass »an die Stelle von Gesetzesrecht [...] ein Richterrecht treten (würde), dessen Wertungen einen krassen Dezisionismus darstellen und, völlig unberechenbar wie sie sind, in einen Zustand totaler Rechtsunsicherheit führen würde«[17]. Wo der Strafrechtler sonst kaum Probleme gehabt hätte, konkurrierende Gesetzesbestimmungen logisch aufzulösen, ließ er sich hier gar nicht erst auf die Frage ein, ob eine Konkurrenz zwischen den grundgesetzlichen Bestimmungen zur Versamm-

13 Vgl. hierzu u.a. Rucht (Hg.), *Protest*.

14 Heinitz, »Demonstrationsrecht«, S. 17 unter zustimmender Berufung auf Vogel, »Demonstrationsfreiheit«. Für den Umgang der Polizei mit den Demonstration und die sich daran anschließenden Diskussionen vgl. Weinhauer, *Schutzpolizei*.

15 Vgl. etwa Ott, *Recht*, S. 9ff.; Merten, »Demonstration«, S. 21ff.; Herzog, »Demonstrationsfreiheit«.

16 Schmidt, »§ 116«.

17 Ebd., S. 324.

lungsfreiheit und den strafrechtlichen Bestimmungen über »Aufläufe« und »Zusammenrottungen« bestehen könnte.

Das Bundesverfassungsgericht hatte in dem für Fragen der Meinungsfreiheit grundlegenden Lüth-Urteil aus dem Jahr 1958 dargelegt, wie in einer solchen rechtlichen Konkurrenzsituation zu verfahren sei: »Es findet [...] eine Wechselwirkung in dem Sinne statt, daß die ›allgemeinen Gesetze‹ zwar dem Wortlaut nach dem Grundrecht Schranken setzen, ihrerseits aber auch der Erkenntnis der wertsetzenden Bedeutung dieses Grundrechts im freiheitlich demokratischen Staat ausgelegt und so in ihrer das Grundrecht begrenzenden Wirkung selbst wieder eingeschränkt werden müssen«[18]. Ganz auf der Linie von Eberhard Schmidt äußerte sich Gerhard Erdsiek, ehemaliger Ministerialdirigent im Bundesjustizministerium und Honorarprofessor in Köln, in einem ausführlichen Artikel in der *FAZ* zu dem Thema. Er sah »eine Perversion« dieses Gedankens – der Wechselwirkung zwischen Grundrechten und allgemeinen Gesetzen – darin, »wenn er dazu benutzt werden soll, ›kriminelle Akte‹, die auf die Zerstörung von Grundrechten gerichtet sind, als angeblich ›verfassungskonform‹ zu rechtfertigen«[19]. Für Erdsiek war es keine Frage der Abwägung, ob etwa eine Blockade als Straftat zu gelten habe. Sie war in seinen Augen eindeutig ein »krimineller Akt«, so dass sich die Frage des etwaigen Schutzes durch die Grundrechte gar nicht stellte.

Ähnlich wie Schmidt oder Erdsiek versuchte auch der Staatsrechtler Detlef Merten die Demonstration ganz ihres verfassungsmäßigen Ranges und ihrer politischen Bedeutung zu entkleiden und sie stattdessen nur dem Strafrecht zu unterstellen. »Das Demonstrationsrecht des Bürgers«, so Merten, dürfe »nur im Rahmen und nach Maßgabe unserer Rechtsordnung ausgeübt werden«[20]. Wie in Schmidts Argumentation erschien die Verfassung auch bei Merten aus der eigentlichen »Rechtsordnung« ausgelagert, und nicht als deren fundamentaler Bestandteil. Ganz explizit zielten seine Ausführungen darauf, »einer Tendenz« zu widersprechen, »die das Grundrecht des Art. 8 des Grundgesetzes aufwertet, es sogar als vorstaatliches Recht ausgibt und in ihm ›eine der wirksamsten Mittel politischer Einflußnahme‹ des einzelnen Staatsbürgers in der parlamentarischen Demokratie sieht«[21]. Demonstranten, so Merten weiter, könnten sich nur dann auf die grundgesetzlich garantierte Versammlungsfreiheit berufen, »wenn und soweit ihr Verhalten in den Rahmen des überkommenen, historisch geprägten und vom Grundgesetz gewährleisteten Ver-

18 BVerfGE 7, S. 198–230, hier, S. 209.

19 Erdsiek, Demonstration.

20 Merten, »Demonstration«, S. 21.

21 Ebd.; Merten bezieht sich damit direkt auf die Untersuchung von Sieghart Ott zum Demonstrationsrecht, der die von ihm zitierte Formulierung gebraucht hatte; vgl. Ott, *Recht*, S. 7.

sammlungsrechts paßt«[22]. Daraus, dass der Münchener Rechtsanwalt Sieghart Ott eine notwendige Kollision der Interessen der Staatsgewalt mit den Interessen der Demonstranten annahm, leitete Merten den Vorwurf der Konstruktion eines »vorstaatlichen« Demonstrationsrechts ab und versuchte damit Otts Argumentation ad absurdum zu führen. Tatsächlich gab Merten jedoch nur zu erkennen, dass für ihn die Staatsgewalt per se Vorrang vor den Freiheitsrechten der Bürger hatte. Zu retten versucht Merten den Vorrang des Verfassungsrechts formal dadurch, dass er von einem »staatlichen Verfassungsrecht« spricht, und damit die Verfassung per definitionem den Interessen der Staatsgewalt unterordnete.

Bildeten die Ansichten von Schmidt und Merten den einen Pol in der Auseinandersetzung um die Grenzen des Demonstrationsrechts, findet sich der andere Pol in der Argumentation von Heinrich Hannover, der sich zu dieser Zeit bereits einen Namen als Anwalt in politischen Prozessen gemacht hatte.[23] Wo Schmidt und Merten versuchten, offenkundig verfassungsrechtliche Fragen ins reine Strafrecht abzudrängen, zielte Hannovers Argumentation darauf, den grundrechtlichen Schutz der Versammlungsfreiheit und der freien Meinungsäußerung auch auf begrenzte Gewaltakte auszudehnen. Zwar beschränke sich der Schutz des Art. 8 GG nur auf Versammlungen, die »friedlich und ohne Waffen« abliefen, so Hannover. Daraus könne aber nicht gefolgert werden, dass der Grundrechtsschutz entfalle, sobald aus der Menge heraus Gewalttätigkeiten begangen würden. Das schwächere Argument von Hannover war wohl, dass die Formulierung »friedlich und ohne Waffen« historisch vor dem Hintergrund von SA-Horden zu sehen und nicht »auf Demonstrationen junger, demokratisch gesinnter Leute« gemünzt gewesen sei. Stärker ins Gewicht fiel dagegen das Argument, »daß eine Demonstration nicht schon dadurch, daß einzelne Teilnehmer Steine werfen oder sonstige Gewaltakte begehen, zu einer unfriedlichen wird«[24]. Ging es Hannover darum, friedliche Demonstranten nicht durch Gewaltakte von einzelnen diskreditieren zu lassen, sah er unter bestimmten Bedingungen schließlich auch einzelne Gewaltakte als verfassungsrechtlich legitimiert an. Den Anlass boten die Verfahren gegen Studenten, die die Auslieferung von Zeitungen des Springer-Konzerns zum Teil auch mit gewaltsamen Mitteln – insbesondere dem Anzünden von Zeitungswagen – zu verhindern gesucht hatten. Zur rechtlichen Legitimation dieses Vorgehens bezog sich Hannover auf die Rechtsprechung des Bundesverfassungsgerichts, in der es im Kontext des Rechts auf freie Meinungsäuße-

22 Merten, »Demonstration«, S. 22.

23 Hannover, »Demonstrationsfreiheit«.

24 Ebd., S. 55f.

rung dem Bürger das Recht des »Gegenschlags« gegen unrichtige Informationen zuerkannte.[25] Obwohl in dem Fall, den das Gericht zu entscheiden hatte, der Versuch, sich gegen unrichtige Presseäußerungen zur Wehr zu setzen, selbst mit der Verletzung von Strafbestimmungen – insbesondere Beleidigung und üble Nachrede – verbunden gewesen war, hielt das Gericht den »Gegenschlag« für gerechtfertigt. »Den Studenten«, so Hannover weiter, »die sich seit Jahren der Pogromhetze eines bestimmten Pressekonzerns ausgesetzt sahen, [...] stand keine Gegenpresse zur Verfügung, in der sie sich gegen die manipulative Verhetzung breiter Bevölkerungsschichten in vergleichbarer Überschreitung gesetzlicher Bestimmungen hätten wehren können«. Die Rechtmäßigkeit des »Gegenschlages« gegen den Springer-Konzern lasse sich daher nicht bezweifeln, selbst wenn es »dabei auch zu vereinzelten Gewaltaktionen gegen Sachen (zerbrochene Fensterscheiben, angezündete Zeitungswagen) kam«[26]. Ein größerer Abstand zur Beurteilung von Schmidt oder Merten ließ sich kaum denken. Wo diese die Staatsgewalt als Garant und Verteidiger der staatlichen Ordnung und die Demonstranten als Aufrührer sahen, kehrte Hannover die Sicht um und sah seinerseits die Demonstranten in einer Verteidigungsposition, und zwar sowohl gegen prügelnde Polizisten als auch gegen die Hetze der Springer-Presse.

Welche Position übernahmen nun die Gerichte? Auch wenn kein Gericht so weit gegangen ist, »vereinzelte Gewaltakte« als legitime Mittel im Sinne eines Widerstandsrechts gegen »die Verhetzung« durch Zeitungen zu billigen, findet sich in den Urteilen ansonsten fast das gesamte Spektrum, das zwischen den Positionen Schmidts und Mertens auf der einen und Hannovers auf der anderen Seite lag.[27] Beginnt man mit den freisprechenden Urteilen, so gehört der Beschluss des Amtsgerichts Esslingen vom 22.10.1968 gewiss zu den bemerkenswertesten gerichtlichen Einlassungen in diesem Kontext. Der Beschuldigte, um den es ging, war am 12.4.1968, einen Tag nach dem Anschlag auf Rudi Dutschke in Berlin, einem Aufruf des SDS gefolgt, vor der Druckerei des Bechtle-Verlags in Esslingen bei Stuttgart zu demonstrieren, da dort die *Bild*-Zeitungsausgabe für den südwestdeutschen Raum gedruckt wurde. Ziel war es, wie andernorts auch, die Auslieferung der Zeitung zu blockieren. Dem Angeklagten wurde zur Last gelegt, sein Auto so abgestellt zu haben, dass zusammen mit anderen Autos eine Straßensperre entstand. Die Staatsanwaltschaft

25 Vgl. dazu den Beschluss des Bundesverfassungsgerichts vom 24.1.1961 (BVerfGE 12, S. 113–132).

26 Hannover, »Demonstrationsfreiheit«, S. 58.

27 Neben der Vielzahl von Bemerkungen und Kritiken einzelner Urteile vgl. als sehr guten Überblick über die Rechtsprechung: Tiedemann, »Bemerkungen«.

sah damit den Tatbestand der gemeinschaftlichen Nötigung nach den §§ 240 und 47 StGB erfüllt.

Das Amtsgericht räumte zwar ein, dass durch das Verhalten des Angeklagten andere »zu einer Handlung oder Unterlassung genötigt« worden seien. Doch der Richter erkannte wohl zu Recht, dass es bei der Blockade nicht nur darum gegangen sei, die Auslieferung der *Bild*-Zeitung zu einem bestimmten Zeitpunkt zu verhindern. »Erklärtes Ziel war vielmehr, die Öffentlichkeit wachzurütteln und auf die gefahrvolle Zusammenballung publizistischer Macht hinzuweisen«[28]. Damit definierte das Gericht die Blockade in erster Linie als Akt der Meinungsäußerung und damit durch Art. 5 GG geschützt. Ausdrücklich billigte es den Demonstranten zu, dass der Mordanschlag auf Rudi Dutschke, für den die Demonstranten die Springer-Presse mit verantwortlich machten, »zwangsläufig zu stärkeren Aktionen« führen musste, nachdem andere Versuche der Studenten, die Öffentlichkeit auf die Macht Springers aufmerksam zu machen, ergebnislos geblieben waren. Breit widmete sich das Gericht dann der Macht des Springerkonzerns und griff dabei zu erstaunlich scharfen Wertungen, die nicht weit von denen Heinrich Hannovers entfernt lagen. Die Springer-Zeitungen qualifizierte das Gericht als »Musterbeispiele publizistischer Verantwortungslosigkeit«. Es gehe den Zeitungen nur um »Stimmungsmache«, die Wahrheit werde gebogen, »ja es wird effektiv gelogen« und nicht zuletzt sei zu Gewalttaten gegen die Studenten aufgefordert worden.[29]

Als Beleg für die Gefahren der Pressekonzentration zog das Gericht den Bericht der so genannten »Günther-Kommission« heran[30], die sich mit eben diesem Problem beschäftigt hatte, und billigte »den politisch engagierten Studenten« zu, »die Gefahr für unsere Demokratie durch die Konzentration und die Gleichschaltung der Presse« erkannt zu haben und sich gegen das »Meinungsdiktat« der Springer-Presse aufgelehnt zu haben. Zwar liegt der Verdacht nahe, dass bei diesem Urteil nicht zuletzt die oben erörterten Ressentiments der Justiz gegen die Presse eine gewisse Rolle gespielt haben, zumal ausdrücklich erwähnt wird, dass die Richter selbst oft von falscher Berichterstattung betroffen seien. Gleichwohl bleiben die Ausführungen des Gerichts bemerkenswert. Die Studenten erscheinen hier als Retter der bundesdeutschen Demokratie. Es sei bezeichnend für die bundesdeutsche Gesellschaft, dass oftmals nur die Studenten aktiv würden und manches Problem der letzten Jahre

28 AG Esslingen, Beschluss vom 22.10.1968 – 2 Ms 324/68, abgedr. in: *JZ* 23, 1968, S. 800–802, Zit., S. 801. Der Beschluss hat bundesweit Aufsehen erregt und findet sich auszugsweise abgedr. in: *Der Spiegel*, 4.11.1968, S. 46 sowie vollständig in: *FR*, 30.10.1968.

29 Beschluss des AG Esslingen, in: *JZ* 23, 1968, S. 801.

30 BT-Drucksache V/3122.

wäre nicht angegangen worden, wenn die Studenten nicht auf die Straße gegangen wären. »Studenten protestieren gegen den Antisemitismus und blockieren Veit-Harlan-Filme; Studenten protestierten und demonstrierten gegen den wieder auflebenden Rechtsradikalismus, gegen die Besetzung Ungarns, den Bau der Mauer, gegen die östlich-arabische Verhetzung Israels; Studenten demonstrierten gegen die Atombewaffnung der Bundeswehr; Studenten nahmen zur Anerkennung der DDR Stellung; Studenten rebellierten, wo sie konnten gegen die überkommene Heuchelei, gegen den satten Wohlstand, gegen die bürokratische und technologische Ordnung, gegen die ihrer besten und humanen Ideale beraubten Gesellschaft«[31]. In glatter Umkehrung der Dämonisierung der Studenten in der Springer-Presse wurde ihnen hier das gesamte politische und moralische Gewissen der Bundesrepublik gutgeschrieben. Mit »Gammlern und Halbstarken« wollte das Gericht die Studenten denn auch nicht »in einen Topf geworfen« sehen. Diese Bemerkung ist insofern interessant, als deutlich wird, dass das Gericht die kulturelle Dimension des Protestes gänzlich verkannte und sich so eher zum Anwalt eines Idealbildes vom »politisch engagierten Studenten« als der real protestierenden Studenten machte. Gleichwohl ist auch unverkennbar, dass die Emphase des studentischen Protestes bis zu einem gewissen Grade auch auf das Gericht übergesprungen war.

Ohne diese Emphase, dafür aber juristisch fundierter, kam das Frankfurter Jugendschöffengericht ebenfalls im Zusammenhang mit einer Blockade-Aktion gegen die Springer-Presse nur wenige Tage später in einem Urteil gegen zwei Studenten zu einem ähnlichen Ergebnis.[32] Die beiden Angeklagten hatten am 15. April 1968 an einer Demonstration in Frankfurt a. M. teilgenommen und sich dabei nach Ansicht der Staatsanwaltschaft auf der Basis der §§ 113 (Widerstand gegen Vollstreckungsbeamte), 115 (Aufruhr), 116 (Auflauf) und 125 (Landfriedensbruch) strafbar gemacht. Das Gericht zog in seinem Urteil einen klaren Trennungsstrich zwischen einer »Zusammenrottung« und einer Demonstration. Unter einer »Zusammenrottung« sei nach »der unstreitigen allgemeinen Auffassung in Rechtslehre und Rechtsprechung das räumliche Zusammentreten oder Zusammenhalten einer Mehrheit von Personen zu

31 Beschluss des AG Esslingen, in: *JZ* 23, 1968, S. 801.

32 Amtsgericht (Jugendschöffengericht) Frankfurt a. M., Urteil vom 30.10.1968 – 951/4 Ls 6/68 (III184/68), abgedr. in: *JZ* 23, 1968, S. 200–207. Der Prozess hatte schon vor dem Urteil für Aufsehen gesorgt, weil der Staatsanwalt gegen das gesamte Gericht einen Befangenheitsantrag gestellt hatte. Der Vorsitzende Richter, Amtsgerichtsrat Möller, hatte Berichte über die Pressekonzentration und den Springer-Verlag verlesen; vgl. Staatsanwalt hält Gericht für befangen, in: *FAZ*, 26.10.1968; vgl. weiter: Gericht stuft Demonstrationsrecht höher ein, in: *FAZ*, 31.10.1968; Verwirrung der Geister, in: *FAZ*. 1.11.1968.

einem gemeinschaftlichen bedrohlichen oder gewalttätigen, einem friedensstörenden Handeln zu verstehen«[33]. Bei der Menschenmenge, die sich am 15.4.1968 auf der Mainzer Landstraße vor der Ausfahrt der Societäts-Druckerei zusammengefunden habe, in der unter anderem die *Bild*-Zeitung gedruckt wurde, habe es sich dagegen eindeutig um eine Demonstration gehandelt, welche die Richter folglich von den Artikeln 5 und 8 GG geschützt sahen. In einer längeren Passage setzte sich das Gericht dann mit der Frage auseinander, was unter dem Begriff »friedlich« in Zusammenhang mit einer Versammlung zu gelten habe. Unter Berufung auf das Versammlungsgesetz und die entsprechenden Kommentare stellten die Richter fest, dass eine unfriedliche Versammlung erst dann anzunehmen sei, »wenn Gewalt angedroht oder ausgeübt wird«. Die Demonstranten vor der Absperrung seien aber »weder aktiv gewalttätig oder aufrührerisch« gewesen. Zwar sei es durchaus Ziel der Demonstration gewesen, die Auslieferung der *Bild*-Zeitung durch »das bloße Dasein und durch passives Verhalten« zu verhindern. Wie das Esslinger Amtsgericht sah auch das Frankfurter Jugendschöffengericht darin aber in erster Linie einen kommunikativen Akt, durch den auf die Gefahren der Pressekonzentration aufmerksam gemacht werden sollte. Damit seien zwangsläufig Rechtsbeeinträchtigungen verbunden gewesen, doch in Abwägung dieser Beeinträchtigungen gegen die Grundrechte der Meinungs- und Versammlungsfreiheit, waren nach Auffassung des Gerichts diese Beeinträchtigungen nicht so erheblich, dass sie nicht durch die Grundrechte gedeckt gewesen wären.

Zudem führte das Gericht zur Frage der Friedfertigkeit aus, dass einzelne Akte von möglicher Sachbeschädigung – etwa das Entweichen-lassen von Luft aus den Reifen eines der Transportfahrzeuge – aus einer friedlichen noch keine unfriedliche Versammlung mache.[34] Wenn später beim Vorgehen der Polizei gegen die Demonstranten vereinzelt Steine geworfen worden seien, so seien dies zum Teil Abwehrhandlungen gewesen, zum Teil auch Angriffe von einzelnen, die aber nicht den Demonstranten als solchen angelastet werden könnten.

Es ist insgesamt schwer einzuschätzen, inwieweit solche Urteile und die Argumentation, auf der sie beruhten, in der Richterschaft gutgeheißen, beziehungsweise abgelehnt wurden. Mit etwaigen quantitativen Angaben zum Verhältnis von eingestellten und eröffneten Verfahren sowie von Freisprüchen und Verurteilungen wäre wenig geholfen, da es für eine Beurteilung im Einzel-

---

33 Amtsgericht (Jugendschöffengericht) Frankfurt a. M., Urteil vom 30.10.1968 – 951/4 Ls 6/68 (III184/68), S. 202; das Urteil bezieht sich hier auf Schwarz-Dreher, *Strafgesetzbuch*, Anm. 1 zu § 115 sowie Schönke, *Kommentar*, Rdnr. 1 zu § 115.

34 Ähnlich auch das Urteil des Schöffengerichts Berlin-Tiergarten vom 16.5.1969 (S. 10f.) – 1 P Ms 4/69; vgl. dazu Tiedemann, »Bemerkungen«, S. 722.

nen auf die Begründungen ankommt. *Der Spiegel* sprach von einer »radikalen Minderheit« unter den Richtern, die sich offensiv dazu bekannte, dass für das Grundgesetz »kollektives Handeln ein selbstverständlicher Bestandteil der gesellschaftlichen Wirklichkeit« sei.[35]

Festzuhalten bleibt jedoch zunächst, dass es gerade in der aufgeheizten Stimmung nach den Osterunruhen des Jahres 1968 eine Reihe von freisprechenden Urteilen gab, die sich unverkennbar darum bemühten, die strafrechtlichen Bestimmungen vor dem Hintergrund der Verfassung zu würdigen. Der Kölner Landgerichtsdirektor Werner Eckert sprach in seiner Begründung für den Freispruch eines Studenten, der eine Straßenbahnblockade mit organisiert hatte, davon, dass es sich die Öffentlichkeit in der Demokratie gefallen lassen müsse, wenn »eine Minderheit sie zur Kenntnisnahme einer freien Meinung zwingt«.[36]

Der Freispruch betraf den Kölner ASTA-Vorsitzenden Laepple, dessen Fall wenig später beim BGH landete und dort zum ersten Grundsatzurteil im Kontext der Demonstrationsprozesse führte. Der Strafrechtler Klaus Tiedemann, der sich ausführlich mit der Rechtsprechung zu den Demonstrationsprozessen befasste, ordnete das Urteil vom 8. August 1969 als »Beginn deutlich restaurativer Tendenzen« ein.[37] Dazu ist gleichwohl anzumerken, dass es auch vor diesem Urteil keineswegs nur Freisprüche gab. Zudem gingen die Schuldsprüche zum Teil auch noch deutlich über die vom BGH eingeschlagene Linie hinaus. Offensichtlich ist allerdings, dass die Obergerichte liberale Urteile aus der ersten Instanz in der Regel kassierten.

Den Ausgangspunkt für den »Laepple-Fall« bildete eine Demonstration vom 24.10.1966 gegen die Erhöhung der Tarife der Kölner Verkehrsbetriebe, im Zuge derer die Demonstranten durch Sitzen und Stehen auf den Schienen die Straßenbahnführer zum Anhalten gezwungen hatten. Angeklagt wurden daraufhin der AStA-Vorsitzende Laepple und ein anderer Student, die für die Organisation der Demonstration verantwortlich waren. Zur Last gelegt wurde ihnen unter anderem der Verstoß gegen die §§ 114, 115, 125 und 240 StGB. Der erstinstanzliche Freispruch des Kölner Landgerichts beruhte darauf, dass das Gericht – ähnlich wie bei den oben schon behandelten Freisprüchen – die Blockade nicht als Gewalt, sondern als eine vom Grundgesetz geschützte Form der Meinungskundgebung eingestuft hatte. Der BGH folgte dieser Ein-

35 Zit. nach: *Der Spiegel*, 3.11.1969, S. 90f. (»Bloße Flanken«). Als Beispiel nannte *Der Spiegel* den Frankfurter Oberlandesgerichtspräsident Staff, der unter anderem auch über Daniel Cohn-Bendit zu urteilen hatte.

36 Zit. nach: *Der Spiegel*, 3.11.1969, Nr. 45, S. 100 (»Bloße Flanken«).

37 Tiedemann, »Bemerkungen«, S. 718.

schätzung auch insoweit, als auch er Gewalt an ein direkt ausgeübtes aggressives Handeln band.[38]

Wenn der BGH den Freispruch des Kölner Landgerichts dennoch aufhob, so deshalb, weil er argumentierte, dass die Inanspruchnahme der Grundrechte der Versammlungsfreiheit und der freien Meinungsäußerung nicht mit der Verletzung von Rechten Dritter einhergehen dürfe. Eine solche Verletzung der Rechte anderer sah der BGH jedoch durch die Form der Blockade-Demonstration gegeben.[39] Wichtig für die Einordnung dieses Urteil in den Kontext der Frage um die Reichweite der Verfassung ist die Tatsache, dass sich auch der BGH – anders als etwa der Strafrechtler Eberhard Schmidt – nicht mehr dagegen wehrte, dass überhaupt eine »verfassungskonforme Auslegung« möglich und nötig sei. Auch die Kritik an dem Urteil musste einräumen, dass der BGH hier Freiheitsrechte gegeneinander abwog und nicht einfach die Bestimmungen des politischen Strafrechts jenseits seines gesellschaftspolitischen Gehalts verabsolutierte.[40] Gleichwohl billigte das Gericht den Teilnehmern einer Demonstration grundsätzlich keine anderen Mittel als die der »Werbung, Überzeugung und Überredung« zu. In jeder Form der Blockade sah das Gericht eine klare »Zwangswirkung«, die strafbar sei. Die Anerkennung eines Demonstrationsrechts, wie es der Freispruch des Kölner Landgerichts beinhaltete, lief nach Ansicht des BGH »auf die Legalisierung eines von militanten Minderheiten geübten Terrors hinaus«[41]. Wurde hier auf der einen Seite bereits das Gespenst des Bürgerkrieges beschworen, machte auf der anderen Seite die Urteilsbegründung deutlich, wie eng das Gericht die Grenzen des Demonstrationsrechts ausgelegt sehen wollte.

---

38 BGH 2 StR 171/69, Urteil vom 8.8.1969 abgedr. in: *JZ* 24, 1969, S. 637–641. Nach Ansicht des BGH ging das Kölner Landgericht allerdings zu weit, »wenn die Strafkammer insofern nicht nur ein aggressives, sondern, soweit es hier um die Begehungsform der Gewalttätigkeit gegen Personen geht, ein rohes aggressives Verhalten mit einer unmittelbaren Gefährdung von Leib und Leben anderer für erforderlich hält«. Tiedemann, Bemerkungen, S. 720 weist zudem darauf hin, dass der BGH »nur mühsam und nicht überzeugend den Bruch mit der früheren Rechtsprechung – insbesondere mit dem Urteil vom 13.7.1960 – 2 StR 291/60 – leugnet«. In diesem Urteil hatte der BGH entschieden, dass § 125 StGB dadurch verwirklicht sei, dass sich elf Jugendliche »in der Absicht, den Verkehr zu behindern auf die Straße« gesetzt hatten und dabei festgelegt, dass »Gewalttätigkeit […] nicht gleichbedeutend mit Gewalt« sei. Grundlage hierfür wiederum war ein Reichsgerichtsurteil aus dem Jahr 1928, das Versperren eines Durchgangs als Gewalt gewertet hatte (RGSt 45, 153–157).

39 Zentral für die komplexe Frage der Beeinträchtigung der Rechte Dritter bei der Inanspruchnahme des Rechts der freien Meinungsäußerung sind das »Lüth-« und das »Blinkfüer«-Urteil des Bundesverfassungsgerichts, die hier beide schon erwähnt worden sind (Lüth-Urteil vom 15.1.1958, Blinkfüer-Urteil vom 26.2.1969, BVerfGE 25, 256–269). Vgl. dazu Henne (Hg.), *Lüth-Urteil.*

40 Tiedemann, »Bemerkungen«, S. 719.

41 *JZ* 24, 1969, S. 640.

Bezeichnend war zudem, dass die »Demonstranten« – indirekt gleichgesetzt mit Studenten – wie eine besondere Spezies Bürger behandelt wurde. Ein »Sonderrecht für Studenten«, so hatte der Senatspräsident Baldus laut Zeitungsbericht schon in seiner mündlichen Urteilsbegründung gesagt[42], dürfe es nicht geben und in der schriftlichen Urteilsbegründung hieß es in diesem Sinne: »Der Demonstrant besitzt im Vergleich zum Einzelnen, der für seine Meinung eintritt oder protestiert, keine Vorrechte«. Eine gegenteilige Auffassung sei »als Verstoß gegen das Prinzip der Gleichheit aller vor dem Gesetz mit den Grundsätzen der freiheitlich demokratischen Grundordnung schlechthin unverträglich«[43]. Ähnlich hatte zuvor auch schon das Landgericht Berlin formuliert, dass »den Demonstranten nicht mehr Befugnisse als den übrigen Mitbürgern« zustünden.[44] Hier erscheint nicht die Demonstration als ein legitimes Ausdruckmittel der Bürger, sondern die Demonstranten als eine spezifische Gruppe, die gegen die Gesetze für sich bestimmte Rechte beanspruchte. Der ehemalige Stuttgarter OLG-Präsident Richard Schmid kritisierte in diesem Sinne, dass aus der Urteilsbegründung vor allem hervorgehe, »wie unsympathisch dem Strafsenat die ganze Richtung und das Benehmen der jungen Leute ist«[45]. Das aber sei kein zureichender Grund, sie zu bestrafen.

Über das BGH-Urteil hinaus kam von den revisionsrichterlichen Entscheidungen vor allem dem Urteil des Bayerischen Obersten Landesgerichts vom 26.11.1968 und dem des Oberlandesgerichts Stuttgart vom 9.7.1969 grundlegende Bedeutung zu, da hier die liberale Tendenz der unteren Gerichte revidiert wurde.[46] Der Strafrechtler Klaus Tiedemann bescheinigte den Gerichten in seiner gründlichen Untersuchung der Rechtsprechung in den Demonstrationsprozessen, dass sie die Problematik noch ausgeprägter als der BGH »ganz mit den tradierten strafrechtlichen Vorstellungen« angegangen seien.[47] Deutlich zeigte sich dies in der Weigerung, auch nur abzuwägen, wo die verfassungsrechtlichen Grenzen der Demonstrationsfreiheit lagen. In Korrektur eines freisprechenden Urteils des AG Cannstatt vom 6.3.1969 zur Frage der

---

42 Baldus, Sonderrecht für Studenten, in: *FAZ*, 9.8.1969; vgl. dazu auch Ridder, »Minima Rationalia«, hier S. 218 (FN.2).

43 Urteil vom 8.8.1969: BGHSt, Bd. 23, S. 46–60, auch abgedr. in: *JZ* 24, 1969, 637–641, hier S. 640.

44 LG Berlin, 28.1.1969 – 1 P KLs 1/68, zit. nach Tiedemann, Bemerkungen, S. 718.

45 Schmid, Gewalt.

46 BayObLG 4 a St 138/68, abgedr. in: *JZ* 24, 1969, 207f. mit Anmerkungen von Eberhard Schmidt und Stöcker, S. 395ff. (auch in: *NJW* 1969, S. 63f.; JR 1969, S. 65). Vgl. auch den Beschluss des BayObLG vom 14.4.1969 – 3 a St a,b/69, abgedr. in: *NJW* 1969, S. 1127f. mit Anmerkungen von Schark, S. 1495f. Das Urteil vom OLG Stuttgart vom 9.7.1969 – 1 Ss 286/69, abgedr. in: *NJW* 22, 1969, S. 1543f.

47 Tiedemann, »Bemerkungen«, S. 718.

Strafbarkeit einer Auslieferungsblockade stellte die Revisionsinstanz schlicht fest: »Daß dies nicht rechtens sein kann, ist offenkundig«[48]. Als »mutig« stufte Tiedemann diesen Satz in der trockenen Ironie des Juristen ein.[49]

In diesem Sinne »mutig« war auch die Auffassung des Vorsitzenden des bayerischen Richterverbandes, des Oberlandesgerichtsrats Hugo Winckhler, der der Meinung war, dass ihn die Verfassung »nicht klüger« mache, wenn Demonstranten »den Verkehr einer Großstadt lahmlegen«, sondern hier »nur das Strafgesetzbuch Auskunft über die rechtlichen Folgen solchen Tuns (gibt), auch wenn die Paragraphen hundert Jahre alt sind«[50]. Und das Landgericht München hielt die Berufung auf das Grundgesetz für geradezu lächerlich, wenn es im Urteil gegen den Studenten Reinhard Wetter formulierte: »Wenn der Angeklagte schon glaubt, sich zur Rechtfertigung seiner Taten auf das Grundgesetz berufen zu müssen«[51]. Tatsächlich hielten wohl viele Richter das Grundgesetz weitgehend für irrelevant, wenn sie über Demonstranten zu Gericht saßen, so dass es neben den oben erwähnten Freisprüchen zu einer ganzen Reihe harscher Verurteilungen kam, die ganz in das Bild von einer Justiz passten, die sich mental und ideologisch noch im Obrigkeitsstaat des Kaiserreichs und nicht im demokratischen Rechtsstaat der Bundesrepublik aufhielt. Dies galt gewiss für das Münchner Amtsgericht, das den 26-jährigen Gerichtsreferendar Rolf Pohle 1969 für die bloße Teilnahme an einer Springer-Blockade vom Karfreitag 1968 wegen Landfriedensbruch und Nötigung zu 15 Monaten Haft verurteilte. Das Urteil führte dazu aus: »Der Angeklagte hat den Tatbestand eines der sog. Massendelikte erfüllt, die sich gegen den Rechtsfrieden, die Ruhe, Sicherheit und Ordnung richten. Er hat sich am 12.4.1968 nicht etwa nur als Schaulustiger oder Mitläufer in der Masse der Demonstranten befunden, sondern selbst aktiv mitgewirkt. Sein persönlicher Tatbeitrag bei der Verwirklichung des Massendelikts war nicht unerheblich«. Dieser »nicht unerhebliche« Beitrag bestand nach Feststellung des Gerichts darin, dass er »aktiv am Bau der Barrikade« beteiligt war: »Er reichte dem am Bau der Barrikade beschäftigten Demonstranten Pflastersteine weiter und schob ein Faß zur Barrikade«. Die Folgen dieses Handelns sah das Gericht als »erheblich« an. Es sei dabei nicht nur zu berücksichtigen, »daß für mehrere Stunden der Fahrver-

48 Zit. nach ebd., S. 720.

49 Ebd.

50 Erklärung abgedruckt unter: »Justiz und Gewissen«, in: *FR* 16.12.1968. Subtiler argumentierte hier der Bundesrichter Karl Schweiger, der das Grundgesetz durchaus mit bemühte, aber die »Fortbewegungsfreiheit« als ein der Meinungsfreiheit zumindest gleich-, wenn nicht höherrangiges Gut sah, auf diese Weise aber nur noch deutlicher machte, welchen Wert er der Meinungsfreiheit zumaß. Vgl. Schweiger, »Meinungsfreiheit«.

51 Urteil der Jugendkammer des LG München I vom 7.10.1968 – 2 Ls 3/68, IV, 96/68 Jug. zit. nach Hamm, »Demonstrationsfreiheit«, S. 139.

kehr auf der Barer Straße lahmgelegt und die Auslieferung der *Bild*-Zeitung auf normalem Weg verhindert wurde, vielmehr war auch in Rechnung zu ziehen, daß der Angeklagte durch seine aktive Beteiligung an der Demonstration die anderen Teilnehmer in ihrer Gefährlichkeit und Bedrohlichkeit für die Allgemeinheit mit der Folge unterstützte, daß andere Personen in ihrem Leben bedroht, ihrer persönlichen Freiheit beraubt und erheblich in ihrer Gesundheit geschädigt wurden«. Als straferschwerend wertete das Gericht die »Mitgliedschaft (des Angeklagten J.R.) zur APO, die sich u.a. die Abschaffung der Justiz zum Programm gemacht hat«. In den Gewaltakten während der Demonstration habe sich nun die »Gefährlichkeit des Angeklagten für die Allgemeinheit« niedergeschlagen.

Bei der Demonstration wurde tatsächlich ein Polizist dadurch verletzt, dass er durch einen geworfenen Gegenstand getroffen wurde. Dem Angeklagten selbst konnte allerdings nichts dergleichen zur Last gelegt werden, so dass Pohle tatsächlich nur als einer von vielen Beteiligten herausgegriffen und ihm nur die allgemeine Beteiligung an einem »Massendelikt« vorgeworfen werden konnte. Die möglichen Grenzen, die das Strafrecht durch die Verfassung gesetzt bekam, räumte das Gericht mit der Bemerkung beiseite, dass »das Grundgesetz kein Freibrief für Terrorakte« sei.[52]

Den Kölner Staatsrechtler Martin Kriele veranlasste das Urteil nicht nur zu einer grundsätzlichen Kritik der in seinen Augen »politischen Funktionalisierung des Rechts«, sondern auch zu der ketzerischen Frage, »was ein Nazi-Verbrecher auf sich geladen haben (muß), ehe er mit 15 Monaten Gefängnis bestraft wird«[53]. In ähnlicher Richtung kommentierte der Anwalt des Studenten Reinhard Wetter die Forderung des Staatsanwalts nach 14 Monaten Gefängnis mit der Bemerkung: »Für diesen Tarif könnte man im volltrunkenen Zustand einen Menschen totfahren und dann Fahrerflucht begehen«[54].

Urteile dieser Art – acht Monate für Dieter Kunzelmann, neun für Gaston Salvatore, sieben für Peter Schwiedrzik, diverse Verurteilungen von Fritz Teufel, um nur ein paar der bekanntesten Fälle zu nennen – ließen sich weiter aufzählen, doch geht es hier nicht um eine vollständige Liste der Freisprüche und Verurteilungen. Zu zeigen war zunächst die große Diskrepanz, die nicht nur in der unterschiedlichen Bewertung dessen lagen, was bei Demonstrationen erlaubt oder nicht erlaubt sein sollte, sondern auch darin, inwieweit zur

---

52 Das Urteil des Schöffengerichts beim AG München vom 27.5.1969 (2 Ls 7/69 (43 AK 48/69)) ist auszugsweise abgedr. in: *ZRP* 2, 1969, S. 166.

53 Kriele, »Funktionalisierung« S. 146. Das Urteil ist auszugsweise abgedr. in: *ZRP* 2, 1969, S. 166.

54 *Der Spiegel*, 3.11.1969, S. 89 (»Bloße Flanken«). Wetter wurde schließlich wegen Landfriedensbruch und Aufruhr zu einem Jahr Gefängnis verurteilt.

Beurteilung dieser Frage die Verfassung überhaupt mit zu berücksichtigen sei. Die Frage allerdings, welche Handlungen die Richter im Rahmen einer Demonstration für noch vom Grundgesetz gedeckt sahen oder aber sie der Meinung waren, dass zur Bewertung dieser Frage das Grundgesetz gar keine Rolle spielte, war unverkennbar keine rein rechtliche, sondern eine zutiefst politische.

Bevor nun im Folgenden darauf eingegangen wird, inwieweit die Demonstrationsprozesse eben nicht nur eine rechtliche, sondern auch eine rechts- und justizpolitische Herausforderung darstellten, sei zumindest kurz angemerkt, dass die Auseinandersetzung darum, welche Mittel bei Demonstrationen durch die Versammlungs- und Meinungsfreiheit gedeckt sind, in der Rechtsprechung und in der juristischen Literatur auch in der Folgezeit weiter heftig geführt worden ist und bis heute wohl als nicht wirklich abgeschlossen angesehen werden kann.[55] Obwohl das Bundesverfassungsgericht inzwischen drei Urteile dazu gesprochen hat, ist der Gewaltbegriff weiterhin umstritten, insbesondere die Frage, ob Sitzblockaden als Gewalt und inwieweit eine Blockade als Nötigung anzusehen sind.[56] Dabei fällt zum einen auf, dass das Bundesverfassungsgericht tendenziell eher geneigt ist, die Grundrechte der Meinungs- und Versammlungsfreiheit gegenüber dem Strafrecht stärker zu gewichten als die Obergerichte. Zum anderen fällt auf, dass die Diskussion um die Grenzen des Demonstrationsrechts einen immer rechtstechnischeren Charakter annimmt. Dies gilt etwa dann, wenn zur Debatte steht, ob gewaltfreiem Sitzen eine körperliche Anstrengung des Hinsetzens vorausgegangen sein muss und damit das Sitzen zu Gewalt wird.[57] Dies gilt auch dann, wenn diskutiert wird, ob bei einer Blockade, bei der Autos zum Stehen gebracht werden, nur die ersten Wagen oder auch die nachkommenden genötigt werden. Diese auch in der rechtswissenschaftlichen Literatur als Rabulistik[58] empfundenen Auseinandersetzungen lassen letztlich nur deutlich werden, wie schwer sich gerade in diesem Bereich rechtliche von politischen Erwägungen trennen lassen.

---

55 Aus der umfangreichen Literatur vgl. mit weiteren Hinweisen u.a. Bergmann, »Beurteilung«; Priester, »Verfassungsgerichtsbeschluss«; Rheinländer, »Gewaltbegriffentscheidung«; Tröndle, »Irrungen«.

56 1. Sitzblockadenentscheidung (Mutlangen), Urteil vom 11.11.1986, BVerfGE 73, S. 206–261; 2. Sitzblockadenentscheidung (Bastian-Fall), Beschluss vom 15.7.87, BVerfGE 76, S. 211–219; 3. Sitzblockadenentscheidungen, Beschluss vom 10.1.1995, BVerfGE 92, S. 1–25.

57 Vgl. Bergmann, »Beurteilung«, S. 459.

58 Vgl. dazu Priester, »Verfassungsgerichtsbeschluss«, S. 384.

3.1.2 »Die Verfolgung und Ermordung der Strafjustiz durch die Herren Teufel und Langhans«

»Endlich mal kein Student, sondern ein adretter, wohlerzogener Raubmörder, der weiß, wie man sich vor Gericht zu benehmen hat!« – eine Karikatur aus dem *Stern* zeigte einen Angeklagten, der korrekt gekleidet vor einer zufriedenen Richterbank mit den Händen an der Hosennaht stramm stand.[59] Hier war die Welt noch in Ordnung: Der Angeklagte akzeptierte die Richter als Repräsentanten der Obrigkeit. Er wusste im Wesentlichen, was ihn zu erwarten hatte, verteidigte sich möglicherweise mit ein paar Ausflüchten und hoffte im Zweifel auf Nachsicht. Gerichtsprozesse sind klar geregelte, hoch ritualisierte Verfahren, die ihre Legitimation zu einem großen Teil gerade durch die Einhaltung der strengen Verfahrensregeln ziehen. Ist im Strafprozess der Angeklagte jemand, dem vorgeworfen wird, die gesellschaftliche Ordnung verletzt zu haben, gibt das gerichtliche Verfahren der Tat seine Ordnung zurück.

Dadurch, dass Öffentlichkeit ein konstitutiver Bestandteil des Strafprozesses ist, ist die Kommunikation zwischen den unmittelbar Beteiligten immer auch nach außen gerichtet. Für das Mittelalter und die Frühe Neuzeit ist die öffentliche Funktion der Bestrafung und vor allem deren theatralischer Charakter weit besser untersucht als für das 19. und 20. Jahrhundert.[60] Theo Rasehorn, dessen fulminante Justizkritik aus der Mitte der sechziger Jahre oben schon behandelt worden ist, griff in einem späteren Aufsatz den Aspekt als einer der wenigen auch für die Moderne auf. Er unterschied dabei zwei Ebenen: Zum einen präsentiere sich die Justiz im Gerichtsverfahren als »Repräsentant für die Gerechtigkeit im Staat«. Zum anderen diene die Justiz dem Zuschauer als »Theater und Show« und sei so eine »Erlebnisbereicherung für den Bürger«[61]. Ob und inwiefern der Bürger vom Gericht tatsächlich »Gerechtigkeit« erwartet, sei dahingestellt. Es spricht jedoch einiges dafür, dass vor allem ein »gerechtes Verfahren« erwartet wird und die »Legitimation durch Verfahren« der zentrale Aspekt dessen ist, was dem Zuschauer vorgeführt werden soll.[62]

Eben diese Legitimation zu zerstören, die durch ein geordnetes Verfahren hergestellt werden sollte, war das zentrale Ziel einer Vielzahl von Angeklagten in den Demonstrationsprozessen, und in Fritz Teufel stand ihnen ein kaum zu übertreffendes Vorbild für diese Taktik zur Verfügung. Dessen wohl eher

59 Übernommen in: *Der Spiegel*, 3.11.1969, S. 107.

60 Vgl. hier insbes. van Dülmen, *Theater*; Schwerhoff, *Köln*; Blauert/Schwerhoff (Hg.), *Waffen*. Berücksichtigt wird der Aspekt bei Evans, *Rituale*.

61 Rasehorn, »Justiz«.

62 Luhmann, *Legitimation*.

beiläufig dahingesagter Ausspruch »Wenn das der Wahrheitsfindung dient […]«, avancierte zu einem der Bonmots der Bewegung.[63] Vor allem ex post ist gerade diesem Ausspruch eine enorme Symbolkraft mit weitreichender Wirkung zugeschrieben worden. Sowohl der Rechtshistoriker Uwe Wesel, der insgesamt der 68er Bewegung einen hohen Stellenwert für einen Aufbruch im Bereich der Justiz und der Rechtswissenschaft zuschreibt, als auch Rudolf Wassermann, der im Nachhinein die Studentenbewegung eher als hinderlich für den Reformprozess in der Justiz einstufte, schreiben der Teufelschen Sentenz weitreichende Wirkung zu.[64] Rudolf Wassermann schrieb rückblickend, in Bezug auf den Stil der Gerichtsverhandlung habe die Studentenbewegung »als Katalysator« für Veränderungen gewirkt. Die gesamten symbolischen Formen, wie die Anrede, die »Stehgymnastik«, die Robe und anderes mehr seien daraufhin diskutiert worden »ob sie den demokratisch-liberalen Anschauungen der Zeit entsprächen«[65].

Auf die Debatten um diese Formen wird später noch einzugehen sein. Hier allerdings sollte zunächst Intention und Wirkung auseinander gehalten werden. Die Absicht Teufels und anderer lag weniger darin, Reformen anzuregen, als die Justiz bloßzustellen und die Verfahren ad absurdum zu führen. Dazu gehörte insbesondere der Versuch, den Richter nicht mehr als Herrn des Verfahrens erscheinen zu lassen, ihn zu verunsichern und damit die Verhandlung an sich zu ziehen. Szenen dieser Art ließen sich zu Dutzenden anführen. Im Prozess gegen Rainer Langhans und Fritz Teufel, in der sie wegen Aufforderung zu gefährlicher Brandstiftung angeklagt waren, ging es einmal mehr ums Aufstehen: Auf den Hinweis des Staatsanwalts, es sei üblich, während der Vernehmung aufzustehen, erklärte Teufel, er habe keine Lust »hier stundenlang rumzustehen«. Um sich als souveräner Herr des Verfahrens zu geben, gestattete es der Vorsitzende Richter Teufel »bis auf weiteres, Ihre Aussagen sitzend zu machen«. Um aber nicht einfach als nachgiebig zu erscheinen, schloss der Richter noch eine Drohung an: »Aber das sage ich Ihnen: Jede Unverschämtheit wird mit Ordnungsstrafen geahndet«. Als nach weiteren Auseinandersetzungen zwischen Teufels Anwalt Horst Mahler und dem Gericht die Verhandlung unterbrochen wurde, protestierte Teufel mit »Moment mal!«. Das wiederum passte dem Richter nicht, denn er beanspruchte »den Moment« für

63 Der Ausspruch selbst fiel im Prozess wegen der von Teufel während der Demonstration vom 2. Juni 1967 begangenen »Delikte«. Er war die Antwort Teufels auf die Aufforderung eines Justizwachtmeisters, sich nach einer Verhandlungspause beim Wiedereintritt des Gerichts wie alle anderen auch zu erheben. In der Presse wird der Ausspruch, so weit ich sehe, zunächst nur beiläufig erwähnt. Vgl. etwa: Gericht lehnt Freilassung Teufels ab, in: *SZ*, 30.11.1967.

64 Wesel, »Klassenjustiz«.

65 Wassermann, »Gerichte«, S. 185.

sich: »Moment, dies ist nicht Ihr Moment, sondern mein Moment. Sie können hier alles sagen, aber ich bestimme den Moment«[66].

Die karikaturreife Szene machte einmal mehr deutlich, worum es ging: die Herrschaft über das Verfahren. Dieter Kunzelmann nahm in einer anderen Verhandlung gleich direkt am Richtertisch Platz, nachdem der Staatsanwalt nach diversen Tumulten gegen vier Angeklagte Ordnungsstrafen von je drei Tagen beantragt hatte und sich das Gericht darauf hin zurückzog. Kunzelmann »stürmte daraufhin den Richtertisch«, wie die *FAZ* schrieb, »wirbelte mit den Akten herum und ergriff ein Barett«. Während die Justizwachtmeister noch versuchten, Kunzelmann von seinem Platz zu vertreiben, kehrte das Gericht zurück und verhängte Ordnungsstrafen von je 2 Tagen gegen vier Angeklagte. Fritz Teufel, davon noch nicht betroffen, beanspruchte seine eigene Ordnungsstrafe und erhielt sie prompt dafür, dass er dem Gericht durch das Verteilen von Spielkarten seine Referenz erwies und ebenfalls das Barett des Richters aufsetzte.[67] Gerade Teufel gelang es wie keinem Zweiten, die Verfahren immer wieder zu unterlaufen. Er stellte Gegenfragen und machte so aus dem Verhör eine Unterhaltung unter Gleichen. Auf die wenig präzise Frage des Richters, wie es denn so zugehe in der Kommune, antwortete Teufel in freundlich gespielter Naivität: »Besuchen Sie uns doch mal«.[68] Auch gegen eine psychiatrische Untersuchung, die das Gericht in dem Prozess gegen ihn und Rainer Langhans wegen des Aufrufs zu Brandstiftung beantragt hatte, hatte Teufel nichts einzuwenden, unter einer Bedingung allerdings: »wenn auch der Staatsanwalt und der Richter sich der Untersuchung durch den Psychiater unterziehen«[69]. In einer Anleitung, die der SDS für das Verhalten vor Gericht herausgegeben hatte, hieß es denn auch folgerichtig: »Die Rolle des Angeklagten steht nicht uns, sondern dem Gericht zu«[70].

Teufel nahm nicht nur die Ordnungsstrafen mit größter Gelassenheit in Kauf, sondern gab dem Gericht auch sonst zu verstehen, dass er mit Strafandrohungen nicht wirklich zu beeindrucken war. »Ein Angeklagter, dem seine Verurteilung gleichgültig ist«, so Werner Dolph in der *Zeit*, »bietet einen merkwürdigen Anblick: Er ist frei«[71]. So gab sich Teufel mal naiv, mal renitent, mal desinteressiert, mal reumütig. In keinem Fall aber nahm er das Gericht auch

66 Die Zitate stammen aus dem Bericht von Hildebrandt, Keine Lust.

67 Spektakel vor Gericht, in: *FAZ*, 10.7.1968.

68 Zit. nach Hildebrandt, Anderthalb Tage.

69 Zit. nach Tomkowitz, Richter; andere Zeitungen formulierten umgekehrt: Angeklagter fordert: Richter auf Geisteszustand zu untersuchen, in: *Münchner Abendzeitung*, 8.7.1967.

70 Die ›Justiz in der kapitalistischen Gesellschaft‹. Auszug aus einem Aufruf des SDS Mannheim, abgedr. in: *ZRP* 2, 1969, S. 45f.

71 Dolph, Verfolgung.

nur annähernd ernst, sei es, dass er die Richter einlud, sie zum Psychiater schicken wollte oder schließlich harte Strafe für sich verlangte und gelobte, endlich »ein anständiger Mensch« werden zu wollen.[72] Nicht zuletzt ließ er deutlich werden, dass er auch seinen Anwalt Horst Mahler nicht ernst nahm. Dessen Versuche, sich als Anwalt besonders in Szene zu setzen, etwa als er das Mandat niederlegte, um gegen die Anwesenheit von Zivilbeamten im Gerichtssaal zu protestieren[73], nahmen sich neben Teufels Auftritten blass aus. So war vielleicht wenigstens *der* Satz von Teufel ernst gemeint: Er wolle »auch einmal einen Pflichtverteidiger, der nicht immer das Gericht so anschreit«[74]. Öffentliche Aufmerksamkeit war Fritz Teufel und seinen Mitstreitern und Nachahmern sicher. In Berlin wurden die Prozesstage gegen Teufel und die anderen Mitglieder der Kommune I zu festen Terminen für die entsprechende Szene.[75] Die Zeitungen berichteten in einer Mischung aus amüsierter Sympathie, distanzierter Irritation und Empörung, in jedem Fall aber umfangreich.

Damit ist aber noch nicht geklärt, worauf sich das Augenmerk genau richtete und wie die Auftritte Teufels und anderer vor Gericht in den Kontext der Justizkritik einzuordnen sind. Argumentativ wird man die Auseinandersetzung von Teufel und anderen mit der Justiz in den meisten Fällen kaum nennen können. Das bedeutet auch, dass gegenüber der Justizkritik aus den früheren sechziger Jahren keine wirklich neuen Argumente vorgebracht wurden.[76] Damit scheint sich auf dem Feld der Justiz zu bestätigen, was für die Gesamteinordnung von '68 behauptet worden ist, dass nämlich an substanziellem kritischen Potential durch die Studentenbewegung gegenüber der Gesellschaftskritik der früheren sechziger Jahre wenig Neues hinzukam.[77] So richtig dies zunächst zu sein scheint, verfehlt das Argument jedoch den zentralen Punkt. Gerade wenn man etwa die Äußerungen von Fritz Teufel zur NS-Belastung von Richtern oder anderen Repräsentanten des Staates genauer ansieht, fällt auf, dass gar kein Anspruch auf »Enthüllung« erhoben wurde. Wenn Teufel

---

72 Zu dieser Rolle u.a.: Fritz Teufel spielt den reuigen Sünder, in: *SZ*, 4.10.1968.

73 Teufels Anwalt legt Mandat nieder, in: *SZ*, 5.3.1967.

74 Zit nach: Fritz Teufel spielt den reuigen Sünder, in: *SZ*, 4.10.1968.

75 Flugblätter, Aufrufe und ähnliches Material zum Fall Teufel finden sich im APO-Archiv, Berlin, FU-allg., Juli-Oktober 1967.

76 Als Beispiel für die Auseinandersetzung mit der Justiz vgl. den »von einigen Berliner Genossen geschriebenen Artikel: Welche praktische Solidarität erfordert die Konfrontation mit der Justiz, in: *Neue Kritik*, Nr. 51/51, 1969, S. 10–18. Dort heißt es als Fazit: »Es kann nicht darum gehen, aus unkritischen Juristen immanent kritische zu machen, sondern einzig darum, die (vielleicht wenigen) potentiell radikalen Juristen aus dem Betrieb wirklich herauszubrechen und mit den restlichen (von Sozialdemokraten abwärts) und ihren Ausbildungsstätten so zu verfahren wie es für den Nachwuchs der Justiz und anderer von Juristen vindizierter Repressionsinstitute in der spätbürgerlichen Gesellschaft angemessen ist«. Vgl. ebd., S. 17f.

77 In diesem Sinne u.a. Schildt, »Revolte«.

davon sprach, dass ihm bei NS-Prozessen aufgefallen sei, »daß sich die Angeklagten von ihren Richtern und von anderen Menschen wenig unterscheiden«, so ging es nicht eigentlich um den Vorwurf der NS-Verstrickung der Richterschaft. Es gab hier keine Empörung über personelle Kontinuitäten mehr und von daher auch gar kein Bemühen, dem einzelnen Richter eine NS-Verstrickung nachzuweisen. Die wurde ohnehin als gegeben vorausgesetzt, wie Teufel auch als gegeben voraussetzte, dass Lübke Pläne für Konzentrationslager erstellt hatte. In Ausführungen über das politische Personal der Bundesrepublik sagte Teufel etwa in dem Prozess im Zusammenhang mit der Schah-Demonstration: »Manche sind ja ganz putzig wie zum Beispiel Heinrich Lübke. Man glaubt ihm gar nicht, daß er mal KZ-Pläne gefertigt hat, man würde ihn allenfalls für einen ehemaligen Kellner im Führerhauptquartier halten«[78]. Gerhard Mauz kommentierte dies dem Anschein nach sachlich, gleichzeitig aber mit Hintersinn: »Dies machte das Eingreifen des Vorsitzenden unumgänglich, da bekanntlich der Bundespräsident nie KZ-Pläne gefertigt hat«[79]. Die Begründung ließ nicht die gesamte Äußerung von Teufel als unverschämt erscheinen, sondern sie bezog sich nur auf den sachlich falschen Punkt in Teufels Äußerung. Teufels eigentliche Pointe, die Vorstellung von Lübke als Oberkellner im Führerhauptquartier, ließ Mauz so stehen.

Auch wenn es hier nicht um das Verhältnis der Studentenbewegung zum NS gehen kann, wird dennoch deutlich, worin das Neue in der Auseinandersetzung lag. Speziell Teufel, doch sicher nicht nur ihm, ging es nicht um Einzelschuld. Seine Aktionen zielten eher auf eine Gesellschaft von Mitläufern und Zuschauern, deren Schuld im Einzelnen nicht erwiesen werden musste, weil sie sich im Wesentlichen so verhielten, wie sie sich immer verhalten hatten. Auf die Problematik dieser Sichtweise und den globalen Faschismusvorwurf, der daraus erwuchs, muss hier nicht eingegangen werden. Das Argument zielt vielmehr darauf, dass die Auseinandersetzung mit der Gesellschaft im Allgemeinen und der Justiz im Besonderen vor allem zu Beginn der Auseinandersetzungen mindestens so sehr kultureller wie politischer Natur war. Tatsächlich war es gerade die Mischung aus Verhalten und Gesinnung der Richter, Staatsanwälte und nicht zuletzt der Sachverständigen, die entlarvt werden sollte und die sich auch immer wieder leicht entlarven ließ. Wenn etwa der psychiatrische Gutachter Teufel und Langhans ohne irgendeine Untersuchung, allein auf der Basis der Akten, ein »abnormes Sexualleben« unterstellte und der Richter Teufels Anwalt Nachfragen dazu untersagte, vermischten sich hier unverkennbar Autoritätsgebaren und Vorstellungen von einem »ordentlichen«,

78 Zit nach: Mauz, Vaterland.

79 Ebd.

»bürgerlichen« Leben, dem die beiden Kommunarden nun so gar nicht entsprachen.[80] Das bedeutet auch, dass hier zwei Lebens- und Vorstellungswelten aufeinander prallten und der Gerichtssaal lediglich die willkommene Bühne für die entsprechenden Inszenierungen bot.

Für die Richter und Staatsanwälte war dies allerdings kaum ein Trost. Sie gerieten durch die Prozesse in den Blickpunkt der Öffentlichkeit. Auch wenn sich die Sympathie für manche Aktionen, etwa die des Studenten Karl-Heinz Pawla, der, bevor noch irgend jemand eingreifen konnte, seine Notdurft vor dem Richtertisch verrichtete und die Akten als Toilettenpapier benutzte, in engen Grenzen hielt, war zumindest den liberaleren Richtern schnell klar, dass sich manche ihrer Kollegen nur allzu leicht vorführen ließen. So riefen Richter wie Rudolf Wassermann und Jan-Wolfgang Berlit ihre Kollegen dazu auf, sich nicht provozieren zu lassen, »souverän« zu bleiben und möglichst keine Angriffsflächen zu bieten.[81] Vor allem Wassermann wandte sich scharf gegen einen Vorstoß der CDU vom Januar 1969, die Ordnungsstrafen für Ungebühr vor Gericht zu erhöhen.[82] Und Wassermann war wohl auch der einzige Richter, der sich offen der Diskussion mit Vertretern des SDS stellte.[83]

Zu erwähnen ist an dieser Stelle jedoch auch, dass es nicht bei symbolischen Aktionen gegen Richter blieb. Auch wenn erst noch zu klären wäre, wie der genaue Zusammenhang zwischen der Justizkampagne des SDS und Anschlägen gegen Richter war, ist auffällig, dass Richter zu den ersten Opfern direkter, gewalthafter Aktionen wurden. Auf den Westberliner Landgerichtsdirektor Heinsen, der Karl Pawla zu zehn Monaten Haft verurteilt hatte, wurde ein – wenn auch möglicherweise gewollt dilettantisches – »Sprengstoffattentat« verübt. Kurze Zeit später wurde auch dem für politische Strafsachen zuständige Oberstaatsanwalt Horst Severin eine selbst gebastelte Bombe vor die Tür gestellt, deren Zünder allerdings versagte.[84] Weitere Anschlagsversuche, nicht nur in Berlin, folgten[85], bis schließlich der Berliner Kammergerichtspräsident

80 Dolph, Verfolgung.

81 Berlit, Hysterisierung; in ähnlichem Tenor auch: Kriele, »Antijustizkampagne« sowie Weidemann, »Öffentlichkeitsgrundsatz«; vgl. auch die Interviews mit Rudolf Wassermann in: *Der Stern*, 10.11.1968 und in: *Der Spiegel*, 3.2.1969.

82 »Ordnungsstrafen scharf genug«, in: *FR*, 28.1.1969.

83 Angesichts von Aktionen gegen die Frankfurter Justiz stellte sich Rudolf Wassermann als Präsident des Landgerichts den Demonstranten; vgl. dazu: Erste SDS-Aktion gegen die Frankfurter Justiz, in: *FR*, 25.9.1968. Sprechchöre vor dem Schwurgerichtssaal, in: *FAZ*, 25.9.1968. In einem Gespräch mit der *Frankfurter Rundschau* wandte sich Wassermann zugleich scharf gegen die Kampagne; vgl. Reifenrath, Richter.

84 Vgl. dazu u.a.: Anschlag auf Berliner Richter, in: *FR*, 29.11.1969; Polizei bewacht Richter-Wohnungen, in: *FR*, 1.12.1969.

85 1973 etwa entging ein Richter des Amtsgerichts Kaiserslautern nur knapp einem Sprengstoffanschlag. Vgl. dazu: Neues Attentat auf Richter, in: *DRiZ* 51, 1973, S. 286.

von Drenkmann, der zudem alles andere als ein Scharfmacher war, 1974 tatsächlich einem terroristischen Anschlag zum Opfer fiel. Die Untersuchung terroristischer Gewalt ist hier nicht das Thema, doch würde es sich für eine Analyse des Übergangs und Abgleitens in zunächst gewalthafte und dann klar terroristische Aktionen lohnen, diese Anschläge genauer in den Blick zu nehmen.

3.1.3 Die Demonstrationsprozesse als rechts- und justizpolitische Herausforderung

Wenn hier argumentiert worden ist, dass die Aktionen von Fritz Teufel und anderen der Auseinandersetzung mit der Justiz unverkennbar eine kulturelle Dimension verliehen, ging dies nicht auf Kosten der politischen Dimension der Demonstrationsprozesse. Es spricht tatsächlich vieles dafür, dass die Studentenbewegung mit der Strategie der Politisierung höchst erfolgreich war. Die Auseinandersetzung darum, was »politisch« war und was nicht, wirkte weit über die Studentenbewegung hinaus in viele Einzelbereiche der Gesellschaft hinein und schuf die zentrale Frontlinie zwischen »Konservativen« und »Reformern«. Die Auseinandersetzung um den »politischen Richter« und die »politische Rechtswissenschaft« zeugt davon, dass diese Debatte auch in den Bereich von Recht und Justiz Einzug erhalten hatte. Die Demonstrationsprozesse bildeten quasi einen der Brandherde, von denen der Funke in eine weiterreichende Diskussion übersprang. Dass die unterschiedlichen Bewertungen der vermeintlichen Demonstrationsdelikte durch die unterschiedlichen Gerichte nicht allein auf rechtliche Fragen zurückzuführen war, ist oben schon deutlich geworden. Doch während es oben zunächst um die Frage nach der Bereitschaft der Gerichte ging, die etwaigen Straftatbestände unter verfassungsrechtlichen Gesichtspunkten zu bewerten, soll im Folgenden auf die im engeren Sinne politische Auseinandersetzung um die Prozesse eingegangen werden.

So wie die Studentenbewegung insgesamt in Berlin ihren Ausgang nahm und später auf das gesamte Bundesgebiet übergriff[86], war es zunächst auch der Berliner Justiz vorbehalten, als erste die Auseinandersetzungen auf der Straße rechtlich zu beurteilen. Im Zusammenhang mit der Demonstration gegen den Besuch des Schahs von Persien am 2. Juni 1967 hatten sich zwei Personen vor Gericht zu verantworten, die unterschiedlicher kaum sein konnten: Karl-Heinz Kurras auf der einen und Fritz Teufel auf der anderen Seite. Kurras war der Polizist, der während der Demonstration den Studenten Benno Ohnesorg

86 Vgl. dazu Kleßmann, »1968«.

erschossen hatte. Fritz Teufel dagegen wurde vorgeworfen, bei der Demonstration als »Rädelsführer« unter anderem mit dem Ruf »Notstandsübung« Gewalttätigkeiten angestachelt zu haben und zudem einen Polizisten durch einen Steinwurf selbst verletzt zu haben.[87] Die Anklage lautete auf Landfriedensbruch.

Angesichts dieser Konstellation konnte wohl kaum ein Beobachter umhin, die beiden Prozesse in einem Zusammenhang zu sehen oder diesen ausdrücklich zu leugnen. »Kurras und Teufel – politische Prozesse?«, so fragte Ernst Müller-Meiningen jr., der Justizspezialist der *Süddeutschen Zeitung*, Ende November 1967 in einem Kommentar zu den Prozessen gegen den Polizisten Karl-Heinz Kurras und den »Kommunarden« Fritz Teufel.[88] Der liberale Kommentator, der die bundesdeutsche Justiz von ihren Anfängen an mit einer stets abwägenden Haltung zwischen Kritik und nachvollziehendem Verständnis für die jeweiligen Prozessschwierigkeiten begleitet hatte, war auch in diesen beiden heiklen Fällen um Fairness bemüht. Obwohl der Kurras-Prozess eine Unzahl von Merkwürdigkeiten aufwies und der Polizist ganz offensichtlich im ganzen Verfahren mit äußerster Nachsicht behandelt worden war[89], hatte Müller-Meiningen bereits zuvor den Freispruch von Kurras verteidigt. Auch wenn manche meinten, so Müller-Meiningen, im derzeitigen Klima Berlins sei eine Verurteilung von Kurras besser gewesen, habe das Gericht keine »poli-

87 Gegen Teufel liefen zu diesem Zeitpunkt noch zwei weitere Verfahren. Dabei ging es zum einen um das sog. Pudding-Attentat auf den amerikanischen Vizepräsidenten Humphrey, das zwar nach der Feststellung, dass es sich um eine Provokation und nicht um ein wirkliches Attentat gehandelt hatte, als einstellungsreif eingestuft worden war, aber zunächst noch nicht eingestellt wurde. Das andere Verfahren drehte sich um ein Flugblatt der Kommune I, in dem in offensichtlich satirischer Absicht der Brüsseler Warenhausbrand mit dem Vietnamkrieg in Verbindung gebracht und nach Ansicht der Staatsanwaltschaft zur Brandstiftung aufgerufen worden war. Nach Beantragung eines psychiatrischen Gutachtens war dieser Fall zunächst vertagt worden. Vgl. zu diesen drei ersten Verfahren gegen Teufel, denen noch einige folgen sollten: Preuß, Fall Teufel.

88 Müller-Meiningen jr., Kurras.

89 Kritisch über den Prozess berichteten insbesondere Gerhard Mauz im *Spiegel* und Kai Hermann in der *Zeit*. Vgl. hier u.a. Kai Hermann, »Sie ist mir losgegangen«, in: *Die Zeit*, 4.6.1967; Ders., Er liebt Ruhe, Ordnung und Pistolen, in: *Die Zeit*, 10.11.1967; Ders., Freispruch; Gerhard Mauz, »Bitte, bitte, nicht schießen!«, in: *Der Spiegel*, 6.11.1967; mit kritischen Seitenhieben auf den Kurras-Prozess auch: Ders., Vaterland; Kurras: Urteil im Zwielicht, in: *Der Spiegel*, 27.11.1967, S. 74; auch eine Reihe von Professoren, darunter Wolfgang Abendroth, protestierte gegen den Freispruch, vgl. Professoren vom Kurras-Freispruch beunruhigt, in: *FAZ*, 30.11.1967. Das Urteil wurde im Übrigen vom BGH aufgehoben, der erste Wiederholungsprozess platzte dann, weil Horst Mahler als Vertreter der Nebenklage sich weigerte, seine Robe zu tragen. Der zweite Prozess endete erneut mit einem Freispruch; aus der breiten Berichterstattung vgl. hier kurz: Karl-Heinz Kurras zum zweiten Male freigesprochen, in: *FAZ*, 23.12.1970; Urteil gegen Kurras rechtskräftig, in: *Der Tagesspiegel*, 23.3.1971. Eine ausführliche Mitschrift des Prozesses findet sich im NL Frohner, APO-Archiv Berlin, Akte Kurras.

tisch-psychologischen Entscheidungen« zu treffen, »sondern im Zweifel zugunsten des Angeklagten zu urteilen«[90]. Es hätten Zweifel an der Schuld des Angeklagten bestanden und so sei der Freispruch für Kurras auch keine politische Entscheidung für die Polizei und gegen die Studenten gewesen, bekräftigte er in seinem neuen Kommentar. Gleichwohl, so Müller-Meiningen weiter, beschlichen einen doch Zweifel, wenn man den Prozess gegen Fritz Teufel verfolge. Erneut blieb der Gerichtsberichterstatter zunächst vorsichtig. Der Vergleich – hier der Polizist, der einen Menschen erschossen und dafür keinen Tag in Untersuchungshaft gesessen habe und freigesprochen werde, und dort der vermeintliche »Rädelsführer«, der nur möglicherweise einen Stein geworfen und dafür fast ein halbes Jahr in Untersuchungshaft gesessen habe[91] – sei so simpel nicht zu ziehen. Dennoch komme man nicht um die Tatsache herum, dass die beiden Prozesse vom ganzen Klima und vom Kontext her politisch seien. Unabhängig davon, wie der Prozess gegen Teufel ausgehe – der Kommentar erschien kurz vor der Urteilsverkündung –, würde das Ergebnis politisch interpretiert werden: Teufel werde entweder Sieger oder Märtyrer sein. Doch dann ging Müller-Meiningen einen Schritt weiter und stufte nicht nur das Klima als politisch ein, sondern sprach seine Zweifel am unpolitischen Charakter der Prozesse klar aus:

> »Hand aufs Herz: Ist es nicht auch merkwürdig, daß im Fall Kurras das *Gesamtgeschehen* jenes hektischen Tages in Berlin vom Gericht als angeblich nicht zur Sache gehörig, völlig ausgeklammert wurde, daß man aber im Fall Teufel die Hauptverhandlung, schon auf zwei Wochen Dauer angesetzt, mit einer umfassenden und hochnotpeinlichen Untersuchung darüber beginnt, was es mit den Kommunen, den Kommunarden, dem ganzen happeningartigen, maoistischen Hintergrund auf sich habe und was alles Hundsföttische etwa gegen die Respektierung des Eigentums in diesen Kreisen gelästert worden sei? Gut, es sind nicht die gleichen Richter wie im Fall Kurras. Und auch fahrlässige Tötung einerseits und Landfriedensbruch andererseits sind zwei Paar Stiefel. Aber ist da – wie immer man es dialektisch zu rechtfertigen vermag – nicht das *politische* Vorurteil am Werk? […] Unpolitische Prozesse? Nein. Aber es gibt sehr viele Richter, die besten Willens sind, deren Nachdenklichkeit in diesen Zusammenhängen jedoch zu mobilisieren ist: auch gegenüber ihrem eigenen Vor-Urteil.«

Auch der wohlwollende Beobachter, so vermittelte Müller-Meiningen seinen Lesern, konnte kaum umhin, zuzugestehen, dass es bei beiden Prozessen nicht nur um eine vermeintlich »rein« rechtliche Beurteilung ging, sondern dass sich hier die rechtliche und politische Beurteilung untrennbar vermischt hatten.

90 Müller-Meiningen jr., Freispruch.

91 Teufel saß nach seiner Verhaftung zunächst bis zum 10. August in Untersuchungshaft und kam dann unter Auflagen frei. Er missachtete die Auflagen bewusst und wurde daraufhin am 15. September erneut in Haft genommen.

Zudem musste der unbefangene Beobachter in den Augen Müller-Meiningens auch zugestehen, dass in den beiden Fällen doch wohl sehr unterschiedliche Maßstäbe von Seiten der Justiz angelegt worden waren. Dass Teufel in diesem Prozess dann schließlich auch freigesprochen wurde – der Staatsanwalt hatte eine Freiheitsstrafe von fünf Monaten beantragt, auf welche die Untersuchungshaft nicht angerechnet werden sollte[92] –, wusste der Kommentator der *Süddeutschen Zeitung* zu diesem Zeitpunkt noch nicht, doch holte dieser Freispruch das Verfahren kaum zurück ins Reich des »rein Rechtlichen«. Vor der Vorstellung, dass Kurras freigesprochen und Teufel verurteilt würde, graute im vorweihnachtlichen Berlin des Jahres 1967 wohl so manchem.

Nicht von ungefähr bemühte sich die *FAZ* gleichwohl darum, sowohl das Urteil gegen Teufel als auch das gegen Kurras als das Ergebnis zweier ganz normaler Strafprozesse ohne jeden politischen Charakter hinzustellen. Zu keiner Zeit habe es der Vorsitzende zugelassen, »daß das Verfahren zu einem politischen Prozeß wurde«, hieß es in dem Bericht über den Freispruch für Karl-Heinz Kurras.[93] Und das Urteil im Verfahren gegen Fritz Teufel kommentierte die *FAZ* damit, dass es nach der Beweisaufnahme keine Überraschung mehr darstelle und auf dem Grundsatz »im Zweifel für den Angeklagten« beruhe. Das Gericht habe »die ebenso oft zu hörende wie ungeheuerliche Unterstellung widerlegt, ein Untersuchungsgefangener werde eher zu Freiheitsstrafen verurteilt, um die abgesessene Haft zu kompensieren«. Apodiktisch fuhr der Kommentar fort: »Das gibt es in der Bundesrepublik nicht«. Die politische Dimension und der Zusammenhang zum Kurras-Prozess war letztlich auch dem Kommentator bewusst, obgleich er beides fast trotzig leugnete: »Auch eine auf den Kurras-Freispruch zielende Erleichterung ist unangebracht, rechtlich gesehen. Das Gericht hatte sich auf den Angeklagten Teufel und nur auf ihn und seine Taten zu beschränken. Weder politische aufgemachtes Vorrechnen noch der Druck von Demonstrationen dürfen im Strafprozeß eine Rolle spielen«[94]. Bezeichnenderweise endete der Kommentator mit einer normativen Aussage. Dass die politische Dimension eine Rolle gespielt hatte, konnte auch er nicht wirklich ausschließen, aber sie *durfte* in den Augen des Kommentators keine Rolle gespielt haben. Sonst hätten am Ende möglicherweise doch diejenigen Recht, die den politischen Charakter nicht nur dieses Prozesses, sondern des Rechts und der Justiz insgesamt unterstellten. So spiegelt sich in der Leugnung oder in der Anerkennung des politischen Charakters der Prozesse gegen Kurras oder gegen Teufel unverkennbar die Auseinander-

92 Vgl. hier aus der Berichterstattung über den Fall u.a. den Artikel »Engagiert, wenn nicht fanatisch«, in: *FAZ*, 16.12.1967.

93 Müller-Meiningen jr., Freispruch.

94 Freispruch in Berlin, in: *FAZ*, 23.12.1967.

setzung um den gesellschaftlichen und ideologischen Einfluss der Studentenbewegung.[95]

Es verwundert nicht, dass neben den Stellungnahmen in der Fachöffentlichkeit und in der politischen Presse sich auch Politiker zu den Demonstrationsprozessen äußerten. Dies ist deshalb wichtig, weil die Gerichte auf diese Weise noch zusätzlich unter Druck gerieten, und zwar insbesondere von konservativer Seite, die der Justiz in zunehmendem Maße Laschheit vorwarf und ein hartes Durchgreifen forderte. Diese Situation war neu für die Justiz und neu war auch die Reaktion des Richterbundes darauf. Vereinzelte politisch motivierte Kritik an richterlichen Entscheidungen, wie etwa der Aufhebung eines Verbots einer Demonstration gegen den Vietnamkrieg im Februar 1968, hatte es seit Beginn der Studentenunruhen und den nachfolgenden gerichtlichen Entscheidungen schon wiederholt gegeben.[96] Vernehmbare Reaktionen des Richterbundes waren dazu jedoch zunächst ausgeblieben. Als sich allerdings im Zusammenhang mit den Osterunruhen des Jahres 1968 die Stimmen konservativer Politiker mehrten, die offen oder versteckt Kritik an einer vermeintlich zu laschen Haltung der Gerichte übten und sie damit indirekt mit verantwortlich für die wachsenden Ausschreitungen machten, reagierte der Richterbund mit überraschender Schärfe. Den konkreten Anlass bot eine Äußerung des Bundeskanzlers Kiesinger, in der er den Demonstranten »mit verschärften staatlichen Abwehrreaktionen« gedroht hatte, wobei umstritten blieb, ob er hier die Justiz mit genannt oder mit gemeint hatte.[97] Hinzu kamen zum einen verschiedene in der Presse kolportierte Forderungen von Politikern nach Schnellverfahren und härteren Gesetzen. Zum anderen mehrten sich Äußerungen aus den Reihen von CDU und CSU, die ganz konkret als diffamierend empfunden wurden. So hatte der CDU-Bundestagsabgeordnete Felix von Eckardt im »CDU/CSU Deutschland-Dienst« geäußert, Staatsanwälte und unabhängige Richter stünden »immer nur so lange auf dem Boden des Rechts, solange sie spüren, daß sie die Autorität des Staates und der demokratischen Gesetzmäßigkeit hinter sich haben«. Prozesse aus der letzten Zeit hätten erwiesen, dass die Justiz »vielfach mehr Wert auf Zustimmung der veröffentlichten Meinung [...] als auf Recht und Gesetz« lege.[98]

---

95 So erklärte etwa der »Republikanische Club«, zu dessen Vorstand Teufels Anwalt Horst Mahler gehörte, trotz des Feispruchs handele es sich um ein »politisches Urteil« und nicht um den Spruch eines unabhängigen Gerichts. Der Regierende Bürgermeister Klaus Schütz sprach dagegen ausdrücklich von einem »Urteil unabhängiger Richter«. Zu diesen und anderen Reaktionen auf das Urteil vgl. Freispruch unter Beifall, in: *Der Tagesspiegel*, 23.12.1967.

96 Vgl. dazu im Zusammenhang mit der Besoldungsfrage Karl Krumm, Aufstand.

97 Vgl. dazu: Kontroverse Bonns mit den Richtern, in: *FR*, 22.4.1968.

98 CDU/CSU Deutschland-Dienst, 16.4.1968.

Auf diese Äußerungen reagierte nun der Vorstand des Deutschen Richterbundes am 19.4.1968 mit einer Erklärung: »In all den zitierten Stellungnahmen sieht der Richterbund erneut seine Befürchtung bestätigt, daß verantwortliche Politiker noch immer die vom Grundgesetz garantierte besondere Stellung unabhängiger Richter nicht begriffen haben, sondern offenbar in der Justiz ein Instrument der jeweiligen Staatsgewalt sehen, die man nach Belieben zum ›Büttel der Nation‹ degradieren kann«[99]. Der Pressesprecher der Bundesregierung Diehl hatte nach bekannt werden der Erklärung sofort interveniert und zu einem Dementi aufgefordert. Die Weigerung des Richterbundes hatte Diehl nach Angaben des Richterbundes mit der Bemerkung quittiert, das werde den Richtern »noch leid tun«.[100]

Die öffentliche Resonanz auf die Erklärung war beträchtlich. Fast schlagartig befreite sich der Richterbund von seinem Image als Stütze des Obrigkeitsstaats. Ganz in diesem Sinne kommentierte etwa im ZDF der Gerichtsberichterstatter Gerd Jauch, dass die Justiz dabei sei, die Scheuklappen ihrer obrigkeitsstaatlichen Haltung abzustreifen und sich zur Gesellschaft hinzuwenden, deren Teil sie sei.[101] In der *Süddeutschen Zeitung* begrüßte Ernst Müller-Meiningen jr. ausdrücklich, dass sich die Richter »gegen Vorwürfe und Zumutungen ganz energisch zur Wehr setzten« und ordnete die Erklärung zu Recht in den Kontext der Auseinandersetzung um die Stellung der Justiz zur Exekutive ein.[102] Ähnliche Kommentare finden sich an verschiedenen Stellen und selbst der Kommentator des *Bayerischen Rundfunks*, Alfred Horné sowie der Rechts- und Justizexperte Hans Schueler in der *Welt* begrüßten die Erklärung des Richterbundes.[103] Mit Empörung dagegen reagierte die CDU: Die Vorwürfe des Richterbundes stellten »ein schwere Beleidigung der größten Fraktion des Deutschen Bundestages dar«, so der CDU-Abgeordnete Adolf Süsterhenn, der nicht nur zum Kreis »der Väter und Mütter des Grundgesetzes« zählte, sondern selbst ehemaliger Richter und Mitglied des Richterbundes war.[104] Ohnehin bleibt zu fragen, wie konsensfähig die Erklärung unter den

99 Die gesamte Erklärung, die in Teilen in der Presse abgedruckt wurde, findet sich in: Deutscher Richterbund, Information Nr. 10/1968, S. 3f.; vgl. dazu auch den Kommentar von Herbert Arndt, in: *DRiZ* 46, 1969, S. 200f.

100 Ebd., S. 4.; vgl. auch Kontroverse Bonns mit den Richtern, in: *FR*, 22.4.1968.

101 Zit. nach Funk- und Fernsehkritik, in: *DRiZ* 47, 1969, S. 241f. Dort finden sich zusammengefasst Reaktionen aus verschiedenen Medien auf die Erklärung.

102 Müller-Meiningen jr., Richter.

103 Hans Schüler, Neutralität, in: *Die Welt*, 23.4.1968; in gleichem Tenor etwa auch: Nachhilfe, in: *Neue Rhein-Zeitung*, 20.4.1968.

104 Süsterhenn hatte in der *FAZ* mit einem Leserbrief auf den Bericht über die Erklärung des Richterbundes reagiert; vgl. Ders., Vorwürfe. Süsterhenns Intervention löste wieder eine Reihe von Gegenreaktionen anderer Richter aus, die ihrerseits wiederum Stellung gegen

Richtern und Mitgliedern des Richterbundes war. Der Verfassungsrichter Helmut Simon schickte voller Sympathie ein Telegramm an den Richterbundsvorsitzenden Dress, in dem es hieß: »Stellungnahme Richterbund stärkt Vertrauen in Rechtsstaat und Justiz. Lassen Sie sich nicht entmutigen. Bin wieder gerne Richter«[105]. In der *FAZ* dagegen erklärte der Bundesrichter Wolfgang Vogt als Vorsitzender des Vereins der Bundesrichter und Bundesanwälte beim Bundesgerichtshof, der Verein sei vor der Erklärung nicht konsultiert worden und so komme darin auch nicht dessen Auffassung zum Ausdruck.[106] Auch im Vorstand des Richterbundes kam es im Nachhinein zu Diskussion darüber, wer eigentlich über die Erklärung zuvor genau informiert gewesen war.[107]

Angesichts der divergierenden Urteile in den Demonstrationsprozessen und der sonstigen Ausrichtung des Richterbundes wäre es allerdings erstaunlich gewesen, wenn die Erklärung tatsächlich von allen uneingeschränkt getragen worden wäre. Mit der Abwehr äußerer Einmischung im Namen der Unabhängigkeit der Justiz lag die Erklärung zwar ganz auf der traditionellen Linie des Standesinteresses. Doch Wortwahl, Stil und vor allem der gesamte politische Kontext ließen die Erklärung zu einem ungewöhnlichen Ereignis werden. Auf die internen Auseinandersetzungen im Richterbund wird noch an anderer Stelle ausführlicher einzugehen sein. An dieser Stelle ist zunächst nur wichtig festzuhalten, dass die »Büttel-der-Nation-Erklärung« die Richterschaft in ein neues politisches Licht rückte. Das hatte nicht zuletzt zur Folge, dass auch die unverhältnismäßig harten Urteile gegen Demonstranten nicht mehr per se als repräsentativ für die Richterschaft als Ganzes wahrgenommen werden konnten und wurden. Vielmehr wurde offensichtlich, dass der Riss, der durch die Gesellschaft insgesamt ging, auch die Richterschaft entzweite.

Gesellschaftspolitisch könnte man dies rückblickend als positive Entwicklung einstufen: Endlich präsentierte sich die Justiz nicht mehr als monolithi-

Süsterhenn bezogen: Berlit (Richter in Hannover), Richterbund; Büttner (Amtsrichter in Frankfurt), Richtergeneration; Pulch (Vorsitzender des Landesverbandes Hessen des Deutschen Richterbundes), Recht.

105 Telegramm abgedruckt in: Deutscher Richterbund, Information Nr.10/1968; auch in: AdsD Bonn, NL Neuberger, Mappe 42.

106 Wolfgang Vogt, Nicht konsultiert, in: *FAZ* 1./2.5.1968 (Leserbrief).

107 Protokoll der Sitzung des Gesamtvorstandes vom 15.5.1968, S. 4f., Archiv des Deutschen Richterbundes, Berlin, Bestand Deutscher Richterbund, Bundesebene (unverzeichnet). Bezeichnend ist auch die Stellungnahme des Bundesrichters Herbert Arndt (Kommentar in der *DRiZ*, 1969, S. 200f.), der gleichzeitig für die Redaktion der Deutschen Richterzeitung verantwortlich war. Er musste grundsätzlich schon deshalb die Erklärung des Richterbundes unterstützen, weil es zunächst um die Zurückweisung von Angriffen auf die Unabhängigkeit der Justiz ging. Arndt kritisierte jedoch zudem die Kritik an der Äußerung Kiesingers, die so nicht gefallen sei. Daneben forderte er die Politiker auf, »die Demonstranten endlich einmal deutlich über die Rechtslage« zu belehren. Für Arndt war die Rechtslage offenbar eindeutig.

scher Block, der sich vor der Öffentlichkeit abschottete und mögliche Divergenzen nicht nach außen trug. Endlich traten eine ganze Reihe von Richtern in die Öffentlichkeit und vertraten ihre unterschiedlichen Standpunkte.[108] Rechts- und justizpolitisch wurde dieses uneinheitliche Auftreten und insbesondere das uneinheitliche Urteilen der Richter gleichwohl als fatal empfunden.[109] In seiner Stellungnahme, in der der Richterbund die Anwürfe der Politik wegen der Demonstrationsprozesse zurückwies, präsentierte er sich zwar als »unabhängiger Schiedsmann«, der »sich nur an den Normen des Grundgesetzes und am geltenden Recht orientierend, jede strafbare Handlung, gleichgültig von wem sie während der Unruhen begangen wurde, untersuchen wird«[110]. Wie die Urteile zeigten, füllte die Justiz jedoch durch deren Uneinheitlichkeit ihre Rolle als »Schiedsmann« nicht sehr glaubwürdig aus. Auf die anhaltende Kritik und die Aufforderung zu »verfassungskonformer« Rechtsprechung reagierte der Richterbund im Sommer 1968 mit der umgekehrten Aufforderung an die Politik, »die Strafrechtsreform nachdrücklich voranzutreiben«, da »zahlreiche Normen des materiellen Strafrechts, insbesondere des Rechts der inneren Ordnung und des Sittenstrafrechts […] nicht mehr mit der allgemeinen Rechtsüberzeugung in Einklang« stünden.[111] Mit dieser Erklärung versuchte sich der Richterbund abermals als liberal und reformorientiert zu präsentieren, lenkte aber gleichzeitig von der Verantwortung der Richter ab. Die Kritik, die an den harten Strafen geübt werde, übersehe, »daß die Richter an das Gesetz gebunden sind und ihnen auch die ›verfassungskonforme Auslegung‹ kaum geeignete Möglichkeiten gibt, das Gesetz modernen Wertvorstellungen entsprechend anzuwenden«[112]. Ein Blick auf die Urteile zeigt allerdings deutlich, welche Spannen es gab und wie wenig überzeugend der Hinweis auf die Gesetzesbindung war, mit der die Richter immer wieder ihre Urteile als reine Sachentscheidungen rechtfertigten. So begrüßte Gustav Heinemann als Justizminister zwar grundsätzlich die Haltung der Richter zur Strafrechtsreform, hielt

108 Das Schreiben von Leserbriefen war gewissermaßen die erste Stufe von Stellungnahmen in der »politischen Öffentlichkeit«. Aber auch der kleine Kreis von Richtern, die sich in eigenen Artikeln zu Wort meldete, vergrößerte sich leicht. Zu Wassermann und Rasehorn trat auch der Hannoveraner Amtsrichter Jan Wolfgang Berlit, der wiederholt zu den Demonstrationsprozessen Stellung nahm. Vgl. u.a. Berlit, Hysterisierung.

109 In diesem Sinne vgl. etwa Benda, »Die armen Richter«. Vgl. dazu auch Bloße Flanken, in: *Der Spiegel*, 3.11.1969, S. 89–107.

110 Erklärung des Deutschen Richterbundes vom 19.4.1968, in: Deutscher Richterbund, *Information* Nr,.10/1968, S. 3f.

111 Presseerklärung des Richterbundes vom 17.7.1968, in: Deutscher Richterbund, *Information* Nr. 12/1968, S. 1.

112 Ebd.; die Presseerklärung bezog sich nicht nur auf das Demonstrations-, sondern auch auf das Sittenstrafrecht und erwähnte hier insbesondere die Bestimmungen zur Kuppelei, zum Ehebruch und zur Homosexualität.

aber an seiner Aufforderung zur verfassungskonformen Auslegung der bestehenden Gesetze fest.[113]

Tatsächlich trieb Heinemann die Strafrechtsreform im liberalen Sinn voran und leitete auch die Abschaffung der umstrittenen Paragraphen zum Aufruhr und zum Landfriedensbruch im Jahr 1970 ein.[114] Der Abschaffung folgte im gleichen Jahr schließlich auch eine Amnestie der Demonstrationsstraftaten.[115] Es sollte allerdings nicht unerwähnt bleiben, dass gegen diese letzten Endes realisierte Liberalisierung zunächst eine Reihe von Überlegungen aufkamen, die auf eine Erweiterung des Repressionspotentials gegen die Demonstranten zielten. Interessant ist in diesem Zusammenhang eine Initiative des bayerischen Justizministeriums, das wiederholt dafür eintrat, die Mindeststrafen für Landfriedensbruch herabzusetzen. Angesichts einer bayerischen Politik, die wenig in Verdacht stand, besondere Sympathien für die Proteste zu haben, erscheint dieser Vorschlag zunächst paradox. Doch aus der Begründung werden die Motive der Bemühungen klar: Es bestehe die Gefahr, dass die Richter wegen der Höhe der Mindeststrafen für Landfriedensbruch in ihren Urteilen stattdessen lieber gar nicht von Landfriedensbruch ausgingen. Mit dem weiteren Argument, dass die Strafbestimmungen insbesondere zu Aufruhr und Landfriedensbruch, wie auch vom Richterbund gefordert, dem Grundgesetz anzupassen seien, versuchte Bayern vergebens zu verhindern, dass die entsprechenden Bestimmungen ganz gestrichen wurden.[116]

Als abschreckendes Instrumentarium wurden zudem wiederholt Schnellgerichtsverfahren in die Diskussion gebracht und zum Teil auch durchgeführt:[117] Der besonders krasse Fall des Verfahrens gegen Beate Klarsfeld, die bereits neun Stunden, nachdem sie Bundeskanzler Kiesinger geohrfeigt hatte, zu einem Jahr Gefängnis ohne Bewährung verurteilt wurde, ist einleitend schon erwähnt worden.[118] Nicht weniger erstaunlich war die Prozessführung gegen einen jungen Goldschmied, der im Zusammenhang mit den Osterunruhen des Jahres 1968 festgenommen und schon am folgenden Morgen in einer kaum 15–minütigen Verhandlung wegen Auflaufs und Aufruhrs von einem Münch-

113 Reaktion Heinemanns abgedr. in: Deutscher Richterbund, *Information* Nr. 12/1968, S. 8.

114 Vgl. Basten, *Reform*, S. 96ff.

115 Vgl. ebd. S. 138ff.

116 Protokoll der Justizministerkonferenz vom 30.9.-4.10.1968, BA Koblenz B 141/37461.

117 Zu einigen Fällen und zur Problematik der beschleunigten Verfahren bei Demonstrationsprozessen vgl. Schünemann, »Verfahren« sowie Lehmann, »Aburteilung«. Noch weitergehende Vorstellungen von Schnelligkeit gab es bei der Polizei, die den Demonstranten schon während der Demonstration den Prozess machen wollten. Vgl. dazu Beck, »Schnellverfahren«.

118 Die Angaben zu dem Fall vgl. oben S. 5ff.

ner Gericht zu 7 Monaten Gefängnis verurteilt wurde.[119] Doch nicht nur in München, sondern auch in Frankfurt hatte man es eilig. Daniel Cohn-Bendit ließ man hier 4 Tage zur Vorbereitung seiner Verteidigung gegen die Vorwürfe der Beamtennötigung, des Aufruhrs, des Land- und schweren Hausfriedensbruchs. 8 Monate zur Bewährung verhängte das Gericht dafür.[120] In der Justizministerkonferenz vom 14.2.1968 war man sich bereits einig gewesen, dass bei der Anwendung des beschleunigten Verfahrens Vorsicht geboten sei[121], eine Einschätzung die sich durch diese Fälle klar bestätigte. Der Berufung hielt keines der Urteile stand.

Andere Vorschläge, wie die Entziehung der Grundrechte von führenden SDS-Mitgliedern, die der Bundesinnenminister und spätere Verfassungsrichter Ernst Benda als probates Mittel empfahl[122], oder die insbesondere auch von SPD-Politikern in die Diskussion gebrachte Vorbeugehaft[123], gegen die sich im Übrigen auch der Richterbund aussprach[124], wurden wieder fallengelassen.

---

119 Vgl. dazu Mauz, Kunst. Das Urteil wurde später aufgehoben und die Gefängnisstrafe in eine Geldstrafe von 300,- DM umgewandelt.

120 Vgl. Cohn-Bendit – Liebe anders, in: *Der Spiegel*, 30.9.1968, S. 77f. sowie Lehmann, »Aburteilung«, S. 287.

121 Vgl. das Protokoll der Sitzung, BA Koblenz B 141/37461.

122 Benda legte im Januar 1969 einen Bericht mit Vorschlägen zu Gegenmaßnahmen gegen die Studentenunruhen vor. Dort äußerte er die Ansicht, dass ein Antrag auf Verwirkung der Grundrechte gegen die Haupträdelsführer des SDS – insbes. Lefèvre, Rabehl, Lederer oder Cohn-Bendit – nach Art. 18 GG nicht ohne Aussicht auf Erfolg sei. Benda schlug zudem vor zu überlegen, ob nicht »im Zuge eines umfassenden Gesamtplans« gegen den Herausgeber der Nationalzeitung, Gerhard Frey, ein gleicher Antrag gestellt werden sollte. Bericht unter anderem bei den Akten des Bundesjustizministeriums, BA Koblenz B141/37462.

123 Vgl. hier u.a. den Artikel von Hans Lerchbacher, Vorbeugehaft auch für Demonstranten verlangt, in: *FR*, 14.12.1968, der sich auf eine Äußerung des SPD-Bundestagsabgeordneten Hübner in der Bundestagsdebatte vom Vortag bezog, in dem er Vorbeugehaft auch für solche Gewalttäter verlangte, »die ihre Gewalttat in den Mantel einer scheinbaren Überzeugung hüllen wollen«. (Deutscher Bundestag, *Stenographische Berichte*, 5. WP, 206. Sitzung, 13.12.1968, S. 11167–11170). Der SPD-Rechtsexperte und spätere Verfassungsrichter Martin Hirsch, der selbst einen Gesetzesentwurf zur Vorbeugehaft erarbeitet hatte, beschwerte sich beim Chefredakteur der *Rundschau* über den Artikel, da von Demonstranten nicht die Rede gewesen sei, wie der Artikel unterstellte (Martin Hirsch an Karl Gerold, 19.12.1968, AdsD Bonn, BT-Fraktion 5. WP, 1164). Tatsächlich war die Äußerung wohl kaum anders zu verstehen. Die Reaktion Hirschs zeigt, wie unangenehm der SPD das Thema war und so ließ man vom Vorstoß seitens der SPD auch bald ab. Vgl. dazu auch die Berichterstattung in der Presse, hier u.a. Karl-Heinz Krumm, Ein neues Kuckucksei, in: *FR*, 29.1.1969; Ders., »Intentionen aus des alten Kaisers Küche«, in: *FR*, 25.1.1969; weiter dazu: Vorbeugehaft – Weg zurück, in: *Der Spiegel*, 20.1.1969, S. 45; die SPD rückte kurze Zeit später von den Vorstellungen wieder ab, vgl. dazu: SPD läßt Vorbeugehaft fallen, in: *FAZ*, 19.3.1969.

124 Vgl. die Presseerklärung des Richerbundes in: Deutscher Richterbund, *Information* Nr. 1/1969, S. 2; die Meinungen im Gesamtvorstand des Richterbundes über die Frage der Vorbeugehaft gingen allerdings erheblich auseinander. Es gab auch klare Befürworter einer Einfühung der

Gleichwohl zeugen die Vorschläge zum Teil von einer erstaunlichen Bereitschaft, rechtsstaatliche Grundsätze aus Gründen vermeintlicher politischer Opportunität beiseite zu schieben. Am Ende allerdings setzten sich die grundsätzlichen Erwägungen zur Anpassung des Demonstrationsstrafrechts an die Ordnung des Grundgesetzes gegenüber Überlegungen durch, die situationsbedingt auf verschärfte Repression bauen wollten.

Die Reaktionen der Politik beschränkten sich allerdings nicht auf Gesetzesvorschläge und -initiativen. Das eigentliche Problem, die Diskrepanz zwischen den Urteilen, ließ sich damit ohnehin nur bedingt lösen. Auf den Justizministerkonferenzen der Jahre 1968/69, auf deren Tagesordnungen immer wieder die Demonstrationsprozesse standen, wurde immer wieder darauf verwiesen, dass höchstrichterliche Entscheidungen herbeigeführt werden müssten.[125] Doch angesichts der Tatsache, dass die Unabhängigkeit der Justiz wenig Einflussmöglichkeiten zuließ, verwundert es kaum, dass die hier angestellten Überlegungen letztlich hilflos wirkten. In den einzelnen Ländern zeigte die Politik allerdings keineswegs immer schamhafte Zurückhaltung gegenüber der Justiz, wobei die versuchte Einflussnahme je nach politischer Couleur in unterschiedliche Richtungen ging. Im Anschluss an die Justizministerkonferenz vom 14.2.1968, auf der das Problem der Demonstrationen und deren gerichtliche Behandlung besprochen worden war, erstellte etwa der bayerische Justizminister eine Zusammenstellung von Demonstrations- und Protestvorkommnissen mit dem Hinweis, dass man die Generalstaatsanwälte bei den Oberlandesgerichten in München, Nürnberg und Bamberg aufgefordert habe, derartige Vorfälle »beschleunigt und wirksam« zu verfolgen.[126] Zudem forderte er in einem weiteren Schreiben auch den Bundesjustizminister auf, »darauf hinzuwirken, daß strafbare Handlungen der oben genannten Art (gemeint war die Liste der Vorkommnisse in Bayern; J.R.) einer angemessenen Strafe zugeführt werden«[127]. In einer Aufzählung der Maßnahmen, die in Bayern eingeleitet worden waren, um gegen die »strafbaren Handlungen bei Demonstrationen« vorzugehen, wurde auch eine Dienstbesprechung des Justizministers mit den Oberlandesgerichtspräsidenten und Generalstaatsanwälten genannt, bei

---

Vorbeugehaft, vgl. Protokoll der Sitzung des Gesamtvorstandes des DRB vom 21./22.2.1969, S. 9ff.; kritisch zu den Plänen auch Bundesrichter Horst Woesner, Ein fragwürdiges und gefährliches Mittel, in: *Der Spiegel*, 20.1.1969, S. 46–50.

125 Hinweise auf die als notwendig empfundene höchtsrichterliche Klärung finden sich an verschiedenen Stellen, vgl. u.a. Internes Schreiben des BJM, »Maßnahmen zum Schutz der freiheitlichen Demokratie gegen den Terror radikaler Minderheiten«, 27.1.1969, BA Koblenz B141/37462.

126 Bayer. Minister der Justiz an BJM, 20.2.1968, BA Koblenz, B 141/37461.

127 Bayer. Minister der Justiz an BJM, 19.2.1968, BA Koblenz, B 141/37461.

der die Frage der beschleunigten Verfahren und der »wirksamen Verfolgung von Ausschreitungen« auf der Tagesordnung stand.[128]

Mehr Schlagzeilen als die bayerischen Versuche, die Justiz auf Linie zu bringen, machte allerdings ein Vorgang aus Nordrhein-Westfalen. Der Landtagspräsident John van Nes Ziegler (SPD) hatte den nordrhein-westfälischen Justizminister Neuberger aufgefordert, von seinem Weisungsrecht gegenüber der Staatsanwaltschaft in dem Sinne Gebrauch zu machen, dass im Prozess gegen den Kölner AStA-Vorsitzenden Laepple gegen das freisprechende Urteil kein Revisionsantrag gestellt werde. Der nordrhein-westfälische Richterbund reagierte sofort mit Empörung. Nicht ganz zufällig entzündete sich an dem ziemlich plumpen Versuch der politischen Einflussnahme, die Justizminister Neuberger vermutlich wenig begeistert haben dürfte, sofort eine grundsätzliche Frage über das Weisungsrecht gegenüber den Staatsanwälten und damit auch wieder über die Frage der Unabhängigkeit der Dritten Gewalt.[129]

Zieht man eine Bilanz aus den Demonstrationsverfahren und versucht zu ermitteln, welche Bedeutung die Verfahren sowohl für die Außenwahrnehmung der Justiz als auch für die Diskussionsprozesse innerhalb Justiz und der erweiterten juristischen Fachöffentlichkeit besaßen, fällt diese Bilanz für die Justiz deutlich besser aus als man insbesondere bei einem Blick auf jene Urteile erwartet, die keinerlei Bereitschaft zu einer »verfassungskonformen« Auslegung der Strafbestimmungen zeigten. Zwar hatte eine Reihe von Richtern jene Vorbehalte gegen die Justiz, die in einer Vielzahl von Stellungnahmen und Veröffentlichungen der sechziger Jahre als obrigkeitsstaatlich und konservativ angeprangert wurde, nur allzu deutlich bestätigt. Das bedeutete allerdings auch, dass diejenigen, die den Staat ohnehin als Repressionsapparat wahrnahmen, keine Probleme hatten, dafür Belege zu finden.

Es gab aber auch anderes: Zum einen Urteile, die nicht nur vom Ergebnis, sondern vor allem von den Begründungen her bemerkenswert liberal ausfielen und zum anderen mehrere Stellungnahmen des Richterbundes, die erkennen ließen, dass es Ansätze gab, sich gegen Zumutungen von konservativer Seite und Einschränkungen des Rechtsstaats zur Wehr zu setzen. Insbesondere gilt dies für die Erklärung zum »Büttel der Nation«, der noch ähnliche Zurückwei-

128 Bayer. Staatsministerium der Justiz, Verfolgung von strafbaren Handlungen bei Demonstrationen, 12.2.1968, S. 14f.

129 Vgl. zu dem Fall: Vorstoß gegen Revision im Laepple-Prozeß, in: *FAZ*, 12.11.1968; Richterbund-Kritik an van Nes Ziegler, in: *Kölnische Rundschau*, 21.12.1968; Staatsanwälte wenden sich hart gegen »Weisungsrecht«, in: *Kölnische Rundschau*, 25.11.1968; grundsätzlicher zur Frage der Weisungsgebundenheit: Sicherung gegen justizfremde Eingriffe, in: *FAZ*, 19.12.1968. Der Staatsanwalt in der Dritten Gewalt, in: *DRiZ* 46, 1968, S. 356–362.

sungen von weiteren Vorwürfen an die Adresse der Justiz folgten[130], aber auch für die Stellungnahme gegen die Vorbeugehaft und schließlich für eine noch nicht erwähnte Stellungnahme zu einer Äußerung von Franz-Josef Strauß vom Juli 1969. Angesichts von Studentenprotesten in Bamberg, die mit einigen Verwüstungen einhergegangen waren, hatte Strauß nach Pressemeldungen verkündet, die APO-Leute benähmen sich »wie Tiere, für welche die Anwendung der für Menschen gemachten Gesetze nicht möglich ist«. In einer Presseerklärung protestierte der Richterbund »nachdrücklich und entschieden gegen diese Mißachtung der Menschenwürde und die Aufforderung zur gesetzlosen Verfolgung einer Gruppe«. Das Vokabular erinnere an die Nazizeit.[131] Mit derartigen Erklärungen setzte die Führung des Richterbundes ein deutliches Gegengewicht gegen das obrigkeitsstaatliche Image und versuchte im Gegenteil dem Richterbund ein liberales, rechtsstaatliches und reformorientiertes Profil zu verleihen. Die Veränderungen in der Richterschaft und die Gründe dafür werden im Folgenden noch ausführlicher zu erörtern sein. Hier sei zunächst festgehalten, dass die Demonstrationsprozesse wesentlich dazu beitrugen, dass die Richterschaft nicht mehr als einheitlicher, im Wesentlichen anonymer und dem Blick der Öffentlichkeit entzogener Block wahrgenommen wurden. Mit allen Problemen, die dies für die Rechtssicherheit bedeutete, erschien die Justiz plötzlich als genauso zerrissen wie die übrige Gesellschaft, damit aber auch als Teil von ihr.

Dass dieser Zustand der Rechtsunsicherheit allerdings für niemanden auf Dauer befriedigend sein konnte, ist unschwer nachzuvollziehen. Gerade dann,

---

130 Erwähnenswert ist hier vor allem eine Auseinandersetzung zwischen der niedersächsischen Landesregierung und niedersächsischen Richtern. Sowohl CDU- als auch SPD-Politiker hatten sich abfällig über die vermeintlich zu lasche Justiz geäußert, woraufhin fast hundert Richter sich in einem Schreiben an den Ministerpräsidenten Georg Dietrich (SPD) gegen diese Äußerungen zur Wehr setzten. Vgl. dazu: Molsner, Richter.

131 Die Strauß-Äußerung bezog sich auf das Verhalten von Demonstranten, die während einer »roten Knastwoche« vom 16.-18. Juli 1969 in Bamberg in ein Justizgebäude eingedrungen und dort nicht nur randaliert, sondern angeblich auch auf die Akten uriniert hatten. Die verschiedenen Pressemeldungen sowie die Reaktion von Strauß auf die Anfrage des Richterbundes sind abgedr. in: Deutscher Richterbund, *Information* Nr.8/1969, S. 1. Der *Bayernkurier* schrieb daraufhin wieder unter der Überschrift: »Linke Kräfte unterwandern den Deutschen Richterbund« (6.8.1969), der Richterbund habe mit der guten Tradition der politischen Neutralität des Richters gebrochen. Die offiziellen Vertreter des Richterbundes setzten leichtfertig ihre Unabhängigkeit aufs Spiel, »indem sie sich immer penetranter politisieren«. Vgl. auch einen Beitrag in der *Panorama*-Sendung vom 11.8.1969, der heftigen Protest bei CDU und CSU auslöste und zu einer Fernsehdiskussion über den Beitrag am 27.8.1969 im Rahmen von *Panorama* führte. Der *Panorama*-Beitrag spielte eine Äußerung des Bamberger Landgerichtsdirektors ein, der zwar die Vorfälle scharf verurteilte, aber meinte, es sei einiges stark übertrieben worden und überhaupt rechtfertigten die Vorfälle nicht, bestimmte Personen als Tiere und entmenschlichte Wesen darzustellen.

wenn sich die Justiz gegen äußere Einflussnahme zur Wehr setzte, und damit ihre Stellung als Garant der Rechtsstaatlichkeit zu festigen suchte, lastete prinzipiell auch der Druck auf ihr, die Rechtsunsicherheit zu beseitigen. So gab es auch durchaus Ansätze in der Richterschaft, auf diskursiver Ebene zu einer Selbstverständigung über die Probleme der divergierenden Urteile zu kommen[132], doch war auch klar, dass es keine Lösung geben konnte, die sich auf rein juristischem Wege hätte finden lassen. Der Nimbus politikfreier Sachlichkeit war kaum zurück zu gewinnen, aber wenn die Auseinandersetzung der Justiz mit sich selbst und den Spielregeln der demokratischen Gesellschaft als Demokratisierung zu werten ist, dann gab es gewiss Ansätze dazu. Mit der Reform des Demonstrationsstrafrechts und der Amnestie für Straftaten, die im Zusammenhang mit den Studentenprotesten begangen worden waren, befreite die Politik die Justiz zunächst von einigen Problemen. Der ebenso politische wie juristische Streit über die Frage, was genau Demonstranten dürfen und was nicht, blieb aber weiter bestehen.

3.2 Reformforderungen als Standes- und Gesellschaftspolitik

In den Jahren zwischen der Debatte um das Verhältnis von Justiz und Öffentlichkeit Anfang der sechziger Jahre und den Auseinandersetzungen um die Demonstrationsprozesse am Ende der sechziger Jahre, hatte sich innerhalb der Justiz und für die Justiz viel verändert. Dem Versuch, jegliche Kritik von außen abzuwehren, folgte zunächst, dass einzelne Richter die Kritik aufnahmen, neu formulierten und auf diese Weise die Auseinandersetzung in die Richterschaft selbst trugen. In den Demonstrationsprozessen Ende der sechziger Jahre präsentierte sich die Justiz alles andere als einheitlich und stand unter dem Druck, sich öffentlich zu positionieren. Dass die Debatten, die hier ausgelöst wurden, nicht nur auf die Demonstrationsprozesse bezogen waren, sondern wesentlich grundsätzlichere Fragen nach sich zogen, ist zum Teil bereits angedeutet worden und kann auch kaum verwundern. Auffällig ist dabei, dass sich die Richterschaft trotz des öffentlichen Drucks wesentlich

132 Vgl. hier insbes. eine eigens vom Richterbund initiierte Informationstagung zum Thema Demonstrationsrecht: Deutscher Richterbund, Landesverband Hessen, *Demonstrationsfreiheit*; vgl. dazu auch den Bericht von Krumm, Patentrezept. Eine ähnliche Veranstaltung, zwar nicht vom Richterbund organisiert, aber mit eine Reihe von Richtern und Staatsanwälten als Teilnehmern, fand im Oktober 1969 in der evangelischen Akademie von Bad Boll statt. Vgl. auch hier den hektographierten Tagungsband: Demonstrationsfreiheit und Strafjustiz in der rechtstaatlichen Demokratie; zu der Veranstaltung vgl. auch den Bericht von Drück, ApO.

selbstbewusster präsentierte als noch einige Jahre zuvor.[133] Dies hing nicht zuletzt damit zusammen, dass die Richter sich zunehmend weniger vor Kritik von außen abschotteten, sondern sich ihr zumindest in Teilen selbst anschlossen und eigene Forderungen formulierten.

Ziel ist es nun im Folgenden, die sich ausdifferenzierende Debatte innerhalb der Richterschaft um das Selbstverständnis, um das Verhältnis zu Staat und Gesellschaft, um Symbole und Rituale, um innere Organisation und anderes mehr zu untersuchen. Neben den konkreten Fragen danach, welche Vorstellungen entwickelt und möglicherweise durchgesetzt wurden, wird dabei übergreifend dem zentralen Problem des Einflusses der Studentenproteste auf diese Debatten nachzugehen sein. Das heißt, es wird zu erhellen sein, inwiefern sich in den Diskussionen langfristige Trends fortsetzten, wo kurzfristige, klar zeitbedingte Aufgeregtheiten zu verzeichnen sind und wo sich längerfristig in die Zukunft gerichtete Veränderungen abzeichneten. Dadurch, dass sich die Debatte weit verzweigte, wird eine Vielzahl sehr unterschiedlicher Aspekte – Besoldungsfragen, Organisationsfragen, Fragen von Stil und Symbolik, Fragen der Ernennung von Richtern und der Mitbestimmung und anderes mehr – anzusprechen sein. Dies mag zunächst wie die Abhandlung des Katalogs standespolitischer Probleme und Forderungen erscheinen. Es geht jedoch um die spezifische Verbindung standespolitischer Forderungen und deren gesellschaftspolitischer Untermauerung. Dass Professionen ihre Forderungen durch Berufung auf das Allgemeinwohl rechtfertigen, ist keineswegs neu.[134] Was die Untersuchung hier besonders interessant erscheinen lässt, ist die Tatsache, dass Richter und Staatsanwälte, denen gerade noch zutiefst obrigkeitsstaatliches Denken attestiert worden war, nun im Kontext der Studentenproteste ihren Forderungen besonderen Nachdruck zu verleihen suchten. Das bedeutet, dass die veränderten Begründungsstrategien zu untersuchen sein werden. Damit liegt auch die Frage nahe, inwieweit etwaige Bekenntnisse zur Demokratisierung »ernst gemeint« oder »reine Rhetorik« waren. Abgesehen davon, dass eine derartige Frage grundsätzlich schwer zu beantworten ist, geht es zunächst darum, einen etwaigen Diskurswandel selbst zu konstatieren. Zudem ist nicht zu erwarten, dass sowohl die veränderte Rhetorik als auch die tatsächlichen

133 Vgl. dazu auch Bull, »Richter«, S. 65.

134 Aus der reichhaltigen Literatur zur Professionalisierungsforschung vgl. Daheim, »Berufssoziologie«; Rüschemeyer, »Professionalisierung«; Dingwall/Lewis (Hg.), *Sociology*; Siegrist, »Berufe«; McClelland, *Experience*; Burrage/Torstendahl (Hg.), *Professions*. Auch wenn die Richter nicht zu den klassischen Professionen zählen, lässt sich ihr berufsständisches Verhalten in vielerlei Hinsicht mit dem Instrumentarium der Professionalisierungsforschung untersuchen; zum Professionscharakter der Richterschaft für das frühe 20. Jahrhundert vgl. Rottleuthner, »Bürgerlichkeit«.

gesellschafts- und justizpolitischen Vorstellungen unter Richtern, Staatsanwälten und sonstigen Juristen konsensfähig waren, so dass es damit um mehr als »nur« Rhetorik ging. Entscheidend ist die Frage der Neuverortung der Richterschaft im gesellschaftspolitischen Kontext der ausgehenden sechziger und beginnenden siebziger Jahre.[135] Konkret wird dabei zu untersuchen sein, wie alte Forderungen neu legitimiert wurden, welche neuen Forderungen vor dem Hintergrund der gesellschaftspolitischen Debatten hinzukamen, und zu welchen Auseinandersetzungen und Verwerfungen dies innerhalb der Richterschaft führte.

3.2.1 Richter auf den Barrikaden: Linksschwenk oder Besoldungskampf?

Es war eine merkwürdige Koinzidenz, dass im Mai 1968, auf dem Höhepunkt der Studentenbewegung, in Bad Godesberg eine außerordentliche, verbandsoffene Vertreterversammlung des Richterbundes stattfand, wie es sie in der Form noch nie gegeben hatte. Der Beschluss dazu war im Februar des Jahres gefallen. Ziel dieser und anderer zeitgleicher lokaler Versammlungen war, »unsere Reformwilligkeit« zu unterstreichen, wie es in einem bilanzierenden Rundschreiben des nordrhein-westfälischen Richterbundes hieß, und dagegen zu protestieren, von der Exekutive »wie untergeordnete Beamte ohne Gewicht und Meinung behandelt zu werden«[136]. Anlass für die Veranstaltung sah der Richterbund in der »fortdauernden Mißachtung der berechtigten Belange der Dritten Gewalt durch Politiker, Parlament und Regierung«[137]. Gemeint war damit vor allem die Besoldungsfrage sowie die Frage der richterlichen Selbstverwaltung, konkret die Mitsprache bei der Personalpolitik.

Vor dem Hintergrund der wachsenden Dynamik der Studentenbewegung und im Kontext der »Büttel-der-Nation«-Erklärung vom April 1968 ging die Bedeutung der Versammlung jedoch deutlich über ihren standespolitischen Charakter hinaus. In den erstmals 1968 erschienenen »Informationen« des Richterbundes von Anfang Mai wurden alle Richter und Staatsanwälte aufgefordert an der Veranstaltung teilzunehmen. Das allein war noch nicht unbedingt aufregend, doch für Zündstoff sorgte ein Satz, der eigentlich gar nicht hätte veröffentlicht werden sollen: »Soweit an diesen Tagen Sitzungen anste-

135 Da die Staatsanwälte ohnehin organisatorisch mit den Richtern im Richterbund verbunden waren, fand eine eigenständige Debatte über die Rolle der Staatsanwälte nur in Ansätzen statt, so dass das zentrale Augenmerk auch hier wie in der zeitgenössischen Debatte auf den Richtern selbst liegen wird.

136 Deutscher Richterbund, Landesverband NRW, Rundschreiben Nr. 5/1968, S. 1.

137 Deutscher Richterbund, *Information* Nr. 10/1968, S. 1.

hen, empfiehlt der Vorstand, diese für die Dauer der Versammlung zu unterbrechen«[138]. Ob durch gezielte Missachtung des Beschlusses oder durch eine Panne war die Empfehlung in die »Information« gelangt. Aus dem Satz entstand schnell der Begriff des »Warnstreiks«, der dann als *dpa*-Meldung durch die Medien ging.[139] Die Streikabsicht wurde zwar von verschiedener Seite sofort dementiert, doch fanden am Tag der Godesberger Versammlung zum einen tatsächlich eine Reihe von Sitzungsunterbrechungen und zusätzlichen lokalen Protesten statt. Zum anderen hatte die Meldung die Resonanz für den Protest klar erhöht. Dass die Reaktion von irritierter Ablehnung wie bei der *FAZ* über Amüsement wie bei den Karikaturisten bis hin zu verhaltener Zustimmung reichte[140], ist weniger interessant als die Parallele, die zur Studentenbewegung gezogen wurde: »Es ist ähnlich wie mit den Studenten«, schrieb Ernst Müller-Meiningen jr. in der *Süddeutschen Zeitung*, »man muß in unserem Lande immer erst mit dem Dreschflegel kommen, um Gehör zu finden«[141]. Eher befremdet als befürwortend schrieb eine andere bayerische Zeitung, die Richter seien »unter die Protestierer und Streikenden gegangen« und versuchten dabei offensichtlich den Studenten nachzueifern.[142] Eine Karikatur zeigte Richter in Robe und Barett-Reden schwingend, Scheiben einwerfend und Polizisten, die die Richter abführten.[143]

---

138 Ebd.

139 Die 20.00 Uhr-*Tagesschau* vom 10.5.1968 hatte die Meldung auch gebracht. Die Veröffentlichung der Aufforderung stieß im Vorstand des Richterbundes auf Empörung und heftige Auseinandersetzungen. Im engeren Sinne verantwortlich für die Veröffentlichung war der Frankfurter Oberamtsgerichtsrat Werner Büttner. Für die »Informationen« insgesamt war der Vorsitzende des reformorientierten hessischen Richterbundes Pulch, auf dessen Aktivitäten unten noch genauer eingegangen wird, zuständig. Vgl. zu den Auseinandersetzungen das Protokoll der Sitzung des Gesamtvorstandes vom 15.5.1968, S. 3ff., Archiv Deutscher Richterbund, Berlin, DRB-Protokolle.

140 Streik der Richter?, in: *FAZ*, 13.5.1968; Karikatur in der *Zeit*, 17.5.1968.

141 Müller-Meiningen jr., Warnstreik.

142 Fritz Poppenberger, Streikende Richter?, in: *Franken-Post*, 22.5.1968.

143 *Franken-Post*, 16.5.1968.

Abb. 6: Wenn Richter streiken
(Quelle: Die Zeit)

Der Vergleich zu den demonstrierenden Studenten sollte hier gewiss komisch wirken. Bezeichnend für die Atmosphäre ist aber, dass manche Richter selbst ganz offen mit dem Bezug auf die Studentenproteste spielten. Auf der Godesberger Versammlung vom 15. Mai 1968 hielt der Vorsitzende des nordrhein-westfälischen Richterbundes, Hans Güttges, eine Grundsatzrede zur »Situation der Dritten Gewalt« und zitierte zunächst aus einem Beitrag von Theo Sommer zur positiven Funktion der Studentenproteste: »Um mit Theo Sommer zu sprechen: ›Die junge Generation will Wandel, und der SDS ist dabei als schlechtes Gewissen der Gesellschaft ebenso recht, wie einst Karl Marx den Reformern seines Jahrhunderts recht war. Als Schreckgespenst ist der SDS all jenen willkommen, die den Herrschenden zwar nicht die Köpfe abschlagen, wohl aber ihnen Beine machen wollen.‹ Und ich meine allerdings auch: Man sollte ihnen Beine machen und sie aus der Saturiertheit aufwecken, die alles nur noch am Maßstab des goldenen Kalbes mißt und dazu betet: Lieb Vaterland magst ruhig sein!«[144] Von den Methoden und Zielen des SDS grenzte sich Güttges zwar klar ab, sprach aber zugleich von »begründeter Unzufriedenheit der Jugend« und nutzte zudem den SDS nicht nur als Schreckgespenst, sondern die Sprache des Protestes auch als terminologischen Fundus. Den Begriff

144 Eine Kopie des Redemanuskripts findet sich im Nachlaß Neuberger, AdsD Bonn, Mappe 42, hier S. 2.

der »Saturiertheit« hatte sich der zuständige Vorsitzende Richter in einem Prozess gegen Fritz Teufel von dem Kommunarden noch inquisitorisch erklären lassen.[145] Güttges übernahm den Begriff ebenso selbstverständlich, wie er vom »Establishment« und »den Herrschenden« sprach, ganz so, als ob er für eine Gruppe von Ausgegrenzten und Entrechteten sprach. Wie Rudolf Wassermann, der den Studenten in einer Diskussion weiß machen wollte, dass die Justiz inzwischen zu den »Antiautoritäten« zu zählen sei[146], versuchte auch Güttges die Justiz in einer klaren Opposition zum Staat zu positionieren. Die Frage, die man sich in der gegenwärtigen Situation zu stellen habe, laute: »Haben die Verantwortlichen dieses Staates nicht nur eine verteidigungswürdige Ordnung gesetzt, sondern auch so im Herzen ihrer Bürger verankert, daß an der Geschlossenheit und Entschlossenheit einer sicheren Mehrheit auch jeder Terror, komme er von links oder rechts, zerbrechen muß«. Er trage »erhebliche Bedenken«, so Güttges weiter, »diese beiden Fragen […] auch nur andeutungsweise mit einem überzeugenden Ja zu beantworten«. Die harte Kritik »an der Selbstgefälligkeit des ›Establishments‹, müsse nicht nur ertragen, sondern auch beherzigt werden«. Konsequenterweise wandte sich Güttges auch gegen den Umgang mit den Protesten: »Nicht mit Wasserwerfern, verstärktem Polizeieinsatz und auch nicht mit den Straftatbeständen unseres Strafgesetzbuches lassen sich nachhaltig Krisen bekämpfen, die ihre Ursache in begründeter Unzufriedenheit der Jugend und auch großer Teile der denkenden Bevölkerung haben«. Eine »überalterte politische Führungsgeneration« sei im Begriff, zum zweiten Mal die Errungenschaften einer freiheitlichen Ordnung und des sozialen Rechtsstaates zu verspielen. Die Kluft, die sich zwischen dem Verfassungsauftrag und der Verfassungswirklichkeit abzeichne, werde insgesamt immer größer, »die größte Kluft« aber bestehe hier in Bezug auf die Recht sprechende Gewalt: »Obwohl auf diesem Sektor alle rechtsstaatlichen Demokratien die Rechtsstaatlichkeit ihrer Verfassung daran messen, inwieweit die rechtsprechende Gewalt wirklich unabhängig von den übrigen Staatsgewalten ist, und obwohl unsere Verfassungsschöpfer die Möglichkeit hatten, die Erfahrungen anderer gefestigter demokratischer Ordnungen zu nutzen, hat man nicht viel mehr getan und erreicht, als den Schein des Rechtsstaates zu setzen, und mir will nach meinen Erfahrungen […] scheinen: man will für die Stellung der Dritten Gewalt nicht viel mehr als den Rechtsschein«[147].

Das Erstaunen, das die Rede unter Justizpolitikern auslöste, dürfte einigermaßen verständlich sein. Er habe das Gefühl, so der nordrhein-westfälische

---

145 Der Dialog ist nachzulesen bei: Hildebrandt, Anderthalb Tage.

146 Erste SDS-Aktion gegen die Frankfurter Justiz, in: *FR*, 25.9.1968.

147 Hans Güttges, Rede vor der außerordentlichen Vertreterversammlung, Nachlaß Neuberger, AdsD Bonn, Mappe 42, Zitate, S. 1, 2 u. 5.

Justizminister Neuberger in einer eigenen längeren Abhandlung »Zur Stellung des Richters in der Justiz«, dass einige Stellungnahmen der Richterverbände geeignet seien, »ein Kopfschütteln der Politiker hervorzurufen«[148]. Dazu trug nicht zuletzt auch der Stil der Auseinandersetzung bei. Wenn etwa Vertreter des Richterbundes Briefe an den Justizminister und die Landtagsfraktionen »ohne Anrede und Schlußwort« schrieben, schienen sich die Richterbundsvertreter plötzlich auch in ihren Umgangsformen an der Studentenbewegung orientiert zu haben. Horst Ehmke, bei dem sich Neuberger über den rüden und anmaßenden Stil beschwert hatte, antwortete, dass Neuberger vielleicht doch etwas hart mit dem Richterbund ins Gericht gehe. Sein »langjähriger Umgang mit jungen Leuten«, so Ehmke, habe ihn gegen Übertreibungen unempfindlicher werden lassen und er fuhr fort: »Du kannst mir zwar mit Recht entgegenhalten, daß Richter keine Studenten sind und der Richterbund nicht die Privilegien des SDS für sich in Anspruch nehmen kann. Immerhin läßt sich ein ähnlicher Vorgang wie bei unserer Jugend beobachten: Die Übung in Demokratie, die ja auch unseren Richtern so lange Zeit fremd war, ist hier wie dort zuweilen von starken Tönen und Übertreibungen begleitet«. Ganz ohne Sorge war aber auch Ehmke hinsichtlich der weiteren Entwicklung nicht, sah er doch die Gefahr, eines »Abrutschen(s) des Richterbundes in den Radikalismus«.[149]

Die Verwirrung hätte kaum größer sein können. Es war immerhin erst sechs Jahre her, daß Sebastian Haffner die bundesdeutsche Justiz als »Schreckens- und Folterinstrument des Obrigkeitsstaats« bezeichnet hatte und erst zwei Jahre, dass Theo Rasehorn mit seinem Buch »Im Paragraphenturm« die hierarchischen und obrigkeitsstaatlichen Strukturen und Geisteshaltungen in der Justiz mit massiven Worten angeprangert hatte. Hatten sich Rasehorn und andere Justizkritiker so geirrt oder wie ist zu erklären, dass sich der Richterbund plötzlich positiv auf den SDS bezog? Um diesen scheinbaren Wandlungsprozess zu verstehen, ist es notwendig, weiter auszuholen und sich den Zielen zuzuwenden, die die Richter mit ihrer vergleichsweise drastischen Wortwahl verfolgten. Es ist bereits darauf verwiesen worden, dass neben »Selbstverwaltung« eine eigenständige, höhere Besoldung seit Beginn der Bundesrepublik ganz oben auf dem standespolitischen Forderungskatalog der Richter stand. So verwundert es nicht, dass der Punkt auch in Güttges' Rede auf der Bad Godesberger Veranstaltung eine wichtige Rolle spielte. Breit führte der Vorsitzende des nordrhein-westfälischen Richterbundes aus, wie schlecht

148 Josef Neuberger, Zur Stellung des Richters in der Justiz, S. 17, Nachlaß Neuberger, AdsD Bonn, Mappe 42.

149 Horst Ehmke an Josef Neuberger 18.8.1968, AdsD Bonn, Nachlaß Neuberger, Mappe 42.

die Richter im Vergleich zu anderen Berufen besoldet würden und dass sie kaum in der Lage seien, sich einen »Mittelklassewagen« zu leisten. In »erschreckendem Maß« so Güttges' Fazit, seien die Richter »abgewertet worden« und so sollten die Richter es überhaupt »als unter unseres Standes unwürdig« anlehnen, zu Referentenentwürfen Stellung zu nehmen, die keine substantielle Veränderung in der Besoldungsfrage brächten.[150]

Güttges Tonfall lässt erkennen, wie gereizt die Stimmung unter den Richtern war und es spricht vieles dafür, dass die Mobilisierung für die Protestveranstaltung in erster Linie auf eben diese Auseinandersetzung um die Besoldung zurückzuführen ist. Zu wissen ist dabei, dass die Richter ihre Forderung nach einer eigenständigen, höheren Besoldung seit Beginn der Bundesrepublik verfassungsrechtlich zu untermauern suchten. Man verkenne den wesentlichen Tatbestand völlig, so hieß es in einer richterlichen Stellungnahme vom Anfang der fünfziger Jahre, »wenn man die Notwendigkeit einer Neuordnung der Richterbesoldung als eine bloße Gehaltsfrage im herkömmlichen Sinne auffaßt. Es handelt sich auch nicht darum, die Richter bevorzugt aus der Gemeinschaft wirtschaftlicher Bedrängnis herauszulösen, unter der heute die allgemeine Beamtenschaft zu leiden hat. Vielmehr geht es darum, die Besoldung der Richter der vom Grundgesetz anerkannten Bedeutung des Richteramtes und der ihnen vom Grundgesetz zugewiesenen Stellung im Leben des Staates und des Volkes anzupassen«[151].

Das Problem für höhere Gehaltsforderungen war die Ankoppelung der Richter- an die Beamtengehälter. Dass bedeutete, dass ein Richter wie andere Beamte der höheren Laufbahn auch in der Eingangsstufe nach A13 bezahlt wurde und von Erhöhungen der Besoldung im Wesentlichen nur durch allgemeine Anhebungen der Gehälter möglich waren.[152] Daher richteten sich die Forderungen des Richterbundes von Beginn der Bundesrepublik an auf eine »Neuordnung« der Richterbesoldung. Im Einzelnen gingen die Vorstellungen dabei auseinander, ob diese »Neuordnung« durch einen »Ausgleich« innerhalb der Beamtenbesoldung erreicht, oder ob die Richterbesoldung ganz von der

---

150 Hans Güttges, Rede vor der außerordentlichen Vertreterversammlung, Nachlaß Neuberger, AdsD Bonn, Mappe 42, Zitate, S. 9f.

151 Teufel, »Besoldung«, S. 37f. Teufel war Landgerichtspräsident in Rottweil und hatte seinen Beitrag bereits in der *Stuttgarter Zeitung* vom 11.2.1953 veröffentlicht. Die Intervention stand in Zusammenhang mit einem Gesetzesentwurf über die Gewährung einer ruhegehaltsfähigen Zulage an Richter und Staatsanwälte, den der nordrhein-westfälische Justizminister Amelunxen eingebracht hatte. Vgl. dazu u.a. *DRiZ* 32, 1952, S. 155; ebd. 1953, S. 2, S. 57f. u.ö. Die Auseinandersetzung im Bundestag dazu: Deutscher Bundstag, *Stenographische Berichte*, 1. WP, 260. Sitzung vom 16.4.1953, S. 12685–12690, auch abgedr. in *DRiZ* 31, 1953, S. 77–80.

152 Eine Synopse über die Besoldung der Richter und Staatsanwälte in den verschiedenen Ländern findet sich in: DRiZ 44, 1966, S. 22–26.

Beamtenbesoldung abgekoppelt werden sollte.[153] Vor allem die zweite Argumentation hatte eine wichtige demokratietheoretische und verfassungsrechtliche Absicherung: Die Gewaltenteilung beruhe auf der klaren Trennung von Judikative und Exekutive, so dass Richter gerade auch in der Besoldung den Beamten nicht gleichgestellt sein dürften.

Nachdem in den fünfziger und frühen sechziger Jahren die Besoldungssituation zwar wiederholt beklagt worden war, aber keine einschneidenden Verbesserungen in Sicht waren, verschärfte sich die Debatte Mitte der sechziger Jahre. Den Hintergrund bildete vor allem die bevorstehende Pensionierungswelle und die ohnehin vorhandenen Nachwuchsprobleme, die dem Argument, man müsse durch höhere Bezahlung den Beruf für qualifizierte Bewerber hinreichend attraktiv machen, ein deutlich höheres Gewicht verliehen.[154] Tatsächlich kam es 1965 zur Verabschiedung mehrerer Länderbesoldungsgesetze, die aber statt der erwünschten deutlichen Erhöhung der Besoldung die Kritik der Richter erst recht hervorbrachte.[155] Mit besonderer Intensität wurde das Thema vor allem in der *Deutschen Richterzeitung*, aber auch in anderen Fachorganen behandelt. Von weiterreichender Bedeutung war dabei die Frage nach den möglichen Konsequenzen der Richterbesoldung für den Rechtsstaat.[156] Aus ganz und gar etatistischer Perspektive sah der Staatsrechtler Karl August Bettermann schon die Gefahr eines »Aufstandes« der Richterschaft, der sich an der Besoldungsfrage entzündete.[157] Tatsächlich bekam die Debatte in der Mitte der sechziger Jahre eine neue Qualität. Es war zwar nicht neu, dass die Forderung nach höherer Besoldung wie schon Anfang der fünfziger Jahre mit Verfassungsargumenten untermauert wurde. War jedoch die verfassungsrechtliche und demokratietheoretische Unterfütterung der Besoldungsforderungen eine

153 Vgl. den Entwurf des Deutschen Richterbundes für ein Gesetz über das Amtsgehalt der Richter und Staatsanwälte vom 25.2.1966 in: *DRiZ* 44, 1966, S. 109–131. Hier wurde mit der Begründung, dass die Richter keine Beamten seien, das Modell einer eigenständigen Richterbesoldung entwickelt.

154 Vgl. hier etwa Hirschmann, »Konferenz«; Denkschrift des Richterrates im Landgerichtsbezirk Kaiserslautern vom September 1965, S. 404–406; vgl. hier auch aus der Presseberichterstattung u.a. Ziegler, Brot; Hermann Hollenbach, Richterstand im Notstand. Mangelnder Nachwuchs für Richter und Staatsanwälte wegen unzureichender Besoldung, in: *Stuttgarter Nachrichten*, 29.6.1966.

155 Vgl. u.a. *DRiZ* 43, 1965, S. 275f; 336f.; Stalljohann, »Dienstpostenbewertung«; aus der Presseberichterstattung vgl. hier u.a. »Richteramt wird abgewertet«, in: *FR*, 5.10.1965; Hessens Richter protestieren, in: *FR*, 20.5.1965.

156 Im Jahr 1966 gab es in der Deutschen Richterzeitung allein 16 Beiträge und Annotierungen zur Besoldungsfrage; vgl. darüber hinaus Möhring, »Gefahr«, S. 337; Redeker, »Gefahr«; Ostler/Möller, »Gefahr«.

157 Bettermann, *Richter*, insbes. S. 3 u. S. 31 sowie Ders., »Art. Rechtsprechung, rechtsprechende Gewalt«.

zwar notwendige, aber letztlich nur halbherzig vertretene Begleiterscheinung, bekam die Forderung nach »Entbeamtung« – gerade auch der Besoldung – vor dem Hintergrund der wachsenden Kritik an den obrigkeitsstaatlichen Traditionen einen ganz neuen Schub. Es bestand nun die Chance, den Besoldungsforderungen durch die Koppelung mit weiterreichenden, allgemeinen Reformforderungen eine höhere Legitimation zu verleihen.

Erkannt und genutzt wurde diese Chance von einer kleinen Gruppe hessischer Richter, die zunächst das Land Hessen auf höhere Besoldung verklagten und sich anschließend in einer Kampfabstimmung als »Reformer« an die Spitze des hessischen Richterbundes wählen ließen. Dass die Klage vor dem Frankfurter Verwaltungsgericht in erster Instanz tatsächlich erfolgreich war, dürfte die Kläger vermutlich ebenso überrascht haben wie die meisten Beobachter. Als »Schadensersatz wegen Fürsorgepflichtverletzung«, so zunächst der Beschluss vom 25.6.1966 und dann im Urteil vom 30.6.1966, könnten hessische Amtsgerichtsräte mindestens die Gehaltsbezüge A 16 – an Stelle von A 13 – verlangen. Bemerkenswert war jedoch nicht nur das Urteil selbst, das den Richter der Eingangsstufe eine Gehaltserhöhung von ca. 40–80 Prozent beschert hätte, sondern auch die Begründung.[158] Wie zu vermuten, basierte das Urteil auf der verfassungsrechtlichen Position des Richters, durch die er vom Beamten klar abgegrenzt sei. Doch argumentierte das Gericht dann sehr wohl mit »vergleichbaren« Beamtenpositionen. Es stellte fest, dass der Antragsteller »kein Beamter in untergeordneter Funktion, sondern Richter« sei und fuhr fort: »Die ihm angesonnene Lebensführung ist, weil in grobem Mißverhältnis zur Bedeutung und Wertigkeit seiner Tätigkeit stehend, für ihn ebenso unangemessen und kümmerlich und ebenso eine wirtschaftliche ›Kümmerexistenz‹, wie sie es für einen ihm ›vergleichbaren‹ Beamten der BesGr. A 16 oder der BesO B wäre«. Wenn der Antragsgegner ein solches Ansinnen für unbillig halte, dann hänge er immer noch an dem »überholten Leitbild des Richters als eines ›kleinen Justizbeamten‹«.[159] Damit geriet dem Antragsteller wie dem Gericht die bestehende Besoldungsregelung zur Bedrohung für »das Fortbestehen der rechtsstaatlichen Ordnung«. Sie zeitige die Gefahr, »daß die Exekutive nach der von ihr bereits weitgehend integrierten Legislative nunmehr auch die rechtsprechende Gewalt ›in den Griff‹ bekommt«. Deutlich über die vielfach zur Leerformel verkommenen Beschwörung der Unabhängigkeit der Justiz hinausgehend, zeichnete das Gericht in Übereinstimmung mit dem

158 Der Entschluss und das Urteil des Frankfurter Verwaltungsgerichts vom 25.5.1966 bzw. vom 30.6.1966 abgedr. in: *DRiZ* 44, 1966, S. 233–248 und S. 344–348; aus der Presseberichterstattung vgl. Karl-Heinz Krumm, Vor Gericht prallten die Meinungen hart aufeinander, in: *FR* 2.7.1966; Hans Otto Elgau, Frankfurts Richter schossen scharf, in: *Handelsblatt*, 14.6.1966.

159 Urteil vom 30.6.1966, *DRiZ*, S. 346.

Antragssteller die Gefahr »einer allmählichen Umstrukturierung des Rechtsstaats in einen oligarchischen Verwaltungsstaat, in dem eine ›regierungsfromme‹ Justiz dem Staatsbürger nur mehr ein Placebo von Unabhängigkeit bietet«. Diese Entwicklung müsse gar nicht direkt angestrebt oder gefördert werden, sie könne aber Ergebnis des »natürlichen Übergewichts« sein, das die Exekutive in der modernen Massengesellschaft habe. »Wenn zumindest die rechtsprechende Gewalt«, so das Gericht weiter, »als eine von der Exekutive unabhängige Verfassungsgewalt erhalten bleiben soll, bedarf es der unverzüglichen Wiederherstellung eines ausgewogenen Verhältnisses zwischen der Alimentierung der Richter und derjenigen der Beamten«. Das Gericht griff in seiner Argumentation jedoch ausdrücklich über die Besoldungsfrage hinaus. Zum einen forderte das Urteil nicht einfach mehr Geld für alle, sondern eine weitgehende Nivellierung der Gehälter, denn neben der Beseitigung der vermeintlichen »Kümmerexistenz« ging es dem Gericht auch um die Befreiung der Richter vom Einfluss sowohl der Justizverwaltung als auch der internen Mechanismen der hierarchisierten Kontrolle. Daher forderte das Gericht »eine im wesentlichen gleiche Besoldung und gleiche Amtsbezeichnung«. Solange die nicht vorgesehen sei, bleibe »die Unabhängigkeit der rechtsprechenden Gewalt gegenüber der Exekutive auch bei verfassungsgerechter Alimentierung der Richter nicht ausreichend gesichert«. Ganz deutlich in einen weiterreichenden Reformkontext stellte sich das Gericht schließlich durch die abschließende Forderung nach einer »grundlegenden Modernisierung und Demokratisierung des im wesentlichen aus dem 19. Jahrhundert stammenden Rechtspflegeapparates«[160].

Bemerkenswert ist an dem Urteil, das im Übrigen vor dem Hessischen Verwaltungsgerichtshof keinen Bestand hatte[161], mehreres. Dazu gehört, dass sich hier eine der ersten Belegstellen für den Demokratisierungsbegriff im Zusammenhang mit der Justiz findet – sieht man von dessen Verwendung in der direkten Nachkriegszeit einmal ab, als überhaupt erst die Schaffung einer demokratischen Justiz anstand. Damit wurde indirekt die von Dahrendorf und anderen geäußerte Kritik an der obrigkeitsstaatlichen Prägung der Justiz aufgenommen und als Abhilfe nicht nur die Stärkung der Unabhängigkeit gegenüber Eingriffen der Politik und der Justizverwaltung, sondern auch im Sinne Rase-

160 Ebd., S. 348.

161 Der Hessische Verwaltungsgerichtshof hatte, nachdem das Land Hessen gegen den Entschluss vom 25.5.1966 zunächst Berufung eingelegt hatte, bereits die dort verordnete Zwangsvollstreckung eingestellt. Im Juni 1969 hob der Hessische Verwaltungsgerichtshof die Entscheidung des Frankfurter Verwaltungsgerichts auf. Vgl. Hof, »Mahnruf«; Stalljohann, »Richterbesoldung«; vgl. auch die Berichterstattung in der Presse, u.a. Im Tenor verloren, in der Begründung gewonnen, in: *FAZ*, 4.6.1969.

horns die Abschaffung der innerrichterlichen Hierarchie gefordert. Damit ist schließlich zu beachten, dass Forderungen nach »Nivellierung« der Gehälter und Hierarchien keineswegs erst im Zusammenhang mit den Protesten von 1968 auch auf die Richterschaft übertragen wurden. Sie standen vielmehr in der Tradition und Logik der Forderung nach Entbeamtung, wurden aber vor dem Hintergrund eines umfassenden gesellschaftlichen Aufbruchs aus dem rein standespolitischen Kontext gelöst und in einen gesellschaftspolitischen Kontext integriert.

Vorgenommen wurde diese Integration zum Teil durch die Richter selbst. Wie gesehen, nahm das Urteil deutlich Bezug auf gesellschaftliche Veränderungen und deren Bedeutung für die Recht sprechende Gewalt. In einen gesellschaftspolitischen Kontext gestellt wurde das Urteil und die gesamte Besoldungsfrage aber auch von der öffentlichen Wahrnehmung. »Die ›Progressiven‹ aus Frankfurt setzen sich durch. Richterbund stellte Besoldungs-Kläger gegen das Land Hessen an seine Spitze« – so titelte die *Frankfurter Rundschau*[162], nachdem der Frankfurter Amtsrichter Otto Pulch im Oktober 1966 zum Vorsitzenden des hessischen Richterbundes und sein Kollege Walther Priebke zu dessen Stellvertreter gewählt worden waren. Beide hatten gemeinsam mit anderen die Besoldungsklage vor dem Verwaltungsgericht eingereicht. Unumstritten war die Klage unter den hessischen Richtern keineswegs und es ist bezeichnend, dass in der öffentlichen Wahrnehmung die Kläger zu »Progressiven« wurden, die sich gegen die »Konservativen« durchgesetzt hatten. Zu dieser Wahrnehmung trug gewiss auch der Auftritt von Rudolf Wassermann bei, der zu diesem Zeitpunkt noch am Berliner Kammergericht saß. Unter »teilweise euphorischem Beifall«, wie der Bericht der *Rundschau* vermerkte, habe Wassermann kundgetan, dass die Richter und Staatsanwälte nunmehr ernsthaft entschlossen seien, sich aus der »hierarchischen Unterordnung« und der »Umarmung der Exekutive« zu befreien. In charakteristischer Verbindung von standes- und gesellschaftspolitischer Argumentation führte Wassermann die »Krise« der Justiz darauf zurück, dass sie mit den modernen gesellschaftlichen und politischen Entwicklungen nicht Schritt gehalten habe. Die Unterstützung Wassermanns, in dessen Reformforderungen die Besoldungsfrage ansonsten so gut wie keine Rolle spielte, machte aus den Amtsrichtern Pulch und Priebke »Progressive«. Hier wie in dem Urteil schien die Forderung nach höherer Besoldung und die Forderung nach »Demokratisierung der Justiz« – was auch immer damit genau gemeint war – in dieselbe reformorientierte Richtung zu weisen. Dass etwaige Reformvorstellungen im Einzelnen in sehr unterschiedliche Richtungen gingen, wurde später sehr deutlich. Hier ist zu-

162 4.10.1966.

nächst entscheidend, dass die Besoldungsforderungen den Ruf nach Demokratisierung lauter werden ließ, und die Richterschaft auf diese Weise nicht mehr als monolithischer, konservativer Block erschien.

Für die öffentliche Wahrnehmung kam hinzu, dass immer wieder Fälle bekannt wurden, bei denen der Anschein entstand, dass Richter durch die innerrichterliche Hierarchie in ihrer Unabhängigkeit beschnitten wurden. So schrieb etwa der *Spiegel*-Reporter Gerhard Mauz im Zusammenhang mit einem Bericht über eine weitere Klage der hessischen Richter vor dem Bundesverfassungsgericht: Während die Klage zunächst nur den Anschein gehabt habe, es ginge schlicht »um schnöden Mammon«, schien Mauz nun die Sorge um die richterliche Unabhängigkeit sehr wohl berechtigt. Als Beleg führte er das Gebaren des Frankfurter Amtsgerichtspräsidenten Karnath an, der offenbar immer wieder versuchte, sich in unangemessener Weise in die Tätigkeit der Richter einzumischen.[163] Der Fall las sich wie eine direkte Bestätigung der Klagen, die Rasehorn über die innerrichterliche Hierarchie geführt hatte.

Die Rede des nordrhein-westfälischen Richterbundsvorsitzenden Güttges auf der Bad Godesberger Protestveranstaltung vom Mai 1968 stellte in gewisser Weise den Höhepunkt im Versuch der Richter dar, ihren standespolitischen Forderungen eine gesellschaftspolitische Legitimation zu verschaffen. In erstaunlicher Weise diente die Studentenbewegung als Vorbild dafür, dass Protest in möglichst drastischer Weise formuliert werden musste, um Gehör zu finden. Von einem plötzlichen »Linksschwenk« der Richterschaft wird man gleichwohl kaum sprechen können. Dazu war das Aufbegehren der Richter sowohl zeitlich als auch inhaltlich zu begrenzt. Bemerkenswert war die Protestkundgebung jedoch nicht nur als Indiz für die Öffnung der Richterschaft, sondern auch für den zumindest momentanen Einfluss der Protestbewegung: Bis tief in die gesellschaftlichen Bereiche hinein, die denkbar weit von dem Milieu und den Zielen der Bewegung entfernt waren, wirkte die Sprache und die Haltung des Protestes kurzzeitig so attraktiv, dass daran Anleihen für eigene Forderungen genommen wurde.

Was die weitere Auseinandersetzung um die Besoldung angeht, sei hier lediglich erwähnt, dass der Richterbund mit seinen Forderungen schließlich erfolgreich war. Zwar scheiterte zunächst der rechtliche Weg. Die Klagen vor dem Verwaltungsgericht und dem Bundesverfassungsgericht – hier waren insgesamt 19 Klagen eingegangen – blieben zunächst erfolglos.[164] 1970 be-

163 Mauz, Umsatz; als weitere Pressebeiträge mit ähnlicher Tendenz vgl. Karl-Heinz Krumm, Frankfurter Richter spricht von Bevormundung, in: *FR*, 6.2.1967; Ziegler, Rebellische Richter; Adolf Süsterhenn, Wider die Bebeamtung der Justiz, in: *Rheinischer Merkur*, 12.5.1967.

164 Die Urteile sind gesammelt abgedr. in: NJW 22, 1969, S. 1803–1809; vgl. dazu die Stellungnahme von Pulch, »Konsequenzen«.

schloss Hessen nicht zuletzt unter dem Druck des hessischen Richterbundes im Alleingang eine neue Richterbesoldung.[165] Als die Bundesregierung gegen diesen Alleingang vor dem Bundesverfassungsgericht klagte, ergriff das Gericht dann doch noch die Gelegenheit, dem Bund die Neuregelung der Richterbesoldung aufzutragen. Das Gericht stellte fest, dass die Trennung von Beamten- und Richterbesoldung nicht nur rein formaler Natur zu sein hatte. Vielmehr sei es »der Sinn der besonderen Richterbesoldungsgesetze, die Richterbesoldung vom allgemeinen Beamtenbesoldungsrecht zu lösen und sie der besonderen Bedeutung der Richter entsprechend selbständig zu ordnen«[166]. Dem kam die Bundesregierung schließlich mit einem Gesetzesentwurf nach, der am 1.7.1975 mit der so genannten R-Besoldung für Richter und Staatsanwälte in Kraft trat und für Richter und Staatsanwälte eine gewisse Verbesserung gegenüber der vorherigen Situation brachte.[167] Damit waren zwar bei weitem nicht alle Blütenträume der Richter wahr geworden, doch fand die grundsätzliche Auseinandersetzung ihren Abschluss.

3.2.2 Bewegung in den Organisationen und Organisationsformen

Die Bundesrepublik war nicht das einzige Land, in dem sich Ende der sechziger Jahre die Justiz gesellschaftlich neu positionierte. In Frankreich und in Italien gab es vergleichbare Auseinandersetzungen, die dort auch zu einer organisatorischen Neuordnung der jeweiligen Richterschaft führten. In Frankreich wurde 1968 das »Syndicat de la magistrature« gegründet, also ein gewerkschaftlich orientierter Zusammenschluss, der sich als Gegenorganisation zur herkömmlichen Richtervereinigung, der »Union fédérale des magistrats« (UFM) verstand und vor allem die jungen Richter anzog.[168] In Italien existierten ohnehin quasi politische Fraktionen innerhalb des Richterverbandes, der »Associazione Nazionale Magistrati« (ANM). Unter dem direkten Einfluss der Ereignisse von 1968 radikalisierte sich ein Teil der »progressiven« Fraktion »Magistratura Democratica« (MD) in einer Weise, die für bundesdeutsche Richter kaum vorstellbar war. Diese Radikalisierung führte zu einer Spaltung

---

165 Vgl. hier insbes. *DRiZ* 48, 1970, S. 132–135. Hier finden sich der Gesetzesentwurf und ein Bericht mit Auszügen aus dem Rechtsgutachten von Helmut Ridder, auf das sich der Gesetzesentwurf stützte.

166 BVerfGE 32, 199–249; auszugsweise abgedr. in: *DRiZ* 49, 1971, S. 427.

167 Vgl. hierzu Witte, »Besoldung«; Grundlage für das Gesetz bildete der Regierungsentwurf vom 29.3.1974 (Bundestagsdrucksache 7/1906, abgedr. in: *DRiZ* 52, 1974, S. 196ff.) Nachdem weitergehende Vorschläge des Richterbundes abgelehnt worden waren, wurde das Gesetz schließlich am 27.2.1975 im Bundestag angenommen.

168 Vgl. dazu Bokelmann, »Richterschaft«.

der »progressiven« Fraktion und einer Rückkehr eines Teils der »Progressiven« zur konservativen Gruppierung.[169]

Im Vergleich dazu fielen in der Bundesrepublik die Friktionen innerhalb der Richterschaft deutlich geringer aus. Der Richterbund konnte seine Stellung als Standesorganisation im Wesentlichen verteidigen. Es kam zu keiner expliziten Spaltung. Gleichwohl gab es nicht unerhebliche Bewegung auf der organisatorischen Ebene, und zwar in drei Punkten: Erstens kam es innerhalb des Richterbundes zu erheblichen Divergenzen zwischen den verschiedenen Landesverbänden, die bis zu Spaltungsdrohungen reichten. Zweitens gründete eine kleine Gruppe von Richtern und Staatsanwälten 1968 das so genannte »Aktionskomitee Justizreform«, das – von Rudolf Wassermann initiiert – von der Presse den bedeutungsschweren Titel der »Gruppe 47 der Justiz« erhielt. Drittens schließlich erhielt die ÖTV – zu deren eigener Überraschung – in den Jahren 1967/68 erheblichen Zulauf von Richtern und Staatsanwälten, so dass man hier eine eigene »Fachgruppe Richter und Staatsanwälte« einrichten musste.

Zur Vorgeschichte der verbandsinternen Auseinandersetzungen des Jahres 1968 gehört zunächst die Abwahl des alten Vorstandes unter Leitung des Münchner Landgerichtsdirektors Heinrich Barth und die Neuwahl des Düsseldorfer Landgerichtspräsidenten Bernhard Drees zum Vorsitzenden des Richterbundes am 24.11.1967.[170] Dieser erst durch eine Kampfabstimmung möglich gemachte Wechsel wurde innerhalb des Richterbundes als Sieg der »Progressiven« über die »Konservativen« verstanden.[171] Die treibende Kraft hinter dem Wechsel war der hessische Richterbund unter der Leitung von Otto Pulch, der sich schon ein Jahr zuvor als »Progressiver« in Hessen hatte durchsetzen können.[172] Die Begriffe »progressiv« und »konservativ« wurden sowohl innerhalb des Richterbundes als auch in der Presse benutzt, doch bleibt zu fragen, was sie eigentlich bedeuteten. Auf die Frage eines Kollegen an den Kandidaten für den Vorsitz, den Düsseldorfer Landgerichtspräsidenten Drees, welche neuen Ideen er verwirklichen wolle, antwortete dieser laut Sitzungsprotokoll, dass die Ziele des Richterbundes immer die gleichen geblieben

169 Vgl. dazu Reiter, »Verfassungsverwirklichung«.

170 Drees setzte sich mit 179 zu 80 Stimmen gegen Barth durch; vgl. Protokoll der Vertreterversammlung des Deutschen Richterbundes vom 24.11.1967, S. 14, Archiv des DRB, Berlin, DRB-Protokolle.

171 Von einem »Riß zwischen den sog. ›Progressiven‹ und den sog. ›Konservativen‹« war in der Auseinandersetzung um die Neuwahl des Vorstandes explizit die Rede, vgl. Protokoll der Sitzung des Gesamtvorstandes des DRB vom 10.10.1967, S. 17, Archiv des DRB, Berlin, DRB-Protokolle.

172 Vgl. ebd.

seien. Er wolle lediglich die Methoden zur Verwirklichung ändern.[173] Alleine die »Große Justizreform« nannte er hier und führte dazu aus, dass er den Anwaltsverein zu einem gemeinsamen Vorgehen gewinnen wollte. Auf die ständigen Ziele – Besoldung und Selbstverwaltung – ging er ebenso wenig ein wie auf die umstritteneren Punkte wie die Änderung der Amtsbezeichnungen. Tatsächlich hatte sich die »Progressivität« des hessischen Richterbundes vor allem darin gezeigt, dass man die traditionellen Ziele – eben Besoldung und Selbstverwaltung – besonders lautstark vorgetragen und stärker demokratietheoretisch unterfüttert hatte. »Progressiv« bedeutete insofern zunächst nur, dass ein offensiveres Verhältnis zur Öffentlichkeit gesucht wurde und die Interessen aggressiver vertreten wurden. Damit verbunden war jedoch eine gesellschaftspolitische Öffnung und ein Bekenntnis zur inneren Demokratisierung. Daran aber schieden sich die Geister. Es müsse bedenklich stimmen, wenn in den eigenen Reihen die Forderung nach Demokratisierung und einer »Rechtsprechung in wahrhaft demokratischem Geist« erhoben werde, so ein Richter auf einer Vertreterversammlung vom 25.11.1966 in Anspielungen auf Forderungen von Wassermann und Rasehorn.[174] Wer unverdrossen daran festhielt, dass rechtliche Entscheidungen rein sachlicher Natur waren, für den konnte es per definitionem Urteile in einem »demokratischen« oder »autoritären« Geist gar nicht geben. Die Forderung nach einer Rechtsprechung »in demokratischem Geist« war aus dieser Perspektive gleichbedeutend mit der Forderung nach einer »Politisierung« und insofern »bedenklich«. Das werden im Richterbund viele ähnlich gesehen haben.

Vor diesem Hintergrund ist es nicht erstaunlich, dass sich die scharfen Auseinandersetzungen innerhalb des Richterbundes im Jahr 1968 nicht an konkreten standes- und justizpolitischen Projekten entzündeten. Zu Streitpunkten wurden vielmehr die Erklärungen des Richterbundes und das öffentliche Erscheinungsbild, das dadurch abgegeben wurde. Die Erklärung zu dem politischen Druck, bei Demonstrationsprozessen härter durchzugreifen und die vermeintliche Ankündigung des Warnstreiks sind erwähnt worden. Hinzu kam eine dritte Erklärung vom März 1968. Darin hatten die Landesverbände Berlin und Hessen eine Äußerung von Bundespräsident Lübke kritisiert, er wolle sich nicht gerichtlich gegen Vorwürfe verteidigen, dass er am Bau von KZs beteiligt gewesen sei, weil das zu einem »sich über Jahre hinziehenden Prozess« führen werde. Die Richter kritisierten, dass Lübkes Entscheidung und

173 Protokoll der Vertreterversammlung des DRB vom 24.11.1967, S. 13, Archiv des DRB, Berlin, DRB-Protokolle.

174 Referat des Oberlandesgerichtsrats Philipp, Anlage I zum Protokoll der Vertreterversammlung des Deutschen Richterbundes vom 25.11.1966, S. 7f., Archiv des DRB, Berlin, DRB-Protokolle.

ihre Begründung der Demokratie schade, da sie das Vertrauen in eine funktionsfähige Justiz untergraben würden.[175] Diese drei Erklärungen und damit das gesamte öffentliche Auftreten des Richterbundes, so der Vorsitzende des bayerischen Richtervereins Hugo Winckhler auf der Vorstandssitzung vom 16.5.1968, setzten »die Existenz des Verbandes« aufs Spiel.[176]

Dass es überhaupt zu derartigen Erklärungen kam, hing damit zusammen, dass die entscheidende Änderung, die der Wechsel in der Verbandsführung gebracht hatte, auf der Ebene der internen und externen Kommunikation des Verbandes lag. Neben der *Deutschen Richterzeitung*, die das offizielle Organ des Richterbundes und weiterhin unter alter Leitung blieb, schuf der neue Vorstand die hier schon häufiger zitierten *Informationen* des Richterbundes, die offiziell als internes Informationsblatt gedacht, tatsächlich aber das Organ der »Progressiven« war. Konsequenterweise forderte der Bundesrichter Wolfgang Vogt auf der Vertreterversammlung vom 15.5.1968, dass das Erscheinen der *Informationen* eingestellt werden oder zumindest der Vorsitzende des hessischen Richterbundes Pulch von der Arbeit entbunden werden müsse. Im Namen des »Vereins der Bundesrichter und Bundesanwälte beim Bundesgerichtshof« hatte Vogt seiner »wachsenden Sorge und Entrüstung« über die Verlautbarungen des Richterbundes Ausdruck gegeben und mit der Trennung vom Richterbund gedroht.[177]

Mit ähnlicher Empörung reagierte auch der bayerische Richterverein. Schon die Lübke-Erklärung hatte dort, wie der Vorsitzende des Vereins Winckhler formulierte, »Bestürzung und Empörung« ausgelöst. Tatsächlich ist verblüffend, mit welcher Vehemenz auf die harmlose »Lübke-Erklärung« reagiert wurde und man in Bayern darin bereits einen Abstieg »in die Niederungen des politischen Kampfes« sah.[178] Wenn Winckhler zudem an anderer Stelle ausführte, es sei »nicht anständig gewesen« dem Bundespräsidenten mit der

---

175 Vgl. die Zeitungsmeldungen dazu vom 9.3.1968; zu der Diskussion gaben die Landesverbände Hessen und Berlin noch mal eine ausführliche Stellungnahme ab: Schlecht beraten, Herr Bundespräsident, in: *Der Stern*, 14.3.1968.

176 Protokoll der außerordentlichen Vertreterversammlung des Deutschen Richterbundes vom 16.5.1968, S. 7, Archiv des DRB, Berlin, DRB-Protokolle.

177 Protokoll der Sitzung des Gesamtvorstandes des Deutschen Richterbundes vom 15.5.1968, S. 3 u. Anlage 1, Archiv des DRB, Berlin, DRB-Protokolle. Auch auf lokaler Ebene kam es zu zum Teil heftigen Protesten und sogar zu Austritten. Wegen der Empfehlung zur Unterbrechung der Sitzungen in Köln traten 13 Staatsanwälte aus dem Richterbund aus. Vgl. dazu das Schreiben von Hans Lisken an den Vorsitzenden der Kölner Bezirksgruppe des Richterbundes, 15.10.1968 und eine Darstellung der Austrittsmotive vom 21.8.1968, in: Archiv des DRB, Berlin, Ordner NRW, Mitteilungen und Korrespondenzen 1968–74.

178 Bayerischer Richterverein an den Geschäftsführenden Vorstand des DRB, 14.3.1968, Archiv des DRB, Berlin, Ordner Bayern, Mitteilungen u. Korrespondenzen 1968–74.

Erklärung einen solchen »Eselstritt« zu versetzen[179], wird deutlich, wie sehr hier das Verständnis von einer »unpolitischen« Richterschaft ein konservatives Gepräge besaß. Gleichzeitig empfand es Winckhler auch als »stillos, wenn sich Richter in einer Illustrierten unter der Überschrift ›Deutschland deine Richter‹ wie Pin-up Girls fotografieren ließen«[180]. Hier zeigte sich erneut die 1963 noch vollkommen dominante Haltung, dass die Richterschaft sich öffentlichen Auftretens – außerhalb des Gerichtssaals – überhaupt so weit wie möglich zu enthalten habe.

Der Vorstand des Richterbundes war im Anschluss an diese Querelen deutlich bemüht, die Wogen zu glätten. Dies gelang auch insofern, als an einer Spaltung letztlich niemand Interesse hatte, zumal gerade in der Besoldungsfrage Einigkeit unabdingbar war und darüber auch immer wieder hergestellt wurde.

Prinzipiell blieben die Spannungen zwischen »Konservativen« und »Progressiven« weiter bestehen und sie entluden sich immer wieder an Fragen der Informationspolitik und der Abgabe (justiz-)politischer Erklärungen. Im September 1969 kam es darüber im Gesamtvorstand des Richterbundes noch einmal zu heftigen Auseinandersetzungen. Der Bundesrichter Wolfgang Vogt erklärte, dass bei nicht wenigen Mitgliedern des »Vereins der Bundesrichter und Bundesanwälte am Bundesgerichtshof« der Eindruck entstanden sei, dass sich der Richterbund als »sozialistischer Richterbund zur Unterstützung der SPD und zur Bekämpfung der CDU« verstünde, der Richterbund jedenfalls nicht mehr politisch neutral sei.[181] Unterstützung für seine Position erhielt Vogt aus Bayern. Dort hatte man sich besonders über die schon oben zitierte Kritik an der Strauß-Äußerung empört, der Demonstranten vorgeworfen hatte, sich »wie Tiere« benommen zu haben, für die die menschlichen Gesetze keine Anwendung finden könnten. Der Vorsitzende des bayerischen Richtervereins Winckhler mochte hier allenfalls eine bedauerliche Beleidigung der Tiere erkennen.[182] Ein Artikel im *Bayernkurier*, der den Richterbund anlässlich der Kritik an Strauß schon von der APO unterwandert und von einer »linken Clique« beherrscht sah, blieb vom bayerischen Richterverein konsequenterweise unwidersprochen.[183] Stattdessen gab es Unterstützung für einen Richter

179 Protokoll der Sitzung des Gesamtvorstandes des Deutschen Richterbundes vom 15.5.1968, S. 7, Archiv des DRB, Berlin, Ordner Bund, Protokolle.

180 Ebd.

181 Protokoll der Sitzung des Gesamtvorstandes des DRB vom 19./20.9.1969, S. 13, Archiv des DRB, Berlin, Ordner Bund, Protokolle.

182 Ebd., S. 20.

183 Marcel Hepp, Die APO im Richterbund, in: *Bayernkurier*, 9.8.1969; vgl. dazu auch den Briefwechsel zwischen dem Vorsitzenden des bayerischen Richtervereins Winckhler und dem Vorstandsmitglied des DRB Rogge vom 26.7.1969 und 27.8.1969, Archiv des DRB, Berlin,

aus Norddeutschland, der sich in einem Leserbrief fragte, »wer denn eigentlich den Vorstand autorisiert hat, sich zum Beschützer der APO aufzuschwingen«[184]. Die Messlatte für den Verdacht auf sozialistische Unterwanderung lag hier offensichtlich extrem niedrig. In diesem Sinne sah der Vertreter der Bundesrichter im Richterbund Vogt, schon den Abdruck eines kritischen Artikels von Richard Schmid zum Laepple-Urteil im Pressespiegel der *Informationen* als Beleg für die Linkstendenz im Richterbund.[185] »Entsetzt« waren die konservativen Vertreter im Richterbund auch darüber, dass Rudolf Wassermann in einer *Panorama*-Sendung aufgetreten war, in der die Äußerung von Strauß zum Thema gemacht worden war.[186]

So sehr in der Auseinandersetzung auf der einen Seite deutlich wurde, wie fremd Teile der Richterschaft immer noch einem liberalen Verständnis von Kritik in der Demokratie gegenüberstanden, war umgekehrt der von den Konservativen artikulierte Eindruck einer gewissen Nähe der Führung des Richterbundes zur SPD auch nicht ganz aus der Luft gegriffen. Oben ist bereits ausgeführt worden, dass die SPD sich seit Mitte der sechziger Jahre als rechts- und justizpolitische Kraft zu profilieren versuchte und sich daher auch den Forderungen des Richterbundes öffnete. So antwortete das Vorstandsmitglied Dirk Itel Rogge, Landgerichtsrat aus Düsseldorf, auf die Vorwürfe der SPD-Lastigkeit auch mit dem Hinweis darauf, dass zum einen auch SPD-Politiker kritisiert worden seien und zum anderen nicht übersehen werden dürfe, »daß die SPD in den justizpolitischen Überlegungen der CDU voraus und damit auch als Gesprächspartner für die unterschiedlichen Sachfragen interessanter ist«[187]. Tatsächlich hatte sich vor allem in Hessen eine reformorientierte Zusammenarbeit zwischen dem dortigen Richterbund und dem sozialdemokratischen Justizminister Strelitz ergeben. In Nordrhein-Westfalen standen zwischen dem Landesrichterbund und dem sozialdemokratischen Justizminister Neuberger allerdings nur kurze Zeit später Auseinandersetzungen über eine etwaige Neuregelung der Richterwahl an, auf die noch einzugehen sein wird.

Ordner Bayern, Mitteilungen u. Korrespondenzen 1968–74. Winckhler empörte sich über den Angriff auf Strauß, während Rogge beklagte, dass der bayerische Richterverein nicht auf den Artikel im *Bayernkurier* reagiert habe.

184 Oberlandesgerichtsrat Rudolf Hamann, Richterbund und APO, in: *Bayernkurier*, 23.8.1969.

185 Protokoll der Sitzung des Gesamtvorstandes des DRB vom 19./20.9.1969, S. 9, Archiv des DRB, Berlin, Ordner Bund, Protokolle. Der Artikel von Schmid, Gewalt, war im Pressespiegel, der Nr. 9 der *Informationen*, abgedruckt.

186 Es handelte sich um die *Panorama*-Sendung vom 11.8.1969, die heftigen Protest bei CDU und CSU auslöste und eine Fernsehdiskussion über den Beitrag am 27.8.1969 im Rahmen von *Panorama* nach sich zog.

187 Protokoll der Sitzung des Gesamtvorstandes des DRB vom 19./20.9.1969, S. 22, Archiv des DRB, Berlin, Ordner Bund, Protokolle.

Der Flirt der Verbandsspitze mit der SPD blieb auch von daher von kurzer Dauer.

Angesichts des durch und durch konservativen Bildes, das die Richterschaft mindestens bis zur Mitte der sechziger Jahre abgegeben hatte, war die Öffnung des Richterbundes am Ende des Jahrzehnts gleichwohl bemerkenswert. Der massive interne Widerstand gegen die alles andere als »radikalen« Erklärungen des Richterbundes liefert allerdings auch eindrucksvolle Belege dafür, dass Kritiker wie Rasehorn, Wassermann und andere mit ihrem Konservatismus-Vorwurf an die Kollegen nicht falsch gelegen hatten. Den »Konservativen« war die Kritik an hochrangigen CDU-Politikern weniger aus Gründen der behaupteten Neutralität als aus ideologischen Gründen zuwider. Denn im Kern ging es bei allen genannten Erklärungen lediglich darum, auf banale rechtsstaatliche Grundsätze hinzuweisen. Da die damit implizit verbundene Kritik an konservativen Politikern vielen Richtern schon zu weit ging, absorbierte bereits die Auseinandersetzung darum so viele Kräfte, dass demgegenüber die eigentlichen inhaltlichen Debatten um Veränderungen in den Hintergrund traten.

Wohl nicht zuletzt aus diesem Grund schloss sich im September 1968 am Rande des 47. Deutschen Juristentags eine kleine Gruppe von Richtern zum so genannten »Aktionskomitee Justizreform« zusammen, das oben bereits als zweites Element organisatorischer Bewegung erwähnt worden ist. Mitglieder bzw. Teilnehmer dieses kleinen und kurzlebigen Kreises waren nicht von ungefähr im Wesentlichen die Richter und Staatsanwälte, die sich auch schon zuvor als »Reformer« zu Wort gemeldet hatten. Allen voran waren dies Rudolf Wassermann und Theo Rasehorn, aber auch der Hannoveraner Amtsrichter Jan-Wolfgang Berlit. Hinzu kamen mit Otto Pulch und Walther Priebke die beiden Richter, die maßgeblich daran beteiligt gewesen waren, den hessischen Landesverband auf »Reformkurs« zu bringen. Ebenfalls aus Hessen stammte der Präsident des Landesarbeitsgerichts Hans G. Joachim sowie die Mannheimer Staatsanwältin Barbara Just Dahlmann, deren kritische Haltung zur Justiz sich nicht zuletzt aus Erfahrungen als Anklägerin in NS-Prozessen speiste.[188] Neben Otto Pulch war im Übrigen mit Eberhard Stalljohann ein weiteres Mitglied des Vorstandes des Richterbundes Teil der Gruppe, deren Mitgliederzahl in der Presse mit 25 angegeben wurde, tatsächlich aber wohl aus kaum mehr als 10 Aktiven bestand.[189]

188 Vgl. dazu: Just-Dahlmann, *Tagebuch*; Dies., *Gehilfen*.

189 Die Zahlenangabe mit weiteren Informationen zu dem Komitee zu finden bei: Roderich Reifenrath, Juristen gehen zur Aktion über, in: *FR*, 27.9.1968; ebenso: »Aktionskomitee Justizreform«, Sofortmaßnahmen für die Strafrechtsreform, in: *ZRP* 2, 1969, S. 44. Hinweis zu den aktiven Mitgliedern aus einem Gespräch mit Rudolf Wassermann; vgl. auch dessen rückbli-

In den rechts- und justizpolitischen Vorstellungen ging das Komitee nicht nur deutlich über die nur unwesentlich modifizierten alten standespolitischen Forderungen des Richterbundes hinaus, sondern setzte ganz andere Akzente. Ein Beispiel dafür liefern die unterschiedlichen Stellungnahmen zu dem Freispruch des Freisler-Beisitzers Hans-Joachim Rehse im Dezember 1968, der in der Öffentlichkeit auf heftige Kritik gestoßen war.[190] Der Richterbund räumte zwar ein, dass das Urteil möglicherweise unverständlich erscheine, wies aber vor allem die »Hetze gegen die Justiz« im Zusammenhang mit dem Urteil zurück. Der Rechtsstaat sei in Gefahr, »wenn Richter, die den Mut zu unpopulären Entscheidungen haben müssen, sogar von Vertretern anderer Staatsgewalten deswegen abqualifiziert werden«. In einer verqueren Dialektik pochten die Richter einmal mehr auf ihre Unabhängigkeit und wiesen gleichzeitig der Politik, von welcher der »Richterberuf seit Jahren systematisch abgewertet« werde, die Verantwortung »für den Freispruch eines Blutrichters« zu.[191] Hier zeigte sich einmal mehr die verbale Aggressivität der neuen Führung des Richterbundes gegenüber »der Politik«, die aber zugleich an die traditionelle Bunkermentalität erinnerte.

Das »Aktionskomitee Justizreform« stimmte durch ihren Sprecher Rudolf Wassermann in die Kritik an dem Urteil ein und sah die Ursachen dafür in der »tiefen Verwurzelung obrigkeitsstaatlichen Denkens im deutschen Richtertum«.[192] Statt »die Politik« an den Pranger zu stellen, war sein Blick vielmehr

---

ckende Darstellung, »Aktionskomitee Justizreform«, in: *RuP* 31,1996, S. 206–209; als weitere Artikel zu dem Komitee vgl. insbes. Joachim Neander, Eine »Gruppe 47 der Justiz« findet die Justizreformen noch nicht mutig genug, in: *Die Welt*, 10.10.1968; »Aktionskomitee Justizreform«, in: *FAZ*, 27.9.1968; Reifenrath, Reformen.

190 Zum Fall Rehse vgl. die kommentierte Dokumentation von Friedrich, *Freispruch*, S. 587ff.; daneben auch: Müller, *Juristen*, S. 281ff. Als Referate und Beurteilungen des Freispruchs vgl. u.a.: Rasehorn, »Verfahren«. Die Begründung des Freispruchs für den NS-Richter Rehse, in: *Der Tagesspiegel*, 7.12.1968; Anatomie eines Freispruchs, in: *Die Welt*, 9.12.1968; Müller-Meiningen jr., Blutrichter; Proteste in West und Ost gegen Freispruch für NS-Richter Rehse, in: *Der Tagesspiegel*, 10.12.1968; Protestwelle gegen das Rehse-Urteil, in: *SZ*, 9.12.1968.

191 Presseerklärung zum Fall Rehse, in: Deutscher Richterbund, Information Nr. 20, 1968, S. 3; abgedr. u.a. in der *FAZ* vom 16.12.1968.

192 Reaktion auf das Rehse-Urteil. Landgerichtspräsident fordert Konsequenzen für die Juristenausbildung, in: *FAZ*, 11.12.1968. Inwieweit die Erklärung mit allen übrigen Mitgliedern des Aktionskomitees abgestimmt war, ist nicht zu eruieren, doch hieß es in der Zeitungsmeldung, Wassermann habe die Erklärung »als Sprecher des Aktionskomitees Justizreform« abgegeben. Ob allerdings die Vertreter des hessischen Richterbundes, Pulch und Priebke, hinter der Erklärung standen, ist fraglich, da aus Hessen noch eine zusätzliche Erklärung abgegeben wurde, welche die »beispiellose Hetze« gegen den Berliner Kammergerichtsrat Oske, der das Urteil zu verantworten hatte, zurückwies. Die hessischen Richter rügten dabei insbesondere, dass auch der Berliner Justizsenator Hoppe sowie der Kammergerichtspräsident von Drenkmann Kritik geübt hatten. Vgl. dazu: Rehse-Richter zusammengebrochen. Die hessischen Richter sprechen

kritisch nach innen gerichtet. Die Forderung nach justizpolitischen Konsequenzen, insbesondere einer Reform der Juristenausbildung, war daher weniger eine Anklage an die politische Adresse als der Versuch, von dieser Seite Unterstützung für die Schaffung eines »neuen Richtertyps« zu bekommen. Zudem forderte das »Aktionskomitee« durch eine weitere Erklärung die Richter und Staatsanwälte auf, die herrschende Praxis im Umgang mit dem Straftatbestand der Rechtsbeugung (§ 336 StGB) zu überprüfen. Adressat der Kritik war auch hier die Richterschaft selbst und nicht die Politik.[193]

In diesem Sinne setzte das »Aktionskomitee« auch sonst andere Reformakzente. An die Stelle der ewigen Forderung nach der »Großen Justizreform« – also insbesondere der Ersetzung der Vier- durch die Dreistufigkeit – entwickelten die Mitglieder einen ganzen Strauß unterschiedlicher rechts- und justizpolitischer Ideen, an deren Ende eben jener »neue Richtertyp« und ein neuer Verhandlungsstil stehen sollte.[194] Auf diese Ideen wird im Einzelnen noch einzugehen sein. Unter organisatorischen Gesichtspunkten ist zunächst festzuhalten, dass das Komitee bei seiner Gründung Furore machte, dann aber schnell scheiterte. Die von Wassermann wohl selbst lancierte Bezeichnung »Gruppe 47 der Justiz« zeigte auf der einen Seite dessen erstaunliches Talent zu öffentlichkeitswirksamen Begriffsprägungen. Auf der anderen Seite signalisierte die Bezeichnung auch das Selbstverständnis der Gruppe als »Avantgarde« und nicht als Basis einer neuen Vertretung der Richterschaft. »Häuptlinge ohne Indianer« seien sie gewesen, so Theo Rasehorn im Rückblick.[195] Zudem gingen die inhaltlichen Vorstellungen im Einzelnen dann wohl doch weiter auseinander als zu Anfang erkennbar, so dass das Komitee nach kaum zwei Jahren seines Bestehens seine Arbeit einstellte.[196] So hatte auch die Gründung nichts mit einer »sozialen Bewegung« im Sinne einer breiteren oppositionellen Strömung innerhalb der Richterschaft zu tun. Doch dafür, dass die

---

von einer »beispiellosen Hetze«, in: *FR*, 14.12.1968. Wassermanns Position dagegen noch einmal in einem Leserbrief: Das Ärgernis des Rehse-Urteils, in: *FAZ*, 18.12.1968.

193 Die Erklärung findet sich in den Akten der SPD BT-Fraktion, 5.WP, AdsD Bonn, Mappe 1672.

194 Vgl. dazu Wassermann (Hg.), *Justizreform*; der Band verstand sich ausdrücklich als Veröffentlichung des »Aktionskomitee Justizreform«. Er blieb aber auch die einzige.

195 Gespräch mit dem Autor, 28.8.1997.

196 Wassermann, »Aktionskomitee«, S. 209; bis zu diesem Zeitpunkt meldete sich das Komitee gleichwohl wiederholt mit Stellungnahmen zur Rechts- und Justizpolitik zu Wort, vgl. hier u.a.: Juristen dringen auf Justizreform. Aktionskomitee fordert Präsidialverfassung bei allen Gerichten, in: *SZ*, 14.1.1969; Nicht nur gegen Sprachaltertümer. Aktionskomitee Justizreform will Diskussion über Strafrechtsänderung, in: *FAZ*, 7.3.1969; Für Bannkreis, gegen höhere Strafen. Vorschläge des Aktionskomitees Justizreform, in: *FAZ*, 30.4.1969; Relikt des Bündnisses von Thron und Altar. Aktionskomitee Justizreform tritt ein für Abschaffung des Zeugen- und Amtseids, in: *FAZ*, 30.4.1970.

Studentenproteste zumindest für kurze Zeit Reformbestrebungen beflügelten, ist die Gründung des Komitees ein weiterer Beleg.

Als drittes Element organisatorischer Veränderungen am Ende der sechziger Jahre ist oben der Zulauf zur ÖTV durch Richter und Staatsanwälte genannt worden. Bis zur Mitte der sechziger Jahre gab es zwar bereits einige hauptamtliche Arbeits- und Sozialrichter in der Gewerkschaft, doch für andere Richter und Staatsanwälte besaß die Gewerkschaft kaum Anziehungskraft. Im Herbst 1965 schloss sich dann aber in Hamburg erstmals in der Bundesrepublik eine kleine Gruppe von Richtern und Staatsanwälten der ÖTV an und bildete dort eine eigenständige Fachgruppe. Als Grund dafür gibt der Geschäftsbericht der ÖTV die wachsende Unzufriedenheit mit der Entwicklung der Richterbesoldung an.[197] Das leuchtet insofern ein, als seit Mitte der sechziger Jahre das Thema Besoldung tatsächlich innerhalb der Richterschaft für zunehmende Unruhe sorgte, wie oben ausgeführt worden ist. In dieser Situation mag mancher den jeweiligen Landesverband des Richterbundes als zu wenig aktiv empfunden haben. In Hessen ging daraus, wie gesehen, 1966 eine neue Führung hervor. Wenn andere in die ÖTV eintraten, dokumentierte dieser Schritt eine gewisse gesellschaftspolitische Öffnung von Teilen der Richterschaft, obwohl man den Schritt in dieser Hinsicht nicht überbewerten sollte. Denn erstens war die Zahl derer, die in die ÖTV eintraten, zunächst sehr gering und vorrangig von lokalen Faktoren bestimmt. Zweitens stand der Besoldungsaspekt klar im Vordergrund. Zwar gingen auch hier die Forderungen mit einer allgemeinen Reform- und Demokratisierungsrhetorik einher. Klare Akzente in dieser Richtung sucht man jedoch vergeblich. Auch an die Auseinandersetzung mit der Vergangenheit, sei es der nationalsozialistischen oder der obrigkeitsstaatlichen, wurde zunächst nicht angeknüpft.

Im September 1967 konstituierte sich in Mosbach auf Bundesebene eine Fachgruppe Richter und Staatsanwälte, die wiederum Gründungen in weiteren Landesbezirken nach sich zog.[198] Genaue Zahlen über die Entwicklung der Mitgliederzahlen liegen nicht vor. Bis 1967 sollen sich rund 700 Richter und Staatsanwälte der ÖTV angeschlossen haben, was einem Organisationsgrad von rund fünf Prozent entsprach.[199] Man wird dabei allerdings von großen Unterschieden zwischen den verschiedenen Bezirken auszugehen haben.

Die justizpolitischen Vorstellungen und Forderungen, die jenseits der Besoldungsfrage erhoben wurden, orientierten sich, wie es in den berufspolitischen Leitsätzen von 1967 hieß, am Leitbild des »Staatsbürgers in Robe«, forder-

197 *ÖTV-Geschäftsbericht, Bezirksverwaltung Hamburg*, S. 14.

198 *ÖTV-Geschäftsbericht, Landesbezirk Berlin*, S. 143.

199 Die Zahl stammte aus Presseberichten, die wiederum im Informationsblatt der Fachgruppe Richter und Staatsanwälte vom Oktober 1967 abgedruckt sind.

ten aber, wie der Richterbund auch, mehr Unabhängigkeit der Justiz, insbesondere in der Personalpolitik. Über die Vorstellung des Richterbundes hinaus ging die Forderung nach »Änderung der autoritär-hierarchischen Gerichtsverfassung zu Gunsten einer demokratischen Gerichtsstruktur, insbesondere bei Kollegialgerichten den wechselnden Vorsitz«[200]. Die Frage des rotierenden Vorsitzes spielte tatsächlich eine gewisse Rolle in der weiteren Diskussion, ohne dass es diesbezüglich jedoch ernsthafte Vorstöße zu dessen Realisierung gegeben hätte.[201] Aus konservativer Perspektive war der »rotierende Vorsitzende« ohnehin schlicht »eine Witzfigur«.[202] Insgesamt blieb die ÖTV in der justizpolitischen Debatte der ausgehenden sechziger Jahre jedoch eher blass und trat auf Bundesebene nicht wirklich als Konkurrenz zum Richterbund in Erscheinung.[203] Durch den Wechsel an der Spitze des Richterbundes und das damit verbundene neue Auftreten gerade auch in der Besoldungsfrage setzte die traditionelle Richtervereinigung dazu an, die ÖTV gewissermaßen »links« zu überholen. So distanzierte sich die gewerkschaftliche Fachgruppe der Richter und Staatsanwälte im Mai 1968 von den Protestveranstaltungen mit der Begründung, Streik könne nicht das adäquate Protestmittel für Richter sein, da dadurch der Rechtsschutz der Bürger gefährdet werde.[204] Mittel- und langfristig gesehen, besaß die ÖTV ihre Bedeutung als Konkurrenz zum Richterbund wohl eher auf lokaler Ebene, nicht zuletzt wenn es um Alternativen bei den Wahlen zu den Präsidialräten ging. Darauf wird später noch genauer einzugehen sein.

Versucht man abschließend aus sozialgeschichtlicher Perspektive die Konfliktlinien zu verorten, bieten sich drei Kategorien an: Konflikte zwischen den

200 Berufspolitische Leitsätze, vgl. ebd. 1967 hatte auch schon Rudolf Wassermann auf den möglichen »antihierarchischen Effekt« des rotierenden Vorsitzes verwiesen. Auslöser der Debatte, so Wassermann, sei der Fall des umstrittenen Bundesrichters Kurt Weber gewesen: Wassermann, »Wege«, S. 44.

201 Vgl. dazu u.a. Borchardt, »Senatspräsidenten«; als ablehnende Reaktion darauf: Krause, Brauchen wir noch einen Senatspräsidenten? – Eine Erwiderung, in: *DRiZ* 50, 1972, S. 171f. sowie die Leserzuschrift von Hans-Herman Eckels, zum gleichen Thema, ebd., S. 172f. und wiederum die Entgegnung von Borchardt, ebd., S. 200.

202 Wennrich, »Abschaffung«.

203 Als weiteren Diskussionsbeitrag zur Justizpolitik vgl. die 1969 erarbeiteten Vorschläge der Gewerkschaft Öffentlicher Dienst, Transport und Verkehr zur Justizpolitik, Stuttgart 1969 sowie die erste Justizpolitische Tagung der ÖTV im Oktober 1970, wo aber keine wesentlichen neuen Akzente gesetzt wurden. Die auch hier erhobenen Forderungen nach Enthierarchisierung, Entbürokratisierung, mehr Unabhängigkeit und schließlich auch nach der Einführung der Dreistufigkeit waren alles andere als neu. Zu der justizpolitischen Tagung vgl.: Informationen, Fachgruppe Rechtspfleger, Dezember 1970.

204 Vgl. dazu das Rundschreiben Nr. 5/1968 des Landesverbandes Nordrhein-Westfalen des DRB.

unterschiedlichen Hierarchien, zwischen den Generationen und zwischen den Landesverbänden. Am eindeutigsten war der Konflikt zwischen den Landesverbänden, und zwar vor allem zwischen dem konservativen bayerischen Richterverein und den »progressiven« Landesverbänden Hessen und Nordrhein-Westfalen, die sich 1967 mit der Neuwahl des Vorstandes gegen die vorherige bayerische Führung durchgesetzt hatten. Die Auseinandersetzungen, die damit ausgelöst worden waren, hielten mindestens bis Mitte der siebziger Jahre an.[205] Die erheblichen Unterschiede in gesellschaftspolitischen Vorstellungen, die sich immer wieder an öffentlichen Stellungnahmen des Richterbundes festmachten, führten vor allem in Bayern und in Baden-Württemberg wiederholt zu heftiger Kritik an der Führung des Richterbundes bis hin zu Forderungen nach einem Austritt aus dem Zentralverband.[206] Zu einer Zerreißprobe kam es vor allem in Bayern, wo man sich 1974 schließlich nach längeren internen Debatten zu einem Verbleib im Dachverband durchrang.[207] Dass die unterschiedliche gesellschaftspolitische Ausrichtung etwa zwischen den »progressiven« und den konservativen Verbänden, insbesondere dem bayerischen Richterverein auch mit einer unterschiedlichen Personalpolitik in den Ländern zusammenhing, kann vermutet werden, ist hier aber nicht nachzuweisen.

Was die etwaige Konfliktlinie zwischen den unterschiedlichen hierarchischen Ebenen angeht, war diese auch bereits dadurch präsent, dass der »Verein der Bundesrichter und Bundesanwälte beim Bundesgerichtshof« neben dem bayerischen Richterverein die deutlichste Kritik an dem neuen Kurs des Richterbundes übte. Blickt man etwas genauer hin, differenziert sich das Bild, aber die Grundtendenz bleibt bestehen. Nimmt man die Zusammensetzungen des jeweiligen Vorstandes des Richterbundes als Grundlage und verfolgt den Wandel zwischen 1965 und 1969, ergeben sich zwar keine erdrutschartige Verschiebungen in den Amtsrängen »nach unten«, aber doch erkennbare Veränderungen: Unter den 32 Mitgliedern, die an der Vorstandssitzung im November 1965 teilnahmen, befand sich kein einziger einfacher Amtsrichter, allein ein Amtsgerichtspräsident, ein Landgerichtsrat, vier Oberlandesgerichtsräte, fünf Landgerichtsdirektoren, drei Senatspräsidenten, vier Landgerichts-

205 Vgl. dazu den ressentimentgeladenen Rückblick auf seine Tätigkeit von Hugo Winckhler, Abschiedsworte des scheidenden Ersten Vorsitzenden OLG-Vizepräsident Dr. Winckhler, in: *BRV-Nachrichten*, Nr.1/1972.

206 Der Verein der Richter und Staatsanwälte in Baden-Württemberg brachte sowohl in seinen Mitteilungen als auch in Briefen an den Vorstand des DRB wiederholt seine Kritik vor allem an den *Informationen* zum Ausdruck. Vgl. etwa *Mitteilungen* 1969, Nr. 6 und 1971, Nr. 1, in denen die Briefe an den DRB jeweils abgedruckt sind.

207 Vgl. dazu Frierich Bethke, Bayerischer Richterverein am Scheideweg?, in: *BRV-Nachrichten*, Nr. 3/1974, sowie Ders., Die Würfel sind gefallen, in: ebd., Nr. 6/1974.

präsidenten und sieben weitere hohe Richter an Bundesgerichten und Oberlandesgerichten.[208] 1969 befanden sich die unteren Richterränge zwar auch weiterhin klar in der Minderheit, doch waren unter den insgesamt 29 anwesenden Mitgliedern des Vorstandes drei einfache Amtsrichter, zwei Amtsgerichtspräsidenten und drei Landgerichtsräte. Unter den Amtsrichtern war der hessische Richterbundsvorsitzende Pulch eine der treibenden Kräfte unter den »Reformern«. Die beiden wichtigsten »Reformer« aus Nordrhein-Westfalen, Lisken und Rogge, waren Landgerichtsräte. Hinzu kam ein weiterer Amtsrichter aus Schleswig-Holstein. Nimmt man das »Aktionskomitee Justizreform« hinzu, und wählt als Basis die 12 Autoren der zentralen Veröffentlichung des Komitees, befanden sich darunter drei Amtsrichter, aber mit Hans G. Joachim auch der Präsident des Hessischen Landesarbeitsgerichts und mit Günter Hennies ein Senatspräsident des Berliner Landessozialgerichts. Die beiden Richter, die von den Reformern insgesamt wohl die stärkste Präsenz in der Öffentlichkeit erreichten, Rudolf Wassermann und Theo Rasehorn, gehörten schließlich auch nicht in den Kreis der »unteren« Richter: Wassermann war 1968 Landgerichtspräsident in Frankfurt und Rasehorn seit 1966 Richter am Landgericht Köln.[209]

Im Vorstand der ÖTV-Fachgruppe »Richter und Staatsanwälte« war die Zusammensetzung insofern etwas anders, als von den dreizehn Mitgliedern fünf Richter aus verschiedenen Hierarchiestufen von Arbeits- und Sozialgerichten stammten. Hinzu kamen zwei Amtsrichter, zwei Staatsanwälte, ein Land- und ein Oberlandesgerichtsrat, ein Oberverwaltungsrichter und mit Gerd Pfeiffer schließlich auch ein Bundesrichter vom BGH.

Nimmt man schließlich den Generationsaspekt hinzu und betrachtet die Altersstruktur der verschiedenen Gruppen, zeichnen sich noch deutlichere Konturen ab. Der einfache Vergleich des Durchschnittsalters zwischen dem Richterbundesvorstand von 1965 und 1969 zeigt eine Verjüngung um rund vier Jahre von gut 55 auf gut 51. Tatsächlich waren bis 1969 mehrere jüngere »Reformer«, wie Pulch, Rogge, Petersen und Lisken nachgerückt, von denen Rogge und Lisken 1969 jeweils 38, Petersen und Pulch 48 Jahre alt waren. Klar ist aber auf der anderen Seite auch, dass jung oder jünger nicht automatisch mit reformfreudig gleichzusetzen ist. Ein Generationswechsel an der Spitze des Richterbundes hatte eigentlich bereits 1966 stattgefunden, als der 45-jährige Münchner Landgerichtsdirektor Heinrich Barth den ebenfalls in München

---

208 Protokoll der Vertreterversammlung des Deutschen Richterbundes vom 5./6.11.1965, Archiv des DRB, Berlin, DRB-Protokolle. Hinzu kamen noch ein Erster, vier Oberstaatsanwälte und ein Bundeswehrdisziplinaranwalt. Vgl. auch Rasehorn und dazu Herbert Arndt, *DRiZ* 45, 1967, S. 272.

209 Die biographischen Hinweise sind zu entnehmen aus: Wassermann (Hg.), *Justizreform*, S. 183ff.

tätigen Landgerichtspräsidenten Heinz Meuschel ablöste. Doch mobilisierte sich in den Jahren 1966/67 Protest gegen die weiterhin konservative bayerische Führungsmannschaft mit dem Ergebnis, dass 1968 mit dem 57-jährigen Düsseldorfer Landgerichtspräsidenten Bernhard Drees wieder ein deutlich Älterer an die Verbandsspitze gewählt wurde. Der ältere und höherrangige Drees fungierte als kompromissfähige Alternative zu dem Kandidaten des konservativen bayerischen Richtervereins.

Es verwundert nicht, dass sowohl die Mitglieder des »Aktionskomitees Justizreform« als auch der Vorstand der Fachgruppe Richter und Staatsanwälte in der ÖTV im Vergleich zum Vorstand des Richterbundes mit einem Altersschnitt von jeweils rund 45 Jahren noch einmal deutlich jünger waren als der Richterbundvorstand von 1969. Damit ist grundsätzlich die Tendenz zu erkennen, dass der Veränderungsdruck und die Unzufriedenheit mit dem konservativen Kurs des Richterbundes von jüngeren und niederrangigen Richtern kam. Der Altersdurchschnitt zeigt aber auch, dass »jünger« eben nicht wirklich jung bedeutete. Die aktiven Mitglieder des »Aktionskomitees Justizreform« waren fast alle zwischen 40 und 50 Jahren alt. Der Vorstand der Fachgruppe Richter und Staatsanwälte in der ÖTV vom Ende der sechziger Jahre war in der Alterszusammensetzung etwas heterogener. Immerhin drei des 1967 gewählten 12–köpfigen Vorstandes waren unter 40, der Jüngste ein 31-jähriger Amtsgerichtsrat aus Wiesbaden, aber alles in allem dominierte auch hier die Altersgruppe zwischen 40 und 50. So ist insgesamt kaum zu übersehen, dass die Bewegung, die in die Organisationsformen der Richter und Staatsanwälte gekommen war, mit Spannungen zwischen Alterskohorten zu tun hatte. Deutlich wird aber auch, dass insgesamt nicht von einem Aufstand junger Amtsrichter gesprochen werden kann. Für den Weg und die Art des Einflusses der Studentenbewegung auf die Debatte innerhalb der Richterschaft bedeutete das, dass dieser nicht über Personen, sondern über die Rhetorik ausgeübt wurde. Zwar gab es unter den Rechtsreferendaren einige, die sich der Studentenbewegung noch direkt verbunden fühlten und dies deutlich machten.[210] Wenn möglicherweise auch manch junger Amtsrichter ähnliche Sympathien hegte, setzten sich diese aber nicht erkennbar in Szene. Anders als etwa in Frankreich, wo die Abspaltung von der traditionellen Richterorganisation durch die Gründung des »Syndicat de la magistrature« klar von jungen Richtern ausging[211], machte sich die Alterskohorte der deutlich unter 40-jährigen in der bundesdeutschen Richterschaft kaum bemerkbar. So lässt sich der Aufbruch in der Richterschaft am Ende der sechziger Jahre bis zu einem gewissen Grade auch als eine Art

210 Vgl. dazu u. a. Molsner, Angelegenheit.

211 Vgl. Bokelmann, »Richterschaft«.

nachholender Generationskonflikt der aufstiegsorientierten mittleren, schon ganz in der Bundesrepublik sozialisierten Richtergeneration gegen die abtretende ältere Generation interpretieren, die schon im NS tätig gewesen war. Gleichwohl sollte das generationelle Argument nicht überzogen werden. Theo Rasehorn betonte in einem Gespräch wohl nicht zu Unrecht, dass es bis in die sechziger Jahre hinein gerade unter den älteren Richtern durchaus einige wenige gegeben habe, die zum Teil deutlich liberaler waren als jüngere Kollegen.[212] Der gänzlich unbelastete Stuttgarter OLG-Präsident Richard Schmid ist hier als herausragendes Beispiel bereits erwähnt worden. Aber auch der Frankfurter OLG-Präsident Curt Staff, der Frankfurter Landgerichtspräsident Joachim Greiff, und wohl auch Hans Hofmeyer, der den Auschwitz-Prozess am Frankfurter Oberlandesgericht mit großer Souveränität geführt hatte, wären zu nennen.[213] Und schließlich entzieht sich auch Theo Rasehorn, 1918 geboren, dem Generationsparadigma.[214]

3.2.3 Forderungen nach strukturellen Reformen innerhalb der Justiz

Innerhalb des breiten Spektrums von Reformforderungen im Bereich der Justiz sind mindestens drei Stoßrichtungen zu unterscheiden. Die eine betrifft die so genannte »Große Justizreform«, auf deren Zielsetzungen oben bereits eingegangen worden ist.[215] Dieses Projekt spielte innerhalb der Debatte um eine »Demokratisierung der Justiz« zunächst keine zentrale Rolle. Es geriet erst später in den Sog ideologischer Auseinandersetzungen und scheiterte daraufhin. Daher wird auf dieses Reformvorhaben im Kontext des »Rollback« in den siebziger Jahren noch einmal zurückzukommen sein. Die zweite Stoßrichtung zielte auf die »Demokratisierung« innerer Strukturen der Justiz. Darum soll es hier im Folgenden gehen. Der dritte Zweig der Reformforderungen betraf schließlich die Ebene des »Bewusstseins« von Richtern und Staatsanwälten und

---

212 Gespräch mit dem Autor vom 28.8.1997.

213 Hofmeyer (*1904) wirkte weitgehend unauffällig und hielt sich auch im Zuge des Auschwitz-Prozesses mit öffentlichen Äußerungen zurück. Der Frankfurter Landgerichtspräsident Greiff (*1904) bezog bei der Amtsübergabe an Rudolf Wassermann im Jahr 1968 in zwei Punkten deutlich Stellung: Er kritisierte, dass die Wiedergutmachung nationalsozialistischen Unrechts zivilrechtlich noch nicht abgeschlossen sei und dass die Gerichte gegen Wirtschaftsverbrecher nicht schneller und besser vorgehen könnten. Vgl. dazu Sachwalter der dritten Gewalt, in: *FAZ*, 25.5.1968.

214 Dirk Moses lässt »die 45er« zwar bereits beim Geburtsjahrgang 1918 einsetzen, so dass Rasehorn nach dieser Definition noch dazu gehören würde. Zu den Flakhelfern kann man Rasehorn aber nun eindeutig nicht mehr zählen; vgl. Moses, »Die 45er«, S. 235.

215 Vgl. dazu Kapitel 1.3.

die Schaffung eines »neuen Richtertyps. Diese Ebene wird anschließend in einem größeren Zusammenhang thematisiert.

Die Forderungen nach strukturellen Veränderungen innerhalb der Justiz waren nicht nur disparat, sie gingen auch ideologisch in unterschiedliche Richtungen. Bezeichnend ist, dass eine der Forderungen, die schon zu Beginn der Bundesrepublik aus der Richterschaft erhoben worden war, nun in neuer Form wieder hervorgeholt wurde: Die richterliche Selbstverwaltung oder genauer gesagt die Beteiligung der Richterschaft an ihrer Rekrutierung und Beförderung. Die Auseinandersetzung, die hierum geführt wurde, wird im Folgenden vor allem am Beispiel Nordrhein-Westfalens, dem Brennpunkt des Streits, skizziert. Eng mit der Frage der Selbstverwaltung und der Personalpolitik verbunden war die Frage einer etwaigen Neugestaltung der Präsidialverfassung. Um deren Reform soll es hier im zweiten Punkt gehen. Drittens wird ein ganzes Bündel von Aspekten in der Debatte um die »innere Justizreform«, insbesondere Fragen der Symbolik und des Stils der Gerichtsverhandlung behandelt. Hier reichte das Spektrum von der Frage der Anrede und der Titulatur über die Kleiderordnung bis zur Eidesleistung. Der letzte zentrale Punkt dieser Debatte war die Forderung nach Entanonymisierung und Schaffung von mehr Transparenz der gerichtlichen Entscheidungen für den Bürger. Diese Forderung schloss in gewisser Weise an die Auseinandersetzung über das Verhältnis von Justiz und Öffentlichkeit an. Neben eher untergeordneten Fragen, ob auf Terminzetteln die Namen der Richter genannt werden sollten, ging es hier vor allem um die Bekanntgabe der Stimmenverhältnisse bei Urteilen und die Veröffentlichung der abweichenden Meinungen (»dissenting opinion«).

3.2.3.1 »Richterwahl oder Auswandern?«

Der Titel, mit dem der Düsseldorfer Landgerichtsrat Hans Lisken 1969 einen Beitrag zur Frage der Richterwahl überschrieb, war nicht ironisch gemeint. Er bezog sich auf die Auseinandersetzung um die Einrichtung eines Richterwahlausschusses in Nordrhein-Westfalen, wo, wie in einigen anderen Bundesländern auch, allein der Justizminister über die Bestellung von Richtern entschied. Lisken entwarf ein Szenario, in dem ein »Eisner- oder Hitlerepigone« zum Justizminister gemacht worden sei, der dann allein die Personalpolitik in der Justiz zu gestalten hätte. In diesem Fall würde man dann tatsächlich lieber auswandern, so Lisken.[216] Der Beitrag spiegelte zum einen die Radikalisierung der politischen Landschaft der ausgehenden sechziger Jahre, als die bedrohlich erstarkte NPD in einige Länderparlamente einzog und die APO bei manchem

216 Lisken, »Richterwahl«, hier S. 269.

Revolutionsängste hervorrief. Zum anderen zeigt sich hier einmal mehr ein dramatisierender Sprachgebrauch, der seinerseits Ausdruck der Politisierung und Ideologisierung des gesellschaftlichen Klimas war.

Die Auseinandersetzung um die Frage, wer die Richterbestellung vornimmt, ist für die Phase der frühen Bundesrepublik oben geschildert worden. Sie hatte sich im Wesentlichen auf die Bundesebene bezogen. Ende der sechziger Jahre kam die Debatte erneut auf, war aber nun auf die Länder fokussiert und hatte in Nordrhein-Westfalen seinen Brennpunkt. Doch das Problem des Richterwahlausschusses war wesentlich komplexer, als dass sich die Antwort auf eine einfaches »Ja oder Nein« hätte reduzieren lassen. Entscheidend war vielmehr die Frage der Zusammensetzung, auf die sich die Diskussion dann auch immer mehr zuspitzte. Insgesamt verlief die Debatte allerdings äußerst verwirrend, da sowohl innerhalb der Parteien als auch innerhalb der Richterschaft nicht nur unterschiedliche Vorstellungen zum Tragen kamen, sondern es auch zu diversen Verschiebungen kam.[217]

Die rechtliche Ausgangslage gestaltete sich folgendermaßen: Während das Grundgesetz für die obersten Bundesgerichte in Artikel 95 Absatz 2 die Einrichtung von Richterwahlausschüssen vorschrieb, ermächtigte es zwar die Länder ebenfalls zu deren Einrichtung, verlangte sie aber nicht zwingend. So erließen die Länder ihre jeweiligen Regelungen und gelangten dabei zu sehr unterschiedlichen Lösungen. Während etwa in Bayern und in Nordrhein-Westfalen allein die Exekutive, sprich der Justizminister, für die Richterbestellung zuständig war, existierten z. B. in Hessen, Hamburg, Bremen und Berlin Richterwahlausschüsse in jeweils unterschiedlichen Zusammensetzungen und unterschiedlichen Beteiligungen der Richter. Zudem wurden in den meisten Ländern die Präsidialräte der betreffenden Gerichte gehört, ohne dass ihnen bestimmende Gewalt eingeräumt wurde.[218] Nachdem im Anschluss an die Verabschiedung des Richtergesetzes auf Bundesebene im Jahr 1961 die Länder daran gingen, eigene Landesrichtergesetze zu erlassen, geriet in manchen Ländern auch die Frage der Richterwahlausschüsse wieder in die Diskussion. Dies galt insbesondere für Nordrhein-Westfalen, wo sich Regierung und Opposition aus verschiedenen Gründen nicht darauf hatten einigen können, die Einrichtung eines Richterwahlausschusses in die Verfassung aufzunehmen. Umstritten blieb in allen weiteren Diskussionen zudem, ob die Landesverfassung

---

217 Gewisse Klarheit in der Diskussion schafft Hennies, »Richterwahlausschuss«; als grundsätzliche Beiträge im Kontext der breit gefächerten Debatte vgl. weiterhin: Baur, »Richterwahl«; Ipsen, »Richterwahl«.

218 Einen Überblick über die unterschiedlichen Regelungen und Modelle liefert Teubler, *Bestellung*; vgl. auch Strelitz, »Entstehung«.

eine solche Einrichtung sogar ausschloss.[219] 1965 präsentierte die von CDU und FDP gebildete Landesregierung den Entwurf eines Landesrichtergesetzes, der keinen Richterwahlausschuss, sondern nur die Beteiligung der Präsidialräte an Personalentscheidungen vorsah. Die SPD kritisierte dies heftig, nicht zuletzt mit dem Argument, dass es der Landesregierung »offensichtlich um die Konservierung einer nicht mehr zeitgemäßen Machtposition, nämlich der uneingeschränkten Personalhoheit der Exekutive im Bereich der ›Dritten Gewalt‹« gehe.[220]

Hier schienen die Positionen noch klar abgesteckt. Kurze Zeit später, Ende der sechziger Jahre, als die Landesregierung von einer Koalition aus SPD und FDP geführt wurde, schlug die Debatte jedoch Kapriolen. Die Verwirrung begann, als die CDU, nachdem sie 1966 in die Opposition gegangen war, sich für einen Richterwahlausschuss einsetzte, die SPD, die ihn zuvor gefordert hatte, sich aber nun dagegen sperrte. 1969 unterbreitete die CDU den Vorschlag zur Änderung des Landesrichtergesetzes mit dem Ziel der Einrichtung eines Richterwahlausschusses.[221] Nach den Vorstellungen der CDU sollte der Ausschuss aus acht Abgeordneten und sieben vom Landtag zu wählenden Richtern bestehen, die dann mit Zweidrittelmehrheit zu entscheiden hatten. Der Justizminister sollte ohne eigenes Stimmrecht den Vorsitz führen. Nun selbst an der Regierung, reagierte die SPD sehr zurückhaltend auf die Vorschläge. In der Landtagssitzung vom 14.5.1969 unterstrich der SPD-Abgeordnete Schwarze zwar noch einmal ihre »alte Forderung« nach einem Richterwahlausschuss, erhob aber Bedenken gegen die Zusammensetzung, insbesondere die Beteiligung der Richter.[222] Auch Justizminister Neuberger selbst stieß sich vor allem an der vorgeschlagenen Beteiligung der Richter, und nahm dabei noch einmal die auch schon in der älteren Debatte von Adolf Arndt und anderen vorgetragenen Argumente gegen die richterliche Selbstverwaltung auf.[223] Damit wandte sich Neuberger gegen eine Position, die die Arbeitsgemeinschaft sozialdemokratischer Juristen 1967 in ihren Leitsätzen zur Justizpolitik eingenommen hatte und die auf dem Nürnberger Parteitag von 1968 gebilligt

219 Diese Ansicht vertrat schließlich auch Ernst-Wolfgang Böckenförde in einem Rechtsgutachten, das er 1974 zu zwei Gesetzesentwürfen, einem von der SPD- und einem von der CDU-Landtagsfraktion, zur Einrichtung von Richterwahlausschüssen erstellte. Vgl. Ders., *Verfassungsfragen*; die gegenteilige Auffassung vertrat Teubler, vgl. ebd., S. 58ff.

220 So der Abg. Weber (SPD), vgl. Landtag Nordrhein-Westphalen, 5. WP, 54. Sitzung vom 23.2.1965, S. 1959f.

221 LT-Drucksache VI/1244; die Darstellung folgt hier im wesentlichen Teubler, *Bestellung*, S. 62ff.; vgl. außerdem: Kühne, »Richterwahlgesetz«; Kratz, »Richterwahl«; Jansen, »Richterwahl«.

222 Landtag Nordrhein-Westphalen, 5. WP, 40. Sitzung vom 14.5.1969, S. 2229–2231.

223 Ebd., S. 2232–2234.

worden waren. Hier hatte sich die SPD für die Einrichtung von Richterwahlausschüssen ausgesprochen, in denen »Richter angemessen zu beteiligen« seien. Diese Position folgte der Logik der Mitbestimmung und wurde daher auch von der ÖTV vertreten. Kurze Zeit später revidierte die SPD jedoch ihre Haltung.[224] Ob dies eher eine Rückkehr zu den älteren demokratietheoretischen Überlegungen bedeutete oder der Überzeugung folgte, dass eine sozialdemokratische Personalpolitik mit einer immer noch als weitgehend konservativ eingeschätzte Richterschaft schwer durchsetzbar schien, sei dahingestellt.[225] Den Vorschlag eines rein durch Mitglieder der Legislative zusammengesetzten Richterwahlausschusses, wie er auf Bundesebene existierte, unterbreitete Neuberger in jedem Fall nicht.

Was den Schwenk Neubergers in der Frage des Richterwahlausschusses bewirkt hat, war wohl die schlichte Tatsache, dass er nun selbst die Chance zur Gestaltung der Personalpolitik hatte und diese nicht aus der Hand geben wollte. Zudem war es seit der Godesberger Kundgebung des Richterbundes vom Mai 1968 zunehmend zu atmosphärischen Störungen zwischen Neuberger und dem nordrhein-westfälischen Richterbund gekommen. Die neuen forschen Töne der Richterbundvertreter hatte Neuberger mit der Bemerkung quittiert, die Richter hätten »viele Jahre geschlafen«. Man könne aber eine verschlafene Revolution nicht »in ein bis eineinhalb Jahren nachholen wollen«[226]. Umgekehrt brachte Neuberger sein Positionswandel in der Wahlausschussfrage den Vorwurf seitens des Richterbundes ein, die Richter im Stich gelassen zu haben.[227] Die Einzelheiten der bis ins persönliche hineingehenden Auseinandersetzung zwischen Vertretern des Richterbundes und Neuberger müssen hier nicht interessieren.[228] Von zentraler Bedeutung ist die Ausein-

224 »Leitsätze zur Justizpolitik«. 1971 hat der erweiterte Bundesvorstand der ASJ diese Position zurückgenommen und trat wieder dafür ein, dass Richterwahlausschüsse nur mit gewählten Abgeordneten besetzt werden. (Hempfler, *DRiZ* 50, 1972, S. 94); vgl. dazu auch Rasehorn, Der Richterwahlausschuß, in: *RuP* 8 1972, S. 7–12, sowie Reinschmidt, »Entgegnung«.

225 Auf die Problematik wird im Zusammenhang mit dem »Fall Wassermann«, d.h. dessen Berufung zum OLG-Präsidenten in Braunschweig, noch zurückzukommen sein.

226 So wurde Neuberger in verschiedenen Zeitungsartikeln zitiert, vgl. u.a.: »Unabhängigkeit ist nicht bedroht«. Justizminister Neuberger kritisiert Form der Diskussion, in: *Die Welt*, 6.9.1968.

227 Vgl. hier aus der Presseberichterstattung u.a.: Im Stich gelassen. Richterbund kritisiert Neuberger, in: *Düsseldorfer Nachrichten*, 4.8.1969; Norbert Schulz, Deutsche Richter gegen Ernennung durch Exekutive. Sie wollen eine Wahl »im Namen des Volkes«, in: *Neue Ruhr-Zeitung*, 7.8.1969; Nicht im Stich gelassen. Ministerium gegen Richterbund, in: *Düsseldorfer Nachrichten*, 6.8.1969.

228 Vgl. dazu auch den Brief von Kühne und Höfig an die Mitglieder des Gesamtvorstandes des Richterbundes, ohne Datum (August 1969), Archiv des DRB, Berlin, Ordner NRW, Mitteilungen und Korrespondenzen 1968–74; sowie: Erklärung des geschäftsführenden Vorstandes vom 12.8.1969 zum Thema Richterwahlausschuß, ebd.; weiterhin aus der Presseberichter-

andersetzung aber deshalb, weil die SPD dabei eindeutig ihre Position als justizpolitische Hoffnungsträgerin des Richterbundes einbüßte, die sie durch ihre Vorstöße seit Mitte der sechziger Jahre sowie die reformfreudige und besoldungsfreundliche hessische Justizpolitik errungen hatte. Umgekehrt war es hier nun die CDU, die, wenn auch nur als Oppositionspartei, auf die Forderungen des Richterbundes nach Mitsprache in Personalfragen einschwenkte.

Dass die Richterschaft selbst allerdings keine einheitliche Position in der Frage der Richterwahl einnahm, zeigte sich auf einer Anhörung, die der Justizausschuss des Landtages in den Sitzungen vom 18.12.1969 und 14.1.1970 durchführte. Die Vertreter des Richterbundes und der ÖTV traten für einen Wahlausschuss mit starker Beteiligung der Richter ein, um so zumindest möglichst nah an ein Kooptationsmodell zu gelangen. Neben unterschiedlichen Bedenken von Repräsentanten der Verwaltungs- und der Sozialrichter, sprach sich jedoch vor allem der Vertreter der Präsidialräte der ordentlichen Gerichtsbarkeit, Karl-Heinz Dinslage, ganz gegen die Einrichtung von Richterwahlausschüssen aus und argumentierte, dass die Präsidialräte bislang in nahezu allen Fällen mit dem Justizminister »konform« gegangen seien.[229] Der Grund für seine ablehnende Haltung war zum einen, dass gerade Dinslage die gesamte Richtung des Richterbundes nicht passte. Dinslage sah in der Einrichtung der Richterwahlausschüsse die Gefahr einer weiteren Politisierung, die für ihn quasi gleichbedeutend mit einer sozialistischen Unterwanderung des Rechts war.[230] Zum anderen sah er die Position der Präsidialräte gefährdet, die bei der geltenden Regelung einen wesentlich höheren informellen Einfluss hatten, als sie ihn nach Einrichtung von Richterwahlausschüssen gehabt hätten.

Der einzige Sachverständige, der sich für das Modell aussprach, das für die obersten Bundesgerichte galt, nämlich einen Wahlausschuss, der sich aus dem zuständigen Minister und gewählten Mitgliedern des Parlaments zusammensetzte, war der Gießener Rechtsprofessor Friedrich Kübler. Für Kübler gab es keinen Grund, von den Argumenten abzuweichen, die bei Einrichtung der Richterwahlausschüsse auf Bundesebene zu diesem Modell geführt hatten. Gegenüber der alleinigen Ministerentscheidung und einem Modell, das zumindest Elemente der Kooptation in sich trug, sah Kübler in dem rein parlamen-

stattung: Jetzt drohen die Richter mit Klage. Auseinandersetzung mit Nordrhein-Westfalens Justizminister spitzt sich zu, in: *Düsseldorfer Nachrichten* 8.8.1969; Richterbund steht nun hinter Höfig, in: *Düsseldorfer Nachrichten*, 17.9.1969.

229 Protokoll der Justizausschusssitzung vom 14.1.1970, Nr. 1538/70, S. 34f.; vgl. auch: Ulrich Firnhaber, Zur Richterwahl. Ein eindeutiges Nein, in: *DRiZ* 47, 1969, S. 322–323; dazu die Replik von Lisken, »Erwiderung«.

230 Vgl. Dinslage, *Kulturkampf*. Zu Dinslages Position vgl. zudem Kapitel 4.1.

tarisch zusammengesetzten Richterwahlausschuss die größte Garantie für eine demokratische Legitimation der Richterschaft.[231]

Neuberger mochte von seiner alleinigen Zuständigkeit für Personalfragen zunächst jedoch nicht lassen. Nachdem die SPD das Problem erst weiter verschleppte, die CDU aber 1971 ihren Vorschlag zur Einrichtung eines Richterwahlausschusses erneut aufgegriffen hatte, schwenkte die SPD schließlich wieder auf das von Kübler vertretene Modell des parlamentarisch und ministeriell besetzten Wahlausschusses ein. Zwar gab es auch innerhalb der Richterschaft Stimmen, die sich für eine rein parlamentarische Kontrolle aussprachen und in der Abwehr des rein parlamentarisch besetzten Richterwahlausschusses ein Festhalten am Trugbild des unpolitischen Richters sahen.[232] Im Richterbund setzte sich jedoch eine ganz andere Haltung durch. Nachdem die nordrhein-westfälische SPD im September 1971 einen Gesetzentwurf vorgelegt hatte, der einen aus 15 Abgeordneten zusammengesetzten Richterwahlausschuss vorsah und der von der CDU abgelehnt worden war, beschloss der Justizausschuss eine erneute Anhörung. Innerhalb des Richterbundes hatte sich die Haltung nun jedoch dahingehend geändert, dass man nicht einmal mehr den Entwurf der CDU – acht Abgeordnete, sieben vom Parlament gewählte Richter, Zweidrittelmehrheit – akzeptierte. Die Forderung des Richterbundes, im Wesentlichen unterstützt von der ÖTV[233], zielte auf einen paritätisch besetzten Ausschuss und eine Urwahl der Richtervertreter. Ansonsten, so der Vertreter des Richterbundes Kühne, solle besser alles beim alten bleiben. Diese Position war ein klarer Kompromiss mit den Präsidialräten, die ja schon zuvor argumentiert hatten, dass es bei der geltenden Lösung bleiben solle. Nur eine klare Parität zwischen Richtern und Abgeordneten, so die Position, würde eine Verbesserung in ihrem Sinne bedeuten.[234] Letztlich scheiterte eine Neuregelung jedoch daran, dass Ernst-Wolfgang Böckenförde sowohl das von der SPD als auch das von der CDU präsentierte Modell als nicht vereinbar mit der

231 Protokoll der Justizausschusssitzung vom 18.12.1969, Nr. 1520/69, S. 82f. sowie das Protokoll der Ausschusssitzung vom 14.1.1970, 1538/70, S. 10f., 13f., 34; vgl. auch Kübler, »Amt«, hier S. 384.

232 Vgl. hier vor allem Rasehorn, »Richter«; nahezu deckungsgleich mit: Ders., »Richterwahlausschuß«; vgl. auch Knoche, »Richter«; Recken, »Kommentar«.

233 Die ÖTV setzte ganz auf das Mitbestimmungsmodell; vgl. die Position des Vorsitzenden der Fachgruppe Richter und Staatsanwälte in der ÖTV, Brackmann, »Richterwahlausschuß«; Brackmann wurde auch im Justizausschuss gehört: Ausschußprotokolle Nr. 7/714, S. 73, S. 82ff.

234 Protokoll der Justizausschusssitzung vom 20.4.1970, Nr. 7/714, S. 51 (Drees), S. 63–69 (Kühne), S. 77f. (Rönitz), S. 78f. (Pieroth); S. 79f. (Stahlhake).

nordrhein-westfälischen Verfassung erklärte.[235] Anläufe zu einer Verfassungsänderung blieben zaghaft und wurden schließlich ganz eingestellt.

Erwähnt sei an dieser Stelle nur noch, dass es auch in Hessen zu Auseinandersetzungen um eine Neuordnung der Richterwahl kam, wo sich der dortige Richterbund gemeinsam mit dem bis 1969 amtierenden Justizminister Strelitz als Reformmotor verstanden hatte. 1970 hatte Ministerpräsident Osswald eine Novellierung der Bestimmungen zur Richterwahl angekündigt, von der sich die Richter eine größere Beteiligung erwartet hatten. Doch nachdem die Arbeitsgemeinschaft sozialdemokratischer Juristen, deren Vorsitzender Karl Hempfler seit 1969 hessischer Justizminister war, schon ihre Haltung zum Richterwahlausschuss revidiert hatte und nun für eine rein parlamentarische Besetzung eintrat, war es mit dem Gleichklang zwischen hessischem Richterbund und hessischem Justizministerium vorbei. Auch wenn Hempfler seinen Plan, den Richterwahlausschuss auf rein parlamentarischer Basis zu novellieren, schließlich nicht umsetzte, fand auch hier der Flirt zwischen Richterbund und SPD über die Wahlausschussfrage sein Ende.[236] Ebenso endete die Einheit der Reformer unter den Richtern. Etwas zugespitzt formuliert könnte man sagen, dass die standespolitischen Positionen, wie sie etwa von den einstigen hessischen Besoldungsrebellen Pulch und Priepke vertreten wurden, ganz klar die Oberhand gegenüber den gesellschaftspolitischen Vorstellungen gewannen, wie sie vor allem von Theo Rasehorn formuliert wurden.[237]

3.2.3.2 Die Reform der Präsidialverfassung

Zu den wenigen tatsächlich durchgeführten Reformmaßnahmen gehörte die Änderung des Gerichtsverfassungsgesetzes, die am 15.12.1971 im Bundestag beschlossen wurde und am 1.10.1972 in Kraft trat.[238] Die Neuregelung betraf die Einrichtung und Zusammensetzung des insbesondere für die Geschäfts-

---

235 Böckenförde, *Verfassungsfragen*.

236 Vgl. dazu Pulch, »Dritte Gewalt«; Priepke, »Zusammensetzung«; als Entgegnung auf Priepke: Hempfler, »Zusammensetzung«.

237 Rudolf Wassermann hielt sich im Übrigen in dieser Frage auffallend zurück. Er hatte sich zwar auch für mehr Mitsprache der Richter ausgesprochen, bezog aber Anfang der siebziger Jahre nicht klar Stellung, zumal er bald selbst zu einem äußerst brisanten personalpolitischen »Fall« wurde, wie in Kapitel 4.2 noch zu schildern sein wird.

238 Die Änderung der Präsidialverfassung wurde im Zusammenhang mit der Änderung der Amtsbezeichnung der Richter verabschiedet, von der unten noch die Rede sein wird. Vgl. zu den Änderungen u.a.: Rosso, »Präsidialverfassung«; aus Perspektive der Bundesregierung: Arndt, »Richter«; vgl. weiter die Debatte im Bundestag um die Änderungen: Deutscher Bundestag, *Stenographische Berichte*, 6. WP 159. Sitzung, 15.12.1971, S. 9140ff.; dazu auch der Bericht des Rechtsausschusses vom 15.12.1971: Bundestagsdrucksache VI/2903.

verteilung zuständigen Präsidiums. Nach der bis zur Reform geltenden Regelung bestanden Präsidien in der ordentlichen Gerichtsbarkeit bei allen Gerichten vom Landgericht aufwärts sowie bei wenigen, sehr großen Amtsgerichten. Sie setzten sich fast ausschließlich aus den über Dienststellung oder Dienstalter dazu bestimmten Richtern zusammen. Nur bei größeren Landgerichten und Oberlandesgerichten kamen drei von den Richtern gewählte Richter hinzu.[239]

Diese Zusammensetzung des Präsidiums war gewissermaßen das Abbild jenes hierarchischen Systems in der Justiz, das seit Mitte der sechziger Jahre immer mehr in die Kritik geraten war.[240] Die Neuregelung setzte nun eine tatsächliche »Demokratisierung« durch. Zum einen sollten alle Gerichte – also auch die Amtsgerichte – Präsidien erhalten und zum anderen sollten an die Stelle der »geborenen« nun gewählte Mitglieder treten. Ein erster Entwurf aus dem Jahre 1968 sah keine weiteren Einschränkungen für diese Wahl vor, so dass der einflussreiche Strafrechtler Eberhard Schmidt bereits das Schlimmste befürchtete: Es könne passieren, dass außer dem Gerichtspräsidenten und dessen Stellvertreter nur Richter der Eingangsstufe gewählt würden und so die Direktoren und Senatspräsidenten jeglichen Einflusses beraubt würden.[241] Dass auch aus der Richterschaft selbst – vor allem von den betroffenen älteren und höherrangigen Richtern – Kritik kam, ist kaum verwunderlich. Interessant ist dabei einmal mehr die Argumentation: Es sei nicht bekannt, so der Düsseldorfer Landgerichtsdirektor Günther Pohl, dass die bisherige Zusammensetzung zu Missständen geführte hätte. Die Änderung aber könne zum »Trojanischen Pferd« für die Dritte Gewalt werden. »Adolf Hitler wäre froh gewesen, wenn er 1933 Präsidien der Gerichte vorgefunden hätte, wie sie nunmehr vorweg geschaffen werden«, so Pohl weiter. Den NS-Machthabern wäre es dann ein leichtes gewesen, über solche Präsidien die Gerichte von innen her aufzuweichen und für ihre Zwecke arbeiten zu lassen.[242]

Ganz abgesehen davon, dass das Argument die Sicht einer im »Dritten Reich« weitgehend standhaft gebliebenen Richterschaft implizierte, ist die unmittelbare Beziehung zum Nationalsozialismus ebenso erstaunlich wie bezeichnend. Die Möglichkeit zu wählen bedeutete Demokratisierung. Diese wiederum war nicht nur für Schmidt gleichbedeutend mit Politisierung, die

239 In den übrigen Zweigen der Gerichtsbarkeit existierten dagegen bei allen Gerichten Präsidien, die im Prinzip ähnlich zusammengesetzt waren wie die Präsidien bei der ordentlichen Gerichtsbarkeit.

240 Vgl. hierzu u.a. Rasehorn, »Strukturen«; Emmerlich, »Emanzipation«, in verschiedenen Varianten auch in: Hasse u.a., *Im Namen des Volkes?*; grundsätzlich zu dem Problem der Hierarchie und Abhängigkeit: Simon, *Unabhängigkeit*, S. 21ff.

241 Schmidt, »Demokratisierung«, S. 71ff.

242 Leserzuschrift von Landgerichtsdirektor Günther Pohl, in: *DRiZ* 46, 1968, S. 384.

ihrerseits sogleich die Möglichkeit zur politischen Instrumentalisierung bot. Dies schließlich würde vor allem von totalitären Regimen angestrebt. Folgte man dieser Argumentation, waren Wahlen die direkte Vorstufe zum Totalitarismus. Erklärlich wird die Argumentationskette nur, wenn man die klare Trennung von juristischen Sach- und politischen Mehrheitsentscheidungen akzeptierte, wie sie insbesondere Eberhard Schmidt immer wieder propagierte. Wahlen, so Schmidt, seien allein dort sinnvoll und notwendig, wo es gelte, »politischen Körperschaften (Parlamente in Bund und Ländern, kommunale Körperschaften) *politische Richtungen* (Hervorhebung i.O.) zu weisen«[243]. Dort aber, wo es um »Sachentscheidungen« gehe, könne es keine Wahlen geben.

Unverkennbar stand die Auseinandersetzung um die Präsidialverfassung in direktem Zusammenhang mit der generellen Debatte um die Ausweitung des Politischen, gegen die sich Schmidt im Konsens mit vielen Richtern stemmte. Gespeist wurde die Ablehnung von Wahlen zudem durch die offensichtliche Furcht vor »den jungen Richtern«, in der sich traditionelle Vorstellungen von Anciennität mit der Furcht vor »der rebellierenden Jugend« mischten. Zwar wandte sich etwa Schmidt gegen »das üble Ausspielen der ›jüngeren Richtergeneration‹ gegenüber der ›älteren‹«, um dann jedoch wie andere auch zu argumentieren, dass die jüngeren Richter aufgrund ihrer zunehmenden quantitativen Stärke einen »beherrschenden Einfluss« in den Präsidien erhalten würden.[244]

Das Bundesjustizministerium reagierte zumindest insoweit auf die Kritik, dass sie die Wahlmöglichkeiten deutlich einschränkte: Die Hälfte der gewählten Richter bei den Landgerichten, den Oberlandesgerichten und bei den Bundesgerichten mussten Vorsitzende Richter sein. Die Gefahr allzu revolutionärer Umbrüche war damit gebannt. Die offizielle Begründung zur Neuregelung hielt sich mit gesellschaftspolitischen Einordnungen jeder Art zurück und legte als Zielsetzung vielmehr nüchtern fest, »die Selbstverwaltung der Gerichte durch eine Änderung der Vorschriften über das Präsidium zu stärken und damit gleichzeitig die Unabhängigkeit der Gerichte zu festigen«[245]. Die Befürchtungen von Schmidt und anderen wurden allerdings auch durch den überarbeiteten Entwurf kaum besänftigt. Dienstalter und Dienststellung waren

243 Schmidt, »Amtsbezeichnung«, S. 339f. Bezeichnenderweise verschwand der Bereich des Politischen in Schmidts weiterer Argumentation jedoch nahezu vollständig. Denn, so Schmidt weiter, natürlich müssten auch die politischen Körperschaften Sachaufgaben lösen, für die es aber in den Ministerien mit Sachkenntnis ausgestattete Mitarbeiter gebe, die die Vorarbeit leisteten, bevor dann die Parlamente wieder mit Hilfe von Ausschüssen und Sachverständigen in die Lage versetzt würden, die Aufgaben »sachgerecht zu erledigen«.

244 Ebd., S. 341; ähnlich die Leserzuschrift von Pohl (wie Anm. 242).

245 Der Gesetzesentwurf und die Begründung finden sich auszugsweise in: *DRiZ* 48, 1970, S. 171ff.

für sie schlicht die Garantie für die größtmögliche Ansammlung an Fachkompetenz.

In der Realität dürften die durch die Neuordnung der Präsidialverfassung eingeleiteten Veränderungen nicht allzu einschneidend gewesen sein. Seine ersten Erfahrungen als ins Präsidium gewählter Richter, so der Ettlinger Amtsrichter Henning Stanicki im Rückblick, seien ziemlich ernüchternd gewesen. Diskussionen hätten faktisch nicht stattgefunden.[246] Nicht von ungefähr kam mit der Debatte um die Neuordnung der Präsidialverfassung auch die Forderung danach auf, die Sitzungen des Präsidiums »richteröffentlich« stattfinden zu lassen, nicht zuletzt mit dem Argument, dass Publizität die Legitimität erhöhe.[247] Die Debatte darum zog sich bis in die späten neunziger Jahre. Noch 1995 sah Stanicki den »Kampf um mehr Transparenz und Demokratie in der Justiz« als »Aufgabe für Richtergenerationen« an.[248] 1999 schließlich wurde eben diese Richteröffentlichkeit für Präsidiumssitzungen bei gleichzeitiger Abschaffung des Vorsitzendenquorums – also der Bestimmung, dass die Hälfte der gewählten Richter Vorsitzende Richter sein müssten – zugelassen. Vor allem gegen die Einführung der Richteröffentlichkeit gab es zwar aus dem Richterbund heraus Widerspruch, doch stand dieser in keinem Vergleich mehr zu den Befürchtungen vor den Änderungen zu Beginn der siebziger Jahre.[249]

3.2.3.3 »Stehgymnastik«, »Zentimeterüberlegenheit« und »Stützkorsetts für die Dame Justitia«: Rituale der »juristischen Messen«?

Vom Gerichtssaal als Bühne für Inszenierungen vielfacher Art war bereits die Rede. Dass es den Demonstranten oft problemlos gelingen konnte, die Regie an sich zu ziehen und sich selbst zu Hauptdarstellern zu machen, lag an einem dichten Gefüge formeller und informeller Regeln, die zu verletzen sich geradezu anbot, wenn man es darauf anlegte. Da das Beharren auf Einhaltung der Regeln oft mehr den Richter als den Angeklagten in Bedrängnis brachte, lag die Frage nahe, was an den Ritualen wirklich notwendig war, um die Autorität des Gerichtes zu gewährleisten. Doch nicht nur als direkte Reaktion auf die

246 Stanicki, »Kampf«.

247 Stanicki, »Richteröffentlichkeit«; Ders., »Präsidenten«; Menne, »Richteröffentlichkeit«; Knoche, »Geheimhaltung«; gegen die Richteröffentlichkeit mit umfassenden Angaben zu der gesamten Diskussion bis zum Ende der siebziger Jahre: Fischer, »Richteröffentlichkeit«; Wiederaufnahme der Forderung nach Richteröffentlichkeit bei Stevens-Bartol, »Richteröffentlichkeit«.

248 Stanicki, »Kampf«, S. 110.

249 »Ein schlechter Diener der Rechtssicherheit«, in: *DRiZ* 78, 2000, S. 1–4; Niewerth, »Präsidialverfassung«. Die Kritik richtete sich nicht gegen die Abschaffung des Vorsitzendenquorums, sondern in erster Linie gegen die Einführung der Richteröffentlichkeit.

Demonstrationsprozesse, sondern auch im Kontext wesentlich weiterreichender Debatten um Formen der Autorität und »Demokratisierung« von Kommunikationsverhalten geriet praktisch die gesamte Formensprache der Kommunikation vor Gericht in die Diskussion. Ist es ein Zeichen von Herrschaft, wenn das Gericht um ein paar Zentimeter erhöht sitzt? Nützt das Aufstehen der Angeklagten und das Tragen der Robe tatsächlich der Wahrheitsfindung oder geht es hier nur um Herrschaftszeichen? Ist es ein Zeichen von Bürgernähe, wenn sich die Beteiligten im Prozess mit bürgerlichem Namen ansprechen oder unterstreicht es den sachlichen Charakter der Verhandlung, wenn stattdessen die Funktionsbezeichnungen gewählt werden? Ist der Eid noch eine zeitgemäße Form der Wahrheitsbekräftigung? Das gesamte Spektrum dieser Fragen wurde ziemlich genau in den Jahren zwischen 1968 und 1972 mit einer Vehemenz diskutiert, welche die Bedeutung des kulturellen Umbruchs »der 68er Jahre« in der Bundesrepublik erahnen lässt. Unter dem Titel »Zeitgemäßer Stil der Gerichtsverhandlung« fand am 31. Mai 1969 auf Einladung von Rudolf Wassermann ein Symposium statt, in dem die entsprechenden Fragen zur Debatte standen. »Richter ohne Roben am runden Tisch?« überschrieb der *Kölner Stadt-Anzeiger* seinen Bericht über die Gesprächsrunde und brachte damit gewissermaßen die radikalste Form der Reformutopien auf den Punkt.[250] Gerade wegen der vielen Verzweigungen der Debatte, empfiehlt sich die Konzentration auf zwei zentrale Aspekte: die Robe und die Amtsbezeichnungen.

Es lässt sich darüber streiten, ob es besonders geschmackvoll war, ausgerechnet als Vertreter der Nebenklage im Prozess gegen den Polizisten Karl-Heinz Kurras einen Streit um die Robe zu provozieren. Horst Mahler sah darin offenbar kein Problem. Auch die Bitte seiner Mandantin, der Witwe von Benno Ohnesorg, in Robe aufzutreten, konnte ihn nicht davon abbringen, den Prozess für seinen Auftritt zu nutzen. Frau Ohnesorg entzog Mahler zwar wegen dieser Auseinandersetzung um sein Auftreten am ersten Verhandlungstag des Revisionsprozesses im April 1969 das Mandat, doch trat Mahler weiter als Vertreter des Bruders von Ohnesorg auf und blieb bei seiner Linie. Das Gericht hatte bereits am ersten Verhandlungstag entschieden, dass Mahler ohne Robe zu keinen prozessualen Erklärungen berechtigt war. Otto Schily, der am zweiten Verhandlungstag an Stelle von Mahler die Vertretung von Frau Ohnesorg übernahm, mochte auch nicht ganz vom Streit lassen, verhielt sich aber regelkonform: Während der Vernehmung des Sachverständigen zog Schily, wie der Richter feststellte, »ostentativ« die Robe aus, legte sie aber wieder an, so-

250 *Kölner-Stadt-Anzeiger*, 4.6.1969; vgl. weiter zu dem Symposium: Reifenrath, Gesellschaftsmodell; Erwin Tochtermann, Zeitgemäßer Stil der Gerichtsverhandlung, in: *SZ*, 2.6.1969; Zeitgemäßer Stil der Gerichtsverhandlung, in: *DRiZ* 47, 1969, S. 250f.; als Antwort darauf vgl. die Zuschrift des Oberlandesgerichtsrats Adolf Klein, in: ebd., S. 289f.

bald er Fragen stellte oder Erklärungen abgab. Mahler hingegen blieb hartnäckig und ließ darüber den Prozess platzen.[251] Nachdem Mahler als Verteidiger Fritz Teufels die Rolle des Hauptdarstellers klar an seinen Mandanten hatte abgeben müssen, hatten die Verteidiger im Kurras-Prozess die Bühne wieder für sich. In einer langen, veröffentlichten Erklärung erläuterte Mahler die grundsätzliche Bedeutung seines Handelns und wies den Einwand von sich, dass es sich bei der Robenfrage um »lächerliche Detailkrämerei« handele. Vielmehr trage das gesamte Ritual der Gerichtsverhandlung »alle Merkmale eines ›Imponiergehabes‹« und ziele darauf ab, »die vor Gericht erscheinenden Bürger – Angeklagte, Zeugen, Sachverständige – zu beeindrucken, einzuschüchtern, in ihrer Entfaltung zu hemmen«. Die Weigerung, die Robe zu tragen, verstand er so als Protest gegen ein »repressives Ritual«, der geeignet war, »die rituellen Formeln des heutigen Strafprozesses in Frage zu stellen und ihren irrationalen Gehalt aufzudecken«[252].

Die zeitweilige Weigerung, in Robe aufzutreten, mit der im Übrigen kurze Zeit später auch ein Frankfurter Amtsrichter Aufsehen erregte[253], und die Begründung, die Mahler dafür lieferte, lagen genau an der Schnittstelle zwischen studentischem Protest gegen eine »repressive Justiz« und dem Bestreben der Reformer innerhalb der Richterschaft, die immer wieder bemühten »alten Zöpfe« abzuschneiden. Um nun aber nicht in allzu große »modische« Nähe zur Protestbewegung zu gelangen, versuchten »die Reformer« unter den Richtern, von denen im Übrigen auch nur eine Minderheit für die Abschaffung der Robe

---

251 Vgl. dazu die Berichterstattung in der Presse, hier u.a.: Die Robe an und aus, in: *FAZ*, 23.4.1969; Kurras-Prozeß scheitert am »Robenstreit«, in: *FAZ*, 25.4.1969.

252 Mahlers Begründung für den Pullover, in: *Berliner Extradienst*, 29.4.1969.

253 Der Frankfurter Amtsrichter Hermann Möller verhandelte seit Dezember 1969 »aus Überzeugung« und mit Duldung seiner Vorgesetzten, von denen einer Rudolf Wassermann als Landgerichtspräsident und der andere der ebenfalls reformorientierte Oberlandesgerichtspräsident Rudolf Kissel war, in Zivilkleidung. Bei einer Verhandlung in einem Kollegialgericht weigerte sich allerdings eine Kollegin, die Verhandlung aufzunehmen, falls Möller die Robe nicht anzöge. Zu Möllers »Robenstreik«: Richterspruch auch ohne Robe. Frankfurter Amtsgerichtsrat schafft alte Zöpfe ab, in: *FR*, 16.1.1970; Karl-Heinz Krumm, Richter – Roben – Röhrenhosen, in: *FR*, 30.1.1970; Totschlagprozeß begann mit Richterstreit. Beisitzer ohne Robe lenkt Aufmerksamkeit auf sich, in: *FR*, 4.2.1970; Richter zog unter Protest die Robe wieder an, in: *FR*, 17.2.1970; »Ohne Robe« zulässig, in: *FR*, 18.2.1970; Roben-Streit treibt zum Höhepunkt. Amtsrichter Möller wegen Besorgnis der Befangenheit abgelehnt, in: *FR* 19.2.1970; Des Kaisers Kleider, in: *Der Spiegel*, 30.3.1970, S. 110. Möller verhandelte dann übrigens tatsächlich ohne größeres Aufsehen zu erregen einige Jahre ohne Robe als Jugendrichter weiter, bis es Ende der siebziger Jahre zu einer erneuten Auseinandersetzung um die Robe kam. Vgl. dazu Norbert Leppert, Der Kampf des Richters gegen die Tradition, in: *FR*, 25.6.1977; Streit um die Robe. Jugendrichter Möller verweigerte die Tracht, in: *FR*, 30.3.1978; Kassel: Robe ist Pflicht, in: *FR*, 28.6.1980.

waren[254], ihre Kritik an den Ritualen als möglichst eigenständig herauszustellen. Auf dem Symposium über den »Zeitgemäßen Stil der Gerichtsverhandlung« betonte Wassermann, dass das Thema zwar durch das provozierende Auftreten der APO in den Gerichtssälen an Aktualität gewonnen habe, dass aber das Nachdenken über moderne Verhandlungsformen auch unter Juristen wesentlich weiter zurückreiche.[255] Der Hannoveraner Amtsrichter Jan-Wolfgang Berlit konnte zurecht darauf verweisen, dass er sich auch schon vorher Gedanken über Rituale im Gerichtssaal und die »Zierart des Richters« gemacht habe. So könnten »weder die APO noch Herr Mahler das originäre Verdienst beanspruchen, […] kritisch Tradiertes beleuchtet zu haben«[256]. Berlits frühere Auseinandersetzung mit der »Zierart des Richters« betraf aber nicht die Robe als solche, sondern die Rangabzeichen daran und die Unterschiede, die diesbezüglich zwischen den verschiedenen Bundesländern existierten.[257] In einigen Ländern, etwa in Niedersachsen oder Schleswig-Holstein, war es üblich, zur Amtstracht Baretts mit hierarchisch abgestuften Rangabzeichen zu tragen. Die direkte Linie, die Berlit hier von der Kritik an den Rangabzeichen zur Kritik an der Robe insgesamt zog, war allerdings nicht ganz stimmig. Zwar ging es in beiden Fällen um Symbolik. Doch die Kritik an den Rangabzeichen ging von der prinzipiellen Gleichrangigkeit der Richter untereinander aus, stieß sich an der internen Hierarchisierung und schloss damit an die Standesforderung der »Entbeamtung« an. Die Kritik an der Robe dagegen wollte ein vermeintliches nach außen gerichtetes Herrschaftszeichen abschaffen.

Ganz ähnlich trafen sich diese beiden unterschiedlichen Stränge in der Diskussion um die Titel und die Anrede vor Gericht. Oben ist schon erwähnt worden, dass im Zuge der älteren Besoldungs- und Entbeamtungsdiskussion auch die Frage nach der Abschaffung der an die Beamtentitel angelehnten Amtsbezeichnungen der Richter gestellt wurde.[258] Auf der Vertreterversammlung des Richterbundes im November 1966 stand das Thema erneut auf der Tagesordnung. Dabei gab es zwar auch die Warnung vor der mit der Änderung der Richtertitel vermeintlich verbundenen »Nivellierung der Stellung des Richters«, doch wurde bei lediglich drei Enthaltungen der Antrag angenommen, dass »die derzeitigen dem Beamtenrecht entlehnten Dienstbezeichnungen

254 Theo Rasehorn etwa sprach sich für die Robe aus, nicht zuletzt mit dem Argument, dass sie für das Unpersönliche stehe; vgl. Rasehorns Kommentar in: *DRiZ* 46, 1968, S. 13.

255 Reifenrath, Gesellschaftsmodell.

256 Berlit, »Robe«.

257 Berlit, »Zierart«.

258 Es ist oben darauf verwiesen worden, dass in Vorbereitung des Richtergesetzes von 1961 die Änderung der Amtsbezeichnungen bereits im Gespräch war, sich die Richterschaft aber auf keine einheitliche Position dazu einigen konnte. Vgl. zu der Problematik: Die Amtsbezeichnungen der Richter, in: *DRiZ* 44, 1966, S. 419f.

der Richter […] durch dem Richteramt gemäße Amtsbezeichnung zu ersetzen« seien.[259] Favorisiert wurde dabei die einheitliche Bezeichnung »Richter« mit dem jeweiligen Zusatz »am …gericht«. Einzelheiten sollten von einer Kommission noch ausgearbeitet werden.

Bezeichnend für den Verlauf der Debatte ist, dass die ursprünglich von der »Entbeamtung« und damit rein standespolitisch motivierte Forderung nach neuen Titeln nun zunehmend eine doppelte Ideologisierung erfuhr. Galt sie etwa der SPD, deren Justizminister Gerhard Jahn die Änderung 1971 umsetzte, als Schritt zur Enthierarchisierung und damit letztlich als Beitrag zur Demokratisierung der Richterschaft, sahen Konservative, wie der Präsident des Bundesgerichtshofs Robert Fischer, in der Titelabschaffung »ein trojanisches Pferd für gesellschaftspolitische Ideen«.[260] In einem langen Artikel in der *FAZ* beschwor Fischer nach Verabschiedung des Gesetzes zur Abschaffung der Titel die »Gefahr für die Rechtspflege«, welche die »Einebnung der Richtertitel« bedeute. Man müsse das Gesetz im Kontext der sich abzeichnenden Justizreform sehen, »um seine alarmierende Bedeutung voll erfassen zu können. Denn aus dieser Sicht wird deutlich, daß dieses Gesetz offenbar nur den Auftakt für eine allgemeine Nivellierung der verschiedenen Richterämter darstellen und daß es damit eine Entwicklung einleiten wird, die eine hohe Gefahr für die Güte der Rechtsprechung darstellt«[261]. Ganz offen gab Fischer hier zu erkennen, dass ihm die ganze Richtung dieser und anderer, möglicherweise noch folgender Reformschritte nicht nur nicht passte, sondern dass er dahinter eine tiefe gesellschaftliche Umwälzung sah. Sowohl die Emotionen, die in der Robenfrage hochschlugen als auch der Widerstand gegen die tatsächlich durchgeführte Änderung der Amtsbezeichnungen, die überhaupt erst im Kontext des Reformklimas der ausgehenden sechziger Jahre zu einem »progressiven« Projekt wurde, zeigt die Sprengkraft, die in den symbolischen Fragen lag.

Tatsächlich war die Änderung der Dienstbezeichnungen nahezu die einzige wirkliche gesetzlich verankerte Veränderung auf diesem Gebiet. Die Robengegner scheiterten vor Gericht. Im Januar 1970 entschied das Berliner Kammergericht, dass Anwälte während der Verhandlungen in ihrer vorgeschriebe-

259 Protokoll der Vertreterversammlung des DRB vom 25.11.1966, S. 19f.

260 So Fischer als einer der Sachverständigen vor dem Rechtsausschuss des Bundestages. Vgl. Heute im Bundestag. Parlamentskorrespondenz, 2.2.1971.

261 Fischer, Gefahr. In ähnlichem Tenor bereits: Schmidt, »Amtsbezeichnung«. Speziell gegen Fischer und dessen Vorstellung von der Notwendigkeit der Hierarchie vgl. Lautmann, »Hierarchie«; vgl. dazu auch die Leserzuschriften in: *ZRP* 5, 1972, S. 199f. Lautmann stützte sich auf seine teilnehmenden Beobachtungen, die er als Richter mit soziologischem Blick angestellt und niedergeschrieben hatte (Ders., *Justiz*) und argumentierte, dass sich die Hierarchie kontraproduktiv für möglichst rationale Entscheidungen auswirkte.

nen Amtstracht zu verhandeln hätten, und auch vor dem Bundesverfassungsgericht blieben die Gegner der Amtstracht erfolglos.[262] Die Zeitung *Christ und Welt*, revolutionärer Gesinnung unverdächtig, bedauerte die Entscheidungen und kommentierte wohl zu Recht, dass es vor allem darum gegangen sei, »eilends« ein Ventil zu schließen.[263]

Rückblickend mag die Emotionalität und Schärfe, mit der die Debatte um die symbolischen Formen und Rituale, etwa auch um den gescheiterten Versuch, den Eid vor Gericht abzuschaffen, nicht immer nachvollziehbar sei. Doch ist die Diskussion um die vielen Einzelpunkte als Symptom für den kulturellen Riss ernst zu nehmen, der ebenso durch die Angehörigen der Justiz wie durch den Rest der Gesellschaft ging. Ein wichtiger Punkt, der über den engeren Kontext der Justizdebatte hinausweist, ist der Versuch der Reformer, die Kritik an den Ritualen und Symbolen als Inbegriff von Rationalität darzustellen. Auch wenn in der Debatte nicht direkt auf Habermas' Modell vom »herrschaftsfreien Diskurs« Bezug genommen wurde, ist die Prägekraft dieses Modells, in dem sich schließlich auf rationale Weise die Vernunft durchsetzen sollte, unverkennbar. In dem schon erwähnten Symposium zum »zeitgemäßen Stil der Gerichtsverhandlung« sprach Ulrich Klug, zu diesem Zeitpunkt Juraprofessor in Köln, davon, dass »der runde Tisch [...] das von der Verfassung geforderte Gesellschaftsmodell der Zukunft« sei.[264] Der »runde Tisch« war seinerseits das Symbol dafür, dass eine Gerichtsverhandlung kein Ausdruck von Herrschaftsverhältnissen, sondern ein möglichst rationaler Ausgleich von Interessen sein sollte. Im Strafprozess stieß dieses Modell zwar an seine Grenzen, aber auch hier sollte das Verfahren der »Beginn der Resozialisierung« sein und »so rational wie möglich« ablaufen, so der Strafrechtler Jürgen Baumann, einer der Initiatoren des Alternativentwurfs zur Strafrechtsreform. Das Aufstehen vor Gericht galt den Reformern in diesem Kontext als Zeichen eines »Herr-Knecht«-Verhältnisses und der Eid als »Relikt des Bündnisses aus Thron und Altar«.[265] Dem neuen »Strafrecht ohne Metaphysik«, so Wassermann als Fazit aus dem Symposium, müsse auch eine »Entmythologisierung« des Strafverfahrens folgen, das, möglichst rational gestaltet, die bisherigen »juristischen

262 Kammergerichtsbeschluss vom 2.1.1970, abgedr. in: *DRiZ* 48, 1970, S. 96.

263 Die Roben bleiben, in: *Christ und Welt*, 3.4.1970; ebenfalls kritisch die Stellungnahme in der *Zeit*: Zwangs-Robe, in: ebd., 3.4.1970; erleichtert dagegen die *FAZ*, Robe und Verfassung, in: ebd., 3.4.1970.

264 Zit. nach Reifenrath, Gesellschaftsmodell. Klug gehörte der FDP an und war seit 1970 Staatssekretär im Düsseldorfer Justizministerium.

265 So Wassermann als Sprecher des »Aktionskomitees Justizreform«, vgl.: Relikt des Bündnisses von Thron und Altar. Aktionskomitee Justizreform tritt ein für Abschaffung des Zeugen- und Amtseids, in: *FAZ*, 30.4.1970; vgl. auch Knoche, »Grundgesetz«.

Messen« (Rasehorn) ersetzen sollte.[266] Dass mit dem Begriff der »Sozialklinik«, in der der Richter als »Sozialingenieur« gestaltend am Aufbau einer neuen Gesellschaft mitwirkte, eine neue Metaphysik geschaffen wurde, steht dabei zunächst auf einem anderen Blatt. Hier ist zunächst entscheidend, dass die gesamte Debatte um Stil und Symbolik der Gerichtsverhandlung auch als Beitrag zu deren langfristigen Veränderung zu verstehen ist. Auch wenn sich der »runde Tisch« als Verhandlungsform nicht durchgesetzt hat, gehört er in den Kontext von Überlegungen zu alternativen Formen von und zu Gerichtsverhandlungen, die hier eine Wurzel haben.[267] Die Zurückdrängung des autoritären Gehabes in Gerichtsverhandlungen war ohne Zweifel ein langfristiger Prozess, der gewiss nicht allein auf die hier verfolgte Debatte zurückzuführen ist. Sie war aber gewiss nicht nur Indikator, sondern auch eine treibende Kraft langfristiger Veränderungen, die dafür sorgten, dass die gesamtgesellschaftlichen Entwicklungen an der Justiz nicht ohne Spuren vorüber gingen.[268]

3.2.4 Der Streit um die »dissenting opinion«

Wenn eines der zentralen Themen des Juristentages von 1968 die Frage war, ob es sich empfehle, die »dissentig opinion« bei Kollegialgerichten einzuführen, so wird sich hier zwar schwerlich ein direkter Zusammenhang zu den Studentenprotesten herstellen lassen.[269] Gleichwohl ist unverkennbar, dass die Frage Teil der Debatte um die Rolle der Justiz in der Demokratie, um die Transparenz richterlicher Entscheidungen und nicht zuletzt die Autorität der Gerichte war. Wie andere Einzelpunkte dieser Gesamtdebatte war auch die

---

266 Wassermann, »Sozialklinik«. Den Begriff der »juristischen Messe« hatte Rasehorn auf dem Symposium in die Debatte geworfen, vgl. dazu auch: Richter ohne Roben am runden Tisch?, in: *Kölner-Stadt-Anzeiger*, 4.6.1969.

267 Vgl. dazu ausführlicher: Requate, »Ombudsmann«.

268 Dass eine solche Veränderung stattgefunden hat, ist durch schriftliche Quellen schwer nachweisbar. Doch zum einen bemerkten die Zeitgenossen durchaus Veränderungen (vgl. hier etwa: Von vielen Verhandlungsformen vor Gericht trennt man sich mehr und mehr in Köln. Barett bleibt im Schrank, in: *Kölner-Stadt-Anzeiger*, 26.9.1969). Zudem nennen Richter und Anwälte in persönlichen Gesprächen diese Veränderungen. Schließlich kann man tatsächlich in der Planung zu neuen Gerichtsbauten – nicht zuletzt dem Bundesverfassungsgericht – Veränderungen feststellen, die eindeutig mehr auf Sachlichkeit als auf Einschüchterung setzten. Zur Gerichtsarchitektur vgl. Klemmer u.a., *Gerichtsgebäude*; als durchweg positive Bilanz der von ihm selbst mit betriebenen Veränderungen im Verhandlungsstil vgl. Wassermann, »Gerichte«.

269 Vgl. Zweigert, »Bekanntgabe« sowie die Referate von Rudolf Pehle und Ernst Friesenhahn die anschließende Diskussion auf dem Juristentag in Nürnberg, in: Verhandlungen des 47. Deutschen Juristentages Bd. 2, Teil R, München 1969.

Auseinandersetzung um die »dissenting opinion« alles andere als neu, bekam Ende der sechziger Jahre aber neues Gewicht und wurde neu kontextualisiert. Angesichts der umfangreichen Literatur, die das Problem hervorgebracht hat, kann es hier nicht darum gehen, sämtliche Verästelungen der Debatte auszuleuchten.[270] Vielmehr geht es in erster Linie um die neue gesellschaftspolitische Kontextualisierung des Problems, die nicht zuletzt durch das Gutachten, das der ehemalige Bundesverfassungsrichter Konrad Zweigert für den Juristentag von 1968 erstellt hatte, vorgenommen wurde. In direktem Zusammenhang mit der Behandlung des Themas auf dem Juristentag stand ein Entwurf des Bundesjustizministeriums vom Juni 1968 für die Änderung des Bundesverfassungsgerichtsgesetzes, der die Möglichkeit des Sondervotums zuließ.

Zur Diskussion gestanden hatte die Frage der Veröffentlichung einer etwaigen abweichenden Meinung schon bei Gründung des Bundesverfassungsgerichts. Im März 1950 hatten sich bei einer Anhörung im Rechtsausschuss des Bundesrates sämtliche Sachverständige für die Zulassung von Sondervoten ausgesprochen, ohne dass dabei allerdings die Namen der überstimmten Richter genannt werden sollten. Das Bundesverfassungsgerichtsgesetz sah die Regelung gleichwohl nicht vor, da insbesondere die Vertreter von CDU und FDP der Ansicht waren, dass das Vertrauen zur Justiz und insbesondere in die Verfassungsjustiz noch nicht sehr groß sei und dass die Autorität möglicherweise weiter geschwächt würde, wenn Meinungsverschiedenheiten deutlich würden.[271] Unter der Federführung von Adolf Arndt hatte sich die SPD für die Zulassung des Minderheitenvotums eingesetzt. Das entscheidende Argument dafür lautete, dass man darin »eine wesentliche Erleichterung der Rechtsentwicklung« sehe, »wenn in Rechtsfragen die überstimmten Richter die Möglichkeit hätten, die im angelsächsischen Recht seit Jahrzehnten besteht, ihre abweichende Rechtsauffassung niederzulegen und der Öffentlichkeit zur Kenntnis zu bringen«[272]. Um die Einigung über das Bundesverfassungsgerichtsgesetz jedoch nicht zu gefährden, gab die SPD schließlich nach, hielt aber grundsätzlich an ihrer Position fest. Zum Ausdruck kam dies allerdings

270 Zentral für den Bezug auf das wichtige amerikanische Beispiel: Nadelmann, »Dissent« (leicht ergänzte deutsche Version: Ders., »Minderheitenvotum«; vgl. weiter ohne Anspruch auf Vollständigkeit: Heyde, *Minderheitenvotum*; Rupp, »Dissenting Opinion«; Berger, »Bekanntgabe«; Federer, »Bekanntgabe«; Wagner, »Veröffentlichung«; Baring, »Wider die dissenter«; Steffani, »Verfassungsgerichtsbarkeit«; Vollkommer, »Bekanngabe«; Wassermann, »Minderheitsvotum«; Arndt, »Nachlese«.

271 Zu Begründung vgl. die Bundestagsrede von Eduard Wahl, in: Deutscher Bundestag, *Stenographische Berichte*, 1. WP, 112. Sitzung, 18.1.1951; S. 4224f., u. 114. Sitzung, 25.1.1951, S. 4288; vgl. dazu auch Federer, »Bekanntgabe«, S. 517.

272 So Arndt in seiner Bundestagsrede von 1.2.1951; Deutscher Bundestag, *Stenographische Berichte*, 1. WP, 116. Sitzung, S. 4415.

erst wieder in den »Leitsätzen zur Justizpolitik«, die im Oktober 1967 von der »Arbeitsgemeinschaft sozialdemokratischer Juristen« vorgelegt wurden, und die nun sogar für alle Richter an Kollegialgerichten die Möglichkeit vorsahen, ihre von der Entscheidung abweichende Meinung kundzutun.[273]

Dass die Debatte wieder aufflammte, hing in erster Linie mit dem Bundesverfassungsgericht zusammen. Tatsächlich hatte das Gericht bereits 1952 das erste Mal ein Abstimmungsergebnis preisgegeben. Es ging dabei um das vom Bundespräsidenten angeforderte Rechtsgutachten über die Vereinbarkeit des Vertrags zur Gründung der Europäischen Verteidigungsgemeinschaft mit dem Grundgesetz.[274] Weil von der Bundesregierung Gerüchte gestreut worden waren, der für sie ungünstige Beschluss sei mit knapper Mehrheit ergangen, sah sich das Gericht veranlasst, das Stimmenergebnis von 20 zu 2 Stimmen offiziell bekannt zu geben.[275] Widersprüche in der Begründung des »Konkordartsurteils« von 1957 veranlassten Staatsrechtler dazu, die Einführung der dissenting opinion zu fordern.[276] Zwei gegeneinanderstehende klare Meinungen, so die Argumentation, seien gegenüber einem in sich widersprüchlichen kompromisshaften Urteil eindeutig zu bevorzugen.

In den Beratungen zum Richtergesetz von 1961 stand die Frage wieder auf der Tagesordnung. Vor allem die Richter sprachen sich jedoch vehement gegen die Zulassung offener Sondervoten aus. Sie würde eine Rezeption fremden Rechts bedeuten, für die hier die Voraussetzungen nicht gegeben seien. In der Bundesrepublik würden die Richter die Mindermeinungen bereits in ihre Urteile mit einbeziehen. Die Zulassung von Sondervoten könne möglicherweise die Mehrheit veranlassen, ihre Meinung so scharf zum Ausdruck zu bringen, dass die Fronten versteift würden.[277] Der entscheidende Grund für die Richterschaft gegen die Einführung der dissenting opinion lag aber wohl genau in der politischen Dimension der Frage, ob ein Urteil als das Ergebnis einer Abstimmung oder als scheinbar eindeutiges Ergebnis einer Sachentscheidung verkündet wurde. Im Richtergesetz fanden die Argumente der Befürworter keinen Widerhall.

Das Thema blieb jedoch aktuell. Nachdem das Bundesverfassungsgericht in seinem Urteil zur Frage der Verfassungswidrigkeit der staatsanwaltlichen

---

273 Leitsätze zur Justizpolitik, in: *RuP* 3, 1967, S. 99–103.

274 Vgl. dazu Kapitel 1.2.

275 BVerfGE 2, 29; vgl. auch Rupp, »Dissenting Opinion«, S. 522.

276 BVerfGE 6, 309–367, Otto Bachof, Rezension: Entscheidungen des Bundesverfassungsgerichts, Bd. 5 u. 6, in: *DÖV* 11, 1958, S. 512; Kaiser, »Erfüllung«, S. 554ff.

277 Vgl. Stenograph. Protokoll der 110. Sitzung des Rechtsausschusses am 15.6.1960, S. 24–46 und der 119. Sitzung des Rechtsausschusses vom 3.11.1960, S. 43–51 (3. WP. des Deutschen Bundestages); vgl. dazu auch Federer, »Bekanntgabe«, S. 51f.

Ermittlungen gegen den *Spiegel* das Abstimmungsergebnis von 4:4 bekannt gegeben hatte[278], geriet die Frage schließlich in den Kontext der Reform- und Demokratisierungsdebatte. In diesem Zusammenhang erweiterte sich die Auseinandersetzung nicht nur auf die allgemeine Einführung der dissenting opinion bei allen Kollegialgerichten, sondern erfuhr zugleich eine Politisierung. Konrad Zweigert brachte sein Votum für die Zulassung der dissenting opinion in unmittelbaren Zusammenhang mit demokratietheoretischen Überlegungen. Das Bestreben, etwaige Unterschiede in den Rechtsauffassungen innerhalb einer Kammer geheim zu halten, ordnete Zweigert autoritären Staatsformen zu, da diese grundsätzlich an der »Heimlichkeit staatlicher Vorgänge« interessiert wären und »das Volk im wesentlichen nur an staatlichen Repräsentationsveranstaltungen teilnehmen lassen, aber im Übrigen nach Gutdünken dosieren, was publik gemacht werden, was geheim bleiben soll«. Die Demokratie dagegen sei »ihrer Natur nach auf Offenlegung staatlicher Vorgänge hin angelegt«. Der demokratische Grundsatz, dass alle Staatsgewalt vom Volk ausgehe, bedeute vor allem, dass diese kontrolliert werden müsse. Gewährleistet werde diese wiederum am besten durch Kontrolle. Da also grundsätzlich Geheimhaltung in der Demokratie der besonderen Begründung bedürfe, stelle sich die Frage, ob sich solche Argumente für die Geheimhaltung von Abstimmungsergebnissen in Kollegialgerichten ins Feld führen ließen. Sei das nicht der Fall, verstoße das strikte Geheimhaltungsprinzip »zumindest gegen den Geist der Verfassung«[279]. Mit dieser Argumentation drehte Zweigert die Beweislast um: Nicht die Befürworter, sondern die Gegner der dissenting opinion sah er im Begründungszwang. War die Basis der Argumentation gegen die Einführung der dissenting opinion das scheinbar unantastbare Beratungsgeheimnis gewesen, geriet die Geheimhaltung des Abstimmungsverhältnisses nun unter den Verdacht der Demokratiefeindlichkeit.

Einmal mehr sahen die Reformer die Rationalität klar auf ihrer und den Mystizismus auf der Seite der Reformgegner: »Die Einführung der dissenting opinion schafft also die Möglichkeit, diejenigen Entscheidungen rational zu erkennen, die nicht Ausdruck einer gesicherten Rechtsprechung sind. Die Offenkundigkeit der Tatsache, daß etwa eine Reihe gleichlautender Entscheidungen nur mit knapper Mehrheit ergangen ist, vermeidet die Überraschung, die unter der Herrschaft des strikten Beratungsgeheimnisses eine plötzliche Änderung dieser Rechtsprechung verursachen würde, und trägt damit zur Rechtssicherheit bei«. Zugleich werde durch die dissenting opinion »der naive und unreflektierte Autoritätsglaube an richterliche Urteile verschwinden und

278 BVerfGE 20, 162.

279 Zweigert, »Bekanntgabe«, S. D 15f.

ersetzt werden durch die realistische Einsicht, daß auch Recht und Richterspruch Menschenwerk sind und als solches belastet mit menschlichen Unzulänglichkeiten«[280].

Die Gegner der dissenting opinion fühlten sich in die Defensive gedrängt. Er wisse, so Martin Baring, Senatspräsident am Bundesverwaltungsgericht, dass sein Standpunkt als »konservativ« und »altmodisch« gelte. So versuchten Baring und andere Skeptiker, die Bedeutung der Frage zu begrenzen und der von Zweigert vorgenommenen Zuspitzung der Befürwortung und der Gegnerschaft zur dissenting opinion als Indikator für ein demokratisches bzw. autoritäres Staatsverständnis zu entgehen. In seiner Antwort auf das Gutachten von Zweigert wies Rudolf Pehle, Richter am BGH, darauf hin, dass es durchaus demokratische Staaten gebe, in denen das Minderheitenvotum nicht vorgesehen sei.[281] In ähnlichem Tenor hielt es Baring für wenig angemessen, »die dis. op. als eine Wunderdroge anzupreisen, die – dem deutschen Rechtsleben beigegeben – ihm jede Schwäche, jeden Mangel nehmen würde«[282]. Die Gegner und Skeptiker konzentrierten sich in ihrer Argumentation daher auf rechtstechnische Probleme – etwa die Frage, was die Formulierung einer abweichenden Meinung für die Revisionsinstanz bedeute. Da die Problematik für die obersten Bundesgerichte wegfiel, war die Stimmung auf dem Juristentag von 1968 für die Einführung bei diesen Gerichten, allen voran beim Bundesverfassungsgericht, eindeutig positiv. Die Abstimmung zu der Frage, ob bei Verfassungsgerichten die Möglichkeit eingeräumt werden sollte, eine abweichende Meinung schriftlich niederzulegen, fiel mit 371 zu 31 Stimmen überraschend klar aus. Wesentlich weniger eindeutig war bereits das Ergebnis der gleichen Frage bezogen auf die Obersten Bundesgerichte. Doch auch hier überwogen die Ja- gegenüber den Nein-Stimmen immerhin noch mit 289 zu 163 Stimmen. Für die Zulassung der abweichenden Meinung bei allen Kollegialgerichten kamen schließlich nur noch 170 Ja-Stimmen zusammen, während die Gegner mit 292 Stimmen fast eine Zweidrittelmehrheit auf sich vereinigen konnten. Ein Hilfsantrag des früheren Verfassungsrichters Julius Federer, möglicherweise zu einem späteren Zeitpunkt doch noch bei allen Kollegialge-

280 Ebd., S. D 21f. u. D 24f.

281 Vgl. das Referat und die Diskussionsbeiträge von Rudolf Pehle auf dem Juristentag in Nürnberg, in: Verhandlungen des 47. Deutschen Juristentages Bd. 2, Teil R, S. R 9 u. R 140.; Das zweite Referat vom ehemaligen Bundesverfassungsrichter Ernst Friesenhahn setzte sich wesentlich gründlicher als Zweigert mit den Argumenten gegen die Zulassung der dissenting opinion auseinander. Friesenhahn argumentierte zudem »juristischer« und weniger politisch und emphatisch als Zweigert, kam aber letztlich – bei manchen Differenzierungen – zum gleichen Ergebnis; vgl. ebd., S. R 33–68.

282 Baring, »Wider die dissenter«, S. 613.

richten die abweichende Meinung zuzulassen, erhielt schließlich eine ganz knappe Mehrheit von 218 zu 208 Stimmen.[283]

Auf politischer Ebene hatte sich der Vorstoß des Justizministers in seinem Gesetzentwurf vom Juni 1968 ohnehin nur auf das Bundesverfassungsgericht bezogen. Eine weitere Ausdehnung, auch nur auf die obersten Bundesgerichte, für die sich ja auch der Juristentag mit einer Mehrheit von rund 63 zu 37 Prozent der Stimmen ausgesprochen hatte, wurde im Rechtsausschuss des Bundestages diskutiert. Doch auch hier beschränkte sich das Bundesjustizministerium unter Gerhard Jahn schließlich auf den kleinst möglichen Reformschritt, die Zulassung der abweichenden Meinung beim Bundesverfassungsgericht im Jahr 1970.[284]

3.3 Auf dem Weg zum neuen Juristen

»Der Gesetzgeber kann reformieren, soviel er will«, so wurde Rudolf Wassermann 1968 in der *Zeit* zitiert, »wenn Richter und Staatsanwälte, die mit einem neuen Strafgesetz umzugehen haben, die Bestimmungen im überkommenen Sinn anwenden, bleibt alles beim alten. Im Grunde fordert die Strafrechtsreform einen neuen Richtertyp«[285]. Wassermann, Rasehorn und andere hatte in ihrer Auseinandersetzung mit den obrigkeitsstaatlichen Haltungen in der deutschen Justiz schon sehr früh darauf verwiesen, dass insofern nicht nur einzelne strukturelle Reformen, sondern ein tiefgreifender Bewusstseinswandel notwendig sei. »Justizreform ist Richterreform« formulierte Wassermann daher auch plakativ und setzte damit einen deutlichen Akzent gegen die rein organisatorischen Reformpläne. Ganz in diesem Sinne forderte Rasehorn in unmittelbarer Anlehnung an die sattsam bekannte Parole der Studentenbewegung »den langen Marsch des kritischen Denkens durch die Institutionen der Justiz«.[286]

Auf die Bedeutung soziologischer Arbeiten für die wachsende Kritik an der Justiz ist oben bereits eingegangen worden. Verwiesen worden ist in diesem Zusammenhang auch auf den Aufstieg der Rechtssoziologie am Ende der sechziger Jahre. Ebenso unmittelbar, wie die Geschichte des Fachs Soziologie in der Bundesrepublik mit den gesamtgesellschaftlichen Reformbestrebungen

283 Verhandlungen des 47. Deutschen Juristentages Bd. 2, Teil R, S. R 144ff.

284 Das Gestz trat Ende Dezember 1970 in Kraft (§ 30 Absatz 2 Satz 1, BVerfGG). Zur Bedeutung der Veränderung vgl. Geiger, »Abweichende Meinung«.

285 Ziegler, Richter-Typ; vgl. dazu auch Wassermann, »Richtertyp«.

286 Rasehorn, »Marsch«.

in den sechziger Jahren verbunden war, ist die Disziplingeschichte der Rechts- bzw. der Justizsoziologie aufs Engste verknüpft mit den Reformbestrebungen im Bereich der Justiz, insbesondere mit der Diskussion um den »neuen Richtertyp«, den »politischen Richter«, und ganz allgemein den »neuen Juristen«.[287] Der Auf- und Abschwung der Rechtssoziologie verlief nahezu in völliger Parallelität zu den Debatten um einen neuen Juristentyp. Mehr noch: Die Einforderung einer Auseinandersetzung mit den lebensweltlichen, außerwissenschaftlichen Einflüssen auf die Rechtsprechung auf der einen und die Hoffnung auf konkrete Handreichungen von der Soziologie für die Rechtsprechung auf der anderen Seite führte dazu, dass die Debatten um die wissenschaftlichen Grundlagen der Justiz und um die Möglichkeiten und Notwendigkeiten praktischer Veränderungen eine Zeitlang unmittelbar aufeinander bezogen waren und nahezu verschmolzen.

Im Folgenden soll daher zunächst der Aufstieg der Rechtssoziologie untersucht werden, um deutlich machen, auf welchen Überlegungen und Ergebnissen die Forderung nach dem »neuen Juristen« fußte. Furore machte im Kontext der Debatte um den »neuen Richtertyp« vor allem der von Rudolf Wassermann in die Diskussion gebrachte Begriff des »politischen Richters«. Die Auseinandersetzung um diesen Begriff und die Vorstellungen, die sich dahinter verbargen, wird als zweites thematisiert. Die direkte Verbindung zwischen der neuen, ebenso politischen wie »versozialwissenschaftlichten« Rechtswissenschaft und der Schaffung eines »neuen«, »politischen« Juristen bildete der Plan zur umfassenden Reform der Juristenausbildung, die hier als dritter Punkt in den Blick genommen wird. Angesichts der weitreichenden Pläne, die sich in vielen Metern beschriebenen Papiers und ungezählten Sitzungsstunden niederschlugen, und der Ergebnisse, die die vielfältigen Ansätze schließlich zeitigten, ist es schwierig, nicht in einen gewissen Sarkasmus zu verfallen. Doch ist die Rückkehr zur traditionellen Juristenausbildung zu Beginn der achtziger Jahre und das Scheitern der Durchsetzung der Reformstudiengänge zunächst von breit diskutierten Reformplänen zu trennen. Die Neustrukturierung der Ausbildung war das Herzstück einer auf langfristige Bewusstseinsveränderung der Juristen im Allgemeinen und der Richter und Staatsanwälte im Besonderen angelegten Reform.

287 Für den Begriff des »neuen Juristen« vgl. u.a. Rinken, *Jurist.*

3.3.1 Der Aufstieg der Rechtssoziologie

In den Jahren 1968 bis 1972/74 erlebte die gerade erst wieder entdeckte Rechts- und Justizsoziologie einen weder vorher noch nachher gekannten Boom, auf dessen Höhepunkt ihre fast durchweg sehr jungen Vertreter nicht nur keinerlei Zweifel daran ließen, dass ihnen »die nächste Etappe der Wissenschaftsgeschichte gehören werde«.[288] Sie waren auch überzeugt, dass sich Rechtswissenschaft und Rechtsprechung grundlegend verändern, »versozialwissenschaftlichen« würden.[289] Im Rückblick erscheinen die Hoffnungen, die mit diesen Vorstellungen verbunden waren, zum Teil geradezu als grotesk überzogen. Doch ist darauf zu verweisen, dass die Erwartung einer solchen Entwicklung nicht nur auf einen kleinen Kreis etwas überdrehter Enthusiasten beschränkt blieb, sondern auch von Skeptikern sehr wohl geteilt wurde. So stand auch Helmut Schelsky, dem man Sympathien für linke Weltverbesserungsideologien kaum wird nachsagen können, eindeutig auf dem Standpunkt, dass »die Realität der Welt, auf die das Recht wirken soll, [...] nur sozialwissenschaftlich vermittelt zu erfassen (ist)«[290]. Unter dem Titel »Die Wissenschaftlichkeit der Jurisprudenz und die Herausforderung der Soziologie« rief der Bielefelder Amtsrichter Helmut Ostermeyer 1969 in der *Deutschen Richterzeitung* dazu auf, sich endlich den modernen Wissenschaften zu öffnen, um so die Rechtsprechung rationaler werden zu lassen. Es reiche nicht aus, dass die Jurisprudenz »maulend und verärgert kritisierend hinter dem Wagen herläuft, in dem die Menschheit in eine neue Zukunft fährt«[291]. Dieser Wagen war die Verwissenschaftlichung und so forderte Ostermeyer zum einen »exakte Forschung« zur »Aufbereitung und Erhellung der empirischen Grundlagen« und zum anderen »die Einführung der wissenschaftlichen Erfolgskontrolle« in die Jurisprudenz«[292]. Ostermeyer erhielt zwar sehr schnell Widerspruch in der *Richterzeitung*. Anton Griffel, ehemaliger Richter am Bayerischen Obersten Landesgericht, verwies darauf, dass auch die Sozialwissenschaften selten zu zweifelsfrei anerkannten Ergebnissen kämen.[293] Doch selbst Griffel war der Meinung, dass die Sozialwissenschaften in der juristischen Ausbildung eine größere Rolle spielen sollten.

288 So in seinem ausgezeichneten Überblicksaufsatz Bender, »Rechtssoziologie«.

289 Vgl. hier etwa Lautmann, »Soziologie«.

290 Vgl. Bender, »Rechtssoziologie«. Auf die Frage, wie weit verbreitet die Überzeugung von einer erhofften oder befürchteten Versozialwissenschaftlichung der Jurisprudenz tatsächlich war, ist unten noch genauer einzugehen.

291 Ostermeyer, »Wissenschaftlichkeit«, S. 12. Ostermeyer greift hier ein Zitat Karl Rahners über die Theologie auf.

292 Ebd.

293 Vgl. Griffel, »Herausforderung«.

Der im Rückblick vielfach naiv erscheinende Optimismus, mit dem der Siegeszug der sozialwissenschaftlichen Methodik in der Jurisprudenz erwartet wurde, macht das Phänomen selbst nur umso erklärungsbedürftiger. Wo lagen die Ursachen dafür, dass für eine kurze Phase – etwa in den Jahren 1967/68 bis 1972/74 – es von vielen Seiten als vollkommen selbstverständlich angesehen wurde, dass die Sozialwissenschaften in nächster Zukunft sowohl für die Rechtsprechung als auch für die Rechtswissenschaft einen Stellenwert ersten Ranges einnehmen würden, ja letztere sogar als Sozialwissenschaft zu konzipieren sei?[294]

Auf den Ausgangspunkt des Aufstiegs der Rechtssoziologie, Untersuchungen zur sozialen Herkunft der Richterschaft und Mutmaßungen über den Zusammenhang von Herkunftsmilieu und Rechtsprechung ist oben bereits eingegangen worden. Der Schwerpunkt der empirischen rechtssoziologischen Studien und ein großer Teil der wissenschaftlichen Auseinandersetzungen auf diesem Gebiet lag auch während der Boomphase des Faches im Bereich der Justizsoziologie.

Angesichts der Publikationsflut auf diesem Gebiet kritisierte Niklas Luhmann, der sich seinerseits aus ganz anderer Perspektive mit der Soziologie des Rechts befasste, dass das, was unter dem Etikett der Rechtssoziologie betrieben werde, eine »Rechtssoziologie ohne Recht« sei. Zwar habe eine Berufssoziologie der Justiz, insbesondere der Richterschaft durchaus ihre Berechtigung, mit einer eigentlichen soziologischen Betrachtung des Rechts habe dies jedoch wenig zu tun.[295] Luhmann, bekanntermaßen selbst Jurist, unterstrich zum einen die besondere Problematik der Rechtsmaterie, die Soziologen nicht unmittelbar zugänglich sei. Zum anderen verwies er auf die mediale Dimension des Rechts, die auf alle Lebensbereiche ausstrahle und Recht von daher als Sonderphänomen empirisch schwer fassbar machte.

In der Tat war vieles, was unter dem Label »Rechtssoziologie« in den sechziger Jahren betrieben wurde, in erster Linie Justizsoziologie. Die Arbeiten von Dahrendorf und Richter aus den frühen sechziger Jahren fanden hier ihre Fortsetzung, konzentrierten sich aber immer stärker auf die Frage der »weltanschaulichen Hintergründe der Rechtsprechung«. Einen weiteren Schub bekam diese Frage durch die Demonstrationsprozesse, in denen durch die erheblich von einander abweichenden Urteile offensichtlich geworden war, dass Rechtsprechung nicht in Subsumtion aufging. Vor diesem Hintergrund soll zunächst auf die Ergebnisse und die Problematik vor allem jener justizsoziologischen Studien eingegangen werden, die zu ergründen suchten, wie sich Herkunft und

294 Vgl. dazu programmatisch: Rottleuthner, *Rechtswissenschaft.*

295 Luhmann, »Evolution«, S. 3; ähnlich, aber polemischer: Schelsky, »Bemerkungen«, S. 603.

Weltanschauung auf die Rechtsprechung niederschlugen. Die Auseinandersetzung mit diesen Studien ist nicht zuletzt deshalb von Bedeutung, da die Sackgasse, in die sie führten, auch erheblich zur Ernüchterung der Hoffnungen auf die Rechtssoziologie beitrugen. Anschließend wird der wesentlich weiter reichende Anspruch zu erörtern sein, der Rechtswissenschaft nicht nur empirische Ergebnisse zur Verfügung zu stellen, sondern sie insgesamt zu einer Sozialwissenschaft umzuformen.

Der Rechtssoziologe Rüdiger Lautmann schrieb es 1971 der Justizkampagne des SDS zu, dass sich »mehr Soziologen denn je zuvor« mit der Justiz befassten.[296] Auch für Hubert Rottleuthner zeigten die APO-Verfahren »in ungewöhnlicher Transparenz, daß die Fallösungs-Techniken […] nicht die Plastizität der Interpretation garantieren, um einem Fall gerecht zu werden. Rechtsgesetze knüpfen zwar ans Äußere der Handlungen an; es ist aber eine fatale Fiktion, die Beurteilung des Sachverhalts und die Feststellung der Tatbestandsmäßigkeit als eine ›wertneutrale Subsumtion‹ hinzustellen«. So sei es für die »vielzitierten Liberalen im Lande« vor allem beunruhigend gewesen, dass »die Urteile der Gerichte, obwohl alles gesetzmäßig zuging, inkonsistent waren, so stark voneinander abwichen«. Es sei deutlich geworden, dass nicht eine abstrakte Norm, sondern eine autoritäre Institution entscheide – unabhängig davon, ob es auch einzelne Freisprüche gegeben habe.[297]

Als Beispiel führte Rottleuthner einen Demonstrationsprozess an, in dem der Richter Begriffe wie ›Aufruhr‹, ›Zusammenrottung‹ und ›Gewalttätigkeit‹ verwendete, als seien sie neutral und »im Verfahren selbstverständlich verkünde: ›Ordnung muß sein‹. Die ›wertneutrale Subsumtion‹ erweist sich als Abwehrstrategie gegen eine historische Auslegung, gegen eine Betrachtung der Interessen, die in die gesetzlichen Begriffe eingegangen sind. Indem der Richter diese verdrängt – gleichsam seine privaten Konnotationen verrät – stellt er sich objektiv auf den Standpunkt des Obrigkeitsstaates von 1871«[298]. Die Verfahren gegen Demonstranten erschlossen diese Problematik auch dem juristischen Laien und gerade den jungen Rechtssoziologen – Rottleuthner war 25, als er den Aufsatz schrieb – boten manche dieser Verfahren schwer zu übertreffendes Anschauungsmaterial für ihre Kritik. Ein Beispiel aus der Begründung für eine Ordnungsstrafe von vier Tagen wegen Ungebühr vor Gericht mag hier genügen. Der Angeklagte war trotz wiederholter Aufforderung des Richters während der Vernehmung nicht aufgestanden, hatte den Richter –

296 Lautmann, *Jurisprudenz*, S. 97. Hinweise auf die Demonstrationsprozesse finden sich in der rechtssoziologischen Literatur immer wieder; vgl. etwa auch: Struck, »Rechtswissenschaft«, S. 30.

297 Rottleuthner, *Rechtswissenschaft*, S. 42f. u. 63f.

298 Rottleuthner, »Klassenjustiz?«, S. 26, 23.

Amtsgerichtsrat Dr. Meier – mit »Richter Meier« angeredet.[299] Die Beschwerde des Angeklagten gegen die Ordnungsstrafen des Amtsgerichts Nürnberg lehnte das Oberlandesgericht Nürnberg mit der Begründung ab: »Zu den Regeln, die das Gebührliche im Gerichtssaal umreißen, gehört das allgemeine Aufstehen beim Erscheinen des Gerichts und das Aufstehen des Einzelnen bei der Vernehmung durch den Richter. Dieser Teil des Gebührlichen verliert seine verpflichtende Kraft nicht dadurch, daß seine Verletzung bei irgendeinem anderen Gericht hingenommen wird. [...] In den Bereich der Regeln über das Gebührliche gehört auch, eine entsprechende Anrede an den Richter. Daß die Rede ›Richter Meier‹ nicht entsprechend ist, ist für jeden einsichtig«[300]. Für derartige Äußerungen waren die Soziologen den Richtern vermutlich geradezu dankbar, verwiesen sie doch klar auf die Bedeutung außerrechtlicher Faktoren für die richterliche Tätigkeit.

Hatten sich die ersten empirischen Untersuchungen zu den Juristen im Allgemeinen und der Richterschaft im Besonderen zunächst auf die Frage nach der Herkunft konzentriert und versucht, die Herkunft mit Aussagen über die Einstellung von Juristen und Justizjuristen zu verbinden, verlagerte sich das Interesse Ende der sechziger Jahre zunehmend auf den nächsten Schritt: Denn noch wichtiger als die Frage nach dem Einfluss der Herkunft auf die Einstellung war die nach dem Einfluss von Einstellungen auf die Urteilstätigkeit. Diese Frage hatte bei den älteren Untersuchungen immer schon im Hintergrund gestanden, rückte nun aber stärker in den Mittelpunkt. Waren in der ersten Phase die Ergebnisse der justizsoziologischen Forschungen mit kritischem Interesse aufgenommen und gleichsam für eine Feierabendlektüre empfohlen worden, zeichnete sich die zweite Phase dagegen durch die enge Verbindung von wissenschaftlicher Forschung und Forderungen nach durchgreifenden Veränderungen aus.[301]

Einen Schnittpunkt zwischen den beiden Phasen bildeten die justizsoziologischen Arbeiten von Wolfgang Kaupen und Theo Rasehorn. In diesen Studien setzten Rasehorn und Kaupen interessanterweise die von Walther Richter und Ralf Dahrendorf begonnene Zusammenarbeit eines Soziologen und eines Richters in der justizsoziologischen Forschung fort.[302] Anders als Walther

299 Vgl. Beschluß des Oberlandesgerichts Nürnberg vom 27.8.1968, abgedr. in: *KJ* 1, 1968, S. 188f.

300 Ebd., S. 190.

301 In gewisser Weise stand auch die erste Untersuchung von Albrecht Wagner zur Herkunft der Gerichtsassessoren im Rahmen seines Buches »Der Richter« in Zusammenhang mit Ambitionen zu einer Justizreform. Hintergrund war hier jedoch eine konservative Reform, die Untersuchung verfolgte legitimatorische und keine kritischen Zielsetzungen.

302 Vgl. Kaupen/Rasehorn, *Justiz*.

Richter verband Theo Rasehorn mit seiner Hinwendung zur Soziologie von Beginn an jedoch einen klar kritischen Impetus. Dies galt auch für Wolfgang Kaupen. Die Dissertation Kaupens, der in Köln bei Réne König arbeitete, ging ursprünglich auf eine Anregung von Dietrich Rüschemeyer zurück, dem ein Vergleich zwischen deutschen und amerikanischen Rechtsanwälten vorschwebte. Kaupens zwischen 1963 und 1966 durchgeführte erste Untersuchung beschränkte sich auf eine Untersuchung deutscher Juristen, deren Herkunft, Sozialisation, sowie Selbst- und Fremdbild.[303] Inhaltlich ging die Studie nicht wesentlich über das hinaus, was in den Grundzügen auch schon andere Arbeiten ergeben hatten, ohne allerdings die methodischen Einwände zum Verstummen bringen zu können.[304] Neu im Vergleich zu den älteren Studien war allerdings, dass Kaupen die Ergebnisse seiner 1969 erschienenen Studie wesentlich deutlicher in den Kontext einer sich wandelnden Gesellschaft stellte. Die in der Tendenz auf Homogenisierung und Konformismus ausgerichtete Sozialisation der Juristen, bereite diese immer weniger für den Wandel der modernen Industriegesellschaft vor. So begännen sich die staatlichen Behörden nur langsam von der Vorstellung »einer zu verwaltenden, das heißt geordneten, in diesem Status quo zu erhaltenden Gesellschaft, bei der die Daseinsfürsorge dem Einzelnen überlassen« bleibe, zu lösen. Sie müssten sich jedoch verstärkt dem Wandel zu einer »sich ständig wandelnden und daher zu gestaltenden Gesellschaft stellen, in der auch das Wohl des Individuums organisiert werden muß«, um den Anforderungen der Zukunft gerecht zu werden.[305]

Im Gegensatz zu Kaupens erster Studie bezog sich die von ihm und Rasehorn gemeinsam verantwortete Untersuchung nicht mehr auf die Juristen im Allgemeinen, sondern auf die Justizjuristen, das heißt sowohl Richter als auch Staatsanwälte, die als eigene Gruppe bei anderen Studien noch keine Rolle gespielt hatten. Mehr noch als Kaupens erste Studie versuchten die Autoren über umfangreiche Fragebögen, etwas über die Einstellung der Richter und Staatsanwälte herauszubekommen. Allem Aufwand der Untersuchungsmethoden zum Trotz bleiben die Ergebnisse jedoch aus verschiedenen Gründen problematisch: Dass den Aussagen oft nur ein verhältnismäßig kleines Sample zugrunde liegt, fällt noch am wenigsten ins Gewicht. Wichtiger ist, dass hier zwar Richter und Staatsanwälte in ihren Einstellungen verglichen werden, die Frage jedoch, wie diese Ergebnisse bezogen auf die Gesellschaft zu bewerten sind, ziemlich offen bleibt. Bei der Frage, ob sie den Wert der »Ordnung« über

303 Vgl. Kaupen, *Hüter*.

304 Vgl. die Rezension von Ostermeyer in: *DRiZ* 48, 1970, S. 164f.

305 Kaupen, *Hüter*, S. 217f.

den der »Gerechtigkeit« stellen, antworteten beispielsweise 7 Prozent der Richter und 15 Prozent der Staatsanwälte mit völliger Zustimmung, 34 Prozent der Richter und 27 Prozent der Staatsanwälte mit bedingter Zustimmung, 33 Prozent der Richter und 23 Prozent der Staatsanwälte mit bedingter und 25 Prozent der Richter und 32 Prozent der Staatsanwälte mit völliger Ablehnung.[306] Man kann die Zustimmung zur Höherwertigkeit von Ordnung gegenüber Gerechtigkeit für erstaunlich hoch halten, solange jedoch konkrete Vergleichsgrößen oder zumindest eine Absicherung der Ergebnisse durch qualitative Untersuchungen fehlen, bleibt deren Einordnung schwierig. Kaupen und Rasehorn beschränkten sich auf den Vergleich zwischen Richtern und Staatsanwälten und offenbarten dabei das grundlegendste Problem nicht nur dieser Untersuchung, nämlich den zum Teil ziemlich kruden Behaviorismus. Man sei bei dem Vergleich von Richtern und Staatsanwälten von der Hypothese ausgegangen, »daß die Staatsanwälte stärker als die Richter in ihrer von der ›sozialen Herkunft‹ geprägten Mentalität und in ihren beruflichen Einstellungen zum Konformismus gegenüber den traditionellen Normen einer obrigkeitsgläubigen Gesellschaft neigen, was sie als besonders geeignet für die Tätigkeit in der hierarchisch-bürokratischen Organisation der Staatsanwaltschaft einerseits und für die strenge Handhabung der formalisierten sozialen Kontrolle der Strafverfolgung erscheinen läßt«. Diese Annahme sei voll bestätigt worden. Staatsanwälte stammten mehr noch als die Richter aus Beamtenfamilien, seien öfter katholisch als die Richter und hätten auch öfter ein humanistisches Gymnasium besucht. Im Gesellschaftsbild der Staatsanwälte nähmen die Beamten einen höheren Stellenwert ein als bei Richtern und ihr Selbstbild lasse die Funktion des Bewahrens deutlich in den Vordergrund treten.

Auch in dem für die Frage von Einstellungsveränderungen interessanten Punkt der Rolle des Generationenwechsels, schreiben Kaupen und Rasehorn der sozialen Herkunft einen hohen Stellenwert zu. Die Frage, ob Ordnung vor Gerechtigkeit gelten solle, bejahten aus der Gruppe der unter 50-jährigen 37 Prozent der Kinder von Beamten gegenüber 32 Prozent der Kinder von Nichtbeamten. Bei den über 50-jährigen stimmten dem 53 Prozent derer, die aus Beamtenfamilien stammten, und 48 Prozent derer, die nicht aus Beamtenfamilien stammten, zu.[307] Insgesamt tendierten auch die anderen Ergebnisse in die Richtung, dass die Richter und Staatsanwälte, die aus Beamtenmilieus stammen, eher zu konservativeren Einstellungen neigten. Die Basis, auf der die Aussagen beruhen, ist gleichwohl relativ schmal, und da mögliche andere

306 Vgl. Kaupen/Rasehorn, *Justiz*, S. 68.
307 Vgl. Ebd., S. 194.

Faktoren erst gar nicht in Betracht gezogen wurden, bleibt die Aussagekraft begrenzt.

Wichtiger als die Einzelergebnisse war für die gesamte Debatte um die Rolle der Justiz in der Gesellschaft die Frage der daraus abgeleiteten Forderungen. Hatte sich Walther Richter noch darauf beschränkt, die Richter aufzufordern, ihren Horizont zu erweitern, sahen Kaupen und Rasehorn die Probleme wesentlich grundsätzlicher. Auch in der Langzeitperspektive blieben sie skeptisch. Da sich die jungen Justizjuristen weiter aus denselben Schichten rekrutierten wie die älteren, sei zumindest bis in die Mitte der achtziger Jahre – dem Zeitpunkt, bis zu dem man Prognosen zu stellen können glaubte – keine grundlegende Änderung zu erwarten. Es spreche vieles dafür, dass sich die nur formal bejahende Haltung zur Demokratie nicht ändern werde und die Justiz auch bis zur Mitte der achtziger Jahre nicht »bei der Demokratie ankommen« werde.[308] Zudem bestehe die Gefahr, dass die fortschrittlichen Juristen von der Justiz immer weiter frustriert und sich angesichts des zu erwartenden schnellen Fortschritts der sonstigen Gesellschaft sogar zunehmend von ihr abwenden würden.

Die bereits in Kaupens erster Schrift geäußerte Vorstellung, dass es nicht mehr ausreiche, die Gesellschaft weitgehend sich selbst zu überlassen und die Rolle der staatlichen Institutionen darauf zu beschränken, zu verwalten und die Ordnung aufrecht zu erhalten, bildete gewissermaßen den Kern für die Schlüsselfunktion, welche die Soziologie für sich beanspruchte. Die Soziologen begannen ihre Erkenntnisse, so wie es auch Kaupen hier tat, als Herausforderung für notwendige Veränderungen zu formulieren. Die Frage, in welchem Maße die Soziologie nun tatsächlich eine Herausforderung für die Rechtswissenschaft im Allgemeinen, aber auch für die Praxis der Justiz im Besonderen darstellte, bildete den Kern der Debatte um das Verhältnis von Recht, Justiz und Gesellschaft in den Jahren zwischen 1968 und 1972/74.

Die methodische Herausforderung der Frage, auf welche Weise Einstellungen und Weltanschauungen von Richtern in ihre Urteile eingehen, ist von den bisher genannten Studien kaum aufgenommen worden. Wie oben schon erwähnt, hatte Walther Richter in seiner Untersuchung von 1959 an dem Begriff der Klassenjustiz angesetzt, ohne jedoch ein Instrumentarium an die Hand gegeben zu haben, mit dem man die dahinterstehende Fragestellung hätte beantworten können. Die Frage nach den »subjektiven Faktoren im Recht« tauchte als Problem in den verschiedenen Studien immer wieder auf. Letztlich kam man über die mehr oder weniger explizite Unterstellung der Wirksamkeit

308 Vgl. Ebd., S. 206.

dieser Faktoren mit den Befragungen und sozialstatistischen Methoden kaum hinaus.[309]

Um in dieser Frage weiter zu kommen, war es notwendig, die Urteilstätigkeit selbst stärker in den Blick zu nehmen. Schon Klaus Zwingmann hatte in seiner Arbeit zur »Soziologie des Richters in der Bundesrepublik Deutschland« von 1966 anhand einer Vielzahl von Beispielen deutlich werden lassen, wie eng verwoben methodische und inhaltliche Argumente in der Rechtsprechung sind. Wenn etwa ein Gericht behauptete, es sei »schon soziologisch gesehen nicht zutreffend, daß der Automatenverkauf von Präservativen auf öffentlichen Straßen als allgemein bestehende Übung von der Bevölkerung anerkannt sei«, so war offensichtlich, daß eine derartige Aussage nichts mit »soziologischen« Forschungsergebnissen zu tun hatte.[310] Zwingmann sammelte zudem eine Vielzahl von Belegen dafür, dass es offenbar keine allgemeingültige Methode für die Frage gab, ob ein Gesetz Spielraum für Auslegung zulässt oder nicht, oder ob im Zweifel »der Wille des Gesetzgebers« – des historischen oder eines ideellen – oder der aktuelle »Wille des Gesetzes« Gültigkeit hat.[311]

Wenn es also keine juristische Methode gab, die uneingeschränkt Gültigkeit besaß, so stellte sich nicht nur die Frage, auf welcher Grundlage die Richter tatsächlich entschieden, sondern auch, wie das Problem behoben werden könnte. Anzumerken ist hier allerdings, dass die Frage von »Vorverständnis und Methodenwahl« nicht nur Soziologen, sondern auch die Rechtswissenschaft am Ende der sechziger Jahre umtrieb.[312] Eines der Hauptargumente in dem einflussreichen Buch Josef Essers zu dem Thema war, dass sich die klassische rechtspositivistische Dogmatik konsequent und erfolgreich gegen soziologische und politische Perspektiven abgeschottet hatte.

Die Bedeutung der Soziologen in dieser Debatte basierte zunächst einmal darauf, dass diese mit einer Reihe von Untersuchungen empirisches Material zur Frage der Grundlagen der Entscheidungsfindung zu liefern versuchten. Eine der methodisch innovativsten, aber auch umstrittensten Arbeiten war in diesem Zusammenhang eine Studie von Karl-Dieter Opp und Rüdiger Peuckert. Es sei für Soziologen von Interesse, »unter welchen Bedingungen Richter irgendwelche Personen in welcher Weise aburteilen« und wie und wieso die Urteile variierten, so die Autoren in der Einleitung zu ihrer Untersuchung. Sie

309 Die überzeugendsten Beispiele über den Zusammenhang von Weltanschauung und Urteilstätigkeit hatte bis zu diesem Zeitpunkt Friedrich Kübler insbesondere für die Weimarer Republik, aber auch für die frühe Bundesrepublik vorgelegt; vgl. Kübler, »Richter«.

310 Ebd., S. 2.

311 Vgl. diverse sich widersprechende Beispiele dazu bei Zwingmann, *Soziologie*, S. 85ff.

312 Zentral dazu: Esser, *Vorverständnis*; als konzentrierte und pointierte Zusammenfassung zu der gesamten Problematik vgl. Simon, *Unabhängigkeit*, insbes. S. 68ff.

machten zugleich deutlich, dass es nicht nur um Erkenntnis, sondern auch um Veränderung ging: »Weiß man z.B., warum Urteile bei verschiedenen Richtern sehr stark variieren, obwohl nach der Meinung der Richter die Urteile relativ gleich sein sollten, so kann man diese Situation leichter ändern, als wenn man über die ›Ursachen‹ richterlicher Urteile nichts weiß«[313].

Eine Diskussion lösten die Autoren in erster Linie mit ihrer Methode aus.[314] Die Untersuchung beruhte darauf, dass man sich an Strafrichter wandte, die zum einen Fragebogen ausfüllen mussten, aus dem die politische Einstellung ermittelt werden sollte.[315] Zum andern wurden ihnen fiktive Fälle vorgelegt, die sie wie einen normalen Fall bearbeiten und ein Strafmaß finden sollten. Der entscheidende Punkt dabei war, dass die Schichtenzugehörigkeit der Opfer und der Täter in den konstruierten Fällen variiert wurden. Auf diese Weise hoffte man herauszubekommen, welchen Einfluss zum einen die »außerrechtliche« Einstellung des Richters und zum anderen die Schichtenzugehörigkeit von Tätern und Opfern auf das Urteil hatte. Die schlichten Hypothesen, dass autoritäre Richter härter und liberale Richter milder bestrafen, wurden dabei von der Untersuchung nicht bestätigt. Dagegen sahen die Autoren der Studie die Hypothese erhärtet, dass konservative Richter »Täter aus der Unterschicht härter als Täter aus der Oberschicht« bestrafen. »Liberale Richter bestrafen dagegen Täter aus der Oberschicht härter als aus der Unterschicht«[316]. Die Problematik der Methode und der Validität der Ergebnisse liegt auf der Hand. Der hohen Komplexität der Problematik konnte man nur durch Schematisierungen begegnen, die wiederum nicht immer nachvollziehbare Interpretationsleistungen der Soziologen voraussetzten. Zudem kann ein fiktiver einen realen Fall letztlich nur in sehr begrenztem Maß simulieren.

Einen ganz anderen Weg zur Erforschung der richterlichen Urteilstätigkeit schlug schließlich Rüdiger Lautmann ein. Er wählte ein in diesem Bereich wohl einzigartig gebliebenes Verfahren, die teilnehmende Beobachtung. Lautmann übte eine gewöhnliche Tätigkeit als Gerichtsassessor aus und beobachtete an zwei Landgerichten seine Kollegen – mit Kenntnis des Gerichtspräsidenten, aber nicht der Kollegen – gleichzeitig als Soziologe.[317] Lautmann zielte mit der Untersuchung auf die Frage, »was in dem Zeitraum zwischen Präsentation des

313 Opp/Peuckert, *Ideologie*, S. 5. Vgl. auch Peuckert, »Soziologie«.

314 Die Autoren hatten bereits vor der Veröffentlichung der Arbeit das Manuskript an Interessenten verschickt, so dass die Kritik zum Teil bereits in die veröffentlichte Version eingearbeitet worden ist. Vgl. im Einzelnen: Brusten/Peters, »Ideologie«; dazu die Replik von Opp, »Probleme«; vgl. auch Wieckmann, »Hintergründe«; Steinert, »Handlungsmodelle«.

315 Insgesamt wurden 500 Fragebögen verschickt, von denen 276 (55,2 Prozent) zurückkamen; vgl. Opp/Peuckert, *Ideologie*, S. 30.

316 Ebd., S. 53.

317 Lautmann, *Justiz*.

Falles und der Verkündigung des Urteils im Einzelnen geschieht«[318]. Besonderes Augenmerk richtete er dabei auf solche Äußerungen, die deutlich machten, welch hohen Stellenwert vermeintliches Alltagswissen und Alltagstheorien im Prozess der Urteilsfindung besaßen. Er arbeitete heraus, wie Richter mit dem Hinweis auf ihre Erfahrung die Urteilsfindung prägten. Er verwies darauf, dass zumeist nur eine sehr begrenzte Zahl von Alternativen diskutiert werde und machte deutlich, dass die Darstellung des Falles in einer Urteilsbegründung zu einem »Subselektionsprozeß innerhalb der gesamten Entscheidung« werde. Zudem zeigte Lautmann so an vielen Beispielen, dass der Alltag richterlicher Berufstätigkeit nicht immer nur von der Reinheit der juristischen Methodenlehre bestimmt wurde.[319] In allen Punkten stellt sich zwar unweigerlich die Frage nach der Verallgemeinerbarkeit ebenso wie nach methodischer Sauberkeit, da Lautmann schließlich nie ein Mikrofon dabei hatte. Letztlich aber fügte er der Palette der unterschiedlichen Untersuchungen über die Richterschaft eine interessante Variante hinzu.

Brisanz besaßen die Arbeiten, die um den Einfluss außerrechtlicher Faktoren auf die Urteilsfindung kreisten, nicht zuletzt durch den Begriff der »Klassenjustiz«, der in diesem Kontext immer wieder auftauchte.[320] Wer gegenüber Juristen das Wort »Klassenjustiz« verwende, könne gewiss sein, »daß sein Gesprächspartner die heftigsten emotionalen Reaktionen zeigen werde«, schrieb der Soziologe Wolfgang Kaupen 1973. In der Tat: Als der Begriff im Zuge der Justizkampagne des SDS von Angeklagten verwendet wurde, riskierten sie dafür eine Ordnungsstrafe.[321] Der Begriff »Klassenjustiz« war ein Reizwort, das in der bundesdeutschen Literatur bis zum Jahr 1968 höchstens in Anführungszeichen auftauchte. Walther Richter hatte den Begriff zwar bereits in seiner Untersuchung von 1959 verwendet, jedoch weniger als konkrete Fragestellung, geschweige denn als Vorwurf, sondern als einen in Anführungszeichen gesetzten Hintergrundbegriff. Das änderte sich 1968 schlagartig.

318 Ebd., S. 13.

319 Ebd., S. 192.

320 Erwähnt sei an dieser Stelle nur, dass in den justizsoziologischen Arbeiten die Frage nach unterschiedlicher Behandlung der Geschlechter durch die Justiz kaum gestellt wurde. Dies hing auch damit zusammen, dass sich die Diskussion vor allem auf das Strafrecht und nicht auf das Familienrecht konzentrierte. So kommt etwa die Studie von Opp und Peuckert zu dem Ergebnis einer latenten »Bevorzugung von Frauen« – zumindest seitens konservativer Richter. Eine Untersuchung zur Rechtsprechung bei Familiengerichten hätte hier vermutlich ganz andere Ergebnisse gelieferte. Einblicke in diesen Bereich jetzt bei Buske, »Fräulein Mutter«.

321 Vgl. etwa *FR*, 7.6.1969.

Nicht zufällig begann auch hier die Debatte mit einer Wiederauflage eines Klassikers – Ernst Fraenkels Studie zu dem Thema von 1927.[322] Aufgegriffen wurde der Begriff nicht nur von sozialistischen Basisgruppen[323], sondern auch von der Rechtssoziologie, einzelnen Richtern, allen voran wiederum Theo Rasehorn[324], und schließlich auch von der Presse. So schrieb *Der Stern* im März 1972 in einem Bericht »Deutschland, Deine Richter«: »Noch ärmer dran sind die Bürger, die vor den Richtern stehen. Denn sie werden von einem Berufsstand bestraft, der für das Verurteilen von Menschen nach Herkunft und Ausbildung einseitig ausgerichtet ist. [...] Die knapp 15.000 deutschen Richter urteilen zwar im Namen des Volkes, stecken aber in Wirklichkeit tief im Geist der Klassenjustiz von einst, als Richter im Auftrag des Landesfürsten Recht sprachen, das nur für die Beherrschten, nicht aber für die Herrschenden galt«[325].

Wer im wissenschaftlichen Bereich von »Klassenjustiz« sprach, erhob dabei in aller Regel nicht den Vorwurf einer konkreten Rechtsbeugung im Interesse der eigenen Klasse. Vielmehr ging es um den »Zusammenhang von objektiven sozialen Interessen und der Konstitution der spezifischen richterlichen Interpretationskriterien«. Der Rekrutierung der Richterschaft aus der oberen und unteren Oberschicht komme dabei, so Rottleuthner, »nur eine Verstärker-Funktion« zu.[326] Den Nachweis eines direkten Zusammenhanges von sozialer Herkunft und Urteilstätigkeit hatte tatsächlich keine der Studien erbringen können.[327] Die meisten Arbeiten, die in den siebziger Jahren zu dem Thema erschienen, thematisierten die Frage der sozialen Herkunft zumeist nur noch am Rande. Vielmehr befassten sich die Studien einerseits mit konkreten Beispielen aus der Rechtsprechung, in denen die Benachteiligung sozial Schwächerer, von Arbeitnehmern und Mietern nachgewiesen werden sollte.[328]

Andererseits wendete sich eine Reihe von Beiträgen den Angehörigen von Unterschichten als Rechtssuchenden zu. Vor allem Rasehorn argumentierte,

322 Fränkel, *Soziologie*.

323 Vgl. hier Negt u.a., *Klassenjustiz?*.

324 Vgl. hier insbes. die verschiedenen Beiträge des Themenheftes Klassenjustiz heute?, *Vorgänge* 12, 1973 mit Beiträgen der Richter Theo Rasehorn, Rudolf Wassermann, Helmut Ostermeyer und Wolfgang Knoche sowie den Soziologen Wolfgang Kaupen, Rüdiger Lautmann und Dorothee Peters, Fritz Sack u.a.; weiterhin: Hubert Rottleuthner, »Klassenjustiz?«; Peters, *Richter*; Geffken, *Klassenjustiz*; Rasehorn, *Recht*; Pollück, *Klassenjustiz?*.

325 *Der Stern*, Nr. 13, 1972, S. 32f.

326 Rottleuthner, »Klassenjustiz?«, S. 13.

327 Vgl. dazu auch noch einmal zusammenfassend Richter, *Bedeutung*.

328 Vgl. dazu die Aufsätze, Rasehorn, »Rechtsprechung«; Ott, »Benachteiligung«; Kupke, »Benachteiligung«; diverse Fallbeispiele auch bei Rasehorn, »Klassenjustiz« und Pollück, *Klassenjustiz?*.

dass aufgrund der gesamten Struktur des Justizwesens Unterschichten abgeschreckt würden, sich an die Justiz zu wenden, um zu »ihrem Recht« zu kommen und viele etwa das Dickicht des Kreditkaufvertrages gar nicht durchschauen könnten.[329] Insgesamt verlagerten sich die Beiträge in den siebziger Jahren weg von der Frage einer zwar zu reformierenden, aber auch reformierbaren Justiz hin zu einer Kritik des gesamten Rechts- und Justizsystems, das weitgehend unabhängig von der Herkunft oder der Einstellung der Richter als Herrschaftsinstrument gesehen wurde.[330]

In diesem Sinne hatte sich Rottleuthner schon zu Beginn der Debatte um das Thema »Klassenjustiz« geäußert und damit der soziologischen Justizkritik eine neue Wendung gegeben. Hatte sich die Forschung bislang darauf konzentriert, nach der sozialen Herkunft der Richterschaft und nach möglichen Zusammenhängen von Herkunft und Urteilstätigkeit zu fragen, stellte sich für Rottleuthner das Problem wesentlich grundsätzlicher. Ihm ging es nicht um einzelne Erscheinungsformen der Justiz, sondern um die Institution als solche und deren gesellschaftliche Funktion sowie die grundsätzliche Bedeutung der juristischen Qualifikation, des juristischen Denkens. Seine Forderung richtete sich daher auch weniger auf eine schlichte soziale Öffnung des Berufs, die der »Klassenherrschaft« der Justiz dann ein Ende bereiten könnte, oder auf eine »sozial gerechtere« Rechtsprechung, sondern auf eine grundlegende Revision des dogmatischen Denkens der Juristen und einer Neukonzeption der »Rechtswissenschaft als Sozialwissenschaft«.

Der Anspruch, den der gerade 29-jährige Hubert Rottleuthner mit dem Titel seines 1973 erschienenen – teilweise auf schon veröffentlichten Aufsätzen beruhenden – Buches erhob, war nicht gering. Er forderte letztlich die Auflösung der juristischen Dogmatik in einer sozialwissenschaftlichen Analyse von Normengeltung und markierte damit wohl die radikalste Position und in gewisser Weise den Höhepunkt innerhalb der Debatte um das Verhältnis von Soziologie und Jurisprudenz.

Die Ergebnisse der Justizsoziologie, auf die ich mich bislang konzentriert habe, spielten dabei eine wichtige Rolle. Die Debatte um das Verhältnis von Rechtswissenschaft und Sozialwissenschaft ging jedoch darüber hinaus. Für die übergreifende Frage nach dem Anspruch auf »Verwissenschaftlichung« beziehungsweise »Versozialwissenschaftlichung« der Rechtsprechung muss kurz auf zwei weitere Stränge der Debatte eingegangen werden: Zum einen ist die eher theoretisch ausgerichtete Teildebatte zu nennen, welche die grundlegenden Fragen nach dem Verhältnis von Recht und Gesellschaft und deren Wechsel-

---

329 Rasehorn, »Klassenjustiz«, S. 125ff.; Blankenburg u.a., »Marsch«; Ramm, »Vertragsfreiheit«.

330 Vgl. in diesem Sinne den Beitrag von Blankenburg u.a., »Anmerkungen«.

wirkungen thematisierte. Anknüpfungspunkte ergaben sich bei Max Weber, Eugen Ehrlich, Theodor Geiger und anderen.

Der zweite Strang war von Beginn an wesentlich pragmatischer ausgerichtet und fällt unter den Namen der Rechtstatsachenforschung. Auch hier fand in der Mitte der sechziger Jahre unter Rückbesinnung auf ältere Traditionen eine Wiederbelebung statt. Ebenso wie in der Justizsoziologie und der stärker theoretisch ausgerichteten Rechtssoziologie trafen im Übrigen ebenso ältere deutsche mit neueren amerikanischen Traditionen zusammen, wie insbesondere die Wiederentdeckung Arthur Nußbaums deutlich macht. Nußbaum, der den Begriff mit seiner gleichnamigen programmatischen Schrift von 1914 geprägt hatte, emigrierte 1933 in die USA und ging auf Einladung von Karl N. Llewellyn, dem führenden Vertreter des »legal realism«, an die New Yorker Columbia University. Vor allem über Ernst Hirsch, der 1964 an der FU Berlin das »Institut für Rechtssoziologie und Rechtstatsachenforschung« gründete und Manfred Rehbinder, der nicht nur die Werke Nußbaums, sondern auch andere Klassiker der Rechtssoziologie, wie vor allem Eugen Ehrlich, neu herausgab, wurde der Anschluss an die ältere deutsche und die jüngere amerikanische Debatte wiederhergestellt.[331]

Die Forderungen nach einer Soziologisierung der Rechtsanwendung erwiesen sich damit keineswegs als neu. Doch unter den spezifischen Bedingungen der zweiten Hälfte der sechziger Jahre gewannen die Argumente rasant an Überzeugungskraft. Vor dem Hintergrund des allgemeinen Bedeutungsgewinns der Soziologie und den Ergebnissen einer richtersoziologischen Forschung, die das Bild einer konservativen, in einem Gemisch aus juristischer Dogmatik und unreflektiertem Alltagswissen befangenen Richterschaft zeichnete, schien sich die Soziologie geradezu anzubieten, um Rechtsprechung endlich auf eine rationale Basis zu stellen. Entscheidend für die gesamte Debatte war, dass die oben unterschiedenen Richtungen von theoretischer Rechtssoziologie und praktisch ausgerichteter Rechtstatsachenforschung ineinander flossen und die Unterscheidung von Analyse und praktischer Anwendung weitgehend aufgegeben wurde. Auch Helmut Schelsky hob die direkte politische Funktion der Rechtssoziologie hervor.[332]

Zwar konzentrierte sich die Rechtstatsachenforschung stärker darauf, empirische Daten als Grundlage für eine etwaige Verwendung in der Rechtsprechung zu sammeln, doch fehlte auch hier umgekehrt der theoretische An-

---

331 Vgl. Nußbaum, *Rechtstatsachenforschung*; zu Nußbaum vgl. Rehbinder, »Vorwort«, in: ebd., S. 9ff.; als Blick auf die amerikanische Entwicklung vgl. Reich, *Jurisprudence*; Kriele, *Theorie*, S. 102ff.; Rehbinder, *Entwicklung*.

332 Vgl. Schelsky, »Rechtssoziologie«.

spruch nicht, der Rechtsprechung eine bessere sozialwissenschaftliche Untermauerung zu geben.

Aus welcher Perspektive der Rechtssoziologie man die Rechtswissenschaft und die Rechtsanwendung auch betrachtete – aus justizsoziologischer, aus eher theoretisch rechtssoziologischer oder aus dem Blickwinkel der Rechtstatsachenforschung: Ohne Soziologie schien die gesamte Jurisprudenz nicht mehr auszukommen. Die Rechtswissenschaft, so attestierte ihr Rudolf Wiethölter, Professor für Bürgerliches Recht an der Universität Frankfurt, sei in ihrem gegenwärtigen Zustand – also Ende der sechziger Jahre – vorwissenschaftlich, vordemokratisch und vorindustriell.[333] Die Folge konnte, nicht nur in den Augen Wiethölters, allein in einer konsequenten Einbeziehung der Soziologie in die Theorie und die Praxis der Rechtsanwendung bestehen.

Angesichts der Fülle von Beiträgen zu dem Thema, die sich nicht unbedingt alle durch besondere Präzision und begriffliche Klarheit auszeichneten, plädierte der Strafrechtler Wolfgang Naucke 1972 ebenso schlicht wie polemisch dafür, »keine Erörterungen des Verhältnisses von Jurisprudenz und Sozialwissenschaften mehr ernst zu nehmen, die sich mit so allgemeinen Begriffen wie ›die‹ Sozialwissenschaften, ›die‹ Jurisprudenz, ›die‹ Juristen, ›die‹ Rechtssoziologie, ›das‹ Recht, ›die‹ Dogmatik begnügt. Es sollte zu einer wissenschaftlichen Routine werden, für derartige Erörterungen die Begriffe genau festzulegen«. Alles andere sei »sachlich unergiebig«[334]. So entstanden auch Anfang der siebziger Jahre eine Reihe von Studien, die anhand konkreter Rechtsbereiche und -probleme den Nutzen soziologischer Betrachtungen nachzuweisen versuchten oder zumindest diskutierten.[335]

Wenn allerdings Wolfgang Naucke und mit ihm viele andere Juristen, gerade auch die, die sich wie Naucke als »skeptische Sympathisanten« verstanden[336], konkrete, von Juristen umsetzbare Ergebnisse von den Soziologen verlangten, dann wurde die im Grunde unüberbrückbare Kluft deutlich, die mindestens zwei gänzlich unterschiedliche Ansatzpunkte innerhalb der Debatte um das Verhältnis von Jurisprudenz und Soziologie voneinander trennten. Waren viele Juristen – insbesondere Rechtswissenschaftler oder Richter – durchaus bereit, sich den Sozialwissenschaften zu öffnen, erwarteten sie sich jedoch – abgesehen von einen allgemeinen »Infragestellung« – konkrete Ergeb-

---

333 Vgl. Loccumer Protokolle 15/1969, S. 13.

334 Naucke, *Relevanz*, S. 13, FN. 13.; auch Ders., »Zusammenarbeit«; als Auseinandersetzung mit Nauckes Positionen vgl. Lautmann, »Sozialwissenschaften«; dazu wiederum als Entgegnung: Naucke, »Jurisprudenz«.

335 Vgl. hierzu u.a. verschiedene Aufsätze in: Naucke/Trappe (Hg.), *Rechtssoziologie*; speziell zur Sozialgerichtsbarkeit: Wolfhorst, »Erkenntnisse«.

336 Naucke, *Relevanz*, S. 10.

nisse von der Rechtssoziologie, der Justizsoziologie und der Rechtstatsachenforschung. Er sei gerne bereit, sich in Frage zu stellen – »jede Woche einmal mindestens eine ganze Stunde« –, so der Rechtsanwalt Heinz Brangsch auf dem Juristentag von 1972 unter großem Beifall, »aber im übrigen möchte ich handeln und arbeiten«[337]. Wenn die Forschungen der Soziologen dazu etwas Sinnvolles beizutragen hatte, zeigten sich die »skeptischen Sympathisanten« unter den Juristen bereit, die Ergebnisse zu berücksichtigen. Das Gerüst, in das die Ergebnisse zu integrieren waren, bildete aber weiter die juristische Dogmatik.

Tatsächlich ging aber ein Ansatz, wie ihn vor allem Hubert Rottleuthner verfolgte, in eine völlig andere Richtung. In seinen Augen war es kaum die Aufgabe der Soziologen, juristisch verwertbares Wissen bereitzustellen, sondern das juristische Denken als solches in Frage zu stellen und sozialwissenschaftlich umzugestalten.[338] Das war das Ziel seines Buchs »Rechtswissenschaft als Sozialwissenschaft«, das er in drei klaren Thesen am Anfang des Buches klar umreißt:

»1. Es geht nicht mehr um Interdisziplinarität, sondern um die Institutionalisierung eines neuen wissenschaftlichen Verständnisses der Rechtswissenschaft. [...] 2. Die Rechtswissenschaft muß gegenüber der Rechtspraxis theoretische Ansprüche erfüllen. [...] 3. In der Rechtspraxis selbst können die Sozialwissenschaften nicht nur als empirische Hilfsdisziplinen dienen; sie führen vielmehr zu deren kritischer Umstrukturierung.«[339]

Rottleuthner zielte damit auf den Kern des juristischen Selbstverständnisses, nämlich die Vorstellung einer Autonomie des »rein Juristischen«. Dieser »Schein« werde durch eine sozialwissenschaftliche Umstrukturierung der Argumentationspraxis aufgelöst, die insbesondere aus »Normbereichsanalysen und Folgendiskussionen« bestünde. Anstatt sich nur auf Gesetze zu berufen und sich hinter »scheinmethodologischen Rechtfertigungen« zu verstecken, sollten Juristen auf der einen Seite wesentlich grundsätzlicher nach dem Geltungsbereich von Normen fragen und auf der anderen Seite die Folgen ihrer Entscheidungen weit stärker mit in den Entscheidungsprozess einbeziehen. Hinter dieser methodischen Forderung stand ganz offen eine politische Zielsetzung: »Im Kampf gegen das Unrechtswesen kommt es entscheidend darauf an, tragende juristische Legitimationen des Staatsapparates durch politische Fragen, die Sache des Volkes sind, zur Sache eines Standes gemacht werden,

337 Verhandlungen des 49. Deutschen Juristentages, Düsseldorf 1972, Teil R, Stand und Möglichkeiten der Justizforschung, München 1972, S. 89.

338 Zur Debatte um das Verhältnis von Rechtswissenschaft und Sozialwissenschaft vgl. die Beiträge von Lange, »Konstanz«; Ders., »Noch einmal«; Rittner, »Rechtswissenschaft«.

339 Rottleuthner, *Rechtswissenschaft*, S. 7ff.

der noch nie ein ›allgemeiner‹ war, ihre Kraft zu nehmen«[340]. Nicht nur die Justiz, sondern die »juristische Sphäre« insgesamt diente in Rottleuthners Augen in erster Linie der Legitimation der Staatsgewalt, die es verstand, das Rechtssystem in seinem Sinne zu instrumentalisieren. Die juristische Dogmatik, die sich an den Gesetzen anstatt an der gesellschaftlichen Wirklichkeit orientierte, lieferte die Methode, die dem gesamten System seine Stabilität verlieh. Daher konnte es nicht mehr nur darum gehen, die Ergebnisse soziologischer Forschung in Entscheidungsprozesse zu integrieren, sondern umgekehrt musste der juristischen Dogmatik selbst gewissermaßen das Rückgrat gebrochen und durch sozialwissenschaftliches Denken und Argumentieren ersetzt werden.

Das war unzweifelhaft ein Weg, den auch die Befürworter einer sozialwissenschaftlichen Öffnung der Jurisprudenz kaum mehr mitgehen konnten. Aber auch gerade unter denen, die nach konkreten, handhabbaren Ergebnissen der Soziologen fragten, zeichnete sich schnell Ernüchterung ab. Mitte der siebziger Jahre war die Euphorie über eine bevorstehende »Soziologisierung« der Jurisprudenz – wie auch immer man sie verstand – passé.

Auch wenn neben den Verfechtern einer Soziologisierung des Rechts und der Rechtsprechung zu dem Zeitpunkt, als sie sich eindeutig auf dem Vormarsch wähnten, die skeptischen und ablehnenden Stimmen nie verstummten, lässt sich ein Stimmungsumschwung ziemlich genau auf das Jahr 1974 datieren. Zwei Arbeiten sind hier insbesondere zu nennen, die das Bestreben nach einer Soziologisierung der Jurisprudenz aus sehr unterschiedlichen Perspektiven einer kritischen Revision unterzogen. Aus juristischer Perspektive setzte sich Klaus F. Röhl mit den Ansprüchen und Chancen der Rechtstatsachenforschung auseinander: Deren »Dilemma« bestehe darin, dass man viel über sie rede, aber nichts mit ihr anzufangen wisse.[341] Nach einer intensiven Auseinandersetzung mit der Rechtstatsachenforschung bleibe die Bilanz am Ende ernüchternd.[342] Trotz vieler wichtiger Ansätze laufe die Rechtstatsachenforschung Gefahr, »in der Art eines naiven Empirismus als bloße Stoffsammlung betrieben zu werden, die sich nicht von Hypothesen leiten läßt, sondern allenfalls zufällig und induktiv bis zur Bildung von Theorien vordringt«[343].

Weit grundsätzlicher war die Kritik, die Niklas Luhmann im gleichen Jahr an der gesamten Vorstellung einer soziologischen Jurisprudenz übte. Angesichts der Fortschritte, welche die Soziologie theoretisch wie methodisch ge-

340 Ebd., S. 11f.

341 Röhl, *Dilemma*, S. 1.

342 Röhl verwendet seinerseits einen sehr breiten Begriff der Rechtstatsachenforschung und fasst unter anderem auch die Frage nach der Klassenjustiz darunter.

343 Ebd., S. 313.

macht habe, sei »das Unsoziologische einer soziologischen Jurisprudenz für Soziologen offensichtlich«.[344] Die Hauptkritik Luhmanns zielte auf die verbreitete Forderung, richterliches Handeln müsse sich weit stärker an den Folgen als an der Dogmatik orientieren. »Im Zuge der Selbstrealisierung der bürgerlichen Gesellschaft« lasse sich »eine Umstellung gesellschaftlicher Grundorientierungen von der Vergangenheit auf die Zukunft beobachten, die dazu führt, daß Entscheidungen nicht mehr durch bewährte Gegebenheiten normativer oder faktischer Art, sondern letztlich nur noch durch ihre Folgen gerechtfertigt werden können. Diese Folgen-Orientierung hat sich auch im Recht durchgesetzt«[345]. Luhmann ordnete die Debatte um die Folgenorientierung zu Recht in den wesentlich weiterreichenden Zusammenhang der in den sechziger Jahren intensiv geführten Planungsdiskussion ein. Im Bereich des Rechts wurde diese Diskussion in Form der geforderten Folgenorientierung im Grunde mit Verspätung geführt, das heißt zu einem Zeitpunkt, als in anderen Bereichen und vor allem auf allgemeiner, theoretischer Ebene der Optimismus bereits der Kritik zu weichen begann.[346] Luhmann konnte denn auch sehr kühl darauf verweisen, dass die »Schwierigkeiten einer Folgenvoraussicht und einer planenden Folgenbeherrschung« bekannt seien und es selbst für spezialisierte Organisationseinheiten typisch sei, dass »das Eintreffen des Gegenteils wahrscheinlicher ist als das Eintreffen des Erwarteten und des Gewünschten«. Wenn man Folgen zur Orientierung oder gar Rechtfertigung verwenden wolle, so Luhmann, »muß man über Scheuklappen verfügen, die verhindern, daß man alle Nebenfolgen, alle Folgen von Folgen, etwaige Schwelleneffekte aggregierter Folgen einer Vielzahl von Entscheidungen usw. in den Blick bekommt«[347]. So berechtigt wohl die Kritik an der Vorstellung war, mit Hilfe sozialwissenschaftlicher Methoden ein Instrumentarium an die Hand zu bekommen, das irrationalen Dezisionismus durch rationale Folgenabschätzung ersetzen könnte, unterschlug Luhmann hier geflissentlich, dass eine gänzliche Ausschaltung von Folgenüberlegungen mindestens ebenso absurd war. Alle Vorstellungen von General- und Spezialprävention beruhen ebenso selbstverständlich auf der Unterstellung von Folgen richterlicher Entscheidungen wie es auch der für Luhmann zentrale Begriff der Erwartungssicherung tut. Trotz einiger gewichtiger Einwände gegen Luhmann war jedoch unverkennbar, dass die großen Hoffnungen, die noch wenige Jahre zuvor die Debatte um eine

344 Luhmann, *Rechtssystem*, S. 10.

345 Ebd., S. 14.

346 Vgl. hier insbes. Tenbruck, *Kritik*.

347 Luhmann, *Rechtssystem*, S. 35; als weitere Auseinandersetzung mit der Folgenorientierung vgl. auch Ders., »Ausdifferenzierung«; wieder abgedruckt in Ders., *Ausdifferenzierung*, S. 35–52.

»Soziologisierung des Rechts« vorherrschend gewesen waren, nicht mehr trugen.[348]

Bezeichnend ist, dass die Justizforschung, von der die gesamte Entwicklung ihren Ausgangspunkt genommen hatte, im Zuge der von verschiedenen Seiten vorgetragenen Skepsis gegen die unterschiedlichen Aspekte der Debatte um Justiz und Soziologie nun mit in den Strudel gezogen wurde. Dies äußerte sich in zweierlei Hinsicht: Erstens gab es eine deutliche Abwendung von der Justizforschung und eine Hinwendung zu Arbeiten über Alternativen zu Recht und Justiz.[349] Zweitens wurde der in den Arbeiten der sechziger und frühen siebziger Jahre immer wieder gesuchte Zusammenhang von richterlicher Einstellung und Entscheidungstätigkeit auf der Basis neuer Untersuchungen grundlegend in Frage gestellt.

Nicht zufällig war es zudem Hubert Rottleuthner, der in einem umfangreichen Projekt zur Arbeitsgerichtsbarkeit die behavioristischen Vorstellungen erschütterte, aus den »außerrechtlichen« Einstellungen der Richter direkt auf die Urteilstätigkeit schließen zu können. Er hatte schon in seinen früheren Arbeiten auf die methodische Problematik der Untersuchungen zu dem Thema hingewiesen und kam nun zu dem Ergebnis: »Unsere Befunde stehen quer zu den Behauptungen von Kaupen und Rasehorn. Zwischen sozialem Hintergrund und berufsbezogenen Einstellungen besteht kaum ein Zusammenhang. […] Am schwersten wiegt wohl der Befund, daß der als mehr oder weniger selbstverständlich unterstellte Zusammenhang zwischen Einstellungen – wie sie sich in Antworten auf Interviews zeigen – und dem beruflichen Entscheidungsverhalten nicht existiert«[350]. Wie einen Schlussstrich unter 20 Jahre Justizforschung formulierte Rottleuther in dem Resümee aus seiner umfangreichen Studie zur Arbeitsgerichtsbarkeit: »Wir müssen einen Richter nicht unbedingt durch die Konstruktion von Einstellungsskalen zu einem homunculus sociologicus machen, den wir dann an den Fäden seines von ihm undurchschauten sozialen Hintergrundes zu unserer Marionette stilisieren«[351].

Ohne Zweifel war Rottleuthners Untersuchung die methodisch bei weitem reflektierteste und aufwendigste Studie zu dem Thema. Insbesondere lenkte er den Blick wesentlich stärker auf verfahrensinterne Faktoren und maß ihnen das entscheidende Gewicht zu Lasten aller externen Faktoren zu. Gleichwohl bleibt die Frage, ob damit all das vom Tisch gewischt wurde, was die methodisch sicher problematischen Arbeiten zu dem Themenkomplex herausgefunden zu haben glaubten. Denn zum einen ließe sich trotz allem auch an Rott-

348 Gegen Luhmann vgl. insbes. Teubner, »Folgenkontrolle«.

349 Vgl. Requate, »Ombudsmann«.

350 Rottleuthner, »Abschied«.

351 Rottleuthner, »Merkmale«, S. 297.

leuthners Studien methodische Kritik anbringen. Ohne hier in eine weiterreichende Auseinandersetzung etwa zu Fragen der Größe des Samples oder zum Problem der Auswirkungen des Beobachtungsfaktors einzusteigen, sei hier nur ein Punkt herausgegriffen: In dem Sample, das der Untersuchung zugrunde lag, gab es nur Richter, die der SPD oder der FDP angehörten, keine die CDU- oder CSU-Mitglieder waren. Die Vermutung, dass bei der juristischen Spezialisierung politische Faktoren eine Rolle spielen, scheint ebenso nahe zu liegen wie der Schluss, dass auf diesem Weg durchaus wieder »verfahrensexterne« Faktoren in die Rechtsprechung gelangen – allerdings sicher weit diffuser, als Kaupen, Rasehorn und andere unterstellt hatten.[352]

Das Urteil, zu dem Dieter Simon Mitte der siebziger Jahre über die diversen justizsoziologischen Studien kam, scheint mir dennoch weiterhin Bestand zu haben: Trotz der »im einzelnen unbefriedigenden Resultate der auf die Erforschung der Richterpersönlichkeit gerichteten Arbeiten« signalisierten die Arbeiten insgesamt jedoch einen »bedeutsamen Vorgang«. Sie hätten bei allen zugestandenen Mängeln »mehr zur Aufhellung richterlicher ›Bewußtseinsinhalte‹ und damit zur praktischen Kritik der Urteilstätigkeit geleistet, als in ganzen Bibliotheken traditioneller Methodenkritik enthalten ist«[353]. Die Rekonstruktion der sog. Alltagstheorien habe ein »wahrhaft erschreckendes Bild potentieller Fehlurteile aufgrund von (letztlich irrationalen) ›Vermutungen‹ ergeben und die Dringlichkeit der Rezeption sozialwissenschaftlicher Methodologie offengelegt«. Die Richterfigur sei entmythologisiert worden, und vom Priester zum Justizfunktionär herabgestiegen. »Der sakrale Schauer, der ›das Richten‹ jahrhundertelang umhüllte [...] mußte einer nüchternen Betrachtung einer sozialen Funktion weichen«. Eine Rückkehr zur »autoritätsschwangeren Richterpersönlichkeit« scheine kaum möglich.[354] Den Wert der justizsoziologischen Arbeiten wird man damit sicher weit stärker im politischen als im wissenschaftlichen Bereich anzusiedeln haben.

Bemerkenswert an Simons Resümee ist auch, dass er den Glauben an eine direkte Nutzanwendung sozialwissenschaftlicher Methoden noch nicht verloren hatte. Insgesamt aber waren diese Hoffnungen in der zweiten Hälfte der siebziger Jahre deutlich im Schwinden begriffen. Ebenso wie der Aufschwung der Rechts- und Justizsoziologie in unmittelbarem Zusammenhang mit dem rasanten Aufstieg der Soziologie stand, war auch die wachsende Skepsis ge-

---

352 Als neueste Untersuchung zur Frage des Entscheidungsverhaltens von Richtern vgl. Langer, *Staatsanwälte*. Langer arbeitet den Einfluss »lokaler Justizkulturen« auf das Entscheidungsverhalten von Richtern und Staatsanwälten heraus und wertet damit wieder verfahrensexterne Faktoren für die Entscheidungsfindung auf.

353 Simon, *Unabhängigkeit*, S. 153.

354 Ebd., S. 158.

genüber den Möglichkeiten der direkten Nutzanwendung der Sozialwissenschaften für die Jurisprudenz alles andere als eine isolierte Entwicklung. Vielmehr geriet die Verwendungsforschung in der Soziologie insgesamt mehr und mehr in die Defensive. An die Stelle des Ende der sechziger Jahre erhobenen Anspruchs, Theorie und Praxis miteinander zu verschmelzen, trat wieder das Bestreben, »einfach Soziologie« betreiben zu wollen.[355] Fragen nach einer direkten Nutzanwendung der Sozialwissenschaften für die Rechtsprechung traten damit weit in den Hintergrund.

Gesellschaftspolitisch hing diese Entwicklung ganz sicher auch mit dem Abschied von Vorstellungen zusammen, Gesellschaft auf der Basis wissenschaftlicher Erkenntnis und auf dem Wege von Globalsteuerungen, sei es durch die Justiz oder durch andere Institutionen, verändern zu können. Der Glaube an einen grenzenlosen Fortschritt und an unbegrenzte gesellschaftliche Gestaltungsmöglichkeiten, die auch die weitreichenden Reformvorstellungen in der Justiz beflügelt hatten, hatte längst seine Basis verloren. Soziologen führen die Abkehr von der Verwendungsforschung jedoch auch auf den durchschlagenden Erfolg einer »Soziologisierung« der Gesellschaft zurück, das heißt darauf, dass soziologische Erklärungsmuster breiten Eingang in das Alltagswissen erhalten hätten.[356] Geht man von diesem Befund aus und überträgt ihn auf die Richterschaft, so spricht vieles dafür, dass zwar weiterhin Alltagswissen in richterliche Urteile mit einfließt, sich dieses Alltagswissen jedoch eben auch inzwischen soziologisiert hat. Der mit viel Optimismus angestrebte Verwissenschaftlichungsprozess wäre damit ebenfalls in einem »Trivialisierungsprozeß« (Tenbruck) gemündet.

Es ist deutlich geworden, dass einige wenige Richter von Beginn an aktiv an Forschungen zur Justizsoziologie beteiligt waren. In einer einfachen Dichotomie von Forschung und Praxis sowie von Forschern und Praktikern geht das Verhältnis von Soziologen und Richtern nicht auf. Die Besonderheit der gesamten Ver(sozial)wissenschaftlichungsdebatte bestand schließlich nicht zuletzt darin, dass die herkömmliche Differenz von Theorie und Praxis aufgehoben werden sollte. In der Zusammenarbeit von Soziologen und Richtern oder gar der Verschmelzung beider Rollen, wie sie ansatzweise bei Theo Rasehorn von richterlicher Seite und bei Rüdiger Lautmann von soziologischer Seite her zu beobachten sind, kommt dieses Bestreben zur Überbrückung der Kluft besonders zum Ausdruck. Es wird jedoch kaum ein Zweifel darüber bestehen können, dass der Kreis derer, die von Seiten der Richter oder auch

355 Vgl. dazu u.a. Beck/Bonß, »Soziologie«; Hondrich, »Soziologie«.

356 Als einer der ersten, der diesen Prozess beschrieben hat vgl. Tenbruck, »Fortschritt«.

anderer Juristen aktiv an diesem Prozess beteiligt waren, sich auf einige wenige Protagonisten beschränkte.

So ist es ohnehin schwierig, Aussagen über die Reaktion der Richterschaft auf die Herausforderungen durch die Soziologie zu treffen. Der Beifall für die oben bereits zitierte Äußerung des Hamburger Rechtsanwalts Heinz Brangsch auf dem Juristentag von 1972, er sei gerne bereit, sich »jede Woche einmal mindestens eine ganze Stunde« in Frage zu stellen, wolle aber ansonsten in Ruhe arbeiten, dürfte die Stimmungslage vieler Richter ganz gut getroffen haben.[357] Andererseits zeigte die Teilnehmerzahl an eben jener Sektion zur Justizforschung auf dem Juristentag, dass die gesamte Debatte bei aller zu vermutenden Skepsis auf erhebliche Resonanz stieß: Mit 750 Teilnehmern war die Sektion ein klarer Anziehungspunkt gewesen.[358] Gerade diese Veranstaltung zeigte jedoch, wie eng die hoch gesteckten Ziele und die Enttäuschungen beieinander lagen. Die Lektüre der Diskussion lässt die wachsende Skepsis bereits deutlich werden.

Es sei auch nochmal darauf hingewiesen, dass eine sich zeitweise abzeichnende Koalition aus Justizsoziologen und Richter-Reformern bereits erheblich zu bröckeln begann.[359] Vor allem Hubert Rottleuthner verwies zum einen auf die wissenschaftlichen Schwächen vieler justizsoziologischer Studien, ließ aber zum anderen von Beginn an deutlich werden, dass er für Reformen, die in seinen Augen allein das Image der Justiz verbessern sollten, wenig Sympathien hegte und nicht gedachte, derartigen Reformforderungen eine wissenschaftliche Legitimation zu verleihen. Unter den reformfreudigen Richtern hielt schließlich allein Theo Rasehorn an seinem justizsoziologischen Interesse fest, war jedoch zunehmend enttäuscht vom Scheitern des Konzeptes einer Verschmelzung von Theorie und Praxis.

3.3.2 Zukunftsmodell »politischer Richter«?

Den Versuch, den Begriff des »politischen Richters« positiv besetzen zu wollen, wird man vor dem Hintergrund der deutschen Rechtsgeschichte des 19. und 20. Jahrhunderts wohl als mutig bezeichnen können. Der bürgerlichen Trennung von Staat und Gesellschaft entsprach die Trennung von Recht und

357 Verhandlungen des 49. Deutschen Juristentages, Düsseldorf 1972, Teil R, Stand und Möglichkeiten der Justizforschung, München 1972, S. 89.

358 In den gedruckten Beiträgen der Juristentage werden stets geschätzte Teilnehmerzahlen angegeben.

359 Für die erwähnte Zusammenarbeit ist auch bezeichnend, dass Rüdiger Lautmann seine Justizstudie »Die stille Gewalt« Rudolf Wassermann gewidmet hat.

Politik. Der Staat war das Reich der Politik, die Gesellschaft das Reich des Rechts. Öffentliches Recht, so der Begründer der bürgerlichen Rechtswissenschaft, C.F. von Savigny, sei nicht »Gegenstand der Wissenschaft vom Recht«[360]. Auch wenn die Trennung in dieser Radikalität nicht aufrecht zu erhalten war, hielt die herrschende Meinung der Rechtswissenschaft prinzipiell an der Vorstellung von der scharfen Trennung von Recht und Politik fest.[361] Nach dieser Konzeption übte der Richter ein ganz und gar neutrales und unpolitisches Amt aus, das allein den Gesetzen des juristischen Syllogismus und keinerlei gesellschaftspolitischen Einflüssen unterworfen war.[362] So jedenfalls die Theorie, oder besser gesagt, die Ideologie, die in der Richterschaft gerade auch in der frühen Bundesrepublik fest verankert war.

Wenn Wassermann dagegen den »politischen Richter« setzte, lässt sich dies auf den ersten Blick einem der zentralen Ziele der Studentenbewegung zuordnen, den politischen Charakter vieler vermeintlich unpolitischer Lebensbereiche – nicht zuletzt des Rechts und der Justiz – zu entlarven und diese so in die politische Auseinandersetzung zu ziehen. Es wäre jedoch zu kurz gegriffen, wollte man hier nur diesen kurzfristigen Einfluss sehen. Innerhalb der juristischen Fachdebatte existierte eine lange Tradition von Vorstößen, den politischen Charakter des Rechts und damit auch der Rechtsprechung ins Bewusstsein zu heben. Dass sowohl im Kaiserreich als vor allem auch in der Weimarer Republik vielfach Recht gesprochen wurde, das die Konzeption vom unpolitischen Richter geradezu auf den Kopf stellte, zählte zu den Einsichten, die gerade in den sechziger Jahren bei manchem den Glauben an die vermeintlich »unpolitische« Funktion des Richters einer argen Belastungsprobe aussetzte. Nicht von ungefähr spielte der Bezug auf Weimar bei den Justizkritikern eine zentrale Rolle.[363] Die Wiederentdeckung und Neuauflage von Klassikern der Weimarer Justizkritik – Ernst Fränkel, Hermann Heller und Ludwig Bendix sind hier an erster Stelle zu nennen – gehört ebenfalls in diesen Kontext.[364]

Das Beispiel des Nationalsozialismus und der DDR schien den Ideologen der unpolitischen Justiz zwar noch einmal anschauliche Beispiele dafür zu liefern, welchen Schaden das Recht durch die politische Instrumentalisierung nahm. So musste auch das Gespenst von der totalitären Gefahr der »Gleich-

360 Vgl. dazu Grimm, »Bürgerlichkeit«.

361 Aufschlussreich dazu: Grimm, »Recht«.

362 Eine konzise Einführung in die Problematik und einen sicheren Wegweiser durch die uferlose Literatur zu dem Komplex liefert Simon, *Unabhängigkeit*, S. 104ff.

363 Vor allem Wassermann und Rasehorn haben sich immer wieder mit der Weimarer Justiz befasst. Vgl. etwa Wassermann, *Richter*, S. 58ff.; Ders., *Bonn*; Rasehorn, *Richter*.

364 Vgl. Fränkel, *Soziologie*; Bendix, *Psychologie*.

schaltung« der Justiz immer wieder herhalten, wenn es darum ging, den Wert der scheinbar unpolitischen Sphäre des Rechts zu verteidigen.[365]

Doch gerade das Beispiel des NS machte deutlich, dass auch ganz andere Schlussfolgerungen möglich waren. Erinnert sei zunächst an Gustav Radbruchs Diktum, dass der Positivismus am Fehlverhalten der Richterschaft im »Dritten Reich« schuld gewesen sei. So sehr diese Vorstellung auch in die Irre ging, zog sie mit der Naturrechtsrenaissance eine Hinwendung zu Werten jenseits des geschriebenen Rechts nach sich, deren gesellschaftspolitisch konservativer Zug unverkennbar war. Obgleich die Richterschaft gerade auf der Basis des antitotalitären Konsenses in der frühen Bundesrepublik kontinuierlich versucht hat, Recht und Politik zwei gänzlich getrennten Sphären zuzuordnen, sorgten auf diese Weise Teile der Rechtsprechung selbst dafür, dass ihre gesellschaftspolitische Rolle unübersehbar wurde.

Es gab aber noch eine andere Lesart des Verhaltens der Justiz im Nationalsozialismus. Die lieferte auch im Jahr 1968 Bernd Rüthers mit seiner Aufsehen erregenden Studie über den Umgang mit dem nicht spezifisch nationalsozialistischen Recht durch die Justiz.[366] Rüthers vermochte zu zeigen, dass die Rechtsfindungsmethode vielfach eben nicht der Positivismus, sondern »die unbegrenzte Auslegung« unter dem Vorzeichen nationalsozialistischer Ideologie war. Durch den Nachweis dessen, was Juristen mit den Bestimmungen des BGB in der Lage waren anzustellen und dabei den Schein der streng juristischen Argumentation zu wahren, erhielt der Glaube an den unpolitischen, da durch das Gesetz gebundenen Richter einen weiteren erheblichen Schlag.

So flossen verschiedene Diskussionsstränge in die Feststellung ein, dass die überkommenen Grenzziehungen von Recht und Politik so nicht mehr haltbar seien. In juristischer Fachliteratur dieser Zeit sind Äußerungen in diesem Sinne nicht nur erstaunlich häufig, sondern vor allem mit erstaunlicher Selbstverständlichkeit zu finden. In einem ursprünglich als Festvortrag vor dem Deutschen Richterbund gehaltenen Aufsatz präsentierte Friedrich Kübler, Rechtsprofessor in Gießen, 1969 eine Analyse von »Amt und Stellung des Richters in der Gesellschaft von morgen«.[367] Kübler plädierte hier zwar eindeutig für Veränderungen und allein die Tatsache, dass er, der bereits zuvor als sachlicher, aber deutlicher Kritiker der Richterschaft aufgetreten war, einen Festvortrag bei einer Jubiläumsveranstaltung des Richterbundes hielt, ist für sich

365 Für die Auseinandersetzungen der fünfziger Jahre sei hier noch einmal auf Kapitel I verwiesen.

366 Vgl. Rüthers, *Auslegung*.

367 Kübler, »Amt«. Kübler hatte den Beitrag am 6.11.1969 aus Anlass des 60-jährigen Jubiläums des Deutschen Richterbundes gehalten. Grundsätzlicher und theoretischer dazu: Ders., »Kodifikation«.

schon als Zeichen für Veränderungen in der Richterschaft zu begreifen.[368] Doch Kübler war kein justizpolitischer Bilderstürmer. So bietet sein Aufsatz eher eine nüchterne Situationsbeschreibung als einen glühenden Reformaufruf. Umso klarer treten die Selbstverständlichkeiten ins Auge, mit denen Kübler operierte.

Der Ausgangspunkt seiner Überlegungen war die Feststellung, dass dem Richter schon seit geraumer Zeit immer mehr Aufgaben zufielen, »die ihn in eine mit seiner herkömmlichen Stellung kaum zu vereinbarenden Rolle drängen«[369]. Die herkömmliche Rolle habe in der eines »Staatsdieners« bestanden, der auf dem Wege einer »jederzeit reproduzierbare(n) Subsumtion« den Willen des Gesetzgebers umgesetzt habe.[370] Ob oder in welchem Maße Küblers Bild von der Vergangenheit des Richters zutrifft, sei hier dahingestellt. Es geht um den von ihm konstatierten Wandel, den er vor allem darin zu erkennen glaubte, dass die Rechtsprechung zu einer Instanz geworden sei, die in einem früher kaum vorstellbaren Maße das Recht den sich rapide wandelnden Verhältnissen anpassen müsse. Jenen Juristen, die eine »seit langem schwelende Krise der Gesetzgebung«[371] mit ihrer Neigung zu »Generalklauseln von nicht zu überbietenden Schwammigkeit«[372] beklagten, hielt Kübler entgegen, dass dieser Zustand nichts anderes sei »als die Normalität einer demokratisch verfaßten Industriegesellschaft«.[373] Dass die Funktion des Richters damit eine sozial gestaltende und eine »eminent politische« sei, lag für Kübler auf der Hand und bedurfte keiner weiteren Erklärung.

Unter dem Titel »Vom Rechtsheiligen zum Sozialingenieur« konstatierte der ehemalige Bundesverfassungsrichter Konrad Zweigert im selben Jahr in der *Zeit* einen ähnlichen Wandel der richterlichen Berufsrolle: »In der modernen Gesellschaft ist der Richter [...] bedeutsamer denn je zuvor. Eine moderne Gesellschaft dürstet nach dem Richter; nicht kraft der Heiligkeit seines Spruchs – sie ist dahin; nicht in Erwartung einer vollendeten Rechtstechnik, die, wo sie in Standardfällen gebraucht wird, ohnehin schon bald einem Computer anvertraut werden kann. Die moderne Rolle des Richters ist auch nicht die eines Rächers oder eines Wissers von Dogmen, nicht die einer ›sozialen Reparaturwerkstatt‹, sondern vielmehr die eines ›social engineer‹, eines Bau-

368 Kübler hatte sich schon 1963 in einem wichtigen Aufsatz mit dem Verhältnis der Richterschaft zur Demokratie auseinandergesetzt: Kübler, »Richter«.

369 Kübler, »Amt«, S. 380.

370 Ebd., S. 381.

371 Werner, *Problem*, S. 15.

372 Wieacker, *Privatrechtsgeschichte*, S. 477.

373 Kübler, »Kodifikation«, S. 650. In ähnlichem Sinne auch schon Scheuner, »Aufgabe«; Bachof, *Grundgesetz*, S. 28ff.; Friedmann, *Recht*, S. 13ff.; Simitis, *Informationskrise*, S. 11ff., 33ff.

meisters, eines Architekten der Gesellschaft«[374]. Auch hier fällt die Selbstverständlichkeit auf, mit welcher der Jurist Zweigert, auch er gewiss kein »Radikaler«, die Bedeutung der Dogmen in den Hintergrund schiebt und die gestaltende Aufgabe des Richters hervorhebt.[375]

Ordneten sich Kübler und Zweigert mit ihren Ansätzen und Forderungen schon klar in den Kontext einer sich rapide wandelnden Gesellschaft ein, ging Rudolf Wiethölter, seit 1963 Lehrstuhlinhaber an der Frankfurter Universität, in seiner Zustandsanalyse des Rechts und der Rechtswissenschaft, die er 1968 vorlegte, noch einen deutlichen Schritt weiter. »Nachdem das Elend der Nationalökonomie beschrieben worden ist, die Soziologie in einem unüberbrückbar erscheinenden Schulenstreit zwischen der traditionellen Soziologie und sog. Frankfurter Schule zerfallen ist, konnte es nicht ausbleiben, dass nach der Antijustizkampagne auch die Rechtswissenschaft ins Schußfeld der ›kritischen‹ Geisteswissenschaften geraten mußte«[376]. So leitete der Rechtswissenschaftler Peter Schwerdtner seine Kritik an Rudolf Wiethölters »grandiosem Großverriß« der deutschen Rechtswissenschaft ein, der 1968 im Rahmen eines Funkkollegs erschien.[377] Er stellte Wiethölters Kritik damit klar in den Kontext von »'68« und unterstellte eine »begeisterte Aufnahme in studentischen Kreisen«. Tatsächlich war das Buch für einige Jahre so etwas wie die Bibel der Kritik an der traditionellen Rechtswissenschaft und einem traditionellen Rechtsverständnis. Über Wiethölters Engagement für die Reform der Juristenausbildung übte er mit dieser Kritik auch erheblichen Einfluss auf einen Teil der Reformstudiengänge aus und lieferte quasi deren theoretische Basis. Wiethölter verkörperte damit so etwas wie den Ableger der »neuen Linken« in der Rechtswissenschaft und galt zum Teil als Vertreter einer rechtswissenschaftlichen »Frankfurter Schule«. Auch wenn es hier durchaus Bezüge und Parallelen gab, machte Wiethölter diese kaum explizit und stilisierte seinen Entwurf eher als Abrechnung und Bruch, als dass er Anknüpfungspunkte benannte.

---

374 Zweigert, Sozialingenieur. Der Begriff des »social engineering« geht auf den amerikanischen Rechtssoziologen Roscoe Pound zurück. Vgl dazu u.a. Ders., *Interpretations of Legal History*, Gloucester 1923, S. 152ff.; Ders., »The Lawyer als Social Engineer«, in: Journal of Public Law, 3 (1955), S. 292-303; Ders., *Jurisprudence*, Bd. 1, St. Paul Minnesota 1959, S. 346f.; zudem mit weiterer Literatur vgl. Rinken, *Studium*, S. 343ff.

375 Es sei hier nur am Rande auf das ebenso erstaunliche wie zeittypische Vertrauen in die Chancen der Technik – hier des gerade erst in den Anfängen steckenden Computers – und mehr noch in die Veränderbarkeit oder die Gestaltbarkeit der Gesellschaft verwiesen.

376 Vgl. Schwerdtner, »Recht«, S. 136.

377 Vgl. Wiethölter, *Rechtswissenschaft*, Wiethölter weist in dem Buch darauf hin, dass der Titel des Buches eigentlich »Recht« hätte heißen müssen, dies aber aus urheberrechtlichen Gründen nicht möglich war. Die Formulierung »grandioser Großverriß« entstammt einer weiteren Kritik des Buches: Lersch, Immanuel Kant – Der Verderber des Rechts, in: *Die Welt*, 8.11.1968.

Mit dem Selbstbewusstsein eines wissenschaftlichen Revolutionärs erklärte Wiethölter ebenso kategorisch wie unhinterfragt, dass »für eine moderne politische Gesellschaft«, die den »Faschismus« ebenso wie den »Stalinismus« vermeiden wolle, noch gar kein Recht vorhanden, sondern erst noch zu schaffen sei.[378] Zu dieser erstaunlichen Einsicht kam Wiethölter dadurch, dass er das bestehende Recht der bürgerlichen Gesellschaft des 19. Jahrhunderts zuordnete, das in erster Linie dazu gedient habe, die Herrschaft des Bürgertums zu sichern. In einer harschen Kritik an der deutschen Rechtswissenschaft der letzten 150 Jahre zeichnete Wiethölter ein Bild des Rechts, das sich auf der einen Seite von der politischen Gesellschaft, aber auch von den anderen Wissenschaften separiert und isoliert habe, in dieser Isolation aber auf der anderen Seite ein enormes Machtpotential darstelle. Statt seine politischen Rechte durchzusetzen, habe das deutsche Bürgertum im 19. Jahrhundert einen Kompromiss mit dem preußisch-deutschen Obrigkeitsstaat geschlossen und so zur Etablierung einer unpolitischen Gesellschaft beigetragen, in der das Bürgertum gleichwohl ihre Klassenmacht gesichert sah. Rechtlich abgesichert habe das Bürgertum seine Stellung mit der Durchsetzung des bürgerlichen Rechts, dessen Klassencharakter unter dem Ansturm von Industrialisierung und Demokratisierung immer deutlicher zu Tage getreten sei.[379] Von seiner historischen Entwicklung, von der antrainierten Denkart, von der Art der Ausbildung und nicht zuletzt der Rekrutierung der Juristen an den Universitäten, den Gerichten und den Verwaltungen war für Wiethölter das gesamte Rechtssystem ein Klassenmodell: »Klassengesellschaft mit Klassengesetzgebung, Klassenverwaltung und Klassenjustiz«. »Die Rechtswelt als Machtwelt«, so Wiethölter an anderer Stelle, »hält die politische Welt buchstäblich in Schach, genauer: Die Inhaber sozialer, ökonomischer und politischer Herrschaft transformieren ihre Gewalt über Recht in Rechtsmacht«. Eine wichtige Folge davon sei, dass etwa »der gute ›reine‹ Zivilrechtler [...] in der freien Wirtschaft sehr gut ›brauchbar‹« sei. Da das Recht »eine disponible und fungible leere Formhülle« geworden sei, sah Wiethölter das Recht in erster Linie als Stütze des Status quo und damit der »herrschenden Klasse«.[380] Ziel musste in Wiethölters Augen damit die Demokratisierung des gesamten Rechtssystems sein, die für ihn unmittelbar mit einer Politisierung verbunden war.

Ähnlich wie Kübler, Zweigert und andere konstatierte damit auch Wiethölter die wachsende Diskrepanz eines aus dem 19. Jahrhunderts stammenden Rechts und einer sich dynamisch entwickelnden Gesellschaft. Weit

378 Wiethölter, *Rechtswissenschaft*, S. 9.

379 Vgl. ebd., insbes. S. 165ff., 178ff.

380 Wiethölter, »Anforderungen«, hier S. 18.

radikaler postulierte er jedoch die nahezu vollständige Abkopplung von dem in seinen Augen unbrauchbaren und damit gleichsam »inexistenten« Recht. Dreh- und Angelpunkt des neu zu schaffenden Rechts war für Wiethölter die politische Gesellschaft, die auf dem Weg eines Selbstverständigungsprozesses ein neues politisches, der politischen Gesellschaft adäquates Recht schaffen und das alte bürgerliche Recht überwinden müsse. Der von Wiethölter dadurch geforderte Kraftakt wird deutlich, wenn man bedenkt, dass es für ihn nicht nur noch kein politisches Recht, sondern auch noch keine politische Gesellschaft gab. Gefordert sah Wiethölter eine Gesellschaftstheorie, die es gestattete, die angestrebte politische Gesellschaft rational zu konstituieren. Aus dieser Gesellschaftstheorie wäre dann eine Rechtstheorie abzuleiten, die dem Entscheider Handlungsorientierungen gibt. Die Grundlage bildete für Wiethölter klar die Verfassung, für deren Interpretation er eine »materiale Verfassungstheorie für jede Ausrichtung des menschlichen Lebens und Zusammenlebens« anmahnte. Eine solche Theorie sei eine Theorie »in praktischer Absicht«, die »soziale Analyse und Kritik sowie soziale ›Technologie‹ mit rationaler Politik« verbinde, »wie es die gesellschaftswissenschaftliche Theorie schon lange tut, wie es die juristische Wissenschaftstheorie indessen kaum begonnen hat«[381]. Wegen dieser Versäumnisse stritten in Wiethölters Augen Meinungslager um normative Siege, die für ihn Siege der Irrationalität über die Rationalität waren. Zur Herstellung der notwendigen Rationalität bemühte Wiethölter einmal mehr die Sozialwissenschaften, die klare Ergebnisse über die soziale Wirklichkeit liefern sollten, bemühte darüber hinaus jedoch eine äußerst vage »gute Ordnung« als Fluchtpunkt.[382]

Dieter Simon griff Wiethölters Ansatz auf, eine rationale Erörterung von Kriterien einer Verfassungsinterpretation in Gang zu setzen, und empfand es als faszinierenden Gedanken, auf der Grundlage des Habermasschen Modells Werteentscheidungen stets neu in intersubjektiver Auseinandersetzung zu begründen. Er sah allerdings praktisch keinerlei Rezeptionschancen für das Modell, zumal es sich im Gerichtsverfahren prinzipiell um »gewaltsam verzerrte Kommunikation« (Rottleuthner) handele. Auch für Wertbegründungen durch Folgediskussionen sah Simon angesichts der Entscheidungsbedingungen des Justizsystems wenig Chancen und schloss sich damit der schon erwähnten Luhmannschen Kritik an dem Postulat der Folgendiskussion an. Simon beklagte in seiner Auseinandersetzung mit Wiethölter, die aus dem Jahr 1975 stammt, im Übrigen auch, dass dieser noch keinen wirklich »kompetenten Kritiker« gefunden habe. Tatsächlich erfuhr sein Buch ein merkwürdiges

381 Wiethölter, *Rechtswissenschaft*, S. 145.

382 Ebd., S. 147, 179 u.ö.; vgl. dazu auch Schwerdtner, »Recht«, S. 139f.

Schicksal. Für kurze Zeit erschien sein Postulat einer politischen Rechtswissenschaft als *die* Herausforderung an die deutsche Rechtswissenschaft, an der niemand vorbeikam. In der Auseinandersetzung um den »politischen Richter« und die Reform des juristischen Studiums stand Wiethölters Ansatz immer mit zur Debatte. Auf wissenschaftlicher Ebene blieb eine gründliche Auseinandersetzung mit seinen Thesen weitgehend aus. Dazu trug wohl nicht zuletzt auch der Stil seiner Arbeiten bei, der eher deklamierend als argumentierend war und nicht wirklich zur Diskussion einlud: »Rechtstheorie in einer politischen Gesellschaft ist politische Rechtstheorie. Politische Rechtstheorie ist aus kritischer Empirie und Reflexion zu gewinnende und auszuführende Gesellschaftstheorie. Anforderungen an den modernen Juristen heute sind mithin insoweit: seine Mitarbeit an sozialer und politischer Theorie wie an den notwendigen Veränderungen der politischen Verhältnisse in politischer Praxis«[383]. Derartige, quasi ontologische Aussagen waren getragen von dem Bewusstsein, auf der Seite des historischen Fortschritts zu stehen, und ließen eingehende Begründungen und die Auseinandersetzung mit Einwänden überflüssig erscheinen.

So wurde Wiethölter auch vorgeworfen, gerade dem Habermasschen Postulat nach Offenlegung seiner Prämissen nicht zu folgen. Wiethölter müsse sich den Vorwurf gefallen lassen, so Peter Schwerdtner in seiner Kritik, »voraussetzungslose wissenschaftliche Ergebnisse zu präsentieren«[384]. So gab Wiethölter weder auf juristischer noch auf politischer Seite an, in welchen Kontext er sich einordnete, sondern postulierte den völligen Neuanfang. Verstand sich Wiethölter als eine Art Ableger der »neuen Linken« in der Rechtswissenschaft, so versäumte er es, hier klare Verbindungen zu ziehen und sich in den entsprechenden intellektuellen und gesellschaftspolitischen Kontext zu stellen. Mit gewissem Recht kritisierte Schwerdtner, dass der Widerspruch zwischen der Forderung nach »politischer Entmachtung« des Rechts und der Forderung nach dessen »Politisierung« nur dann aufzuheben sei, wenn man »Politisierung« materiell verstehe, also eine ganz bestimmte politische Zielvorstellung damit verbinde, die Wiethölter aber schuldig bleibe. Auch wenn Wiethölter an manchen Stellen gewissermaßen die Verwirklichung der Verfassung mit dem Sozial- und Rechtsstaatgebot anmahnte, wurde nicht klar, ob er hier den zentralen, noch nicht verwirklichten Fluchtpunkt sah oder ob er eher eine »sozialistische Gesellschaft« anstrebte, wie Schwerdtner mutmaßte. Tatsächlich fällt auf, dass Wiethölter die Tür »nach links« offen hielt, ohne wirklich hindurchzugehen. Er kritisierte, dass die Bezeichnung »Sozialist« im

383 Wiethölter, »Anforderungen«, S. 19.

384 Schwerdtner, »Recht«, S. 140. Als Beleg für Wiethölters wenig diskursiven Stil vgl. auch seine Antwort auf Schwerdtner: Wiethölter, »Recht«. Auf die zentralen Punkte reagierte Wiethölter eher mit Sophistik als mit Gegenargumenten.

öffentlichen Raum quasi gleichbedeutend mit »Verfassungsfeind« sei, ließ aber weitgehend offen, wie er sich eine etwaige »sozialistische« Verfassungsinterpretation vorstellte. Die durchaus scharfsinnige Kritik an den herrschenden Rechtsverhältnissen verband Wiethölter mit einer »tabula-rasa-« und Neubeginnsmetaphorik, die seinen Ansatz als ebenso faszinierend wie unbefriedigend erscheinen ließ.

Doch geht es hier in der Auseinandersetzung mit Wiethölter weniger um eine verspätete Kritik als um dessen Einordnung in den Zusammenhang der von einer massiven Neugestaltungsmetaphorik getragenen Politisierungsdebatte. Wiethölter knüpfte ebenso wie Zweigert oder Kübler an jene Vorstellungen von Gestaltbarkeit und Wandelbarkeit der Gesellschaft an, von denen die sechziger Jahre in vielen Bereichen geprägt waren. Die Bedenkenlosigkeit, mit der sich mancher Jurist zumindest verbal von den Dogmen verabschiedete, erklärt sich daraus, dass ein Teil der Juristen – vor allem einige Rechtswissenschaftler und einige wenige Richter – den Zug des Fortschritts gewissermaßen an sich vorbeifahren sahen und nun rasch aufzuspringen versuchten. Ging man davon aus, dass die Rechtsnormen in großen Teilen weiterhin aus dem 19. Jahrhundert stammten und wies man insbesondere den Richtern weiterhin die Rolle der Hüter dieser Normen zu, drohte sich das Recht und vor allem die Rechtsprechung nicht nur von der Gestaltungsfähigkeit der modernen Gesellschaft zu verabschieden, sondern gar zu einer Bremse »des Fortschritts« zu werden.[385]

Die Frage, die sich Juristen wie Zweigert, Kübler, Wiethölter oder Wassermann stellten, lautete folglich: Inwieweit können Recht und Justiz den beschleunigten Veränderungsprozess der modernen Gesellschaft mit gestalten und wie kann umgekehrt verhindert werden, dass Recht und Justiz diesen Prozess behinderten. Zwar konnte man sicher fordern, dass das materielle Recht geändert werden musste. Vor allem im Bereich des Strafrechts und

385 Es sei hier nur darauf verwiesen, dass die Debatte um die gesellschaftlicher Rolle der Justiz nicht auf die Bundesrepublik beschränkt war. Bereits im Jahr 1962 brachte der »Vater« der modernen italienischen Rechtssoziologie, Renato Treves, ein Forschungsprojekt auf den Weg, das den Titel »L'amministratione della giustizia e la società italiana in transformatione« trug. Dem Projekt lag die These zu Grunde, dass sich der Wandel der Gesellschaft enorm beschleunigt habe und die Justiz angesichts dieses Wandels von der gesellschaftlichen Entwicklung abgekoppelt zu werden drohte: Treves, »ricerca sociologica«, S. 231f.; vgl. dazu auch Reiter, »Verfassungsverwirklichung«, S. 208. Treves sah dieses Auseinanderklaffen zwischen einer sich dynamisch entwickelnden Gesellschaft und einem von seinen strukturellen Bedingungen her tendenziell konservativen Rechts- und Justizsystem im Übrigen auch als ein Problem, mit dem sich nicht nur die italienische Justiz auseinanderzusetzen hatte. Er bemühte sich daher auch um eine umfassende Bestandsaufnahme der internationalen Rechtssoziologie. Vgl. dazu Treves (Hg.), *La sociologia.*

ansatzweise im Familienrecht sind in den sechziger Jahren unter Federführung der SPD grundlegende Reformen ja auch in Angriff genommen worden. Wie jedoch Kübler und andere überzeugt waren, änderte sich die Gesellschaft so schnell, dass der Gesetzgeber diesen Veränderungen zwangsläufig immer hinterherlaufe. Wenn also das gesamte Rechtssystem nicht der gesellschaftlichen Entwicklung hinterherhinken wollte, wuchs automatisch der Justiz, also insbesondere der Richterschaft, eine zentrale Rolle in der Interpretation der Gesetze zu.[386]

So schrieb Wassermann, dass es ihm nicht, wie oft unterstellt, darum ginge, den politischen Richter zu fordern. Das sei überflüssig. Den politischen Richter brauche niemand zu fordern, da sich die politische Funktion des Richters von selbst verstehe. »Jede Justiz ist politisch«, so Wassermann weiter, »ob man das nun zugibt oder nicht. Der Richter kann gar nicht anders als politisch handeln, und es zeugt nur von falschem Bewußtsein, wenn der Richter sich gegen diese Einsicht sperrt«[387]. Nur am Rande sei auf die Verwendung der Marxschen Terminologie vom »falschen Bewußtsein« verwiesen, der einmal mehr die Bedeutung der Sprache für die Verbreitung des Duktus des Protestes unterstreicht. Inhaltlich ging es Wassermann im Wesentlichen um einen Akt der Aufklärung: Der Richter solle sich erstens des politischen Charakters seiner Tätigkeit bewusst werden und er solle sich zweitens »der damit verbundenen Verantwortung gegenüber der Gesellschaft« bekennen. Drittens schließlich forderte Wassermann vom Richter, »daß er bei seinen politischen Entscheidungen nicht privaten Vorlieben oder schichtenspezifischen Präferenzen folgt, sondern sich an der Verfassung orientiert«[388].

Einmal mehr wurde die Verfassung zum Fluchtpunkt einer sich als »fortschrittlich« verstehenden Rechtsprechung. Dass die damit verbundene Hoffnung durchaus trügerisch war, sollte sich in den siebziger Jahren noch erweisen.[389] Zudem liegt es, wie Dieter Simon zu Recht bemerkt hat, auf der Hand, dass sich die Antwort auf die Frage, wie die Grundwerte »Freiheit« und »Demokratie« im Einzelnen zu füllen sind, in einer Demokratie naturgemäß nicht allgemeinverbindlich festlegen lässt, sondern Teil eines pluralistischen Aushandlungsprozesses ist.[390]

---

386 In diesen Kontext gehört auch die breite Debatte um die Legitimität des Richterrechts. Prägnant dazu: Simon, *Unabhängigkeit*, S. 106ff. Konsequenterweise bildete die Frage auch bei Wassermann einen zentralen Punkt; vgl. das Kapitel »Richterrecht als Schicksal«, in: Ders., *Richter*, S. 32ff.

387 Wassermann, *Richter*, S. 17.

388 Ebd.

389 Vgl. dazu Kapitel 4.

390 Vgl. Simon, *Unabhängigkeit*, S. 81. Aus der reichhaltigen Literatur zur Bedeutung der Verfassung für die Rechtsprechung im Allgemeinen vgl. u.a.: Schneider (Hg.), *Prinzipien*; Stein,

Ähnlich wie Wassermann sah auch der ehemalige Verfassungsrichter Konrad Zweigert hier das Gegengewicht zum sich unpolitisch gebenden Konservatismus der traditionellen Rechtsprechung: Das »Lüth-Urteil« des Bundesverfassungsgerichts habe deutlich gemacht, »daß die Grundrechte alle Generalklauseln der einfachen Gesetzgebung durchwirken und ihre Interpretation in die grundrechtliche Richtung lenken«. Und er fuhr fort: »Ich gehe weiter und postuliere und lege den Gerichten nahe, alle Interpretationszweifel primär nicht von der vorkonstitutionellen Dogmatik, sondern vom Gedanken des Grundgesetzes her zu entscheiden«. Wenn man dies ernst nehme, werde man sich wundern, »was alles an Wertedirektiven in der Verfassung zu finden ist und wie sie den Weg zum demokratischen Fortschritt weisen«[391].

Ganz in diesem Sinne wollte auch Wassermann unter Demokratisierung »die Verinnerlichung (›Internalisierung‹) jener demokratischen Werte, die nach der Verfassung unser soziales Leben bestimmen«, verstehen. Unter Politisierung der Justiz wollte Wassermann zudem »die Bildung des Bewußtseins« verstanden wissen, »das dieser politischen Funktion entspricht«[392]. Inhaltlich forderte er damit nichts anderes, als dass sich der Richter darüber im klaren sein solle, dass er eine gestaltende politische Funktion ausübe, und dass er sich dabei an den Vorgaben des Grundgesetzes orientieren solle. Gleichwohl blieb gerade der Prozessbegriff der »Politisierung« mindestens missverständlich. Das Argument Wassermanns und anderer zielte ja gerade darauf, dass die Vorstellung vom unpolitischen Richter eine Illusion war. Der Begriff der »Politisierung« und des »politischen Richters« suggerierte jedoch, dass »der neue Richtertyp« im Gegensatz zum tatsächlich unpolitischen, neutralen Richter stand. Wassermann sprach daher später auch selbst lieber vom »politisch bewussten Richter«. Andere bevorzugten den Begriff des »gesellschaftsbezogenen« Richters, der die politische Konnotation zurückdrängen sollte, aber auch nicht unbedingt klarer wurde.

Wenn Anfang der siebziger Jahre Wassermanns Begriffsprägung und er als Person zur Hauptzielscheibe der Gegenwehr gegen die vermeintliche »Ideologisierung« bzw. die anders verstandene Politisierung wurde, ist es wichtig hervorzuheben, dass der Begriff kurzzeitig sogar für Konservative seinen Charme entfaltete: »›Politisierung‹ der Justiz liegt im Zug der Zeit«, so der Publizist

»Grenzen«; ebenfalls mit Hoffnung auf eine »fortschrittliche« Wirkung des Verfassungsbezugs: Ramm, *Einführung*, S. 751ff.; zur Frage der Verfassungsinterpretation vor dem Hintergrund sich verändernder gesellschaftlicher Erwartungen vgl. Birke, *Richterliche Rechtsanwendung*; ansonsten zum allgemeinen Diskussionsstand zu dem Thema Mitte der 1970er Jahre vgl. Hesse, *Grundzüge*, S. 20ff.

391 Zweigert, Sozialingenieur.

392 Wassermann, *Richter*, S. 17.

Friedrich Graf von Westphalen im Jahr 1969 und fuhr fort: »Sie sollte nicht mehr als Schreckgespenst dienen, das Erinnerungen an Zeiten einer fatalen ›Politisierung‹ der Richterschaft wachruft. Die Demokratie muß das Vertrauen in die Verfassungstreue der Justiz aufbringen – sonst kann man den Rechtsstaat sogleich zu Grabe tragen. ›Politisierung der Justiz‹ bedeutet nämlich genau das, was die Justiz in einer demokratischen Gesellschaft dringend braucht: Das stets wache Bewußtsein, daß das Recht eine Ordnungsmacht des gesellschaftlichen Kräftespiels ist«[393]. Die Äußerung stand im Zusammenhang mit der Forderung der CDU nach Einrichtung eines Richterwahlausschusses in Nordrhein-Westfalen und der Warnung des Justizministers Neuberger vor einer »Politisierung der Justiz«. Es ist bezeichnend für die Eigentümlichkeiten der politischen Semantik am Ausgang der sechziger Jahre, dass von Westphalen den von links in die Debatte gebrachten Begriff nutzte, um den sozialdemokratischen Justizminister als reaktionär abzustempeln.

Nur kurze Zeit später hatte sich die Verwirrung allerdings gelegt und die Fronten waren wieder klar. Die Auseinandersetzung um Wassermann und dessen vermeintlichen Pläne zu einer nun wieder als linksradikal konnotierten »Politisierung der Justiz« spitzte sich zu Beginn der siebziger Jahre zu, so dass darauf weiter unten noch einmal zurückzukommen sein wird. Wichtig ist hier zunächst, dass mit der Diskussion um den »neuen Richtertyp«, sei er nun »politisch«, »politisch bewusst« oder »gesellschaftsbezogen«, die Reformdebatte auf den Richter selbst zielte.[394] Innerhalb der Führung des Richterbundes gab es zwar auch einzelne, die in diese Richtung dachten, doch verstand man hier unter der geforderten Justizreform in erster Linie Strukturreformen und keine »Richterreform«, auf die Wassermann zielte.[395]

Auch Wassermann war klar, dass »der neue Richtertyp«, der ihm vorschwebte, nicht von heute auf morgen zu schaffen war. Abgesehen von der Avantgarde, die den »neuen Richter« bereits verkörperte und zu der er sich gewiss selber zählte, setzte Wassermann mittel- und langfristig vor allem auf eine reformierte Juristenausbildung. Für die bereits amtierenden Richter plädierte Wassermann zudem vehement für den Aufbau einer Richterakademie. Es wäre sicher zu kurz gegriffen, ihm vor allem das Ziel der »ideologischen Schulung« zu unterstellen. Doch sah er die ohnehin notwendige und sinnvolle

---

393 Westphalen, »Richter«. Nur kurze Zeit später polemisierte der 1940 geborene Rechtsanwalt und Publizist im *Rheinischen Merkur* scharf gegen die »Politisierung«; vgl. Ders., Volksrichter; Ders., Revolutionär.

394 Der deutsche Verwaltungsrichtertag von 1971 widmete sich dem »gesellschaftsbezogenen Richter«. Vgl. dazu *Deutsches Verwaltungsblatt* 86, 1971, S. 755f.

395 Dass Justizreform Richterreform zu sein habe, hat Wassermann an verschiedenen Stellen ausgeführt. Vgl. hier insbes. Wassermann, »Richtertyp«.

Einrichtung einer Fortbildungsstätte für Richter wohl auch als Möglichkeit, einen Ort der Selbstreflexion zu schaffen.[396] Da die Debatte um die Juristenausbildung im Kontext der Auseinandersetzung um eine mögliche Neuorientierung der Rechtswissenschaft und die Rolle der Rechtssoziologie zu sehen ist, muss die Untersuchung dieser Debatte weiter ausholen.

3.3.3 Die einphasige Juristenausbildung – Zur Pathologie der Reform

Das Thema Reform der Juristenausbildung gehört schon seit dem 19. Jahrhundert zu den periodisch wiederkehrenden Dauerbrennern juristischer Reformdebatten.[397] Zu keiner anderen Zeit wurde die Debatte allerdings so intensiv geführt wie Ende der sechziger und Anfang der siebziger Jahre. Zu keiner anderen Zeit war auch der Konsens über die Notwendigkeit einer Reform so groß. So wie auf dem Juristentag von 1968 die Frage der dissenting opinion und auf dem Juristentag von 1972 die Justizsoziologie in unmittelbarem Zusammenhang mit den weitreichenden justizpolitischen Reformdebatten standen, war es 1970 die Frage der Reform der Juristenausbildung, die ins Zentrum der Aufmerksamkeit rückte. Schon die Titel der Gutachten machten deutlich, dass es nicht um das »ob«, sondern nur um das »wie« der Reform ging. Lautete sonst der Standardtitel der Gutachten: »Empfiehlt es sich das xy-Problem neu zu regeln?«, fragten die Gutachter hier bereits: »In welcher Weise empfiehlt es sich, die Ausbildung der Juristen zu reformieren?«[398] Auf dem Juristentag schloss sich dann jedoch an die Referate von Alfred Rinken, zu diesem Zeitpunkt noch wissenschaftlicher Assistent in Freiburg, bevor er zum Professor in Bremen berufen wurde, und Otto Mühl, Bundesrichter a.D. und Professor, eine nicht enden wollende, zum Teil turbulente Debatte an, in der die Sprengkraft des Themas deutlich wurde[399]: »Einerseits: Sozialwissenschaften – politische Jurisprudenz – Wiethölter – radikale Linke; andererseits: Rechtsdogmatik – Positivismus – Fakultätentag – Establishment«. So knapp brachte Alfred

396 Die Richterakademie, wurde offiziell 1973 in Trier eröffnet, seit 1968 gab es jedoch schon die so genannte »fliegende Richterakademie«. Die Akademie hatte ohne Zweifel eine ganze Reihe von »Vätern«, doch hatte sich Wassermann zumindest öffentlich wie kein Zweiter dafür stark gemacht; Vgl. u.a. Wassermann, »Justizministerkonferenz«; Ders., »Richterakademie«.

397 Als Überblicke vgl. Köbler, »Geschichte«; Lührig, *Diskussion*.

398 Gutachten von Dietrich Oehler und Walther Richter, in: Verhandlungen des 48. Deutschen Juristentages, Bd. 1, Teil E, S. E 1–157, F 1–212.

399 Referate von Alfred Rinken und Otto Mühl in: Verhandlungen des 48. Deutschen Juristentages, Bd. 2, Teil P, S. P 7–33, P 35–54. Die Diskussion: ebd. S. P 27– P 316; an der Sitzung nahmen rund 1600 Personen teil. Das dürfte eine der höchsten überhaupt jemals erreichten Teilnehmerzahlen gewesen sein. Zur Diskussion kamen immerhin noch rund 500 Zuhörer.

Rinken auf dem Juristentag durch die schlichte Nennung aller Reiz- und Schlüsselbegriffe die Gegensätze in der Debatte auf den Punkt.[400]

Was also meinten diese Stichworte, wo waren die Gräben, die sich hier auftaten? Forderungen nach der Einbeziehung der Sozialwissenschaften sowie nach einem neuen Leitbild des Juristen wurden keineswegs erst 1968 zum ersten Mal gestellt. Im Kontext der Kritik der Freirechtsschule an der herrschenden Rechtsdogmatik forderte der Rechtssoziologe Eugen Ehrlich bereits auf dem Juristentag von 1912, dass es darum gehe, »eine wahre Jurisprudenz des täglichen Lebens« zu entwickeln. Der Jurist müsse in Zukunft auch die Soziologie und Volkswirtschaftslehre beherrschen. Als Konsequenz daraus forderte Ehrlich nicht nur die Integration solcher Vorlesungen in das juristische Studium, sondern auch die Einrichtung von Seminaren für »lebendes Recht«, in denen die Soziologie direkt in das Recht integriert werden sollte.[401] Zur Umsetzung kamen solche Vorschläge allerdings ebenso wenig wie andere Neuansätze zu Beginn der Weimarer Republik.

Nach 1945 kam die grundlegendste Kritik am rein rechtsdogmatisch ausgerichteten Studium von zwei Rechtslehrern, die beide 1935 von ihren Lehrstühlen vertrieben worden waren: dem Rechtshistoriker Fritz Pringsheim und dem Rechtsphilosophen Gerhart Husserl. Beide sahen Anfang der fünfziger Jahre die Juristenausbildung nicht zuletzt vor dem Hintergrund des NS auch als demokratische Aufgabe. Statt des reinen Rechtstechnikers wollten beide einen umfassend gebildeten, selbständig und nicht zuletzt politisch denkenden Juristen.[402] Besondere Resonanz fanden die Vorstellungen nicht. Stattdessen konzentrierte sich der weitere Verlauf der Reformdebatte in den fünfziger und sechziger Jahren auf eine Vielzahl von Einzelfragen einer stärker wissenschaftlich oder stärker praxisbezogenen Ausbildung, Reduzierung des Stoffes, Schaffung von Wahlfächern, Form und Inhalt der Prüfungen und anderes mehr. Nach diversen Denkschriften, Tagungen und Empfehlungen zu dem Thema legte schließlich der Studienausschuss des Fakultätentages 1968 ein Reformkonzept vor, das vor dem Hintergrund der langen, zähen Debatte eine Reihe grundlegender Veränderungen vorsah: An die Stelle des »bisherigen, praktisch irrealen Katalogs der sog. Grundsatzfächer« sollte neben unverzichtbaren Kernfächern (die ersten drei Bücher des BGB, Strafrecht, Staats- und Verwaltungsrecht, Zivil- und Strafprozessrecht) eine Reihe von Wahlfächern treten, zu denen nicht nur die übrigen Rechtsgebiete, sondern auch die so genannten Grundlagenfächer wie Rechtsphilosophie, Rechtsgeschichte und Rechtssozio-

400 Referat Rinken, S. P 9.

401 Ehrlich, »Ausbildung«, hier S. 207, 214, 220.

402 Husserl, »Reform«; Pringsheim, »Verbesserung«.

logie gehörten. Insgesamt sollte die unendliche Breite der Stofffülle zu Gunsten eines vertieften, exemplarischen Lernens ersetzt werden.[403] Bezüglich der Lehre empfahl der Fakultätentag eine Reihe von Neuerungen, so etwa die Einführung von »Konversatorien« und Kolloquien. Zudem sprach er sich für höheres Gewicht von Didaktik und Pädagogik im Habilitationsverfahren aus.

Die Beschlüsse waren unverkennbar von dem Bemühen getragen, das juristische Studium in Lerninhalten und Lernmethoden zu modernisieren. Es gab zwar auch von konservativer Seite Kritik an der Begrenzung des Ausbildungs- und Prüfungsstoffes[404], die Hauptkritikpunkte kamen jedoch aus einer anderen Richtung. So meldeten sich auf der einen Seite die Vertreter der Rechtsbereiche zu Wort, die sich aus dem Kreis der Kernfächer herausgedrängt sahen – Arbeitsrechtler, Familienrechtler, Rechtshistoriker und andere – und kritisierten, wie allen voran der Arbeitsrechtler Thilo Ramm, die »unbeschreibliche Verarmung der juristischen Ausbildung«[405]. Auf der anderen Seite erschien der gesamte Ansatz vor dem Hintergrund der Debatte um eine politische Rechtswissenschaft und den politischen Richter, dem Aufstieg der Rechtssoziologie und der Debatte um das Verhältnis der Rechts- zu den Nachbarwissenschaften, als rein technokratisch auf Lerninhalte und nicht auf grundsätzliche Frage des gesellschaftlichen Kontextes der Juristenausbildung konzentriert. Hans Peter Bull hielt etwa »das ganze Unternehmen für falsch angesetzt, weil es nur auf höhere Effektivität, nicht aber auf inhaltliche Veränderung der Juristenausbildung angelegt« sei.[406]

Damit verband sich Ende der sechziger Jahre die lange Zeit eher technokratisch geführte Debatte um die Juristenausbildung mit der grundsätzlichen Debatte um das Verhältnis von Recht, Justiz und Gesellschaft. In unmittelbarer Verbindung mit der Debatte um den »politischen Richter« forderten Bull und andere ein neues Leitbild des Juristen, an dem sich die Ausbildung ausrichten sollte. Sprachen etwa die »Münchener Beschlüsse« vom Leitbild des »fachlich geschulten, geistig selbständigen und seiner Verantwortung bewußten jungen Juristen«[407], ließ dies in den Augen der Kritiker den gesellschaftspolitischen Bezug der juristischen Ausbildung gänzlich außer Acht. Neben Rudolf Wassermann, der mit dem Buchtitel »Erziehung zum Establishment« einmal

403 Vgl. »Münchener Beschlüsse zur Fortführung der Studienreform«.

404 Vgl. Tempestas Moguntina, »Miniröcke für Jurastudenten?«, in: *DRiZ* 46, 1968, 203.

405 Ramm, »Zu den Münchener Studienreformbeschlüssen«, S. 295; dazu die Erwiderung von Rittner, »Erwiderung« sowie Baumgärtel, »Radikale Beschränkung«; als Kritik aus der Perspektive anderer Subdisziplinen: Bartholomeyczik, »Familien- und Erbrecht«; Kroeschell, »Abschied«.

406 Bull, »Studienreform«; noch schärfer in der Kritik: Eckertz, »Thesen«.

407 Münchener Beschlüsse, in: *JZ* 23, 1968, S. 223–225, hier S. 223.

mehr eine prägnante Formel gefunden hatte[408], engagierte sich in der Debatte um die Reform der Juristenausbildung vor allem Rudolf Wiethölter, dessen oben beschriebener Entwurf einer politischen Rechtswissenschaft eine wichtige theoretische Grundlage für einen Teil der Reformmodelle lieferte. Ausgehend von dem Diktum, dass der herkömmliche Jurist ein Garant des gesellschaftlichen Status quo sei, sah er in dem reinen Funktionieren im Sinne der Macht das Hauptkennzeichen des »nützlichen Juristen«: Der wäre »dann doch wohl ein Mann, der gar nichts weiß und alles kann, der Mann, der eben buchstäblich ›zu allem fähig ist‹«.[409] Niemand sprach so deutlich aus wie Wiethölter, dass für ihn die Reform des juristischen Studiums letztlich tatsächlich die Basis für eine Gesellschaftsveränderung war. Das Leitbild, das Wassermann, Wiethölter und anderen vorschwebte, war der »›mündige‹, ›emanzipierte Jurist‹«, »der die Jurisprudenz als Wissenschaft (›Demokratiewissenschaft‹) versteht, der vor allem ständig ihre Bezüge zu anderen Wissenschaften, der soziologischen, ökonomischen, politologischen, psychologischen und ethischen ›Implikationen‹ des Rechts ›reflektiert‹, statt sie (›vulgär-positivistisch‹) als Handwerk zu betreiben«[410]. Die »Politisierung« der Rechtswissenschaft und damit auch des juristischen Studiums bildete für Wiethölter den Dreh- und Angelpunkt der Reform. Ihr Ziel sollte es sein, »den modernen Juristen« zu formen, der den Anforderungen der Gegenwart gewachsen und damit befähigt werden sollte, »an sozialer und politische Theorie wie an den notwendigen Veränderungen der politischen Verhältnisse in politische Praxis« mitzuarbeiten.[411]

Unter maßgeblicher Beteiligung von Wassermann und Wiethölter war daraufhin der profilierteste Gegenentwurf sowohl zur bestehenden Ausbildung als auch zu den viel diskutierten »Münchener Beschlüssen«, das so genannte »Loccumer Modell« zur Juristenausbildung, entstanden. Auf zwei Tagungen, im November 1968 und im Oktober 1969, traf sich ein Kreis um Wassermann und Wiethölter in der Evangelischen Akademie Loccum, mit dem expliziten Ziel, Vorschläge für eine grundlegende Reform der Juristenausbildung zu erarbeiten und zu diskutieren.

Als zentraler Mangel der bisherigen Ausbildung betrachtete der Arbeitskreis, dem neben Wassermann und Wiethölter insbesondere auch Thilo Ramm

408 Wassermann (Hg.), *Erziehung*.

409 Wiethölter, »Anforderungen«, S. 18f.

410 Bull, »Studienreform«, S. 194. Zu diesem Leitbild fügte Bull die verschiedenen in der sonstigen Literatur, insbesondere bei Wassermann, »Establishment« und Wiethölter, »Anforderungen« genannten Elemente zusammen. Zur Leitbilddebatte in der Auseinandersetzung um die Ausbildungsreform vgl. auch: Bannek, »Integration«.

411 Wiethölter, »Anforderungen«, S. 19.

und Hans Peter Bull angehörten, dass »das Recht nicht in seinen gesellschaftlich-politischen Bezügen dargestellt« werde und so auch nicht wirklich für die Praxis vorbereite.[412] »Theorielos und praxisfern«: so lauteten die Schlagworte, mit denen, ausgehend von der Loccumer Tagung, der Zustand der Juristenausbildung seine Kennzeichnung fand.[413] Jenseits aller Einzelpunkte ging es in dem Reformmodell um die beiden zentralen Veränderungen gegenüber der klassischen Ausbildung, die oben bereits erwähnt wurden: Erstens sollte die Trennung von theoretischer und praktischer Ausbildung aufgehoben und beide Ausbildungsphasen verschmolzen werden. Das bedeutete jedoch nicht nur die Abschaffung des »Vorbereitungsdienstes« und die Eingliederung von Praxisphasen in das Studium. Die Vorstellungen von der Verschmelzung gingen wesentlich weiter. Es genüge nicht, so der Entwurf, dass sich Studienabschnitte und praktische Abschnitte abwechselten: »Ein solches ›Intervallsystem‹ würde im Grunde nichts ändern. Es bestünde die Gefahr, daß der Unterrichtsstil der Universität während der Studiensemester der alte bliebe, wie umgekehrt die Praxis sich am Muster des bisherigen Vorbereitungsdienstes orientierte. Die einheitliche Ausbildung muß daher Theorie und Praxis in der Weise integrieren, daß der Student gleichzeitig an Lehrveranstaltungen des verschiedensten Typs teilnehmen kann, die teils von Universitätslehrern, teils von Praktikern, vor allem aber auch von Universitätslehrern und Praktikern gemeinsam abzuhalten sind«. Die Theorie sollte auf diese Weise ständig mit der Praxis, aber vor allem auch umgekehrt die Praxis mit der Theorie konfrontiert werden.[414] Dabei wollte man gleichzeitig die Bereiche, in denen berufspraktische Einblicke gewonnen werden sollten, erheblich erweitern. Über die klassischen Stationen – Gerichte, Staatsanwaltschaften, Anwälte – hinaus, sollte durch die Teilnahme an Sitzungen der Legislative mit den verschiedenen Ausschüssen über unterschiedliche Verwaltungsbehörden, Parteien, Verbände, Wirtschaftsunternehmen bis hin zu forensisch-medizinischen und psychologischen Instituten und Strafvollzugsanstalten ein möglichst breiter Einblick in die Rechtswirklichkeit verschafft werden. Die Studenten sollten auf diese Weise Verständnis für komplexe soziale Prozesse entwickeln, das sie

412 »Loccumer Entschließung des Arbeitskreises für Juristenausbildung vom 4.11.1968«. Außer den genannten gehörten dem Arbeitskreis noch der Gießener Rechtsprofessor Hans Jäger und die Gießener Assessorin Gisela Zenz an. Zum Loccumer Modell vgl. weiter: Loccumer Protokolle 15/1969; weitere Reformvorstellungen des Loccumer Arbeitskreises sind zusammengestellt in: Neue Juristenausbildung.

413 Rinken, »Juristenausbildung«, S. 45.

414 Die Forderung nach einer Neubegründung des Verhältnisses von Theorie und Praxis war auf allen Ebenen eine zentrale Forderung der Hochschulreformer. Vgl. dazu als theoretische Grundlegungen u.a.: Nitsch, *Hochschule*, S. 304ff.; SDS, *Hochschuldenkschrift*, Habermas »Wandel«, insbes. S. 16ff.

wiederum »zur Rechtsfindung in unnormierten Bereichen« befähige. Schließlich sollte die ständige Verknüpfung von Theorie und Praxis »eine kritische Distanz der Studenten zum späteren eigenen Beruf« sowie »die Einsicht in die imperfekte, stets revisionsbedürftige gesellschaftliche Wirklichkeit« entwickeln helfen.[415]

Der zweite zentrale Punkt betraf die Einbeziehung der Sozialwissenschaften in das juristische Studium. Auch dieser Ansatz zielte im Sinne von Wiethölter und anderen auf eine Verwissenschaftlichung der juristischen Tätigkeit, zumal nicht zuletzt von der Rechtssoziologie beansprucht wurde, den unbewussten und irrationalen Teil der juristischen Tätigkeit offen zu legen: »Wenn die moderne Entwicklung dahin tendiert, daß die juristische Arbeit immer weniger als bloße Anwendung abstrakter Normen auf bestimmte Sachverhalte verstanden werden kann, sondern selbst produktiv ist, darf auch die Ausbildung nicht mehr von einem unpolitischen Selbstverständnis bestimmt sein. Wenn die ›Richtigkeit‹ juristischer Entscheidungen in der verwissenschaftlichten und pluralistischen Gesellschaft nicht mehr durch den Rekurs auf allen gemeinsame, traditionell verbürgte Evidenzen gesichert werden kann, muß sie durch die Einbeziehung der Sozialwissenschaften neu gewonnen werden«[416].

Nimmt man das Modell in all seinen Konsequenzen ernst, kam die angestrebte Reform einer wahrhaften Revolution gleich: An die Stelle einer Ausbildung, in der vor allem mehr oder weniger theoretisch unreflektiert das technische Handwerkszeug für Falllösungen vermittelt wurde, so zumindest die Sicht der »Reformer«, sollte nun eine Art von sozialwissenschaftlich-juristischer Ganzheitswissenschaft entstehen, welche die Praxis ständig kritisch begleiten und auf diese Weise den Juristen zur politischen Gestaltung der Gesellschaft befähigen sollte. Produzierte die traditionelle Ausbildung in den Augen des Loccumer Arbeitskreises Juristen, die ihre Entscheidungen der »Automatik einer unbewußten Verinnerlichung überkommener Interpretationsmuster« folgen ließen, sollte dem neuen Juristen beigebracht werden, dass die Rationalität der Entscheidungen »bewußt hergestellt« werden muss, und zwar auf dem

415 »Loccumer Arbeitskreis für Juristenausbildung«; zur Abschaffung des Vorbereitungsdienstes und zur Integration von Theorie und Praxis vgl. weiter diesem Sinne: Bull, »Abschaffung«; Schachtschneider, »Einübung«; Hahn, »Soll man den Vorbereitungsdienst in seiner heutigen Form beibehalten«, in: *Der Junge Jurist*, 2/1969, S. 13–15; ebenfalls zum Problem der Integration von Theorie und Praxis in der juristischen Ausbildung, wenn auch mit jeweils unterschiedlicher Stoßrichtung, die Diskussionsbeiträge von Thilo Ramm, Herbert Jäger und Erich Küchenhoff, in: Loccumer Protokolle 15/1969, S. 30–63; weitere Belege aus Beiträgen interner Debatten bei Oehler, Gutachten, S. E 94.

416 Loccumer Protokolle 15/1969, S. 126.

Wege der »wissenschaftlichen Aufklärung«.[417] Diese Gedankengänge trugen unverkennbar die Handschrift von Wiethölter, in dessen Augen der bisherige Umgang mit Recht schlicht »vorwissenschaftlich« war.

So schwindelerregend und anmaßend sich der Entwurf heute liest, so unbestreitbar ist die Faszination, die ihm ausging. Da sich Anfang der siebziger Jahre die ideologischen Fronten gerade in der Auseinandersetzung um die politischen Implikationen einer Reform der Juristenausbildung extrem verhärten sollten, ist es wichtig festzuhalten, dass sich diese Faszination bei weitem nicht nur auf möglicherweise studentenbewegte Referendarverbände erstreckte. Für alle nachfolgenden Reformentwürfe bildete das Loccumer Modell selbst dann einen Bezugspunkt, wenn die Autoren kaum geneigt gewesen sein dürften, Wiethölter in seinen Angriffen auf die traditionelle Jurisprudenz zu folgen.[418] Eine in Hamburg unter der Leitung des hanseatischen OLG-Präsidenten ins Leben gerufene »Reformkommission Juristenausbildung« orientierte sich direkt am Loccumer Modell.[419] Gerade der Hamburger Entwurf, der unter maßgeblicher Mitwirkung von Praktikern entstand, macht deutlich, welchen Charme das Loccumer Modell mit seiner Idee der Verschmelzung von Theorie und Praxis sowie der »Verwissenschaftlichung« der Jurisprudenz auf der Basis der Sozialwissenschaften auch für Juristen besaß, die kaum unter Linksradikalismus-Verdacht standen. Ein Mitglied der Kommission, der Hamburger Oberlandesgerichtsrat Gerd Ross, forderte in einem internen Papier, dass die Ausbildung den Juristen dazu befähigen müsse, auch im gesetzesfreien Raum Recht zu finden. Zudem müsse sich der angehende Jurist darüber klar werden, dass die ständige Rechtsfortbildung »zur politischen Gestaltung unserer Gesellschaft« beitrage.[420] An anderer Stelle ist bereits erwähnt worden, mit welcher Selbstverständlichkeit keineswegs radikale Vertreter der Rechtswissenschaft Ende der sechziger Jahre von der politischen Funktion des Rechts und der Richter sprachen. In diesem Sinn war es nur logisch, eine Ausbildung anzustreben, die genau dieser Entwicklung Folge leistete. Die »Münchener Beschlüsse« des Fakultätentages, die zwar eine Modernisierung und Verschlankung des Studiums vorschlugen, aber eben dieser angenommenen Entwicklung nicht Rechnung trugen, wirkten angesichts des elektrisierenden Charmes

417 Ebd.

418 Vgl. auch Kübler, *Juristenausbildung*; Kübler schreibt hier, dass er keinen Reformvorschlag mehr sehe, der nicht die Einbeziehung der Sozialwissenschaften in die juristische Ausbildung fordere; vgl. ebd., S. 16. Vgl. dazu mit schon mit etwas Abstand zu der ursprünglichen Debatte: Heldrich, »Das Trojanische Pferd«.

419 Vgl. dazu Oehler, Gutachten, S. E 97f.; Vgl. dazu Lührig, *Diskussion*, S. 124ff.

420 Oehler, Gutachten, S. E 85; Oehler zitiert hier aus einem Arbeitspapier für die Reformkommission »Juristenausbildung« in Hamburg, die unter Vorsitz des Hamburger OLG-Präsidenten stand.

des Loccumer Modells wie das Relikt vergangener Tage. Durchaus wohlwollende Kritiker der »Münchener Beschlüsse« mahnten an, dass in der Ausbildung »die Fähigkeit zur Analyse politischer Kräfte und Ideologien und damit zur Ideologiekritik auch sich selbst gegenüber« vermittelt werden müsse.[421]

Für die *FAZ* kommentierte Hanno Kühnert im Januar 1970 die Modelle – Kühnert bezog sich direkt auf das Loccumer und das Hamburger Modell – überaus wohlwollend. Sie verdienten »Sympathie und Beachtung«. Wichtig ist dabei, dass sich diese Sympathie eben nicht nur auf die Verkürzung der Ausbildungszeiten und andere auf mehr Effizienz der Ausbildung ausgerichtete Vorschläge bezog. Selbst der Begriff der »Politisierung« war für die *FAZ* zu diesem Zeitpunkt kein absolutes Reizwort. Zwar betrachtete Kühnert Forderungen nach einer »politisch produktiven« Ausbildung durchaus mit Argwohn und fügte hinzu: »Wir wollen ideologisch-politische Zielsetzungen weder im Gerichtsurteil noch in der Entscheidung des Landratsamtes. Das Grauen vor dem politischen Richter sitzt tief in Deutschland«. Doch dann fuhr der Kommentator der *FAZ* fort: »Wenn mit ›Politisierung‹ der Ausbildung aber gemeint ist, was die Hamburger so ausdrücken: ›Der Jurist […] muß die sozialen Hintergründe und Folgen rechtlicher Regelungen erkennen und diese Erkenntnisse rechtlich verarbeiten können‹, dann wäre eine beifallwürdige Forderung erfüllt«[422]. Ein derartiger Satz von tendenziell konservativer Seite erscheint nur in dem kurzen Zeitfenster zwischen 1968 und 1970 möglich.

Dem Loccumer und dem Hamburger Entwurf folgte in den Jahren 1969/70 noch eine wahre Flut von Modellen, die, erstellt von Referendarverbänden, vom Richterbund, von der ASJ bis hin zu einem Entwurf von CSU-Juristen, alle im Bannkreis des Loccumer Modells standen.[423] Selbst das von CSU-Juristen erarbeitete, so genannte Münchener Modell vom April 1970 (nicht zu verwechseln mit den oben erwähnten Münchener Beschlüssen des Fakultätentages von 1968) lässt noch klare Reminiszenzen an das Loccumer Modell erkennen. Zwar sahen die christlich-demokratischen und christlich-sozialen Juristen in ihren gemeinsamen Vorschlägen zu einer Reform der Juristenausbildung »die optimale Verbesserung des derzeitigen Ausbildungssystems« als vorrangig an, befürworteten aber zugleich »die Erprobung gleichwertiger neuer Ausbildungsmodelle, die eine einstufige Ausbildung vorse-

421 Noll/Schneider/Krüger, »Vorschlag«, S. 373.

422 Kühnert, Modelle.

423 Das Modell des Richterbundes: »Leitsätze zur Reform der Juristenausbildung«, in: DRiZ 48, 1970, S. 204f.; der Entwurf der ASJ: »Leitsätze zur Reform der Juristenausbildung«; Reformkonzept des Bundesreferendarverbandes, in: *RuP* 5, 1969, S. 161f. Eine noch keineswegs vollständige Liste von 14 Modellen findet sich bei Groth, »Reform«.

hen«[424]. In dem Münchner Modell der CSU-Juristen grenzten sich die Autoren zwar von dem Loccumer und Hamburger Modell ab, dem Wortlaut nach allerdings nur aus praktisch-organisatorischen Gründen. Die hier formulierten Ziele der Ausbildung erschienen dagegen von den Loccumer Vorschlägen nicht so weit entfernt. Der angehende Jurist solle in seiner Ausbildung »das Grundwissen des Rechts mit seinen geschichtlichen, philosophischen und sozialwissenschaftlichen Grundlagen, die Methoden seiner wissenschaftlichen Handhabung und praktischen Anwendung, die Stellung des Rechts und seine wissenschaftlichen und politischen Zusammenhänge in der modernen Gesellschaft« sowie »die kritische Beurteilung des Rechts und seine Fortentwicklung« erlernen.[425] Dass die Auseinandersetzung mit den »gesellschaftlichen Hintergründen« des Rechts in die juristische Ausbildung einbezogen, und diese insofern in gewissem Sinne »politisiert« und sozialwissenschaftlich fundiert werden musste, konnte zumindest für kurze Zeit mit vergleichsweise breiter Zustimmung rechnen, auch wenn darüber, was dies in der Ausbildung konkret bedeutete, die Meinungen weit auseinander gingen.

So ist auch zu erklären, dass trotz der tiefgreifenden Unterschiede, die sich hinter der Ausbildungsfrage verbargen, auf dem Juristentag eine überwältigende Mehrheit für eine Notwendigkeit nicht nur irgendeiner, sondern einer grundlegenden Reform zustande kam. Unverkennbar zeigte sich, dass »die Reformer« – wie disparat sie auch immer waren – die Reformgegner in die Defensive gedrängt hatten. Nicolas Lührig schreibt in seiner Darstellung der Reformdebatten zur Juristenausbildung, dass sich im Nachhinein der Eindruck aufdränge, »daß die Beschlüsse des DJT nicht von allen Teilnehmern wirklich gewollt waren. Vor allem die konservativen Kräfte haben scheinbar unter dem Eindruck der politischen Lage Konzessionen an das nicht mehr zu übergehende Reformpotential gemacht«[426].

Diese Erklärung suggeriert eine Art quasi-revolutionäre Situation auf dem Juristentag, in der die Konservativen sich gewissermaßen unter dem konkreten Druck der »Massen« – hier der Vielzahl der anwesenden Referendare – zurückzogen oder nicht wagten, sich gegen die angestrebten Reformen zu äußern und gegen sie zu stimmen. In manchem hatte die Situation auf dem Juristentag tatsächlich etwas »revolutionäres«, doch war das Selbstbewusstsein der Refor-

424 Gemeinsame Vorschläge des Bundesarbeitskreises Christlich-Demokratischer Juristen und des Arbeitskreises Juristen der Christlich-Sozialen Union für die Reform der Juristenausbildung (April 1970), zu finden u.a. in: *CSU-Beiträge zur Rechtspolitik*, Nr.7/Juli 1970, S. 1–5. (Exemplar in: ACDP, Sankt-Augustin, VII-004–067/1).

425 Münchener Modell für eine einstufige Juristenausbildung, in: CSU-Beiträge zur Rechtspolitik, Nr.7/Juli 1970, S. 6–11. Vgl. dazu auch Blomeyer, »Münchener Modell«.

426 Lührig, *Diskussion*, S. 142.

mer und die Defensive der Konservativen nicht nur situativ bedingt. Wie die rasante Produktion von Reformmodellen in den Jahren 1968–70 zeigt, war die Bereitschaft zu grundlegenden Reformen mit einer Öffnung gegenüber den Sozialwissenschaften und Experimenten in der Ausbildung in diesem Zeitraum zwischen dem Höhepunkt der Studentenbewegung und dem Beginn der sozialliberalen Koalition beträchtlich. Die Befürchtungen, welche die Umsetzung derartiger Modelle ohne Zweifel hervorriefen, behinderten zu diesem Zeitpunkt noch nicht den grundsätzlichen Wunsch nach tiefgreifenden Reformen. Im Gegenteil: Wie die breite Zustimmung zu der Forderung nach einer wirklichen Neuordnung der Juristenausbildung zeigt, schien zumindest für kurze Zeit in den Augen vieler endlich die Chance zu bestehen, etwas Grundsätzliches zu bewegen. Allerdings wurde in der Debatte auch deutlich, dass manch einer tatsächlich nicht wirklich verstand, worum es bei den Reformmodellen ging. So sprach sich etwa der Münchener Erste Staatsanwalt Jürgen Blomeyer für die Verschmelzung von Theorie und Praxis zum Ideal einer »wissenschaftlichen Praxis« aus. Dabei wollte er jedoch mit der Theorie, die »nicht erforderlich ist für die Lösung des Einzelfalls« nichts zu tun haben. Die sei »abzulehnen«.[427] Hier wurde besonders deutlich, welche Missverständnisse die Reformrhetorik gerade dann produzieren konnte, wenn der »Denkrahmen« insgesamt auf »Reform« geeicht war. So überwog zu diesem Zeitpunkt die Hoffnung auf Veränderung noch gegenüber der Furcht vor den möglichen Auswirkungen der Experimente.

Dies galt auch für die Politik, die nach dem eindeutigen Votum des Juristentages in Zugzwang geraten war. Zwar hatte es im Schlepptau der älteren akademischen Diskussion um eine Reform der Juristenausbildung auch den einen oder anderen politischen Vorstoß, wie etwa eine Empfehlung der Justizministerkonferenz von 1965, gegeben.[428] Erst die intensive Diskussion, die durch die Münchener Empfehlungen des Fakultätentages und das dagegen gesetzte Loccumer Modell ausgelöst wurde, führte jedoch zu ernsthaften politischen Erwägungen. Bevor die Länder allerdings insbesondere die Möglichkeiten für eine einphasige Juristenausbildung eröffnen konnten, musste der Bund dafür die Voraussetzungen im Deutschen Richtergesetz schaffen. Nachdem es zwar innerhalb der SPD, und dort vor allem innerhalb der ASJ auch bereits Überlegungen zu Ausbildungsmodellen gegeben hatte, legte allerdings im April 1970 als erstes die CDU einen Entwurf zur Änderung des Deutschen Richtergesetzes vor, während sich das Justizministerium unter Gerhard Jahn

427 Verhandlungen des 48. Deutschen Juristentages, Bd. 2, S. 189.
428 Knapp dazu Lührig, *Diskussion*, S. 107ff.

mit einem Regierungsentwurf noch bis zum November Zeit ließ.[429] Dabei fällt auf, dass die Unterschiede zwischen den Entwürfen erstaunlich gering ausfielen. Auch die weiteren Beratungen verliefen ohne große Zerwürfnisse und so wurde schließlich das Gesetz zur Änderung des Deutschen Richtergesetzes, das in § 5b die Länder zu Reformversuchen im Sinne eines einphasigen Modells ermächtigte, im Juni 1971 einmütig im Bundestag verabschiedet.[430]

Die Einmütigkeit war erstens darauf zurückzuführen, dass auch die CDU nicht nur davon überzeugt war, dass die Juristenausbildung »dringend reformbedürftig« war, sondern auch der Erprobung einphasiger Modelle grundsätzlich positiv gegenüberstand.[431] Zudem war die SPD bereit, auf Forderungen der CDU einzugehen, der Experimentierfreudigkeit gewisse Grenzen zu setzen.[432] Dazu gehörte insbesondere, dass bezüglich der praktischen Ausbildung festgelegt wurde, dass diese »*bei* (Hervorhebung von mir, J.R.) Gerichten, Verwaltungsbehörden und Rechtsanwälten« abzuleisten sei. Der ursprüngliche Regierungsentwurf hatte statt dessen vorgesehen, dass die praktische Ausbildung »*in Verbindung mit* (Hervorhebung von mir, J.R.) Gerichten, Verwaltungsbehörden und Stellen, bei denen eine Ausbildung auf dem Gebiet der rechtlichen Beratung gewährleistet ist, durchzuführen« sei. Das Entscheidende an dieser Veränderung war nicht nur, dass – abweichend vom Loccumer Entwurf – die Wahlmöglichkeiten für die praktische Ausbildung letztlich doch auf die klassischen Stellen beschränkt blieben. Als dramatische Abkehr von ursprünglichen Reformabsichten wurde von linker Seite vor allem die Änderung von »in Verbindung mit« (Gerichten etc.) zu »bei« (Gerichten etc.) gewertet. Denn an die Stelle einer wirklichen Verschmelzung von Theorie und Praxis, bei der die praktische Ausbildung eben »in Verbindung« mit der Universität hätte stattfinden können, sollte die praktische Ausbildung nun doch »bei« den praktischen Stationen bleiben, also in deren alleiniger Verantwortung liegen. Diese Änderung trug dazu bei, dass in der »Kritischen Justiz« schon 1971 ein »Nachruf auf

429 Der CDU-Entwurf vom 22.4.1970, in: Bundestagsdrucksachen VI/665 ; der Regierungsentwurf vom 5.11.1970, ebd., Nr. 1380.

430 Der Verlauf der Beratungen samt der Expertenanhörung ist dokumentiert in: Reform der Juristenausbildung. Aus den parlamentarischen Beratungen der öffentlichen Anhörung des Rechtsausschusses des Deutschen Bundestages und aus Diskussionen 29. April 1970–19. Juli 1971, hg. vom Presse- und Informationszentrum des Deutschen Bundestages, Bonn 1971.

431 Zur Grundtendenz der CDU-Position vgl. die Stellungnahme von Friedrich Vogel, in: ebd., S. 11–14.

432 Eine entscheidende Rolle spielte hierbei der Verhandlungsführer der SPD, Friedrich Beermann, während die Arbeitsgemeinschaft sozialdemokratischer Juristen auf die Schlussberatungen keinen wirklichen Einfluss mehr hatten und im Ergebnis schließlich auch ein Zurückweichen der SPD sah. Vgl. dazu die Notiz: Juristenausbildung im Bundestag, in: *RuP* 7, 1971. Neben den Leitsätzen der ASJ (*RuP* 6, 1970, S. 41–47) vgl. weiter die Aufforderung von Ramm, »Mut«.

eine Ausbildungsreform« erschien.[433] Die Integration von Theorie und Praxis, die zu einer veränderten Praxis führen sollte, werde einseitig aufgelöst in die »Einübung in Praxis, wie sie ist«, stellte die »Kritische Justiz« an anderer Stelle resignierend fest.[434] Auch die ASJ sah auf dieser Basis das Loccumer Modell nur schwer zu verwirklichen. »Kraft gesetzgeberischen Zwangs« gehöre die Zukunft dem »Intervallsystem« und nicht »der ›permanenten Integration‹, wie sie vielen Reformjuristen, Studenten und Referendaren vorgeschwebt« habe.[435]

Grenzen wurden der Experimentierfreudigkeit schließlich auch durch die Bestimmung gesetzt, dass die einphasige Ausbildung den traditionellen Studiengängen im Abschluss »gleichwertig« sein sollte. Letztlich ermöglichte diese Bestimmung erst die erfolgreiche Etablierung der Reformstudiengänge, da sie die Studenten nicht ins offene Messer der Ungewissheit laufen ließ. Von linken Kritikern wurde die Bestimmung allerdings als klare Aufforderung zur Orientierung am traditionellen System gesehen.[436] Tatsächlich beschnitt der Bremer Staatsgerichtshof auf der Basis dieser Bestimmung den Reformeifer des Bremer Modells, auf das noch einzugehen sein wird.[437]

Der zweite Grund, aus dem sich Regierung und Opposition sehr schnell auf die »Experimentierklausel« im Richtergesetz einigten, bestand darin, dass die eigentliche Entscheidung für ein bestimmtes Ausbildungsmodell den Ländern überlassen wurde und insofern keine Einigung erzielt werden musste, ob man eher ein »technokratisches« Modell, das vor allem eine Beschleunigung des Studiums und Effizienzsteigerung anstrebte, oder ein »politisches« Modell, das die Ausbildung vorrangig am Leitbild des kritisch-emanzipatorischen Juristen – was auch immer damit konkret gemeint war – orientierte.[438] Diese

433 Blanke/Brüggemeier, »Nachruf«.

434 Ziegler, »Schritte«, S. 105; als Befürchtung auch schon bei Kröning, »Konzepte«, S. 317.

435 Juristenausbildung im Bundestag, in: *RuP* 7, 1971, S. 143.

436 Zum »Gleichwertigkeitspostulat« und dessen Bedeutung vgl. Reuß, *Modellfrage*, S. 22f.

437 Vgl. dazu aus der Presse u.a.: Gegen ›Sozialingenieur mit politischen Auftrag‹. CDU legt Gutachten zur Juristenausbildung vor, in: *Bremer Nachrichten*, 16.10.1973; Lilo Weinsheimer, Juristenausbildung umstritten, Bremer CDU wendet sich an den Verfassungsgerichtshof, in: *FR*, 7.6.1973; Dies., Neuer Zankapfel – Juristenausbildung à la Bremen, in: *FR*, 28.6.1973; Dies., Ausbildungsgesetz teilweise verfassungswidrig. CDU-Klage in Bremen erfolgreich: Juristenstudium und -prüfung muß geändert werden, in: *FR*, 24.9.1974. Das Gesetz zur Bremer Juristenausbildung war nicht zuletzt Gegenstand intensiver Debatten in der Bremer Bürgerschaft. Vgl. hier Bremische Bürgerschaft, *Stenographische Berichte*, 8. WP, 31. Sitzung, 6.6.73, S. 1632–1683; 32. Sitzung, 7.6.1973, S. 1689–1728; 33. Sitzung, 27.6.1973, S. 1790–1791.

438 Die Unterscheidung von »technokratischen« und »politischen« Modellen ist von den Zeitgenossen so nicht vorgenommen worden. Während zum einen eher neutral von »Nord-« und »Südmodellen« gesprochen wurde, unterschied die linke Kritik der Reform zwischen »technokratischen« und »aufgeklärt technokratischen« Modellen, zu denen Bremen, Hamburg und Hannover gezählt wurden; so insbes. die Unterscheidung von Leibfried, »Tendenzen«, S. 195; ähnlich bei Hart, »Stichwort ›Juristische Ausbildung‹«.

Entscheidung wurde nun auf die Länder verlagert, die bekanntermaßen im Einzelnen sehr verschiedene Wege einschlugen. Denn bei der genauen Formulierung des Curriculums zeigte sich sehr schnell, wie weit die Vorstellungen darüber auseinander gingen, in welcher Weise und in welchem Maß insbesondere die Sozialwissenschaften in die Juristenausbildung einbezogen wurden, wie das Theorie-Praxis-Verhältnis gestaltet wurde und anderes mehr.

Es wäre in gewisser Weise naheliegend, an dieser Stelle den Fokus auf die Länderebene zu richten und die verschiedenen Modelle und eingeschlagenen Wege einander gegenüberzustellen. Doch zum einen existiert hier bereits eine breite Literatur, die dies mit unterschiedlicher Akzentsetzung leistet, und zum anderen droht jeder auch noch so exemplarisch ausgewählter Einstieg in die Details der Curricula sehr schnell ermüdend und unübersichtlich zu werden.[439] Die Grundlinien sind hier ohnehin bekannt: Unterschieden wird in der Regel zunächst zwischen den so genannten Nordmodellen Bremen, Hamburg und Hannover, von denen Bremen unstreitig das am deutlichsten exponierte war, und den Südmodellen Augsburg, Trier, Konstanz und etwas später Bayreuth, zu denen sich cum grano salis auch Bielefeld zählen lässt. Hinzu kamen noch die aus sehr unterschiedlichen Gründen gescheiterten Modelle in Hessen und Schleswig-Holstein. Während in Hessen die FDP gegen das unter Federführung von Rudolf Wiethölter und anderen radikal reformorientierten Mitgliedern der Frankfurter Juristenfakultät entstandene Wiesbadener Modell ihr Veto einlegte[440], fand in Kiel nicht einmal mehr die Umsetzung eines eher gemäßigten »Südmodells« die Zustimmung der Landesregierung, die offiziell aus Geldmangel ganz auf Reformen verzichtete. Insgesamt ist der politische Einfluss auf die Modelle unverkennbar: Die SPD-geführten Länder Bremen, Hamburg und Niedersachsen schufen Raum für stärker »politische« Modelle, die sich vor allem dadurch auszeichneten, dass sie den Sozialwissenschaften ein – wenn auch im Einzelnen unterschiedlich – hohes Gewicht beimaßen, während die CDU/CSU-geführten Länder einen traditionelleren, pragmatischeren Weg einschlugen. Innerhalb der SPD-geführten Länder entschied man sich nur in Nordrhein-Westfalen mit dem Bielefelder Modell für eine pragmatischere Variante, während in Hessen das »Bremen-nahe« Wiesbadener Modell ganz scheiterte.

---

439 Als Überblicke über die verschiedenen Reformmodelle mit jeweils unterschiedlicher Fokussierung und Intensität vgl. u.a: Leibfried, »Tendenzen«; Voegli, *Juristenausbildung*, insbes. S. 108ff.; Rinken, *Einführung* 1977, S. 24ff.; Rueß, *Die »Modellfrage«*, S. 133ff.; Lührig, *Diskussion*, S. 145ff.

440 Zur parlamentarischen Auseinandersetzung um die Reform vgl. Hessischer Landtag, *Stenographische Berichte*, 7. WP, 52. Sitzung, 26.10.1972, S. 2831–2845; 67. Sitzung, 16.9.1973, S. 3623–3627.

Die entscheidende Frage ist nun, wie die in verblüffender Schnelligkeit und Einmütigkeit in Angriff genommene Reform in kürzester Zeit zur Ernüchterung auf der einen und radikaler Abkehr von den Reformmodellen auf der anderen Seite führte. Oben ist bereits angedeutet worden, dass die Reformziele – Verkürzung und »Modernisierung« des Studiums im Sinne der »Münchener Beschlüsse« auf der einen und komplette Umgestaltung nicht nur des Studiums, sondern der Rechtswissenschaft insgesamt auf der anderen Seite – weit auseinander gingen. Der Konsens auf dem Mainzer Juristentag über die grundsätzliche Reformbedürftigkeit verdeckte für kurze Zeit diesen Zielkonflikt. In seiner Konstanzer Antrittsvorlesung aus dem Jahr 1970 – dem Jahr des Konsenses, wenn man so will – machte Friedrich Kübler, der seinerseits klar für eine Reform eintrat, bereits ziemlich schonungslos auf das Dilemma, bzw. mehrere Dilemmata aufmerksam, in denen die Reform der Juristenausbildung in seinen Augen steckte.[441]

Das Grundproblem sah Kübler in dem rasanten gesellschaftlichen Wandel, der die Juristen mit immer neuen Problemen konfrontierte. Dies bedeutete zum einen schlicht die enorme Ausweitung auch juristisch zu klärender Sachverhalte. Kübler nannte hier nur die Bereiche »Umweltschutz«, »Pressekonzentration«, »Raumordnung und Städtebau« sowie die »Stellung der Gastarbeiter«.[442] Diese Ausweitung musste sich wohl nicht nur in Küblers Augen auch in der Ausbildung der Juristen niederschlagen. Für Kübler war dies jedoch nicht nur ein pragmatisches Problem der Stofffülle, in dem Sinne, dass die neuen Rechtsbereiche zu den klassischen Bereichen als Studien- und Prüfungsinhalte hinzutraten. Da für Kübler, wie schon an anderer Stelle ausgeführt, klar war, dass dem Juristen unweigerlich eine politisch gestaltende Rolle zukam, sah er ihn auch in dem Dilemma, zwischen einer alten, eher statischen und einer neuen, dynamischen Rechtswelt vermitteln zu müssen. Um dies überzeugend tun zu können, so Kübler, müsse die Ausbildung dem Juristen dazu verhelfen, »die von der Generation seiner Väter beherrschte Praxis nicht nur zu verstehen, sondern auch aktiv mitzugestalten«. Anders als bei Wiethölter und anderen, die in ihren Reformmodellen explizit oder implizit immer mit der Vision vom klaren Bruch mit der Vergangenheit operierten, sah Kübler hier in ganz anderer Weise die Notwendigkeit der Verbindung der »alten« und der »neuen« Rechtswelt.

Noch schärfer stellte sich für Kübler das Problem der Einbeziehung der Sozialwissenschaften. Er konstatierte zunächst mit gewissem Erstaunen den oben hervorgehobenen »Konsens in Sachen Sozialwissenschaft«, der vor eini-

441 Vgl. Kübler, *Juristenausbildung*.
442 Ebd., S. 25.

gen Jahren noch »nicht vorstellbar« gewesen sei. Doch erweise sich dieser Konsens »freilich bei näherem Zusehen als ganz formal und deshalb nahezu inhaltslos«. Die Empfehlung des Juristentages, in »der ersten Ausbildungsphase [...] gesonderte sozialwissenschaftliche Lehrveranstaltungen für Juristen vorzusehen« und im Übrigen sozialwissenschaftliche Erkenntnisse in rechtswissenschaftlichen Lehrveranstaltungen in möglichst weitem Umfang nutzbar zu machen«, biete zwar »wichtige und interessante Möglichkeiten, aber kaum ein erschöpfendes Programm«. Ein Studium, »das mit Einführungen in die Soziologie und Ökonomie beginnt und über ›sozialwissenschaftlich aufgeklärte‹ Fachveranstaltungen zum ›Sattelmacher‹ und zum Repetitor führt«, so Küblers Fazit in der Beschreibung des Dilemmas, »scheint mir jede Wissenschaft – auch die Rechtswissenschaft – zu verfehlen«[443]. Der letzte Punkt zielte ohne Frage auf Wiethölter, dem es in seiner Diktion ja gerade darum ging, die Rechtswissenschaft durch die Einbeziehung der Sozialwissenschaften überhaupt erst zu einer Wissenschaft zu machen. Kübler drang hier nicht weiter vor und beließ es – das ganze Ausmaß der Problematik eher ahnend als es bis ins letzte zu benennen – für den konkreten Konstanzer Fall bei vorsichtigen pragmatischen Vorschlägen. So empfahl er nicht zuletzt die Konzentration auf einen Aufbaustudiengang, der auf der Basis solider Rechtskenntnisse sich auf den Weg zu einer »versozialwissenschaftlichten« Rechtswissenschaft machen könnte.

Der eigentliche Kern des Problems bestand darin, dass es die Wissenschaft, die nach der vagen Vorstellung der Reformer unterrichtet werden sollte, noch gar nicht gab. Die tatsächliche wissenschaftliche Diskussion über eine Rechtswissenschaft als Sozialwissenschaft – dies ist oben schon angesprochen worden – blieb dünn. Zudem wurde zwar an den einzelnen Modellen diskutiert, welcher Stellenwert den Sozialwissenschaften in der juristischen Ausbildung zukommen sollte. Doch war dies eher eine formale Diskussion, während die inhaltliche Ebene weitgehend ausgeblendet blieb. Lautete der Vorwurf der Reformer an die Adresse der alten juristischen Ausbildung, nur reproduzierbares Wissen abzurufen, dieses aber selbst nicht zu hinterfragen, hätte eine Einführung in »die Sozialwissenschaften« als Voraussetzung für ein weiteres juristisches Studium in weiten Teilen auch nur leicht reproduzierbares Abfragewissen vermitteln können. In diesem Sinne sprach Kübler davon, dass ein solches Studium *jede* Wissenschaft zu verfehlen drohe. Nimmt man noch hinzu, dass ein kaum widersprochenes Ziel der Reform war, dass die Ausbildungszeit insgesamt verkürzt werden sollte – die vorgesehene Dauer der einphasigen Modelle, im alten Modell also Studium und Referendariat zusammen, umfass-

443 Ebd., S. 26f.

ten im Schnitt 6 Jahre –, so verschärfte sich das von Kübler beschriebene Dilemma noch weiter.

Vor diesem Hintergrund kann es kaum erstaunen, dass sich bei der Umsetzung der Reform diejenigen die größten Probleme aufluden, die den Weg des faszinierenden Loccumer Reformentwurfs der Integration der Sozialwissenschaften und der Einheit von Theorie und Praxis am weitesten beschreiten wollten. In diesem Sinne hatten die Kritiker der Modelle, die dem juristischen Curriculum einige sozialwissenschaftliche oder rechtssoziologische Begleit- oder Wahlveranstaltungen ohne Prüfungsrelevanz an die Seite stellten, Recht, wenn sie hierin im Wesentlichen nur eine Rationalisierung, aber keine wirkliche Reform sahen. Wenn an den juristischen Fachbereichen, in denen wie etwa in Konstanz oder Bielefeld ein weitgehend pragmatischer Weg eingeschlagen wurde, doch ein Reformklima herrschte und ein Bruch mit den traditionellen juristischen Fakultäten unverkennbar war, so spricht vieles dafür, dass dies eher an dem jeweiligen Gesamtklima der Reformuniversitäten und an dem jeweils neu berufenen Personal als an der Struktur der Ausbildung lag.

Am konsequentesten beschritt dagegen bekanntermaßen Bremen den Weg zu einer völlig veränderten Ausbildung.[444] In der Anfangsphase des Studiums, in der man sich in Augsburg auf Zivil- und Strafrecht konzentrierte, absolvierten die Bremer Juristen ein integriertes sozialwissenschaftliches Eingangsstudium.[445] Zudem bemühte man sich in Bremen, ganz im Sinne der avisierten »Verwissenschaftlichung« der Praxis, den Einfluss der Justiz- und Verwaltungsbürokratie, also »der Praxis, so wie sie ist«, zurückzudrängen und eröffnete damit ein weiteres Konfliktfeld. Auch was die Prüfungen anging, versuchte man in Bremen mit ausbildungsbegleitenden Leistungskontrollen und mit einer »Verwissenschaftlichung« des Prüfungscharakters von dem traditionellen Muster der Abfrage-Prüfung wegzukommen.

Unabhängig davon, wie man diesen Weg schließlich beurteilt, wird man Bremen unzweifelhaft erheblichen Mut zum Experiment bescheinigen können. Denn das Ziel war nicht nur, in einem einmaligen Entwurf ein neues Modell zu installieren, sondern den eingeschlagenen Weg darüber hinaus einem ständigen Überprüfungsprozess zu unterwerfen. Das Risiko, das damit eingegangen wurde, war beträchtlich. Die konservative Kritik, dass hier »ein Experi-

444 Neben den schon genannten Arbeiten von Leibfried, Voegli, Rueß, Rinken, Lührig und anderen, die sich jeweils mit den verschiedenen einphasigen Modellen auseinandersetzen, vgl. speziell zu Bremen: Rinken, »Juristenausbildung«.

445 Konkret dazu vgl. Lautmann/Grikschat, »Ziele«.

ment am lebenden Objekt« durchgeführt wurde[446], ließ sich kaum von der Hand weisen. Das aber war nach der Bremer Vorstellung genau die Voraussetzung dafür, zu etwas wirklich Neuem zu kommen.[447]

Um es vorsichtig auszudrücken: Es ist bekannt, dass die Bremer juristische Fakultät innerhalb der Zunft nicht den leichtesten Stand hatte. Treffender wäre wohl die Formulierung: Bremen führte innerhalb der bundesdeutschen Rechtsfakultäten in kurzer Zeit nahezu eine Paria-artige Existenz. Obwohl, wie der Bremer Juraprofessor, Christian Joerges, 1974 in einer Auseinandersetzung mit dem Bremer Modell schrieb, die »scharfe Kritik«, mit der man das Bremer Modell begleitete, »schon zu dem Modell selbst gehörte«[448], fiel das Maß an Kritik jedoch in mehrfacher Hinsicht bemerkenswert aus. Eine Umfrage unter deutschen Rechtslehrern aus dem Jahr 1977, die auf die Einschätzung der akademischen Qualität zielte, sah Bremen mit Abstand auf dem letzten Platz mit einer miserablen Durchschnittsbewertung von 4,5 bei einer Skala von 1 (vorzüglich) bis 5 (schlecht). Auffällig war dabei schon, dass nahezu jeder der Befragten zu Bremen – anders als etwa zu den ebenfalls einstufigen Modellen in Hamburg oder Hannover – eine Meinung, und zwar in der Regel eine vernichtende, hatte. Der glatte Wert von 5,00, den Bremen nach der Aufschlüsselung in die unterschiedlichen politischen Orientierungen bei der »konservativen Extremgruppe« erhielt, ließ sich dabei noch mit Schmunzeln hinnehmen. Dramatischer war für die Initiatoren des Bremer Modells, dass selbst in der »linksliberalen Extremgruppe« das Modell nur noch vor Mannheim, Marburg, Würzburg und Trier auf dem 24. Platz mit einer Bewertung von 3,88 eingestuft wurde.[449]

Über die Valenz dieser Resultate mag man im Einzelnen streiten, doch geben sie insgesamt ein Bild wieder, das sich auch auf anderem Wege ergibt. Angesichts einer Kritik, die an Polemik und Geringschätzung kaum mehr zu überbieten war, fanden sich bald nicht mehr viele, die den Bremer Juristen zur Seite sprangen. Auf einer Veranstaltung der CSU-nahen Hanns-Seidel-Stiftung aus dem Jahr 1974, auf der sich die Beteiligten angesichts der wachsenden Polemik erstaunlich sachlich mit den Reformbestrebungen im Allgemeinen und dem Bremer Modell im Besonderen auseinander setzten, beschrieb der Berliner Richter Wolfgang Böhm, selbst Kritiker des Modells, das grundle-

---

446 So der Staatsrechtler Karl August Bettermann schon im Oktober 1970 vor der Hamburger Reformkommission, Protokoll der Sitzung vom 12.-16. Oktober, Justizbehörde Hamburg, Az. 2210/2/1, Bd. 11, S. 37ff.

447 Isola, »Konservative Front«.

448 Joerges, »Juristenausbildung«, S. 45.

449 Zu den Ergebnissen der Umfrage vgl. Klausa, »Rebellen«; vgl. auch Ders., *Rechtslehrer.*, S. 261ff.

gende Dilemma der Reformer: Bleibe die Reform marginal, frage man zu Recht, ob das überhaupt eine Reform gewesen und was damit erreicht worden sei.[450] Man wird hinzufügen können, dass dieses Argument vor allem dann relevant wurde, wenn wirklich grundlegende Reformen angekündigt wurden. So standen gerade die Reformmodelle unter ständiger Beobachtung »von links«, wie die linke Kritik an den »Nordmodellen« belegt.[451] Würden die Reformer aber wirklich radikal, so Böhm weiter, eröffne sich das nächste Dilemma: Entweder sie blieben erfolglos und würden zu Sektierern oder es fänden tatsächliche Veränderungen statt, »dann werden die Reformer alsbald – nach meinen Beobachtungen meist sogar wider Willen – zu Religionsstiftern«[452]. Es ist bezeichnend, dass Böhm hier an die Stelle der Vorstellung von mehr oder weniger rationalen Auseinandersetzungen um den richtigen Weg, Metaphern aus dem Bereich der Religion setzte und die Auseinandersetzung so als »Glaubensproblem« erscheinen ließ. Hier schlug das eifernde Aufbruchspathos der Reformer, die sich selbst oftmals als Vertreter der reinen Rationalität gesehen hatten, gegen sie selbst zurück. Die allgemeine Heilsbotschaft, mit der die Reformer angetreten waren, rückte sie nun in die Nähe einer Sekte. Auch ohne diese religiöse Konnotation blieb das grundsätzliche Dilemma: Bedeutete das Festhalten an einem radikalen Reformmodell den einen – nicht zuletzt dem juristischen »Establishment« – ein Verrennen in gefährlichen Irrwegen, bedeutete ein Zurückweichen vor der Kritik den anderen – nicht zuletzt denen, die mit breiter Resonanz für grundlegende Reformen eingetreten waren – ein Einknicken vor denen, deren »Herrschaftsmonopol« mit einer reformierten Ausbildung gebrochen werden sollte.

Die Suche nach Erklärungen für diese Entwicklung verweist bereits auf den politischen Klimawechsel in der ersten Hälfte der siebziger Jahre. Konzentriert man sich zunächst nur auf das Schicksal des Bremer Modells, kristallisieren sich drei Bündel von Ursachen heraus. Das erste ist schon wiederholt erwähnt worden und betrifft den Umstand, dass für eine vollkommen veränderte Wissenschaft, nämlich eine sich als Sozialwissenschaft verstehende Rechtswissenschaft, kaum ein Konzept vorlag, das über erste Überlegungen hinausging. Der scheinbare Konsens über die wachsende Bedeutung der Sozialwissenschaften hatte zu einem Scheinkonsens in der Frage der »Einbeziehung« der Sozialwissenschaften in das juristische Studium geführt, der die Dimension der notwendigen Revolutionierung der Rechtswissenschaft – wenn

450 Böhm, »Juristenausbildung«, S. 61.

451 Vgl. hier neben den schon erwähnten Beiträgen von Ziegler, »Schritte«, und Leibfried, »Tendenzen«, auch die Kritik des Soziologen Wolfgang Kaupen an dem Hannoveraner Modell: Kaupen, »Modell Hannover«, und ein paar Jahre später: Ders., »Hannover-Modell«.

452 Böhm, »Juristenausbildung«, S. 62.

sie denn eine Sozialwissenschaft sein wollte – in dichten Nebel hüllte. Es spricht sehr viel dafür, dass die Komplexität dieses Problems auch bei der Konzeption des Bremer Reformstudiengangs nicht wirklich erkannt worden ist.

Das zweite Ursachenbündel hing indirekt mit eben dieser Komplexität zusammen und kann bis zu einem gewissen Grad als Antwort darauf verstanden werden. In der Auseinandersetzung mit Wiethölters Forderung nach einer »Politisierung« der Rechtswissenschaft ist bereits erwähnt worden, dass Kritiker darin die Forderung nach einer *spezifischen* politischen Ausrichtung, konkret die Forderung nach einer Orientierung an einer sozialistischen Gesellschaftsordnung sahen, ohne dass Wiethölter dies selbst formuliert hatte. Tatsächlich sah wohl weder Wiethölter noch Alfred Rinken, der als »eigentlicher Vater« des Bremer Modells galt[453], Veranlassung zu einem solchen Bekenntnis. Wiethölter wie Rinken und andere Reformer hatten zwar gewiss einen »emanzipatorisch« wirkenden Juristen als Leitvorstellung der reformierten Juristenausbildung. Mit »sozialistisch« musste dies aber nichts zu tun haben. Erwartete man jedoch von den als »Hilfswissenschaften« verstandenen Sozialwissenschaften konkretes Orientierungswissen, die Vermittlung »von Fakten und Zusammenhängen der sozialen Realität« sowie schließlich das Angebot von »Theorien über die soziale Realität und Methoden zur Faktengewinnung«[454], lag der Verdacht nahe, dass dies nur dann zu leisten war, wenn das Bild von der vergangenen, der gegenwärtigen und der künftigen Gesellschaft bereits feststand. Vor diesem Hintergrund fiel es den Kritikern nicht schwer, ihren Verdacht durch einen Blick in das Vorlesungsverzeichnis bestätigt zu sehen, wo es von Einführungen in den historischen Materialismus, Auseinandersetzungen mit der kapitalistischen Produktionsweise, den Widersprüchen der bürgerlichen Gesellschaft, dem Aufstieg der Arbeiterklasse etc. nur so wimmelte. Die intelligenteren und wohlwollenderen Kritiker gestanden den Initiatoren des Bremer Modells durchaus zu, dass das Modell selbst tatsächlich zunächst keine bestimmte politische Zielvorstellung implizierte. Es werde zunehmend »als bedauerlicher Zufall dargestellt, daß in Bremen Marxisten und Geistesverwandte ein an sich gutes Modell an sich gerissen, verbogen und dadurch politisch suspekt gemacht hätten«, so der schon zitierte Wolfgang Böhm in seiner Kritik des Bremer Modells. Zwar sei nirgendwo festgelegt, dass in Bremen ausgerechnet ein marxistischer Unterricht zu machen sei. Doch wenn Juristen »Rechtsanwendung bewußt zur Steuerung der Gesellschaft« einsetzten und Politik machen sollten, brauche es Konsens über die

453 Ebd., S. 61.

454 Rinken, »Juristenausbildungsgesetz«, S. 20.

politischen Ziele. Hier wiederholte sich der Vorwurf, der auch schon Wiethölter gemacht worden war: Politische Zielvorstellungen würden zwar nicht genannt. Da diese aber für die Vorstellung vom politisch steuernden Juristen notwendig seien, rücke an diese Stelle, ob gewollt oder nicht, so jedenfalls durch die Personalpolitik klar befördert, der Marxismus – ein vulgarisierter Marxismus, man wird korrekter sagen müssen – als verbindliche gemeinsame Weltanschauung.[455]

So berechtigt Kritik an dem Bremer Modell in vielen Punkten auch gewesen sein mag, wird man schließlich als dritte Ursache für dessen miserable Presse auch anführen müssen, dass sich die gesamte Bremer Universität innerhalb kürzester Zeit mit einer beispiellosen Stigmatisierung konfrontiert sah, die für viele eine tatsächliche Auseinandersetzung mit den Realitäten des Bremer Modells überflüssig erscheinen ließ. Der Rechtssoziologe Ekkehard Klausa, der den Bremern zum 10-jährigen Jubiläum ihres Modells die oben genannten Prestigewerte präsentierte und dazu mahnte, sich der Prestigeordnung zu stellen, beschrieb gleichwohl auch den »Wertungsstrudel«, in den die gesamte Bremer Universität geraten war. Unabhängig davon, für wie gelungen man Theorie und Praxis des Bremer Modells der Juristenausbildung hielt, ist schwer zu bestreiten, dass hier in eklatantem Maße die Mechanismen der »Ansteckung« virulent wurden, die auch Luhmann mit Blick auf Prestigeordnungen beschrieben hatte.[456] Es wäre der Beurteilung des »Bremer Modells« gewiss nicht angemessen, wollte man alle Probleme auf eben diese Mechanismen reduzieren. Nur wird man sie, ohne in eine detaillierte Ursachenanalyse und Gewichtung von Fehlentwicklungen einzusteigen, mit zu nennen haben.

Für den Stellenwert Bremens in der gesamten weiteren Debatte um die Reform der Juristenausbildung ist wichtig, dass die »Ansteckungsmechanismen« nicht nur fächerübergreifend innerhalb der Bremer Universität wirksam wurden, sondern auch die übrigen einphasigen juristischen Fachbereiche betrafen. Das gesamte Modell der Einbeziehung der Sozialwissenschaften wurde von konservativer Seite zunehmend unter den Generalverdacht »linker Unterwanderung« gestellt. Hier sei für die weitere Entwicklung zunächst festgehalten, dass sich die meisten einphasigen Ausbildungen, dies gilt bis zu einem gewissen Grade auch für Bremen, wieder stärker an der traditionellen Ausbildung orientierten. Dazu trug nicht zuletzt bei, dass gerade auch unter den Studenten die Begeisterung insbesondere für die Einbeziehung der Sozialwissenschaften deutlich nachließ. Gleichwohl blieben die Modelle einem Reformkonzept verpflichtet, das aus konservativer Perspektive zunehmend suspekt wurde. Als

455 Böhm, »Juristenausbildung«, S. 69f.

456 Luhmann, »Selbststeuerung«.

Anfang der achtziger Jahre die Entscheidung darüber anstand, was aus den Modellen werden sollte, zeigte die neue konservative Bundesregierung keinerlei Interesse an einer etwaigen Verlängerung der »Experimentierklausel«, geschweige denn an einer Ausweitung des Modells. So konnten auch an den Standorten der ehemaligen Reformstudiengänge die Repetitoren endlich wieder Fuß fassen und den Studenten das »eigentlich wichtige« des Jurastudiums beibringen.

3.4 Zwischenbilanz: Die kurze Hegemonie des Reformdiskurses

Für den Zeitraum zwischen 1960 und 1967/68 ist oben nachgezeichnet worden, wie sich die Justiz aus den verschiedensten Ecken und Gründen in zunehmendem Maße Kritik ausgesetzt sah. Noch 1963 hatten sich Richter und Staatsanwälte mit mächtiger Unterstützung aus der Rechtswissenschaft gegen jede Art von Kritik verwahrt. Kritik an der Tätigkeit der Justiz, so das Argument von damals, kann allein von der juristischen Fachöffentlichkeit vorgebracht werden. Kritik von Seiten der politischen Öffentlichkeit ist unsachgemäß und der »Sache der Justiz« abträglich. Die richterliche Tätigkeit erschien aus dieser Perspektive eingewoben in das filigrane und feinmaschige Netz rechtlicher Argumentationen und spielte sich jenseits jeder Politik ab.

Vor diesem Hintergrund können die Veränderungen, die in der gesamten Debatte um das Verhältnis zwischen Recht, Justiz und Gesellschaft innerhalb des Jahrzehnts zwischen 1960 und 1970 eingetreten waren, nicht hoch genug veranschlagt werden. Welche Bedeutung hatte nun »1968« in diesem Prozess? Die Kritik etwa an der NS-Belastung der Justiz, an ihren hierarchischen Strukturen und der obrigkeitsstaatlichen Haltung war längst vor »1968« vorgebracht worden und auch die Radikalität der Kritik, wie sie von Sebastian Haffner oder Ulrich Sonnemann vorgebracht worden war, wurde »in den 1968er Jahren« kaum mehr überboten – sehr wohl allerdings die Form der Kritik. Das leitet bereits über zur Bedeutung der Demonstrationsprozesse, auf die hier großes Gewicht gelegt worden ist.

Diese Prozesse sind für den Kontext der hier untersuchten Fragen zum einen deshalb wichtig, weil sie der Ort der direkten Konfrontation zwischen der Studentenbewegung und der Außerparlamentarischen Opposition auf der einen und der Justiz auf der anderen Seite waren. Zum anderen wurde durch die öffentliche Aufmerksamkeit, welche die Prozesse auf sich zogen, und durch die Vielzahl der Prozesse zu ähnlichen Sachverhalten die Tätigkeit der

Justiz transparenter und verwirrender zugleich. Auch wenn jeder einzelne Fall anders gelagert war, wurde nicht nur für ohnehin skeptische Beobachter aus der »politischen Öffentlichkeit«, sondern auch für wohlwollende juristische Beobachter klar, dass in die Urteile mehr einfloss als juristische Subsumtionstechnik. Die längst vor den Demonstrationsurteilen geäußerten Annahmen über den Einfluss »weltanschaulicher Hintergründe« auf die Rechtsprechung erfuhren nun ihre offensichtliche Bestätigung. Dabei war erstaunlich, dass die Gerichte keineswegs durchweg scharfe Urteile fällten. Vielmehr verstörte die Spannbreite der Urteile vor allem Juristen und Rechtspolitiker. Auch die Tatsache, dass die höheren Instanzen oft mildere Urteile wieder revidierten, entsprach dabei dem von Rasehorn, Wassermann und anderen entworfenen Bild einer hierarchisch aufgebauten und nach oben zunehmend obrigkeitsstaatlich ausgerichteten Justiz. Insofern boten die Demonstrationsprozesse vielfältigen Anschauungsunterricht für die Funktionsweise der Justiz, aus dem vor allem die »Reformer« Kapital schlugen. Denn die Prozesse zeigten nicht nur die Bedeutung außerrechtlicher Einflüsse auf die Rechtsprechung. Aus der Perspektive der »Reformer« machte ein Teil der Urteile auch deutlich, dass die Justiz sehr wohl im »demokratischen« Sinne urteilen und insofern auch aktiv zu einer weiteren demokratischen Entwicklung der Gesellschaft beitragen konnte.

Angesichts der Entwicklung in den siebziger Jahren ist es ebenso auffällig wie erstaunlich, dass die Anfeindungen, denen die Justiz in den Prozessen zum Teil ausgesetzt war, sich zunächst nicht in einer grundsätzlichen Verhärtung der Fronten und in einer verschärften Ablehnung weitreichender Reform- und Demokratisierungsforderungen niederschlugen. Erklärlich ist dies nur dadurch, dass der Prozess der Liberalisierung in der Bundesrepublik im Laufe der sechziger Jahre in der Tat bereits erheblich fortgeschritten war. Unabhängig davon, wie etwa die Richter, Staatsanwälte oder Rechtswissenschaftler im Einzelnen zu den Studentenprotesten standen, wurden die Proteste zumindest für kurze Zeit für alle diejenigen, die für Veränderungen eintraten, zu einem positiven Bezugspunkt. Gezeigt worden ist dies hier insbesondere bei den Richtern, die ihre standespolitischen Forderungen mit Demokratisierungsbestrebungen und sogar unter sympathisierender Bezugnahme auf die Studentenbewegung zu begründen suchten. Gerade die Diskussion um die standespolitischen Forderungen der Richter verweist auf die Macht des Reform- und Demokratisierungsdiskurses. Denn einmal gelang es den aufgeschlosseneren Teilen des Richterbundes durch den Einstieg in den Reform- und Demokratisierungsdiskurs das konservative Image des Richterbundes abzustreifen und so vor allem mit Hilfe der SPD ihre schon lange gehegten Besoldungsforderungen durchzusetzen. Daneben allerdings gerieten ebenfalls schon seit langem gehegte Forderungen nach Abschaffung der Richtertitel zunehmend unter Ideologieverdacht. Unter dem Eindruck des im Zuge der Studentenbewegung weit verbreiteten Kampfes gegen Symbole und Rituale erschien die tatsächliche Einlösung dieser Forderung aus konservativer Perspektive nun als weiterer Schritt zur Nivellierung von Autoritäten und zur Politisierung der Richterschaft. Der Protest gegen die Abschaffung der Titel im Jahr 1972 stand allerdings schon im Zeichen der nun einsetzenden konservativen Gegenbewegung, auf die im folgenden Kapitel näher eingegangen.

Zuvor ist allerdings noch festzuhalten, in welchem Maße in den Jahren 1968–1970 die Überzeugung von der Notwendigkeit von Reformen und Veränderungen auf den unterschiedlichsten Gebieten bis weit ins konservative Lager hinein Raum griff. Angesichts dessen, was von den weitreichenden Bestrebungen zur Reform der Juristenausbildung und zur Neubegründung der Rechtswissenschaft aus dem Geist der Sozialwissenschaften umgesetzt wurde, ist es in hohem Maße verblüffend zu sehen, mit welcher Selbstverständlichkeit in dieser Phase in weiten Kreisen von der Realisierung dieser Pläne ausgegangen wurde. Die Forderung nach einer »Versozialwissenschaftlichung« der Rechtswissenschaft und der Einbeziehung der Sozialwissenschaften in die Juristenausbildung schien für kurze Zeit fast zu einer Art common sense zu avancieren. Vor allem im Zusammenhang mit dem Aufstieg der Rechtssoziologie und der Debatte um die Reform der Juristenausbildung ist gezeigt worden, dass es für eine Position des »modernen Konservativismus« selbstverständlich war, sich den angestrebten Veränderungen gegenüber aufgeschlossen zu zeigen. Zu erklären ist diese kurze, aber eindeutige Hegemonie des Reform- und Demokratisierungsdiskurses nur dadurch, dass all diejenigen, die bis ins konservative Lager hinein für Reformen und Veränderungen welcher Art auch immer eintraten, die Impulse, die von der Studentenbewegung ausgingen, in ihrem Sinne zu nutzen wussten. Tatsächlich konservative Positionen gerieten zumindest für kurze Zeit klar in die Defensive. Das aber sollte sich nur kurze Zeit später wieder deutlich ändern.

4. Klimawechsel und langfristige Veränderungen

In der Einleitung ist erwähnt worden, dass eine klare Trennung zwischen der Hochphase der Reformeuphorie und dem in den siebziger Jahren einsetzenden »Rollback« schwer zu ziehen ist. Generell wird das Ende der so genannten Reformära auf die Jahre 1973/74 datiert. Der Kanzlerwechsel von Brandt zu Schmidt liefert dabei eher einen symbolischen Einschnitt. Mindestens so wichtig war die Ölkrise des Jahres 1973 und die daran geknüpften Befürchtungen und Prophezeiungen vom »Ende des Wachstums«.[1] Die gesamte Reformeuphorie, die nicht zuletzt von einem enormen Fortschrittsoptimismus getragen wurde, erhielt auch von daher einen erheblichen Dämpfer. An die Stelle der Vorstellungen von Machbarkeit und Planbarkeit traten zunehmend Klagen über Planungsrestriktionen bis zum Aufkommen des Stichworts der »Unregierbarkeit«. Für den Bereich des Rechts bedeutete dies nicht zuletzt, dass Vorstellungen von der Gestaltbarkeit der Gesellschaft durch Recht und Justiz damit in erheblichem Ausmaß der Boden entzogen wurde.[2]

Das Schicksal einzelner Reformbereiche und konkreter Reformprojekte hing jedoch nicht nur vom »allgemeinen Klima«, sondern auch von den jeweiligen internen Diskussionen und Entwicklungen ab. Ähnlich wie für die Frage nach den konkreten Auslösern dafür, dass auch die Justiz in den sechziger Jahren in den Sog weitreichender Reformdebatten geriet, sind nun die konkreten Gründe zu erhellen, aus denen auch in diesem Bereich der Widerstand gegen Reformen und Veränderungen wieder deutlich zunahm und viele Ansätze verebbten oder scheiterten. Im Zusammenhang mit der Darstellung etwa des Aufstiegs der Rechtssoziologie oder dem Schicksal der Reform der Juristenausbildung, ist darauf partiell bereits eingegangen worden.

Im Folgenden soll aber zunächst gebündelt analysiert werden, wie konservative Positionen in der Reformdebatte um die Justiz Anfang der siebziger Jahre wieder zunehmend aus der Defensive, in die sie geraten waren, heraus-

---

1 So bekanntermaßen der Titel des berühmten »Berichts des Club of Rome zur Lage der Menschheit«: Meadows u.a., *Grenzen.*

2 Vgl. dazu Bender, »Rechtssoziologie«, S. 135ff.

kamen. Weiter wird der Bereich in den Blick genommen werden, mit dem die meisten Hoffnungen und Befürchtungen der gesamten Reformdebatte verbunden waren: die Personalpolitik. Die Sensibilität des Themas soll zum einen exemplarisch an den Fällen Wassermann und Rasehorn verdeutlicht werden, die für ungewöhnliches Aufsehen sorgten. Zum anderen wird in diesem Kontext auch der Umgang mit der Frage erörtert, wie die Justizpolitik, aber auch die Justiz selber, mit dem Problem umging, ob Kommunisten als Richter tragbar waren oder nicht. In beiden sehr unterschiedlichen Arten von Personalfragen wird auch deutlich werden, in welchem Maße die Furcht vor dem »Marsch durch die Institutionen« konservativen Positionen wieder erheblichen Auftrieb gab. Zu klären ist weiter das Schicksal der »Großen Justizreform«, jenem technokratischen, in den fünfziger Jahren konservativ konnotierten Plan zur Umstrukturierung der Justiz, den sich die SPD im allgemeinen Reformfieber der ausgehenden sechziger Jahre auf die Fahne geschrieben hatte. In einem letzten Punkt soll schließlich gefragt werden, in welchem Maße sich Folgewirkungen aus der Konstituierung einer Art »Neuer Linken« innerhalb des Feldes des Rechts und der Justiz ausmachen lassen.

4.1 Zurück aus der Defensive: Die konservative Haltung zu den justizpolitischen Reformplänen

Oben ist ausgeführt worden, wie sich die SPD in den sechziger Jahren als rechts- und justizpolitische Reformkraft etablierte. Gezeigt worden ist auch, wie sich die SPD auf diese Weise dem gewiss nicht SPD-nahen Deutschen Richterbund zeitweise als die Kraft empfohlen hatte, mit der seine standespolitischen Forderungen am ehesten durchzusetzen waren. Es ist ebenfalls dargelegt worden, dass es zeitweilig so aussah, als würde sich das Feld der Rechtswissenschaft durch den Aufstieg der Rechtssoziologie vollkommen neu ordnen und als werde sich durch eine reformierte Juristenausbildung ein neues Leitbild des Juristen im Allgemeinen und des Richters im Besonderen durchsetzen. Im Folgenden soll nun untersucht werden, wie auf konservativer Seite auf die Entwicklung reagiert wurde. Dabei wird es nicht nur um die Positionsdebatten innerhalb der CDU, sondern auch um die konservative Kritik an den justizpolitischen Reformplänen insgesamt gehen.

Angesichts des rechts- und justizpolitischen Engagements der SPD ist auffällig, dass von den anderen beiden im Bundestag vertretenen Parteien im Bereich der Justizpolitik lange Zeit ausgesprochen wenig zu hören war. Nur am Rande sei bemerkt, dass dies nicht nur für die CDU, sondern auch für die

FDP galt. Wie oben bereits erwähnt, rückten mit Jürgen Baumann, Ulrich Klug und vor allem Werner Maihofer liberale Rechtsprofessoren, die an zentralen rechtspolitischen Reformdiskussionen und -vorhaben der sechziger Jahre beteiligt waren, später in politische Ämter auf. Speziell zur Justizpolitik und zur Frage des Richterbildes und der Richterfunktion in der modernen Gesellschaft finden sich von der FDP jedoch keine ausformulierten Vorstellungen. Dies ist um so erstaunlicher, als mit Otto Pulch und Walther Priebke zwei jener hessischen Richter für die FDP in den hessischen Landtag einzogen, die zumindest zeitweise in der Öffentlichkeit den Eindruck erweckt hatten, besonders aktive Reformer zu sein. Aus dem März 1969 findet sich zwar eine Zeitungsmeldung, dass sich in Frankfurt unter der Leitung des hessischen FDP-Vorsitzenden Wolfgang Mischnik eine »Arbeitsgemeinschaft liberaler Juristen« zusammengeschlossen habe. Deren Aktivitäten scheinen sich aber in engen Grenzen gehalten zu haben, da größere Spuren ansonsten nicht auszumachen sind.[3]

Dass die CDU im Bereich der Rechts- und Justizpolitik ein klares Defizit aufzuweisen hatte, wurde Ende der sechziger Jahre sowohl von den Rechtspolitikern der Partei selbst als auch von Juristen an der Basis kritisch angemerkt.[4] Nachdem auch der Richterbund die CDU im März 1968 mit seiner Bitte auf dem falschen Fuß erwischt hatte, ihre justizpolitischen Vorstellungen zu übermitteln[5], kam es schließlich im Mai des Jahres zur Gründung eines »Arbeitskreises Christlich Demokratischer Juristen«[6], der unverkennbar als Reaktion auf die umtriebige »Arbeitsgemeinschaft sozialdemokratischer Juristen« zu verstehen ist.[7] Zeitgleich erfolgten auch auf Landesebene bei der CDU

---

3 Liberale Juristen schlossen sich zusammen, in: *FR*, 15.3.1969. Otto Pulch und Walther Priebke werden zumindest in dieser Zeitungsmeldung nicht unter den Mitgliedern aufgezählt. Im Partei-Archiv der FDP gibt es keinen Hinweis auf etwaige Aktivitäten der Arbeitsgemeinschaft.

4 Vgl. Bericht über die Rechtspolitische Konferenz der SPD für Referendare des Landes Nordrhein-Westfalen am 20. Mai 1967 in Köln, Anlage zum Brief von Konrad Kraske an Heinrich Köppler, vom 16.6.1967, ACDP, St. Augustin, BACDJ/Korrespondenz 1968–70.

5 Vgl. das Schreiben des Richterbundes an die CDU vom 31.7.1968, in dem der Richterbund der CDU seine Stellungnahme zu den »Leitsätzen zur Justizpolitik« der ASJ zuschickt, dabei auf ein Schreiben vom 11. März des Jahres verweist und die Bitte um eigene Vorstellungen erneuert (ACPD, St. Augustin, BACDJ/Korrespondenz 1968–70).

6 Vgl. dazu das Protokoll der konstituierenden Sitzung des BACDJ vom 9.5.1968, ACDP, St. Augustin, I – 048 – 011/2.

7 Vgl. dazu die Bemerkungen im Referat von Friedrich Vogel auf der ersten »Landestagung des Arbeitskreises Christlich-Demokratischer Juristen vom 23.10.1971, ACDP, St. Augustin, LACDJ, bis 1973; vgl. dazu auch den Pressebericht: Gesellschaftsveränderung durch Rechtspolitik? Namhafte CDU-Juristen sehen den Rechtsstaat gefährdet, in: *Stuttgarter Zeitung*, 25.10.1972.

Zusammenschlüsse von Juristen, wo ebenfalls mit unterschiedlicher Intensität rechts- und justizpolitische Fragen diskutiert wurden.[8]

Um die Bedeutung der ASJ bei der SPD und des »Bundesarbeitskreises christlich-demokratischer Juristen« (BACDJ) richtig einzuschätzen, ist zunächst zu betonen, dass die hier diskutierten Überlegungen noch verhältnismäßig wenig an die übergeordnete Linie der Partei angebunden waren, da hier neben den – nicht immer maßgeblichen – Rechtspolitikern der Parteien, sich eher als Fachleute verstehende Parteimitglieder vertreten waren. So entstanden an dieser Stelle jeweils eine Reihe von Überlegungen, die später wieder kassiert wurden. Eine interessante Parallele ist zudem, dass, ähnlich wie bei der SPD Mitte der sechziger Jahre mit Rudolf Wassermann, auch in der CDU mit Gerhard Bluhm in der Anfangsphase zunächst ein Richter wesentlich dazu beitrug, dass sich die Partei dem Thema Justizpolitik öffnete. Auch wenn der schleswig-holsteinische Amtsrichter Gerhard Bluhm bei weitem nicht die Bedeutung von Wassermann erlangte, ist der Punkt deswegen von Bedeutung, da über diese Personen die standespolitischen Positionen der Richter in die Parteien eingespeist wurden. So ist es im Übrigen auch nicht verwunderlich, dass sich die justizpolitischen Diskussionen und Vorstellungen in der BACDJ von denjenigen in der ASJ gar nicht so sehr unterschieden. In dem Maße allerdings, wie es auf der einen Seite zu einer immer stärkeren Ideologisierung der Diskussion kam, und es auf der anderen Seite aber immer klarer wurde, dass die angekündigte »Große Justizreform« Makulatur bleiben würde, bezog die CDU auch in der Rechts- und Justizpolitik zunehmend wieder eine eigenständige, konfrontative Position.

Offensichtlich ist, dass es der CDU Ende der sechziger Jahre zunächst ausgesprochen schwer fiel, klar Position zu beziehen, ohne dabei entweder als reformfeindlich zu erscheinen und damit noch mehr in die Defensive zu geraten oder aber die Positionen der SPD zu übernehmen.[9] Die ersten nachweisbaren Positionierungsversuche der CDU stammten von dem genannten Amtsrichter Gerhard Bluhm, der 1969 eine Analyse der aktuellen Situation der Richterschaft und der justizpolitischen Haltung der CDU lieferte. In der Weimarer Republik, so Bluhm, hätten die Richter die Entwicklung zur Demokratie nicht mitgemacht und seien überwiegend konservativ, wenn nicht reaktionär geblieben. Nun zeichne sich eine ähnliche Entwicklung ab, »aber mit umgekehrten Vorzeichen. Die jüngere Richtergeneration (die noch nicht bis zum Bundesgerichtshof vorgedrungen ist) droht sich von der Exekutive erschre-

8 In Baden-Württemberg, aber auch im Rheinland und in Schleswig-Holstein gab es solche Arbeitsgemeinschaften, deren Aktivitäten unterschiedlich gut dokumentiert sind. Vgl. ACDP, St. Augustin, LACDJ; ACDP, St. Augustin, I – 049 – 003/3.

9 Zur CDU am Ende der sechziger Jahre vgl. Bösch, *Adenauer-CDU*, S. 391ff.

ckend zu entfernen oder umgekehrt. Eine Kluft ist unverkennbar. Sie ist gefährlich. Dabei soll hier offen bleiben, wo die Ursache liegt, d.h. ob es die Richterschaft mit der Rechtsstaatlichkeit zu ernst nimmt oder die Exekutive zu wenig. Die bestehende Kluft wächst ständig, und zwar in dem Verhältnis, in dem die Bundesregierung und die Landesregierungen justizpolitisch und in der Justiz-Personalpolitik untätig bzw. sogar rückschrittlich wirken«[10]. Die Analyse lässt sich vor allem als Ausdruck bemerkenswerter Verwirrung lesen. Wenn hier die Gefahr von Weimar mit »umgekehrten Vorzeichen« an die Wand gemalt wird, kann dies nur als Bedrohung von links verstanden werden. Ob aber tatsächlich die Richterschaft dafür die Verantwortung trägt, bleibt offen. In jedem Fall aber soll nach Bluhm die Politik tätig werden, um nicht »rückschrittlich (zu) wirken«.

Der CDU warf er des Weiteren vor, »die für einen Rechtsstaat erstrangigen justizpolitischen Notwendigkeiten bisher ernsthaft nicht zur Kenntnis genommen« zu haben. Die stürmische Entwicklung der letzten Zeit sei an der CDU völlig vorbeigegangen. Während es in den SPD-geführten Ländern zu einer fruchtbaren Zusammenarbeit zwischen Justiz und Politik gekommen sei, werde den Richtern in Schleswig-Holstein die Mitarbeit verweigert. Bluhm folgerte daraus, dass auch im schleswig-holsteinischen Justizressort »progressives Denken Einzug halten« müsse. Zudem müsse man die Richter mit einbeziehen: »Die Generation der 40-jährigen steht erkennbar zur Arbeit bereit«. Schließlich müsse die CDU eine »Planungsgruppe Justizpolitik« einsetzen, »die beschleunigt (weil nachholend) die justizpolitischen Richtlinien zu erarbeiten« habe.[11]

Bluhm bezog sich hier auf Schleswig-Holstein, doch war das Problem der mangelnden justizpolitischen Positionierung nicht nur auf dieses Bundesland beschränkt. Die einzige Möglichkeit für die CDU, in der gesamten Debatte auch wieder eine Rolle zu spielen, sah Bluhm in »progressivem Denken«. Bezeichnend ist, dass eine inhaltliche Füllung dessen, was »progressiv« vor allem im Gegensatz zu »konservativ« genau heißen sollte, zunächst weitgehend fehlte. Das Anmahnen »progressiven Denkens« verweist noch einmal nachdrücklich auf das gesellschaftspolitische Klima der ausgehenden sechziger Jahre.

Auf einem Treffen der »Arbeitsgemeinschaft rheinischer CDU-Juristen« im Jahr 1969 nahm Otto Theisen, zu dem Zeitpunkt Staatssekretär im rheinland-pfälzischen Justizministerium, Bezug auf diese Forderungen an die CDU und

10 Gerhard Bluhm, Justizpolitische Erwägungen, April 1969, S. 24, ACDP, St. Augustin, VIII – 002 – 046/3.

11 Ebd., S. 26.

schloss sich in vielen Punkten an.[12] Die CDU, so Theisen, habe der SPD vollkommen das Feld der Rechts- und Justizpolitik überlassen. In den vergangenen zehn Jahren sei hier von der CDU nichts wirklich »reformatorisches« mehr gekommen. Auf dem Nürnberger Juristentag von 1968 hätten der damalige Bundesjustizminister ebenso wie einige sozialdemokratische Landesjustizminister die Verhandlungen mehrere Tage verfolgt, während führende CDU-Juristen nicht zu sehen gewesen seien. Man habe sich zudem darauf verlassen, dass die Grundhaltung der Richter und Staatsanwälte ohnehin konservativ sei, und man sei nun überrascht festzustellen, »dass viele Angehörige juristischer Berufe sich nicht mehr bei uns, sondern in Kreisen wiederfinden, die anscheinend oder auch nur scheinbar den Fortschritt oder was man dafür hält auf ihre Fahne geschrieben haben«[13]. Es sei höchste Zeit, »eine wichtige Erkenntnis in den Kreisen der CDU endlich durchzusetzen«, so Theisen weiter, »nämlich die, dass der freiheitliche Rechtsstaat vorzugsweise durch seine Justiz, durch den Richter, den Staatsanwalt, den Rechtsanwalt geprägt wird«[14]. Mit dieser »wichtigen Erkenntnis« begab sich Theisen allerdings auf ein problematisches Gebiet. Indirekt war dies ein Eingeständnis der Position, die dem Richter einen enormen Gestaltungsspielraum zuschrieb und ihn damit in die Nähe des »Sozialingenieurs« rückte.

Das aber war genau das Richterbild, das konservative Juristen aufs Schärfste bekämpften. Es gehe um grundlegend unterschiedliche Positionen in der Rechts- und Justizpolitik, so der CDU-Rechtspolitiker Friedrich Vogel 1971 auf einem rechtspolitischen Kongress der CDU, der hier, wie auch schon zuvor im Bundestag, vor einer »Sozialdemokratisierung« der Rechts- und Justizpolitik warnte.[15] Die SPD wolle nach eigener Aussage über ihre Rechts- und Justizpolitik »neue ordnungspolitische Rahmenbedingungen« und »soziologische Verhaltensmuster für die Zukunft« schaffen. Die CDU, so Vogel, habe Rechtspolitik immer als »Anpassung an vollzogene gesellschaftliche Entwicklungen und Einordnung in vorhandene gesellschaftliche Entwicklungsprozesse« verstanden. Die SPD dagegen betreibe Rechtspolitik »als Mittel zur Änderung der Gesellschaft«.[16] Dies, so Vogel, sei keine Absage an eine Reformpolitik, sondern eine Absage an die »Parteipolitisierung« der Rechts-

12 Von 1971 an war Theisen selbst Justizminister in Rheinland-Pfalz.

13 Otto Theisen, Referat auf einem Treffen der Arbeitsgemeinschaft rheinischer Juristen, S. 5, ACDP, St. Augustin, I – 49 – 003/3; Das Treffen fand Ende 1969 statt, ist aber nicht mehr genau datierbar.

14 Ebd., S. 6.

15 Friedrich Vogel am 5.2.1971 im Deutschen Bundestag, *Stenographische Berichte*, 6. WP, 98. Sitzung, S. 5505.

16 Friedrich Vogel, Referat auf dem Juristenkongress der CDU, 23.10.1971, S. 3, ACDP, St. Augustin, LACDJ, bis 1973.

und Justizpolitik. Vogel, der zu diesem Zeitpunkt einer der wichtigsten Rechtspolitiker in der CDU war, kämpfte hier an zwei Fronten. Innerhalb des juristischen Feldes versuchte er weiter den Eindruck zu erwecken, als ob der gesamte Bereich des Rechts und der Justiz so weit wie möglich von Parteipolitik frei gehalten werden müsse und er so nicht nur die rechts- und justizpolitischen Positionen der SPD bekämpfte, sondern überhaupt eine »Parteipolitisierung«. Innerhalb des Kontextes der allgegenwärtigen Reformdebatten ging es gleichzeitig darum, die CDU nicht als reformfeindlich erscheinen zu lassen. Im Tenor durchaus ähnlich wie die sozialdemokratischen Justizpolitiker hatte Vogel 1970 selbst geschrieben, Rechts- und Justizpolitik bedeute infolge des raschen gesellschaftlichen Wandels »in erster Linie Reformpolitik«. Das Problem bestehe jedoch darin, dass viele der »Reformer« ideologische Intentionen verfolgten. Hinter manchen Forderungen nach »›Liberalisierung‹ des Rechts und nach ›Demokratisierung‹ der Justiz verbergen sich klar und eindeutig sozialistische Zielsetzungen«. Der Sozialismus marschiere heute »unter der Tarnkappe der ›Fortschrittlichkeit‹, der ›Liberalisierung‹ und der ›Demokratisierung‹«. Demgegenüber gelte es, eine »wirklich fortschrittliche, liberale und demokratische Rechts- und Justizpolitik zu betreiben«[17].

Das Problem, vor dem die CDU stand, war offensichtlich nicht nur ein inhaltliches, sondern auch ein sprachliches. Es war wenig originell, gegen »fortschrittlich, liberal und demokratisch« nun »*wirklich* fortschrittlich, liberal und demokratisch« zu setzen. Das fiel Vogel später wohl auch auf. In einer weiteren Auseinandersetzung mit dem Problem analysierte er dann auch zutreffend, dass »Begriffe wie ›Reform‹, wie ›Fortschritt‹, wie ›Demokratisierung‹ und andere mehr [...] inzwischen mit bestimmten Inhalten gefüllt [...] und daher präokkupiert« seien. Das erschwere die Auseinandersetzung, »weil hier im verbalen Bereich, bei gleicher Wortwahl, inhaltlich der Dissens besteht und es heute außerordentlich schwierig ist, gegen einen sympathisch klingenden Begriff wie ›Demokratisierung‹ in der politischen Auseinandersetzung zu Felde zu ziehen, wenn der Inhalt, der ihm gegeben wird, unseren Vorstellungen nicht entspricht«. Ähnliches gelte für den Begriff des Fortschritts und andere mehr.[18]

Vogel verwies hier genau auf das Dilemma der Partei: Die gesamte, auf Veränderung drängende politische Semantik war von der politischen Linken besetzt. Unausgesprochen blieb bei Vogel, dass diese Semantik so sehr in den herrschenden Diskurs eingegangen war, dass die CDU sich damit in einer Zwickmühle sah. Übernahm sie den Sprachgebrauch, verstärkte sie diesen

17 Vogel, »Justizpolitik«.

18 Friedrich Vogel, Referat auf dem Juristenkongress der CDU, 23.10.1971, S. 5, ACDP, St. Augustin, LACDJ, bis 1973.

Diskurs nur und verstellte sich zudem den Weg zu eigenständigen Positionen. Setzte sie auf eine Rhetorik, die diese Begriffe vermied, hätte sie sich gegen diesen herrschenden Diskurs stemmen müssen.

Was konkret die Justizpolitik anging, bedeutete dies Dreierlei. Erstens übernahm die CDU in dieser Phase die Rhetorik von der sich dynamisch wandelnden Gesellschaft, der sich auch die Justiz anpassen müsse. So formulierte der spätere baden-württembergische Justizminister Traugott Bender 1970 in einer Erklärung über die Ziele seiner Justizpolitik: »Ich bekenne mich zu Reformen und zu Fortschritt in der Justizpolitik. Unsere Welt, unsere Gesellschaft verändert und entwickelt sich in einem immer rascheren Rhythmus. Darauf hat auch das Recht Rücksicht zu nehmen, wenn nicht aus Vernunft Unsinn, aus Wohltat Plage werden soll. Daraus darf man aber nicht den ebenso falschen wie gefährlichen Schluss ziehen, das Recht könne und dürfe nichts anderes sein als das Produkt der sozialen Verhältnisse und der soziologischen Erkenntnisse«[19]. Ähnliche Formulierungen von der sich wandelnden Gesellschaft und der Notwendigkeit von Reformen finden sich in Stellungnahmen von CDU-Politikern zwischen 1969 bis 1972 wiederholt.[20] Sie stellen den Versuch dar, einerseits Reformen zu bejahen, diese aber auf der anderen Seite nicht in gesellschaftsverändernder, »soziologischer« Absicht verstanden zu wissen, und insofern nicht »Reformen um jeden Preis« anzustreben.[21]

Zweitens bedeutete dies, dass die CDU Anfang der siebziger Jahre in der konkreten Programmatik von der SPD nicht so weit entfernt war. Auf die Frage der Richterwahlausschüsse und die Abhängigkeit der Positionen von der jeweiligen Regierungsbeteiligung ist oben eingegangen worden. Hinsichtlich der Richterbesoldung waren sich die beiden großen Parteien prinzipiell ebenfalls darüber einig, dass diese eigenständig neu zu regeln sei. Auch in Bezug auf die Präsidialverfassung herrschte weitgehend Konsens darüber, hier eine ge-

19 Traugott Bender, Prioritäten der Justizpolitik, S. 2, ACDP, St. Augustin, I 534/R. Bender wurde 1972 Justizminister in Baden-Württemberg.

20 Vgl. etwa die »Leitsätze der CDU Rheinland-Pfalz zur Neuordnung von Gerichtsverfassung und Richterrecht, ACDP, St. Augustin, BACDJ, Mitgliederversammlungen 1968–1970; dort heißt es etwa, die Verwirklichung des Verfassungsprinzips des sozialen Rechtsstaates gebiete »eine ständige Anpassung und Fortentwicklung der Rechtsordnung«. Nur eine Rechtsordnung, »die auch den Erfordernissen der Zeit« entspreche, werde auch vom Volk angenommen. In ähnlichem Sinn auch schon der »Entwurf justizpolitischer Thesen der Arbeitsgemeinschaft rheinischer CDU-Juristen«, ACDP, St. Augustin,, I – 049 –003/3; Vgl. auch die Ausführungen des gerade neu ins Amt gekommenen schleswig-holsteinischen Ministerpräsidenten Gerhard Stoltenberg, Gedanken über Rechtspflege und Richtertum, in: *DRiZ* 49, 1971, S. 361–363. Stoltenberg plädierte in seinem Vortrag vor dem Deutschen Richterbund sogar dafür, »die politische Funktion der Rechtsprechung ganz unbefangen zu sehen«.

21 So etwa Otto Theisen, Referat auf einem Treffen der Arbeitsgemeinschaft rheinischer Juristen, S. 8, ACDP, St. Augustin, I – 49 – 003/3.

wisse »Demokratisierung« eintreten zu lassen. Ebenso hatte sich die CDU um 1970 herum zunächst auch die Forderung nach der »Großen Justizreform« zu Eigen gemacht.[22] Schließlich gab es, wie oben schon näher ausgeführt, zumindest Anfang der siebziger Jahre auch eine gewisse Einigkeit über die Notwendigkeit einer Reform der Juristenausbildung. Die Auseinandersetzungen folgten dann in der konkreten Umsetzung. Das bedeutete, dass sowohl, was die übergreifende Reformrhetorik als auch die einzelnen, vielfach eher technischen Reformvorhaben anging, verhältnismäßig wenige Differenzen zwischen den großen Parteien auszumachen waren. Die entscheidenden Unterschiede lagen vor allem in den Vorstellungen darüber, was die Reformen mittel- oder langfristig bewirken könnten, also in der Frage, ob die Justiz durch bestimmte Reformen tatsächlich zu einem Instrument gesellschaftlicher Veränderung werden könnte. Dieses zu verhindern war der dritte wichtige Punkt in den justizpolitischen Vorstellungen der CDU.

Die Jahre zwischen 1970 und 1974 sind nun in der CDU von einer deutlichen Verschiebung ihrer Haltung gekennzeichnet. An die Stelle der Sorge, von der gesellschaftspolitischen Entwicklung abgekoppelt zu werden und der damit verbundenen Öffnung hin zu den Reformvorhaben der SPD, trat zunehmend die Befürchtung einer tatsächlichen Unterwanderung der Justiz und deren Umformung zu einem Instrument linker Gesellschaftsveränderung. Eine wichtige Etappe in der Veränderung der justizpolitischen Positionen der CDU bildet die Diskussion um das justizpolitische Programm der Partei, das im Oktober 1972 nach heftigen Auseinandersetzungen verabschiedet wurde. Im Juli 1972 legte die BACDJ einen Entwurf vor, der gegenüber den »Leitsätzen der CDU Rheinland-Pfalz zur Neuordnung von Gerichtsverfassung und Richterrecht« von den Reformvorstellungen der SPD deutlich weiter entfernt war. In der Einleitung fand sich zwar auch noch einmal die Formel von den »Erfordernissen der Zeit«, denen die Rechtsordnung Rechnung tragen müsse, gleichzeitig aber setzte sich der Entwurf implizit mit den vermeintlichen Zielsetzungen der sozialdemokratischen Justizpolitik auseinander. Rechts- und Justizpolitik dürfe keinesfalls, »wie dies in sozialistischen Staaten praktiziert wird, zum Instrument dafür gemacht werden, einseitige ideologische Ziele einer Umwandlung der Gesellschaft durchzusetzen«. Gesellschaftspolitische Konflikte zu lösen sei allein Aufgabe des Gesetzgebers und nicht des Richters, hieß es weiter in impliziter Auseinandersetzung mit dem Leitbild des »politischen Richters«. »Auch dann, wenn die Gesetzgebung sich allgemeiner, auszufüllender Klauseln bedient oder lückenhaft ist, darf der Richter, wenn die

22 Vgl. etwa die Leitsätze der CDU Rheinland-Pfalz zur Neuordnung von Gerichtsverfassung und Richterrecht, ACDP, St. Augustin, BACDJ, Mitgliederversammlungen 1968–1970.

Entscheidung des Einzelfalles nur in Fortbildung des Rechts getroffen werden kann, nur aus dem Gesamtzusammenhang der Gesetze und letztlich der Wertordnung entscheiden, keineswegs jedoch seine persönlichen, ideologischen Vorstellungen an die Stelle des Gesetzgebers treten lassen«[23]. Der Umstand, dass die Autoren es für nötig befanden, einen solchen Satz voller Selbstverständlichkeiten in den Programmentwurf aufzunehmen, kann nur als Fixierung auf die Debatte um das Leitbild des »politischen Richters« verstanden werden. Auch wenn angesichts der realen Zusammensetzung und des weithin vorherrschenden Selbstverständnisses der Richterschaft die Furcht vor einer Unterwanderung der Richterschaft zumindest als übertrieben erscheint, verweist der Satz nicht nur auf die Existenz dieser Furcht, sondern auch darauf, wie sehr sich die CDU hier weiterhin in der Defensive sah.

Überhaupt kann der ganze Programmentwurf als eine Art Rückzugsgefecht gelesen werden. Hatte man sich um 1970 herum zunächst weitgehend auf die Reformvorstellungen der SPD eingelassen, versuchte man nun, sich halbherzig davon zu verabschieden. Hinsichtlich der Reform der Juristenausbildung hieß es nun blass: Ausbildung und Fortbildung seien »erheblich zu verbessern«, dabei müssten »Leistung und Persönlichkeitsbildung entscheidende Grundlagen bleiben«. So solle der Jurist am Ende der Ausbildung in der Lage sein, »in der Rechtspraxis eigenverantwortlich tätig zu sein, um den vielseitigen und wechselnden Anforderungen der Gesellschaft gerecht zu werden«[24]. Auch diese Sätze sind von derartiger Allgemeinheit, dass sie als programmatische Aussagen keinerlei Wert zu haben scheinen. Verständlich werden sie auch wiederum nur vor dem Hintergrund der weitreichenden Reformvorstellungen und tiefgreifenden Auseinandersetzungen auf diesem Gebiet. Von der Verkoppelung von Theorie und Praxis und der gestaltenden Kraft des Juristen in der dynamischen Gesellschaft, wie sie das Loccumer Modell vorgesehen hatten, blieb hier nur noch ein blasses Bekenntnis zu einer »praxisnahen Ausbildung« und den »wechselnden Anforderungen der Gesellschaft«. Gleichzeitig aber ist auch hier noch die Fixierung auf den Reformeifer unverkennbar.

Die unbefriedigende Halbherzigkeit des Programmentwurfs fiel sehr schnell auch denen auf, die ihn zur Begutachtung vorgelegt bekamen. Zum Teil fiel das Urteil schlicht vernichtend aus: Der rechtspolitische Ausschuss der Berliner CDU kam zu dem Ergebnis, dass »die Vorlage nicht einmal als Grundlage für eine Diskussion dienen kann«. Stattdessen müssten »klarer Leitlinien antithetisch dargestellt werden – hier freiheitlich demokratischer Rechts-

23 Entwurf der Fachkommission »Justizpolitik« des Bundesarbeitskreises christlich-demokratischer Juristen, Juli 1972, S. 1f., ACDP, St. Augustin, VII (unverzeichnet) BACDJ, FK Justizpolitik.

24 Ebd., S. 2 u. S. 5.

staat – dort sozialistisches Weltbild«[25]. In ganz ähnlichem Sinne hatte sich der Egbert Paul, Richter am Bundesverwaltungsgericht, geäußert. Der Inhalt des Programms bestehe »zum weitaus überwiegenden Teil aus selbstverständlichen Forderungen und Wünschen, die wohl samt und sonders mindestens seit sechs Jahrzehnten erhoben werden. Und genauso in dem einzigen Satz zusammengefaßt werden könnten: Es muß immer alles noch besser werden«. Mit dem Entwurf locke man »keinen Hund hinter dem Ofen hervor« und biete stattdessen nur unnötige Angriffsflächen. Anstelle der in den Augen Pauls bestenfalls nichts sagenden und schlimmer noch angreifbaren Aussagen forderte der Bundesrichter vor dem Hintergrund der scharfen innenpolitischen Auseinandersetzungen eine klare Positionierung der CDU:

»Die Warenhaus-Katalog-Versprechen des Entwurfs erwecken den wahrlich falschen Anschein, als lebten wir im tiefsten innenpolitischen Frieden. Wenn der BACDJ heute vor die Öffentlichkeit treten und ein Zeichen setzen will, dann muß er sagen, worum es in Wirklichkeit geht. Diese besteht – und sie ist schließlich schon hinreichend von berufenen Seiten verdeutlicht worden – in der aktuellen Alternative zwischen freiheitlich-sozialem Rechts- und Bundesstaat und sozialistischem, totalitären Einheitsstaat mit dem Ziele, die nationale Wiedervereinigung auf der Grundlage der Unfreiheit herbeizuführen. Es geht darum, ob am Grundgesetz festgehalten wird oder ob man es fallen lassen will. Schon auf dem letzten Juristentag vor zwei Jahren in Mainz haben Professoren und Oberlandesgerichtspräsidenten – nicht etwa nur ›rebellische‹ Studenten und Referendare – gefordert, unsere gesamte Ordnung von Grund auf in Frage zu stellen. Kein geringerer als der derzeitige Bundespräsident ist damit vorangegangen. Es geht um Systemveränderung oder nicht. Hierzu präzise Stellung zu nehmen sind die Juristen in der Bundesrepublik verpflichtet, nicht aber darüber zu spekulieren, ob es etwa mit drei oder vier zivilgerichtlichen Instanzen wohl besser gehen wird.«[26]

Während sich die Verfasser des programmatischen Entwurfs noch an der Reformeuphorie der ausgehenden sechziger Jahre abarbeiteten, beurteilte Paul die Differenzen in den justizpolitischen Positionen wesentlich dramatischer und plädierte dafür, diese Unterschiede auch klar herauszustellen. Die zentrale Bedrohung sah Paul in der Reform der Juristenausbildung und den damit verbundenen Forderungen nach gesellschaftsverändernden Juristen. Was den Bundesrichter beunruhigte, war der Umstand, dass die vermeintlich umstürzlerischen Parolen aus dem Establishment selbst kamen. Paul sah sich mit einer gesellschaftspolitischen Situation konfrontiert, in der alles Konservative in die Defensive gedrängt worden zu sein schien. So bot sich für ihn das Bild einer Achse von den »rebellischen Studenten« über linke Professoren und Oberlan-

---

25 Arbeitskreis Christlich Demokratischer Juristen zu Berlin an den BACDJ, 28.9.1972, ACDP, St. Augustin, VII – 004 – 536/1.

26 Egbert Paul an Jakob Kraetzer (Vorsitzender des Arbeitskreis Christlich-Demokratischer Juristen zu Berlin), 28.9.1972, ACDP, St. Augustin,VII – 004 – 536/1.

desgerichtspräsidenten bis hin nach Ostberlin. Den hier vermuteten Tendenzen zur Systemveränderung galt es in den Augen des Bundesrichters die Stirn zu bieten, und die CDU musste dazu in seinen Augen sehr viel klarer Stellung beziehen.

Tatsächlich ist auffällig, dass die Kritik an der vermeintlich gesellschaftsverändernden Rechts- und Justizpolitik zunächst weit weniger von der CDU als von konservativen Justizjuristen und Publizisten kam, welche die gesamte Grundrichtung der angestrebten Veränderungen in der Justiz, in der Rechtswissenschaft und in der Juristenausbildung zunehmend als bedrohlich empfanden. Spätestens seit 1971 wurde der Ton in der konservativen Presse gegenüber den erwarteten Veränderungen im Bereich der Rechts- und Justizpolitik immer rauer. Die wichtigsten Akteure waren hier zum einen eine Reihe von konservativen Richtern, die auch gegen die Führung des Deutschen Richterbundes Stellung bezogen, und zum anderen konservative Publizisten, die vor allem im *Rheinischen Merkur*, aber auch in anderen konservativen Zeitungen ihr Forum hatten.[27]

Zu dem vielleicht schärfsten und lautstärksten Kritiker innerhalb der Richterschaft entwickelte sich der am Düsseldorfer Landgericht tätige Senatspräsident Karl H. Dinslage, der sich Mitte der sechziger Jahre selbst noch für Reformen ausgesprochen hatte.[28] In der Januar/Februar-Ausgabe des konservativen *Deutschland-Magazins* gab er 1970 ein Interview, in dem er radikal mit dem Deutschen Richterbund und den gesamten Reformtendenzen abrechnete. Der Richterbund betreibe einen »Totalausverkauf des deutschen Richtertums, er unterstütze die Tendenzen zur Politisierung, sei an seiner Spitze unerfahren und »ohne geistiges Profil«[29]. Immerhin argumentierte Dinslage an dieser Stelle noch insoweit differenziert, als er den Richterbund noch nicht als »links unterwandert« ansah und die Hinwendung der jüngeren Richter zur SPD zu Recht damit erklärte, dass sich die SPD den Wünschen der Richter

27 Bei der *FAZ* ist eine deutliche Veränderung der Haltung innerhalb der Reformdebatten zu verzeichnen. Zunächst wurde insbesondere die Reform der Juristenausbildung mit Wohlwollen begleitet, vgl. etwa den Kommentar von Kühnert, Modelle; in diesem Sinne auch Kronstein, Philosophie. Nach und nach wurde das Blatt wieder stärker zum Forum konservativer Positionen: Vgl. hier u.a. Müller, Rechtsüberzeugung; Müller war Präsident des Bundesarbeitsgerichts und bezog hier auch deutlich Stellung gegen das Leitbild des »Sozialingenieurs«, war aber weit entfernt von den dramatischen Beschwörungen des Untergangs der Justiz und des Rechtsstaats; in ähnlicher Tendenz wie Dinslage und von Westphalen dagegen: Behrendt, Was für Richter.

28 Vgl. dazu sowie zur Person Dinslages: Jan-Wolfgang Berlit, Die Diktion eines Senatspräsidenten, in: *FR*, 6.4.1970.

29 Die deutsche Justiz auf dem Weg zur Selbstzerstörung? Interview mit Senatspräsident Karl-Heinz Dinslage, in: *Deutschland-Magazin*, Januar-Februar 1970, S. 21–23.

gegenüber wesentlich aufgeschlossener gezeigt habe als die CDU, der er justizpolitisches Versagen vorwarf. Dinslage legte in weiteren Artikeln noch nach und veröffentlichte schließlich im Frühjahr 1971 einen Vortrag, den er zuvor bei der »Arbeitsgemeinschaft rheinischer Juristen«[30] gehalten hatte, in dem er das Bild einer dramatischen Bedrohung des Rechtsstaats, ja der gesamten »Kulturnation« zeichnete. Schon der Titel – »Justizpolitischer Kulturkampf der Gegenwart« – deutete an, was auf dem Spiel stand. In dem Vorwort der Arbeitsgemeinschaft findet sich einmal mehr die Klage über das Meinungsklima und das, was man die »Herrschaft des Reformdiskurses« nennen könnte.

Mit dem Verhaltensforscher Konrad Lorenz sah Karl Dinslage gar unsere gesamte Gesellschaft »bedroht von einer schlagartigen Zerstörung durch den Zusammenbruch unserer kulturellen Tradition«[31]. Im Zentrum dieser Entwicklung stand für Dinslage die Justiz, »als wesentlicher Bestandteil unserer nationalen Kultur«. Es gebe Kräfte, welche die Justiz schwächen wollten, »weil sie sich die Zerstörung von Staat und Gesellschaft zum Ziel gesetzt haben«. Zu ihren Methoden gehörten die Einschüchterung von Richtern und Staatsanwälten mit Hilfe der »bekannten Terrorakte in den Gerichtssälen, aber auch außerhalb derselben die Angriffe gegen Eigentum und Leben von Gerichtspersonen«[32].

Wichtig für den innenpolitischen Klimawechsel zu Beginn der siebziger Jahre ist, dass erst jetzt im Rückblick die provokativen, aber letztlich harmlosen Aktionen im Gerichtssaal als »Terrorakte« erschienen und auf die gleiche Stufe gestellt wurden, wie die ungleich bedrohlicheren, – wenngleich nicht mit tatsächlich körperlich verletzender oder gar tödlicher Absicht – mit kleinen Sprengsätzen ausgeführten Anschläge.[33] Wichtig ist dies deshalb, weil die konkreten Reaktionen auf die Aktionen in den Gerichtssälen zunächst deutlich gemäßigter ausfielen. Anfang der siebziger Jahre, als zum einen die Hemmschwelle zur Gewalt auf Seiten bestimmter Gruppen der radikalen Linken zu sinken[34] und zum anderen die Vorstellungen von einer »Sozialdemokratisierung« des Rechts und einer gesellschaftsverändernden Justiz immer konkretere Formen anzunehmen schienen, erwuchs hier aus konservativer Perspektive ein massives Bedrohungspotential für den Rechtsstaat. So wenig auch etwa Rudolf

30 Es handelt sich dabei aller Wahrscheinlichkeit nach um dieselbe Vereinigung, die in den CDU-Akten als »Arbeitsgemeinschaft rheinischer CDU-Juristen« fungierte.

31 Lorenz, »Naturwissenschaft«. Lorenz hatte in diesem ursprünglich als Vortrag gehaltenen Text in dramatischen Worten vor den Gefahren gewarnt, die drohten, wenn sich die Menschen radikal von den Traditionen abwendeten, wie das in der jüngeren Generation geschehe.

32 Dinslage, *Kulturkampf*, S. 6.

33 Zu den Anschlägen vgl.: Anschlag auf Berliner Richter, in: *FR*, 29.11.1969; Polizei bewacht Richter-Wohnungen, in: *FR*, 1.12.1969.

34 Zur Beschreibung der Atmosphäre vgl. Koenen, *Jahrzehnt*.

Wassermanns Forderung nach dem »politischen Richter« mit den Anschlägen auf die Richter zu tun hatte, sah wohl nicht nur der Düsseldorfer Senatspräsident Dinslage hier im Kern die gleiche Gefahr heraufziehen. So fuhr Dinslage in seiner dramatischen Situationsbeschreibung auch fort: Nicht weniger gefährlich als die Kräfte, die die Justiz zerstören wollten, seien die Kräfte, »die mit Hilfe der Justiz die Gesellschaft verändern wollen. Sie stiften nicht nur Verwirrung und Unheil, sondern unterhalten auch einen gefährlichen Schwelbrand, aus dem jene gewalttätigen Revolutionäre Nahrung für ihre offene Flamme gewinnen«[35]. Auch diese Kräfte, so Dinslage weiter, seien »verfassungsfeindliche Elemente«. Sie trügen zwar »die Worte ›Demokratie‹ und ›Demokratisierung‹ auf den Lippen« und beschwörten die Verfassung, aber »in Wahrheit wollen sie nichts von dem in unserer Verfassung verankerten ›sozialen Rechtsstaat‹ wissen, sondern ihr Ziel ist ein sozialistischer Staat mit relativiertem Recht«. Von der, wie auch Dinslage zugestand, nur kleinen Gruppe »gewaltanwendender Revolutionäre« über die Justizreformer Wassermann und Rasehorn, Rechtsprofessoren, die wie Friedrich Kübler einen Funktionswandel der Justiz diagnostizierten, bis hin zum amtierenden Bundespräsidenten Heinemann sah er letztlich ein und dieselbe Gefahr ausgehen: Den Umsturz der jetzigen Gesellschaftsordnung. Mit einem ganzen Arsenal von Beispielen aus der Weltgeschichte beschwor Dinslage die Gefahr des drohenden Chaos und ließ keinen Zweifel daran, dass er die Situation als quasi revolutionär einstufte.

Zunehmende Unterstützung erhielt Dinslage von anderen Richtern und konservativen Publizisten, wobei der Tenor und die Argumentation im Wesentlichen gleich blieben: »Dem nicht geübten Ohr« falle es nicht leicht, so der Publizist Friedrich Graf von Westphalen 1970 im *Rheinischen Merkur*, »die hintergründigen Implikationen und gefahrbringenden Bedrohungen«, die in den Forderungen der Reformer lägen, herauszuhören. Es gehe im Wesentlichen um eine »Bewußtseinsveränderung«, die auf »der populären Lüge« basiere, »der Richter werde mit der vielschichtigen, komplexen Problematik unserer heutigen Gesellschaftsordnung nicht mehr fertig« und sei auf Grund seiner Mentalität nicht in der Lage, »die Gesellschaft politisch zu verändern«. Um das zu leisten, sei in den Augen der Reformer eine Politisierung notwendig, die geradewegs dazu führe, »die Gesellschaft entsprechend den Prinzipien der marxistischen Philosophie umzuwandeln«[36].

Mochte auch manches in den Vorschlägen der »Reformer« unausgegoren und das Schlagwort vom »politischen Richter« missverständlich sein, lieferten Dinslage, von Westphalen und andere hier eine Karikatur dessen, was Was-

35 Dinslage, *Kulturkampf*, S. 6.

36 Westphalen, Volksrichter.

sermann und andere meinten, wenn sie von der politischen Funktion des Richters sprachen. Von konservativer Seite glaubte man zu beobachten, dass langsam das gesamte System ins Rutschen geriet. Da zudem weder die CDU noch die Richter, ganz zu schweigen vom Richterbund, zu begreifen schienen, was sich unter ihren Augen vollzog, war der Ton, der hier angeschlagen wurde, um so alarmistischer. Der *Rheinische Merkur*, der sich als eine Art Speerspitze des Widerstandes gegen die drohenden Gefahren verstand, brachte Anfang 1971 eine mehrteilige Serie über die »Entmachtung des Rechts«, in der erneut Friedrich Graf von Westphalen die Gefahren der Politisierung beschwor und den Richter bereits als »Revolutionär« wähnte.[37] Es sei »bedrückend, zu sehen, wie apathisch die große Mehrheit der Richter – es ist in der Tat eine ›schweigende‹ Mehrheit – Angriffen der ›Reformer‹ gegenüber bleibt«. Selbst »die beleidigendsten Unterstellungen«, wie etwa die Rudolf Wiethölters, dass unsere Gesellschaft ihr Recht noch nicht gefunden habe, würden kommentarlos hingenommen. Gesinnungs- und Meinungsterror, Gleichschaltung der Justiz, drohende Revolution und drohende Anarchie, Nähe zu NS- und DDR-Justiz: Kaum ein Begriff, kaum ein Vergleich schien zu stark, um die Gefahren auszudrücken, deren Inkarnation der Rechtswissenschaftler Rudolf Wiethölter und die »Richter« Wassermann und Rasehorn zu sein schienen. Dinslage setzte die Bezeichnung in subtiler Perfidie in Anführungszeichen, da zum einen der »Richter«-Titel die alten Amtsbezeichnungen ersetzen sollte und damit zum anderen die Eigenschaft als Richter in Zweifel gezogen wurde.

Aus Sicht der Konservativen bedurfte es einer so drastischen Sprache nicht nur, weil die Situation selbst so dramatisch war, sondern auch wegen der scheinbaren Apathie »der schweigenden Mehrheit« der Richter und der Partei – der CDU –, die auf diese Entwicklung hätte reagieren müssen. Dinslage zeichnete das Bild einer vom herrschenden Fortschritts- und Reformdiskurs quasi paralysierten Partei, die sich diesem anpasste, statt ihm entgegenzutreten. Die Opposition sei schlecht beraten, wenn sie glaube, die Reformziele unterstützen zu müssen, »um ein progressives Image zu haben«, so Dinslage 1971. Es liege ein »in seiner vollen Bedeutung wohl noch nicht erkanntes Programm auf dem Tisch, das mehr enthält als eine bloße Organisationsänderung, sondern das einen Anschlag bedeutet, auf einen wesentlichen Bestandteil unserer Kultur, und diesen Anschlag sollte die Opposition abzuwehren helfen«[38]. Nachdem sie sich jahrelang nicht um Justizpolitik gekümmert habe, glaube die CDU nun, so Dinslage an anderer Stelle, »die SPD an Umbruchsideen über-

---

37 Westphalen, Revolutionär; Ders., *Justiz*, vgl. weiter im selben Tenor Philipp, Gleichschaltung; Klein, Umsturz. Philipp und Klein waren beide »Oberlandesgerichtsräte«.

38 Dinslage, *Kulturkampf*, S. 14.

treffen zu sollen«[39]. Wie der Bundesrichter Egbert Paul die CDU davor warnte, so zu tun, als lebe man in einer Zeit »tiefsten innenpolitischen Friedens«, forderte auch Dinslage die CDU auf, endlich die drohenden Gefahren zu erkennen und eine klare Polarisierung vorzunehmen.

Die CDU tat sich mit einer eindeutigen Positionierung lange schwer. Das Programm, von dem sowohl Paul als auch der Berliner Arbeitskreis der CDU-Juristen sagten, es könne nicht einmal als »Diskussionsgrundlage« dienen, wurde im Oktober 1972 dann doch mit einigen Änderungen angenommen, die im Wesentlichen nur die Formulierungen betrafen.[40] Dabei wurde insbesondere die Passage, die den Zusammenhang des Wandels der Gesellschaft und den notwendigen Veränderungen in der Rechts- und Justizordnung thematisierte, noch blasser formuliert, während die Warnung vor einer Ideologisierung der Rechtsprechung noch deutlicher ausgesprochen wurde. Bei alledem blieb schließlich jedoch offen, wieso überhaupt Reformen für notwendig erachtet wurden.[41]

Das Programm spielte für die praktische Justizpolitik der CDU in der Folgezeit ohnehin kaum mehr eine Rolle, zumal sich die entscheidenden Auseinandersetzungen – um die Personalpolitik und die Reform der Juristenausbildung – auf Länderebene abspielten. Dabei zeigte sich bereits, dass die CDU hier zunehmend wieder konservativere Positionen einnahm. Bis Mitte der siebziger Jahre hatte sich die justizpolitisch Konservative auch auf Bundesebene wieder ganz durchgesetzt. Es ist auffällig, dass die CDU im Dezember 1975 – ausdrücklich »im Vorfeld des Bundestagswahlkampfs« von 1976 – ihren ersten, ostentativ prominent besetzten »Rechtspolitischen Kongress« abhielt und hier nun klar gegen all das Stellung bezog, was als Motive hinter

39 Interview mit Dinslage, S. 21. Dinslage bezog sich dabei auf die Haltung der CDU in Nordrhein-Westfalen zur Richterwahl. Dinslage unterlag jedoch einer klaren Fehlwahrnehmung, wenn er behauptete, die Richter seien gegen die Richterwahl und daher auf Seiten der SPD. Vielmehr zeigte sich hier die CDU in der Oppositionsrolle bereit, den Richtern eine verhältnismäßig große Mitsprache im Richterwahlausschuss zuzubilligen und sorgte so für eine Wiederannäherung zwischen Richterschaft und CDU. Vgl. dazu Kapitel 3.2.3.

40 Vgl. Justizpolitisches Programm der CDU. Beschlossen von der Mitgliederversammlung des Bundesarbeitskreises Christlich-Demokratischer Juristen am 13. Oktober 1972 in Hannover, u. a. in: ACDP St. Augustin, VII –004 – 543/4.

41 Als Beispiel für das Lavieren zwischen Reformbereitschaft und Abgrenzung gegenüber den vermeintlich gesellschaftsverändernden Tendenzen der Reformen vgl. auch die Rede von Gerhard Stoltenberg auf der Mitgliederversammlung des BACDJ vom 13.10.1972. (ACDP St. Augustin, VII –004 – 543/4) Stoltenberg, der zuvor noch für einen unbefangenen Umgang mit dem Begriff des »politischen Richters« plädiert hatte (vgl. Ders., »Gedanken«), warnte nun auch verstärkt vor den Gefahren der Ideologisierung. Stoltenberg sprach sich hier im Übrigen noch für eine Reform der Juristenausbildung aus, die aber in Schleswig-Holstein schließlich nicht zustande kam. (Vgl. dazu Kapitel 3.3.3)

den verschiedenen Reformansätzen und -debatten vermutet wurde.[42] Unter dem Motto »Recht sichert Freiheit« wurde insgesamt das Bild von der Bedrohung der Freiheit und von der Auflösung jeglicher Autorität gezeichnet. Ernst Benda beklagte, dass es an »Staatsgesinnung« und »Autoritätsbindung« fehle, ja dass allgemein »die Anklage und das Mißtrauen gegen Staat und Gesellschaft zum guten Ton« geworden sei.[43] So komme es, wie Benda düster prophezeite, zu einer »Spirale des wechselseitigen Verfalls von Autorität und Vertrauen, an deren Ende der moralische, wenn nicht sogar physische Bankrott des Staates steht«[44]. Als Gegenmittel empfahl er, wenig überraschend, den »wehrhaften Staat« und die Rückkehr zur »Staatsgesinnung«.

War in der Mitte der sechziger Jahre von Rechtswissenschaftlern und -praktikern gemahnt worden, Recht und Justiz, dürfe nicht vom gesellschaftlichen Wandel überrollt werden und war anschließend die Debatte bis in die CDU hinein davon bestimmt gewesen, wie Recht und Justiz gesellschaftlichen Wandel mit gestalten konnte, galt es für die CDU nun, Recht und Justiz wieder zum Garanten einer in ihren Augen bedrohten staatlichen Ordnung werden zu lassen. Rechtspolitik, so der Staatssekretär im bayerischen Justizministerium, Alfred Seidl, in seinem Schlusswort auf dem rechtspolitischen Kongress von 1975, dürfe »nicht als Instrument zur Umwandlung in eine sozialistische Gesellschaft mißbraucht werden«[45]. Gezielt wurde hier weniger auf konkrete Gesetzesvorhaben der sozialliberalen Koalition als auf Vorstellungen von der Gestaltbarkeit der Gesellschaft durch die Rechtsanwendung. Im Mittelpunkt der Kritik stand daher auch einmal mehr die Reform der Juristenausbildung, die »für Systemveränderer die ideale Einfallspforte zum Richteramt« bilde.[46] Und schließlich wurde sogar noch einmal Kritik an der Einführung der »dissenting opinion« geübt. Dadurch werde »die Autorität des Rechts« gleichfalls untergraben, gerade dann, wenn die abweichende Meinung in eine allzu »aggressive Formulierung« gekleidet würde.[47]

42 Als ausführliche Auseinandersetzung mit dem Rechtspolitischen Kongress aus »linker« Perspektive vgl. Perels, »Strategie«.

43 Ernst Benda, »Rechtsstaat im sozialen Wandel«, S. 4, 7, 9, in: Recht sichert die Freiheit. Rechtspolitischer Kongress der CDU vom 4.-5. Dezember 1975. Benda griff hier eine Formulierung von Friedrich Tenbruck auf, vgl. Tenbruck, »Alltagsnormen«, S. 308.

44 Benda, »Rechtsstaat im sozialen Wandel«, S. 6.

45 Alfred Seidl, Schlusswort, S. 6, in: Recht sichert die Freiheit. Rechtspolitischer Kongress der CDU vom 4.-5. Dezember 1975.

46 So der Vorsitzende des »Bundesarbeitskreises Christlich-Demokratischer Juristen«, Friedrich Vogel, in seiner Rede auf dem Kongress »Recht sichert die Freiheit«, S. 15; ähnlich auch der Kölner Rechtsprofessor H. H. Klein in seinem Referat Rechtliche und ökonomische Bedingungen der Freiheit, auszugsweise abgedr. in: *FAZ*, 8.12.1975.

47 Referat von Friedrich Vogel, in: Recht sichert die Freiheit, S. 23.

Festzuhalten bleibt schließlich, dass sich der konservative Protest weit stärker auf Befürchtungen hinsichtlich einer künftigen Rechtsprechung bezog, als dass tatsächlich bereits Fehlentwicklungen in der Rechtsprechung hätten benannt werden können. Dabei spielten bestimmte personalpolitische Entscheidungen, insbesondere die Ernennung Rudolf Wassermanns zum OLG-Präsidenten in Braunschweig, eine ebenso wichtige Rolle wie die Ausbildungsreform. Anders als von Seiten der liberalen Justizkritiker in den sechziger Jahren, die, wie oben gezeigt, eine ganze Reihe höchst problematischer Urteile anführen konnten, um Reformen zu fordern, findet sich in den gesamten Beiträgen, die die Gefahren der Politisierung beschworen, kein einziger ernsthafter Fall, auf den sich die Befürchtungen bereits hätten stützen können. Als Beleg für seine Thesen hatte Dinslage nur den folgenden Fall aufzuweisen: Ein Amtsrichter hatte die Klausel in einem Mietvertrag, wonach sich der Mieter verpflichtet hatte, nach 22 Uhr keinen Damenbesuch in den Mietsräumen zu haben, für nichtig erklärt, da die Klausel verfassungswidrig sei und das Grundrecht der freien Entfaltung der Persönlichkeit verletze. Der Richter habe damit nicht nur andere Verfassungsgarantien wie die des Eigentums und der Vertragsfreiheit verletzt, sondern auch das Gesetz, an das er kraft Verfassung gebunden sei. Ungültig seien die im Mietvertrag festgelegten Bedingungen nur dann, wenn sie gegen die »guten Sitten« verstießen »oder durch sie [...] die Notlage, der Leichtsinn oder die Unerfahrenheit des Vertragspartners ausgenutzt werden«[48]. So stehe es in § 138 BGB und allein dies hätte er prüfen müssen.

Dieser Vorgang sei ein Beleg »für die Unrichtigkeit der Forderung Wassermanns nach dem ›Judizieren aus der Verfassung‹ oder dem ›Richter als Rechtssetzer‹«. Wenn dies Schule mache, und sich die Richter nicht mehr an die Gesetze hielten, herrsche »Willkür«. Man erkenne schon jetzt »den verderblichen Einfluß« von Reformern wie Wassermann, Rasehorn und anderen mehr.[49] Gemessen an den dramatischen Prognosen für die Zukunft nahm sich der Fall schlicht lächerlich aus. Tatsächlich können Dinslages Auslassungen zu dem Fall noch einmal als Versuch gelesen werden, das Naturrecht über die Verfassung zu stellen. Denn unabhängig von dem Ergebnis hielt er offensichtlich schon den Ansatz für verfehlt, die Verfassung zur Prüfung des Falls heranzuziehen, während ihm die Prüfung der Frage, ob ein Gesetz gegen die »guten Sitten« verstieß, als normaler juristischer Vorgang erschien.

Ein anderer Fall, der von konservativer Seite als vermeintlicher Beleg für die Unterwanderung der Justiz durch linke Kräfte genommen wurde, ist schon

48 Dinslage, *Kulturkampf*, S. 21.

49 Ebd.

ganz zu Beginn erwähnt worden. Es handelte sich um den Fall der Ohrfeige gegen den Fernsehmoderator Gerhard Löwenthal, für die eine junge Richterin 1974 eine Geldbuße von DM 150,- verhängte.[50] Offensichtlich konnte auch der konservative Publizist Enno von Loewenstern in einem 1974 verfassten Klagelied über den vermeintlichen Autoritätsverlust der Justiz keinen »skandalöseren« Fall heranziehen als den der »Jungsozialistin Petra Unger [...], die als Vorsitzende im ›Ohrfeigen-Prozeß‹ den ZDF-Moderator Löwenthal beleidigt hatte«[51]. Ansonsten waren es die Anwälte in den Terroristenprozessen, die für von Loewensterns These herhalten mussten.

Dieser Punkt ist kaum hoch genug einzuschätzen. Denn offensichtlich war bei der Vielzahl von Prozessen, die seit Anfang der siebziger Jahre im Zusammenhang mit Gewalttaten linker Gruppen geführt wurden, keiner zu finden, der auch nur annähernd als Beleg für »linke« Tendenzen oder gar eine »linke Unterwanderung« der Justiz hätte dienen können.[52] Nur am Rande sei erwähnt, dass in Frankreich, wo prinzipiell ähnliche Debatten geführt wurden, ein junger Richter 1974 damit Furore machte, dass er einen Unternehmer inhaftieren ließ, weil er angeblich die Arbeitsschutzbestimmungen nicht ordnungsgemäß umgesetzt und sich insofern nach Ansicht des Richters an einem folgenschweren Arbeitsunfall mit schuldig gemacht hatte.[53] Einen ähnlichen Gefallen taten deutsche Richter den konservativen Alarmisten nicht. Entfernt vergleichbar war höchstens der Fall des Hildesheimer Amtsrichters Ulrich Vultejus, der 1976 Haftbefehl gegen einen Manager erließ, der als Angeklagter nicht zum angesetzten Prozesstermin erschienen war. Da Vultejus der ÖTV angehörte und sich zudem in der Zeitschrift »Metall« dahingehend geäußert hatte, dass vor Gericht »Täter mit weißen Kragen« in Strafprozessen anders behandelt würden als die sonst üblichen Angeklagten, wurde Vultejus nicht nur sofort wegen Befangenheit abgelehnt, sondern es wurde auch Anklage gegen ihn vor dem Richterdienstgericht erhoben.[54] Bezeichnend war, dass die *Bild*-Zeitung den Fall sogleich aufnahm und aus dem 1927 geborenen Vultejus einen »jungen Richter« machte.[55] Ein solches Verhalten, so die dahinter stehende Vorstellung, konnte einfach nur ein junger Richter an den Tag legen,

50 Vgl. Dazu mit den entsprechenden Angaben die Einleitung.

51 Loewenstern, Autorität.

52 Auch Friedrich Graf von Westphalen kann in seiner Schrift, in der er vor der Unterwanderung der Justiz warnt, keine Fälle aus der Rechtsprechung nennen, die seine These belegen würden.

53 Vgl. dazu Bokelmann, »Richterschaft«, S. 195.

54 Justizskandal in Hildesheim. Interview mit Ulrich Vultejus, in: Metall Nr.14/1976, S. 1 u. S. 6. Zu der gesamten Auseinandersetzung vgl. aus der Presseberichterstattung u.a.: Besonders berührend, in: *Der Spiegel*, 15.5.1978, S. 84–87.

55 Vgl. dazu das Interview mit Vultejus, in: Metall Nr.14/1976, S. 6.

der womöglich in Bremen studiert hatte. Bezeichnend war schließlich auch, dass ein solcher Konflikt im Zusammenhang mit innerbetrieblichen Konflikten stand. Denn Anfang der achtziger Jahre entflammte noch einmal eine Diskussion um den »politischen Richter«, und zwar im Bereich des Arbeitsrechts. Konservative Kritiker sahen die Ende der sechziger Jahre geforderten »politischen Richter« nun in den Arbeitsgerichten angekommen, wo sie sich, so der Vorwurf, durch gewerkschafts- und arbeitnehmerfreundliche Urteile hervortaten.[56] Für die der siebziger Jahre bleibt festzuhalten, dass die konservativen Positionen innerhalb der Justizdebatte wieder klar an Boden gewannen, ohne dass die Gerichte tatsächlich Anlass für Befürchtungen gegeben hätten, sie würden »links« unterwandert.

4.2 Der »politische Richter« als Politikum. Sozialdemokratische Personalpolitik in der Kritik

Es gehört nicht nur zum Selbstverständnis der Richterschaft, sondern auch zur Praxis von Berufungen und Beförderungen von Richtern, dass diese in der Regel von der Öffentlichkeit unbemerkt vonstatten gehen. Selbst beim Bundesverfassungsgericht und den höchsten Bundesgerichten vollziehen sich die meisten Ernennungen weitgehend lautlos. Diskussionen oder Proteste, die über den Kreis interessierter Fachkollegen hinausgingen, beschränken sich auf relativ wenige Einzelfälle. Wenn Anfang der siebziger Jahre innerhalb kurzer Zeit gleich bei zwei Personalentscheidungen, die noch nicht einmal die Bundesgerichte betrafen, die Wogen der Erregung bis weit über die Fachöffentlichkeit hinaus schlugen, so lässt sich darin einmal mehr ein deutliches Indiz für die Brisanz der Justizpolitik in dieser Phase sehen. Nicht zufällig waren die beiden Richter betroffen, die in der Öffentlichkeit am lautesten nach Refor-

56 Erhoben wurde der Vorwurf von dem Frankfurter Rechtsanwalt Berglar, »Politischer Aktionismus«. Den Anlaß bot der Fall eines Betriebsrats, dem fristlos gekündigt worden war, nachdem er seinem Arbeitgeber – einem »namhaften hessischen Chemieunternehmen« – Erpressung der hessischen Landesregierung und lebensbedrohende Umweltverschmutzung im Kontext des Ausbaus der Startbahn West des Frankfurter Flughafens vorgeworfen hatte. Berglar stieß sich weniger an dem Urteil selbst, als an dem abgelehnten Befangenheitsantrag gegen den Richter, der seinerseits einen Aufruf gegen die harten Polizeieinsätze im Zuge der Demonstrationen gegen die Startbahn West unterschrieben hatte. Berglar meinte, dass der »politische Richter« hier Realität geworden sei. Vgl. dagegen: Strecker, »Richter«; zu den Aufsätzen von Berglar und Strecker vgl. zudem die Zuschriften von Ewald Heml, in: *ZRP* 17, 1984., S. 80; Günter Urbanczyk, in: ebd., S. 111f.; Hans-Günther Koehn, in: ebd., S. 167; Rolf-Achim Eich, in: ebd., S. 255.

men gerufen hatten, und deren Namen weit über die Fachkreise hinaus bekannt geworden waren: Rudolf Wassermann und Theo Rasehorn. Wassermann wurde im Januar 1971 zum OLG-Präsidenten in Braunschweig ernannt, Theo Rasehorn, bis dahin Richter am Landgericht Köln, ein gutes Jahr später zum Senatspräsidenten am OLG Frankfurt. Auch wenn der Protest zum einen wegen der größeren Prominenz Wassermanns und zum anderen wegen der größeren Bedeutung der Stelle, auf die er berufen wurde, unterschiedlich heftig ausfiel, waren beide Fälle prinzipiell ähnlich gelagert. Es wird zu zeigen sein, wie gerade diese beiden Personalia nicht nur den konservativen Argwohn gegenüber tatsächlich oder vermeintlich parteipolitisch motivierter Personalpolitik durch die sozialdemokratischen Justizminister weckten, sondern auch die ohnehin lose Gruppe der Reformer in der Justiz endgültig sprengten.

Die Frage, ob Kommunisten Richter werden dürfen, war ohne Zweifel eine personalpolitische Entscheidung anderer Art. Auch wenn in den Augen mancher Konservativer Wassermann und Rasehorn kaum weniger gefährlich schienen als ein DKP-Mitglied, besteht hier nicht die Absicht, eine solche Nähe zu suggerieren. Gleichwohl ist es sinnvoll, diese Fragen hier im Zusammenhang zu behandeln. Zwar gehörte die Problematik der Zulassung von Angehörigen der DKP oder anderer linker Gruppierungen zum Richteramt zunächst stärker in den Kontext des so genannten »Radikalenerlasses« als in den des »politischen Richters«. Das Aufsehen, das etwa der Fall des Gerichtsassessors Volker Götz erregte, stand aber in unmittelbarer Verbindung mit der Auseinandersetzung um die »Politisierung der Justiz«. Da die Personalien Wassermann und Rasehorn ebenso wie der Fall Götz in den Zuständigkeitsbereich sozialdemokratischer Justizminister fielen, zeigen die Fälle zudem exemplarisch, wie weit die SPD zu gehen gewillt war und wo sie zurückschreckte. Zudem soll argumentiert werden, dass alle drei Fälle – durchaus nicht nur der des abgelehnten Gerichtsassessors Götz – zu den Ereignissen gehörten, die das Ende der Reformeuphorie markierten.

4.2.1 Durchmarsch der »politischen Richter« Wassermann und Rasehorn?

Hunderte von Zeitungsartikeln und vier Parlamentsdebatten im niedersächsischen Landtag[57]: Weder zuvor noch danach dürfte eine Personalentscheidung

57 In den Debatten vom 23.12.1970, vom 16.12.1970 sowie vom 20. und 21.1.1971 war der Fall Wassermann Thema im niedersächsischen Landtag; vgl. daneben außer der Presseberichterstattung Litten, *Politisierung*, der die Querelen um die Berufung Wassermanns zusammenfasst und zu einer grundsätzlichen Auseinandersetzung mit dem Thema »Politisierung« nutzt. Litten selbst war persönlicher Referent des niedersächsischen Justizministers Hans Schäfer.

in der Justiz jemals derartige Wellen geschlagen haben wie die Ernennung Rudolf Wassermanns zum Präsidenten des Oberlandesgerichts Braunschweig. Rudolf Wassermann, 1925 geboren, war 1963 zum Kammergerichtsrat in West-Berlin ernannt worden, hatte 1967/68 rund ein Jahr als Pressereferent im Bundesjustizministerium gewirkt und sich damit – neben seiner Tätigkeit in der Arbeitsgemeinschaft sozialdemokratischer Juristen – in einer für Richter unüblichen Weise parteipolitisch zu erkennen geben. 1968 berief ihn der hessische Justizminister Johannes Strelitz an die Spitze des Frankfurter Landgerichts, bevor ihn – nach dem Wahlsieg der niedersächsischen SPD im Jahr 1970 – der dortige Justizminister Hans Schäfer zum Präsidenten des Braunschweiger Oberlandesgerichts machte.

Brisant war die Personalie in mehrerlei Hinsicht: Mit der Berufung Wassermanns als quasi erster wichtiger Amtshandlung des niedersächsischen Justizministers Schäfers setzte die niedersächsische SPD ein Zeichen. Sie signalisierte, dass sie einen neuen Wind in der Justiz wehen sehen und mit Reformen Ernst machen wollte. Angesichts der Tatsache, dass er sich mit seiner Kritik an der konservativen Richterschaft unter den Angesprochenen wenig Freunde gemacht hatte, war kaum zu erwarten, dass Wassermann in Braunschweig mit offenen Armen empfangen wurde. Der massive Protest der niedersächsischen Kollegen war allerdings auch für Wassermann nicht unproblematisch. Schließlich hatte sich Wassermann selbst unter der Forderung nach »Demokratisierung« für eine stärkere Beteiligung der Richter – konkret der Präsidialräte – an der Ernennung und Beförderung von Richtern eingesetzt.[58] Der hatte sich im Falle Wassermanns nun aber klar gegen den Kandidaten des Justizministers ausgesprochen, ohne dass dieses Votum für den Justizminister jedoch bindende Wirkung gehabt hätte.[59]

Noch bevor der niedersächsische Justizminister Schäfer dem Präsidialrat im Oktober 1970 seine Entscheidung mitgeteilt hatte, wurde bereits durch gezielte Indiskretion darüber spekuliert, dass er Wassermann als Kandidat favorisierte. Im CDU-nahen niedersächsischen Informationsdienst *Rundblick* hieß es bereits im September, Schäfer beabsichtige, seinem Parteifreund Was-

58 Wassermann, *Reform*, S. 63. Wassermann schreibt hier: »Ferner wäre das derzeitige hinkende Mitwirkungsrecht der Richtervertretungen, der sogenannten Präsidialräte, bei der Ernennung und Beförderung von Richtern zu einer echten Mitwirkung auszugestalten. Der gegenwärtige Rechtszustand, wonach der Präsidialrat nur zu der Eignung des von der Justizverwaltung ausgewählten Kandidaten Stellung nehmen kann, ist eine Farce«. In der Landtagsdebatte vom 23.11.1970 zitierte der CDU-Abgeordnete Goerdeler diese Stelle genüsslich; vgl. Niedersächsischer Landtag, *Stenographische Berichte*, 7. WP, 8. Sitzung, 23.11.1970, S. 625.

59 Laut niedersächsischem Richtergesetz besteht der Präsidialrat aus einem OLG-Präsidenten als Vorsitzendem, drei Mitgliedern von Gerichtspräsidien und drei vom Hauptrichterrat gewählten Mitgliedern.

sermann »ein Experimentierfeld für seine gesellschaftspolitischen Ideen einzuräumen, wodurch die nach dem Ende des Dritten Reichs wiedergefundene Unabhängigkeit der deutschen Justiz aufs neue gefährdet werden könnte«[60]. Obwohl Wassermann fachlich stets beste Beurteilungen erhalten hatte und ihm auch aus seiner Frankfurter Amtszeit keinerlei Verfehlungen in irgendeiner Richtung nachzuweisen waren, befand der Präsidialrat den Kandidaten als »fachlich und persönlich nicht geeignet«. Begründet wurde das fachliche Urteil damit, dass es Wassermann noch an spruchrichterlicher Erfahrung mangele. Persönlich hielten sie ihn für ungeeignet, weil aus seiner justizpolitischen und publizistischen Aktivität mangelnde Ausgewogenheit hervorgehe. Insinuiert wurde schließlich, dass Wassermann auch charakterlich ungeeignet sei, da es ihm nur um die Erlangung eines hohen Postens gehe.[61]

Dass ein Justizminister gegen das Votum eines Präsidialrats entschied, war grundsätzlich selten, kam aber durchaus vor. Einmalig dürfte allerdings die Schärfe der Ablehnung nicht nur durch den Präsidialrat, sondern auch durch weite Teile der sonstigen niedersächsischen Richterschaft gewesen sein, zumindest in den höheren Positionen. Die niedersächsischen Landgerichtspräsidenten, von denen die meisten vermutlich selbst an dem Posten interessiert gewesen waren, schrieben in ähnlichem Sinne wie der Präsidialrat an den Justizminister und auch die Richter des OLG-Braunschweig sprachen sich bei einer Stimmenthaltung klar gegen Wassermann aus.[62]

Im niedersächsischen Justizministerium wunderte man sich angesichts dieser Voten zwar über die Emotionen, die der Fall auslöste, sah aber ansonsten keine Veranlassung, sich in der Entscheidung beeinflussen zu lassen. Der Ministerpräsident Alfred Kubel stellte schlicht fest, dass die Argumente des Präsidialrates nicht »wert gewesen« seien, berücksichtigt zu werden. Es ist kaum verwunderlich, dass sich die CDU daraufhin den Fall zu eigen machte und der SPD rein parteipolitische Motive für ihre Entscheidung vorhielt. So führte der Fall Wassermann nun auch auf parlamentarischer Ebene zu jener Debatte um den »politischen Richter«, die in der juristischen Literatur und in der Presse bereits geführt wurde.

60 Hier zit. nach: Wassermann – Frische Luft, in: *Der Spiegel*, 30.11.1970.

61 Das Votum des Präsidialrates ist nie veröffentlicht worden, doch war der Inhalt in der Presse weithin nachzulesen. Vgl. u.a. den entsprechenden *Spiegel*-Artikel vom 30.11.1970.

62 Zu den Vorgängen vgl. zum einen die Debatten im niedersächsischen Landtag: Niedersächsischer Landtag, *Stenographische Berichte*, 7. WP, 8. Sitzung, 23.11.1970, 9. Sitzung, 16.12.1971, 10. Sitzung, 20.1.1971, 11. Sitzung 21.1.1971 sowie zum anderen die überaus dichte Presseberichterstattung, hier insbes. Krumm, Reaktion; Wassermann – Frische Luft, in: *Der Spiegel*, 30.11.1970; Tersteegen, »Politisierung«; Sattler, Rempeleien; Peter Weigert, Wer sprach zu früh von Wassermann?, in: *Die Welt*, 20.11.1970; Ders., Streit; aus klar konservativer Perspektive: Brunner, »Justizskandal«.

Dabei ist es bezeichnend für die Unsicherheit der CDU innerhalb des Reform- und Demokratisierungsdiskurses in dieser Phase, dass sie zwischen Anerkenntnis und scharfer Ablehnung der politischen Funktion des Richters schwankte. Ganz im Sinne von Wassermann war es im Grunde, wenn der CDU-Abgeordnete Hasselmann bei der Eröffnung der Debatte um die »Justizpolitik in Niedersachsen« sagte, dass auch nach Meinung der CDU die Richterschaft »nicht unpolitisch« sein dürfe.[63] Gleichzeitig warnte der CDU-Abgeordnete Brandes vor einer »Politisierung der Justiz«, die mit der Berufung Wassermanns zu befürchten sei. Ein solcher Eindruck dürfe erst gar nicht entstehen.[64] Mit der pathetischen Warnung: »wehret den Anfängen«, einer Formulierung, die in aller Regel auf das Aufkeimen radikaler Strömungen gemünzt ist, suggerierte der CDU-Abgeordnete einmal mehr die Nähe der SPD und Wassermanns zu extremistischen Positionen. Ganz in diesem Sinne warf der CDU-Abgeordnete Blanke der SPD nicht nur vor »im Reformnebel sozialdemokratische Machtpolitik zu betreiben«, sondern sich dabei auch des »tschechoslowakischen Modells« zu bedienen.[65] Diese Äußerung sowie die Reaktion des SPD-Abgeordneten Peter von Oertzen – »mit diesem Lumpenpack diskutiere ich nicht«[66] – zeigen nicht nur die Emotionen, die das Thema freisetzte, sondern verweisen auch auf den Versuch, die SPD hier in die Nähe totalitärer Machtpolitik zu stellen.

Auch wenn die CDU versuchte, die Bedeutung Wassermanns als Person herunterspielen, konnte sich die SPD gerade durch den Protest in ihrer Entscheidung bestätigt sehen. Wassermann verkörperte das Bemühen von Teilen der Richterschaft, sich von konservativen Traditionen zu lösen und zur Gesellschaft hin zu öffnen. Wenn sich die CDU und die Richterschaft so vehement gegen Wassermann wehrten, machten sie es der SPD leicht, Opposition und Richterschaft in weiten Teilen als reaktionär hinzustellen. Den von dem SPD-Abgeordneten Penningsdorf in der Landtagsdebatte vom 16.12.1970 erhobenen Vorwurf, die CDU offenbare zumindest in Teilen ein »bis in die tiefsten Wurzeln hinein« gehendes Selbstverständnis, das als »reaktionär und reformfeindlich« zu bezeichnen sei, und versuche gemeinsam mit Teilen der Richterschaft, »Wertvorstellungen des 19. Jahrhunderts zu erhalten«[67], wies die niedersächsische Opposition zwar wütend zurück. Tatsächlich schloss sich die CDU

63 Niedersächsischer Landtag, *Stenographische Berichte*, 7. WP, 9. Sitzung, 16.12.1971, S. 740.

64 Ebd., 10. Sitzung, 20.1.1971, S. 806.

65 Ebd., 9. Sitzung, 16.12.1970, S. 745.

66 Ebd., S. 746; vgl. dazu auch die Presseberichterstattung, u.a.: Karl-Heinz Kallenbach, »Mit diesem Lumpenpack diskutiere ich nicht weiter«. Zwischenruf im Niedersachsen-Landtag löst Tumulte aus, in: *FR*, 17.12.1970.

67 Niedersächsischer Landtag, *Stenographische Berichte*, 7. WP, 9. Sitzung, 16.12.1971, S. 755.

aber bedingungslos einem Protest aus der Richterschaft an, der nicht nur sachlich, sondern auch in der Art, wie er vertreten wurde, weit über ein angemessenes Maß hinausging. In einem einmaligen Vorgang blieben so nicht nur die niedersächsischen Oberlandesgerichtspräsidenten, der Vorsitzende des niedersächsischen Richterbundes, sondern auch sämtliche der eingeladenen CDU-Landtagsabgeordneten der feierlichen Amtseinführung Wassermanns im Januar 1971 fern.[68] Wenn statt dessen neben der niedersächsischen SPD-Prominenz nicht nur der hessische Justizminister Hempfler, sondern auch der frisch gekürte, erst 40-jährige Frankfurter Oberlandesgerichtspräsident Kissel erschienen, so konnte sich die SPD darin bestärkt sehen, gegen den Widerstand der CDU die »junge« und »fortschrittliche« gegen die »alte« und »reaktionäre« Richterschaft gestärkt zu haben.

Wassermann selbst verwies in seiner Rede zur Amtseinführung wohl zu Recht darauf, dass er kaum tauglich für den Versuch sei, »die Schelle des Extremisten« umgehängt zu bekommen. Ohnehin schienen sich die Wellen der Empörung bei der Amtseinführung langsam wieder zu glätten. Der Vizepräsident des Oberlandesgerichtes Braunschweig, Lindemann, kritisierte die Entscheidung für Wassermann angesichts des Votums des Präsidialrats zwar noch einmal, versicherte Wassermann aber ansonsten im Namen der Braunschweiger Richterschaft gute Zusammenarbeit.[69] Der Präsidialrat allerdings wollte sich mit der Entscheidung nicht zufrieden geben und erhob vor dem Verwaltungsgericht Klage gegen Justizminister Schäfer. Nachdem die Positionen, die weit über die Formalia in dem Fall hinausgingen, noch einmal heftig aufeinander geprallt waren, zog der Präsidialrat die Klage schließlich zurück.[70] Dazu hatte wohl nicht nur die eindeutige Rechtslage und ein klärendes Gespräch

---

68 Zur Amtseinführung vgl. die enorm breite Resonanz in der Presse, hier u.a.: Horst Brünig, Seit Dienstag 11.30 Uhr ist Präsident Wassermann im Amt, in: *Braunschweiger Presse*, 13.1.1971; Nach heftigen Diskussionen: Einführung Wassermanns, in: *Braunschweiger Zeitung*, 13.1.1971; Wassermann höchster Richter im Oberlandesgerichtsbezirk. Amtseinführung im Oberlandesgericht verlief in versöhnlicher Atmosphäre, in: *Braunschweiger Zeitung*, 13.1.1971; CDU-Politiker blieben Amtseinführung fern. Wassermann: Justiz soll soziales Leben steuern, in: *Die Welt*, 13.1.1971; Kritik bei der Amtseinführung Wassermanns in Braunschweig, in: *SZ*, 13.1.1971; Wassermann in Braunschweig eingeführt, in: *FAZ*, 13.1.1971.

69 Vgl. die genannte Berichterstattung.

70 Vgl. aus der Presseberichterstattung u.a.: Peter Weigert, Präsidialrat der Gerichte klagt gegen Justizminister Schäfer, in: *Die Welt*, 24.2.1971; Der Konflikt mit der Justiz geht doch weiter, in: *Hannoversche Allgemeine Zeitung*, 24.2.1971; Krumm, Gefecht; »Fall Wassermann« beigelegt. Präsidialrat zog Klage gegen Minister Schäfer zurück, in: *Braunschweiger Zeitung*, 29.5.1971; Werner Birkemaier, Braunschweigs Richter vergleichen sich mit dem Reformer. Der Fall des neu berufenen Oberlandesgerichtspräsidenten Wassermann ist kein Fall mehr, in: *Stuttgarter Zeitung*, 3.6.1971.

zwischen Präsidialrat und Minister geführt, sondern auch, dass Wassermann sehr schnell versuchte, mit seinen Kritikern ins Gespräch zu kommen.

Schon im Sommer 1971 veranstaltete die niedersächsische CDU einen justizpolitischen Kongress, der unverkennbar in der Berufung Wassermanns seinen Ursprung hatte. Die CDU Niedersachsens versuchte damit zum einen justizpolitisch ein eigenes Profil zu gewinnen und dabei zum anderen das Odium des Reaktionären, das ihr durch die vehemente Ablehnung Wassermanns anhaftete, wieder los zu werden. So veranstaltete sie einen Kongress, der zum Unmut von Wassermanns Gegenspielern in der Justiz zu einem »Wassermann-Festival« wurde. Dem angefeindeten Braunschweiger OLG-Präsidenten fiel es auf dem Kongress relativ leicht, überzeugend darzulegen, dass mit dem Feindbild Wassermann ein Pappkamerad entstanden sei, auf den sich alle einschössen, der aber mit seinen Anliegen wenig zu tun habe. Wassermann wies ein dem »Pappkameraden« unterstelltes Verständnis von Politisierung und Demokratisierung zurück, nach dem der Richter auf der Basis seiner eigenen politischen Überzeugung die Grenzen der vom Gesetzgeber festgelegten Spielräume überschreiten dürfe. Nach Presseberichten distanzierte sich Wassermann dabei auch von anderen Reformern wie Theo Rasehorn und insbesondere dem Bielefelder Jugendrichter Helmut Ostermeyer, der Rasehorns Polemik gegen die Justiz noch einmal steigerte, aber ein Einzelkämpfer blieb.[71] Wassermann führte aus, was er unter »Demokratisierung« verstehe, nämlich »eine Verinnerlichung des Verhältnisses zur Verfassung über ein formales Bekenntnis zu ihr hinaus«. Nur auf diese Weise sei es dem Richter möglich, »im Rahmen der vom Gesetzgeber absichtlich unerfüllt gelassenen Leerräume, die angemessene Position zu beziehen und dem Zeitgeist gerecht zu werden«. Ein solches Bewusstsein von der gesellschaftlichen Rolle des Richters verlange mehr als »Subsumtionstechnik«[72]. Diese Thesen waren in der Tat alles andere als revolutionär. Auch wenn Wassermann im Wesentlichen nur das wiederholte, was er an vielen Stellen schon geschrieben hatte, gelang es ihm nach den Berichten in der Presse, das Misstrauen gegen ihn weitgehend zu zerstreuen.[73]

Vor einer abschließenden Einordnung des »Falls Wassermann« ist es sinnvoll, den zweiten genannten Beförderungsfall hinzuzuziehen. Wie in Nieder-

71 Vgl. hier vor allem Ostermeyer, *Strafunrecht*,; Ders., *Zeitbombe*,; Ders., *Gesellschaft*; Ostermeyer wurde in der justizpolitischen Debatte häufig als »Justizutopist« bezeichnet, um ihn von den Reformern abzusetzen.

72 Zit. nach dem Zeitungsbericht von Goedecke, Bekenntnis.

73 Vgl. u.a.: Konfrontation zwischen Benda und Wassermann in Braunschweig, in: *Die Welt*, 5.7.1971; Einig in der Ablehnung des politischen Richters. Justizpolitischer Kongress der CDU, in: *FAZ*, 5.7.1971; Goedecke, Bekenntnis.

sachsen hatte auch in Hessen ein sozialdemokratischer Justizminister einen Richter von außerhalb ins Land geholt – schon das für viele ein Sakrileg[74] –, der zudem prominenter Justizkritiker und Parteifreund war. Anders als in Niedersachsen, wo die SPD die CDU gerade erst an der Regierung abgelöst hatte, regierte die SPD in Hessen nicht nur seit vielen Jahren, sondern das Land verstand sich in vieler Hinsicht, auch in justizpolitischer, als Vorreiter von Reformen. Wie an anderer Stelle bereits ausgeführt, konnte der besonders aktive hessische Richterbund in dem sozialdemokratischen Justizminister Strelitz einen Verbündeten für seine standespolitischen Forderungen sehen. Als 1969 Karl Hempfler das Justizministerium übernahm, zerbrach diese Allianz aus Richterbund und Ministerium jedoch.[75] Hempfler war wesentlich weniger bereit, auf die Forderungen einzugehen und ging auf deutliche Distanz zum hessischen Richterbund unter Otto Pulch, der inzwischen für die FDP im hessischen Landtag saß und in dieser Funktion wiederum Koalitionspartner der SPD war.

Anders als in Niedersachsen bestimmte in Hessen ein Richterwahlausschuss über die Ernennung von Richtern. Der sprach sich für Rasehorn aus, obwohl der zuständige Präsidialrat wie im Fall Wassermann ein negatives Votum abgegeben hatte. Anders als in Niedersachsen setzte sich hier die Front gegen den neu zu berufenden, »progressiven« Kollegen jedoch nicht aus einer Gruppe mutmaßlich konservativer oder gar reaktionärer Richter zusammen. Der Präsidialrat, der sich gegen Rasehorn ausgesprochen hatte, stand unter der Leitung von Rudolf Kissel, dem jüngsten bundesdeutschen Oberlandesgerichtspräsidenten, der eigens zur Ernennung Wassermanns gemeinsam mit Hempfler nach Braunschweig gereist war. Öffentlich in Erscheinung trat als Gegner Rasehorns jedoch vor allem Otto Pulch, der gemeinsam mit Wassermann und Rasehorn 1968 im »Aktionskommitee Justizreform« gesessen hatte und für Reformen auf allen Ebenen eingetreten war. Anders als die früheren Mitstreiter vom hessischen Richterbund verstand sich Rasehorn jedoch kaum als Standespolitiker, sondern als Justizkritiker, den es mehr reizte, über Alternativen zur Justiz als über Besoldungsforderungen und Pensenschlüssel nachzudenken. Mit seinen skeptischen Auslassungen zur Zukunft der Justiz insgesamt und seiner fehlenden Scheu vor dem Begriff der »Klassenjustiz« war Rasehorn weit über das hinausgegangen, was sich auch die meisten »reformorientierten« Richter nur vorstellen konnten.[76] Auch wenn Rasehorn dabei Mutmaßungen über das »Ende der Justiz« anstellte, oder gar – wie ihm unterstellt

74 Sowohl in den Landtagsdebatten um Wassermann als auch um Rasehorn wurde es wiederholt als begründungspflichtig angesehen, dass jemand »von außerhalb« ins Land geholt wurde.

75 Vgl. dazu Kapitel 3.2.3.1.

76 Vgl. hier vor allem Rasehorn, »Klassenjustiz«.

wurde – das Prinzip der Gewaltenteilung in Frage stellte[77], waren dies erkennbar theoretische Erwägungen, die nicht überzeugend sein mussten, die aber kaum den Vorwurf rechtfertigten, Rasehorn habe den Boden der Verfassung verlassen.

Genau das aber unterstellten der Frankfurter Amtsrichter und hessische Richterbundsvorsitzende Otto Pulch seinem ehemaligen Mitstreiter, um dessen Beförderung zum Senatspräsidenten am OLG Frankfurt zu verhindern. So eskalierte der Fall fast zu einer Koalitionskrise. Die CDU stellte am 26.10.1972 einen – durch die Verfassung gar nicht vorgesehenen – Missbilligungsantrag gegen Hempfler wegen der Ernennung Rasehorns, die Pulch zuvor im Parlament einen »justizpolitischen Skandal« genannt hatte.[78] In der Debatte vom 26.10.1972, wiederholte der Vorsitzende der FDP-Fraktion, Stein, zwar die Bedenken gegen Rasehorn, gleichwohl unterstützte die FDP den Missbilligungsantrag nicht.

Die CDU polemisierte in der Debatte nicht nur durch ihren Fraktionsvorsitzenden Dregger und dessen Stellvertreter Wallmann scharf gegen Hempfler und Rasehorn, sie wartete auch mit sehr genauen Kenntnissen aus der Personalakte Rasehorns auf. Der CDU-Abgeordnete Milde zitierte aus der Stellungnahme des Richterrates, der auf Grund der Beurteilungen des Kölner Oberlandesgerichtspräsidenten den Eindruck gewonnen hatte, es komme Rasehorn »weniger auf gedankliche Vertiefung und die juristische Subsumtion in seinen Entscheidungen als auf ein nach eigenen gesellschaftspolitischen und soziologischen Gesichtspunkten für richtig gehaltenes Ergebnis« an.[79] Bezeichnend für das Zerwürfnis zwischen den ehemaligen »Reformpartnern« Pulch und Rasehorn war, dass der hessische Richterbundsvorsitzende, der als solcher die Interessen der Richter zu vertreten hatte, offensichtlich kein Problem darin sah, dass hier aus einer Personalakte zitiert wurde. Dazu passte schließlich auch, dass Rasehorn gegen Pulch vor Gericht Klage wegen Verleumdung erhob. Pulchs Vorwurf gegen Rasehorn, dieser stünde nicht mehr auf dem Boden der Verfassung, hatte der als »schwerste berufliche Kränkung« empfunden und geklagt. Nachdem der Versuch, die Parteien zu einem Vergleich zu

77 Vgl. dazu die Artikel von Walter Fröder, Die Kollegen sehen ihn auf einem gefährlichen Weg, in: *FAZ*, 24.6.1972; die Leserbriefe von Rüdiger Lautmann, In den Hallen der Gerechtigkeit, in: *FAZ* 7.7.1972, Wolfgang Kaupen, Die Position des Richters Rasehorn, in: ebd., des Rechtsanwalts Wolfgang Philipp, Demokratie und Rechtsstaat, in: ebd., 15.7.1972, sowie des Rechtsanwalts Werner Reichert, Rasehorns These, in: ebd.

78 Hessischer Landtag, *Stenographische Berichte*, 7. WP, 46. Sitzung, 6.7.1972, S. 2503.

79 Hessischer Landtag; *Stenographische Berichte*, 7. WP, 52. Sitzung, 26.10.1972, S. 2842f.; vgl. dazu auch: Richterschelte im Hessischen Landtag, in: *FAZ*, 27.10.1972.

bewegen, an Pulch scheiterte, wies das Gericht Rasehorns Klage schließlich zurück.[80]

Es sei dahingestellt, ob es an Rasehorns Stelle besonders klug war, vor Gericht zu ziehen, da gerade er mit dem Mittel der Polemik auch nicht sparsam umging. Zudem, so hieß es in einem Kommentar zu Recht, sei bei Prozessausgang klar gewesen, dass es Rasehorn unbenommen bleibe, Auffassungen zu vertreten, die Kollegen für verfassungswidrig hielten – »und daß diese Kollegen wiederum ihre Ansicht über Rasehorns Thesen auch in pointierter Form äußern dürfen«[81]. Dahingestellt sei auch, ob die Ursache für die scharfen Angriffe Pulchs gegen Rasehorn eher in der Verärgerung über den Justizminister Hempfler oder »in Neid und Missgunst« des zum Landtagsabgeordneten aufgestiegenen Amtsrichters Pulch lag, wie in unterschiedlicher Akzentuierung in der Presse gemutmaßt wurde.[82] Entscheidend ist vielmehr, dass der Fall Rasehorn ebenso wie der Fall Wassermann in mehrerlei Hinsicht symptomatisch für den Verlauf der Reformdebatte und für die unterschiedlichen Erwartungen und Befürchtungen zum weiteren Verlauf von Reformen in der Justiz war.

Offensichtlich wollte sowohl der hessische als auch der niedersächsische Justizminister durch ihre Entscheidungen auch personalpolitisch die Zeichen auf Reformen stellen. Es spricht vieles dafür, dass Protest dagegen durchaus einkalkuliert war, wodurch die Justizminister umso tatkräftiger in der Durchsetzung ihres Reformprogramms erscheinen konnten. Wichtig für die sich erst langsam wandelnde Stimmung gegenüber den »Reformen« war, dass die niedersächsische CDU im Falle Wassermanns noch bemüht war, ein allzu reaktionäres Image zu vermeiden und nach dessen Ernennung mit dem justizpolitischen Kongress ein Stück auf ihn zuging. Dazu passt auch, dass die konservative Presse – insbesondere die *FAZ* – im Fall Wassermann noch weit davon entfernt war[83], in die Tonlage konservativer Richter wie der des Düsseldorfer Richters Karl Dinslages einzusteigen, auf dessen justizpolitische Untergangsszenarien im Zusammenhang mit dem drohenden »politischen Richter« hier bereits eingegangen wurde. Wassermanns Tätigkeit in Frankfurt wurde eher wohlwollend und seine Berufung nach Niedersachsen keinesfalls als skandalös

80 Vgl. dazu die Berichterstattung in der Presse, u.a., »Wer provoziert, wird kritisiert«. Richter Rasehorn verlor gegen den Richterbund, in: *FR*, 11.1.1973; Landgericht entscheidet gegen Rasehorn, in: *FAZ*, 11.1.1973; Bis an die Grenze der Ehrverletzung. Richterbund durfte Richter Rasehorn scharf kritisieren, in: *FAZ*, 23.3.1973.

81 Im Richterstreit unterlag Richter Rasehorn, in: *FR*, 23.3.1973.

82 Vgl. dazu Norbert Leppert, »Heckenschützenfeuer – aus Neid und Ablehnung«. Eine Welle des Protestes gegen den Kölner Richter Theo Rasehorn, in: *FR*, 21.6.1972; Krumm, Partner.

83 Vgl. hier etwa den Wassermanns Abschied in Frankfurt gewidmeten Artikel: Drei Jahre mit einem unkonventionellen Amtsstil. Rudolf Wassermann beginnt morgen in Braunschweig, Abschied von einem Sachwalter der dritten Gewalt, in: *FAZ*, 11.1.1971.

kommentiert. Im Fall Rasehorn zeigte die *FAZ* zwar nicht unbedingt Sympathie mit der Entscheidung, doch zu dem »justizpolitischen Skandal«, den die hessische CDU daraus zu machen versuchte, bauschte die Zeitung die Personalie nicht auf.

Symptomatisch sind die beiden Fälle schließlich für die so genannten »Reformer« in der Justiz. Von der ehemals ohnehin kleinen und lockeren sowie von sehr unterschiedlichen Interessen getragenen Koalition von Justizreformern und -kritikern, die sich 1968 im »Aktionskommitee Justizreform« zusammenfanden, war nichts mehr übrig. Sowohl Wassermann als auch Rasehorn sahen sich nicht nur dem massiven Protest der konservativen Richterschaft gegenüber. Auch sonst rührte unter den Kollegen kaum jemand eine Hand für sie. Hier zeigte sich deutlich, dass die Protagonisten der Justizkritik versäumt hatten, ihre Anliegen auf eine breitere Basis zu stellen. Auch wenn Wassermann als OLG-Präsident noch jung war, konnten zudem weder er noch der bei seiner Beförderung 53-jährige Rasehorn als Repräsentanten einer jungen Richtergeneration gelten, die etwa von dieser Seite Unterstützung hätten erwarten können. Ohnehin hatten Wassermann und Rasehorn mehr die Nähe zur Politik als zur Richterschaft gesucht. Ihr Interesse hatte immer mehr der Veränderung des Bewusstseins und entsprechend der Reform der Juristenausbildung als im engeren Sinne standespolitische Frage gegolten. Diejenigen, die innerhalb des Richterbundes als »Reformer« gegolten hatten, verfolgten dagegen im Wesentlichen Interessen, denen die politische Förderung von Wassermann und Rasehorn klar zuwider lief. So ließen gerade die Beförderungsfälle deutlich werden, wie sehr der »Reformaufbruch« am Ende der sechziger Jahre von unterschiedlichsten Interessen getragen war, deren Gemeinsamkeit in erster Linie durch die äußeren Ereignisse, weniger durch inneren Zusammenhang zustande gekommen war.

4.2.2 Dürfen Kommunisten Richter werden?

»Falsche Toleranz der Demokraten führt zu Volksdemokratien! Die wünschen wir nicht. Wo sich der leiseste Wind in dieser Richtung erhebt, sehen wir es als unsere Pflicht nach dem Grundgesetz an, hiergegen anzugehen«. Diese Sätze fielen nicht im Zusammenhang mit einer etwaigen Einstellung von Kommunisten in den Staatsdienst. Vielmehr warnte der hessische CDU-Abgeordnete Milde in der Debatte um die Beförderung Theo Rasehorns mit diesen Worten eindringlich vor den drohenden Konsequenzen von dessen Tätigkeit.[84] Waren

84 Hessischer Landtag, *Stenographische Berichte*, 7. WP, 52. Sitzung, 26.10.1972, S. 2843.

in den Augen nicht nur der hessischen CDU bei Rasehorn die Grenzen des für den Rechtsstaat noch Tolerierbaren bereits überschritten, lassen sich die Reaktionen auf eine etwaige Berufung eines DKP-Mitgliedes auf einen Richterposten erahnen.

Es ist schwer datierbar, seit wann Dutschkes Vision vom »langen Marsch durch die Institutionen« als reale Bedrohung einer linken Unterwanderung des bundesdeutschen Systems wahrgenommen wurde. Vieles spricht jedoch dafür, dass die CDU hier im Laufe des Jahres 1971 das Thema fand, mit dem sie nach der verlorenen Wahl von 1969 wieder Tritt fasste. Im Oktober 1971 warnte der CDU-Fraktionsvorsitzende Rainer Barzel zunächst auf dem Parteitag und dann im Bundestag vor der Absicht der Linken, die soziale Ordnung zu unterminieren und forderte die demokratischen Parteien – also insbesondere die SPD – zum gemeinsamen Kampf gegen den Extremismus auf.[85] Auf publizistischer Ebene stieß der Soziologe Helmut Schelsky nur kurze Zeit später ins gleiche Horn und verschärfte dabei das Bedrohungsszenario und die Tonart noch einmal erheblich. In einem einflussreichen Artikel in der *Frankfurter Allgemeinen Zeitung* warnte Schelsky vor einer Revolution, die »auf leisen Sohlen« daherkomme, zunächst die Schlüsselpositionen außerhalb des Regierungsapparates, in Universitäten, Schulen, Kirchen, in den Medien und in der Unterhaltungsindustrie besetze, nach und nach den Staat verunsichere und ihn schließlich selbst zur »Systemüberwindung« umfunktioniere.[86]

Über die genauen Ursachen des von der SPD mit initiierten und am 28.1.1972 zustande gekommenen »Extremistenbeschlusses«, der bekanntermaßen »Extremisten« den Zugang zum öffentlichen Dienst verwehren sollte[87], ist in der Literatur viel spekuliert worden.[88] Kurt Sontheimer mutmaßte Ende der siebziger Jahre, dass es ohne Dutschkes zitierte Aufforderung gar nicht zum Extremistenbeschluss gekommen wäre.[89] Dies sei dahingestellt, doch spricht vieles dafür, dass es zum einen Befürchtungen der von Schelsky geäußerten Art bis weit in die SPD hinein gab. Zum anderen war die SPD auch darum bemüht eine Grenzziehung nach links zu signalisieren, um so ihre eigene Poli-

85 Deutscher Bundestag, *Stenographische Berichte*, 6.WP, 145. Sitzung, 21.10.1971, S. 8330–8332.

86 Schelsky, Strategie, wieder abgedr. in: Ders., *Systemüberwindung*, S. 19–37. Schelsky gibt an, dass der Artikel in vielen Zeitungen nachgedruckt und übersetzt worden sei und so eine Verbreitung von mehr als eineinhalb Millionen Exemplaren gefunden habe, vgl. ebd., S. 19.

87 Der Beschluss ist abgedr. bei Denninger (Hg.), *Grundordnung*, S. 518f.

88 Vgl. hierzu bereits die fundierte Auseinandersetzung mit der gesamten Problematik: Jasper, »Krise«; als bislang ausführlichste Darstellung zum Extremistenbeschluss vgl. Braunthal, *Politische Loyalität*. Weiterhin immer noch informativ: Baring, *Machtwechsel*, S. 389ff.; mit starkem moralischem Impetus und daher auch oft einseitig: Histor, *Berufsverbote*. Zusammenfassend zu einigen in der Literatur geäußerten Ansichten vgl. jetzt: Stöver, *Bundesrepublik*, S. 85ff.

89 Sontheimer, *Republik*, S. 27.

tik nicht mit einem ausfransenden linken Spektrum in Beziehung bringen zu lassen.[90] Es ist allerdings kaum zu übersehen, dass sich die SPD damit in erhebliche Schwierigkeiten brachte und dass der vermeintliche Befreiungsschlag zu einem Bumerang wurde. Nahezu jeder Fall von »Berufsverboten« wurde öffentlich diskutiert und brachte immer auch die SPD in Bedrängnis, zumal der Riss zwischen Gegnern und Befürwortern einer scharfen Umsetzung des Extremistenbeschlusses quer durch die Partei ging.[91]

Unter denen, die von dem Extremistenbeschluss betroffen waren, bildeten Juristen nur eine verschwindende Minderheit.[92] Gleichwohl waren darunter mindestens zwei Fälle, die besondere Aufmerksamkeit erhielten. Der eine war der des Gerichtsassessors Volker Götz, dessen Fall in Nordrhein-Westfalen die Koalition aus SPD und FDP fast an den Rand des Bruchs gebracht hätte. Der andere Fall betraf den Jura-Studenten Heiner Sämisch, der 1972 in Schleswig-Holstein nicht zum Referendariat zugelassen wurde und dessen Fall im Mai 1975 schließlich zur Grundsatzentscheidung des Bundesverfassungsgerichts führte.

Anders als im Fall Sämisch hatte es für das DKP-Mitglied Volker Götz zunächst keine Probleme bei der Einstellung ins Referendariat gegeben, obgleich es in Nordrhein-Westfalen bereits 1970, also deutlich vor dem Ministerpräsidentenbeschluss vom Januar 1972, einen Fall gegeben hatte, in dem einem Referendar die Übernahme in das Amt des Richters wegen dessen Mitgliedschaft in der DKP verweigert worden war.[93] Auch die Ernennung zum Richter auf Probe schien bei Volker Götz reibungslos zu verlaufen. Der zuständige nordrhein-westfälische Justizminister Diether Posser hatte zunächst keine Bedenken. Er stellte die Urkunde im Juli 1973 aus, nachdem er die Beamten des Ministeriums den Fall gründlich hatte prüfen lassen. Nachdem der Minister die unterschriebene Ernennungsurkunde an den zuständigen Oberlandesgerichtspräsidenten Hans-Heinrich Theunecke geschickt hatte, machte dieser

90 Schöllgen, *Willy Brandt*, S. 168f. will den Extremistenbeschluss als Disziplinierungsmaßnahme Brandts gegen die Jungsozialisten verstanden wissen, um hier etwaige Nähe oder Kontakte zu den Kommunisten zu unterbinden. Das scheint wenig plausibel, da hierzu innerparteiliche Maßnahmen ausgereicht hätten. Das Signal war m. E. klar nach außen gerichtet.

91 Bis zu einem gewissen Grade galt dies im Übrigen auch für die FDP. Zu den Folgen und den Reaktionen auf den Extremistenbeschluss vgl. Braunthal, *Politische Loyalität*, S. 72ff.; vgl. dort auch eine ausführliche Bibliographie zu der abundanten zeitgenössischen Literatur zu dem Komplex. Genannt seien hier nur einige Sammelbände mit wichtigen Beiträgen zu dem Thema: Bethge/Rossmann (Hg.), *Kampf*; Dies. u.a. (Hg.), *Zerstörung*; Funke (Hg.), *Extremismus*.

92 Vgl. die Auflistung sämtlicher bis 1973 bekannt gewordener Fälle bei Bethge/Rossmann (Hg.), *Kampf*, S. 209ff.; hier werden bis zu diesem Zeitpunkt die Fälle von fünf Juristen genannt. Später kamen noch andere hinzu.

93 Vgl. dazu ebd., S. 306; das Urteil ist abgedr. in: *KJ* 5, 1972, S. 112–116.

jedoch Bedenken gegen die Ernennung geltend und händigte die Urkunde zunächst nicht aus, beziehungsweise er leitete sie nicht, wie vorgesehen, an den Düsseldorfer Landgerichtspräsidenten weiter.[94] Theuneke begründete seine Bedenken mit dem vielfach als »Radikalen-Erlass« titulierten Beschluss der Ministerpräsidenten vom 28.1.1972.

Aufsehen erregte zunächst weniger die Unterzeichnung der Ernennungsurkunde als die Bedenken gegen deren Aushändigung. Jungsozialisten und der Bund junger Juristen hatten von dem Vorgang erfahren und forderten den zuständigen Justizminister auf, gegen den widerständigen Richter vorzugehen. Doch der besonnene und weder als »Kommunistenfreund« noch als »Kommunistenfresser« bekannte Posser suchte zunächst das Gespräch mit dem Oberlandesgerichtspräsidenten und versuchte hier, wie auch in der Öffentlichkeit deutlich zu machen, dass es sich um eine Einzelentscheidung und nicht um einen Präzedenzfall handelte. Da Götz die persönliche und fachliche Eignung zum Richteramt von seinen Ausbildern ausdrücklich bescheinigt worden sei und zudem nach gründlicher Prüfung keinerlei Zweifel an seinem Eintreten für die freiheitlich-demokratische Grundordnung hätten geltend gemacht werden können, so Posser, habe Götz nicht abgelehnt werden können.[95] Nachdem Posser die Bedenken des Oberlandesgerichtspräsidenten nicht hatte ausräumen können, wies er diesen schließlich dienstlich an, die Aushändigung vorzunehmen, woraufhin Theuneke die Urkunde an den zuständigen Landgerichtspräsidenten Drees weiterleitete. Auch der setzte jedoch die Taktik der stillen Obstruktion fort, erklärte zunächst, keine Zeit für die Aushändigung zu finden, und war damit schließlich erfolgreich.[96] Denn inzwischen hatte sich der FDP-Innenminister Weyer der Sache angenommen, sie ins Kabinett gebracht und in einer mehrstündigen Sitzung am 31.7.1973 offenbar mit einem Bruch der Koalition gedroht. Daraufhin stoppte Posser die Aushändigung der Urkunde, offiziell, weil angeblich neue Erkenntnisse über Götz vorlägen.[97] Ministerpräsident Kühn erklärte nur wenige Tage später in einem *Spiegel*-Interview jedoch ganz offen, dass er nicht vorhabe, seine oder gar die Regierung in Bonn für einen kommunistischen Richter zu opfern.[98] Obwohl auch Teile der FDP, nicht zuletzt der Staatssekretär im Justizministerium, der liberale Rechtsprofes-

94 Auch dieser Fall ist ausführlich in der Presse dokumentiert. Vgl. für den Anfang des Falles: Bewerunge, Kommunisten; insgesamt zu dem Fall auch Braunthal, *Politische Loyalität*, S. 67.

95 Vgl. dazu die rückblickenden Ausführungen Possers in: Landtag Nordrhein-Westfalen, *Stenographische Berichte*, 7. WP, 77. Sitzung, 22.8.1993, S. 2962ff.; aus der Presseberichterstattung: Suhrbier, Kommunist. Ders., Präzedenzfall.

96 Die Vorgänge finden sich detailliert beschrieben bei Suhrbier, Kommunist.

97 Vgl. Suhrbier, Ernennung.

98 »Ich riskiere doch nicht Brandts Fall«, Interview mit Heinz Kühn, in: *Der Spiegel*, 6.8.1973, S. 22–24.

sor Ulrich Klug, Posser in seiner ursprünglichen Haltung unterstützten, wichen Kühn und sein Justizminister vor dem massiven Protest und der drohenden Koalitionskrise zurück.

Interessant an dem Fall ist nicht zuletzt, dass Götz im Gegensatz zu anderen vom Extremistenbeschluss betroffenen Juristen nicht durch eine Tätigkeit in einer linken juristischen Gruppe aufgefallen war und von daher auch einen klaren Trennungsstrich zwischen seiner Tätigkeit für die DKP und der als Richter zog. »Man muß doch sehen«, so wurde Götz in der *Frankfurter Rundschau* zitiert, »daß man als Richter gesellschaftliche Konflikte nicht abbauen kann. Wirtschaftskriminalität beispielsweise kann ich als Richter nicht an ihrer Wurzel bekämpfen, das kann ich nur als Kommunist, der von seinen staatsbürgerlichen Rechten Gebrauch macht. [...] Als Richter muß und werde ich die Gesetze entsprechend der Verfassung auslegen, denn der Richter ist kein Gesetzgeber. Als DKP-Mann werde ich mich dafür einsetzen, daß Gesetze im Interesse der lohnabhängigen Mehrheit der Bevölkerung geändert werden«[99]. Es fällt auf, dass Götz darauf bedacht war, seine richterliche Tätigkeit nicht in die Nähe der Rolle jenes »Sozialingenieurs« gerückt zu sehen, die Wassermann dem neuen, »politischen Richter« zuwies. Unabhängig davon, ob es aus Taktik oder aus Überzeugung geschah, beharrte Götz ganz auf der bürgerlichen Trennung seiner beruflichen und zivilen Rolle. Insofern sah er sich als DKP-Mitglied in keiner grundsätzlich anderen Position als ein Mitglied der CDU. Diese Haltung sowie die Tatsache, dass er sich offenbar nicht in Kreisen bewegt hatte, die die Gesellschaft mit Hilfe des Rechts zu verändern suchten, hatten Götz zumindest ins Referendariat und sogar fast auf den Richterstuhl gebracht. Die anderen bekannt gewordenen Fälle von Juristen, die vom Extremistenbeschluss betroffen waren, hatten dagegen ihr Engagement in der Regel bereits in Kreisen linker juristischer Gruppen gezeigt. Der Jura-Student Heiner Sämisch war in der »Roten Zelle Jura« aktiv gewesen. Hans-Jochen Michels, dem 1970 als erster Jurist aus politischen Gründen die Übernahme in den richterlichen Probedienst verwehrt wurde, hatte eine »Rechtsfibel für Demokraten« herausgegeben. Deren Grundeinstellung ließ sich nach Meinung des Verwaltungsgerichts Gelsenkirchen, vor dem Michels geklagt hatte, nicht mit der Tätigkeit als Richter vereinbaren. Michels hatte in der Rechtsfibel insbesondere Demonstranten Verhaltenstipps gegenüber Polizei und Justiz gegeben und dazu aufgefordert, die Prozesse als politische Prozesse zu führen. In seiner Verteidigung berief sich Michels ausdrücklich auf Wassermann und Rasehorn. In deren Sinne wollte er »politischer Jurist« sein. Diese seien mit ihren Auffassungen zwar noch in der Minderheit, es sei jedoch nicht zulässig,

99 Zit. n. Suhrbier, Kommunist.

durch einen entsprechenden Einstellungsstop die Ausweitung solcher Auffassungen in der Richterschaft zu verhindern. Das Verwaltungsgericht Gelsenkirchen sah indes keinen Zusammenhang zu den Auffassungen von Rasehorn und Wassermann und nahm insofern die etablierten Justizkritiker gegen die versuchte Vereinnahmung in Schutz, indem sie wohl zu Recht betonten, dass die beiden genannten Autoren »für die in der ›Rechtsfibel für Demokraten‹ vertretenen Auffassungen nichts« hergäben.[100]

Der Hamburger Jura-Student Rolf Geffken schließlich war Mitglied im MSB-Spartakus und in der Vereinigung Demokratischer Juristen. Zudem hatte er sich publizistisch zu den Themen »Klassenjustiz« und »Arbeitsrecht im Kapitalismus« geäußert.[101] Das reichte der zuständigen Referendarabteilung beim Hamburger Oberlandesgericht, um Geffken im Februar 1973 die Einstellung ins Referendariat zunächst zu verweigern.[102] Der Fall war insofern besonders brisant, als es zur gleichen Zeit bei dem rechtsradikalen Aktivisten Jürgen Rieger, der in der »Aktion Oder-Neiße« aktiv und zudem mit rassistischer Publizistik (»Wollen Sie, daß Hamburg slawisch wird?«, »Rasse, ein Problem auch für uns«) hervorgetreten war, zunächst keinerlei Probleme bei der Einstellung als Referendar gab. Erst nach massivem Protest auch durch SPD-Politiker wurden schließlich beide Entscheidungen revidiert: Geffken durfte ins Referendariat, Rieger musste es abbrechen.[103]

Unterstrichen werden muss, dass es in den Fällen Geffken und Sämisch nur um die Einstellung ins Referendariat und um den Abschluss der Ausbildung und somit auch um die Voraussetzung einer Tätigkeit als Anwalt ging. Das Bundesverfassungsgericht sah dieses Problem in seinem Urteil zwar und regte daher an, den Vorbereitungsdienst so zu organisieren, dass der Referendar nicht im Beamtenverhältnis stehe, um dem Kandidaten den Abschluss seiner Ausbildung zu ermöglichen.[104] Da nach geltender Regelung jedoch auch Referendare Beamte waren, machte das Gericht hier keinen Unterschied zwischen dem befristet zu Ausbildungszwecken und dem auf Lebenszeit eingestellten Beamten. Das Urteil erging insgesamt einstimmig. Nur in Einzelpunkten – auch in dem zuletzt genannten – formulierten drei Richter abweichende Meinungen bzw. Stellungnahmen.[105]

100 Urteil des Verwaltungsgerichts Gelsenkirchen vom 24.6.1971, auszugsweise abgedr. in: *KJ* 5, 1972, S. 112–116, S. 116.

101 Geffken, *Klassenjustiz*; Geffken/Dammann/Rahn, *Arbeitskampfrecht*.

102 Bethge/Rossmann (Hg.), *Kampf*, S. 304ff. u. 331ff.; vgl. zudem die Dokumentation *»Der Fall Rolf Geffken«*.

103 Vgl. dazu: Radikale – Hamburg slawisch?, in: *Der Spiegel*, 12.3.1973, S. 44.

104 BVerfGE 39, S.334–375, hier S. 371ff.

105 Vgl. Abweichende Meinungen der Richter Seuffert, Rupp und Wand, in: ebd., S. 375–391.

Das Bundesverfassungsgericht befand sich damit ohne Zweifel in größter Übereinstimmung mit dem ganz überwiegenden Teil der Richterschaft. Sämtliche Stellungnahmen in der *Deutschen Richterzeitung*, insbesondere zu dem Fall Götz, aber auch zu dem Problemkomplex insgesamt, waren sich vollkommen einig darin, dass »Extremisten« – jedenfalls vom linken Spektrum – im öffentlichen Dienst und vor allem in der Justiz nichts zu suchen hatten. Die Rechtspflege, so der Deutsche Richterbund in einer Entschließung vom 1.8.1973 mit direktem Bezug zum Fall Götz, dürfe nicht »Extremisten als Experimentierfeld für den ›Marsch durch die Institutionen‹ überlassen werden«[106]. Die nachhaltige Furcht vor Dutschkes Ankündigung ist unübersehbar. Angesichts »der Entwicklung an den Universitäten während der vergangenen Jahre«, so explizit ein Richter in einer Auseinandersetzung mit dem »problematischen Richternachwuchs«[107], sah ein nicht unerheblicher Teil der Richter eine Welle radikalisierten Nachwuchses auf die juristischen Berufe zukommen, dem zumindest der Zugang in den öffentlichen Dienst, insbesondere zum Richterberuf, verwehrt werden sollte.[108]

Äußerungen von Richtern in ihrem Standesorgan oder an anderen Orten sind gewiss *ein* Indiz für die Haltung der Richter zur Frage des Umgangs mit »Extremisten«. Das andere sind die Urteile selbst. Dabei ist zunächst ziemlich eindeutig, dass die »radikalen« Juristen kaum auf die Hilfe von Gerichten hoffen konnten. Selbst als dem SPD-Mitglied Charlotte Nieß, die gleichzeitig im Vorstand der Vereinigung Demokratischer Juristen saß[109], im September 1975 vom bayerischen Justizminister die Ernennung zur Richterin auf Probe verweigert wurde, blieb sie vor Gericht letztlich erfolglos. Zwar bekam sie 1976 noch vor dem Münchner Verwaltungsgericht Recht. Doch ein Jahr später kassierte das Bayerische Oberverwaltungsgericht das Urteil wieder und bestätigte die Entscheidung der Regierung. Ihre Klage vor dem Bundesverwal-

106 Entschließung ist abgedr. unter dem Titel: Keine Extremisten in der Rechtspflege! In: *DRiZ* 51, 1973, S. 329.

107 Linscheidt, »Richternachwuchs«.

108 Auffällig ist im Übrigen, dass man angesichts der Furcht vor dem »Marsch durch die Institutionen« vergeblich nach Stellungnahmen von jungen Richtern oder Staatsanwälten sucht, die eine Gegenposition vertreten hätten. Als Kritiker des Beschlusses und der Praxis der Gerichte tritt einmal mehr der 1918 geborene Theo Rasehorn sowie der 1924 geborene Frankfurter Richter Heinz Düx auf, die beide kaum mehr als »junge Wilde« unter den Richtern zu zählen waren. Vgl. Rasehorn, *Verfassung*; Düx, »Berufsverbotsurteil«.

109 Die Vereinigung galt als »kommunistisch unterwandert«.

tungsgericht zog Nieß später zurück, weil sie inzwischen einen Posten im nordrhein-westfälischen Landwirtschaftsministerium bekommen hatte.[110]

Was insgesamt die Haltung der Gerichte angeht, so ist die Tendenz, trotz mancher Unterschiede im Einzelnen, eindeutig: Viel Schutz konnten die Kläger – in aller Regel vom linken politischen Spektrum – von den Gerichten nicht erwarten.[111] Auf der Basis von 200 Fällen aus der Zeit zwischen 1972 und 1976 ist errechnet worden, dass die Erfolgschancen für einen abgewiesenen Bewerber, vor Gericht seine Einstellung in den öffentlichen Dienst zu erstreiten, bei etwa einem Drittel lag.[112] Die Zahl gibt tatsächlich jedoch nur eine Tendenz an, die insbesondere für Beamte wohl noch einen zu günstigen Eindruck vermittelt. Denn die für die Beamten zuständigen Verwaltungsgerichte urteilten in der Regel deutlich schärfer als die für Angestellte und Arbeiter zuständigen Arbeitsgerichte. Auch wenn man berücksichtigt, dass es in der Logik der Sache lag, bei Beamten strengere Kriterien anzulegen als bei Arbeitern und Angestellten, sahen Bundesverwaltungsgericht und Bundesarbeitsgericht selbst die Divergenzen und versuchten sie im Jahr 1979 auszuräumen, blieben dabei jedoch erfolglos.[113]

Vor dem Hintergrund der zum Teil in dramatische Worte gekleideten Befürchtung einer linken Unterwanderung der Justiz ist eindeutig, dass die sogenannten Extremisten-Prozesse nicht das geringste Anzeichen für eine solche boten, im Gegenteil. Auch hier gilt, dass keiner der konservativen Warner irgendein Beispiel hätte anführen können, in dem Gerichte aus ihrer Sicht dem Vordringen des Extremismus in den öffentlichen Dienst Vorschub geleistet hätten. Stattdessen bekam eine Debatte, die ansonsten schon stark abgeflaut war, noch einmal neue Nahrung: Die Debatte um die NS-Belastung der deutschen Richterschaft. Ins Visier gerieten nun vor allem die Verwaltungsrichter, von denen eine ganze Reihe von »ehemaligen Nazi-Richtern als Türwächter des Beamtennachwuchses« fungierte, wie es der Rechtsanwalt Heinrich Hannover ausdrückte.[114]

Aufsehen erregte etwa die Disziplinarkammer des Verwaltungsgerichts Karlsruhe mit zwei Urteilen. Nachdem die Kammer dem NPD-Mitglied Günther Decker die Fortsetzung seiner Tätigkeit als Oberstudienrat ermög-

---

110 Vgl. zu dem Fall, Jasper, »Krise«, S. 731f.; Braunthal, *Politische Loyalität*, S. 68; aus der Presseberichterstattung vgl. u.a. Grosskopff, Exempel; Finkenzeller, Bekenntnisse; Cornelsen, Verfassungsrichter; Ders., Bundesverwaltungsgericht.

111 Als ebenso sachkundige wie scharfe Auseinandersetzung mit den Gerichten vgl. Jasper, »Krise«.

112 Die Zahlen wurden von einer Bürgerinitiative »Weg mit den Berufsverboten« erstellt. Vgl. dazu: Bilanz von fünf Jahren Extremisten-Erlaß, in: *SZ*, 26.1.1977.

113 Vgl. dazu Frankenberg, »Staatstreue«; Kutscha, *Verfassung*, S. 170.

114 Hannover, »Widerstand«, S. 45.

licht hatte, bestätigte sie vier Monate später das Urteil gegen den Studienrat Fritz Güde, der 15 Monate Mitglied im KBW gewesen war, das Güde die weitere Tätigkeit als Lehrer untersagte.[115] Verhandelt wurde in beiden Fällen unter dem Vorsitz des ehemaligen SS-Angehörigen Helmut Fuchs. Im 2. Senat des Bundesverwaltungsgerichts, das im Februar 1975 höchstrichterlich über den Fall der Lehrerin Anne Lehnhart, Mitglied der DKP, zu entscheiden hatte, saßen gleich mehrere Richter, die in der einen oder anderen Weise als NS-belastet gelten konnten.[116] Dies galt etwa für Edmond de Chapeaurouge, der als Amtsrichter im »Dritten Reich« an Urteilen wegen »Rassenschande« beteiligt gewesen war und den Angeklagten »Minderwertigkeit« bescheinigt hatte. Demselben Senat gehörte auch Rudolf Weber-Lortsch an, der unter anderem SS- und Polizeiführer im »Reichskommissariat« Ukraine gewesen war.[117] Im Gegensatz zu den sechziger Jahren, als immer mehr Fälle von belasteten Richtern bekannt wurden, lösten die Fälle aber nur noch bei denen Empörung aus, die ohnehin gegen die gesamte Praxis des Umgangs mit Extremisten Position bezogen.

Die Diskussion um die »Berufsverbote«, hier speziell um die Frage, ob Kommunisten Richter werden dürfen, auf der einen und die Fälle Wassermann und Rasehorn auf der anderen Seite liegen ohne Zweifel auf unterschiedlichen Ebenen. Gleichwohl spiegeln die drei personalpolitischen Entscheidungen Wassermann, Rasehorn und Götz in ihrer Abfolge den Wandel des gesellschaftlichen Klimas am Beginn der siebziger Jahre in zugespitzter Weise wider. Versuchte die SPD in Niedersachsen und Hessen in den Jahren 1971 und 1972 mit der Berufung Wassermanns und Rasehorns noch ein deutliches Reformsignal zu setzen, sah sich die nordrhein-westfälische SPD im Fall Götz dem konservativen Gegendruck ausgesetzt, den sie mit dem »Extremistenbeschluss« möglicherweise abfangen wollte, ihn aber letztlich weiter beförderte. Der Fall zeigt exemplarisch, in welchem Maße die SPD, die sich seit den ausgehenden sechziger Jahren in nahezu allen Bereichen mit großem reformerischen Selbstbewusstsein zu präsentieren suchte, nun mehr und mehr unter konservativen Druck geriet und auch bereit war, diesem zu weichen.

115 Fritz Güde war im Übrigen der Sohn des ehemaligen Generalbundesanwalts Max Güde. Vgl. dazu Koch/Oltmanns, *SOS*, S. 36. Das Buch war zuvor unter dem Titel »Freiheit '78« im *Stern* erschienen.

116 Zum Fall Lehnart und dessen grundsätzlicher Bedeutung vgl. Groth, »Transformation«.

117 Vgl. dazu Hannover, »Widerstand«, S.12ff., S. 45ff.; Müller, *Juristen*, S. 220; weitere Fälle von belasteten Richter aufgezählt bei: Spoo, »Erfahrungen«.

4.3 Justizreform: ohne Ende – ohne Ziel?

Unter diesem Titel beschrieb der ehemalige Justizminister Gerhard Jahn 1985 das Scheitern der so genannten »Großen Justizreform« – eines der Kernprojekte der sozialdemokratischen Justizpolitik der Ära Brandt.[118] Zwar lässt sich fragen, inwieweit es sich dabei tatsächlich um ein genuin »sozialdemokratisches« Reformvorhaben handelte. In jedem Fall aber hatte Horst Ehmke als Interimsjustizminister nach Heinemanns Aufstieg zum Bundespräsidenten in die Regierungserklärung Willy Brandts vom 28. Oktober 1969 hineingeschrieben, dass die Bundesregierung plane, »unsere zersplitterte Rechtspflege für den rechtsuchenden Bürger durchschaubarer zu machen« und zu diesem Zweck die Dreistufigkeit der ordentlichen Gerichtsbarkeit einführen werde.[119] Angekündigt wurde damit jene »Große Justizreform«, die seit Anfang des Jahrhunderts immer wieder durch die justizpolitische Debatte geisterte und von der hier auch schon wiederholt die Rede war. Zur Erinnerung: In den fünfziger Jahren war das Projekt der Großen Justizreform insbesondere durch den einflussreichen BGH-Präsidenten Herrmann Weinkauff in die Debatte gebracht und nicht nur von ihm, sondern vom Richterbund insgesamt gefordert worden.[120] Im Laufe der sechziger Jahre durchlief das Reformprojekt nun eine merkwürdige Karriere. Während Weinkauff und der Richterbund damit ein eher konservatives, auf eine möglichst einheitliche Richterelite hinauslaufendes Ziel verbanden, machte sich die SPD in den ausgehenden sechziger Jahren das Programm zu eigen und verkaufte es als Projekt für Modernisierung und Bürgernähe.

Es wäre ein ziemlich mühsames Unterfangen und eine wenig erfreuliche Lektüre, wenn man hier die Debatte um die Große Justizreform in all ihren Verzweigungen nachzuzeichnen versuchte.[121] Ohnehin ließe sich fragen, ob die rein organisatorischen und zudem gescheiterten Reformpläne für die Auseinandersetzung um die gesellschaftliche Rolle der Justiz überhaupt relevant sind. Interessant sind tatsächlich weniger die Detailfragen der geplanten Reform als die Codierung des Vorhabens und dessen Wandel von den fünfziger bis in die siebziger Jahre.

---

118 Jahn, »Reform«; bilanzierend zu den Reformplänen insgesamt vgl. auch Beer, »Justizreform«.

119 Deutscher Bundestag, *Stenographische Berichte*, 6. WP, Bd. 71, 28.10.1969, S. 25.

120 Vgl. dazu Kapitel 1.3.

121 Aus der reichhaltigen Literatur zu dem Thema vgl. als genaueste Darstellung dessen, was mit der Dreistufigkeit zu erreichen und wie sie zu organisieren sei: Kissel, *Aufbau*. Dort, ebenso wie bei Jahn, »Reform«, und bei Kickler findet jeweils eine knappe Zusammenfassung der unterschiedlichen Stellungnahmen. Vgl. zudem aus soziologischer Perspektive Zitscher, *Fragen*.

Nachdem sich die SPD das Projekt zu eigen gemacht hatte, sah sich Ende der sechziger Jahre auch die CDU unter Zugzwang. Zu einem eindeutigen Bekenntnis zur Großen Justizreform rangen sich die Christdemokraten zwar nicht durch, aber zumindest zeitweise sah es so aus, als ob man die Pläne der SPD unterstützen wollte. In einem Entwurf zum Berliner Programm der CDU von 1968 war das Bekenntnis zur Dreistufigkeit enthalten, in der verabschiedeten Fassung wurde dies abgeschwächt, während die rheinland-pfälzische CDU sich 1972 wieder dazu bekannte.[122] Auf die Haltung der Ministerpräsidenten wird gleich noch einzugehen sein. Zu dem Zeitpunkt, als Brandt in seiner Regierungserklärung von 1969 die Reform ankündigte, war der Konsens angesichts einer so tiefgreifenden organisatorischen Reform damit ebenso breit wie erstaunlich. Gerhard Jahn interpretierte es im Rückblick wohl zu Recht als Zeichen für den ernsthaften Willen zur Reform, dass die Justizministerkonferenz schon Anfang Mai 1970 zu einer Sondersitzung zusammentrat, um die Justizreform vorzubereiten. Obwohl die Reform in der CDU durchaus umstritten war[123], verabschiedeten die Justizminister bei nur einer Gegenstimme – der des Saarlandes – eine Entschließung, nach welcher »der dreigliedrige Aufbau der ordentlichen Gerichtsbarkeit die geeignete Grundlage für eine Reform der Rechtspflege« sei und dass eine solche Reform in verschiedenen Stufen angegangen werden sollte.[124]

Problematisch war die Haltung des Richterbundes. Offiziell war die »Große Justizreform« das lang geforderte Projekt des Richterbundes. Von den konservativen Vorstellungen, die in den fünfziger Jahren vor allem von Hermann Weinkauff mit der »Großen Justizreform« verbunden worden waren, hatte er sich weitgehend gelöst. Dessen Vorstellungen von einem kleinen, möglichst homogenen und elitären Richterkorps wären ohnehin weder in der Öffentlichkeit noch innerhalb der Richterschaft vertretbar gewesen. Eine wirkliche Auseinandersetzung mit diesen Positionen hat es im Richterbund allerdings nie gegeben. Stattdessen schleppte man das Projekt weiter, tendenziell unter ähnlichen Vorzeichen wie die SPD, aber auch mit neu formulierter, klarer eigener Zielsetzung.[125] So verwundert es nicht, dass auch zu diesem Zeitpunkt die Haltung der Richter tatsächlich alles andere als geschlossen

122 Vgl. dazu Kissel, *Aufbau*, S. 16.

123 Vgl. hier u.a. aus der Presseberichterstattung: Dreistufigkeit der Gerichtsbarkeit in der CDU umstritten, in: *FAZ*, 20.6.1970; Bedenken der Opposition gegen Reformpläne für die Justiz, in: *Die Welt*, 20.6.1970; Unionsjuristen für Drei-Stufen-Justiz, in: *Kölnische Rundschau*, 21.6.1970.

124 Jahn, »Reform«, S. 96f.

125 Dies galt jedenfalls im Vorfeld des Entwurfs zum Ersten Justizreformgesetz. Vgl die Position des Richterbundes knapp zusammengefasst in dem Leserbrief von Dirk Itel Rogge, Dreistufigkeit – nur zum Teil umstritten, in: *FAZ*, 26.6.1970.

war.[126] Die offizielle Linie des Richterbundes hielt jedoch immer noch an der Dreistufigkeit fest. Als klarer Gegner der ganzen Reform traten von Beginn an daher zunächst allein die Anwälte auf, die bei einer Verkleinerung der Richterschaft und einer Verkürzung der Instanzenwege offiziell um einen Abbau an Rechtsschutz fürchteten, der sich faktisch wohl auch in einem Rückgang der Möglichkeiten anwaltlicher Tätigkeit niedergeschlagen hätte.[127]

Unter diesen Bedingungen erarbeitete das Bundesjustizministerium einen Referentenentwurf zum Ersten Justizreformgesetz, der schließlich am 3.11.1971 vorgelegt wurde. Bereits auf der ordentlichen Justizministerkonferenz vom Oktober 1971 zeichnete sich allerdings Widerstand ab. Bayern verlangte hier neben der üblichen Beratung über den anstehenden Referentenentwurf eine grundsätzliche Debatte über die Ziele der Reform. Die Probleme, die sich hier bereits abgezeichnet hatten, kamen schließlich auf der zweiten Sonderkonferenz der Justizminister im Februar 1972 voll zum Ausbruch. Nachdem zunächst eine Vielzahl von Einzelpunkten kritisiert worden war, stimmten schließlich die CDU-regierten Länder Bayern, Saarland, Schleswig-Holstein und Rheinland-Pfalz – wo sich die CDU in ihren justizpolitischen Leitsätzen gerade noch zur Dreistufigkeit bekannt hatte[128] – auch gegen einen Kompromissentwurf des ebenfalls CDU-regierten Baden-Württembergs und brachten statt dessen einen eigenen Antrag ein, der nun grundsätzlich in dem Referentenentwurf keine Grundlage für eine Justizreform mehr sah.[129] Kurz nach der Konferenz veröffentlichte die *FAZ* eine gemeinsame Erklärung der vier Länder, in der es hieß: »Für die Einführung eines dreistufigen Gerichtsaufbaus lägen […] noch keine hinreichenden Grundlagenforschungen vor. Der Referentenentwurf für ein erstes Justizreformgesetz sei ›in entscheidenden Punkten nicht geeignet, die Zielvorstellungen der Justizreform zu verwirklichen.‹ Auf manchen Gebieten werde sogar der Rechtsschutz des Bürgers ›in unerträglicher Weise verschlechtert‹«[130]. Damit war die Reform

126 Vgl. hier etwa den Leserbrief des Düsseldorfer Landgerichtsdirektors Mauritz, Richter zur Justizreform, in: *Rheinischer Merkur*, 10.7.1970.

127 Vgl. Entschließung des Vorstandes des Deutschen Anwaltsvereins zur Justizpolitik, in: *Anwaltsblatt*, 20, 1970, S. 71; Stellungnahme der Bundesrechtsanwaltskammer, in: *Mitteilungen der Bundesrechtsanwaltskammer*, Nr. 6 1972, S. 45ff.; vgl. auch Anwälte kritisieren geplante »Dreistufigkeit« der Gerichte, in: *FAZ*, 19.5.1970; Rechtsanwalt Anton Roesen, Aufbau oder Abbau der Rechtspflege? Die Reformpläne des Kabinetts bedeuten einen Rückschritt hinter 1879, in: *Rheinischer Merkur*, 19.6.1970; Anwälte besorgt über Jahns Entwurf zur Justizreform. Aufhebung von Gerichten greift in ihre berufliche Existenz ein, in: *FAZ*, 1.12.1971.

128 Vgl. Leitsätze der CDU Rheinland-Pfalz zur Neuordnung von Gerichtsverfassung und Richterrecht, ACDP, St. Augustin, BACDJ, Mitgliederversammlungen 1968–1970.

129 Jahn, »Reform«, S. 100.

130 *FAZ*, 26.2.1972; auch abgedr. in: *DRiZ* 50, 1972, S. 179.

faktisch gescheitert. Jahn versuchte zwar noch eine Weile, das Projekt zu retten, ließ dann aber ganz davon ab, da es offensichtlich nicht mehr durchsetzbar war.[131]

Die Liste der sachlichen Einwände, die von verschiedenen Seiten gegen den Entwurf vorgebracht worden waren, war in der Tat lang: Eine Ersparnis an Richtern – das Ursprungsziel des Reformansatzes – werde es kaum geben. Es sei nicht erkennbar, wieso die Neuorganisation mehr Transparenz schaffe oder die Verfahren beschleunigen solle. Wie die Neuordnung gerade im Zusammenhang mit der Aufhebung der Amtsgerichte mehr Orts- und Bürgernähe schaffen solle, erschien indes als gänzlich unverständlich. Dem richterlichen Nachwuchs werde die Möglichkeit genommen, Erfahrungen in Kammern der ersten Instanz zu erwerben, da hier nur noch Einzelrichter tätig sein sollten. Eine Vielzahl prozessualer Einzelfragen kam hinzu.[132] Interessant ist zudem, dass die CDU einklagte, dass es nicht genügend »Rechtstatsachenforschung« über die Folgen der Reform gebe und sich damit quasi eines rechtssoziologischen Argumentes bediente.[133] Nicht nur dieser Punkt, sondern auch vieles andere von dem, was seitens der CDU, gestützt auf andere Kritiker gegen den Reformentwurf vorgebracht wurde, war ohne Zweifel berechtigt.[134] Jahn bemerkte jedoch in seinem Rückblick auf die gescheiterte Reform ebenfalls zu Recht, dass diese grundsätzlichen Bedenken auch schon auf der Justizministerkonferenz im Februar 1970 hätten vorgebracht werden können, als mit der Ausnahme des Saarlandes alle der Einführung der Dreistufigkeit zugestimmt hatten.[135]

---

131 Vgl. dazu Jahn, »Reform«, S. 104ff.

132 Entwurf eines Gesetzes zur Neugliederung der ordentlichen Gerichtsbarkeit, Bonn 1972; als Kurzfassung des Entwurfs vgl. Erstes Justizreformgesetz, in: *DRiZ* 50, 1972, S. 67. Aus der Diskussion vgl. insbes.: Franzki, »Entwurf«; darauf antwortend: Rogge, »Justizreform«; weiterhin: Schier, »Justizreform«; Rogge/Eckl, »Referentenentwurf«; Bender, »Planung«; Ders., Kein Weg; Ders., »Referentenentwurf«: Bender arbeitete stattdessen an eigenen Vorstellungen zur einer Reform der Gerichtsverhandlung, vgl. Ders., »Stuttgarter Modell«.

133 Dieses Argument wurde vor allem von Rolf Bender, Senatspräsident am OLG-Stuttgart, wiederholt betont. Vgl. dazu auch seine »Stellungnahme zum Referentenentwurf eines Gesetzes zur Neugliederung der ordentlichen Gerichtsbarkeit, ACPD St. Augustin, I 707 (Nachlass Lenz). Benders Ziel bestand dabei tatsächlich nicht darin, die Reform einfach zu torpedieren, sondern eine vernünftige Basis für die Reform zu schaffen.

134 Zur CDU-Position vgl. auch das vom der BACDJ erarbeitete Papier »Rechts- und Justizpolitik aus Sicht der CDU, Entwurf Juli '72, ACDP St. Augustin, VII (unverzeichnet) BACDJ, FK Justizpolitik.

135 Die Haltung der CDU zur »Großen Justizreform« war in dieser Zeit ohnehin äußerst verworren. Während sich die Justizminister der genannten Länder bereits grundsätzlich gegen die Einführung der Dreistufigkeit ausgesprochen hatten, hielten andere noch prinzipiell daran fest. Vgl. die Ausführungen von Friedrich Vogel vom April 1972 zu dem Thema; Friedrich Vogel an die Mitglieder des Arbeitskreises I der CDU/CSU Fraktion, 4.5.1972, (ACPD St.

Ein Grund für den Sinneswandel ist in der Lobbyarbeit der Anwälte zu suchen, die nicht zuletzt im Parlament eine starke Gruppe stellten und die von Beginn an gegen die Reform gewesen waren. Hinzu kam, dass auch die Richter, deren Standesvertretung die Reform – wenn auch mit durchaus unterschiedlichen Vorstellungen – immer gefordert hatte, nun von dem Projekt abrückten. Rudolf Kissel behauptete 1972 in seiner befürwortenden Darstellung zur Reform, dass sich gerade auch der Richterbund noch einmal einstimmig für die Dreigliedrigkeit ausgesprochen habe.[136] Das war zwar nicht falsch, aber doch etwas verkürzt. Auf der Sitzung des Bundesvorstandes im Februar 1972 erklärte der Richterbund zwar, dass er am dreigliedrigen Aufbau der ordentlichen Gerichtsbarkeit festhalte. Der Gesetzesentwurf dazu wurde jedoch noch nicht einmal grundsätzlich begrüßt, sondern rundherum abgelehnt. Kernprobleme einer künftigen Justizreform blieben ausgeklammert oder würden »unannehmbar gelöst«[137]. Auf diese Weise überdeckte der Richterbund den Umstand, dass die Richterschaft selbst in dieser Frage tief gespalten war. Einen eigenen Vorschlag zur Reform unterbreitete der Richterbund auch erst gar nicht. Seitdem ließ der Richterbund das Thema im Übrigen mehr oder weniger in der Versenkung verschwinden.

Doch die wachsende Skepsis und Einsicht in die Probleme, die die Reform möglicherweise mit sich bringen würde, war nicht der einzige Grund für den verqueren Positionswechsel der CDU. Vielmehr drückt sich darin auch ein innenpolitischer Klimawechsel aus, innerhalb dessen die Diskurshoheit jener gebrochen wurde, die vollkommen selbstverständlich davon ausgingen, dass Reformen per se notwendig und wünschenswert seien. Interessanter als die unterschiedlichen sachlichen Argumente gegen die Reform ist in diesem Zusammenhang daher die neue ideologische Codierung, welche die Reform von konservativer Seite zunehmend erhielt. Zwei Punkte in der Argumentation sind dabei von besonderem Interesse: Zum einen wurde der SPD vorgeworfen, die Reform »aus hektischer Neuerungssucht« letztlich nur um ihrer selbst willen zu betreiben.[138] Zum anderen wurden dem Reformprojekt zunehmend »sachfremde«, das heißt ideologische Ziele unterstellt. »Justizreform – ohne Ideologie?« – so fragte Friedrich Karl Fromme 1971 in einem *FAZ*-Artikel zu dem Reformprojekt. Er stellte die geplanten Neuerungen – die Zusammenfas-

---

Augustin, VII –004 – 543/4); Ders., Die Reform der ordentlichen Gerichtsbarkeit. Vortrag vor der Juristischen Studiengesellschaft Münster, 21.4.1972, ACPD St. Augustin, I 707 (Nachlass Lenz).

136 Kissel, *Aufbau*, S. 16.

137 Vgl. die Erklärung in: *DRiZ* 50, 1972, S. 107.

138 Rinsche/Speckmann, in: *Die Welt*, 14.2.1972 (Zit. nach Kissel, *Aufbau*, S. 17.). Ähnlich auch schon: Fromme, Stufen.

sung der Amts- und Landgerichte zu einer Instanz – zunächst als reine Kosten-Nutzen-Rechnung vor, für und gegen die unterschiedliche Argumente anzubringen seien, die aber nach den Worten Jahns gänzlich ideologiefrei sei. Das solle ihm, so Fromme, »gern geglaubt werden«. Doch gebe es Kräfte, »die mit der Justizreform sozusagen ein großes ›Umrühren‹ in der ihnen allzu statisch erscheinenden Justiz erreichen wollen«. Bei organisatorischen Veränderungen würden sich dann »objektiv« Chancen für diejenigen ergeben, »die den Richter als Sozialgestalter in ihrem Sinne einsetzen wollen. [...] Das lebhafte Rumoren derer, die die Justiz aus ihrer eher passiven Rolle des Kontrolleurs zu einem – demokratisch nicht legitimierten – Faktor der gesellschaftspolitischen Bewegung machen wollen, hilft nicht dazu, die Freude an Jahns Reformabsichten zu steigern«[139].

In ähnlicher Richtung, aber wesentlich schärfer argumentierte auch der hier schon wiederholt zitierte Düsseldorfer Richter Karl Dinslage. Bei seiner Attacke gegen die gesamte Reformrichtung »entlarvte« er die »Große Justizreform« als ideologisches Projekt. Er wies zunächst darauf hin, dass das alte Ziel der Schaffung einer stark dezimierten Richterelite nur durch einen drastischen Abbau des Rechtsschutzes zu erreichen wäre. Doch sah Dinslage darin gezielt ein Instrument, das dem Fernziel einer neuen Gesellschaft dienen sollte. Die Dreigliedrigkeit eigne sich nämlich »in hervorragendem Maße zur Politisierung der Justiz« und dazu, die Justiz »als politisches Machtinstrument umzufunktionieren«[140]. Die Begründung fand Dinslage darin, dass eines der Ziele der Dreigliedrigkeit mehr »Transparenz« sei. Wassermann trete konsequenterweise auch dafür ein, bei allen Kollegialgerichten das »dissenting vote« zuzulassen. Wenn nun das Einzelrichtersystem auf alle erstinstanzlichen Zivilsachen ausgedehnt und zudem das »dissenting vote« eingeführt würde, werde tatsächlich insofern Transparenz geschaffen, dass die Justiz perfekt zu überwachen und für die Politik gefügig zu machen sei.

Wo die Argumente der Befürworter des »dissenting vote« einen Gewinn an Transparenz für die Bürger sahen[141], war für Dinslage Transparenz nur ein gefährliches politisches Kontrollmittel. Ob die Einführung der Dreigliedrigkeit tatsächlich ein sinnvolles Reformziel war, sei dahingestellt. Dinslage rückte aber die seit langem vom Richterbund geforderte Organisationsreform in die Nähe eines totalitären Herrschaftsinstruments. Nicht von ungefähr hätten die Nationalsozialisten die Dreigliedrigkeit der Justiz zum Programm erhoben und es verwundere nicht, dass eben dieses System auch in der DDR bestehe.

139 Fromme, Justizreform.

140 Dinslage, *Kulturkampf*, S. 11.

141 Vgl. dazu Kapitel3.2.4.

Prüft man diese beiden Argumente – das der »hektischen Neuerungssucht« und das der Ideologisierung – erscheint das erste tatsächlich deutlich valider als das zweite. Dafür, dass die SPD mit dem technokratischen Projekt tatsächlich besseren Zugriff auf die Justiz haben und auf diesem Weg eine »Politisierung« vorantreiben wollte, gibt es keinerlei Anzeichen. Zudem spielte die Organisationsreform weder bei »Reformern« unter den Richtern noch gar unter den Rechtssoziologen eine Rolle. Theo Rasehorn etwa sprach sich klar dagegen aus und spottete schon früh über die Vorstellung, durch Technisierung und organisatorische Veränderungen zu einer besseren Justiz zu gelangen.[142]

So ist der Vorwurf der Ideologisierung in erster Linie als Indiz für den Stimmungsumschwung und den wachsenden Ideologieverdacht gegen jede sozialdemokratische Reforminitiative zu lesen. Zwar war die SPD zu Beginn der siebziger Jahre gewiss noch nicht am Ende ihres Reformelans angekommen, doch die Selbstverständlichkeit, mit der die SPD darauf setzen konnte, dass bis weit in konservative Kreise hinein Veränderungswille als etwas Positives galt, war vorbei. Die justizpolitischen Kommentare der *FAZ* liefern hierfür einen guten Beleg. Hatte die *FAZ* dem justizpolitischen Aufbruch Ende der sechziger Jahre positiv gegenübergestanden, geriet nun selbst ein technokratisches Projekt unter Verdacht, Motor einer gewollten Gesellschaftsveränderung zu werden.

Was den Vorwurf angeht, die Reform vor allem um ihrer selbst willen zu initiieren, so ist unverkennbar, dass der Reformentwurf den technokratischen Geist atmete, der auch in vielen anderen Reformprojekten dieser Zeit, nicht zuletzt den Verwaltungsreformen, zu finden ist. Die Aufhebung der kleinen Amtsgerichte, die als Vorform der Großen Justizreform Anfang der siebziger Jahre bereits in Angriff genommen wurde, geht ganz in die Richtung, die auch die Grundlage für die Verwaltungsreform bildete.[143] Begriffe wie »Vereinheitlichung«, »Rationalisierung« oder »Transparenz« tauchten hier als Zielsetzungen ebenso wie in vielen anderen Kontexten auf, ohne dass gerade für den Bereich der Justiz klar gewesen wäre, was genau gemeint war und wie die Ziele zu erreichen gewesen wären. Auch wenn der Frankfurter OLG-Präsident Kissel als Befürworter des Projektes angesichts der 60-jährigen Diskussion des Reformprojektes das Argument der »Hektik« für absurd hielt[144], setzte tatsächlich erst zu dem Zeitpunkt, als die Realisierung des Projektes in Angriff genommen wurde, die wirkliche Diskussion um die genaue Ausgestaltung und die Konsequenzen ein. Jetzt zeigte sich auch, dass innerhalb des Richterbundes keine

142 Rasehorn, »Anregungen«.

143 Vgl. dazu u.a. Bender, »Amtsgericht«.

144 Kissel, *Aufbau*, S. 17.

wirkliche Auseinandersetzung über die Ziele der Justizreform stattgefunden hatte. Da die ursprünglichen Vorstellungen von einer drastischen Verkleinerung der Richterschaft mit dem Ziel der Schaffung einer kleinen Richterelite niemand mehr vertrat, trug das Projekt nun nur noch technokratische Züge. Das war die Voraussetzung dafür, dass die Reform unter dem Signum des Strebens nach allgemeiner Modernisierung für kurze Zeit auf breiten Konsens zu treffen schien. Bezeichnend für den Hergang der Reformdebatte ist, dass eine genaue Auseinandersetzung über die Ziele und Folgen der Reform erst mit dem ersten Reformentwurf einsetzte. Nun rächte sich, dass Gerhard Jahn die Reform lange Zeit quasi für einen Selbstläufer gehalten hatte. Bei der CDU gewinnt man den Eindruck, dass sie vor allem deswegen zunächst für die Reform war, um in der allgemeinen Reformeuphorie nicht als Bremser zu erscheinen. Als dann aber gewichtige sachliche Einwände kamen, ließ sie das Projekt mit erstaunlicher Geschwindigkeit fallen. Auch wenn die Justizreform keines der besonders öffentlichkeitswirksamen Reformprojekte der sozialliberalen Koalition gewesen ist, trug das Scheitern dazu bei, deren Reformnimbus zu brechen. Es half Jahn dabei im Übrigen wenig, dass er die »Ideologiefreiheit« des Projektes so betont hatte und den Plänen ausdrücklich keine gesellschaftsverändernden Absichten zumaß. Im Kontext der Furcht vor dem »Marsch durch die Institutionen« erschien aus konservativer Perspektive mehr und mehr jeder Reformansatz als potentielle Einbruchstelle für diejenigen, die das System ändern oder gar stürzen wollten.

4.4 Konfrontationen und Neuorientierungen im juristischen Feld

Nach der Analyse des Aufbruchs und des Zurückdrängens der Ansätze zu Reformen und Veränderungen bleibt die Frage, was aus dem kritischen Potential geworden ist, das die Justiz und die traditionelle Rechtswissenschaft in den sechziger Jahren zunehmend unter Druck gesetzt hat. Als Gradmesser für das sich verdichtende und sich ausdifferenzierende Kommunikationsnetz auf der Seite des »linken« juristischen Milieus mag die Gründung und Entwicklung von Zeitschriften dienen, die sich explizit diesem Milieu zurechneten. Erinnert werden soll hier noch einmal an die von der Humanistischen Union gegründeten Zeitschrift *Vorgänge*, die sich seit den frühen sechziger Jahren intensiv mit einem breiten Spektrum bürgerrechtlicher Fragen auseinander setzte. Ebenfalls schon erwähnt wurde die Mitte der sechziger Jahre entstandene Zeitschrift *Recht und Politik* als Organ der ASJ. Als wohl zentraler Kristallisationspunkt für die »Neue Linke« innerhalb des juristischen Feldes wurde 1968 die *Kritische Justiz* ins Leben gerufen. Genannt werden sollten hier auch die in dieser Zeit im Milieu linker Studenten und Referendare entstandenen, meist lokal begrenzten, zum Teil nur hektographierten Blätter wie das *Justiz-Info* der »Republikanischen Hilfe«, von denen das bekannteste die 1970 gegründete *Rote Robe* war, die aber in ihrer Bedeutung kaum wesentlich über ihr Entstehungsmilieu hinaus kam. In expliziter Abgrenzung zu einem »juristischen Modernismus«, wie er von einigen mit dem ASJ-Organ *Recht und Politik* identifiziert wurde und zu einem »Rechtsnihilismus einer vermeintlich ›kritischen‹ Theorie«, wie manche ihn in der »Kritischen Justiz« zu Hause sahen, gründete schließlich eine Gruppe von »altlinken« und »liberalen« Rechts- und Politikwissenschaftlern um Wolfgang Abendroth und Helmut Ridder im Jahr 1973 die Zeitschrift *Demokratie und Recht*.[145]

Die Aufzählung dieser Zeitschriften spiegelt in etwa das Spektrum wieder, das man als »linkes juristisches Denken« bezeichnen könnte. Als langfristig am wichtigsten dürfte sich die *Kritische Justiz* erwiesen haben. Als die Zeitschrift 1998 ihr 30-jähriges Bestehen feierte, schrieb der Rechtshistoriker Uwe Wesel einen leicht ironischen, aber im Grunde sehr befriedigten Artikel zur Bilanz der »68er-Juristen«. Wesel ließ hier die kritischen Ansätze aus den sechziger Jahren Revue passieren, erwähnte durchaus das Scheitern der Reform der Juristenausbildung, kam aber schließlich zu dem Ergebnis, dass »der lange Marsch durch die Institutionen« zumindest für die Juristen erfolgreich gewesen sei. Die zu diesem Zeitpunkt amtierende Bundesjustizministerin Herta Däubler-Gmelin sei Ende der sechziger Jahre eine linke Jurastudentin gewesen, der hessische Justizminister Rupert von Plottnitz war ein »68er« und »Terroristenanwalt« und sein damaliger Kollege Otto Schily, als »Kanther-Verschnitt« verschrien, würde sich, so Wesels Einschätzung, gegebenenfalls sehr wohl als Grundrechtsverteidiger erweisen.[146]

Wesel zeichnete hier, wenn auch leicht gebrochen, eine klare Erfolgsgeschichte der »linken« Juristen. Doch zum einen machten »die 68er-Juristen«, nicht nur die, die Wesel hier nannte, zum Teil erhebliche Wandlungsprozesse durch, und zum andern erscheint das Bild, das eine solche Erfolgsgeschichte vermittelt, als deutlich zu harmonisch. Angesichts der tiefgreifenden gesellschaftlichen Konfrontationen der siebziger Jahre, die sich gerade auch innerhalb des juristischen Bereichs und des Rechtsdenkens niederschlugen, wird sich die Geschichte der »68er-Juristen« und des mit ihnen verbundenen Rechtsdenkens nicht als einfache Fortsetzung eines Liberalisierungsprozesses

145 So in dem Geleitwort, in: *Recht und Demokratie* 1, 1973, S. 4.

146 Wesel, Schlipse.

schreiben lassen. Es soll daher im Folgenden zum einen auf der personellen Ebene und zum anderen auf der Ebene des Rechtsdenkens verfolgt werden, welche Neuorientierungen sich in den siebziger Jahren innerhalb des juristischen Feldes ausmachen lassen. Was das Rechtsdenken angeht, wird auf der einen Seite die Hinwendung »linker« Juristen zu einer Art »aufgeklärtem Positivismus« nachgezeichnet. Auf personeller Ebene werden innerhalb der Gruppe der Richter und Staatsanwälte sowie innerhalb der Anwaltschaft jeweils die Formierungsprozesse einer inneren Opposition untersucht.

4.4.1 Konkurrenz für den Richterbund: Zur Entstehung eines Milieus »linker« Richter und Staatsanwälte

Im Zusammenhang mit der Aufbruchstimmung, die Ende der sechziger Jahre auch den Deutschen Richterbund erreichte, ist bereits darauf eingegangen worden, dass es in der Bundesrepublik – anders als in Frankreich oder Italien – nicht zu Neugründungen oder Spaltungen der richterlichen Organisationen gekommen ist. In Frankreich, aber auch in Italien, wo die Richterschaft ohnehin schon vorher viel stärker fraktioniert war, zeigten diese Vorgänge deutlich, dass die Richterschaft kein geschlossenes Korps, sondern einen Teil der Gesellschaft mit durchaus unterschiedlichen Vorstellungen bildete. Der wachsende Zulauf der Richter und Staatsanwälte zur ÖTV kann in Ansätzen als funktionales Äquivalent dieser Entwicklung angesehen werden, auch wenn sie zunächst weniger spektakulär verlief als die Friktionen und Abspaltungen in Italien oder Frankreich.[147]

Erwähnt worden ist ebenfalls, dass die gewerkschaftlich orientierten Richter und Staatsanwälte Ende der sechziger Jahre auch programmatisch tätig wurden, ohne damit in der öffentlichen Debatte jedoch zunächst große Akzente setzen zu können. Gleichwohl entstand hier eine organisatorische Keimzelle für Richter und Staatsanwälte, die ihre politische Heimat eher links von der Mitte sahen und die gesellschafts-, rechts- und justizpolitisch gegenüber dem weiterhin dominierenden »Deutschen Richterbund« neue Akzente setzte. Die hier beginnende Entwicklung mündete schließlich im Jahr 1987 in die Gründung der »Neuen Richtervereinigung«. Daran wird zum einen ersichtlich, wie die Impulse der ausgehenden sechziger Jahre subkutan weiter fortwirkten, zum anderen aber auch, wie allmählich der Prozess der gesellschaftlichen Öffnung der Justiz verlief.

---

147 Vgl. zu Frankreich: Bokelmann, »Richterschaft« und zu Italien: Reiter, »Verfassungsverwirklichung«.

Bedeutung gewann die ÖTV für Richter und Staatsanwälte zunächst auf lokaler Ebene. Da die gewerkschaftliche Arbeit der ÖTV auf dieser Ebene insgesamt nur sehr spärlich dokumentiert ist, fehlen genaue Zahlen über den Zulauf, den die ÖTV Anfang der siebziger Jahre in der Bundesrepublik insgesamt bekam. In einigen regionalen Zentren agierte die Gewerkschaft jedoch vergleichsweise erfolgreich. So waren die ÖTV-Richter und Staatsanwälte besonders intensiv in Niedersachsen tätig – möglicherweise nicht zuletzt dadurch, dass hier durch die Berufung Wassermanns zum OLG-Präsidenten von Braunschweig eine gewisse Politisierung und Polarisierung der Richterschaft stattgefunden hatte.[148]

Zentrales Bestreben der gewerkschaftlich engagierten Richter war es dabei, die innere Demokratisierung der Justiz dadurch voranzutreiben, dass überall dort, wo interne Wahlen anstanden, die ÖTV möglichst mit eigenen Kandidaten und Listen antrat. Die Reform des Gerichtsverfassungsgesetzes aus dem Jahr 1971 hatte die Wahlmöglichkeiten für das Präsidium ausgeweitet und damit erste Schritte zu einer Enthierarchisierung der inneren Strukturen der Gerichte eingeleitet. Weniger Staub wirbelten verschiedene Änderungen in den Richtergesetzen des Bundes und der Länder auf. Ohne in die Details gehen zu wollen, hatten diese Änderungen von der Tendenz her den Sinn, auch hier die innere Demokratisierung voranzutreiben. So traten beispielsweise in Niedersachsen, wie auch in anderen Bundesländern, durch die Neufassung des Landesrichtergesetzes von 1972 an nun direkte Wahlen durch alle Richter an die Stelle indirekter Wahlen der Präsidialräte durch Wahlmänner.[149] Ähnlich wie bei der Wahl der Präsidien sahen die Landesrichtergesetze für die Wahl der Präsidialräte bestimmte Einschränkungen der Wahlmöglichkeiten vor. Das Niedersächsische Richtergesetz etwa legte – ähnlich wie andere Landesrichtergesetze auch – fest, dass ein in Form einer Liste eingereichter Wahlvorschlag mindestens einen Gerichtspräsidenten enthalten musste und dass das passive Wahlrecht nur solche Richter besaßen, die bereits mindestens seit 5 Jahren als Richter auf Lebenszeit angestellt waren.[150]

In Niedersachsen führte diese Regelung sofort zum Streit, als Ende Dezember 1972 Präsidialratswahlen anstanden. Für diese Wahl hatte auch die

148 Die niedersächsische Fachgruppe der Richter und Staatsanwälte in der ÖTV gab auch von 1972 an zumindest ein hektographiertes Blättchen heraus, anhand dessen sich die Schwerpunkte des Engagements nachzeichnen lassen: ÖTV in der Rechtspflege. Mitteilungen der Fachgruppe Richter und Staatsanwälte im Bezirk Niedersachsen (künftig abgekürzt: ÖTVR), erschien seit 1972 etwa viermal im Jahr.

149 Die zentrale Funktion der Präsidialräte besteht darin, bei der Beförderung und Versetzung von Richtern »mitzuwirken«. Sie sind zu unterscheiden von den Richterräten, die im Wesentlichen die Funktion von Personalräten haben.

150 § 32 Absatz 1 u. § 33 Absatz 3. Nieders. Richtergesetz.

ÖTV eine eigene Liste eingereicht, die eben diese beiden Bestimmungen verletzte: Auf der Liste fehlte ein Gerichtspräsident, dafür aber wurden Richter vorgeschlagen, die noch nicht 5 Jahre planmäßig angestellt waren.[151] Nachdem der Wahlvorstand die Liste entsprechend der gesetzlichen Bestimmungen nicht zugelassen hatte, klagte die ÖTV vor dem Verwaltungsgericht. Dieses gab der ÖTV Recht[152], doch das Bundesverfassungsgericht, dem das Gesetz zur Prüfung vorgelegt worden war, befand, dass die im niedersächsischen Richtergesetz vorgesehenen Einschränkungen der Wahlmöglichkeiten mit der Verfassung vereinbar seien, da »die nach dem Grundgesetz für die allgemeinen politischen Wahlen zu den Parlamenten geltenden Grundsätze – insbesondere der Grundsatz der formalen Gleichheit der Wahl – [...] nicht unbedingt auf Wahlen zu den Richtervertretungen übertragen werden« könnten.[153] Bei der Wahl der Präsidialräte gehe es nicht, so das Bundesverfassungsgericht in seinen Ausführungen, »um die demokratische Legitimierung eines Organs, das die Gesamtbürgerschaft repräsentiert [...]. Mit der Wahl des Präsidialrats soll vielmehr die Autorität der Richter, die dort für die Belange der Richterschaft und der Justiz eine Mitverantwortung übernehmen, auf einen Vertrauensbeweis ihres Gerichtszweiges [...] gegründet werden«[154].

Die ÖTV-Richter schossen in ihrer Kritik an dem Urteil wohl über das Ziel hinaus, wenn sie den Verfassungsrichtern mit der Entscheidung ein tiefes Misstrauen gegen alle demokratische Verfahren unterstellten.[155] Tatsächlich leistete das Urteil einer solchen Interpretation insofern Vorschub, als die Richter die Einschränkung der Wahlmöglichkeiten unter anderem damit begründeten, dass die Autorität des Präsidialrats auf Vertrauen beruhen müsse. Wieso es einen größeren Vertrauensbeweis für die Gewählten darstellte, wenn das passive Wahlrecht eingeschränkt wurde, erläuterte das Gericht allerdings nicht. Zudem machten die ÖTV-Richter überzeugend deutlich, dass nicht nur durch die Präsidenten- und die Altersklausel, sondern durch deren Kombination mit einer Vielzahl weiterer Klauseln, die für einen Proporz zwischen den Gerichtszweigen und den Bezirken sorgen sollten, die demokratische Legitimation der Wahlen sehr stark eingeschränkt wurde.[156] Das Urteil folgte in seiner Grundtendenz der schon im Hochschulurteil eingeschlagenen Richtung,

---

151 Vgl. dazu: Präsidialratswahlen – zu schön um wahr zu sein, in: *ÖTVR* 1972, H. 2, S. 1; Mitbestimmende und Mitbestimmte, in: *ÖTVR* 1973, H. 3, S. 1–2.

152 Vgl. dazu Eckart Spoo, Wahlen für Präsidialrat an Gerichten ungültig, in: *FR*, 10.8.1976.

153 So der Wortlaut des Leitsatzes der Entscheidung; BVerfGE 41, S. 1–22, hier S. 1.

154 Ebd., S. 10.

155 Vgl. »Oligarchisierung« in der Justiz?«, in: *ÖTVR* 1976, H. 14, S. 7–9.

156 Vgl. ebd. sowie die Erläuterung der Ergebnisse der Präsidialratswahlen von 1975 mit der »Gebrauchsanweisung«, in: *ÖTVR* 1976, H. 13, S. 1–3.

die einer inneren Demokratisierung klare Grenzen setzte, wobei allerdings diese Grenzen für die Justiz noch enger gezogen wurden. Benachteiligt fühlte sich die ÖTV im Übrigen bei den Präsidialratswahlen auch dadurch, dass nach Mehrheitswahlrecht gewählt wurde. Das führte dazu, dass etwa in Baden-Württemberg die ÖTV 1980 trotz eines Stimmenanteils von fast 30 Prozent keinen Sitz im Präsidialrat erhielt.[157]

Da der Richterbund von den Regelungen eindeutig profitierte, machte er keinerlei Anstalten, Änderungen im Sinne einer inneren Demokratisierung anzustreben. Die Kluft zwischen den beiden Organisationen war seit den ausgehenden sechziger Jahren ohnehin deutlich tiefer geworden. Hatten sich Ende der sechziger Jahre, als sich der Richterbund kurze Zeit forsch und progressiv gab, keine allzu großen Differenzen zwischen den gewerkschaftlichen organisierten Richtern und dem Deutschem Richterbund aufgetan, nahmen die eher links orientierten Richter die traditionelle Standesorganisation seit Anfang der siebziger Jahre wieder als zunehmend konservativ wahr. Diese Wahrnehmung deckte sich durchaus mit realen Entwicklungen. Oben ist gezeigt worden, dass der Richterbund durch das forsche Auftreten einiger seiner Vertreter am Ende der sechziger Jahre erheblichen Zerreißproben ausgesetzt war. Der »linke« Eindruck, den der Richterbund in der Öffentlichkeit für eine kurze Zeit vermittelt hatte, war bei vielen seiner Mitglieder auf erhebliches Missfallen gestoßen. Im Zusammenhang der Debatte um die »Extremisten im öffentlichen Dienst« gab sich der Richterbund nun wieder unverkennbar staatstragend und profilierte sich nicht als Verteidiger bürgerlicher Freiheiten.

Zu dieser Zeit bot sich die ÖTV zumindest einem Teil der Richter und Staatsanwälte, die sich als eher »links« empfanden, als Alternative an. Zwar ist von einer Austrittswelle aus dem Richterbund nichts bekannt, doch eine Austrittserklärung einer Gruppe Braunschweiger Richter aus dem Jahr 1973 wirft zumindest ein Schlaglicht auf die Stimmungslage bei einer kleinen Minderheit von Richtern zu diesem Zeitpunkt. Der Richterbund, so hieß es in dem von sieben Richtern unterzeichneten Schreiben, sei einmal die Berufsorganisation gewesen, in der sich alle Richter und Staatsanwälte aufgehoben hätten fühlen können. Der Vorstand sei in dem Sinne »pluralistisch« gewesen, dass alle relevanten Strömungen innerhalb der Richterschaft dort zu Wort gekommen seien. Nun aber habe man feststellen müssen, »daß der Richterbund zunehmend unter den Einfluß rechtsstehend-konservativer Strömungen und Gruppen geraten ist. Bei den letzten Vorstandswahlen wurde der Machtanspruch dieser Gruppen allen deutlich, als diese eine Fülle von Pensionären, die sonst nie Richterbundsversammlungen besuchten, aufboten, um die Wahl eines

157 Vgl. Beer, »Justizreform«, S. 378.

nichtkonservativen Beisitzers im Vorstand zu verhindern. […] Seinem heutigen Bild nach ist der Richterbund eine Organisation im Dienst bestimmter konservativer Gruppen«. Diese Entwicklung halte man für schädlich und man wolle deutlich machen, dass der Richterbund eben nicht mehr die gesamte Richterschaft vertrete.[158]

Was die Kräfteverhältnisse angeht, so fehlen zwar durchgängige Zahlen, aber es gibt verschiedene Anhaltspunkte: Bei den Richterratswahlen von 1975 in Niedersachen – vergleichbar den Personalratswahlen in anderen Bereichen – erreichte die ÖTV bei den Wahlen für den Hauptrichterrat insgesamt 14,73 Prozent der abgegebenen Stimmen, wobei die Wahlbeteiligung rund 85 Prozent betragen hatte. In den einzelnen Bezirken verteilten sich die Stimmen sehr unterschiedlich und schwankten zwischen den Extremwerten Null Prozent in Oldenburg und 40 Prozent in Braunschweig.[159] Im gleichen Jahr trat die ÖTV auch bei den Wahlen zum Präsidialrat des Oberlandesgerichtsbezirks Frankfurt mit einer eigenen Liste an und erreichte mit rund 13 Prozent der abgegebenen Stimmen ein ähnliches Ergebnis. Immerhin hatte die ÖTV ihr Ergebnis von 69 in 1971 auf 112 Stimmen deutlich steigern können.[160] Im sicherlich nicht repräsentativen Bremen gehörten 1980 rund 25 Prozent der dortigen Richter und Staatsanwälte der ÖTV an, was nahezu eine Verdreifachung seit 1974/75 bedeutete.[161]

Die ÖTV fasste jedoch nicht nur im Norden, sondern auch in Süddeutschland Fuß. Einen Einblick aus der Konstituierungsphase von ÖTV-Gruppen in der Richterschaft erhält man für Baden-Württemberg. Hier hatte sich im Februar 1970 in Karlsruhe um den späteren BGH-Präsidenten Gerd Pfeiffer, zu dem Zeitpunkt auch bereits Senatspräsident, eine erste gewerkschaftliche Fachgruppe Richter und Staatsanwälte in Baden-Württemberg konstituiert, wobei Pfeiffer als BGH-Richter eine klare Ausnahmeerscheinung unter den ÖTV-Richtern darstellte. Erst fünf Jahre später gründete sich auch in Stuttgart eine gewerkschaftliche Fachgruppe in welcher der spätere Vorsitzende der Neuen Richtervereinigung, Klaus Beer, Richter am Landgericht Stuttgart, eine zentrale Rolle spielte. Wiederum zwei Jahre später, 1977, fand die endgültige Institutionalisierung der Fachgruppe auf Landesebene statt. Gleichzeitig kandidierten mit Klaus Beer und Henning Stanicki, Richter am Amtsgericht, 1976/77 erstmals in Baden-Württemberg auch ÖTV-Richter für den Präsidialrat und den Richterwahlausschuss, freilich ohne gewählt zu wer-

158 Brief abgedr. unter dem Titel: Neues aus Braunschweig, in: *ÖTVR* 1973, H. 4, S. 1.

159 Vgl. Ergebnisse der Richterratswahlen in: *ÖTVR* 1976, H. 13, S. 1f.

160 Vgl. dazu die Pressenotiz: Richterbund-Erfolg bei Präsidialratswahlen, in: *FR*, 9.4.1975.

161 Zu den Angaben vgl.: Justizpraxis und gewerkschaftliche Organisierung. Ein Gespräch mit Richtern und Staatsanwälten in der ÖTV, in: *KJ* 14, 1981, S. 18–32, hier S. 18.

den. Bei den Wahlen von 1980/81 kamen sie immerhin unter die 8 Ersatzmitglieder.[162]

Die Anhaltspunkte, die sich hier ergeben, zeigen, dass es in den siebziger Jahren offensichtlich eine kleine, langsam wachsende Minderheit unter den Richtern gab, die sich im Richterbund nicht mehr aufgehoben fühlte. 1980 gehörten rund fünf bis zehn Prozent der Richter und Staatsanwälte der ÖTV an, wobei, wie aus den oben genannten Zahlen schon zu entnehmen ist, die Unterschiede beträchtlich waren. Der zumindest punktuell relativ starke Mitglieder- und Sympathiezuwachs, den die ÖTV in den siebziger Jahren unter Richtern und Staatsanwälten hatte, hing ohne Zweifel damit zusammen, dass nun nach und nach Juristen auf die Posten von Richtern und Staatsanwälten nachrückten, die Ende der sechziger und Anfang der siebziger Jahre studiert hatten. Die von ÖTV-Richtern 1980 geäußerte Einschätzung, dass Berufsanfänger bereits mehrheitlich in die ÖTV einträten, traf dabei allerdings wohl allenfalls für Bremen und einige Enklaven zu. Ohnehin sollte man in den ÖTV-Richtern nicht ausschließlich die Vertreter der »68er-Generation« sehen. Die kleine Gruppe der Richter, die 1973 in Braunschweig geschlossen dem Richterbund den Rücken zukehrte, um sich der ÖTV zuzuwenden, entstammte den Geburtsjahrgängen 1922 bis 1934. Auch diejenigen, die Anfang der siebziger Jahre in Karlsruhe und Stuttgart die Initiative zur Gründung einer gewerkschaftlichen Fachgruppe ergriffen, waren schwerpunktmäßig in den dreißiger Jahren geboren.[163] Gleichwohl waren in der ÖTV – neben einer überdurchschnittlichen Repräsentanz von Arbeits- und Sozialrichtern – vor allem Richter in der Eingangsstufe vertreten. Dies hing auch damit zusammen, dass der Richterbund wieder zunehmend nicht nur als konservativ, sondern als oligarchisch wahrgenommen wurde.[164]

Neben den unterschiedlichen Ansichten zur Frage der inneren Demokratisierung kamen zunehmend gesellschafts-, rechts- und justizpolitische Fragen hinzu, in denen die ÖTV-Richter andere Positionen vertraten und andere Akzente setzten als der Richterbund.[165] Anders als der Richterbund begleitete die ÖTV die juristischen Reformstudiengänge in Bremen, Hamburg und Han-

---

162 Vgl. Beer, *Der lange Weg*, S. 82ff.

163 Klaus Beer war Jahrgang 1932, Henning Stanicki Jahrgang 1934, Christoph Strecker Jahrgang 1937. Der BGH-Richter Gerd Pfeiffer bildete aus vom Alter her eine Ausnahme. Er wurde 1919 geboren.

164 Vgl. Mitbestimmende und Mitbestimmte, in: *ÖTVR* 1973, H. 3, S. 1–2; Richterbund – Bund Beförderter Richter, in: *ÖTVR* 1973, H. 4, S. 5; »Oligarchisierung« in der Justiz?«, in: *ÖTVR* 1976, H. 14, S. 7–9.

165 Zu den inhaltlichen Positionen und zum Selbstverständnis vgl. hier neben dem schon zitierten Interview (Justizpraxis und gewerkschaftliche Organisierung. in: *KJ* 14, 1981, S. 18–32) insbes. Böttcher, »Selbstverständnis«.

nover grundsätzlich mit Sympathie. Der Radikalenbeschluss und seine juristischen Folgen wurden kritisch verfolgt, ohne sich gleichwohl klar gegen die Urteilspraxis der Gerichte auszusprechen.[166] Im Gegensatz zur *Deutschen Richterzeitung*, die sich grundsätzlich mit Bewertungen von Gerichtsurteilen extrem zurückhielt, griffen die ÖTV-Richter Urteile auf, die von ihnen als problematisch empfunden wurden – in der Regel wegen ihres konservativen Duktus. Ähnlich wie bei den Angriffen gegen die oligarchischen Strukturen im Richterbund kehrte in den siebziger Jahren auch ein zweites Thema aus den frühen sechziger Jahren zurück: der Umgang mit öffentlicher Kritik. Bei weitem nicht so vehement wie im Zusammenhang mit dem Richtertag von 1963 gab es jedoch auch zehn Jahre später wieder die Tendenz, sich im Vergleich zur zweiten Hälfte der sechziger Jahre deutlicher gegen Kritik abzuschotten.[167] Auch hier bezogen die ÖTV-Richter Position.[168] Überhaupt wurde im Laufe der siebziger Jahre immer deutlicher, dass der Richterbund wieder ganz auf die Linie eines gemäßigten Konservativismus einschwenkte. 1976 zeigte sich der Richterbund etwa befriedigt, dass die CDU-regierten Länder der Anti-Terrorgesetzgebung der Bundesregierung zugestimmt hatten, obwohl man sich bewusst sei, so der Richterbund, dass die von der CDU/CSU angestrebte Verschärfung der Gesetze eventuell eine noch schlagkräftigere Bekämpfung terroristischer Vereinigungen ermöglicht hätte.[169] Zum Abschluss des Richtertags von 1979 erklärte der Richterbundsvorsitzende Leo Witte, dass der Richterbund weder die Notwendigkeit zur Rücknahme noch zur Verschärfung der Anti-Terrorgesetze sehe.[170] 1981 schließlich trat der Richterbund sogar für eine

166 Vgl. dazu den Brief der Fachgruppe Richter und Staatsanwälte in der ÖTV an die ÖTV-Kollegen, abgedr. in: *ÖTVR* 1972, H. 2, S. 3; Dokumente zum »Radikalenbeschluss«, in: *ÖTVR* 1973, H. 3, S. 13f.;

167 Vgl. hier die Reaktion des Richterbundes auf den von Heiner Bremer verfassten *Stern*-Artikel »Deutschland, Deine Richter« vom 19.3.1972. (1968 hatte *Der Stern* bereits unter gleichem Titel eine kritische Auseinandersetzung mit der Richterschaft gedruckt). In der *DRiZ* 50, 1972, S. 162f. heißt es dazu, es verstünde sich von selbst, »daß ein solcher Beitrag nicht Grundlage einer sachlichen Auseinandersetzung sein« könne. Zudem erklärte es das Präsidium des Deutschen Richterbundes »für sinnlos«, sich mit Presseorganen in Verbindung zu setzen, die solche Artikel druckten. Es war aber der Meinung, »daß die Justizminister und Justizsenatoren entsprechend ihrer Fürsorgepflicht den Richtern gegenüber die notwendigen Schritte zur Wahrung des Ansehens der Richterschaft unternehmen müssen«. (ebd., S. 181). Gegen diesen Umgang mit der Kritik regte sich in der Richterzeitung allerdings auch umgehend Protest, nicht zuletzt von dem in der ÖTV organisierten Richter Helmut Kramer, Nochmals: Deutschland Deine Richter, in: ebd., S. 240f.

168 Vgl. Justiz – Ein Naturschutzpark? in: *ÖTVR* 1973, H. 3, S. 3–4.

169 Vgl. die Pressenotiz: Richterbund befriedigt, in: *FR*, 31.7.1976.

170 Vgl. Richterbund lehnt Änderung der Anti-Terror-Gesetze ab, in: *FR*, 29.9.1979.

Verschärfung des Demonstrationsstrafrechts ein, da sich die Liberalisierung angeblich nicht bewährt habe.[171]

Lautstarker Protest etwa gegen die Anti-Terrorgesetzgebung war zwar auch von den in der ÖTV organisierten Richtern nicht zu vernehmen. Überhaupt blieb insgesamt die Öffentlichkeitswirksamkeit der ÖTV-Richter im Vergleich zu den Wortführern der Kritik der sechziger Jahre deutlich geringer, doch bildete sich im Umfeld der ÖTV-Richter ein Netzwerk von Richtern und Staatsanwälten heraus, die in klarer Opposition zu den skizzierten, im Richterbund vorherrschenden Vorstellungen standen. 1981 erhielt Ulrich Vultejus, Amtsrichter, stellvertretender Behördenleiter in Hildesheim und einer der aktivsten ÖTV-Richter von der Humanistischen Union, den Fritz-Bauer-Preis als Zeichen »gegen den staatsloyalen, vom Wohlwollen des Apparates abhängigen, für die Folgen seines Tuns blinden und jeder Reflexion absagenden Richters«.[172] Machte sich der Richterbund in seinen oben zitierten Erklärungen zur Anti-Terrorgesetzgebung oder zum Demonstrationsstrafrecht unverkennbar zum Anwalt des »starken Staates«, plädierte Vultejus in seiner Rede, die er anlässlich der Preisverleihung hielt, dafür, dass die Gerichtsverhandlung »nicht die Fortsetzung des Polizeieinsatzes mit anderen Mitteln« sein dürfe. Der Richter müsse »eine Brücke« zwischen Staat und Bürger bilden, gerade in Zeiten, in denen die Politik zunehmend nur noch »mit Tränengas und Gummigeschossen« durchzusetzen sei.[173]

Jenseits der ortsgebundenen Fachgruppen beruhte der Zusammenhalt auf überregionaler Ebene eher auf persönlichen Kontakten als auf einer festen organisatorischen Basis. Probleme mit den Strukturen der ÖTV führten schließlich auch dazu, dass Anfang der Achtziger mit dem so genannten »Richter-Ratschlag« eine neue Organisationsform jenseits der gewerkschaftlichen Strukturen entstand. Wohl nicht zufällig bildete eine Tagung in der Evangelischen Akademie Bad Boll zum Thema »Die Justiz und der Nationalsozialismus« den Ausgangspunkt.[174] Das Thema führte eine kleine Gruppe eben jener Richter zusammen, die sich auch mit den aktuellen Problemen der

---

171 Vgl. »Die Liberalisierung hat sich nicht bewährt«. Interview mit dem Vorsitzenden des Deutschen Richterbundes Leo Witte, in: *Der Spiegel*, 9.11.1981, S. 119–128.

172 *FR*, 5.8.1981.

173 Vultejus, »Richter«, auch abgedr. in: *FR*, 5.8.1981; vgl. dazu auch den Leserbrief von Klaus Manusch, Bild heutiger Richter? in: *FR*, 15.8.1981, der von völligem Unverständnis gegenüber Vultejus Anliegen gekennzeichnet ist. Manusch war Rechtsreferendar, was einmal mehr die Tücken des Generationenparadigmas deutlich werden lässt. Vgl. auch die Laudatio von Holtfort, »Lobrede«.

174 Vgl. hierzu: Bericht über einen Diskussionsablauf. Vom Rückblick auf die Justiz im Nationalsozialismus zum Erfassen heutiger Probleme des Richterberufs auf dem Richter-Ratschlag, in: Beer, *Der lange Weg*, S. 24ff.; vgl. auch Beer, »Richterratschlag«.

Justiz jenseits der Frage des Pensenschlüssels auseinander setzte. Grund für die neue Organisationsform war auch, dass nicht alle der hier versammelten Richter der ÖTV angehörten und ihr auch nicht unbedingt beitreten wollten. Mit dem Richter-Ratschlag intensivierte sich die inhaltliche Arbeit der »oppositionellen« Richter und Staatsanwälte deutlich. Der Ratschlag fand von 1980 an in unregelmäßigen Abständen ein bis zweimal pro Jahr statt.

Ein wichtiges Mobilisierungsmoment bildeten dabei, über die Auseinandersetzung mit der Vergangenheit der Justiz hinaus, die Verhaftung von 141 Personen im Nürnberger »Komm« (Kommunikationszentrum) am 5. März 1981, die bundesweit für Aufsehen sorgte. Den Anlass der Verhaftung bot eine spontane nächtliche Demonstration für die Freilassung inhaftierter Hausbesetzer.[175] In die Kritik geriet nicht nur die Polizeiaktion als solche, sondern auch das Verhalten der Haftrichter sowie die späteren Verfahren. Bei dem dritten Richter-Ratschlag, der kurz nach der Verhaftungsaktion stattfand, verabschiedeten die Richter eine gemeinsame Erklärung, in der das rechtsstaatlich bedenkliche Verhalten des Haftrichters nicht nur kritisiert, sondern zudem das Bestreben beklagt wurde, soziale Probleme »nicht politisch zu lösen, sondern von der Justiz ›durch hartes Durchgreifen‹ erledigen zu lassen«[176]. Die Kritik konnte zumindest der Form nach noch als Kritik an der Politik und deren »Bestreben« verstanden werden, die Justiz zu instrumentalisieren. Damit lag man noch auf der Linie der Abwehr von Eingriffen in die richterliche Unabhängigkeit, und somit noch im Rahmen der von Richtern als legitim empfundenen Kritik. Doch bereits die Kritik an dem Haftrichter ging deutlich darüber hinaus und erst recht galt dies für den Beschluss, die Prozesse gegen die Demonstranten zu beobachten.[177] Damit war eine neue Qualität justizieller Selbstkritik erreicht, wodurch einmal mehr die für das Selbstverständnis der Justiz zentrale Bedeutung der Frage deutlich wurde, wie man mit Kritik von innen und von außen umging. Eine neue Qualität zivilen Engagements durch Angehörige der Justiz bedeutete schließlich auch, dass sich 1983 im Umfeld des »Richter-Ratschlags« auch die Bewegung »Richter und Staatsanwälte für den Frieden« formierte.[178]

Die Nachhaltigkeit des sich hier zunächst im Rahmen der ÖTV und dann im erweiterten Rahmen der Richter-Ratschläge formierten Milieus zeigte sich

175 Vgl. dazu aus der Presseberichterstattung insbes: Die Massenverhaftung. Bricht Bayern das Recht?, in: *Der Spiegel*, 15.5.1978 die Dokumentation von Glaser (Hg.), *Massenverhaftung*.

176 Abgdr. in: Glaser (Hg.), *Massenverhaftung*, S. 99.

177 Vgl. dazu Bäumer, »Bericht vom vierten Ratschlag«.

178 Hinweise darauf bei Beer, *Der lange Weg*, S. 9ff.

daran[179], dass nicht nur 1985 mit *Betrifft Justiz* zunächst eine neue Zeitschrift und damit ein vorwiegend internes Kommunikationsorgan geschaffen wurde, sondern auch daran, dass 1987 schließlich, quasi als Abspaltung von der ÖTV, aus den Richter-Ratschlägen eine »Neue Richtervereinigung« hervorging, so dass nun neben dem weiterhin klar dominierenden Deutschen Richterbund mit der ÖTV und der Neuen Richtervereinigung drei unterschiedliche Gruppierungen als Interessensvertretungen der Richter zur Verfügung standen.[180] Die Neue Richtervereinigung wolle, so hieß es in einer Selbstbeschreibung, »gesellschaftskritischen Richtern und Richterinnen, Staatsanwälten und Staatsanwältinnen als Berufsvereinigung dienen«. Die Gründung sei möglich geworden, »weil die Justiz der Bundesrepublik in ihrer Zusammensetzung pluralistischer wurde und nun im Justizpersonal – obwohl immer noch überwiegend konservativ – alle Richtungen und Lebenshaltungen vertreten sind«[181]. Notwendig sei die Vereinigung schließlich geworden, »weil die traditionellen Standesvertretungen, wie wohl verjüngt und flexibler, in konservative Bündnisse eingebettet sind, nicht gesamtgesellschaftlich denken und vor Ort oft unkritische Stützen der Justizverwaltung sind«.

Unabhängig davon, inwieweit man die Polemik gegen den Richterbund für berechtigt hält, liefert die Selbstbeschreibung implizit eine wohl durchaus treffende Entwicklungsanalyse. Auch wenn die ÖTV und die Neue Richtervereinigung jeweils nur eine verhältnismäßig kleine Minderheit unter den Richtern vertrat, bildeten die Justizjuristen in zunehmendem Maße das gesamte gesellschaftliche Spektrum ab, und zwar nicht nur in Form mehr oder weniger profilierter Einzelpersonen, die wie Richard Schmid, Rudolf Wassermann, Theo Rasehorn und einige andere, Positionen jenseits des Mainstreams Gehör verschafften, sondern durch klar erkennbare Gruppen.

4.4.2 Zur Entstehung einer »linken Anwaltschaft«

Von Anwälten war bislang kaum oder nur am Rande die Rede. Der Grund dafür ist darin zu suchen, dass sie in der gesamten Debatte um die Justiz bis in die frühen siebziger Jahre hinein wenig präsent waren, und zwar weder aktiv

179 Zu den weiteren Richter-Ratschlägen vgl. neben den Darstellungen bei Beer, *Der lange Weg*, auch die Berichte in der *Kritischen Justiz*, hier u.a., Bäumer, »Bericht vom 5. und 6. Richterratschlag«; Ders., »Bericht über den 7. Richterratschlag«; Ders., »Bericht vom 8. Richterratschlag«. Da 1985 vom Richterratschlag die Zeitschrift *Betrifft Justiz* gegründet wurde, erschienen die weiteren Berichte dann dort.

180 Als knapper Überblick über die Entwicklung vgl. auch Vultejus, »Organisieren«.

181 Selbstbeschreibung abgedr. in: Beer, *Der lange Weg*.

noch passiv. Nachdem mit der Strafprozessrechtsreform aus dem Jahr 1964 die Rechte der Anwälte erweitert worden waren[182], gab es von dieser Seite zunächst keine weiteren Ansprüche an den Gesetzgeber. Als Justizkritiker traten in dieser Phase am ehesten die Anwälte auf, die in den politischen Prozessen gegen Kommunisten direkt mit der rigiden Rechtsprechung der entsprechenden Strafkammern konfrontiert waren. An der gesamten Debatte um eine etwaige »Demokratisierung der Justiz« und um den »politischen Richter« beteiligten sich die Anwälte so gut wie nicht.[183] Auch in der Diskussion um die Reform der Juristenausbildung hielten sich die Anwälte weitgehend zurück. Die sogenannte Große Justizreform begleiteten die Anwälte schließlich mit zunehmender Ablehnung. Andersherum blieben aber auch die Anwälte in den sechziger Jahren von der Kritik, welche die Justiz ansonsten traf, weitestgehend verschont.

Auf Horst Mahlers Versuche, sich – durchaus auch auf Kosten seiner Mandanten – in den Prozessen gegen Fritz Teufel, Beate Klarsfeld oder den Polizeibeamten Karl-Heinz Kurras als radikaler Systemkritiker in Szene zu setzen, ist oben bereits eingegangen worden. Insgesamt aber blieben die Anwälte in diesem Kontext zumindest in der öffentlichen Wahrnehmung eher Randfiguren. Dies änderte sich dann radikal im Zuge der Terroristenprozesse der siebziger Jahre. Hier nun rückte die Tätigkeit der Anwälte mehr und mehr in den Mittelpunkt nicht nur der Prozesse selbst, sondern auch der Auseinandersetzung mit dem Terrorismus insgesamt. Dabei ging es zwar vordergründig zunächst um das Verhalten einzelner Anwälte, doch mit der Einschränkung der Verteidigerrechte im Zuge der Anti-Terrorgesetzgebung erhielt das Thema einen grundsätzlichen Charakter. Nicht zuletzt ging es dabei um die Frage, wie viel Einschränkungen der Rechte von Verteidigern und Angeklagten für einen Rechtsstaat überhaupt verkraftbar waren.[184]

Dieser Zeit entstammt nicht zuletzt das Bild und die Bezeichnung des »Linksanwalts«, mit der die Anwaltschaft in der Öffentlichkeit insgesamt ein

---

182 Vgl. dazu Kapitel 2.4.

183 Als eines der wenigen Beispiele eines anwaltlichen Beitrags, in dem das Thema zumindest gestreift wird, vgl. den Eröffnungsvortrag zum Anwaltstag des Jahres 1971 von Rabe, »Beruf«, der sich unter dem Beifall der anwesenden Anwälte klar von einer politisch gestaltenden Rolle der Justiz distanzierte, vgl. ebd., S. 229. Mit etwas anderen Akzenten dagegen Redeker, »Bürger«.

184 Zu der Gesetzgebung und der sie begleitenden Auseinandersetzung vgl. Basten, *Reform*, S. 119ff.; die parlamentarischen Debatten finden sich zusammengefasst in: Die Anti-Terror-Debatten im Parlament. Protokolle 1974–1978; aus anwaltlicher Perspektive in zum Teil sehr polemischem Duktus: Hannover, *Terroristenprozesse*; Gössner, *Anti-Terror-System*; beide Bände sind konzipiert als Teile eines dreibändigen Gesamtwerks zum Thema »Terroristen und Richter«.

»linkes« Image erhielt. Dieses Image hatte jedoch mit der realen politischen Ausrichtung des überwiegenden Teils der Anwaltschaft kaum etwas zu tun. Vielmehr versuchten sich die traditionellen Anwaltsorganisationen nach Kräften davon zu distanzieren. Doch unverkennbar existierte zu diesem Zeitpunkt eine wachsende Anzahl von Anwälten, die sich klar als »links« verstand. Die Terroristenprozesse und die damit verbundenen Anfeindungen trugen nicht unwesentlich dazu bei, dieses Milieu zu stärken. Nicht zuletzt ging daraus – wenn auch mit durchaus beträchtlichen Schwierigkeiten und Auseinandersetzungen – die Gründung des Republikanischen Anwaltsvereins im Jahr 1979 hervor.[185]

Es kann kaum ein Zweifel darüber bestehen, dass diese, sich selbst ausdrücklich als »links« verstehende Anwaltschaft ihre Wurzeln in der Studentenbewegung hatte. 1986 veranstaltete der Republikanische Anwaltsverein seinen zweiten »Anwältinnen- und Anwältetag« unter dem Motto »Zwanzig Jahre ›linke‹ Anwaltschaft – von der APO bis heute«.[186] Der Berliner Rechtsanwalt Klaus Eschen, 1968 gemeinsam mit Horst Mahler und Hans-Christian Ströbele im »Sozialistischen Anwaltskollektiv« zusammengeschlossen, begründete das Motto, machte aber zugleich klar, dass es durchaus Vorläufer gegeben habe. Er nannte hier in erster Linie die bekannten Strafverteidiger aus den politischen Prozessen der fünfziger und sechziger Jahre, Walter Amman, Dieter Posser, Gustav Heinemann und Heinrich Hannover. Tatsächlich gab es ebenso bezeichnende Ähnlichkeiten wie Unterschiede zu den späteren »linken« Anwälten. Es ist nicht überraschend, dass die Ähnlichkeiten darin bestanden, dass die »linken« Anwälte jeweils im Kontext von Prozessen von sich reden machten, bei denen politische Motive eine starke Rolle spielten. Ähnlichkeiten bestanden zudem darin, dass die betroffenen Anwälte jeweils engen Kontakt zueinander aufnahmen, sich austauschten und sich nicht zuletzt auch explizit politisch zu den Prozessen äußerten. Ein wichtiger Unterschied zwischen den Anwälten wie Walter Amman oder Dieter Posser auf der einen und zumindest einem Teil der politischen Anwälte der ausgehenden sechziger und siebziger Jahre auf der anderen Seite ist jedoch darin zu sehen, dass erstere kaum im Verdacht standen, mit den politischen Zielen ihrer Mandanten – soweit sie Kommunisten waren – zu sympathisieren. Abgesehen von dem bekannten Ost-Berliner Anwalt Friedrich Karl Kaul[187], der in West-Berlin zugelassen war und in einer Vielzahl von politischen Prozessen als Verteidiger auftrat, er-

185 Zur Gründung und der zum Teil turbulenten Vorgeschichte des Republikanischen Anwaltvereins vgl. Groenewold, »Organisieren«; Wieland, »Holtfort-Verein«.

186 Vgl. dazu den Sammelband von Eschen u.a. (Hg.), *Anwaltschaft*; dort finden sich auch verschiedene Presseberichte zu der Veranstaltung abgedruckt.

187 Zu Kaul vgl. Rosskopf, *Friedrich Karl Kaul*.

schien es für die Angeklagten geradezu als Vorteil, jeweils einen »ganz normalen«, »bürgerlichen« Rechtsbeistand zu haben, der »rein rechtlich« und nicht »politisch« argumentierte.[188]

Ende der sechziger Jahre, im Zuge der Prozesse im Umfeld der APO, tauchten dagegen erstmals Anwälte auf, die sich offen mit den linken politischen Zielsetzungen ihrer Mandanten identifizierten oder mit ihnen sympathisierten.[189] Dies galt insbesondere für das »Sozialistische Anwaltskollektiv«, das über die eigentliche Anwaltstätigkeit hinaus nicht zuletzt in Verbindung mit dem »Republikanischen Club« und den Studentenorganisationen in Berlin juristische und politische Arbeit organisierte.[190] Die Anwälte hätten zu diesem Zeitpunkt begonnen, in den Strafverfahren »nicht mehr in den Bahnen des ›Grundkonsenses der Juristen‹ mitzuspielen«, so Klaus Eschen im Rückblick.[191] Die Anwälte, so seine nicht zuletzt auch autobiographisch geprägte Sicht, hätten nach »der Legitimation des Strafrechts als Instrument zur Disziplinierung sozialer Aufmüpfigkeit gefragt«, die Qualifikation der Richter und Staatsanwälte bezweifelt und sie mit der Vergangenheit der deutschen Justiz konfrontiert. Diese sogenannte politische Prozessführung erhielt ihre Brisanz dann vor allem in den Terroristenprozessen, da in diesem Zusammenhang die Frage nach Sympathie oder gar Komplizenschaft der Anwälte mit ihren Mandanten verschärft gestellt wurde. Tatsächlich wandelten einige der Anwälte hier auf einem sehr schmalen Grat, von denen bekanntermaßen wiederum einige wenige – insbesondere Horst Mahler, Siegfried Haag, Jörg Lang, Klaus Croissant und Eberhard Becker – sich so sehr mit den Zielen ihrer Mandanten identifizierten, dass sie sich deren Kampf im Untergrund anschlossen.

Offensichtlich war aber auch, dass den »Terroristenanwälten« seitens der Politik, der Polizei, der breiten Öffentlichkeit und nicht zuletzt auch von den Anwaltsorganisationen großes Misstrauen entgegen schlug. In einer vom Bundesinnenministerium herausgegebenen Dokumentation über die Aktivitäten der terroristischen Gruppen aus dem Jahr 1974 findet sich auch ein Papier von 1972, in dem über eine Organisation linker Anwälte nachgedacht wurde. Eine solche anwaltliche Organisation erschien damit in einem weiteren Sinne als

188 Vgl. dazu Posser, *Anwalt*, S. 195ff.

189 Auf der äußersten Rechten, nicht zuletzt im Kontext von NSG-Prozessen, war eine politische Komplizenschaft zwischen Anwalt und Mandanten und eine Vernetzung der einschlägigen Anwälte in der »stillen Hilfe« längst üblich. Wie sich in dem Begriff schon zeigt, hielten sich diese Anwälte jedoch in der Öffentlichkeit tunlichst zurück. Kurze Hinweise dazu bei Herbert, *Best*, S. 491ff.

190 Vgl. hier das vielfältige Material aus dem »Nachlass des Sozialistischen Anwaltskollektivs« im Archiv des Hamburger Instituts für Sozialforschung.

191 Eschen, »20 Jahre Anwaltschaft«, S. 201.

von den Terroristen gesteuerte Aktivität.[192] Da weite Teile der Politik den Anwälten eine Schlüsselstellung in der vermeintlichen Steuerung des Terrorismus aus den Haftanstalten zuwiesen, verabschiedete der Bundestag im Dezember 1974 ein Gesetzespaket, mit dessen Hilfe es unter anderem möglich wurde, Anwälte schon bei dem Verdacht der Komplizenschaft mit dem Mandanten vom Verfahren auszuschließen.[193] Im Fall von Hans-Christian Ströbele reichte es bereits aus, dass dieser sich selbst als »Sozialisten« und seine Mandanten als »Genossen« bezeichnete sowie seine Arbeit als »politische Arbeit« verstanden wissen wollte.[194]

Als traditionelle Standesvertretung nahm der Deutsche Anwaltsverein (DAV) weder an dieser Praxis noch an diesen und den weiteren, zum Teil erheblichen Einschränkungen der Verteidigerrechte Anstoß. Im Gegenteil: Der Anwaltsverein war mit dem Beginn der Terroristenprozesse bemüht, sich von den so genannten »schwarzen Schafen« in der Anwaltschaft zu distanzieren und einen möglichst scharfen Trennungsstrich zu der »linken« Kollegenschaft zu ziehen. Schon die Tatsache, dass der als Richter in Folge des Extremistenbeschlusses abgelehnte Volker Götz Anwalt geworden war, bot dem Anwaltsverein Anlass zur Besorgnis. In seinem Tätigkeitsbericht von 1973/74 schrieb der Hauptgeschäftsführer des DAV, Heinz Brangsch, er habe ursprünglich mit dazu beigetragen, »daß die sog. Politische Klausel für Rechtsanwälte großzügiger als für Beamte wurde«. Dabei habe man jedoch nicht an die Möglichkeit gedacht, »daß die Anwaltschaft auf diese Weise auch Refugium und Plattform für Leute werden könne, die die freiheitlich demokratische Grundordnung in eine Diktatur verwandeln möchten«[195].

Erklärbar sind derartige Überlegungen nur vor dem Hintergrund einer erheblichen Furcht vor einem Ansturm jener linker Juristen, die in den ausgehenden sechziger Jahren politisiert worden waren. Denn das Bedrohungsszenario, das Brangsch zeichnete, ging noch weiter: Von amerikanischen Kollegen wisse man, »daß dort die jungen, in den staatlichen Beratungsstellen in den Slums als festbesoldete tätige Anwälte den Spieß umdrehen, indem sie aus den Rechtssuchenden kommunistische Kampfgruppen machen«. Dort gehe es vor allem um Sozialrecht, Ausländerrecht, Asylrecht, Strafvollzug etc., alles Rechtsgebiete, die vor allem von Anwälten bearbeitet würden, »die mehr oder weniger offen diesen Staat als ihren Gegner bezeichnen und bekämpfen«. Zwar beeilte sich Brangsch nachzuschieben, dass er natürlich Respekt vor denen habe, »die sich dieser Rechtsgebiete aus menschlichem Engagement

192 Vgl. Bundesministerium des Inneren (Hg.), *Dokumentation*, S. 36ff.
193 Zu den Gesetzen vgl. im einzelnen Basten, *Reform*, S. 218ff.
194 Vgl. dazu Aust, *Baader-Meinhof-Komplex*, S. 310ff.
195 Brangsch, »Tätigkeitsbericht«, S. 200.

annehmen«, doch wird dadurch der Eindruck des offensichtlichen Dégoûts nur noch verstärkt, der einen Anwalt wie Brangsch befiel, wenn er nur an diese Rechtsgebiete und die entsprechende Klientel dachte. Als tauchte der Anwalt Wladimir Iljitsch Lenin vor seinem geistigen Auge auf, warnte Brangsch ausdrücklich vor der Gefahr, die von Anwälten ausginge, denen es nur darum ginge, »Kader für die Revolution« zu schaffen.[196]

Es verwundert somit kaum, dass es von Seiten des Anwaltsvereins kaum Widerstand gegen das im Dezember 1974 verabschiedete erste Paket von Anti-Terrorgesetzen und den damit verbundenen Eingriffen in die anwaltlichen Freiheiten gab.[197] Der Deutsche Anwaltsverein reagierte nicht zuletzt in Person seines Präsidenten Helmut Wagner eindeutig zustimmend insbesondere auf die geschaffene Möglichkeit, Anwälte bei Verdacht der Komplizenschaft von der Verteidigung auszuschließen, und hoffte damit wohl, eine klare Trennlinie zu den »Verbrecheranwälten« zu ziehen.[198] Vorsichtiger Widerstand regte sich auch im Anwaltsverein erst, als schon kurz nach der Verabschiedung dieses Pakets nach weiteren Einschränkungen der Verteidigerrechte gerufen wurde. Im *Anwaltsblatt* erschien der erste Artikel, der sich grundsätzlich kritisch mit der »Bekämpfung des Verteidiger« auseinander setzte, Ende des Jahres 1975. Angesichts des mangelnden Widerstandes seitens der Anwälte beklagte hier der Autor Wolfgang Knapp, wissenschaftlicher Mitarbeiter an der rechtswissenschaftlichen Fakultät der Universität Saarbrücken, dass die Anwälte nicht in ähnlicher Weise wie die Gerichte und Richter ins Blickfeld justizsoziologischer Untersuchungen geraten seien und »von kritischen Betrachtungen bisher fast gänzlich ausgenommen geblieben waren«[199].

Tatsächlich setzte im Kontext der Terroristenprozesse eine grundsätzliche Debatte zur Rolle und zum Selbstverständnis der Anwaltschaft ein. In deren Zentrum stand die Formel von der Advokatur als »Organ der Rechtspflege«, so wie sie etwa in §1 der Bundesrechtsanwaltsordnung festgelegt war und ist. In seiner 1974 erschienen Dissertation zu eben diesem Thema legte Wolfgang Knapp dar, dass der Begriff erstmals Ende des 19. Jahrhunderts aufkam, dann aber erst im NS in den offiziellen Sprachgebrauch übergegangen sei. Gebraucht worden sei er vor allem, um den Rechtsanwalt in die staatliche Rechtspflege einzubinden, seine Tätigkeit an den Maßstäben staatlichen Handelns zu messen, ihn entsprechend zu disziplinieren und gegebenenfalls vom

196 Ebd., S. 201.

197 Zur Genese und den Einzelheiten der Anti-Terrorgesetze vgl. Basten, *Reform*, S. 191ff.

198 Wagner, »Verteidiger«, S. 1.

199 Knapp, »Verteidigung«, S. 373.

Verfahren auszuschließen.[200] Auch jenseits des NS verkörperte sich für Knapp und andere in der Formel vom »Organ der Rechtspflege« die besondere Staatsnähe der deutschen Anwaltschaft.[201]

Vor diesem Hintergrund wurde auf der 38. Hauptversammlung der Bundesrechtsanwaltskammer im Jahr 1975 lebhaft die Frage der Möglichkeit einer Überprüfung der politischen Zuverlässigkeit – also eine Art Radikalenbeschluss für Anwälte – diskutiert. Die bayerische Rechtsanwaltskammer sprach gar von einer »notwendigen politischen Selbstreinigung der Anwaltschaft«, konnte damit aber die Mehrheit ihrer anwesenden Kollegen nicht überzeugen. Hier setzte sich schließlich doch die nun auch vom Hauptgeschäftsführer der DAV, Bragsch, vertretene Ansicht durch, dass die Anwaltschaft »auch den Gegnern einer politischen Herrschaft offenstehen« müsse.[202] So wuchs zwar vor allem nach der Verabschiedung des ersten Anti-Terror-Pakets Ende 1974 das Unbehagen auch der traditionellen Anwälte gegenüber weiteren Entliberalisierungen in verschiedenen Bereichen, doch angesichts der wachsenden Konfrontation mit dem Terrorismus entwickelte sich hier auch in der Folgezeit kaum Widerspruch gegen weitere Einschränkungen der Verteidigerrechte, insbesondere nicht gegen das Kontaktsperregesetz von 1977.

Trotz eines gewissen Abrückens der traditionellen Anwaltschaft von einer allzu staatstreuen Linie wurde der Graben zu den linken, weitgehend jungen Anwälten eher noch tiefer. Zur handfesten Konfrontation kam es 1977, als die »linken« Strafverteidiger, die sich zum Teil schon auf lokaler Ebene zu Vereinigungen zusammengefunden hatten, eine bundesweite Zusammenkunft unter dem Titel »Erster Strafverteidigertag« planten. Der Hauptgeschäftsführer der DAV drohte daraufhin erfolglos mit einer einstweiligen Verfügung gegen die Bezeichnung, da die DAV selbst einen solchen »ersten deutschen Strafverteidigertag« plane. Der Vorsitzende der »Arbeitsgemeinschaft Strafrecht des DAV«, der renommierte Strafverteidiger Schmidt-Leichner, wurde nach eigenen Angaben drei Tage vor der Veranstaltung vom DAV erheblich unter Druck gesetzt, seine Teilnahme als Referent abzusagen. Der liberal-konservative »Staranwalt« war als Hauptreferent eingeladen worden, da er als einer der wenigen aus diesem Lager deutliche Kritik an den zunehmenden Eingriffen des Staates in die anwaltliche Freiheit geübt, sich gleichwohl auch kritisch mit

200 Vgl. Knapp, *Verteidiger*. Vgl. dazu auch Krämer, »Rechtsanwalt«; Dahs, »Ausschließung«; Quack, »Sinn«.

201 Vgl. dazu aus historischer Perspektive dazu Siegrist, *Advokat*.

202 Vgl. dazu Schaich, »Tätigkeitsbericht«, insbes., S. 180ff.; mit mehr Informationen zu den Interna: Holtfort, »Interessenvertreter«, S. 43.

der Strategie der RAF-Anwälte auseinandergesetzt hatte.[203] Sein Auftritt bei der Veranstaltung der »linken« Anwälte hätte deutlich werden lassen, dass sich hier keine linken Sektierer trafen, und dem »Strafverteidigertag« so erheblich Dignität verliehen. Konnte der DAV schon die Veranstaltung als solche nicht stoppen, wollte er zumindest letzteres mit allen Mitteln verhindern.

Als aus dem Strafverteidigertag 1979 tatsächlich der »Republikanische Anwaltsverein« als Gegengründung zum »Deutschen Anwaltverein« hervorging, setzten konservative Juristen alles daran, die neue Vereinigung als »linksradikalen Kampfverband« zu brandmarken: »Da paaren sich Baader-Meinhof-Anwälte (Groenewold, Schily) mit linken und anderen Querulanten in der Absicht, ausschließlich ihren Mandanten und sich selbst verantwortlich zu sein«, so der Vorsitzende des »Bundesarbeitskreis christlich-demokratischer Juristen«, Friedrich Vogel. Wesentlich sachlicher, aber in einem ähnlichen Grundtenor schrieb der Anwalt Josef Augstein in der *Welt*: »Daß einige Terroristen-Anwälte mit dem DAV nicht zufrieden sind, nimmt nicht wunder. Der DAV vertritt die Anwaltschaft insgesamt und nicht nur einige wenige Terroristen-Verteidiger. Das Standesporträt der Anwaltschaft hat mit deren neuem Rollenverständnis wenig gemein. Wer hat denn die Entliberalisierung herbeigeführt? Waren Trennscheibe, Kontaktsperre und Hosenkontrolle nicht die Folge davon, daß Waffen, Sprengstoff und Kassiber durch einige Terroristenanwälte in Haftanstalten geschmuggelt wurden? […] Gerade da bin ich aber der Überzeugung, und zwar aus Praxis und Erfahrung, daß die Angeklagten, sich bei Verteidigern besser stehen, die sich als Organ der Rechtspflege mit allen Rechten und Pflichten empfinden, als bei Verteidigern, die sich als reine Interessensvertreter, als soziale Gegenmacht gegen Staat, Gericht und Staatsanwaltschaft verstehen«[204].

Mit der Formulierung der »sozialen Gegenmacht« bezog sich Augstein auf einen Terminus, der als Gegenbegriff zum »Organ der Rechtspflege« nicht zuletzt vom ersten Vorsitzenden des »Republikanischen Anwaltvereins«, Werner Holtfort, in die Diskussion gebracht worden war. Danach sollte sich der Anwalt eben nicht mehr »dem Staat«, sondern allein seinem Mandanten und dessen Interessen verpflichtet fühlen.[205] Da es kein »neutrales Recht« gebe, sondern Recht immer das Ergebnis gesellschaftlicher Auseinandersetzungen sei, bei denen wiederum bestimmte Machtgruppen privilegiert seien, könne der Rechtsanwalt auch nicht als neutrales Organ verstanden werden. Vielmehr

203 Vgl. Schmidt-Leichner, »Strafverfahrensrecht«; zu Schmidt-Leichner und seiner Kritik vgl. Krumm, Kritik.

204 Augstein, Verteidiger.

205 Holtfort, »Anwalt«; Ders., »Interessenvertreter«.

müsse seine Rolle die des »engagierten Vertreters von Mandanteninteressen, parteigebundenen Helfers und Beraters von Gegenmacht« sein.[206]

Das Bild, das hier entworfen wurde, war letztlich das des »politischen Anwalts«, in manchem konzeptionell dem des »politischen Richters« nicht unähnlich. Das bedeutet auch, dass das Bild ähnliche Gefahren barg. Diese lagen viel weniger in der jeweils reflexhaft beschworenen Bedrohung durch die »Sozialistische Systemüberwindung«.[207] Ebenso wie der »politische Richter« in sehr verschiedener Weise politisch sein konnte, gab es keine Garantie dafür, dass sich Anwälte von Neonazis nicht auch mit dem Selbstverständnis der »Sozialen Gegenmacht« identifizierten. Zudem stellte sich angesichts der Radikalität der Interessen der inhaftierten RAF-Mitglieder ohne Zweifel auch die Frage, wie weit ein solches unbedingtes Einsetzen für die Interessen der Mandanten tatsächlich gehen konnte.

Interessant ist in dem Gesamtkontext vor allem, dass eine Auseinandersetzung um das Selbstverständnis der Anwälte tatsächlich erst mit den Terroristenprozessen einsetzte. Da diese Debatte anders als unter den Richtern nicht schon Ende der sechziger Jahre, sondern im Zuge der harten Konfrontationen in den Terroristenprozessen geführt wurde, riss sie nun umso tiefere Gräben in die Anwaltschaft. Das Bestreben der traditionellen Anwaltschaft, die »linken« Anwälte zu marginalisieren, schlug jedoch fehl. Als Doyen und Integrationsfigur fungierte der 1920 geborene Anwalt Werner Holtfort, der von seiner Biographie und seinem Habitus her alles andere als ein typischer »linker« Anwalt war.[208] Ursprünglich eher konservativ geprägt, trat er 1970 der SPD und der ASJ bei, zu deren stellvertretendem Bundesvorsitzenden er – im Übrigen in einer Kampfabstimmung gegen Theo Rasehorn – 1978 gewählt wurde.[209] Bezeichnend ist, dass der Anlass für den endgültigen Bruch zwischen Holtfort und den traditionellen anwaltlichen Organisationen, für die Holtfort seit vielen Jahren in unterschiedlichen leitenden Funktionen tätig gewesen war, ein vergangenheitspolitisches Thema war. 1975 stellte sich heraus, dass der Hannove-

---

206 Vgl. auch Stellungnahme der Arbeitsgemeinschaft Sozialdemokratischer Juristen (ASJ) im Bezirk Hannover vom 16. Oktober 1976: Anwalt als »Rechtshelfer sozialer Gegenmacht, in: *RuP* 12, 1976, S. 119–125; in überarbeiteter Form in: Holtfort, *Strafverteidiger*, S. 61–62.

207 In diesem Sinne: Hans Klein, Sozialistische Systemüberwindung in der Rechtspflege, in: *Deutschland-Union-Dienst*, Nr. 163, 25.8.1976, S. 4–6; auch abgedr. in: Holtfort, *Strafverteidiger*, S. 62–66; Der Deutsche Richterbund druckte die Stellungnahme der ASJ Hannover unter der Überschrift: Rechtsanwalt kein Organ der Rechtspflege? »Marxistisches Rollenverständnis – Anwälte als Klassenkämpfer« ab, in: Deutscher Richterbund, *Information* 2/1976, S. I/6 vgl. dazu wiederum die Antwort der ASJ Hannover abgedr. in: ebd., 5/1976, S. I/18, beides ist ebenfalls zu finden in: Holtfort, *Strafverteidiger*, S. 66–68.

208 Zu seinem Lebensweg vgl. Fabricius-Brand/Isermann, »Anwalt«.

209 Vgl. dazu Theo Rasehorn, »Arbeitsgemeinschaft«.

raner Anwalt Schmidt-Rux ehemals Schmidt-Römer geheißen hatte, Reichsamtsleiter der NSDAP und Mitarbeiter von Martin Bormann gewesen war. Holtfort trat daher für die Rücknahme der auf Grund falscher Angaben erschlichenen anwaltlichen Zulassung ein, konnte sich aber nicht durchsetzen. Stattdessen drehte Schmidt-Rux alias Schmidt-Römer den Spieß um und wollte ein Ehrengerichtsverfahren gegen Holtfort wegen Verstoßes gegen den Grundsatz der Kollegialität einleiten und stand mutmaßlich auch hinter anonymen Drohungen gegen Holtfort.[210]

Die Episode ist vor allem deshalb von Bedeutung, weil sie zeigt, dass für die Konstituierung eines »linken« Milieus unter Juristen der vergangenheitspolitische Aspekt immer wieder auftauchte. Die scharfe Auseinandersetzung um den NS-belasteten Kollegen trug Holtfort gerade auch unter den jungen – alles andere als in sich einigen – linken Anwälten soviel Respekt ein, dass er als Integrationsfigur weitgehend unumstritten war.

Den von Werner Holtfort wesentlich initiierten Aufruf zur Gründung einer »bundesweiten Anwaltsvereinigung zur Verteidigung der freien Advokatur«, der schließlich zur Gründung des Republikanischen Anwaltvereins führte[211], unterzeichnete schließlich ein breites Spektrum von linken und linksliberalen Anwälten und Professoren, darunter unter anderem die »Terroristenanwälte« Otto Schily und Rupert von Plottnitz, der aus vielen politischen Prozessen bekannte Verteidiger Heinrich Hannover[212], der damalige Juso-Vorsitzende, Hannoveraner Anwalt und Mitarbeiter Holtforts, Gerhard Schröder, sowie neben einer Reihe weiterer Anwälte auch die Professoren Wolfgang Däubler, Erhard Denninger, Ulrich K. Preuß, Fritz Sack und Uwe Wesel, die gewissermaßen die »linke« juristische Professorenschaft der siebziger Jahre repräsentierten. Zu den Unterzeichnern gehörte schließlich auch Ulrich Klug, der sich bereits in den sechziger Jahren einen Namen als liberaler Jurist gemacht hatte, und als Mitglied der FDP anschließend als Staatssekretär im nordrhein-westfälischen Justizministerium tätig war.

Nachdem die linksextremen, dem KBW nahestehenden Anwälte um Klaus Croissant bereits in harten Auseinandersetzungen im Vorfeld an den Rand gedrängt worden waren bzw. sich an Zusammenkünften nicht mehr beteilig-

210 Vgl. dazu Fabricius-Brand/Isermann, »Anwalt«, S. 327.

211 Holtfort war auf dem Zweiten Strafverteidigertag im Jahr 1978 beauftragt worden, die Gründung einer bundesweiten Anwaltsvertretung vorzubereiten. Vgl. dazu die Resolution in: Hannover/Holtfort/Mauz (Hg.), *Strafverteidigung*, S. 83.

212 Heinrich Hannover war bekanntermaßen seit den sechziger Jahren mit einer Vielzahl häufig aufsehenerregender politischer Prozesse befasst. Seine jeweils an den Fällen orientierten Erinnerungen finden sich niedergelegt in: Ders., *Republik*; ganz auf die Terroristenprozesse konzentriert: Ders., *Terroristenprozesse*.

ten, entstand so eine Anwaltsorganisation, die personell zu einem nicht unerheblichen Teil aus der Studentenbewegung hervorgegangen war und durch die Terroristenprozesse ihre Vorbehalte gegenüber dem Staat bestätigt sah. Gleichwohl reichte das hier vertretene Spektrum weit über einen »Interessenverband von Terroristenanwälten« hinaus. Wenn es in dem Gründungsaufruf zu einer neuen Anwaltsvereinigung mit Recht hieß, dass 30.000 bundesdeutsche Rechtsanwälte »nicht mit einer Zunge sprechen könnten«, so wird man die Gründung des Republikanischen Anwaltsvereins als wesentlichen Beitrag einer »inneren Demokratisierung« der Anwaltschaft, aber auch des juristischen Feldes insgesamt sehen können.

4.4.3 »Reformalisierung des Rechtsstaats als Demokratiepostulat?« Die Abkehr von der Politisierungsforderung

Dass der Begriff der »Politisierung« – vor allem für Konservative – zu einem *der* Reizworte der Zeit nach 1968 geworden ist, ist hier breit erörtert worden. Es muss von daher überraschen, im Laufe der siebziger Jahre auf der linken Seite des juristischen Spektrums einen fast nahtlosen Übergang von der Forderung nach »Politisierung« von Recht und Justiz zur Forderung nach einer Rückkehr zum formalen Rechtsstaat zu erleben.[213] Schon Anfang der siebziger Jahre, als der »politische Richter« seine Schreckenskraft für Konservative noch gar nicht voll entfaltet hatte, finden sich auf der linken Seite des juristischen Spektrums bereits Klagen über eine »autoritäre Politisierung« der Strafjustiz. Zudem wies der »alternde Liberale« (Selbstbezeichnung) Helmut Ridder in einer Selbstverständigungsdebatte der »juristischen Linken« Anfang der siebziger Jahre darauf hin, dass die Berufung auf das Prinzip der Legalität sehr wohl einen hohen Wert zur Verteidigung bürgerlicher Rechte habe.

Den Anlass für diese Debatte bot eine Tagung »linker« Juristen im April 1971, in der die Möglichkeiten eines Zusammenschlusses »gesellschaftskritischer Juristen« diskutiert wurden. Ridder hatte sich dabei – unter anderem mit dem genannten Argument – für einen solchen Zusammenschluss ausgesprochen, ohne daran große Illusionen zu knüpfen.[214] Gleichwohl kam von Ulrich K. Preuß eine sehr grundsätzliche Replik auf die Vorstellungen Ridders.[215] Er

213 Vgl. hier insbes. Abendroth, *Grundgesetz*, S. 14ff.; Preuß, *Legalität*; Ridder, *Ordnung*, S. 15ff.; Römer, »Bitte«; Seifert, *Kampf*, insbes. S. 83ff.; als kritische Auseinandersetzung mit dieser Position: Grimm, »Reformalisierung«; dagegen wiederum: Hase/Ladeur/Ridder, »Reformalisierung«.

214 Vgl. Ridder, »Verfassungsreformen«.

215 Preuß, »Funktion«; darauf noch einmal als Antwort: Ridder/Ladeur, »Funktion«.

brachte hier das Selbstverständnis jener jungen Juristen zum Ausdruck, die sich als Teil der Neuen Linken fühlten, aber mit Jura das »falsche« Fach studierten oder studiert hatten. Waren Recht und Justiz letztlich nichts anderes als Instrumente der Herrschaftstechnik, stellte sich aus dieser Perspektive die Frage, ob es eine »revolutionäre Berufspraxis für Juristen« geben konnte, oder ob Juristen grundsätzlich – letztlich auch als Anwälte – nicht immer Teil eines repressiven Apparates waren.[216] So weit ging Preuß zwar nicht, aber er stellte sich auf den Standpunkt, dass es »keine rechts- und verfassungspolitischen Forderungen ›demokratischer Juristen‹ geben« könne, sondern nur »demokratische Rechts- und Verfassungsforderungen als Ausdruck materieller Forderungen gesellschaftlicher Gruppen zur Verbesserung ihrer Lage im gesamtgesellschaftlichen Produktions- und Herrschaftssystem«[217]. Gut marxistisch betrachtete Preuß den Bereich des Rechts als reines Überbauphänomen, das voll und ganz in die Klassengesellschaft und deren ökonomische und politische Strukturen eingebunden war. »Gesellschaftskritische Juristen« hatten in seinen Augen daher eine rein defensive Funktion bei der Verteidigung bestimmter Rechte gegenüber Übergriffen des Staates. Ridders Vorstellung aber, dass gesellschaftskritische Juristen dazu beitragen könnten, den Spielraum der politischen Artikulationsmöglichkeiten zu erweitern und damit gesellschaftlich emanzipativ zu wirken, hielt Preuß letztlich für naiv. Gesellschaftliche Veränderung war für ihn eine Aufgabe, die sich nur auf der politischen Ebene vollziehen konnte. Ein Zusammenschluss »gesellschaftskritischer Juristen« konnte für ihn allenfalls dem Informationsaustausch dienen und »demokratischen Juristen als Durchgangsstadium für eine spätere Arbeit in politischen Massenorganisationen dienen«. Eine eigene politische Willensbildung »gesellschaftskritischer Juristen« könnte dagegen »immer nur die Borniertheit eines Standes reproduzieren«[218].

Die Auseinandersetzung zwischen Ridder und Preuß, der kurze Zeit später im Übrigen implizit ganz auf Ridders Position einschwenkte, verweist auf jenen bereits angedeuteten Riss innerhalb des linken juristischen Milieus, der 1973 zur Gründung der Zeitschrift *Demokratie und Recht* führte. In dem Geleitwort zur ersten Ausgabe distanzierten sich die Herausgeber um Ridder und Abendroth allerdings noch einmal deutlich von dem »gemeinhin als ›Positivismus‹ bezeichneten normativen Konstruktivismus«. Die Zeitschrift, so hieß es weiter in dem Geleitwort grenze sich »scharf und eindeutig von der im juristi-

216 Vgl. Lenk, »Berufspraxis«.

217 Preuß, »Funktion«, S. 382.

218 Ebd. S. 383. Am 25.3.1972 wurde schließlich die »Vereinigung Demokratischer Juristen« gegründet. Vgl. dazu wie auch noch einmal zu der Auseinandersetzung zwischen Ridder und Preuß: Stuby, »Stellung«.

schen Fachschriftentum vorherrschenden vorgeblichen Unpolitik« ab, die bislang das größte Hindernis für eine »Verwissenschaftlichung der Jurisprudenz« dargestellt habe.[219] Zumindest Ridder gehörte jedoch zu denen, die angesichts der klaren Tendenzen zur Entliberalisierung im Zeichen des Extremistenbeschlusses und der Anti-Terrorgesetze mit dem Beharren auf der Bedeutung der Legalität zur Verteidigung demokratischer Rechte den Positivismus gerade für die bürgerrechtlich orientierte Linke wieder salonfähig machten.

Im Zusammenhang mit der Diskussion um die Rolle der Justiz im Kontext der so genannten »Berufsverbote« ist bereits angedeutet worden, dass die Justiz den tatsächlichen oder vermeintlichen Extremisten keineswegs den Schutz bot, den sich die Gegner der staatlichen Praxis im Umgang mit »Extremisten« gewünscht hätten. Den Gerichten, so der Vorwurf von dieser Seite, gehe es nicht um eine »legale« Interpretation der Gesetze – insbesondere von Art. 33 Absatz 2 GG – sondern um eine legitimatorische: Der Staat dürfe eine Unterwanderung der Beamtenschaft nicht zulassen und dürfe daher zu entsprechenden Maßnahmen greifen, um eben dieses zu verhindern.[220] Wie das Bundesverwaltungsgericht im Fall Lenhardt geurteilt hatte, reichte dazu bereits die abstrakte Gefahr aus, die von der bloßen Mitgliedschaft in einer extremistischen – nicht notwendig verbotenen Partei – ausging. Kritiker von links empörten sich in diesem Kontext über die »offene Politisierung der Rechtsprechung«, die »die Funktion der Gerichte im bisherigen Sinn in Frage« stelle.[221]

Die theoretische Begründung und Einordnung dieser plötzlichen Besinnung auf das Prinzip der Legalität lieferte vor allem Ulrich K. Preuß, zu diesem Zeitpunkt Professor für öffentliches Recht an der Universität Bremen[222]: In dem Ministerpräsidentenbeschluss werde die »freiheitlich demokratische Grundordnung« als Inbegriff der Legitimität der bundesrepublikanischen Ordnung als Waffe gegen deren legale Ordnung ausgespielt. Preuß zog hier eine direkte Parallele zur ausgehenden Weimarer Republik: 1932 hatte Otto Kirchheimer beklagt, dass die legale Ordnung der Weimarer Demokratie mehr und mehr durch Berufung auf die Legitimität unterhöhlt wurde.[223] Konsequen-

219 Geleitwort, in: *Recht und Demokratie* 1, 1973, S. 3.

220 Zentral in diesem Zusammenhang die Argumentation von Ulrich K. Preuß in: Stellungnahmen von Juristen zu den von der Ministerpräsidentenkonferenz beschlossenen »Grundsätzen zur Frage der verfassungsfeindlichen Kräfte im öffentlichen Dienst« sowie zur Gemeinsamen Erklärung des Bundeskanzlers und der Ministerpräsidenten der Länder vom 28. Januar 1972, in: *Blätter für deutsche und internationale Politik* 17, 1972, S. 121–165 Stellungnahme von Preuß: S. 141–146; auch abgedr. in: Knirsch u.a. (Hg.), *Radikale*, S. 118–125.

221 Groth, »Transformation«, S. 298.

222 Vgl. insbes. Preuß, in: Stellungnahme von Juristen; weiterhin: Ders., *Legalität.*

223 Vgl. Kirchheimer, »Legalität«.

terweise war es auf der anderen Seite Carl Schmitt, der gleichzeitig mit der »Anerkennung substanzhafter Inhalte und Kräfte des deutschen Volkes« gegenüber der »Beibehaltung und Weiterführung der funktionalistischen Wertneutralität« umgekehrt das Prinzip der Legitimität zu Lasten der Legalität forderte.[224] Dieter Grimm hat überzeugend analysiert, in welchem Maße derartige rechtstheoretische Positionen an die jeweilige politische Situation und die jeweilige politische Haltung gekoppelt sind.[225] Immer dann, so Grimm, wenn die rechtlichen Strukturen als zu starr gegenüber dem dynamischen Wandel einer Gesellschaft wahrgenommen werden, entstehen verstärkt Positionen, die für eine gelockerte Gesetzesbindung der Richter, für den materiellen Rechtsstaat und damit für die Legitimität gerade richterlicher Entscheidungen eintreten. Wer in einer solchen Situation umgekehrt auf der Gesetzesbindung beharrt, gibt sich damit in der Regel schnell als Konservativer zu erkennen. Nach erfolgreichen Rechtserneuerungen, die dem Wandel der Gesellschaft Rechnung getragen haben, verkehrt sich dagegen das Verhältnis von rechtspolitischer und rechtsmethodischer Position. Sofern die Neuerungen als »fortschrittlich« empfunden werden, ist es nun in der Tendenz eher »die Linke«, die sich methodisch auf die Seite des Positivismus und des Legalismus schlägt.

Aus dieser Perspektive ist nun in der Tat zu fragen, ob der Schwenk »linker« juristischer Positionen von der Forderung nach einer »Politisierung« der Rechtsprechung hin zur Forderung nach der klaren Orientierung an den Buchstaben des Gesetzes darauf zurückzuführen ist, dass die rechtspolitischen Reformen der sozialliberalen Koalition als erfolgreich empfunden wurden. Der Rechtspositivismus hätte dann gewissermaßen der Sicherung dieser Errungenschaften gedient. Dass man damit hinter die intensiv geführten Methodendiskussion der ausgehenden sechziger Jahre zurückfiel, die gerade deutlich gemacht hatte, dass es eine schlichte Subsumtion nicht geben konnte, steht dabei auf einem anderen Blatt.[226] Der Schwenk wird dadurch allerdings noch erklärungsbedürftiger.

Grimm weist in diesem Kontext zu Recht auf die ambivalente Bilanz der seit Beginn der Großen Koalition sozialdemokratisch geprägten Rechtspolitik hin. Auf der einen Seite konnte die SPD eine Reihe ganz erheblicher reformerischer Initiativen und Erfolge aufweisen.[227] Auf der anderen Seite ist nicht zu übersehen, dass die selbst gesteckten Ziele in vielen Bereichen nicht erreicht

224 Schmitt, *Legalität*, S. 90f.

225 Vgl. Grimm, »Reformalisierung«; noch grundsätzlicher: Ders., »Methode«.

226 Auch dazu in großer Klarheit: Grimm, »Reformalisierung«.

227 Vgl. dazu With (Hg.), *Rechtspolitik*; der Herausgeber und die Mitarbeiter des Bandes haben sämtlich zumindest zeitweise im Bundesjustizministerium gearbeitet und liefern hier nicht zuletzt eine Art »Erfolgsbilanz« der sozialdemokratischen Reformen.

wurden, unabhängig davon, wie sinnvoll sie gewesen wären. Die »Große Justizreform« ist hier nur ein Beispiel. Zudem gingen die gesellschafts- und damit auch die rechtspolitischen Vorstellungen der Linken ohnehin deutlich über das hinaus, wenn nicht gar in eine ganz andere Richtung, als das, was von der SPD auch nur angedacht war. »Erfolgssicherung« war aus dieser Perspektive daher gewiss kein Grund dafür, dass »linke« Juristen nun wieder die Gesetzesbindung einklagten. Das Motiv ist vielmehr darin zu suchen, dass zum einen die Urteile im Kontext des Extremistenbeschlusses und zum anderen eine Reihe von Urteilen des Bundesverfassungsgerichts im Laufe der siebziger Jahre ergingen, die weder besonders liberal noch besonderes reformorientiert waren.

Ähnlich wie sich in den fünfziger Jahren die CDU-geführte Bundesregierung mit einigen ihrer zentralen Gesetze vor dem Verfassungsgericht verantworten musste, versuchte nun umgekehrt die CDU als Oppositionspartei die Reformgesetze der SPD-geführten Regierung zu Fall zu bringen. Allerdings war sie dabei erheblich erfolgreicher als die SPD in den fünfziger Jahren. Wie oben gesehen, hatte sich das Bundesverfassungsgericht in der Anfangsphase der Bundesrepublik durchaus auch als Gegengewicht zur Bundesregierung etabliert. Mit dem Fernsehurteil von 1961 hatte es Adenauer eine seiner wohl wichtigsten innenpolitischen Niederlagen bereitet. Nicht zuletzt auf Grund dieser Rolle als Gegengewicht zur Bundesregierung einerseits und zum BGH andererseits hatte sich das Bundesverfassungsgericht eine Stellung erarbeitet, die es innerhalb der ansonsten weitgehend konservativen Justiz tendenziell zu einem Hoffnungsträger für »liberale« oder »fortschrittliche« Positionen hatte werden lassen. Wenn Rudolf Wassermann, Konrad Zweigert und andere Ende der sechziger Jahre unter einer »politisch« agierenden nicht zuletzt eine »verfassungskonforme« Justiz verstanden hatten, so stand hinter dem positiven Bezug auf die Verfassung gewiss auch ein tendenziell positiver Bezug auf das Bundesverfassungsgericht.[228]

Die Überraschung und Enttäuschung über das Bundesverfassungsgericht hätte aus dieser Perspektive in den siebziger Jahren kaum größer sein können. Das erste Urteil in dieser Reihe war das Hochschul-Urteil aus dem Jahr 1973. Es ging im Konkreten um das Vorschaltgesetz für ein Niedersächsisches Gesamthochschulgesetz aus dem Jahre 1971, betraf aber die gesamten von der Bundesregierung geförderten und von einigen SPD-regierten Ländern umgesetzten Regelungen zur Schaffung der so genannten Gruppenuniversität, welche die unumschränkte Macht der Professoren an den Hochschulen brechen sollte. Zwar erklärte das Bundesverfassungsgericht das organisatorische System

228 Kritisch zum Bundesverfassungsgericht allerdings auch schon in dieser Phase: Massing, »Recht«.

der »Gruppenuniversität« insgesamt für verfassungskonform, beschnitt aber zentrale Einzelbestimmungen des Gesetzes in sehr weitgehender Weise.[229]

Auch über den Deutschlandvertrag hatte das Bundesverfassungsgericht aufgrund einer Klage der Bayerischen Staatsregierung zu entscheiden. Bekanntermaßen ließ das Gericht die Verträge zwar passieren, befand sie aber nur »in der sich aus den Gründen ergebenden Auslegung« mit dem Grundgesetz vereinbar. Das bedeutete, dass das Gericht nicht nur eine bestimmte Auslegung der Gesetze festlegte, sondern auch Grenzen für die in Artikel 7 vorgesehenen Folgeverträge in einer Weise festschrieb, die manche als äußerst hinderlich für eine weitere Entspannung ansahen.[230] In welchem Maße dies tatsächlich der Fall war, wäre im Einzelnen zu untersuchen. Wichtig ist hier, dass das Bundesverfassungsgericht der Bundesregierung auch auf dem Gebiet der Außenpolitik klare Grenzen zu setzen suchte und dabei von linker Seite auch in diesem Punkt als »konservativ« eingestuft wurde.

Die beiden vielleicht umstrittensten Entscheidungen des Bundesverfassungsgerichts fielen im Abstand von nur drei Monaten in der ersten Hälfte des Jahres 1975. Kurz vor der bereits erwähnten Entscheidung zur Praxis des Extremistenbeschlusses rief das Urteil zur Reform des § 218 eine bis dahin kaum gekannte Welle an Protesten hervor.[231] Noch nie, so der *Spiegel*, habe »das Karlsruher Gericht seine Omnipotenz so drastisch dargestellt« wie mit diesem Urteil.[232] Zuletzt stoppte das Gericht 1978 auch die sozialliberale Reform der Wehrdienstverweigerungspraxis.[233] Allein die Reform des Mitbestimmungsgesetzes ließ das Bundesverfassungsgericht im März 1979 unbeschadet passieren, in den Augen des Rechtshistorikers Uwe Wesel allerdings nicht zuletzt mit dem Hintergedanken, nach der Reihe der verhinderten Reformen seine Unabhängigkeit zu beweisen und nicht als Handlanger der Opposition zu erscheinen.[234]

229 Vgl. Urteil vom 29.5.1973, BVerfGE Bd. 35, S. 79–170. Vgl. dazu kritisch: Massig, »Gruppenuniversität«.

230 Vgl. Urteil vom 31.7.1973, BVerfGE Bd. 36, S. 1–36; kritisch dazu: Däubler, »Außenpolitik«.

231 Vgl. Urteil vom 25.2.1975, BVerfGE Bd. 39, S. 1–68. Zu den Protesten vgl. Schulz, *Provokation*, S. 170f.

232 Zuchtmeister für Bonn und Bürger, in: *Der Spiegel*, 3.3.1975; aus den vielfältigen Pressestimmen zu dem Urteil vgl. u.a. »§ 218. Wir beugen uns dem Urteil nicht!« in: *Der Stern* 6.3.1975; Nach dem Urteilsspruch Pfiffe und Buhrufe in Karlsruhe: in: *FR*, 27.2.1975.

233 Vgl. Urteil vom 13.4.1978, BVerfGE Bd. 48, S. 127–206.

234 Wesel, *Hüter*. Wesel meint, das Urteil habe die gleiche Funktion erfüllt, wie das Fernsehurteil aus dem Jahr 1961, nämlich einmal zu zeigen, dass man nicht immer auf einer Linie mit der CDU-geführten Bundesregierung bzw. mit der CDU-Opposition stimmte. Zu dem Urteil vgl. weiterhin sehr verhalten in der Zustimmung: Mückenberger, »Mitbestimmung«.

Ob diese Interpretation so zu halten ist, sei dahingestellt. Insgesamt aber entpuppte sich das Bundesverfassungsgericht unstreitig als wirksamste Blockade gegen sozialliberale Reformprojekte und griff damit in den Augen der Kritiker weit über die Grenzen seiner Kompetenz hinaus in die Politik ein.[235] Dies mochte man bedauern und es gab sicher auch gute Gründe dafür, für mehr »Selbstbeschränkung« des Gerichts zu plädieren. Doch insgesamt ließ die Debatte um die Forderung nach der Rückkehr zum formalen Rechtsstaat überdeutlich werden, dass es für die Frage nach der Rolle der Justiz in einer demokratischen Gesellschaft kaum eine methodische Patentlösung geben konnte. Auf den Zusammenhang von politischer Konstellation und den daraus abgeleiteten unterschiedlichen methodischen Konsequenzen ist bereits verwiesen worden. Grimm argumentierte in seiner Auseinandersetzung mit dem Reformalisierungspostulat zudem weiter überzeugend, dass die Legitimität demokratischer Systeme auf »Prinzipien *und* Verfahren« beruhe. Der materielle Rechtsstaat, so Grimm weiter, sei »der falsche Gegner der wahren Demokraten. Nicht schon seine Verbindung mit Inhalten, sondern erst die Verbindung mit unfreiheitlichem Inhalt untergräbt die Demokratie«[236]. So ist Grimm schließlich auch darin zuzustimmen, dass der Gegensatz »allem Anschein zum Trotz nicht zwischen formellem und materiellem Rechtsstaat, sondern zwischen linker und rechter Verfassungsmaterialität« verlaufe.[237]

Gleichwohl hatte das Reformalisierungspostulat, das Seifert, Ridder, Preuß, Däubler und andere erhoben, eine wichtige strategische Funktion. Mit der Forderung nach politischer Gestaltung durch Justiz hatte die Linke innerhalb des juristischen Feldes zwar in den ausgehenden sechziger Jahren zunächst eine gewisse »Diskurshoheit« erobert. Doch angesichts der Tatsache, dass man von dieser Seite erstens die Gestaltungszielrichtung nicht wirklich angeben konnte und zweitens das allgemeine Ziel der Veränderung als solche zu Beginn der siebziger Jahre immer mehr an Plausibilität verlor, drohte die Linke innerhalb des juristischen Feldes wieder ganz und gar randständig zu werden. Für sie schien nur noch die oben skizzierte Variante eines »linken« Verständnisses von Recht und Justiz praktikabel, nämlich beides als Herrschaftsmittel abzulehnen. Möglich war dann aus dieser Perspektive allenfalls noch, in anwaltlicher Funktion den (politischen) Interessen von Mandanten zumindest Gehör zu verschaffen und ansonsten nach etwaigen Alternativen zur Justiz zu suchen.[238] Mit dem Reformalisierungspostulat erhob zumindest ein Zweig linken

235 Neben der schon genannten kritischen Literatur zum Bundesverfassungsgericht vgl. auch Holtfort, »Wandlung«.

236 Grimm, »Reformalisierung«, S. 709.

237 Ebd., S. 707.

238 Vgl. dazu Requate, »Ombudsmann«.

juristischen Denkens den Anspruch auf die Besetzung des Zentrums juristischer Argumentationsweisen. Nicht wir, so das implizite Argument von Seifert, Ridder und anderen, wollen das Recht zu politischen Zwecken eingesetzt sehen, sondern das Bundesverfassungsgericht und andere Gerichte tun genau dies unter konservativem Vorzeichen.

Damit war die Debatte in gewisser Hinsicht wieder dort angelangt, wo sie in den sechziger Jahren ihren Ausgangspunkt genommen hatte, nämlich bei dem an die Justiz gerichteten Vorwurf des Konservativismus. Doch anders als in den sechziger Jahren, als Wassermann und andere daraus die Forderung nach politischer Gestaltung durch die Justiz abgeleitet hatten, entwickelte sich nun eine linke juristische Position, die strikte Gesetzesbindung verlangte und damit methodisch jenen Platz beanspruchte, die mit konservativen Vorzeichen Ende der sechziger und Anfang der siebziger Jahre die Gesetzesbindung gegen die »Politisierung« verteidigt hatte. In einer Positionsbestimmung des eigenen Selbstverständnisses einigte sich eine Gruppe von Richtern, die in der ÖTV organisiert war, Anfang der achtziger Jahre auf die Formel des »nicht unkritischen Gesetzespositivismus«.[239] Dieses Votum für den Gesetzespositivismus wollte man verstanden wissen als »ein Votum für den demokratischen Verfassungs- und Gesetzgeber und als ein Votum für die strikte Einhaltung formellen Rechts«. Anknüpfen wollte man hier ausdrücklich an »die demokratische Tradition deutscher Rechtslehre und Justiz« in der Weimarer Republik, für die die Namen Thoma, Anschütz, Kelsen, Heller, Kirchheimer und andere standen.[240]

Auch wenn die verfassungspositivistische Position keine wirkliche Lösung der Fragen bedeutete, wandte sich damit eine linke juristische Position wieder dem Kernbestand juristischen Denkens zu. Denn der Vorwurf der politischen Instrumentalisierung in sozialistischer Absicht konnte den gewerkschaftlich organisierten Richtern und Juristen wie Seifert, Ridder oder Preuß so gewiss nicht gemacht werden. Wie oben ausgeführt, spielte der Politisierungsvorwurf vor allem im Kontext der Auseinandersetzung um die Reform der Juristenausbildung eine zentrale Rolle und war in der Auseinandersetzung um den Extremistenbeschluss und die tatsächliche oder vermeintliche Unterstützung des Terrorismus durch die so genannten »Sympathisanten« ständig präsent. Denn gerade mit dem Ausspielen der »freiheitlich-demokratischen Grundordnung« gegen die »Verfassungsfeinde« wurde auf konservativer Seite unübersehbar versucht, das Interpretationsmonopol darüber zu gewinnen, was unter den jeweiligen Begriffen zu verstehen sei. Dagegen besetzen »linke« oder »gesell-

239 Vgl. dazu Böttcher, »Selbstverständnis«, S. 176.
240 Ebd.

schaftskritische« Juristen im Laufe der zweiten Hälfte der siebziger Jahre zunehmend eine Position, welche die »emanzipatorische Dimension des Rechts« (Joachim Perels) betonte[241], und die in dem Beharren auf »den Buchstaben des Gesetzes« die Möglichkeit sah, den Abbau von Bürgerrechten zu verhindern. So angreifbar die (geläuterte) Rückkehr zum Rechts- und insbesondere Verfassungspositivismus auf methodischer Ebene auch war, so vehement? stemmten sich Seifert, Ridder, Preuß und andere mit dem Reformalisierungspostulat nicht nur auf politischer Ebene, sondern auch innerhalb des juristischen Feldes gegen ein konservatives Interpretationsmonopol von allgemeinen Rechts- und Verfassungspositionen.

4.5 Zwischenbilanz: Rechtsdenken im Zeichen gesellschaftlicher Polarisierung

»Tendenzwende« dürfte der wohl dominierendste Begriff in der zeitdiagnostischen Literatur der zweiten Hälfte der siebziger Jahre sein. Die Reformeuphorie der ausgehenden sechziger Jahre war verschwunden. Artikel häuften sich, die auf den verschiedenen Gebieten eine Art Zwischenbilanz der Reformen zogen und sich unsicher über deren Fortgang zeigten.

Was die Justiz betrifft, so sah die Bilanz durchwachsen aus. Tatsächlich geändert worden waren die Richtertitel und die Präsidialverfassung. Die Möglichkeit zur Bekanntgabe einer »abweichenden Meinung« wurde nur beim Bundesverfassungsgericht eingeführt. Was die Juristenausbildung angeht, waren zwar eine Reihe von Reformstudiengängen eingeführt worden, doch von den ursprünglichen Plänen des »Loccumer Modells« waren viele weit entfernt. Mehr noch: Den Reformstudiengängen, allen voran dem Bremer Modell, schlug zunehmend nicht nur Skepsis, sondern so scharfe Ablehnung entgegen, dass ein Ausbau der Reform völlig außer Sicht geriet.

Gescheitert ist schließlich auch die »Große Justizreform«. Interessant daran ist allerdings weniger das Scheitern des ohnehin fragwürdigen Projektes selbst, als vielmehr die Art und Weise des Scheiterns. Dieses Scheitern machte nicht nur das Wiedererstarken der CDU, sondern auch die zunehmende Ratlosigkeit der SPD gegenüber ihren eigenen Reformplänen sichtbar. Wichtig ist dabei, dass es auf konservativer Seite gelungen war, das technokratische Projekt zu ideologisieren und die SPD so in die Defensive zu bringen. Der Grund für diese zunehmende Defensive, in die die SPD allenthalben geriet, ist unüber-

241 Vgl. Perels, »Dimension«.

sehbar in der wachsenden Furcht der Konservativen, aber auch zunehmender Teile der SPD vor dem »Marsch durch die Institutionen«, vor der »linken Unterwanderung« zu suchen. Die von der SPD durchgesetzten Beförderungen der Reformer Wassermann und Rasehorn erschienen aus dieser Perspektive wie das weitere Voranschieben trojanischer Pferde in das Zentrum der Justiz. Der Radikalenbeschluss und die darauf folgende Auseinandersetzung um die Frage, ob Kommunisten Richter oder sogar nur Rechtsreferendare werden dürften, belegten klar, dass das Liberalisierungsparadigma an seine Grenzen gestoßen war. Auch die Richter und Staatsanwälte machten selbst in den von ihnen eingeleiteten Verfahren und in den Urteilen ebenso wie in ihren offiziellen Verlautbarungen unmissverständlich klar, dass sie die Linie der Abwehr tatsächlichen oder vermeintlichen Extremismus eindeutig mit verfolgten. Konservative Vorwürfe, dass sich die Justiz in »Berufsverbots«-Verfahren zu liberal verhalten habe, waren nicht zu vernehmen.

Ähnliches galt auch für die Terroristenprozesse. Auch wenn eine umfassende Untersuchung über diese Verfahren noch aussteht, wird man hier bereits festhalten können, dass der Justiz eine möglicherweise zu liberale Haltung in diesem Kontext gewiss nicht vorzuwerfen war. Bereits das Urteil im Frankfurter Kaufhausbrand-Prozess – drei Jahre Haft für Andreas Baader und Gudrun Ensslin – war angesichts der Tatsache, dass durchaus mit Absicht niemand zu Schaden gekommen war, ausgesprochen hart und wurde weithin auch so empfunden.[242] Dass es vor allem später im ersten Stammheimprozess mit den rechtsstaatlichen Prinzipien eines fairen Verfahrens nicht sehr genau genommen wurde, wurde selbst in der konservativen Presse bemängelt.[243] Doch die Kritik an der Justiz hatte bei weitem nicht mehr die Dynamik und Resonanz wie in den sechziger Jahren. Angesichts der wachsenden Radikalität des Terrorismus rückte die Frage nach wirksamem Schutz vor terroristischen Aktionen so sehr in den Vordergrund, dass die Verteidigung rechtsstaatlicher Prinzipien immer schwieriger wurde. An der Haltung der traditionellen Anwaltsorganisationen gegenüber den wachsenden Einschränkungen der Verteidigerrechte war deutlich abzulesen, wie weit die Bereitschaft zur Entliberalisierung ging.

Gezeigt worden ist weiter, wie sich die zunehmende gesellschaftliche Polarisierung der siebziger Jahre auch im Bereich des Rechts und der Justiz niederschlug. Die wichtigsten Marksteine dieser Auseinandersetzung waren dabei ohne Zweifel der Extremistenbeschluss und die Terroristenprozesse. Was die wissenschaftliche Seite angeht, so ist im vorangegangenen Kapitel bereits gezeigt worden, dass der kurze und schnelle Aufstieg der Rechtssoziologie die

242 Vgl. etwa *Der Spiegel*, 4.11.1968.
243 Vgl. hier etwa Busche, Gericht.

zum Teil von ihr selbst erhobenen Ansprüche einer Runderneuerung der Rechtswissenschaft kaum erfüllen konnte. Statt dessen gewannen auf der linken Seite des juristischen Spektrums formulierte Positionen an Boden, die sich wieder stärker am Recht selbst orientierten und dabei angesichts des in vielen Bereichen konservativen Gebrauchs des Rechts und der Zurückdrängung rechtsstaatlicher Prinzipien ausgerechnet den Positivismus wieder entdeckten.

Mit Blick auf die personelle Seite, ist von zentraler Bedeutung, dass sich sowohl bei den Richtern und Staatsanwälten als auch bei den Anwälten kleine, aber wachsende Gruppen zusammenfanden, die sich von ihren konservativen Standesorganisationen abwandten. Auffällig ist dabei, dass dies bei den Richtern und Staatsanwälten etwas früher als bei den Anwälten passierte, die dann allerdings einen wohl noch radikaleren Bruch vollzogen. Unübersehbar ist, dass sich vor allem in der zweiten Hälfte der siebziger Jahre zunehmend eben jene junge Juristen fanden, die Ende der sechziger Jahre studiert hatten. Ein allzu einfaches Generationsschema greift allerdings auch hier nicht, da es etwa mit Werner Holtfort oder Ulrich Vultejus sowohl bei den Anwälten als auch bei den Richtern und Staatsanwälten wichtige Integrationsfiguren gab, die schon in den fünfziger Jahren ihre Berufstätigkeit aufgenommen hatten.

5. Schluss

Den Ausgangspunkt der Studien bildeten im Kern drei Fragen: Wo lagen die Ursachen für die Dynamik, mit der die Justiz in den sechziger Jahren zunächst in die Kritik und dann unter Reformdruck geriet? Welche Rolle spielte »1968« für den Verlauf der Debatte und die Umsetzung von Reformen? Welche langfristigen Veränderungen sind zu verzeichnen und inwiefern lassen die sich wiederum auf »1968« rückbeziehen?

Die Entwicklung der fünfziger Jahre ist unter dem Stichwort der konservativen Konsolidierung behandelt worden. Trotz der Kritik, welche die Justiz in den ausgehenden vierziger und frühen fünfziger Jahren nicht zuletzt aufgrund der Rechtsprechung über NS-Verbrechen traf, und trotz der Kritik, die umgekehrt von Richtern und Rechtswissenschaftlern an einer vermeintlichen »Juridifizierung der Politik« und einer »Politisierung der Justiz« geübt worden war, fand die Justiz ihre Rolle im demokratischen Rechtsstaat verhältnismäßig schnell. Wie die Auseinandersetzungen zwischen BGH und Bundesverfassungsgericht sowie die Kritik von Adolf Arndt am »nicht erfüllten Grundgesetz« gezeigt haben, war der Prozess der vollen Akzeptanz des Grundgesetzes als oberste Richtschnur für *jede* Rechtsprechung Ende der fünfziger Jahre noch nicht abgeschlossen. Die Debatten darum ließen jedoch das Grundgesetz immer klarer zu *dem* entscheidenden Bezugspunkt werden, auch wenn dessen Interpretation im Einzelnen naturgemäß weiter sehr hart umstritten blieb. Von grundsätzlicher Bedeutung für das gesamte Rechtsdenken war jedoch, dass das Bundesverfassungsgericht aus den Auseinandersetzungen sowohl mit der Politik als auch mit dem BGH klar als Gewinner hervorgegangen und auf diese Weise den Stellenwert der Verfassung – bei allen Unterschieden in der Interpretation – eindeutig gestärkt hatte.

Lag hier gewissermaßen die Zukunft des bundesdeutschen Rechtsstaats, wurde die Justiz in den sechziger Jahren von ihrer Vergangenheit in doppelter Weise eingeholt. Zum einen wurde ein Teil der Richter mit ihrer NS-Vergangenheit konfrontiert, zum anderen geriet die Justiz mehr und mehr in Verdacht, weiter ein Hort des Konservatismus und obrigkeitsstaatlicher Gesinnung zu sein. Im Einklang mit vielen anderen Forschungsergebnissen zu den sechziger Jahren lässt sich auch für die Justiz eine erhebliche Dynamisierung der Kritik feststellen, die zunächst von außen kam, nach und nach von Richtern und Staatsanwälten aufgenommen wurde und so zu einer auch internen Diskussion um das demokratische Selbstverständnis der Justiz führte. Diese Dynamisierung der von außen und innen vorgebrachten Kritik verlief gewissermaßen parallel zu einer insgesamt kritischer werdenden Öffentlichkeit und spätestens seit 1966 auch parallel zu den Studentenprotesten. Diese Parallelentwicklungen machen es prinzipiell schwierig, tatsächlich konkrete Einflüsse der Studentenbewegung auf andere gesellschaftliche Bereiche, hier auf die Justiz und die Debatte um ihre gesellschaftliche Rolle, festzumachen.

Um dem Problem der diffusen Zuschreibungen zu entgehen, erscheint es sinnvoll, kurz-, mittel- und langfristige Wirkungen zu unterscheiden. Was die kurzfristigen Wirkungen angeht, so sind die Synergieeffekte, die von der Studentenbewegung ausgingen, deutlich aufgezeigt worden. Hier sei nur noch einmal auf die erste und einzige bundesweite Demonstrationsveranstaltung von Richtern im Mai 1968 verwiesen, in deren Zusammenhang sogar vom »Richterstreik« die Rede war. Gezeigt worden ist auch, wie sich die Synergieeffekte nicht zuletzt auf der Ebene der Sprache und des Diskurses niederschlugen. Wie am Beispiel des Richterbundes deutlich wurde, hatte dies nicht zuletzt zur Folge, dass gesellschafts- und standespolitische Forderungen nur in der Sprache und in Einklang mit dem allgemeinen Reform- und Demokratisierungsdiskurs formuliert werden konnten, wenn sie Gehör finden wollten. Beim Richterbund ist es geradezu faszinierend zu beobachten, wie eine Standesorganisation, die zuvor keineswegs durch linkes Gedankengut aufgefallen war, plötzlich Sympathien für die Studentenproteste zu erkennen gab und mit allgemeinen Reformforderungen endlich die seit langem geforderte, eigenständige – höhere – Richterbesoldung durchsetzte. Um keine Missverständnisse aufkommen zu lassen: Die so genannte »R-Besoldung« wird hier nicht als Resultat der Studentenbewegung dargestellt. Doch dadurch, dass sich der Richterbund durchaus in Anlehnung an die Studentenproteste kämpferisch gab und dabei eine gewisse Öffnung »nach links« signalisierte, reihte er sich für kurze Zeit in die »Reformkräfte« ein und erhöhte damit seine Chancen auf die Durchsetzung lang gehegter standespolitischer Forderungen.

Am direktesten betroffen von den Protesten der Außerparlamentarischen Opposition war die Justiz durch die Demonstrationsprozesse. Diesen Prozessen ist breiter Raum gewidmet worden, da sie in der Tat erheblichen Einfluss auf die Debatte um die Justiz und ihre gesellschaftliche Rolle hatten. Ein wichtiger Grund dafür war, dass hier vor den Augen der juristischen wie der allgemeinen Öffentlichkeit eine ganze Serie von Prozessen mit relativ ähnlichen Tatbeständen stattfanden. Wichtiger noch als die unangemessene Härte mancher Urteile war dabei zunächst deren enorme Spannbreite. Vieles von dem, was mindestens seit Mitte der sechziger Jahre schon diskutiert worden war, insbesondere dass »weltanschauliche Hintergründe« bei der Rechtsprechung einen erheblichen Einfluss hatten, schien sich nun zu bestätigen. Trotz einer ganzen Reihe harter Urteile und obwohl die Justiz in vielen dieser Prozesse durch ungeschicktes Verhalten gegenüber den gezielten Provokationen nicht sehr gut aussah, fiel die Bilanz dieser Prozesse für die Justiz aus liberaler Perspektive am Ende nicht so schlecht aus. Mit der verbalen Abwehr von Forderungen nach einem härteren Durchgreifen sowie durch die Tatsache, dass es überhaupt liberale Urteile gab, vermittelten Teile der Richterschaft einen offeneren Eindruck, als die Justiz insgesamt ihn in den Jahren davor abgegeben hatte. Die Kritik, die vor 1968 auch von Richtern selbst am obrigkeitsstaatlichen Denken der Justiz geübt worden war, bekam nun eine wesentlich breitere Basis. Zwar wurden konservative Richter nicht plötzlich zu liberalen, doch im Zuge der Demonstrationsprozesse zeigte sich die Justiz weit weniger monolithisch als lange Zeit zuvor.

Das änderte allerdings nichts an dem Umstand, dass sich diejenigen, die sich dem Staat und seinen Institutionen gegenüber ohnehin in klarer Opposition sahen, durch überharte Urteile in ihrer Haltung gegenüber der Justiz bestätigt sahen. Die Tatsache, dass Richter zu den ersten Adressaten von – fehlgeschlagenen – Anschlägen wurden, zeigt, wie sehr die Justiz als Repräsentant des zunehmend verhassten Staates wahrgenommen wurde. Dies trug letztlich auch dazu bei, dass der Auftrieb, den die liberalen Kräfte in der Justiz durch die Protestbewegung erhielten, zeitlich eng begrenzt blieb. Noch während »die Reformer« den von »'68« ausgehenden Schwung zu nutzen suchten, setzte bereits jene Verhärtung der Fronten ein, die die siebziger Jahre in weiten Teilen die Gesellschaft insgesamt durchziehen sollte.

Dem kurzen »Sommer der Reformer« stand so seit Anfang der siebziger Jahre ein deutliches »Rollback« gegenüber, das zu den mittelfristigen Folgen der Protestbewegung zählte. Denn dieses »Rollback« gerade im Bereich des Rechtsdenkens wird man zum einen der Furcht vor der Radikalisierung von Teilen der Protestbewegung, zum anderen – vielleicht sogar noch mehr – der Furcht vor dem angekündigten »Marsch durch die Institutionen« zuschreiben können. Der Rückenwind, den die »Reformer« um 1968 zunächst durch die Protestbewegung erhalten hatten, drehte sich nun gegen sie. Zwar lagen die Positionen derer, die diesen Marsch angekündigt hatten und derer, die mit enormem Selbstbewusstsein eine völlige Neuordnung des juristischen Studiums und letztlich eine Neubegründung der Rechtswissenschaft forderten, tatsächlich weit auseinander oder waren sogar gänzlich inkompatibel. Berührungspunkte ergaben sich allerdings innerhalb des Politisierungs- und Demokratisierungsdiskurses. Die Forderung nach der »Politisierung aller Lebensbereiche« auf der einen und der Wassermannsche Begriff des »politischen Richters« auf der anderen Seite suggerierten eine Nähe, die es in den konkreten, damit verbundenen Vorstellungen nicht gab. Hinzu kam, dass »die Reformer« in der Kritik des Bestehenden weit stärker waren als im Entwurf von Neuem. Das wiederum hing damit zusammen, dass die Neuerungsrhetorik Unterschiede in den Zielvorstellungen verwischte. Vor allem in den Auseinandersetzungen um die Reform der Juristenausbildung prallten die unterschiedlichen Positionen bald hart aufeinander. Nachdem es auf dem Juristentag von 1970 noch – zumindest nach außen – einen breiten Konsens in der Reformfrage gegeben hatte, verhärteten sich die Fronten in kürzester Zeit so, dass die einen schnell Verrat an den ursprünglichen Zielen witterten und für die anderen die Reformmodelle, allen voran das Bremer, zum Schreckbild schlechthin wurden. Während auf der einen Seite eine kleine Minderheit die radikale Neuerungsrhetorik tatsächlich in reale Veränderungen umsetzen zu können glaubte, fürchtete die andere Seite genau dieses. Sehr schnell zeigte sich zudem, dass die Hegemonie des Reformdiskurses in den ausgehenden sechziger Jahren dazu geführt hatte, dass die Bereitschaft, radikale Reformmodelle auch durchzusetzen, auf allen Seiten erheblich überschätzt wurde. Bremen wurde auf diese Weise nicht als eines von mehreren Modellen diskutiert, dem man mit unterschiedlichem Maß an Sympathie oder Antipathie gegenüberstehen konnte. Vielmehr wurde »Bremen« aus wiedererstarkter konservativer Perspektive zum Synonym für all das, was drohte, wenn man dem Reformwillen nicht klar entgegensteuerte. Nimmt man die scharfen gesetzlichen Maßnahmen hinzu, die unter der Ägide der SPD zum Extremistenbeschluss der Ministerpräsidenten und schließlich zu den Antiterrorgesetzen der Jahre 1974 bis 1977 führten, ist unübersehbar, dass das Paradigma der Liberalisierung hier klar an seine Grenzen gestoßen war und zum Teil sogar ein deutlicher Umkehrprozess eingesetzt hatte.

Es ist unmittelbar einleuchtend, dass sich die Folgen eines konkreten Ereignisses umso schwerer von übergreifenden Entwicklungen unterscheiden lassen, je weiter man sich von dem Ereignis entfernt. Die Umkehr des Liberalisierungstrends zumindest in den Bereichen des Rechts, die dem Politischen besonders nahe waren, ist hier in erster Linie als Furcht vor der Radikalisierung von Teilen der Protestbewegung sowie dem »Marsch durch die Institutionen« interpretiert worden. Dass das Ende der Reformeuphorie dagegen mit übergreifenden Faktoren, dem Ölschock und anderen Parametern zusammenhing, ist bereits erwähnt worden. Beides zusammen setzte der Aufbruchstimmung der sechziger Jahre ein deutliches Ende.

Was nun die langfristigen Folgen der 68er-Protestbewegung für den Bereich der Justiz und des Rechtsdenkens angeht, lassen sich diese wohl am einfachsten zunächst auf personeller Ebene ausmachen. Ende der sechziger Jahre entstand ein Spektrum »linken« Rechtsdenkens, das sich in unterschiedlicher Weise in der Wissenschaft, bei den Richtern, Staatsanwälten und schließlich bei den Anwälten bemerkbar machte. Im wissenschaftlichen Bereich schlug sich dies vor allem in der Gründung und Etablierung neuer Zeitschriften – insbesondere der *Kritischen Justiz* – nieder, bei den Richtern und Staatsanwälten sowie bei den Anwälten, in der Gründung neuer Organisationen, die sich als »links« oder »gesellschaftskritisch« definierten. Die aufstrebende Rechts- und Justizsoziologie, die am Ende der sechziger Jahre einen wichtigen Bezugspunkt für die »juristische Linke« dargestellt hatte, büßte diese Rolle im Laufe der Jahre allerdings ein. Dies hing nicht nur damit zusammen, dass die Rechtssoziologie die hochgeschraubten Erwartungen, die zum Teil in sie gesetzt worden waren, nicht erfüllen konnte, sondern auch damit, dass sich das Fach, wie die Soziologie insgesamt im Übrigen auch, zunehmend als »Verwendungswissenschaft« verweigerte.[1] An die Stelle der offensiven Forderungen nach einer grundlegenden Veränderung von Recht und Justiz durch die Orientierung an den Sozialwissenschaften trat im Laufe der siebziger Jahre als Bezugspunkt für »linkes« juristisches Denken eher die defensive Verteidigung von Grundrechten, die wiederum als Reaktion auf die Tendenzen der Entliberalisierung zu verstehen sind. Als Folge von »'68« lässt sich diese Entwicklung jedoch nur noch insofern beschreiben, als es sich dabei gewissermaßen um eine Reaktion auf eine Reaktion auf »'68« handelte.

Noch größere Zurückhaltung hinsichtlich der Zuschreibung als Folge von »'68« empfiehlt sich bei der Beurteilung sonstiger langfristiger Veränderungen. Oben ist bereits kurz auf eine Rückkehr des Streits um den »politischen Richter« in der ersten Hälfte der achtziger Jahre verwiesen worden, der unter direktem Bezug auf »1968« geführt wurde. Das Problem des »politischen Richters«, so der Frankfurter Rechtsanwalt Christoph Berglar 1984, sei bislang immer nur theoretisch debattiert worden.[2] Es sei jedoch an der Zeit, zu fragen, ob die Pläne zur Veränderung der Gesellschaft durch die Justiz nicht inzwischen in der Rechtsprechung ihren Niederschlag gefunden hätten. Als Indiz dafür wertete er bestimmte Urteile von Arbeitsgerichten sowie die Tatsache, dass insbesondere in der ÖTV vertretene Richter zunehmend politisch in Erscheinung träten und dabei möglicherweise in Konflikt mit ihrer Rolle als

1 Vgl. dazu auf allgemeiner Ebene Beck/Bonß, »Soziologie« sowie Hondrich, »Soziologie«; speziell für den Bereich der Rechts- und Justizsoziologie Blankenburg, »Praxisrelevanz«.

2 Vgl. Berglar, »Politischer Aktionismus«; vgl. dazu auch: Fenando Wassner, Ein rot-grüner Faden im Arbeitsgericht, in: *FAZ*, 2.12.1982; dagegen: Strecker, »Richter«.

neutrale, allein Recht und Gesetz verpflichtete Richter gerieten. Auffällig ist, dass diese Entwicklung, die hier auf Argwohn stieß, von anderer Seite zu gleicher Zeit positiv vermerkt wurde. »Keine Halbgötter in Schwarz mehr«: So lautete der Titel einer Fernsehdokumentation aus dem Jahr 1984, in dem eine Öffnung der Justiz konstatiert, begrüßt und nicht zuletzt auf den Aufbruch am Ende der sechziger Jahre zurückgeführt wurde. Auf dem Verwaltungsrichtertag im Jahr 1983 sprach der Präsident des Bundesverwaltungsgerichts, Sendler, davon, dass sich für »besorgniserregende Ergebnisse« des »berühmten Marsches der ›jungen Linken‹ durch die Institutionen« nur schwerlich handfeste Belege finden ließen.[3] Als Bezugspunkt war 1968 in allen drei genannten Zustandsbeschreibungen der Justiz präsent. Die Bewertungen gingen jedoch weit auseinander. Dies lag nicht nur an den unterschiedlichen politischen Positionen der Betrachter, sondern auch daran, dass mit wachsendem zeitlichen Abstand klare Zuschreibungen immer schwieriger und insofern auch beliebiger wurden. Auf die Frage, ob bestimmte Arbeitsgerichtsurteile auf »den Marsch ›linker Juristen‹ durch die Institutionen« zurückzuführen sind oder in welchem Maße die Tatsache, dass die Gerichte in den achtziger Jahren möglicherweise als »freundlicher« und »offener« wahrgenommen wurden als in den sechziger Jahren[4], auf »1968« oder vielmehr auf langfristige Trends zurückzuführen ist, ist eine eindeutige Antwort weder möglich noch sinnvoll.

Gleiches gilt auch für den von der Justizforschung der achtziger Jahre konstatierten Einstellungswandel. Denn in den ausgehenden siebziger Jahren gaben die Juristen im Licht dieser Forschung ein gegenüber den sechziger Jahren deutlich verändertes Bild ab.[5] Zwar hatte sich die soziale Zusammensetzung insbesondere bei Richtern kaum verändert: Der Anteil der Arbeiterkinder betrug auch um 1980 herum bei jungen Richtern nicht mehr als fünf Prozent. Immerhin war nach den neueren Ergebnissen der Anteil der Beamten- und Juristenkinder unter den jungen Richtern deutlich zurückgegangen.[6] Der früher eher vermutete als tatsächlich gezeigte Zusammenhang von sozialer Herkunft und politischer Einstellung wurde jedoch in den neueren Untersuchungen klar widerlegt. Die untersuchten jungen – im Schnitt 30-jährigen – Richter vom Anfang der achtziger Jahre zeigten sich in ihrer politischen Richtung überwiegend der SPD (44 Prozent) und der FDP (24 Prozent) verbunden, während

3 Sendler, »Unabhängigkeit«, S. 1454.

4 So Wassermann, »Gerichte«.

5 Vgl. hier insbes. Lange/Luhmann, »Juristen«; Luhmann, »Legal Profession«; Heldrich/Schmidtchen, *Gerechtigkeit*; Heldrich, »Juristen«. Gemeinsam ist diesen Beiträgen eine Grundhaltung, die klar gegen die vor allem von Wolfgang Kaupen repräsentierte, tendenziell »klassenkämpferische« Justizforschung gerichtet war.

6 Vgl. Heldrich/Schmidtchen, *Gerechtigkeit*, S. 193f.

nur 19 Prozent eine Präferenz für die CDU angaben.[7] Zudem konstatierten die Autoren der entsprechenden Untersuchung, dass »ziviler Ungehorsam oder verbotene Demonstrationen keineswegs vollständig tabuisiert« seien. Rund ein Sechstel der jungen Richter hielt etwa im Zusammenhang mit dem Bau eines Atomkraftwerks zivilen Ungehorsam und unerlaubte Demonstrationen für gerechtfertigt.[8] Insgesamt entwarfen die Autoren hier das Bild von der jungen Richterschaft, die mit der politischen Ordnung der Bundesrepublik im Wesentlichen zufrieden war, allerdings nicht unkritisch gegenüber der Wirtschaftsordnung und insbesondere sozial Schwächeren gegenüber aufgeschlossen.

Der Unterschied zu dem Bild, das die Justizsoziologie in den sechziger und frühen siebziger Jahren gezeichnet hatte, hätte kaum deutlicher ausfallen können. Ein genauer Vergleich ist dennoch schwierig. Die Aussagen über die politische Haltung der Richter in den sechziger Jahren beruhten zum Teil eher auf Vermutungen als auf klaren Ergebnissen. Zudem betraf die Untersuchung aus dem Jahr 1982 ausdrücklich nur die sehr jungen, im Schnitt 30-jährigen Richter und schließlich spielte möglicherweise auch eine Rolle, dass die Untersuchungen der früheren und der späteren Studien von unterschiedlichen politischen Standpunkten aus unternommen wurden. Gleichwohl erscheint die Tendenz, die sich hier abzeichnete, eindeutig. Eine nicht unerhebliche Zahl junger Juristen, die seit den ausgehenden sechziger Jahren in die Berufe der Richter, Staatsanwälte und vor allem Anwälte drängte, hatten offensichtlich mit der Gedankenwelt ihrer Standesvertreter vor allem der frühen sechziger Jahre nicht mehr viel gemein. Dieser Wandlungsprozess ist gewiss nicht erst 1968 initiiert, wohl aber beschleunigt worden.

Damit stellt sich noch einmal die Frage nach den Kategorien, mit denen dieser und andere Wandlungsprozesse zu beschreiben sind und nach den Faktoren, die sie vorangetrieben haben. Zu fragen wäre also pointiert, ob sich die unterschiedlichen Wandlungsprozesse eher mit dem Begriff der Liberalisierung, dem der Demokratisierung oder in anderer Weise beschreiben lassen und ob der Generationsumbruch hierbei ein zentrales Erklärungsmoment bildet oder andere Erklärungsmuster herangezogen werden müssen.

Von einem fortgesetzten Trend der Liberalisierung lässt sich für die siebziger Jahre pauschal gewiss nicht sprechen. Die Stichworte der siebziger Jahre

---

7 Vgl. Ebd., S. 196.

8 Ebd., S. 199. Nicht überraschend war, dass die eher »linken« Richter dem zivilen Ungehorsam deutlich »aufgeschlossener« gegenüberstanden als die konservativen, obwohl es auch unter diesen bestimmten Voraussetzungen Verständnis für verbotene Demonstrationen gab. Bei Rechtsanwälten lag der Anteil der gegenüber verbotenen Demonstrationen »aufgeschlossenen« übrigens bei etwa einem Viertel.

lauteten Tendenzwende und Entliberalisierung.[9] Zwar gilt dies gewiss nicht für alle Rechtsbereiche. Im Familienrecht ebenso wie im Umgang mit – insbesondere jugendlichen – Straftätern setzten sich übergreifende Liberalisierungstendenzen ohne Zweifel fort.[10] Unangebracht wäre es auch, die Tendenzen der Entliberalisierung allein auf den Bereich des politischen Strafrechts beziehen zu wollen. Zum einen hatten die Änderungen der Strafprozessordnung Auswirkungen auf die anwaltliche Tätigkeit insgesamt. Zum anderen erweist sich das Paradigma der Liberalisierung langfristig auch gerade dann als untauglich, wenn man sich für die Zeit seit den achtziger Jahren rechtspolitische Vorstöße ansieht, die eher von der linken Seite des politischen Spektrums kamen. 1985 beklagte der von Fritz Sack geprägte kritische Kriminologe Sebastian Scheerer, dass die Neuen Sozialen Bewegungen das Strafrecht für ihre politischen Ziele entdeckt hätten und in vielen Bereichen – Umweltschutz, Rechtsradikalismus, sexuelle Freiheit – statt auf andere Konfliktregelungsmechanismen ganz auf Strafverschärfungen oder die Einführung neuer Straftatbestände drängten.[11] Es geht hier nicht darum, zu eruieren, wie sinnvoll dies möglicherweise war und aus welchen Gründen es zu diesen Forderungen gekommen ist. Es ist nur darauf zu verweisen, dass langfristig auch aus dieser Perspektive das Paradigma der Liberalisierung nicht mehr tauglich ist.

Wendet man sich der langfristigen Veränderung der Richterschaft zu, muss hier noch einmal auf den Gründungstext der Neuen Richtervereinigung im Jahr 1987 verwiesen werden. Dort hieß es, die Gründung sei möglich geworden, »weil die Justiz der Bundesrepublik in ihrer Zusammensetzung pluralistischer wurde und nun im Justizpersonal – obwohl immer noch überwiegend konservativ – alle Richtungen und Lebenshaltungen vertreten sind«[12]. Auch diejenigen Richter, die sich als eher »links« verstanden, attestierten der Justiz insgesamt damit einen deutlichen Öffnungsprozess. Untersucht man die Verlautbarungen des Richterbundes in den neunziger Jahren und beachtet dabei insbesondere das deutlich gewandelte Verhältnis der zentralen Standesvertretung gegenüber der NS-Vergangenheit der Justiz, ist auch hier langfristig ein Wandlungsprozess unverkennbar. Die vielleicht deutlichste Veränderung ist im Verhältnis der Justiz zur Öffentlichkeit zu verzeichnen. Eine Abschottung, wie sie die Justiz mit Unterstützung aus der Rechtswissenschaft noch Anfang der sechziger Jahre zu praktizieren versuchte, verbot sich in der »offenen Gesellschaft« zunehmend von selbst. Die in den sechziger Jahren von vielen Juristen

9 Vgl. hierzu auch aus italienischer Perspektive Papa, »Entwicklung«.

10 Vgl. Schneider, »Täter«.

11 Vgl. Scheerer, »Neue Soziale Bewegungen«; als Erwiderung darauf vgl. Biggi Bender, »Feministinnen«.

12 Selbstbeschreibung abgedr. in: Beer, *Der lange Weg*.

gern gesehene Unterscheidung von einer juristischen Öffentlichkeit, vor der man sich zu verantworten und einer »politischen Öffentlichkeit«, der man keine Rechenschaft abzulegen hatte, geriet für eine Berufsgruppe, die ihrerseits Forderungen an den Gesetzgeber stellte, zur Unmöglichkeit. Prozesse wie die gegen den »Nervenarzt« Elmar Herterich, den »Sozialanwalt« Weigand oder den Frauenarzt Dr. Dohrn lassen sich auch als bewusste Missachtung der »politischen Öffentlichkeit« interpretieren. Wenn sich die Justiz in der Folgezeit derartige Blößen kaum noch gab, ist dies wohl auch darauf zurückzuführen, dass die »politische Öffentlichkeit« als Kontrollorgan gerade in Folge dieser »Skandalprozesse« wesentlich ernster genommen wurde. Diese Veränderungen unter den Begriff der Liberalisierung zu fassen, erscheint gleichwohl als unzureichend. Gerade im Verhältnis zur Öffentlichkeit ist in erster Linie eine Hinwendung zur demokratischen Gesellschaft und ihren Spielregeln zu beobachten.

Dies führt zurück zu dem Begriff der (inneren) Demokratisierung, der seinerseits wiederum mit einem zunehmenden Ausbau zivilgesellschaftlicher Strukturen in Verbindung gebracht werden kann. Dabei ist es sinnvoll, unter Demokratisierung innerhalb der Demokratie eine Ausweitung demokratischer Prinzipien und Verfahren zu verstehen.[13] Aus der Vielzahl dieser Prinzipien und Verfahren erscheinen drei besonders wichtig, vor allem dann, wenn es vor allem um die innere Demokratisierung von Institutionen geht: Partizipation, Oppositionsbildung sowie Transparenz und Öffentlichkeit. Während es in den sechziger Jahren auch in der Justiz zunächst in dem Sinne um eine Liberalisierung ging, dass autoritäre und obrigkeitsstaatliche Werthaltungen zurückgedrängt werden sollten, rückte Ende der sechziger Jahre nicht umsonst der Demokratisierungsbegriff in den Vordergrund. Denn es ging dabei zentral nicht um Werthaltungen, sondern um die Schaffung von Transparenz. Für den Bereich des Rechtsdenkens und der Justiz ist dies hier breit ausgeführt worden: Der Einfluss der »weltanschaulichen Hintergründe« auf die Rechtsprechung sollte ebenso »entlarvt« werden wie »hohle Rituale« Richter sollten als Personen mit politischen Meinungen in der Öffentlichkeit sichtbar und das Abstimmungsverhältnis und die Begründungen für »abweichende Meinungen« offen gelegt werden.

Zwar hatten diejenigen, die in diesem Sinne für die »Demokratisierung der Justiz« eintraten, durchaus die Vorstellung, dass diese Form der Transparenz letztlich auch zu »liberaleren« oder »sozialeren« Urteilen führen würde. Doch gehörte es wohl zu den großen Irrtümern der Befürworter wie der Gegner einer Demokratisierung, dass die formalen Prinzipien von Transparenz und

13 Vgl. dazu Quaritsch, »Demokratisierung«.

Partizipation die Ergebnisse bereits vorherbestimmten. Daran war zwar richtig, dass der Demokratiebegriff bestimmte Werthaltungen impliziert, für ihn aber gleichzeitig die Ergebnisoffenheit seiner Verfahren konstitutiv ist. So ist es eine Binsenweisheit, dass Wahlen auch zu Gunsten von Gruppierungen ausgehen können, die von ihren Werthaltungen in einem klaren Widerspruch zu bestimmten Prinzipien stehen. Ohne eine Parallelisierung suggerieren zu wollen, bedeutete dies etwa für die Wahlverfahren innerhalb der Richterschaft, dass die Einführung von Präsidialratswahlen ebenso wie von anderen internen Wahlen keineswegs dazu führte, dass dabei diejenigen gestärkt wurden, die für die Demokratisierung der Justiz gestritten hatten.

Doch beinhaltet das Konzept der Demokratisierung auf analytischer Ebene ebenso wie in den zeitgenössischen Konzeptionen nicht nur Partizipation qua Mitsprache oder qua Wahlen, sondern auch Oppositionsbildung beziehungsweise »kollektiver Gegenmachtbildung«, wie es etwa Fritz Vilmar nicht ganz frei von kämpferischem Pathos ausdrückte. Unter dieser Perspektive lässt sich die Polarisierung gerade auch im Rechtsdenken, die Entstehung oppositioneller Strömungen in der Rechtswissenschaft, der Richter- und der Anwaltschaft als Beitrag zu einer inneren Demokratisierung der jeweiligen Bereiche sowie des juristischen Feldes insgesamt verorten. In dem Maße, wie die hier entstandenen Auseinandersetzungen nicht nur in der juristischen Fachöffentlichkeit, sondern auch in einer breiteren »politischen« Öffentlichkeit ihr Echo fanden, trugen diese wiederum dazu bei, dass der Gesellschaft die unterschiedlichen Positionen vermittelt und für sie geworben werden musste. Die damit verbundene Öffnung zur Gesellschaft kann somit auch als Element der Demokratisierung begriffen werden. Ob sich allerdings im Dialog mit der Gesellschaft ein Konsens etwa in Bezug auf eine liberalere strafrechtliche Praxis herauskristallisierte, dürfte, um es vorsichtig zu formulieren, sehr fraglich sein.

Auch wenn durch »1968« in manchen gesellschaftlichen Bereichen liberalere Werthaltungen beschleunigt Auftrieb erhalten haben mögen, ist die auf 1968 folgende Zeit insgesamt nicht von Liberalisierung gekennzeichnet. Der Anspruch auf Transparenz, eine Neufundierung juristischen Denkens, eine Orientierung der Rechtsprechung an den demokratischen Grundrechten, Mitsprache bei Personalentscheidungen und anderes mehr zielten bei aller Unschärfe des Demokratisierungsprozesses auf eine Ausweitung demokratischer Prinzipien und Verfahren und somit auch auf die Stärkung der Zivilgesellschaft. Gerade weil für diese Prinzipien und Verfahren die auch öffentlich geführte Auseinandersetzung konstitutiv ist, folgte die Polarisierung der Auseinandersetzung einer gewissen inneren Logik. Angesichts der von der Politik herbeigeführten entliberalisierenden Maßnahmen in den siebziger Jahren vollzog sich diese Polarisierung in besonderer Schärfe.

Es bleibt schließlich noch die Frage nach den treibenden Faktoren der hier angedeuteten Veränderungen. Die Bedeutung des Generationenparadigmas in der derzeitigen zeithistorischen Forschung ist zu Anfang bereits hervorgehoben worden. Deutlich gemacht worden ist auch, dass der »Generationenumbruch« innerhalb der Justiz, der in den sechziger und siebziger Jahren zu verzeichnen ist, eine gute Voraussetzung für einen Einstellungswandel und andere Veränderungen bildete. So ist die Auseinandersetzung innerhalb der Richterschaft zumindest in Teilen auch als Auseinandersetzung zwischen den unterschiedlichen Generationen interpretierbar. Die Konstruktion einer »konservativen«, einer »liberalen« und einer »linken« Generation dürfte dennoch auch dann in die Irre gehen, wenn man sich, wie die Verfechter des Modells hervorheben, vor allem auf der Ebene der wichtigen Repräsentanten einer »Generation« bewegt. In den frühen sechziger Jahren kam schärfste Justizkritik zunächst von Fritz Bauer, Richard Schmid, Sebastian Haffner oder Ulrich Sonnemann, gewiss keinen Angehörigen der Flakhelfer-Generation. Den 1918 geborenen Theo Rasehorn zu dieser Generation zu zählen, ist nicht sehr plausibel, auch wenn Dirk Moses diesen Jahrgang in die »45er« einschließt. Die Richter, die den Freisler-Beisitzer Rehse freisprachen oder Beate Klarsfeld zu einem Jahr Haft verurteilten, gehörten dagegen eben dieser »Generation« an. Solche Beispiele ließen sich fortsetzen, ebenso, wie sich Gegenbeispiele fänden. Wichtiger noch als die Tatsache, dass sich immer wieder Personen finden, die nicht in das Schema passen, ist der Umstand, dass das Paradigma der Generationen deren Träger gewissermaßen für alle Zukunft zu Trägern bestimmter Ideen erklärt. So werden die Flakhelfer zu Trägern der Liberalisierung, die »68er« dagegen zu Trägern eines kulturrevolutionären, »antiautoritären« Gedankenguts. Wandelbarkeit ist dabei nicht vorgesehen. Nicht nur die Lebenswege einiger Mitglieder der derzeitigen Bundesregierung sprechen gegen diese Annahme.

Wenn hier dagegen auf der Bedeutung bestimmter Ereignisse – der »Blutrichter«-Kampagne der DDR, der »Spiegel-Affäre«, skandalträchtiger Gerichtsprozesse, der Demonstrationsprozesse, der Studentenbewegung etc. – insistiert worden ist, ging es darum, den Einfluss solcher Ereignisse gegen die Relevanz langfristiger, struktureller Prozesse auszuspielen. Mit der zunehmenden Bedeutung der medialen (Selbst)Beobachtung der Gesellschaft, bündeln jedoch einzelne Ereignisse die Aufmerksamkeit so, dass deren mediale Aufnahme, Verarbeitung und Interpretation eine zentrale Rolle für den Prozess des »Agenda settings« hat. Gerade für die Debatte um die gesellschaftliche Rolle der Justiz ist unverkennbar, dass Gerichtsprozesse hier immer wieder die öffentliche Aufmerksamkeit fokussiert haben, die dann in Diskussionen unterschiedlicher Intensität gemündet sind. Nicht zuletzt hat sich dabei gezeigt, dass die Dynamik der gesamten Auseinandersetzung in erheblichem Maße auf das Spannungsverhältnis und das Zusammenwirken von laufenden innerfachlichen Debatten und der punktuellen Aufmerksamkeit einer breiteren Öffentlichkeit zurückzuführen ist. Vor allem lässt sich an den Ereignissen verfolgen, wie bestimmte »Diskurskoalitionen« entstehen, die nach Verblassen der Ereignisse wieder zerbrechen. Schließlich geht die Bedeutung eines Ereignisses wie der Protestbewegung von »1968« weder darin auf, dass gezeigt werden kann, was konkret von bestimmten Forderungen oder Ideen durchgesetzt werden konnte, noch in der Vorstellung, dass sich hier eine Generation gebildet habe, die diese Ideen über Jahrzehnte hinweg in sich trage. Für die langfristige Bedeutung ist vielmehr zentral, dass das Ereignis ein weithin interpretationsfähiger Bezugspunkt in der öffentlichen Diskussion bleibt, der zur Legitimierung und Delegitimierung bestimmter aktueller Positionen dient. Während auf der »realen« Ebene die Auswirkungen eines Ereignisses wie »1968« längst in langfristigen strukturellen Veränderungen aufgegangen sind, wirkt das Ereignis auf diskursiver Ebene noch lange fort.

Literatur

Abkürzungen

ASJ	Arbeitsgemeinschaft sozialdemokratischer Juristen
AcP	Archiv für die civilistische Praxis
AöR	Archiv des öffentlichen Rechts
ApuZg	Aus Politik und Zeitgeschichte
BACDJ	Bundesarbeitskreis christlich demokratischer Juristen
BAG	Bundesarbeitsgericht
BGH	Bundesgerichtshof
BGHSt	Entscheidungen des Bundesgerichtshofes in Strafsachen
BGHZ	Entscheidungen des Bundesgerichtshofes in Zivilsachen
BVerfGE	Bundesverfassungsgerichtsentscheidungen
DÖV	Die öffentliche Verwaltung
DRiZ	Deutsche Richterzeitung
DRZ	Deutsche Rechtszeitung
FAZ	Frankfurter Allgemeine Zeitung
FR	Frankfurter Fundschau
GG	Grundgesetz
GuG	Geschichte und Gesellschaft
JöR	Jahrbuch für öffentliches Recht
JR	Juristische Rundschau
JuS	Juristische Schulung
JZ	Juristische Zeitschrift
KBW	Kommunistischer Bund Westdeutschlands
KJ	Kritische Justiz
KZfSS	Kölner Zeitschrift für Soziologie und Sozialpsychologie
MDR	Monatsschrift des Deutschen Rechts
NJW	Neue Juristische Wochenschrift
ÖTVR	ÖTV in der Rechtspflege
RuP	Recht und Politik
SZ	Süddeutsche Zeitung
VfZg	Vierteljahrshefte für Zeitgeschichte
ZRP	Zeitschrift für Rechtspolitik

I. Archive

Bundesarchiv (BA), Koblenz

B141 Bundesministerium der Justiz

Archiv der Sozialen Demokratie (AdsD), Bonn

SPD-Bundestagsfraktion 1.–8. Wahlperiode

NL Adolf Arndt

NL Gustav Heinemann

NL Josef Neuberger

NL Johannes Strelitz

Depositum Gerhard Jahn

Landtagsfraktion Niedersachsen

Landtagsfraktion Hessen

Landtagsfraktion Nordrhein-Westfalen

Archiv für Christlich-Demokratische Politik (ADCP), Sankt Augustin

Bestände Bundesgeschäftsstelle, Akten des Bundesarbeitskreises Christlich-demokratischer Juristen

CDU-Bundestagsfraktion, Ak 1 Rechtspolitik

NL Josef Hermann Dufhues

NL Elisabeth Schwarzkopf

NL Friedrich Vogel

NL Wilhelm Paul Wenger

Archiv des Deutschen Liberalismus

Bundesfachausschuss Innen und Recht

NL Leverenz

Archiv des Deutschen Richterbundes, Berlin

Bestände Deutscher Richterbund, Bundesvorstand

Bestände DRB, Landesverband Baden-Württemberg

Bestände DRB, Landesverband Bayern

Bestände DRB, Landesverband Berlin

Bestände DRB, Landesverband Hamburg

Bestände DRB, Landesverband Hessen

Bestände DRB, Landesverband Niedersachsen

Bestände DRB, Landesverband Nordrhein-Westfalen

Bestände DRB, Landesverband Schleswig Holstein

Archiv des Instituts für Zeitgeschichte (IfZ), München

NL Walter Strauß

NL Gerhard Szczesny

APO Archiv Berlin
NL Frohner
Bestände: FU-allgemein

Hamburger Institut für Sozialforschung
Bestände des sozialistischen Anwaltkollektivs

II. Periodika

Abendzeitung (München/Augsburg)
Archiv für öffentliches Recht
Braunschweiger Zeitung
Bremer Nachrichten
Christ und Welt
Demokratie und Recht
Deutsche Richterzeitung
Deutsches Verwaltungsblatt
Deutschland-Union-Dienst
Frankfurter Allgemeine Zeitung
Frankfurter Hefte
Frankfurter Rundschau
Jahrbuch für öffentliches Recht
Jahrbuch für Rechtssoziologie und Rechtstheorie
Juristenzeitung
Juristische Rundschau
Juristische Schulung
Kritische Justiz
Kursbuch
Monatsschrift des Deutschen Rechts
Neue Juristische Wochenschrift
Die Öffentliche Verwaltung
Recht und Demokratie
Recht und Politik
Rheinischer Merkur
Sonntagsblatt
Der Spiegel
Der Staat
Der Stern
Stuttgarter Zeitung
Tagesspiegel
Vorgänge
Die Welt
Die Zeit
Zeitschrift für Rechtspolitik

III. Gedruckte Quellen und Literatur

Abendroth, Wolfgang, »Streik und Verfassungsrecht«, in: Ders./Sultan, H., Bürokratischer Verwaltungsstaat und soziale Demokratie, Frankfurt a.M. 1955, S. 69–76.

— , »Die Berechtigung gewerkschaftlicher Demonstrationen für die Mitbestimmung der Arbeitnehmer in der Wirtschaft. Rechtsgutachten«, abgedr. in: Ders., Antagonistische Gesellschaft und politische Demokratie, Neuwied 1967, S. 203–230.

— , Das Grundgesetz, 7. Aufl. Pfullingen 1978.

Adickes, Franz, Grundlinien durchgreifender Justizreform, Berlin 1906.

Albrecht, Willi, Der Sozialistische Deutsche Studentenbund (SDS). Vom parteikonformen Stundentenverband zum Repräsentanten der Neuen Linken, Bonn 1994.

Alfons, Peter (Hg.), Das Urteil im Juristenprozeß, gefällt am 4. Dezember 1947 vom Militärgerichtshof III der Vereinigten Staaten von Amerika, Berlin 1969.

Arnau, Frank, Ein treffliches Urteil, in: Abendzeitung, 29.10.1964.

— , Der Fall Blomert: eine kriminalwissenschaftliche Dokumentation, München 1965.

— (Hg.), Die Vergangenheit, die nicht endete: Machtrausch, Geschäft und Verfassungsverrat im Justizskandal Brühne-Ferbach, Gießen 1985.

Arndt, Adolf, »Korreferat zu dem Vortrag von Ipsen«, in: Verhandlungen des 40. Deutschen Juristentages, Tübingen 1953, Sitzungsberichte, S. C41f., C45.

— , »Grundfragen einer Reform der deutschen Justiz«, in: DRiZ 37, 1959, S. 199–204.

— , Das nicht erfüllte Grundgesetz, Tübingen 1960.

— , »Der Jurist in unserer Zeit«, in: Ders./Jahn, Gerhard/Heinemann, Gustav, Der Bürger und das Recht. Drei Vorträge, gehalten auf dem rechtspolitischen Kongreß der SPD »Der Bürger und das Recht« am 26. und 27. März 1965 in Heidelberg, Heilbronn 1965, S. 7–22.

Arndt, Carl, »Nachlese zur dissenting opinion«, in: Caemmerer, Ernst von u.a. (Hg.), Ius Privatum Gentium. Fs. f. Max Rheinstein, Tübingen 1969, S. 127–146.

Arndt, Claus, »Der Richter im demokratischen Staat«, in: DRiZ 50, 1972, S. 41–42.

Augstein, Josef, Verteidiger sind keine Komplizen, in: Die Welt, 17.3.1979.

Aust, Stefan, Der Baader-Meinhof-Komplex, München 1989.

Bachof, Otto, »Das Bundesverfassungsgericht und die Beamtenverhältnisse«, in: DÖV 7, 1954, S. 33–38.

— , Grundgesetz und Richtermacht, Tübingen 1959.

Bader, K.S., »Die deutschen Juristen«, in: DRZ 1, 1946, S. 33–36.

Baier, Lothar u.a., Die Früchte der Revolte. Über die Veränderung der politischen Kultur durch die Studentenbewegung, Berlin 1998.

Bannek, Eckart, »Zur Integration von Theorie und Praxis in der Juristenausbildung«, in: Neue Juristenausbildung, hg. vom Loccumer Arbeitskreis, Neuwied 1970, S. 42–61.

Baring, Arnulf, Im Anfang war Adenauer. Die Entstehung der Kanzlerdemokratie, München 1982^2.

— , Machtwechsel: die Ära Brandt-Scheel, München 1984.

Baring, Martin, »Wider die dissenter«, in: Deutsches Verwaltungsblatt 86, 1968, S. 609–618.

Bartholomeyczik, H., »Das Familien- und Erbrecht als Studien- und Prüfungsfächer. Eine Kritik an den Münchener Studienreformbeschlüssen vom 16./17.2.1968«, in: FamRZ 15, 1968, S. 341–350.

Basten, Thomas, Von der Reform des politischen Strafrechts bis zu den Anti-Terror-Gesetzen. Die Entwicklung des Strafrechts zur Bekämpfung politisch motivierter Kriminalität in der sozialliberalen Ära, Köln 1983.

Bästlein, Klaus, »›Nazi-Blutrichter als Stützen des Adenauer-Regimes‹. Die DDR-Kampagnen gegen NS-Richter und -Staatsanwälte, die Reaktionen der bundesdeutschen Justiz und ihre gescheiterte ›Selbstreinigung‹ 1957–1968«, in: Grabitz, Helge/Bästlein, Klaus/Tuchel, Johannes (Hg.), Die Normalität des Verbrechens. Bilanz und Perspektiven der Forschung zu den nationalsozialistischen Gewaltverbrechen, Berlin 1994, S. 408–443.

Bauer, Fritz, »Die ›Ungesühnte Nazijustiz‹«, in: Die Neue Gesellschaft, 7, 1960, S. 179–191.

— , »Justiz als Symptom«, in: Richter, Hans Werner (Hg.), Bestandsaufnahme. Eine deutsche Bilanz 1962, München 1962, S. 221–232.

— , Herrschaft der Sachverständigen. Eine Untersuchung über die Schwächen des geltenden Rechts und ihre Auswirkungen, in: FR, 10.1.1963.

Baumann, Imanuel, »Interpretation und Sanktionierung von Jugendkriminalität«, in: Herbert, Ulrich (Hg.), Wandlungsprozesse in Westdeutschland. Belastung, Integration, Liberalisierung 1945–1980, Göttingen 2002, S. 348–378.

Baumann, Jürgen, Entwurf eines Strafgesetzbuches. Allgemeiner Teil, Tübingen 1963.

— , »Zum Entwurf eines StGB«, in: MDR 17, 1963, S. 802–807.

— , Kleine Streitschriften zur Strafrechtsreform, Bielefeld 1965.

— , »Juristenausbildung. Glanz und Elend – und Vergesslichkeit«, in: ZRP 13, 1980, S. 160.

Bäumer, Hartmut, »Bericht vom vierten Ratschlag«, in: KJ 15, 1982, S. 176–179.

— , »Bericht vom 5. und 6. Richterratschlag«, in; KJ 16, 1983, S. 84–86.

— , »Vom Diskussionsforum zur Keimzelle alternativer Praxis in der Justiz? Bericht über den 7. Richterratschlag«, in: KJ 17, 1984, S. 71–74.

— , »Bericht vom 8. Richterratschlag«, in: KJ 17, 1984, S. 454–457.

Baumgärtel, Gottfried, »Zu den Münchener Studienreformbeschlüssen: Radikale Beschränkung des Prozeßrechts?«, in: JZ 23, 1968, S. 371–372.

Baur, Fritz, »Richterwahl und Gewaltenteilung«, in: DRiZ 49, 1971, S. 401–405.

Beck, Siegfried, »Schnellverfahren noch während der Demonstration«, in: Die Polizei 22, 1968, S. 102–107.

Beck, Ulrich/ Bonß, Wolfgang, »Soziologie und Modernisierung. Zur Ortsbestimmung der Verwendungsforschung«, in: Soziale Welt 35, 1984, S. 381–406.

Beer, Klaus, »Richterratschlag – Zur Entstehung und Geschichte«, in: KJ 15, 1982, S. 173–176.

— , »Sozial-liberale Justizreform – eine Bilanz«, in: KJ 16, 1983, S. 375–385.

— u.a., Der lange Weg. Fakten und Dokumente zur Vorgeschichte der NRV, o.O., o.J., (1993).

Behrendt, Ethel, Was für Richter werden wir morgen haben? Chancen zur Unterwanderung der Justiz durch Ausbildungsexperimente, in: FAZ, 3.12.1973.

Benda, Ernst, »Die armen Richter... Die Prozesse um Demonstrationen«, in: Politische Meinung, 127, 1969, S. 51–53.

Bender, Biggi, »Die Feministinnen und das Strafrecht – eine Replik«, in: KJ 20, 1987, S. 449–453.

Bender, Gerd, »Rechtssoziologie in der alten Bundesrepublik«, in: Simon, Dieter (Hg.), Rechtswissenschaft in der Bonner Republik, Frankfurt a.M. 1994, S. 100–144.

Bender, Rolf, »Das kleine Amtsgericht«, in: DRiZ 48, 1970, S. 163–165.

— , »Planung einer Großen Justizreform«, in: DRiZ 49, 1971, S. 51–52.

— , »Der Referentenentwurf zum 1. Justizreformgesetz – ein ›Schuss ins Dunkle‹«, in: ZRP 5, 1972, S. 118–121.

— , »Für das ›Stuttgarter Modell‹«, in: ZRP 5, 1972, S. 258–259.

— , Kein Weg zu einer schnellen und volksnahen Justiz. Der Referentenentwurf läßt noch viele Fragen offen, in: Stuttgarter Zeitung, 8.4.1972.

Bendix, Ludwig, Zur Psychologie der Urteilsfindung des Berufsrichters und andere Schriften, Neuwied 1968.

Berger, Hugo, »Empfiehlt sich die Bekanntgabe abweichender Meinungen überstimmter Richter«, in: NJW 21, 1968, S. 961–966.

Berglar, Christoph, »Politischer Aktionismus in Schwarzer Robe«, in: ZRP 17, 1984, S. 4–9.

Bergmann, Alfred, »Zur strafrechtlichen Beurteilung der Straßenblockade als Nötigung (§ 240 StGB) unter Berücksichtigung der jüngsten Rechtsprechung«, in: Jura 7, 1985, S. 457–465.

Bergsdorf, Wolfgang, »Sprache – Instrument der Politik«, in: Keller, Horst (Hg.), Das Jahrzehnt der Utopisten. Bonner Regierungskoalition 1969–1979, Stuttgart 1979, S. 11–18.

Berlit, Jan-Wolfgang, »Justiz und Öffentlichkeit. Zugleich eine Betrachtung zum Fernsehfilm über den Fall Rohrbach«, in: DRiZ 41, 1963, S. 225–227.

— , »Über die Zierart des Richters«, in: DRiZ 44, 1966, S. 303–305.

— , Was der Richterbund wollte, in: FAZ, 29.4.1968.

— , Hysterisierung der Justiz? Die Richter müssen sich in Apo-Verfahren zwischen unmäßiger Härte und zu großer Nachsichtigkeit hindurchfinden, in: FAZ, 27.5.1969.

— , »Die Robe – Symbol, Relikt oder Textile?«, in: Wassermann, Rudolf (Hg.), Justizreform, Neuwied/Berlin 1970, S. 144–150.

Berra, Xaver (d.i. Theo Rasehorn), »Der weite Weg zur demokratischen Justiz«, in: Werkhefte 1963, S. 212ff.

— , Im Paragraphenturm. Eine Streitschrift zur Entideologisierung der Justiz, Neuwied, 1966.

— , »Wer mehr verdient, muß ja auch klüger sein«. Über die Abhängigkeit unabhängiger Richter, in: Der Spiegel, 27.6.1966, S.37–44.

Bethge, Horst/Roßmann, Erich (Hg.), Der Kampf gegen das Berufsverbot. Dokumentation der Fälle und des Widerstands, Köln 1973.

— , Erich u.a. (Hg.), Die Zerstörung der Demokratie durch Berufsverbote, Köln 1976.

Bettermann, Karl August, »Art. Rechtsprechung, rechtsprechende Gewalt«, in: Evangelisches Staatslexikon 1966, Sp.1711–1727.

— , Der Richter als Staatsdiener, Hamburg 1967.

Bewerunge, Lothar, Wenn Kommunisten Richter werden wollen, in: FAZ, 17.7.1973.

Bieling, Rainer, Die Tränen der Revolution. Die 68er zwanzig Jahre danach, Berlin 1988.

Billing, Werner, Das Problem der Richterwahl zum Bundesverfassungsgericht, Berlin 1969.

Birke, Wolfgang, Richterliche Rechtsanwendung und gesellschaftliche Auffassungen, Köln 1968.

Blanke, Thomas/Brüggemeier, Gert, »Nachruf auf eine Ausbildungsreform«, in: KJ 4, 1971, S. 235–238.

Blankenburg, Erhard u.a., »Der lange Marsch in die Berufung. Aktenanalyse und Interviews aus der Sicht der Rechtssuchenden in Zivilprozessen am Amtsgericht«, in: Bender, Rolf (Hg.), Tatsachenforschung in der Justiz, Tübingen 1972, S. 81–104.

— u.a., »Kritische Anmerkungen zur rechtssoziologischen Forschung und Argumentation«, in: *Jahrbuch für Rechtssoziologie und Rechttheorie* 3, 1972, S. 600–602.

— , Die Praxisrelevanz einer Nicht-Disziplin. Der Fall (der) Rechtssoziologie, in: *Soziale Welt*, Sonderband 1, 1982, S. 205-218.

Blauert, Andreas/Schwerhoff, Gerd (Hg.), *Mit den Waffen der Justiz. Zur Kriminalitätsgeschichte des späten Mittelalters und der frühen Neuzeit*, Frankfurt a.M. 1995.

Blomeyer, Jürgen, »Zum ›Münchener Modell‹ für eine einstufige Juristenausbildung«, in: *JR* 1970, S. 296–301.

Bockelmann, Paul, »Öffentlichkeit und Strafrechtspflege«, in: *NJW* 13, 1960, S. 217–221.

Böckenförde, Ernst-Wolfgang, *Verfassungsfragen der Richterwahl, dargestellt anhand der Gesetzesentwürfe zur Einführung der Richterwahl in Nordrhein-Westfalen*, Berlin 1974.

— (Hg.), *Staat und Gesellschaft*, Darmstadt 1976.

Böhm, Wolfgang, »Die einstufige Juristenausbildung in Bremen. Kritik«, in: Gutjahr-Löser, Peter (Hg.), *Neues Recht durch neue Richter? Der Streit um die Ausbildungsreform der Juristen*, München 1975, S. 61–75.

Böhme, Wolfgang, *Weltanschauliche Hintergründe in der Rechtsprechung*, Karlsruhe 1968.

Bösch, Frank, *Die Adenauer-CDU. Gründung, Aufstieg und Krise einer Erfolgspartei 1945–1969*, München 2001.

Böttcher, Hans-Ernst, »Zum Selbstverständnis gewerkschaftlich organisierter Richter und Staatsanwälte«, in: *KJ* 14, 1981, S. 172–181.

— , »Richard Schmid (1899–1986). Recht für die Menschen, nicht für den Staat«, in: Kritische Justiz (Hg.), *Streitbare Juristen*, Baden-Baden 1988, S. 487–495.

— , »Richard Schmid – ein Radikaler im öffentlichen Dienst«, in: Fröhlich, Claudia/Kohlstruck, Michael (Hg.), *Engagierte Demokraten. Vergangenheitspolitik in kritischer Absicht*, Münster 1999, S. 143–153.

Bokelmann, Elisabeth, »Richterschaft und Politik in der beginnenden 5. Republik: Ein Lagerwechsel?«, in: Requate, Jörg (Hg.), *Recht und Justiz im gesellschaftlichen Aufbruch (1960–1975). Bundesrepublik Deutschland, Italien und Frankreich im Vergleich*, Baden-Baden 2003, S. 183–200.

— , Aufstand der Richter. Frankreichs Justiz und ihr Verhältnis zum Staat 1946 – 1981, Frankfurt a.M. 2008

Borchardt, Dieter, »Brauchen wir noch einen Senatspräsidenten?«, in: *DRiZ* 50, 1972, S. 125–127.

Bracher, Karl Dietrich, »Die Bewährung der Zweiten Republik: Einleitender Essay«, in: Hildebrand, Klaus, *Von Erhard zur Großen Koalition: 1963–1969*, Stuttgart 1984, S. 7–16.

— u.a., *Republik im Wandel*, Stuttgart 1986.

Brackmann, Theo, »Der Richterwahlausschuß und die Mitbestimmung der Richter«, in: *RuP* 8, 1972, S. 151–155.

Brangsch, Heinz, »Tätigkeitsbericht 1973/74«, in: *Anwaltsblatt* 24, 1974, S. 194–201.

Braunthal, Gerard, *Political Loyality and Public Service in West Germany. The 1972 Decree against Radikals and its Consequences*, University of Massachusetts Press 1990.

— , *Politische Loyalität und öffentlicher Dienst. Der ›Radikalenerlaß‹ von 1972 und die Folgen*, Marburg 1992.

Bremer, Heiner, Deutschland, Deine Richter, in: *Der Stern*, 19.3.1972.

Bremische Bürgerschaft, *Stenographische Beichte*, Bremen 1949ff.

Briem, Jürgen, *Der SDS. Die Geschichte des bedeutendsten Stundentenverbandes in der BRD seit 1945*, Frankfurt a.M. 1976.

Brochhagen, Ulrich, *Nach Nürnberg. Vergangenheitsbewältigung und Westintegration in der Ära Adenauer*, Hamburg 1994.

Broszat, Martin, »Siegerjustiz oder strafrechtliche ›Selbstreinigung‹. Aspekte der Vergangenheitsbewältigung der deutschen Justiz 1945–1949«, in: *VjhfZg* 29, 1981, S. 476–544.

— (Hg.), *Zäsuren nach 1945*, München 1990.

Brüggemann, Dieter, *Die rechtsprechende Gewalt*, Berlin 1962.

Brünneck, Alexander von, *Politische Justiz gegen Kommunisten in der Bundesrepublik Deutschland 1949–1968*, Frankfurt a.M. 1978.

Brunner, Hartmut, »Justizskandal empört Niedersachsen«, in: *Deutschland-Magazin* Januar/Februar 1971.

Brusten, Manfred/Peters, Dorothee, »Ideologie und Fakten in der Rechtsprechung. Kritische Bemerkungen zu einer Untersuchung von Karl-Dieter Opp und Rüdiger Peuckert über die Höhe des Strafmaßes«, in: *Kriminologisches Journal* 1, 1969, S. 36–52.

Bude, Heinz, *Deutsche Karrieren. Lebenskonstruktionen sozialer Aufsteiger aus der Flakhelfer-Generation*, Frankfurt a.M. 1987.

— , *Das Altern einer Generation. Die Jahrgänge 1938 bis 1948*, Frankfurt a.M. 1997, S. 55.

Büttner, Werner, Richtergeneration mit dem Grundgesetz aufgewachsen, in: *FAZ*, 1./2.5.1968.

Bull, Hans Peter, Justiz und Presse, in: *Die Zeit*, 25.19.1963.

— , »Der Richter – ›königlich‹, ›demokratisch‹ oder was sonst«, in: *ZRP 1*, 1968, S. 64–69.

— , »Für die Abschaffung des ›Vorbereitungsdienstes‹. Programm einer neuartigen Zusammenarbeit von Wissenschaft und Praxis bei der Ausbildung der Juristen«, in: Wassermann, Rudolf (Hg.), *Erziehung zum Establishment. Juristenausbildung in kritischer Sicht*, Karlsruhe 1969, S. 65–79.

— , »Zum Stand der Studienreform«, in: *JuS* 9, 1969, S. 192–195.

Bundesministerium des Inneren (Hg.), *Dokumentation über Aktivitäten Anarchistischer Gewalttäter in der Bundesrepublik Deutschland*, Bonn 1974.

Burrage, Michael/Torstendahl, Rolf (Hg.), *Professions in Theory and History*, London 1990.

Busche, Jürgen, Ein Gericht setzt sich Zweifeln aus. In Stammheim steht der Rechtsstaat vor einer neuen Probe, in: *FAZ*, 7.7.1975.

Buske, Sybille, »›Fräulein Mutter‹ vor dem Richterstuhl. Der Wandel der öffentlichen Wahrnehmung und rechtlichen Stellung lediger Mütter in der Bundesrepublik 1948–1970«, in: *Werkstatt Geschichte* 9, 2000, S. 48–68.

— , »Die Debatte über die ›Unehelichkeit‹«, in: Herbert, Ulrich (Hg.), *Wandlungsprozesse in Westdeutschland. Belastung, Integration, Liberalisierung 1945–1980*, Göttingen 2002, S. 315–347.

Carolus, Carl, Das böse Erbe für die deutschen Richter, in: *Stuttgarter Zeitung*, 2.2.1960.

Chafe, William H., *Civilities and Civil Rights: Greensboro, North Carolina and Black Struggle for Freedom*, New York 1980.

Club Jean Moulin, *Staat und Bürger*, Stuttgart 1964.

Cmiel, Kenneth, »The Politics of Civility«, in: Faber, David (Hg.), *The Sixties. From Memory to History*, Chapell Hill 1994, S. 263–290.

Cornelsen, Dirk, Ehemaliger Verfassungsrichter greift Nieß-Urteil scharf an. Rechtsanwälte wollen Verfassungsbeschwerde einlegen, in: *FR*, 4.2.1978.

— , Bundesverwaltungsgericht hob alle Urteile im Fall Nieß auf, in: *FR*, 27.1.1981.

Cramer, Ernst, Die seltsame Wandlung des S. Haffner, in: *Die Welt*, 2.10.1967.

Däubler, Wolfgang, »Außenpolitik durch das Bundesverfassungsgericht«, in: Ders./Küsel, Gudrun (Hg.), *Verfassungsgericht und Politik. Kritische Beiträge zu problematischen Urteilen*, Reinbek b. Hamburg 1979, S. 119–134.

— /Küsel, Gudrun (Hg.), *Verfassungsgericht und Politik. Kritische Beiträge zu problematischen Urteilen*, Reinbek b. Hamburg 1979.

Daheim, Hansjürgen, »Berufssoziologie«, in: König, René (Hg.), *Handbuch der empirischen Sozialforschung*, Bd. 8, Stuttgart 1977, S. 1–100.

Dahrendorf, Ralf, »Betrachtungen zu einigen Aspekten der gegenwärtigen deutschen Soziologie«, in: *KZfSS*, 11, 1959, S. 132–153.

— , »Bemerkungen zur sozialen Herkunft und Stellung der Richter an Oberlandesgerichten. Ein Beitrag zur Geschichte der deutschen Oberschicht«, in: *Hamburger Jahrbuch für Wirtschafts- und Gesellschaftspolitik*, 1960, S. 260–275.

— , *Gesellschaft und Demokratie in Deutschland*, München 1965.

Dahs, Hans, »Die Stellung des Richters im Bonner Grundgesetz«, in: *NJW* 2, 1949, S. 688–692.

Dahs, Hans, »Recht und Unrecht der Untersuchungshaft«, in: *NJW* 1959, S. 505–511.

— , »Der Anwalt im Strafprozeß«, in: *Anwaltsblatt* 9, 1959, S. 171–189.

— , »Ausschließung und Überwachung des Strafverteidigers – Bilanz und Vorschau«, in: *NJW* 28, 1975, S. 1385–1392.

Das Bundesverfassungsgericht, hg. vom Bundesverfassungsgericht, Karlsruhe 1963.

Degener, Theresia, »Der Streit um Gleichheit und Differenz in der Bundesrepublik Deutschland seit 1945«, in: Gerhard, Ute (Hg.), *Frauen in der Geschichte des Rechts*, München 1997, S. 871–899.

Dehler, Thomas, Rechtspflichten hat er nicht verletzt, in: *Süddeutsche Zeitung*, 20.7.1962.

Demokratisierung – Möglichkeiten und Grenzen. Ein Cappenberger Gespräch. Referate von Helmut Quaritsch und Erhard Denninger, Köln 1976.

Demonstrationsfreiheit, Strafrecht und Staatsgewalt, Informationstagung für Richter und Staatsanwälte, Bad Homburg 23.11.1968, hg. v. Deutschen Richterbund, Landesverband Hessen.

Demonstrationsfreiheit und Strafjustiz in der rechtstaatlichen Demokratie. Tagung für Juristen vom 3. bis 5. Oktober 1969 in Bad Boll.

»Denkschrift des Bundesverfassungsgerichts vom 27. Juni 1952. Die Stellung des Bundesverfassungsgerichts«, in: *JÖR N.F.* 6, 1957, S. 144–148.

Denninger, Erhard (Hg.), *Freiheitliche Demokratische Grundordnung. Materialien zum Staatsverständnis und zur Verfassungswirklichkeit in der Bundesrepublik*, Bd. 2, Frankfurt a.M. 1977.

Der Fall Rolf Geffken, hg. von der Sektion Jura des MSB-Spartakus Hamburg, März 1973.

Deutscher Bundestag, *Drucksachen*, Bonn 1949ff.

— , *Stenographische Berichte*, Bonn 1949ff

Die Achtundsechziger als Väter der Spaßgesellschaft – Interview mit Arnulf Baring und Uwe Wesel, in: *Frankfurter Allgemeine Sonntagszeitung*, 27.10.2002.

Die Anti-Terror-Debatten im Parlament. Protokolle 1974–1978, zusammengestellt u. kommentiert von H. Vinke u. G. Witt, Reinbek b. Hamburg 1978.

Diestelkamp, Bernhard, »Verfassungsgebung in den Westzonen nach 1945 – Länderverfassung und Grundgesetz«, in: *Zeitschrift für Neuere Rechtsgeschichte* 11, 1989, S. 168–183.

Dingwall, Robert/ Lewis, Philip (Hg.), *The Sociology of the Professions*, London 1983.

Dinslage, Karl Heinz, »Demokratisierung der Justiz?«, in: *DRiZ* 46, 1968, S. 5–7.

— , *Justizpolitischer Kulturkampf der Gegenwart*, Köln 1971.

Dirks, Walter, »Die Beamten«, in: *Frankfurter Hefte* 1, 1946, S. 697–699.

Doering-Manteuffel, Anselm, *Wie westlich sind die Deutschen? Amerikanisierung und Westernisierung im 20. Jahrhundert*, Göttingen 1999.

Dolph, Werner, Die Verfolgung und Ermordung der Strafjustiz durch die Herren Teufel und Langhans, in: *Die Zeit*, 29.3.1968.

Dreyfus-Armand, Geneviève u.a. (Hg.), *Les années 68: Le Temps de la contestation*, Paris 2000.

Drittes Europäisches Gespräch, Gewerkschaften im Staat, Düsseldorf o. J.

Düx, Heinz, »Zum Berufsverbotsurteil des Bundesverwaltungsgerichts in Sachen Anne Lehnhart«, in: Bethge, Hans u.a. (Hg.), *Die Zerstörung der Demokratie durch Berufsverbote*, Köln 1976, S. 100–103.

Drück, Eberhard, Die ApO macht sich um die Rechtsfindung verdient, in: *FR*, 8.10.1969.

Eberhard, Fritz, »Massenkommunikationsmittel und Verbrechen«, in: *Gesellschaftliche Wirklichkeit im 20. Jahrhundert und Strafrechtsreform. Universitätstage 1964. Veröffentlichung der Freien Universität Berlin*, Berlin 1964, S. 56–70.

Eckertz, Rainer, »Fünf Thesen zur Reform des juristischen Studium«, in: *KJ* 1, 1968, S. 158–167.

Ehmke, Horst, »›Staat‹ und ›Gesellschaft‹ als verfassungstheoretisches Problem«, in: Hesse, Konrad u.a. (Hg.) *Staatsverfassung und Kirchenordnung, Fs. f. Rudolf Smend*, Tübingen 1962, S. 23–49.

Ehrlich, Eugen, »Was kann geschehen, um bei der Ausbildung (vor oder nach Abschluß des Universitätsstudiums) das Verständnis des Juristen für psychologische, wirtschaftliche und soziologische Fragen in erhöhtem Maß zu fördern«, in: *Verhandlungen des 31. Deutschen Juristentages*, hg. von dem Schriftführer-Amt der ständigen Deputation, Bd. 2, Berlin 1912, S. 200–220.

Emmerlich, Alfred, »Emanzipation durch Partizipation – Zur richterlichen Mitbestimmung«, in: Wassermann, Rudolf (Hg.), *Justizreform*, Neuwied/Berlin 1970, S. 53–67.

Entscheidungen des Bundesgerichtshofes in Strafsachen (BGHSt), hg. v. den Mitgliedern des Bundesgerichtshofes und der Bundesanwaltschaft, Köln 1951ff.

Entscheidungen des Bundesverfassungsgerichts (BverfGE), hg. v. den Mitgliedern des Bundesverfassungsgerichts, Tübingen 1952ff.

Entscheidungen des Bundesgerichtshofes in Zivilsachen (BGHZ), hg. v. den Mitgliedern des Bundesgerichtshofes und der Bundesanwaltschaft, Köln 1951ff.

Entwurf eines Strafgesetzbuches (StGB) E 1962. Verhandlungen des Deutschen Bundestages. 5. WP. Anlagen zu den stenographischen Berichten, Bd. 101, Bonn 1965, Drs. V32.

Erdsiek, Gerhard, »Politische Kontrolle oder Selbstkontrolle der Justiz«, in: *MDR* 2, 1948, S. 398–400.

—, Die gewalttätige Demonstration im Rechtsstaat, in: *FAZ*, 18.8.1969.

Eschen, Klaus u.a. (Hg.), *»Linke« Anwaltschaft von der APO bis heute. Chancen und Versäumnisse*, Köln 1988.

—, »20 Jahre ›linke‹ Anwaltschaft von der APO bis heute«, in: Ders. u.a. (Hg.), *»Linke« Anwaltschaft von der APO bis heute. Chancen und Versäumnisse*, Köln 1988, S. 201–203.

Esser, Josef, *Vorverständnis und Methodenwahl in der Rechtsfindung*, Frankfurt a.M. 1970.

Evans, Richard, *Rituale der Vergeltung. Die Todesstrafe in der deutschen Geschichte 1532–1987*, Berlin 2001.

Evers, Hans-Ulrich, »Zum unkritischen Naturrechtsbewusstsein in der Rechtsprechung der Gegenwart«, in: *JZ* 16, 1961, S. 241–248.

Fabricius-Brand, Margarete/Isermann, Edgar, »Ein Anwalt und Rechtspolitiker mit aufrechtem Gang – Biographische Notizen zum 70. Geburtstag von Werner Holtfort«, in: Fabricius-Brand, Margarete u.a. (Hg.), *Rechtspolitik mit aufrechtem Gang. Werner Holtfort zum 70. Geburtstag*, Baden-Baden 1990, S. 325–329.

Federer, Julius, »Die Bekanntgabe der abweichenden Meinung des überstimmten Richters«, in: *JZ* 23, 1968, S. 511–521.

Feest, Johannes, »Die Bundesrichter/Herkunft, Karriere und Auswahl der juristischen Elite«, in: Zapf, W. (Hg.), *Beiträge zur Analyse der deutschen Oberschicht*, München 1965^2, S. 95–113.

Fichter, Tilman, *SDS und SPD. Parteilichkeit jenseits der Partei*, Opladen 1988.

Fink, Carol/Gassert, Philipp/Junker, Detlef (Hg.), *1968: The World Transformed*, Cambridge 1998.

Finkenzeller, Roswin, Bekenntnisse und Lippenbekenntnisse. Begründung des Urteils des Münchner Verwaltungsgerichts im Fall Nieß, in: *FAZ*, 6.1.1977.

Firnhaber, Ulrich, »Zur Richterwahl. Ein eindeutiges Nein«, in: *DRiZ* 47, 1969, S. 322–323.

Fischer, Otto, »Scherbengericht« in der Maxburg, in: *SZ*, 11.11.1968.

Fischer, Peter, »Zum Grundsatz der Richteröffentlichkeit von Sitzungen des Präsidiums«, in: *DRiZ* 57, 1979, S. 203–208.

Fischer, Robert, Gefahr für die Rechtspflege. Was die Einebnung der Richtertitel bedeutet, in: *FAZ*, 11.1.1972.

Flach, Karl-Hermann, Der Staat und das Recht, in: *FR*, 19.12.1962 .

Forsthoff, Ernst, *Der totale Staat*, Hamburg 1933.

—, »Das Bundesverfassungsgericht und das Berufsbeamtentum«, in: *Deutsches Verwaltungsblatt* 69, 1954, S. 69–72.

—/Hueck, Alfred, *Die politischen Streikaktionen des Deutschen Gewerkschaftsbundes anläßlich der parlamentarischen Beratungen des Betriebsverfassungsgesetzes in ihrer verfassungs- und zivilrechtlichen Bedeutung*, Köln 1952.

Fränkel, Ernst, *Zur Soziologie der Klassenjustiz*, Berlin 1927, ND: Darmstadt 1968.

François, Etienne u.a. (Hg.), *1968 – Ein europäisches Jahr?*, Leipzig 1997.

Frankenberg, Günter, »Staatstreue: Die aktuelle Sprachpraxis zu den Berufsverboten«, in; *KJ* 13, 1980, S. 276–294.

Franzki, Harald, »Der Entwurf eines Ersten Justizreformgesetzes – Eine kritische Betrachtung«, in: *DRiZ* 50, 1972, S. 80–85.

Frei, Norbert, *Vergangenheitspolitik. Die Anfänge der Bundesrepublik Deutschland und die Vergangenheitspolitik*, München 1996.

— , *1968. Jugendrevolte und globaler Protest*, München 2008.

Frevert, Ute, »Neue Politikgeschichte«, in: Eibach, Joachim/Lottes, Günther (Hg.), *Kompass der Geschichtswissenschaft*, Göttingen 2002, S. 152–164.

Friedmann, Wolfgang G., *Recht und sozialer Wandel*, Frankfurt a.M. 1969.

Friedrich, Jörg, *Freispruch für die Nazijustiz. Die Urteile gegen NS-Richter seit 1948. Eine Dokumentation*, Berlin 1998.

Friesenhahn, Ernst, *Die Verfassungsgerichtsbarkeit in der Bundesrepublik Deutschland*, Köln 1963.

Fromme, Friedrich Karl, Drei Stufen ins Ungewisse, in: *FAZ*, 2.6.1970.

— , Justizreform – ohne Ideologie? in: *FAZ*, 26.2.1971.

Funke, Manfred (Hg.), *Extremismus im demokratischen Rechtsstaat*, Düsseldorf 1978.

Gamillscheg, Franz, »Die Grundrechte im Arbeitsrecht«, in: *AcP* 164, 1965, S.385–445.

— , »Nipperdey und seine Kritiker«, in: *JZ* 20, 1965, S. 47–53.

Geffken, Rolf, *Klassenjustiz*, Frankfurt a.M. 1972.

— /Dammann, Klaus/Rahn, Christian, *Arbeitskampfrecht als Instrument des außerökonomischen Zwanges gegen die Arbeiterklasse und ihre Gewerkschaften. Informationsbericht Nr. 8 des Instituts für Marxistische Studien und Forschungen (IMSF)*, Frankfurt a.M. o.J. (1972).

Willi Geiger, »Die Abweichende Meinung beim Bundesverfassungsgericht und ihre Bedeutung für die Rechtsprechung«, in: Vogel, Hans Jochen u.a. (Hg.), *Die Freiheit des Anderen. Fs. f. Martin Hirsch*, Baden-Baden 1981, S. 455–463.

Gerner, Erich, »Vorstellungen zur Justizreform«, in: *Juristen-Jahrbuch* 10, 1969/70, S. 21–47.

Gilcher-Holtey, Ingrid, *»Die Phantasie an die Macht« – Mai 68 in Frankreich*, Frankfurt a.M. 1995.

— (Hg.), *1968 – Vom Ereignis zum Gegenstand der Geschichtswissenschaft*, Göttingen 1998.

— , »Die 68er Bewegung. Protest, Revolte, Kulturrevolution?«, in: *Praxis Geschichte*, H. 6/2001, S. 8–13.

— , *Die 68er-Bewegung. Deutschland – Westeuropa – USA*, München 2001.

Gillessen, Günther, Not der Richter, in: *FAZ*, 25.2.1962.

Glaser, Hermann (Hg.), *Die Nürnberger Massenverhaftung. Dokumente und Analysen*, Reinbek b. Hamburg 1981.

Glofke, Christian, »Angst vor Demokratisierung?«, in: *RuP* 5, 1969, S. 74–75.

Godau-Schüttke, Klaus-Detlev, *Ich habe nur dem Recht gedient: Die »Renazifizierung« der Schleswig-Holsteinischen Justiz nach 1945*, Baden-Baden 1993.

Goedecke, Heinz-Bernd, Das Bekenntnis zur Verfassung beruhigte. Justizpolitischer Kongreß der CDU in Braunschweig verlief fair und versöhnlich, in: *Braunschweiger Zeitung*, 5.7.1971.

Goedecke, Petra, »Die Strafrechtsreform zwischen Vergeltung und Resozialisierung, rigider ›Sittlichkeit‹ und vorsichtiger Toleranz«, in: Requate, Jörg (Hg.), *Recht und Justiz im gesellschaftlichen Aufbruch (1960–1975). Bundesrepublik Deutschland, Italien und Frankreich im Vergleich*, Baden-Baden 2003, S. 261–273.

Görlitz, Axel, *Verwaltungsgerichtsbarkeit in Deutschland*, Neuwied 1970.

Görtemaker, Manfred, *Geschichte der Bundesrepublik Deutschland von der Gründung bis zur Gegenwart*, München 1999.

Gössner, Rolf, *Das Anti-Terror-System. Politische Justiz im präventiven Sicherheitsstaat*, Hamburg 1991.

Gosewinkel, Dieter: *Adolf Arndt. Die Wiederbegründung des Rechtstaats aus dem Geist der Sozialdemokratie (1945–1961)*, Bonn 1991.

— , »Politische Ahndung an den Grenzen des Justizstaats. Die Geschichte der nationalsozialistischen Justiz im Deutschen Richtergesetz von 1961«, in: Frei, Norbert/van Laak, Dirk/Stolleis, Michael (Hg.), *Geschichte vor Gericht. Historiker, Richter und die Suche nach Gerechtigkeit*, München 2000, S. 60–71.

Grawert, Rolf, »Der Zusammenbruch des Staates und das Schicksal seiner Beamtenschaft im Spiegel der Nachkriegsjudikatur«, in: Schwegmann, Friedich G. (Hg.), *Die Wiederherstellung des Berufsbeamtentums nach 1945*, Düsseldorf 1986, S. 25–46.

Greiffenhagen, Martin, Demokratisierung. Zu einem oft gebrauchten und viel diskutierten Begriff, in: *FAZ*, 22.7.1969.

— (Hg.), *Demokratisierung in Staat und Gesellschaft*, München 1973.

— (Hg.), *Zur Theorie der Reform. Entwürfe und Strategien*, Heidelberg 1978.

Griffel, Anton, »Herausforderung der Soziologie?«, in: *DRiZ* 48, 1970, S. 42–44.

Grimm, Dieter, »Recht und Politik«, in: *JuS* 9, 1969, S. 501–510.

— , »Reformalisierung des Rechtsstaats als Demokratiepostulat?«, in: *JuS* 20, 1980, S. 704–709.

— , »Methode als Machtfaktor«, in: Horn, Norbert (Hg.), *Europäisches Rechtsdenken in Geschichte und Gegenwart. Fs. f. Helmut Coing*, München 1982, Bd. 1, S. 469–492.

— , »Bürgerlichkeit im Recht«, in: Kocka, Jürgen (Hg.), *Bürger und Bürgerlichkeit im 19. Jahrhundert*, Göttingen 1987, S. 149–188.

Gritschneder, Otto, *Der Fall Brühne. Eine Dokumentation*, Berlin 1966.

Groenewold, Kurt, »Über das Organisieren anwaltlicher Interessenvertretung«, in: Fabricius-Brand, Margarete u.a. (Hg.), *Rechtspolitik mit aufrechtem Gang. Werner Holtfort zum 70. Geburtstag*, Baden-Baden 1990, S. 60–67.

Grosskopff, Rudolf, Das Exempel der Charlotte Nieß, in: *FR*, 27.2.1976.

Grossmann, Joel B., »Social Backgrounds and Judicial Decision-Making«, in: *Harvard Law Review*, 79, 1966, S. 1551–1567.

— , »Social Backgrounds and Judicial Decisions: Notes for a Theory«, in: *Journal of Politics*, 29, 1967, S. 334–351.

Groth, Klaus, »Reform als Prozeß – die Diskussion um die Bremer Juristenausbildung bis zur Universitätseröffnung«, in: *KJ* 5, 1972, S. 63–67

— , »Die Transformation der Verfassung durch die Berufsverbote. Anmerkungen zum dem Urteil des Bundesverwaltungsgerichts im Fall Lehnhart«, in: *KJ* 8, 1975, S. 295–302.

Gründler, Gerhard, Unsere Justiz in der Bewährungsprobe, in: *Die Welt*, 18.3.1960.

— , Die Frau, die den Kanzler schlug, in: *Der Stern*, 14.11.1968.

Grunenberg, Nina, Ich als deutscher Arzt und Psychiater…, in: *Die Zeit*, 5.2.1965.

— , Im Namen von Münster, in: *Die Zeit*, 29.4.1966.

Güde, Max, Gesetzesanwendung und Rechtspolitik, in: *Die Zeit*, 23.2.1962.

— , Kein Urteil über anderer Leute Urteil, in: *Münchner Abendzeitung*, 9.11.1968.

Habermas, Jürgen, »Vom sozialen Wandel akademischer Bildung«, in: Leibfried, Stefan (Hg.), *Wider die Untertanenfabrik. Handbuch zur Demokratisierung der Hochschule*, Köln 1967, S. 10–24.

Haffner, Sebastian, Im Jahre Eins nach Strauss, in: *Der Spiegel* 14/1963, S. 18–21.

Hamm, Barbara, »Die Demonstrationsfreiheit im Spiegel der deutschen Justiz«, in: Sonnemann, Ulrich, *Wie frei ist unsere Justiz? Vom Systembau der Niedertracht*, München 1969, S. 139–148.

Hanack, Ernst-Walter, *Die strafrechtliche Zulässigkeit künstlicher Unfruchtbarmachung*, Marburg 1959.

Handbuch der Justiz. Die Träger und Organe der rechtsprechenden Gewalt in der Bundesrepublik Deutschland, hg. v. Deutschen Richterbund , Hamburg 1953ff.

Hannover, Heinrich, »Demonstrationsfreiheit als demokratisches Grundrecht«, in: *KJ* 1, 1968, S. 51–59.

— , »Zeit zum Widerstand«, in: Ders./ Walraff, Günter, *Die unheimliche Republik. Politische Verfolgung in der Bundesrepublik*, Hamburg 1982, S. 9–131.

— , *Terroristenprozesse. Erfahrungen und Erkenntnisse eines Strafverteidigers*, Hamburg 1991.

— , *Die Republik vor Gericht. Erinnerungen eines unbequemen Anwalts*, 2 Bde. Berlin 1998/99.

Hart, Dieter, »Stichwort ›Juristische Ausbildung‹«, in: Görlitz, Axel (Hg.), *Handlexikon zur Rechtswissenschaft*, München 1972, S. 211–217.

Hartwich, Hans-Hermann, *Sozialstaatspostulat und gesellschaftlicher Status quo*, Opladen 1978[3].

Hase, Friedhelm/Ladeur, Karl-Heinz/Ridder, Helmut, »Nochmals: Reformalisierung des Rechtsstaats als Demokratiepostulat?«, in: *JuS* 21, 1981, S. 794–798.

Hasse, Fritz u.a., *Im Namen des Volkes?. Vier Richter über Justiz und Recht*, Neuwied 1968

Heinitz, Ernst, »Demonstrationsrecht und Straftaten gegen die öffentliche Ordnung«, in: *Demonstrationsfreiheit, Strafrecht und Staatsgewalt. Informationstagung für Richter und Staatsanwälte*, Bad Homburg 23.11.1968, veranstaltet vom Deutschen Richterbund, Landesverband Hessen, Stuttgart 1968, S. 17–26.

Heldrich, Andreas, »Das Trojanische Pferd in der Zitadelle des Rechts? Überlegungen zur Einbeziehung der Sozialwissenschaften in die juristische Ausbildung«, in: *JuS* 14, 1974, S. 281–288.

— , »Juristen im Blickfeld der Soziologie«, in: Horn, Norbert (Hg.), *Europäisches Rechtsdenken in Geschichte und Gegenwart. Fs. f. Helmut Coing*, München 1982, Bd. 1, S. 525–535.

— /Schmidtchen, Gerhard, *Gerechtigkeit als Beruf. Repräsentativumfrage unter jungen Juristen*, München 1982.

Hempfler, Karl, »Zur Zusammensetzung des Richterwahlausschusses«, in: *DRiZ* 50, 1972, S. 94–95.

Henne, Thomas (Hg.), *Das Lüth-Urteil aus (rechts-)historischer Sicht. Die Konflikte um Veit Harlan und die Grundrechtsjudikatur des Bundesverfassungsgericht*, Berlin 2005.

Hennies, Günter, »Richterwahlausschuss – Wege und Irrwege«, in: *DRiZ* 50, 1972, S. 410–414.

Hennis, Wilhelm, *Demokratisierung. Zur Problematik eines Begriffs*, Opladen 1970.

Herbert, Ulrich; »›Generation der Sachlichkeit‹. Die völkische Studentenbewegung der frühen 20er Jahre in Deutschland«, in: Bajohr, Frank u.a. (Hg.), *Zivilisation und Barbarei. Die widersprüchlichen Potentiale der Moderne*, Hamburg 1991, S. 115–144.

— , *Best. Biographische Studien über Radikalismus, Weltanschauung und Vernunft*, 1903–1989, Bonn 1996.

— (Hg.), *Wandlungsprozesse in Westdeutschland. Belastung, Integration, Liberalisierung 1945–1980*, Göttingen 2002.

— , »Liberalisierung als Lernprozeß. Die Bundesrepublik in der deutschen Geschichte – eine Skizze«, in: Ders. (Hg.), *Wandlungsprozesse in Westdeutschland. Belastung, Integration, Liberalisierung 1945–1980*, Göttingen 2002, S. 7–49.

Hermann, Kai, Freispruch für Kurras, in: *Die Zeit*, 24.11.1967.

Herterich, Elmar, *Sie werden weiter marschieren. Die Nazijustiz – eine Dokumentation dargestellt am Beispiel Würzburg*, Würzburg (Selbstverlag) 1963.

Herzog, Roman, »Moderne Verfassungsrechtliche Aspekte der Demonstrationsfreiheit«, in: *Demonstrationsfreiheit und Strafjustiz in der rechtsstaatlichen Demokratie. Tagung für Juristen vom 3. bis 5. Oktober 1969 in Bad Boll*, hg. von der Ev. Akademie Bad Boll 1969, S. 31–43.

Hesse, Konrad, *Grundzüge des Verfassungsrechts der Bundesrepublik Deutschland*, 7. Aufl. Karlsruhe 1974.

Hessischer Landtag, *Stenographische Berichte*, Wiesbaden 1949ff.

Heusinger, Manfred, Nervenarzt macht die Würzburger Justiz nervös, in: *FR*, 9.5.1964.

Heyde, Wolfgang, *Das Minderheitenvotum des überstimmten Richters*, Bielefeld 1966.

Hildebrandt, Dieter, Keine Lust, hier stundenlang rumzustehen, in: *FAZ*, 5.3.1968.

— , Anderthalb Tage im Saal 500. Szenen vom Prozeß gegen die Studenten Langhans und Teufel, in: *FAZ*, 10.7.1968.

Hildermeier, Manfred u.a. (Hg.), *Europäische Zivilgesellschaft in Ost und West*. Frankfurt 2000.

Hirschmann, Kai, »32. Konferenz der Justizminister«, in: *DRiZ* 43, 1965, S. 86.

Hirsch-Weber, Wolfgang, *Gewerkschaften in der Politik. Von der Massenstreikdebatte zum Kampf um das Mitbestimmungsgesetz*, Köln 1959.

Histor, Manfred, *Willy Brandts vergessene Opfer. Geschichte der politisch motivierten Berufsverbote in Westdeutschland 1971–1988*, Freiburg 1992².

Hochheimer, Wolfgang, »Das Sexualstrafrecht in psychologisch-anthropologischer Sicht«, in: Bauer, Fritz u.a. (Hg.), *Sexualität und Verbrechen. Beiträge zur Strafrechtsreform*, Frankfurt a.M. 1963, S. 84–117.

Hodenberg, Christina von/Siegfried, Detlef (Hg.), *Wo »1968« liegt. Reform und Revolte in der Geschichte der Bundesrepublik*, Göttingen 2006.

Hodenberg, Hodo Freiherr von, »Rückschau und Ausblick«, in: *Hannoversche Rechtspflege* 3, 1947, S. 82–85.

Hof, Joseph, »Ein Mahnruf«, in: *DRiZ* 44, 1966, S. 256.

Hoffmann, Volkmar, Generalbundesanwalt muß gehen, in: *FR*, 12.7.1962.

Hofmann, Jürgen, *Die Humanistische Union. Eine Untersuchung über Struktur und Funktion einer neuen kulturpolitischen Vereinigung*, München 1967

Hollerbach, Alexander, »Auflösung der rechtsstaatlichen Verfassung?«, in: *AöR* 85, 1960, S. 241–270.

Holtfort, Werner, »Der Anwalt als soziale Gegenmacht«, in: Ders. (Hg.), *Strafverteidiger als Interessenvertreter. Berufsbild und Tätigkeitsfeld*, Neuwied 1979, S. 37–47.

— , »Die Wandlung des Bundesverfassungsgerichts vom Hüter zum Herrn über Grundrechte«, in: *Vorgänge* 18, 1979, Nr. 37, S. 64–74.

— , »Interessenvertreter ohne Interessenvertretung (Die berufsständischen Anwaltsorganisationen)«, in: Hannover, Heinrich/Holtfort, Werner/Mauz, Gerhard (Hg.), *Strafverteidigung und Anwaltsorganisation*, Frankfurt a.M. 1979, S. 25–54.

— , »Lobrede auf Ulrich Vultejus«, in: *Vorgänge* 20, 1981, Nr. 52, S. 5–9.

Holthusen, Hans Egon, *Der unbehauste Mensch*, München 1964.

Hondrich, Karl Otto, »Einfach Soziologie«, in: *Soziale Welt* 40, 1989, S. 340–342.

Horné, Alfred, »Eine Generation wird pensioniert«, in: *Der Volkswirt* 16, 1962, S. 2601–2603.

Hurrelmann, Klaus, Mitdenken, mitfühlen, mitziehen, in: *Die Zeit*, 26.3.1993.

Husserl, Gerhart, »Reform des deutschen Rechtsstudiums«, in: *JZ* 8, 1953, S. 453–56.

Im Namen des Deutschen Volkes. Justiz und Nationalsozialismus. Katalog zur Ausstellung des Bundesministers der Justiz, hg. v. Bundesminister der Justiz, Köln 1989.

Ipsen, Karl, »Die Richterwahl in Bund und Ländern«, in: *DÖV* 24, 1971, S. 469–475.

Isola, Horst, »Konservative Front gegen das Bremer Modell einer einstufigen Juristenausbildung«, in: *RuP* 9, 1973, S. 68–69.

Jaeger, Hans, »Generationen in der Geschichte. Überlegungen zu einem umstrittenen Konzept«, in: *GuG* 3, 1977, S. 429–452.

Jahn, Gerhard, »Rechtspolitik als Dienst am Bürger«, in: Ders./Arndt, Adolf/Heinemann, Gustav, *Der Bürger und das Recht. Drei Vorträge, gehalten auf dem rechtspolitischen Kongreß der SPD »Der Bürger und das Recht« am 26. und 27. März 1965 in Heidelberg*, Heilbronn 1965, S. 265-274.

— , »Reform der Rechtspflege (Justizreform) Ohne Ende – ohne Ziel?« in: Broda, Christian (Hg.), *Festschrift für Rudolf Wassermann*, Neuwied 1985, S. 91–107.

Janowitz, M., »Soziale Schichtung und Mobilität in Westdeutschland«, in: *KZfSS* 10, 1958, S. 1–38.

Jansen, Karl-Heinz, »Richterwahl in Nordrhein-Westfalen?«, in: *DRiZ* 47, 1969, S. 205–207.

Jasper, Bernhard, Ohrfeigen-Prozeß schlägt Wellen, in: *FR*, 23.2.1974.

— , Amtsrichterin Unger rehabilitiert. Keine disziplinarischen Maßnahmen wegen des »Ohrfeigen-Prozesses«, in: *FR*, 23.8.1974.

Jasper, Gotthard, »Die Krise der streitbaren Demokratie«, in: *Deutsches Verwaltungsblatt* 18, 1978, S. 725–733.

— , »Justiz und Politik in der Weimarer Republik«, in: *VfZ* 30, 1982, S. 167–205.

Jerusalem, Franz W., »Das methodische Prinzip der 131-er Urteile des Bundesverfassungsgerichts«, in: *NJW* 7, 1954, S. 980–984.

Joerges, Christian, »Die einstufige Juristenausbildung in Bremen. Darstellung«, in: Gutjahr-Löser, Peter (Hg.), *Neues Recht durch neue Richter? Der Streit um die Ausbildungsreform der Juristen*, München 1975, S. 45–60.

Jüdes, Rudolf, Das eigene Gewissen genügt nicht, in: *Die Zeit*, 29.11.1963

Judex (d.i. Heinrich Jagusch), Ist streitbare Demokratie noch modern, in: *Die Zeit*, 29.2.1962 u. 16.2.1962.

Juling, Peter, *Programmatische Entwicklung der FDP 1946 bis 1969. Einführung und Dokumente*, Meisenheim 1977.

Just-Dahlmann, Barbara, *Tagebuch einer Staatsanwältin*, Stuttgart 1979.

— , *Die Gehilfen. NS-Verbrechen und die Justiz nach 1945*, Frankfurt a.M. 1988.

Kaack, Heino, *Die F.D.P. Grundriß und Materialien zu Geschichte, Struktur und Programmatik*, Meisenheim 1978.

Kaiser, J. H., »Die Erfüllung der völkerrechtlichen Verträge des Bundes durch die Länder«, in: *ZaöRV* 18, 1957/58, S. 526–558.

Kandora, Michael, »Homosexualität und Sittengesetz«, in: Herbert, Ulrich (Hg.), *Wandlungsprozesse in Westdeutschland. Belastung, Integration, Liberalisierung 1945–1980*, Göttingen 2002, S. 379–401.

Kastari, Paavo, »Unabhängigkeit der Gerichte und Demokratisierung der Justiz in rechtsvergleichender Sicht«, in: *Der Staat* 11, 1972, S. 331–348.

Katz, Rudolf, »Bundesverfassungsgericht – Rechtsstaat – Justizstaat«, in: *Vorträge der Hessischen Hochschulwochen 1952*, Bad Homburg, Berlin 1953, S. 100–116.

Kauffmann, Peter, *Zur Konstruktion des Richterberufs durch Richterleitbilder. Eine empirische Untersuchung*, Frankfurt a.M. 2003.

Kaupen, Wolfgang, *Die Hüter von Recht und Ordnung. Die soziale Herkunft, Erziehung und Ausbildung der deutschen Juristen – Eine soziologische Analyse*, Neuwied 1969.

— /Rasehorn, Theo, *Die Justiz zwischen Obrigkeitsstaat und Demokratie. Ein empirischer Beitrag zur Soziologie der deutschen Justizjuristen*, Neuwied 1971.

— , »Das Modell Hannover – ein Papiertiger«, in: *RuP* 9, 1973, S. S. 70–71.

— , Das Hannover-Modell – eine Reformruine«, in: *Zeitschrift der Technischen Universität Hannover*, 1978, S. 3–5.

Kern, Eduard, *Geschichte des Gerichtsverfassungsrechts*, München 1954.

Kern, Ernst, »Probleme der Rechtsprechung des Bundesverfassungsgerichts zur Verfassungsmäßigkeit des Gesetzes gemäß Artikel 131 Grundgesetz«, in: *Deutsches Verwaltungsblatt* 69, 1954, S. 211–219.

Kersting, Hans-Werner, »Entzauberung des Mythos? Ausgangsbedingungen und Tendenzen einer gesellschaftsgeschichtlichen Standortbestimmung der westdeutschen ›68er‹-Bewegung«, in: *Westfälische Forschungen* 48, 1998, S. 1–20.

Kickler, Hans-Jürgen, *Der dreistufige Aufbau in der Ziviljustiz. Eine Untersuchung zur Justizreform, durchgeführt am Beispiel des Landes Schleswig-Holstein*, Kiel 1974.

Kienzle, Udo, »Dr. Axel Dohrn und die Demokratie. Zum Begriff des Sittenwidrigen – Recht und Richter dürfen sich nicht an Gruppenvorstellungen orientieren«, in: *Die Dritte Gewalt*, Nr. 22/14 (1963), S. 6–10.

Kimmel, Michael, *Studentenbewegungen der 60er Jahre. Frankreich, BRD und USA im Vergleich*, Wien 1998.

Kirchheimer, Otto, »Legalität und Legitimität«, in: Ders., *Politische Herrschaft. Fünf Beiträge zur Lehre vom Staat*, Frankfurt a.M. 1967, S. 7–29.

Kirn, Michael, *Verfassungsumsturz oder Rechtskontinuität. Die Stellung der Jurisprudenz nach 1945 zum Dritten Reich, insbesondere die Konflikte um die Kontinuität der Beamtenrechte und Art. 131 Grundgesetz*, Berlin 1972.

Kissel, Otto Rudolf, *Der dreistufige Aufbau der ordentlichen Gerichtsbarkeit. Ein Beitrag zur Großen Justizreform*, Frankfurt a.M. 1972.

Klausa, Ekkehard, *Deutsche und amerikanische Rechtslehrer. Wege zu einer Soziologie der Jurisprudenz*, Baden-Baden 1981.

— , »Was kümmert den Rebellen die Hofrangordnung? Die Bremer Rechtslehrer in der Prestige-Hierarchie juristischer Fakultäten«, in: Francke, Robert u.a. (Hg.), *Einstufige Juristenausbildung in Bremen. 10 Jahre Bremer Modell*, Neuwied 1982, S. 152–162.

Klein, Adolf, Umsturz der Justiz? Linke Ideologen gefährden den Rechtsstaat, in: *Rheinischer Merkur*, 19.2.1971.

Klein, Ansgar, *Der Diskurs der Zivilgesellschaft. Politische Kontexte und demokratietheoretische Bezüge der neueren Begriffsverwendung*, Opladen 2001.

Kleinknecht, Theodor, »Gesetz zur Änderung der Strafprozeßordnung und des Gerichtsverfassungsgesetzes (StPÄG). Entstehung und Hauptinhalt«, in: *JZ* 20, 1965, S.113–120 u. S.153–163.

Klemmer, Klemens u.a., *Deutsche Gerichtsgebäude. Von der Dorflinde über den Justizpalast zum Haus des Rechts*, München 1993.

Kleßmann, Christoph, *Die doppelte Staatsgründung. Deutsche Geschichte 1945–1955*, Bonn 1982.

— , *Zwei Staaten, eine Nation. Deutsche Geschichte 1955-1970*, Göttingen 1988.

— , »1968 – Studentenrevolte oder Kulturrevolution«, in: Hettling, Manfred (Hg.), *Revolution in Deutschland? 1789–1989*, Göttingen 1991, S. 90–105.

Knapp, Wolfgang, *Der Verteidiger – Organ der Rechtspflege?*, Saarbrücken 1974.

— , »Verteidigung des Rechtsstaats durch Bekämpfung des Verteidigers?«, in: *Anwaltsblatt* 25, 1975, S. 373–379.

Knirsch, Hanspeter u.a. (Hg.), *»Radikale« im öffentlichen Dienst. Eine Dokumentation*, Frankfurt a.M. 1973.

Knoche, Wolfgang, »Richter, Kärrner der Volksvertreter?«, in: *DRiZ* 49, 1971, S. 345.

— , »Grundgesetz und göttliche Ordnung. Über den Eid vor Gericht«, in: *Vorgänge* 12, 1972, S. 357–359.

— , »Zur Geheimhaltung. Richteröffentlichkeit und Geschäftsordnung beim Präsidium«, in: *DRiZ* 53, 1975, S. 404–407.

Koch, Peter/Oltmanns, Reimar, *SOS Freiheit in Deutschland*, Hamburg 1979[5].

Köbler, Gerhard, »Zur Geschichte der juristischen Ausbildung in Deutschland«, in: *JZ* 26, 1971, 768–773.

Koellreutter, Otto, »Zur staatspolitischen Bedeutung der Karlsruher Urteile«, in: *Neue Deutsche Beamtenzeitung* 4, 1954, S.33–45.

Koenen, Gerd, *Das rote Jahrzehnt. Unsere kleine deutsche Kulturrevolution 1967–1977*, Köln 2001.

König, René (Hg.), *Soziologie*, Frankfurt a.M. 1958.

Koerfer, Daniel, *Die FDP in der Identitätskrise. Die Jahre 1966–1969 im Spiegel der Zeitschrift »liberal«*, Stuttgart 1981.

Kohlhaas, Max, »Richter und Staatsanwälte im Blick der Öffentlichkeit«, in: *DRiZ* 41, 1963, S. 329–334.

Kohlstruck, Michael, »Das zweite Ende der Nachkriegszeit. Zur Veränderung der politischen Kultur um 1960«, in: Schaal, Gary S./Wöll, Andreas (Hg.), *Vergangenheitsbewältigung*, Baden-Baden 1997, S. 113–128.

Konstanzer Juristentag. Ansprachen, Vorträge, Diskussionsreden, Tübingen 1947.

Koppel, Wolfgang (Hg.) *Ungesühnte Nazijustiz. Hundert Urteile klagen ihre Richter an*, Karlsruhe 1960.

— , *Justiz im Zwielicht. Dokumentation*, Karlsruhe 1963.

Kort, Fred, »Content Analysis of Judicial Opinions and Rules in Law«, in: Schubert, G. (Hg.), *Judicial Decision Making*, S. 133ff.

Köttgen, Arnold, »Das Beamtenurteil des Bundesverfassungsgerichts«, in: *AöR* 79, 1954, S. 350–368.

Kötz, Hein, »Glanz und Elend der juristischen Einheitsausbildung«, in: *ZRP* 13, 1980, S. 94–100.

Krämer, Achim, »Der Rechtsanwalt – eine ›staatlich gebundener Vertrauensberuf‹?«, in: *NJW* 28, 1975, S. 849–853.

Kramer, Dettmar, Die Richter und das Scheinwerferlicht, in: *FAZ*, 21.10.1963.

Kratz, Ernst Jürgen, »Zur Richterwahl«, in: *DRiZ* 48, 1970, S. 15–18.

Kraushaar, Wolfgang, *1968 – das Jahr das alles verändert hat*, München 1998.

— , *1968 als Mythos, Chiffre und Zäsur*, Hamburg 2000.

Krauss, Günther, »Die Verfassung Deutschlands 1945–1954«, in: *DÖV* 7, 1954, S. 579–583.

Kreile, Reinhold, »Die deutsche Magna Charta der Selbstbesinnung«, in: *Frankfurter Hefte* 9, 1954, S. 83–91.

Kriele, Martin, *Theorie der Rechtsgewinnung*, Berlin 1967.

— , »Antijustizkampagne – was tun?«, in: *ZRP* 2, 1969, S. 38–40.

— , »Politische Funktionalisierung des Rechts? Zum Urteil des AG München gegen Rolf Pohle«, in: *ZRP* 2, 1969, S. 145–147.

Kritische Justiz (Hg.), *Streitbare Juristen*, Baden-Baden 1988.

Krockow, Christian Graf von, *Reform als politisches Prinzip*, München 1976.

Kröger, Ullrich, *Die Ahndung von NS-Verbrechen vor westdeutschen Gerichten und ihre Rezeption in der deutschen Öffentlichkeit 1958 bis 1965 unter besonderer Berücksichtigung von »Spiegel«, »Stern«, »Zeit«, »SZ«, »FAZ«, »Welt«, »Bild«, »Hamburger Abendblatt«, »NZ« und »Neuem Deutschland«*, Diss. Hamburg 1973.

Kröning, Volker, »Konzepte der neuen Juristenausbildung«, in: *KJ* 3, 1970, S. 307–326.

Kroeschell, Karl, »Abschied von der Rechtsgeschichte?«, in: *JZ-Sonderheft zu Fragen der Studienreform*, November 1968, S. 20–26.

Kronstein, Heinrich, Eine falsche Philosophie hält die Juristen im Keller. Die juristische Ausbildung in der modernen Gesellschaft – aus deutscher und amerikanischer Sicht, in: *FAZ*, 11.3.1969.

Krumm, Karl-Heinz, Das Unbehagen wird täglich größer, in: *FR*, 14.7.1964.

— , Aufstand der Richter, in: *FR*, 29.2.1968.

— , Ein Patentrezept konnte niemand geben. Zwischen Wasserschläuchen und Filzpantoffeln: Juristendebatte über Demonstrationsrecht, in: *FR*, 25.11.1968.

— , Die Reaktion im Talar hat sich formiert. Mit System wird der Frankfurter Landgerichtspräsident Rudolf Wassermann verketzert, in: *FR*, 23.11.1970.

— , Das seltsame Gefecht des Kregel-Clubs. Der Fall des OLG-Präsidenten Wassermann und der Widerstand der Konservativen, in: *FR*, 15.3.1971.

— , Früher Partner bei der Reform, heute Gegner vor Gericht. Wie der Justizkritiker Theo Rasehorn und der Richterbund auf verschiedene Seiten der Barrikaden gerieten, in: *FR*, 9.1.1973.

— , Nun soll auch der Panorama-Chef geohrfeigt werden. Ein Schlag ins Gesicht, ein Urteil in Wiesbaden und eine verwirrte Reaktion der Öffentlichkeit, in: *FR*, 7.2.1974.

— , »SL« oder die beharrliche Kritik am Strafprozess, in: *FR*, 14.10.1975.

Kübler, Friedrich Karl, »Der deutsche Richter und das demokratische Gesetz«, in: *AcP* 162, 1963, S. 104–128.

— , »Kodifikation und Demokratie«, in: *JZ* 24, 1969, S. 645–651.

— , »Amt und Stellung des Richters in der Gesellschaft von morgen«, in: *DRiZ* 47, 1969, S. 379–385.

— , *Juristenausbildung im Zielkonflikt*, Konstanz 1971.

Kühne, Walter, »Richterwahlgesetz für Nordrhein-Westfalen«, in: *DRiZ* 47, 1969, S. 262.

Kühnert, Hanno, Zwei Modelle für Juristen, in: *FAZ*, 26.1.1970.

Kunze, Otto, »Die Arbeitsgemeinschaft sozialdemokratischer Juristen. Aufgaben, Entwicklung, Organisation«, in: *RuP* 2, 1966, H. 1, S. 31–34.

Kupke, Dietmar, »Soziale Benachteiligung in Mietrechtsprozessen«, in: *Vorgänge* 12, 1973, S. 82–86.

Kutscha, Martin, *Verfassung und ›Streitbare Demokratie‹. Historische und rechtliche Aspekte der Berufsverbote im öffentlichen Dienst*, Köln 1979.

Landtag Nordrhein-Westfalen, *Drucksachen*, 1949ff.

Landtag Nordrhein-Westfalen, *Stenographische Berichte*, 1949ff.

Lange, Elmar/Luhmann, Niklas, »Juristen: Berufswahl und Karrieren«, in: *Verwaltungsarchiv* 65, 1974, S. 113–162.

Lange, Richard, »Konstanz und die Rechtswissenschaft«, in: *JZ* 20, 1965, S 737–739.

— , »Noch einmal, Konstanz und die Rechtswissenschaft«, in: *JZ* 21, 1966, S. 344–348.

Langer, Wolfgang, *Staatsanwälte und Richter. Justizielles Entscheidungsverhalten zwischen Sachzwang und lokaler Justizkultur*, Stuttgart 1994.

Laufer, Heinz, *Verfassungsgerichtsbarkeit und politischer Prozess. Studien zum Bundesverfassungsgericht der Bundesrepublik Deutschland*, Tübingen 1968.

Lauritzen, Lauritz, »Der Bürger vor Gericht – Zur Reform der Gerichtsverfassung«, in: *RuP* 2, 1966, S. 3–9.

Lautmann, Rüdiger, *Soziologie vor den Toren der Jurisprudenz*, Stuttgart 1971.

— , »Hierarchie im Richterkollegium. Zur Vereinheitlichung der Richtertitel«, in: *ZRP* 5, 1972, S. 129–132.

— , *Justiz – Die stille Gewalt*, Frankfurt a.M. 1972.

— , »Soziologie und Rechtswissenschaft«, in: Grimm, Dieter (Hg.), *Rechtswissenschaft und Nachbarwissenschaften*, Frankfurt a.M. 1973, S. 35–49.

— , »Wie irrelevant sind die Sozialwissenschaften für die Arbeit der Juristen«, in: *Rechtstheorie*, 4, 1973, S. 57–63.

— /Grikschat, Winfried, »Ziele und Inhalte des sozialwissenschaftlichen Eingangsstudiums«, in: *Der neue Jurist. Ausbildungsreform in Bremen als Planungs- und Lernprozeß*, Darmstadt u. Neuwied 1973, S. 71–88.

Lawson, Steven F., *Running for Freedom: Civil Rights and Black Politics in America since 1941*, Philadelphia 1990.

Leggewie, Claus, 1968: »Ein Laboratorium der nachindustriellen Gesellschaft? Zur Tradition der antiautoritären Revolte seit den sechziger Jahren«, in: *APuZg* B 20/1988, S. 3–15.

— , Plädoyer eines Antiautoritären für Autorität, in: *Die Zeit*, 5.3.1993.

— , *Die 89er. Portrait einer neuen Generation*, Hamburg 1995.

— , »Generationsschichten und Erinnerungskulturen. Zur Historisierung der ›alten‹ Bundesrepublik«, in: *Tel Aviver Jahrbuch für deutsche Geschichte* 28, 1999, S. 211–235.

— , »1968 – Ein transatlantisches Ereignis und seine Folgen«, in: Junker, Detlev (Hg.), *Die USA und Deutschland im Zeitalter des Kalten Krieges*, Stuttgart 2001, S. 632–644.

Lehmann, Karl-Heinz, »Zur Aburteilung von Demonstranten im beschleunigten Verfahren«, in: *DRiZ* 48, 1970, S. 287–290.

Lehmann, Lutz, Mit dem Dolch unter der Robe, in: *Die Zeit*, 12.3.1965.

— , *Legal und opportun. Politische Justiz in der Bundesrepublik*, Berlin 1966.

Leibfried, Stefan, »Tendenzen der Einphasenausbildung«, in: *KJ* 6, 1973, S.183–209.

Leibholz, Gerhard, »Verfassungsgerichtsbarkeit im demokratischen Rechtsstaat«, in: *Zeitschrift für Politik* 3, 1956, S. 1–17.

— , »Einleitung zu: ›Der Status des Bundesverfassungsgerichts‹«, in: *JÖR N.F.* 6, 1957, S. 110–119.

— , *Strukturprobleme der modernen Demokratie*, Karlsruhe 1958.

— , *Demokratie und Rechtsstaat*, Hannover 1961.

»Leitsätze der Kommission für Justizpolitik der ASJ (Entwurf)«, in: *RuP* 3, 1967, S. 100.

»Leitsätze zur Justizpolitik«, in: *RuP* 3, 1967, S. 99–103.

»Leitsätze zur Reform der Juristenausbildung«, in: *RuP* 6, 1970, S. 41–47.

Lemke, Michael, »Kampagnen gegen Bonn. Die Systemkrise der DDR und die West-Propaganda der SED 1960–1963«, in: *VfZG* 41, 1993, S. 153–176.

Lenk, Kurt, »Revolutionäre Berufspraxis für Juristen?«, in: *KJ* 2, 1969, S. 415–421.

Lepsius, M. Rainer, »Die Entwicklung der Soziologie nach dem Zweiten Weltkrieg 1945–1957«, in: Lüschen, Günther (Hg.), *Deutsche Soziologie nach 1945. Entwicklungsrichtungen und Praxisbezug*, Opladen 1979, S. 25–70.

Leverenz, Bernhard, Wir reden zu schnell von Rechtsbeugung, in: *Die Welt*, 21.5.1960.

Liebknecht, Karl, »Gegen die preußische Klassenjustiz (1910)«, in: *Gesammelte Reden und Schriften*, Bd. 3, Berlin (Ost) 1960.

Lietzmann, Hans, *Das Bundesverfassungsgericht. Ein sozialwissenschaftliche Studie über Wertordnung, Dissenting Votes und funktionale Genese*, Opladen 1988.

Lindemann, Helmut, *Gustav Heinemann – ein Leben für die Demokratie*, München 1978.

Linscheidt, Peter, »Problematischer Richternachwuchs«, in: *DRiZ* 51, 1973, S. 304–306.

Lisken, Hans, »Richterwahl oder Auswandern?«, in: *DRiZ* 47, 1969, S. 269–271.

— , »Eine Erwiderung«, in: *DRiZ* 47, 1969, S. 323–324.

Litten, Hans, *Politisierung der Justiz*, Hamburg 1971.

»Loccumer Arbeitskreis für Juristenausbildung. Zur Reform der Juristenausbildung«, in: *Loccumer Protokolle 15/1969*, S. 128f.

»Loccumer Entschließung des Arbeitskreises für Juristenausbildung vom 4.11.1968«, abgedr. in: Wassermann, Rudolf (Hg.), *Erziehung zum Establishment. Juristenausbildung in kritischer Sicht*, Karlsruhe 1969, S. 88–89.

Loccumer Protokolle 15/1969. Reform der juristischen Ausbildung, Tagung vom 24.–27.Oktober 1969.

Lösche, Peter/Walter, Franz, *Die FDP. Richtungsstreit und Richtungszweifel*, Darmstadt 1996.

Loewenstern, Enno von, Die Autorität der Justiz, in: *Die Welt*, 30.9.1974.

Lohmar, Ulrich, *Wissenschaftsförderung und Politik-Beratung*, Bielefeld 1968.

— , »Politik und Planung«, in: Ders. (Hg.), *Deutschland 1975. Analysen, Prognosen, Perspektiven*, München 1965, S. 232–241.

Lorenz, Konrad, »Die Naturwissenschaft vom menschlichen Geist«, in: *Das Parlament*, 26.8.1972, S. 10–11.

Löwenthal, Richard, *Der romantische Rückfall*, Stuttgart 1970.

Lübbe, Hermann, »Der Mythos der ›kritischen Generation‹«, in: *ApuZg* 1988, B20, S. 17–25.

— , »1968. Zur kulturellen und politischen Wirkungsgeschichte in Deutschland«, in: Schubert, Venanz (Hg.), *1968. 30 Jahre danach*, St. Ottilien 1999, S. 185–208.

Lühnig, Nicolas, *Die Diskussion über die Reform der Juristenausbildung von 1945 bis 1995*, Frankfurt a.M. 1997.

Luhmann, Niklas, »Evolution des Rechts«, in: *Rechtstheorie* 1, 1970, S. 3–22.

— , »Selbststeuerung der Wissenschaft«, in: Ders., *Soziologische Aufklärung*, Opladen 1971², S. 232–252.

— , *Rechtssystem und Rechtsdogmatik*, Stuttgart 1974.

— , The Legal Profession: Comments on the Situation in the Federal Republic of Germany, in: *The Juridical Review* 20, 1975, S. 116–132.

— , »Ausdifferenzierung des Rechtssystems«, in: *Rechtstheorie* 7, 1976, S. 121–135.

— , *Legitimation durch Verfahren*, Frankfurt a.M. 1983.

— , *Ausdifferenzierung des Rechts*, Frankfurt a.M. 1999.

— , *Das Recht der Gesellschaft*, Frankfurt a.M. 2002.

Luminati, Michele, »Die italienische Richterschaft im Streit über die eigene Vergangenheit: unbeirrbare Gemütsruhe oder schädlicher Konformismus«, in: Requate, Jörg (Hg.), *Recht und Justiz im gesellschaftlichen Aufbruch (1960–1975). Bundesrepublik Deutschland, Italien und Frankreich im Vergleich*, Baden-Baden 2003, S. 149–163.

Martini, Winfried, *Das Ende aller Sicherheit. Eine Kritik des Westens*, Stuttgart 1954.

— , »Der Fall Fränkel«, in: *Die Dritte Gewalt* 13, 1962, Heft 13, S. 1–8.

Marwick, Arthur, *The Sixties. Cultural Revolution in Britain, France, Italy and the United States*, Oxford 1998.

Massing, Otwin, »Recht als Korrelat der Macht«, in: Schäfer, Gert /Nedelmann, Carl, *Der CDU-Staat. Analysen zur Verfassungswirklichkeit der Bundesrepublik*, 3. Aufl., Frankfurt a.M. 1972 (1. Aufl.: München 1967), Bd. 1, S. 211–258.

— , »›Gruppenuniversität‹ und ›forschendes Lernen‹«, in: Tohidipur, Mehdi (Hg.), *Verfassung, Verfassungsgerichtsbarkeit, Politik*, Frankfurt a.M. 1976, S. 184–210.

Mauz, Gerhard, Das Gericht den Gerichten überlassen?, in: *Die Welt*, 21.10.1963.

— , Ich bin ein Deutscher, nur zu sehr, in: *Der Spiegel*, 39/1964, S. 54–57.

Mauz, Gerhard, … Bis auf weiteres in einer Anstalt verwahrt, in: *Der Spiegel*, 5/1965, S. 32–40 (Titelgeschichte).

— , Lieber Mitmensch Hermann Josef Abs, in: *Der Spiegel*, 12.05.1965, S. 63–65.

— , Ein Mord, wie ihn jeder begeht..., in: *Der Spiegel*, 02.05.1966, S. 72–74.

— , Der Umsatz ist zu langsam, in: *Der Spiegel*, 14.8.1967, S. 44.

— , Fürs Vaterland hingesetzt, in: *Der Spiegel*, 4.12.1967, S. 65.

— , Die Kunst, den bösen Schein zu wecken, in: *Der Spiegel*, Nr. 47, 18.11.1968, S. 90.

— , Nichts für ungut, Widerstandskämpfer, in: *Der Spiegel*, 21.4.1969, S. 94.

Mayer, Karl U., »Struktur und Wandel der politischen Eliten in der Bundesrepublik«, in: *Deutschland – Frankreich: Bausteine zum Systemvergleich, Bd. 1: Politisches System und Öffentlichkeit*, Gerlingen 1980, S. 165–195.

McClelland, Charles, *The German Experience of Professionalization*, Cambridge 1991.

Meadows, Dennis u.a., *Die Grenzen des Wachstums*, Stuttgart 1972

Meinhof, Ulrike, Von Menschen und Mördern, in: *Konkret*, Mai 1962, S. 3.

Melsheimer, E., »Vom politischen und vom unpolitischen Richter«, in: *Neue Justiz* 4, 1950, S.71–73.

Menne, Heinz, »Zur Richteröffentlichkeit der Sitzungen des Präsidiums«, in: *DRiZ* 51, 1973, S. 316–317.

Merten, Detlef, »Demonstration unter dem Gesetz«, in: *APuZg* 18, 1968, B10, S. 21–32.

— , »Gedanken zur Demonstrationsfreiheit«, in: *MDR* 22, 1968, S. 621–626.

Meusch, Matthias, »Die Frankfurter ›Euthanasie‹-Prozesse 1946–1949. Zum Versuch einer umfassenden Aufarbeitung der NS-›Euthanasie‹«, in: *Hessisches Jahrbuch für Landesgeschichte* 47, 1997, S. 253–286.

—, »›Gerichtstag halten über uns selbst‹ – Der Hessische Generalstaatsanwalt Fritz Bauer und die Verfolgung von NS-Verbrechen«, in: Requate, Jörg (Hg.), *Recht und Justiz im gesellschaftlichen Aufbruch (1960–1975). Bundesrepublik Deutschland, Italien und Frankreich im Vergleich*, Baden-Baden 2003, S. 131–148.

Meyer, Birgit, Elisabeth Selbert (1896–1986). »Gleichberechtigung ohne Wenn und Aber«, in: Kritische Justiz (Hg.), Streitbare Juristen. Eine andere Tradition, Baden-Baden 1988, S. 427–439.

Miquel, Marc von, »›Wir müssen mit den Mördern zusammenleben!‹ NS-Prozesse und politische Öffentlichkeit in den sechziger Jahren«, in: Fritz Bauer Institut (Hg.), *»Gerichtstag halten über uns selbst…«. Geschichte und Wirkung des ersten Frankfurter Auschwitz-Prozesses*, Frankfurt a.M. 2001, S. 97–116.

Möhring, Philipp, »Gefahr für den Richterstaat!«, in: *NJW* 19, 1966, S. 337.

Möritz, Eghard, Konsequenzen gegen NS-Richter, in: *FR*, 13.7.1963.

Molsner, Heiner, Fast hundert Richter wehren sich, in: *FR*, 9.9.1969.

—, Eine Angelegenheit des Verstandes. Die antiautoritäre Bewegung macht auch bei Justizreferendaren Schule, in: *FR*, 17.12.1969.

Morhard, Erwin, Sebastian Haffners Umweg. Die seltsamen Rezepte eines ›realistischen bürgerlichen Geistes‹, in: *Rheinischer Merkur*, 8.5.1964.

Moses, Dirk, »Die 45er. Eine Generation zwischen Faschismus und Demokratie«, in: *Neue Sammlung* 40, 2000, S. 233–263.

Mückenberger, Ulrich, »Mitbestimmung und ›Funktionsfähigkeit‹ der Unternehmen. Zum Mitbestimmungsurteil des Bundesverfassungsgerichts vom 1. März 1979«, in: Däubler, Wolfgang/Küsel, Gudrun (Hg.), *Verfassungsgericht und Politik. Kritische Beiträge zu problematischen Urteilen*, Reinbek b. Hamburg 1979, S. 49–69.

Müller, Gerhard, Keine allgemein bejahte Rechtsüberzeugung mehr. Zur Problematik der Rechtsprechung und des Richters heute, in: *FAZ*, 1.9.1970.

Müller, Ingo, *Furchtbare Juristen. Die unbewältigte Vergangenheit unserer Justiz*, München 1989.

Müller-Meinigen, Ernst jr., Justiz im Schatten der Politik, in: *SZ*, 4.10.1952.

—, Bollwerk des Rechts, in: *SZ* 31.1.1953.

—, Richter ohne Titel? in: *SZ* 24./25.7.1954.

—, »Durchhalten« sagte der Marschall und floh, in: *SZ*, 5.10.1957.

—, Der Fall Fränkel, in: *SZ*, 11.7.1962.

—, Fränkel und das politische Augenmaß, in: *SZ*, 14.7.1962.

—, Tragische Verstrickung? Der Fall Fränkel in größeren Zusammenhängen gesehen, in: *SZ*, 28./29.7.1962.

—, »Justiz und Presse – Besteht eine Chance zur ersprießlichen Wechselbeziehung?«, in: Hammerschmidt, H. (Hg.), *Zwanzig Jahre danach. Eine deutsche Bilanz 1945–1965*, München 1965, S. 322–337.

—, Der Freispruch für Kurras, in: *SZ*, 22.11.1967.

—, Kurras und Teufel – politische Prozesse?, in: *SZ*, 30.11.1967.

—, Richter als Büttel der Nation?, in: *SZ*, 24.4.1968.

—, Warnstreik der Richter, in: *SZ*, 11.5.1968.

— , »Schnellgerichte« sind keine Standgerichte, in: *SZ*, 9.11.1968.
— , Blutrichter Rehse und die Rechtsbeugung, in: *SZ*, 7.12.1968.
»Münchener Beschlüsse zur Fortführung der Studienreform vom 16./17. Februar 1968«, in: *JZ* 23, 1968, S.223–225.
Murphy, Walter/ Pritchett, Hermann (Hg.), *Courts, Judges and Politics. An Introduction to the Judicial Process*, New York 1961.
Mußgnug, Reinhard (Hg.), *Rechtsentwicklung unter dem Bonner Grundgesetz*, Heidelberg 1990
Nadelmann, Kurt, »The Judicial Dissent«, in: *American Journal of Comparative Law* 8, 1959, S. 415–416.
— , »Das Minderheitenvotum im Kollegialgericht – Bekanntgabe oder Geheimhaltung?«, *AöR* 86, 1961, S. 39–62.
Nagel, Stuart, »Using Simple Calculations to predict Judicial Decisions«, in: *American Behavioral Scientist*, 4, 1960, S. 24ff.
Naucke, Wolfgang, »Über die Zusammenarbeit zwischen Juristen und Rechtssoziologen«, in: *Jahrbuch für Rechtssoziologie und Rechtstheorie* 1, 1970, S. 492–497.
— /Trappe, Paul (Hg.), *Rechtssoziologie und Rechtspraxis*, Neuwied 1970.
— , *Über die juristische Relevanz der Sozialwissenschaften*, Frankfurt a.M. 1972.
— , »Jurisprudenz und Sozialwissenschaften. Eine Entgegnung«, in: *Rechtstheorie* 4, 1973, S. 64–68.
Naumann, Bernd, *Auschwitz. Bericht über die Strafsache gegen Mulka und andere vor dem Schwurgericht Frankfurt*, Frankfurt a.M. 1965.
Neander, Joachim, Eine »Gruppe 47 der Justiz« findet die Justizreformen noch nicht mutig genug, in: *Die Welt*, 10.10.1968.
Negt, Oskar u.a., *Klassenjustiz?*, hg. von der Sozialistischen Basisgruppe Jura Köln, Köln o.J.
Negt, Oskar, *Achtundsechzig. Politische Intellektuelle und die Macht*, Göttingen 1995.
Neidhard, Hans, »Die heutige Lage der Justiz«, in: *DRiZ* 41, 1963, S. 209ff.
Neue Juristenausbildung. Materialien des Loccumer Arbeitskreises zur Reform der Juristenausbildung, hg. vom Loccumer Arbeitskreis, Neuwied 1970.
Niedersächsischer Landtag, *Stenographische Berichte*, Hannover 1949ff.
Niederschriften über die Sitzungen der Großen Strafrechtskommission, Bände 1–14, 1956–1960.
Niermann, Hans-Eckhard, »Zwischen Amnestie und Anpassung. Die Entnazifizierung der Richter und Staatsanwälte des Oberlandesgerichtsbezirks Hamm 1945–50«, in: Justizministerium des Landes NRW (Hg.), *50 Jahre Justiz des Landes Nordrhein-Westfalen*, Düsseldorf 1996, S. 61–94.
— , »Zwischen Unbehagen und Verdrängung. Die Reaktionen von Richterschaft und Justizverwaltung des Oberlandesgerichtsbezirks Hamm auf die ›Braunbuch-Kampagne‹ der DDR 1957 bis 1968«, in: Requate, Jörg (Hg.), *Recht und Justiz im gesellschaftlichen Aufbruch (1960–1975). Bundesrepublik Deutschland, Italien und Frankreich im Vergleich*, Baden-Baden 2003, S. 103–130.
Niewerth, Lydia, »Änderung der Präsidialverfassung – Einstieg in die Justizreform?«, in: *DRiZ* 78, 2000, S. 4–5
Nipperdey, Hans Carl, *Die Ersatzansprüche für Schäden, die durch den von den Gewerkschaften gegen das geplante Betriebsverfassungsgesetz geführten Zeitungsstreik vom 27.–29. Mai 1952 entstanden sind. Rechtsgutachten*, Köln 1953.

Nistl, Rainer, Die Ohrfeige von der man spricht. Der Schlag in Kiesingers Gesicht und das Gerichtsurteil, in: *SZ*, 9.11.1968.

Nitsch, Wolfgang u.a., *Hochschule in der Demokratie*, Neuwied 1965.

Nörr, Knut Wolfgang (Hg.), *40 Jahre Bundesrepublik – 40 Jahre Rechtsentwicklung. Ringvorlesung der Juristischen Fakultät der Universität Tübingen*, Tübingen 1990.

Noll, Peter/Schneider, Peter/Krüger, Uwe, »Vorschlag zur Reform der ersten juristischen Staatsprüfung«, in: *JZ* 23, 1968, S. 372–375.

Nolte, Paul, *Die Ordnung der deutschen Gesellschaft. Selbstentwurf und Selbstbeschreibung im 20. Jahrhundert*, München 2000.

Notwendigkeit und Grenzen der Justizkritik. Vorträge und Diskussion auf einer gemeinsamen Veranstaltung des Deutschen Journalisten-Verbandes e.V. und des Deutschen Richterbundes e.V., am 25. November 1965 in Bad Godesberg.

Nußbaum, Arthur, *Die Rechtstatsachenforschung. Programmschriften und praktische Beispiele*, hg. von Manfred Rehbinder, Berlin 1968.

Opp, Karl-Dieter, »Theoretische und methodische Probleme bei der Beschreibung und Erklärung der Strafzumessung. Eine Antwort auf die Kritik von Manfred Brusten und Dorothee Peters«, in: *Kriminologisches Journal* 1, 1969, S. 53–66.

— /Peuckert, Rüdiger, *Ideologie und Fakten in der Rechtsprechung. Eine soziologische Untersuchung über das Urteil im Strafprozeß*, München 1971.

Oppler, Kurt, »Justiz und Politik«, in: *Deutsche Rechts-Zeitschrift* 2, 1947, S. 323–326

Ostermeyer, Helmut, »Die Wissenschaftlichkeit der Jurisprudenz und die Herausforderung der Soziologie«, in: *DRiZ* 47, 1969, S. 9–13.

Ostermeyer, Helmut, *Strafunrecht*, München 1971.

— , *Die juristische Zeitbombe*, München 1973.

— , *Die bestrafte Gesellschaft. Ursachen und Folgen eines falschen Rechts*, München 1975.

Ostler, Fritz/Möller, Helmut, »Gefahr für den Richterstaat? Gedanken zur Richterbesoldung«, in: *DVBl* 81, 1966, S. 784–787.

Ott, Sieghart, *Der Fall Dr. Dohrn. Eine Dokumentation zur Frage der Schwangerschaftsverhütung und der »guten Sitten«*, München 1964.

— , *Das Recht auf freie Demonstration*, Neuwied 1967.

— , »Politische Benachteiligung eines Arbeitsnehmers«, in: *Vorgänge* 12, 1973, S. 82–86.

Otto, Karl A., *Vom Ostermarsch zur APO: Geschichte der außerparlamentarischen Opposition in der Bundesrepublik 1960–1970*, Frankfurt a.M. 1977.

Papa, Michele, »Die Entwicklung des italienischen Strafrechts in den 60er und 70er Jahren«, in: Requate, Jörg (Hg.), *Recht und Justiz im gesellschaftlichen Aufbruch (1960–1975). Bundesrepublik Deutschland, Italien und Frankreich im Vergleich*, Baden-Baden 2003, S. 309–325.

Papke, Horst, »Kommentar: Die Justizreform beginnt«, in: *DRiZ* 48, 1970, S. 352.

Parlamentarischer Rat. Ausschuss für Verfassungsgerichtshof und Rechtspflege. Stenographischer Bericht, 5. Sitzung, 11.11.1948.

Parlamentarischer Rat, *Verhandlungen des Hauptausschusses*, Bonn 1948/49.

— , *Akten und Protokolle, Bd. 2: Der Verfassungskonvent auf Herrenchiemsee*, bearb. v. Peter Bucher, Boppard 1981.

Payk, Marcus M., »Antikommunistische Mobilisierung und konservative Revolte. William S. Schlamm, Winfried Martini und der ›Kalte Bürgerkrieg‹ in der westdeutschen Publizistik der späten 1950er Jahre«, in: Lindenberger, Thomas (Hg.), *Massenmedien im Kalten Krieg. Akteure, Bilder, Resonanzen*, Köln; Weimar; Wien 2006, S. 111–137.

Peters, Dorothee, *Richter im Dienst der Macht*, Stuttgart 1973.

Perels, Joachim, »Zur rechtspolitischen Strategie der CDU/CSU. Der Rechtspolitische Kongress der CDU/CSU 1975«, in: *KJ* 9, 1976, S. 157–163.

Perels, Joachim (Hg.), *Grundrechte als Fundament der Demokratie*, Frankfurt a.M. 1979.

— , »Über die emanzipatorische Dimension des Rechts«, in: *Vorgänge* 21, 1982, Nr. 59/60, S. 56–64.

— , »Die Restauration der Rechtslehre«, in: *KJ* 17, 1984, S. 359–379.

— /Wojak, Irmtraut, »Motive im Denken und Handeln Fritz Bauers«, in: Bauer, Fritz, *Die Humanität der Rechtsordnung. Ausgewählte Schriften*, hg. von Joachim Perels und Irmtraut Wojak, Frankfurt a.M. 1998, S. 9–33.

— , *Das juristische Erbe des »Dritten Reiches«. Beschädigung der demokratischen Rechtsordnung*, Frankfurt a.M. 1999.

Peuckert, Rüdiger, »Zur Soziologie des Richters«, in: *Vorgänge* 8, 1969, S. 323–325.

Pfeil, Moritz, Eine gewisse Presse, eine gewisse Justiz. Der Lehrfall Dohrn, in: *Der Spiegel* 47/1963, S. 67–75.

Philipp, Erich, Gleichschaltung der Deutschen Richter. Die Autorität der Justiz unter dem Pflug der »Demokratisierer«, in: *Rheinischer Merkur*, 6.3.1970

Pirker, Theo, *Die blinde Macht. Die Gewerkschaftsbewegung in Westdeutschland*, 2 Bde., München 1960.

Plé, Bernard, *Wissenschaft und säkulare Mission: »amerikanische Sozialwissenschaft« im politischen Sendungsbewußtsein der USA und im geistigen Aufbau der Bundesrepublik Deutschland*, Stuttgart 1990.

Pollück, Klaus-Dieter, *Klassenjustiz?*, Bamberg 1977.

Posser, Diether, Keine Waffengleichheit mit der Anklage. Eine Untersuchung über die Stellung des Verteidigers im deutschen Strafprozess, in: *FR*, 2.1.1963.

— , *Anwalt im Kalten Krieg*, München 1991.

Pound, Roscoe, *Interpretations of Legal History*, Gloucester 1923.

— , »The Lawyer als Social Engineer«, in: *Journal of Public Law*, 3 (1955), S. 292-303.

— , *Jurisprudence*, Bd. 1, St. Paul Minnesota 1959.

Preuß, Ulrich K., Der Fall Teufel. In Berlin: Nach dem Polizeiskandal der Justizskandal?, in: *Die Zeit*, 28.7.1968.

— , »Zur Funktion eines Zusammenschlusses gesellschaftskritischer Juristen«, in: *KJ* 4, 1971, S. 378–383.

— , *Legalität und Pluralismus*, Frankfurt a.M. 1973.

— , »Die Erbschaft von ›1968‹ in der deutschen Politik«, in: Buckmiller, Michael/Perels, Joachim (Hg.), *Opposition als Triebkraft der Demokratie. Bilanz und Perspektiven der Zweiten Republik. Fs. f. Jürgen Seifert*, Hannover 1998, S. 149–163.

Preute, Michael u. Gabriele, *Deutschlands Kriminalfall Nr. 1: Vera Brühne. Ein Justizirrtum*, München 1979.

Priepke, Walter, »Zusammensetzung des Richterwahlausschusses«, in: *DRiZ* 50, 1972, S. 11–15.

Priester, Jens-Michael, »Der Verfassungsgerichtsbeschluss zur Nötigung durch Sitzblockaden – ein Schlag ins Wasser?«, in: Schulz, Joachim/Vormbaum, Thomas (Hg.), *Festschrift für Günter Bemmann*, Baden-Baden 1997, S. 362–386.

Pringsheim, Fritz, »Zur Verbesserung des Rechtsstudiums«, in: *JZ* 8, 1953, S. 301–303.

Pritchett, C., »Division of Opinion Among Supreme Court Justices of the U.S. Supreme Court 1939–1941«, in: *American Political Science Review* 35, 1941, S. 890–905.

— , *The Roosevelt Court. A Study in Judical Politics and Values 1937–1947*, New York 1948.

Pulch, Otto, Recht der Gesetzesinitiative nicht angezweifelt, in: *FAZ*, 1./2.5.1968.

— , »Besoldungspolitische Konsequenzen aus den Entscheidungen des Bundesverfassungsgerichts vom 4.6.1969«, in: *DRiZ* 47, 1969, S. 354–357.

— , »Wer ›macht‹ die Dritte Gewalt?«, in: *DRiZ* 49, 1971, S. 253–254.

Quack, Karlheinz, »Sinn und Grenzen anwaltlicher Unabhängigkeit heute«, in: *NJW* 28, 1975, S. 1337–1343.

Quaritsch, Helmut, »Demokratisierung – Möglichkeiten und Grenzen«, in: *Cappenberger Gespräche*, Bd. 11, Köln 1976, S. 11–44.

Rabe, Hans-Jürgen, »Der Beruf des Anwalts. Herausforderung in Gegenwart und Zukunft«, in: *Anwaltsblatt* 21, 1971, S. 226–236.

Rajewsky, Xenia, *Arbeitskampfrecht in der Bundesrepublik*, Frankfurt a.M. 1970.

Ramm, Thilo, »Das Recht des Arbeitskampfrechts nach der Rechtsprechung des Bundesarbeitsgerichts«, in: *JZ* 16, 1961, S. 273–279.

— , Die Rechtsprechung des Bundesarbeitsgerichts, in: JZ 19, 194, S. S. 494–501, 546–555 und 582–587.

— , *Der Arbeitskampf und die Gesellschaftsordnung des Grundgesetzes*, Stuttgart 1965.

— , »Die Rechtsprechung des BAG. Schlußwort«, in: *JZ* 21, 1966, S. 214–222.

— , »Sozialadäquanz und freiheitlicher sozialer Rechtsstaat«, in: *Arbeit und Recht* 14, 1966, S.161–166.

— , »Zu den Münchener Studienreformbeschlüssen«, in: *JZ* 23, 1968, S. 294–298.

— , *Einführung in das Privatrecht III*, München 1970.

— , »Mut zur großen Reform«, in: *RuP* 6, 1970, S. 84–89.

— , »Vertragsfreiheit – Instrument der Ausbeutung«, in: Duden, Konrad (Hg.), *Gerechtigkeit in der Industriegesellschaft. Rechtspolitischer Kongreß der SPD vom 5., 6. und 7. Mai 1972 in Braunschweig*, Karlsruhe 1972.

— , »Pluralismus ohne Kodifikation. Die Arbeitsrechtswissenschaft nach 1945«, in: Simon, Dieter, *Rechtswissenschaft in der Bonner Republik*, Frankfurt a.M. 1994, S. 449–528.

Raphael, Lutz, »Die Verwissenschaftlichung des Sozialen als methodische und konzeptionelle Herausforderung für eine Sozialgeschichte des 20. Jahrhunderts«, in: *GuG* 22, 1996, S. 165–194.

Rasehorn, Theo, »Justiz und Rechtswirklichkeit«, in: *DRiZ* 42, 1964, S. 226–229.

— , »Hierarchische Strukturen in der Richterschaft«, in: *DRiZ* 45, 1967, S. 177–181.

— , »Was formt den Richter? Über den soziologischen Hintergrund des Richters in der Bundesrepublik Deutschland«, in: Böhme, Wolfgang, *Weltanschauliche Hintergründe in der Rechtsprechung*, Karlsruhe 1968, S. 3–29.

— , »Das Verfahren Rehse und die Problematik des § 336 StGB«, in: *NJW* 22, 1969, S. 457–459.

— , »Von der Klassenjustiz zum Ende der Justiz«, in: *KJ* 2, 1969, S. 273–283.

— , »Anregungen zu einer empirischen Justizreform«, in: Wassermann, Rudolf (Hg.), *Justizreform*, Neuwied/Berlin 1970, S. 81–101.

— , »Über den langen Marsch des kritischen Denkens durch die Institutionen der Justiz«, in: Wassermann, Rudolf (Hg.), *Justizreform*, Neuwied 1970, S. 32–51.

— , »Der politische Richter und sein Korrelat: Der Richterwahlausschuß«, in: *Vorgänge* 7, 1971, S. 238–244.

— , »Der Richterwahlausschuß«, in: *RuP* 8, 1972, S. 7–12.

— , »Rechtsprechung als soziale Repression«, in: *Vorgänge* 12, 1973, S. 74–76.

— , *Recht und Klassen. Zur Klassenjustiz in der Bundesrepublik*, Neuwied 1974.

— , »Justiz und Verfassung«, in: Narr, Wolf-Dieter, *Wir Bürger als Sicherheitsrisiko. Berufsverbote und Lauschangriff – Beiträge zur Verfassung unserer Republik*, Reinbek b. Hamburg 1977.

— , »Die Justiz als Theater«, in: *Jahrbuch für Rechtssoziologie und Rechtstheorie* 6, 1980, S. 328–343.

— , *Richter zwischen Tradition und Lebenswelt*, Baden-Baden 1989.

— , »Die Arbeitsgemeinschaft sozialdemokratischer Juristen (ASJ) – Entwicklung einer politischen Juristenorganisation«, in: Fabricius-Brand, Margarete u.a. (Hg.), *Rechtspolitik »mit aufrechtem Gang«. Fs. f. Werner Holtfort*, Baden-Baden 1990, S. 312–318.

Recken, Heinz, »Kommentar«, in: *DRiZ* 49, 1971, S. 338f.

Redeker, Konrad, »Gefahr für den Rechtsstaat«, in: *NJW* 19, 1966, S. 976–967.

— , »Bürger und Anwalt im Spannungsfeld zwischen Sozialstaat und Rechtsstaat«, in: *Anwaltsblatt* 23, 1973, S. 225–233.

Rehbinder, Manfred, *Entwicklung und gegenwärtiger Stand der Rechtstatsachenforschung in den USA*, Berlin 1970.

Reich, Norbert, *Sociological Jurisprudence und Legal Realism im Rechtsdenken Amerikas*, Heidelberg 1967.

Reifenrath, Roderich, Die Richter werden gegen »Narreteien« vorgehen, in: *FR*, 17.9.1968.

— , Richter dringen auf Reformen. Aktionskomitee gegründet, in: *FR*, 23.9.1968.

— , Der runde Tisch ist das Gesellschaftsmodell. Juristen und Journalisten diskutieren im Rundschau-Haus über Probleme der Dritten Gewalt, in: *FR*, 2.6.1969.

Gerd Reinschmidt, »Zum Richterwahlausschuß – eine Entgegnung«, in: *RuP* 8, 1972, S. 156–159.

Reißmüller, Georg, Was bei uns sittenwidrig sein kann, in: *FAZ*, 28.11.1963.

Reiter, Herbert, »Verfassungsverwirklichung, Reform und ›contestazione‹. Die italienische Richterschaft in den 1960er und frühen 1970er Jahren«, in: Requate, Jörg (Hg.), *Recht und Justiz im gesellschaftlichen Aufbruch (1960–1975). Bundesrepublik Deutschland, Italien und Frankreich im Vergleich*, Baden-Baden 2003, S. 201–219.

Requate, Jörg, »Lebedame« und der Querulant. Zu Grenzverschiebungen zwischen Öffentlichem und Privatem in der Gerichtsberichterstattung der 60er Jahre, in: Imhof, Kurt/Schulz, Peter (Hg.), Die Veröffentlichung des Privaten - Die Privatisierung des Öffentlichen, Opladen 1998, S. 55-67.

— , »Ombudsmann und ›Runder Tisch‹. Zur Geschichte der Debatte um Alternativen zur Justiz in der Bundesrepublik der sechziger und siebziger Jahre«, in: Hof, Hagen/Schulte, Martin (Hg.), *Wirkungsforschung zum Recht III. Folgen von Gerichtsentscheidungen*, Baden-Baden 2001, S. 273–282.

— (Hg.), *Recht und Justiz im gesellschaftlichen Aufbruch (1960–1975). Bundesrepublik Deutschland, Italien und Frankreich im Vergleich*, Baden-Baden 2003.

— , »Einleitung«, in: Ders (Hg.), *Recht und Justiz im gesellschaftlichen Aufbruch (1960–1975). Bundesrepublik Deutschland, Italien und Frankreich im Vergleich*, Baden-Baden 2003, S. 9–32.

Reuß, Hans-Peter, *Die »Modellfrage« bei der Reform der Juristenausbildung. Eine Zwischenbilanz der staatlichen Regelungstätigkeit auf dem Gebiet der einstufigen Juristenausbildung*, Hamburg 1980.

Reynold, Heinrich (Hg.), *Justiz und Öffentlichkeit. Sieben Beiträge zur Frage der Beziehungen zwischen der Justiz und den Kommunikationsmitteln*, Köln 1966.

Rheinländer, Markus, »Sitzblockaden- und/oder Gewaltbegriffsentscheidung – Zum Geltungsbereich von BVerfGE 92, S. 1ff«, in: Schulz, Joachim/Vormbaum, Thomas (Hg.), *Festschrift für Günter Bemmann*, Baden-Baden 1997, S. 387–411.

Richter, Walther, »Die Richter der Oberlandesgerichte der Bundesrepublik. Eine berufs- und sozialstatistische Analyse«, in: *Hamburger Jahrbuch für Wirtschafts- und Gesellschaftspolitik*,1960, S. 241–259.

— , *Zur soziologischen Struktur der deutschen Richterschaft*, Stuttgart 1968.

— , *Zur Bedeutung der Herkunft des Richters für die Entscheidungsbildung*, Berlin 1973.

Ridder, Helmut, »Empfiehlt es sich die vollständige Selbstverwaltung aller Gerichte im Rahmen des Grundgesetzes einzuführen«, in: *Verhandlungen des 40. Deutschen Juristentages*, Tübingen 1953.

— , »Über Minima Rationalia des Judizierens«, in: *ZRP* 2, 1969, S. 217–220.

— , »Verfassungsreformen und gesellschaftliche Aufgaben des Juristen«, in: *KJ* 4, 1971, S. 371–377.

— , *Die soziale Ordnung des Grundgesetzes*, Opladen 1975.

— /Ladeur, Karl-Heinz, »Zur Funktion eines Zusammenschlusses gesellschaftskritischer Juristen und von Juristen überhaupt«, in: *KJ* 5, 1972, S. 16–23.

Rieß, Peter, »Gesamtreform des Strafverfahrensrechts – eine lösbare Aufgabe?«, in: *ZRP* 10, 1977, S 67–77.

Rinken, Alfred, *Der Neue Jurist. Materialien zur reformierten Juristenausbildung in Bremen*, Darmstadt 1973.

— , »Das Juristenausbildungsgesetz – Grundriß und Rahmen einer Reform als Planungs-Lernprozeß«, in: Ders. u.a., *Der neue Jurist. Materialien zur reformierten Juristenausbildung in Bremen*, Darmstadt 1973, S. 11–36.

— , »Die einstufige Juristenausbildung in Bremen«, in: *JuS* 14, 1974, S. 538–542.

— , *Einführung in das juristische Studium*, München 1977.

— , *Einführung in das juristische Studium*, 2. völlig neubearb. Aufl., München 1991.

Rittner, Fritz, »Die Rechtswissenschaft als Teil der Sozialwissenschaften«, in: *Zur Einheit der Rechts- und Staatswissenschaften*, Karlsruhe 1967, S. 97–122.

— , »Zu den Münchener Studienreformbeschlüssen. Eine Erwiderung«, in: *JZ* 23, 1968, S. 369–371.

Rogge, Dirk Itel, »Justizreform – ein Irrtum?«, in: *DRiZ* 50, 1972, S. 185–190.

— /Eckl, Peter, »Der Referentenentwurf eines Ersten Justizreformgesetzes«, in: *NJW* 25, 1972, S. 177–183.

Röhl, Klaus F., *Das Dilemma der Rechtstatsachenforschung*, Tübingen 1974.

Römer, Peter (Hg.), *Der Kampf um das Grundgesetz. Die politische Bedeutung der Verfassungsinterpretation*, Frankfurt a.M. 1977.

— , »Kleine Bitte um ein wenig Positivismus. Thesen zur neuen Methodendiskussion«, in: Ders. (Hg.), *Der Kampf um das Grundgesetz. Die politische Bedeutung der Verfassungsinterpretation*, Frankfurt a.M. 1977.

Rosskopf, Annette, *Friedrich Karl Kaul: Anwalt im geteilten Deutschland (1906–1981)*, Berlin 2002.

Rosso, Willi, »Reform der Präsidialverfassung: reformatio in peius?«, in: *DRiZ* 49, 1971, S. 6–10.

Rotberg, Hans, »Entpolitisierung der Rechtspflege«, in: *Deutsche Rechts-Zeitschrift* 2, 1947, S. 107–110.

Rottleuthner, Hubert, »Klassenjustiz?«, in: *KJ* 2, 1969, S. 1–26.

— , *Rechtswissenschaft als Sozialwissenschaft*, Frankfurt a.M. 1973.

— , »Abschied von der Justizforschung? Für eine Rechtssoziologie ›mit mehr Recht‹«, in: *Zeitschrift für Rechtssoziologie* 3, 1982, S. 82–119.

— , »Soziale Merkmale, Einstellungen und Verhaltensweisen von Arbeitsrichtern«, in: Ders. (Hg.), *Rechtssoziologische Studien zur Arbeitsgerichtsbarkeit*, Baden-Baden 1984, S. 291–297.

— , »Die gebrochene Bürgerlichkeit einer Scheinprofession. Zur Situation der deutschen Richterschaft zu Beginn des 20. Jahrhunderts«, in: Siegrist, Hannes (Hg.), *Bürgerliche Berufe. Zur Sozialgeschichte der freien und akademischen Berufe im internationalen Vergleich*, Göttingen 1988, S. 145–173.

Rucht, Dieter (Hg.), *Protest in der Bundesrepublik. Strukturen und Entwicklungen*, Frankfurt a.M. 2001.

Ruck, Michael, *Korpsgeist und Staatsbewußtsein. Beamte im deutschen Südwesten*, München 1996.

Rückert, Joachim, »Abbau und Aufbau der Rechtswissenschaft nach 1945«, in: *NJW* 48, 1995, S. 1251–1259.

— , »Zeitgeschichte des Rechts: Aufgaben und Leistungen zwischen Geschichte, Rechtswissenschaft, Sozialwissenschaft und Soziologie«, in: *Zeitschrift der Savigny-Stiftung für Rechtsgeschichte, Germanist. Abt.*, 115, 1998, S. 1–85.

Rüping, Heinrich, *Staatsanwälte und Parteigenossen. Haltungen der Justiz zur nationalsozialistischen Vergangenheit zwischen 1945 und 1949 im Bezirk Celle*, Baden-Baden 1994.

Rueß, Hans-Peter, *Die »Modellfrage« bei der Reform der Juristenausbildung. Eine Zwischenbilanz der staatl. Regelungstätigkeit auf dem Gebiet der einstufigen Juristenausbildung*, Hamburg 1980.

Rüthers, Bernd, *Die unbegrenzte Auslegung*, Tübingen 1968.

— , *Die unbegrenzte Auslegung. Zum Wandel der Privatrechtsordnung im Nationalsozialismus*, Heidelberg 1988[3].

Rupp, Hans Georg, »Zur Frage der Dissenting Opinion«, in: Bracher, Karl Dietrich u.a. (Hg.), *Die moderne Demokratie und ihr Recht. Fs. f. Gerhard Leibholz*, Bd. 2, Tübingen 1966, S. 531–549.

Rüschemeyer, Dietrich, »Professionalisierung. Theoretische Probleme für die vergleichende Geschichtsforschung«, in: *GuG* 6, 1980, S. 311–325.

Ruscheweyh, Herbert, »Richteranklage und Richterwahl im Bonner Grundgesetzentwurf«, in: *MDR* 3, 1949, S. 258–261.

Sacksofsky, Ute, *Das Grundrecht auf Gleichberechtigung. Eine rechtsdogmatische Untersuchung zu Artikel 3 Absatz 2 des Grundgesetzes*, Baden-Baden 1996[2].

Sarstedt, Werner, *Justiz und Presse*, Schloß Bleckede a. d. Elbe 1948.

— , »Im Paragraphenturm«, in: *DRiZ* 42, 1966, S. 337–339.

Sattler, Hans-Peter, Rempeleien unter den Richtern. Rudolf Wassermann wird nach Braunschweig berufen, in: *Die Zeit*, 4.12.1970.

Schachtschneider, Karl August, »Einübung in die juristische Praxis«, in: Wassermann, Rudolf (Hg.), *Erziehung zum Establishment. Juristenausbildung in kritischer Sicht*, Karlsruhe 1969, S. 51–64.

Schäfer, Gert/Nedelmann, Carl, *Der CDU-Staat. Analysen der Verfassungswirklichkeit der Bundesrepublik*, 2 Bde., München 1967.

Schaeffer, Max Pierre, *Der Fall Vera Brühne. Die Wahrheit*, München 1979.

Schaich, Albrecht, »Tätigkeitsbericht 1974/75«, in: *Anwaltsblatt* 25, 1975, S. 178–185.

Scheerer, Sebastian, »Neue Soziale Bewegungen und Strafrecht«, in: *KJ* 18, 1985, S. 245–254.

Scheibe, Moritz, »Auf der Suche nach der demokratischen Gesellschaft«, in: Herbert, Ulrich (Hg.), *Wandlungsprozesse in Westdeutschland. Belastung, Integration, Liberalisierung 1945–1980*, Göttingen 2002, S. 245–277.

Schelsky, Helmut, *Ortsbestimmung der deutschen Soziologie*, Düsseldorf 1959.

— , »Systemfunktionaler, anthropologischer und personfunktionaler Ansatz in der Rechtssoziologie«, in: *Jahrbuch für Rechtssoziologie und Rechtstheorie* 1, 1970, S. 37–89.

— , Die Strategie der Systemüberwindung. Der lange Marsch durch die Institutionen, in: *FAZ*, 10.12.1971.

— , »Soziologiekritische Bemerkungen zu gewissen Tendenzen von Rechtssoziologen«, in: *Jahrbuch für Rechtssoziologie und Rechtstheorie* 3, 1972, S. 603–611.

— , *Systemüberwindung, Demokratisierung und Gewaltenteilung. Grundsatzkonflikte der Bundesrepublik*, München 1973.

Scheuner, Ulrich, »Die Aufgabe der Gesetzgebung in unserer Zeit«, in: *DÖV* 13, 1960, S. 601–611.

Schier, Wolfgang, »Justizreform, Dreigliedriger Aufbau der ordentlichen Gerichtsbarkeit?«, in: *ZRP* 3, 1970, S. 157–161.

Schildt, Axel, *Konservativismus in Deutschland. Von den Anfängen im 18. Jahrhundert bis zur Gegenwart*, München 1998.

— , *Zwischen Abendland und Amerika. Studien zur westdeutschen Ideenlandschaft der 50er Jahre*, München 1999.

— /Siegfried, Detlef/Lammers, Karl Christian (Hg.), *Dynamische Zeiten. Die 60er Jahre in den beiden deutschen Gesellschaften*, Hamburg 2000.

— , »Vor der Revolte: Die sechziger Jahre«, in: *APuZg* B 22–23/2001, S. 7–13.

Schmid, Carlo, *Erinnerungen*, Bern 1979.

Schmid, Richard, Kritisches zu unserer politischen Justiz, in: *Die Zeit* 29.12.1961.

— , Streitbare Demokratie – ja, aber anders, in: *Die Zeit*, 23.2.1962

— , Die Gefährdung des Rechtsstaats, in: *FR*, 19.12.1962.

— , Die Justiz muß Kritik ertragen lernen, in: *Die Zeit* Nr. 17, 1964.

— , *Justiz in der Bundesrepublik*, Pfullingen 1967.

— , Was ist Gewalt?, in: *Die Zeit*, 7.8.1969.

Schmidt, Eberhard, »Der Richter«, in: *Die Sammlung* 1, 1945/46, S. 277–285.

— , »Politische Rechtsbeugung und Richteranklage«, in: *Justiz und Verfassung*, Hamburg 1948, S. 55–102.

— , »Das Sterilisationsproblem nach dem in der Bundesrepublik geltenden Recht«, in: *JZ* 6, 1951, S. 65–70.

— , »Schwangerschaftsunterbrechung und Sterilisation«, in: *Archiv für Gynäkologie* 180, 1951, S. 289–304.

— , »Richtertum, Justiz und Staat«, in: *JZ*, 8, 1953, S. 321–326.

— , *Die Sache der Justiz*, Göttingen 1961.

— , »Probleme der richterlichen Unabhängigkeit«, in: *Der Richter, aus Beiträgen der Deutschen Richterzeitung 1909–1963. Festgabe für die Teilnehmer des Deutschen Richtertages 1963, überreicht vom Deutschen Richterbund.* bearb. v. Albert Schumacher, Köln 1963, S.138–163.

— , »Probleme der richterlichen Verantwortung. Vortrag gehalten auf den Deutschen Richtertag in Kassel am 18. Oktober«, in: *DRiZ* 41, 1963, S. 376–384.

— , *Justiz und Publizistik*, Tübingen 1968.

— , »Verfassungskonforme Auslegung des § 116 StGB?«, in: *JR* 1968, S. 321–324.

— , »Zur Demokratisierung der Justiz«, in: *Der Staat* 8, 1969, S. 65–78.

— , »Amtsbezeichnung der Richter und Präsidialverfassung«, in: *Zeitschrift für die gesamte Strafrechtswissenschaft* 82, 1970, S. 329–343.

— , *Die verhinderte Neuordnung 1945–1952*, Frankfurt a.M. 1970.

Schmidthauser, John, »The Justices of the Supreme Court: A Collective Portrait«, in: *Midwest Journal of Political Science* 3, 1958, S. 1ff.

— , »Stare Decisis, Dissent and the Background of the Justices of the Supreme Court of the United States«, in: *University of Toronto Law Journal*, 14, 1962, S. 194ff.

Schmidtke, Michael, *Der Aufbruch der jungen Intelligenz. Die 68er Jahre in der Bundesrepublik und in den USA*, Frankfurt a.M. 2003.

Schmidt-Leichner, Erich, »Haftbefehl und Regreß«, in: *NJW* 12, 1959, S. 841–853.

— , »Strafverfahrensrecht 1975 – Fortschritt oder Rückschritt«, in: *NJW* 28, 1975, S. 417–422.

Schmitt, Carl, *Der Hüter der Verfassung*, Tübingen 1931.

— , *Legalität und Legitimität*, München 1932.

— , »Das Reichsgericht als Hüter der Verfassung«, in: *Verfassungsrechtliche Aufsätze*, Berlin 1959, S. 63–100.

Schneider, Franz (Hg.), »Dienstjubiläum einer Revolte ›1968‹ und 25 Jahre«, München 1993.

Schneider, Hendrik, »Vom bösen Täter zum kranken System. Perspektivenwechsel in der Kriminologie am Beispiel von Psychologie und Kriminalsoziologie«, in: Requate, Jörg (Hg.), *Recht und Justiz im gesellschaftlichen Aufbruch (1960–1975). Bundesrepublik Deutschland, Italien und Frankreich im Vergleich*, Baden-Baden 2003, S. 309–325.

Schneider, Michael, *Demokratie in Gefahr? Der Konflikt um die Notstandsgesetze: Sozialdemokratie, Gewerkschaften und intellektueller Protest (1958–1968)*, Düsseldorf 1986.

Schneider, Peter (Hg.), *Prinzipien der Verfassungsinterpretation. Verhandlungen der Tagung der deutschen Staatsrechtslehrer zu Freiburg vom 4. bis 7. Oktober 1961*, Berlin 1963.

Schöllgen, Gregor, *Willy Brandt. Die Biographie*, Berlin 2001.

Schoenbaum, David, *Ein Abgrund von Landesverrat*, München 1968.

Schönke, Adolf, *Kommentar zum StGB*, 12. Aufl. München 1965.

Schoeps, Joachim, *Die Spiegel-Affäre des Franz Josef Strauß*, Reinbek 1983.

Schorn, Hubert, »Die Richterschaft und das Dritte Reich«, in: *DRiZ* 3, 1959, S. 68–69.

— , »Justiz verdient Vertrauen«, in: *DRiZ* 41, 1963, S. 187–188.

Schubert, Glendon A., *Quantitative Analysis of Judicial Behavior*, Glencoe 1959.

— (Hg.), *Judicial Decision Making. International Yearbook of Political Behavioral Research*, Bd. 4, New York 1963.

— , *Judicial Behaviour. A Reader in Theory and Research*, Chicago 1964.

Schueler, Hans, Auf der Anklagebank: Die Presse. Der Deutsche Richtertag offenbart sein gebrochenes Verhältnis zur Öffentlichkeit, in: *Sonntagsblatt*, 27.10.1963.

Schünemann, Bernd, »Das beschleunigte Verfahren im Zwiespalt von Gerechtigkeit und Politik«, in: *NJW* 21, 1968, S. 975f.

Schulz, Kristina, *Der lange Atem der Provokation. Die Frauenbewegung in der Bundesrepublik und Frankreich 1968–1976*, Frankfurt a.M. 2002.

Schwarz-Dreher, *Das Strafgesetzbuch. Kommentar*, 30. Aufl. München 1968.

Schweiger, Karl, »›Fortbewegungs-‹ gegen Meinungsfreiheit?«, in: *JZ* 24, 1969, S. 214.

Schwerdtner, Peter, »Wie politisch ist das Recht?«, in: *ZRP* 2, 1969, S. 136–140.

Schwerhoff, Gerd, *Köln im Kreuzverhör. Kriminalität, Herrschaft und Gesellschaft in einer frühneuzeitlichen Stadt*, Berlin 1991.

SDS, *Hochschuldenkschrift*, Frankfurt a.M. 1965.

Seidel, Willi, »Grundsätzliche Gedanken über ein Große Justizreform«, in: *DRiZ* 34, 1956, S. 141–145.

Seifert, Jürgen (Hg.), *Die Spiegel-Affäre*, 2 Bde., Olten 1966.

— , *Kampf um Verfassungspositionen*, Köln 1974.

Sendler, Horst, »Zur Unabhängigkeit des Verwaltungsrichters«, in: *NJW* 36, 1983, S. 1449–1458.

Sengle, Alfred, »Der 48. Deutsche Juristentag«, in: *JZ* 25, 1970, S. 736–738.

Sethe, Paul: Wieder ein unglückseliges Urteil, in: *FAZ*, 3.3.1954.

Siegrist, Hannes, »Bürgerliche Berufe. Die Professionen und das Bürgertum«, in: Ders. , (Hg.), *Bürgerliche Berufe*, Göttingen 1988, S. 11–48.

— , *Advokat, Bürger und Staat. Sozialgeschichte der Rechtsanwälte in Deutschland, Italien und der Schweiz (18.–20. Jh.)*, Frankfurt a.M. 1996.

Simitis, Spiros, *Informationskrise des Rechts und Datenverarbeitung*, Karlsruhe 1970.

Simon, Dieter, *Die Unabhängigkeit des Richters*, Darmstadt 1975.

— , »Zäsuren im Rechtsdenken«, in: Broszat, Martin (Hg.), *Zäsuren nach 1945*, München 1990, S. 153–167.

— (Hg.), *Rechtsgeschichte in der Bonner Republik*, Frankfurt a.M. 1994.

Simon, Helmut, *Katholisierung des Rechts? Zum Einfluß katholischen Rechtsdenkens auf die gegenwärtige deutsche Gesetzgebung und Rechtsprechung*, Göttingen 1962.

Sitkoff, Harvard, *The Struggle for Black Equality, 1954–1980*, New York 1981.

Soltau, Heide, »Das blonde Gift. Das Urteil gegen Vera Brühne (1962)«, in: Schultz, U. (Hg.), *Große Prozesse*, München 1996, S. 373–381.

Sommer, Karl-Ludwig, *Gustav Heinemann und die SPD in den sechziger Jahren*, München 1980.

Sommer, Theo Die Nazis in unserer Justiz. Pankows Listen und was daran wahr ist, in: *Die Zeit*, 21.2.1960.

Sonderausschuß für die Strafrechtsreform, *Stenographische Berichte*, 1965–1969.

Sonnemann, Ulrich, *Das Land der unbegrenzten Zumutbarkeiten*, Reinbek b. Hamburg 1963.

— , *Wie frei ist unsere Justiz? Vom Systembau der Niedertracht*, München 1969.

— , *Der bundesdeutsche Dreyfus-Skandal. Rechtsbruch und Denkverbot in der Justizsache Brühne-Ferbach*, München 1970.

Sontheimer, Kurt, »Justiz und Demokratie in Deutschland«, in: *Recht und Politik* 4, 1968, S. 1–8.

— , *Die verunsicherte Republik. Die Bundesrepublik nach den dreißiger Jahren*, München 1979.

Soukup, Uwe, *Ich bin nun mal Deutscher. Sebastian Haffner – eine Biographie*, Berlin 2001.

Spoo, Eckart, »Erfahrungen mit dem Berufsverbot gegen Radikale im öffentlichen Dienst«, in: *Frankfurter Hefte* 28, 1973, S. 181–188.

Stackelberg, Curt F. von, »Der Anwalt im Strafprozeß«, in: *Anwaltsblatt* 9, 1959, S. 190–204.

Stalljohann, Eberhard, »Richterbesoldung und Dienstpostenbewertung in Niedersachsen«, in: *DRiZ* 43, 1965, S. 395–398.

— , »Die Richterbesoldung als Verfassungsproblem«, in: *DRiZ* 45, 1967, S. 13–15.

Stanicki, Henning, »Richteröffentlichkeit bei Sitzungen des Präsidiums«, in: *DRiZ* 48, 1970, S. 119–120.

— , »Nochmals: Die neuen Präsidien und ihre Wahl«, in: *DRiZ* 50, 1972, S. 414–417.

— , »Der Kampf um Transparenz und Demokratie in der Justiz«, in: *Betrifft Justiz* 11 (1995), S. 109–110.

Steffani, Winfried, »Verfassungsgerichtsbarkeit und demokratischer Entscheidungsprozeß«, in: *APuZg* 18, 1968, B 21 S. 3–14.

Stein, Erwin, »Die verfassungsrechtlichen Grenzen der Rechtsfortbildung durch die Rechtsprechung«, in: *NJW* 17, 1964, S. 1745–1752.

Steinert, Heinz, »Handlungsmodelle deutscher Richter. Ein Nachtrag zu Opp & Peuckert«, in: *Angewandte Sozialforschung* 1/2, 1970/71, S. 114–127.

Steinmetz, Willibald, *Das Sagbare und das Machbare. Zum Wandel politischer Handlungsspielräume. England 1780–1867*, Stuttgart 1993.

Stellungnahme der Arbeitsgemeinschaft Sozialdemokratischer Juristen (ASJ) im Bezirk Hannover vom 16. Oktober 1976, »Anwalt als Rechtshelfer sozialer Gegenmacht«, in: *RuP* 12, 1976, S 119–125.

»Stellungnahmen von Juristen zu den von der Ministerpräsidentenkonferenz beschlossenen »Grundsätzen zur Frage der verfassungsfeindlichen Kräfte im öffentlichen Dienst« sowie zur Gemeinsamen Erklärung des Bundeskanzlers und der Ministerpräsidenten der Länder vom 28. Januar 1972«, in: *Blätter für deutsche und internationale Politik* 17, 1972, S. 124–165.

Stevens-Bartol, Eckart, »Richteröffentlichkeit des Präsidiums«, in: *Betrifft Justiz* 5, 1989, S. 96.

Stöver, Bernd, *Die Bundesrepublik Deutschland*, Darmstadt 2002.

Stolleis, Michael, »Rechtsordnung und Justizpolitik 1945–1949«, in: Horn, N. (Hg.), *Europäisches Rechtsdenken in Geschichte und Gegenwart. Fs. f. H. Coing*, München 1982, S. 383–407.

— (Hg.), *Juristische Zeitgeschichte – ein neues Fach?*, Baden-Baden 1993.

Stoltenberg, Gerhard, »Gedanken über Rechtspflege und Richtertum«, in: *DRiZ* 49, 1971, S. 361–363.

Strecker, Christoph, »Politischer Richter – garstiger Richter?«, in: *ZRP* 17, 1984, S. 122–127.

Strelitz, Johannes, »Stand und Ziele der Justizreform«, in: *RuP* 4, 1968, S. 74–75.

— , »Entstehung und Problematik von Richterwahlausschüssen in Bund und Ländern«, in: Vogel, Hans Jochen u.a. (Hg.), *Die Freiheit des Anderen. Fs. f. Martin Hirsch*, Baden-Baden 1981, S. 455–463.

Struck, Gerhard, »Rechtswissenschaft und Soziologie«, in: Grimm, Dieter (Hg.), *Rechtswissenschaft und Nachbarwissenschaften*, Frankfurt a.M. 1973, S. 13–34.

Stuby, Gerhard, »Stellung und Aufgaben der Vereinigung Demokratischer Juristen in der BRD e.V.«, in: *Demokratie und Recht* 2, 1974, S. 75–88.

Sudau, Christian, Mit Hand und Schrift gegen Kanzler Kiesinger, in: *SZ*, 17.6.1969.

Suhrbier, Hartwig, Wenn ein Kommunist Richter werden will, Nordrhein-Westfalens CDU macht einen Routinefall zur Staatsaffäre, in: *FR*, 25.7.1973.

— , Posser: Kein Präzedenzfall, Ernennung von Volker Götz zum Richter »Einzelentscheidung«, in: *FR*, 26.7.1973.

— , Ernennung von Götz zum Richter gestoppt, in: *FR*, 1.8.1973.

Süsterhenn, Adolf, Wider die Verbeamtung der Justiz, in: *Rheinischer Merkur*, 12.5.1967

— , Generalisierende Vorwürfe des Richterbundes, in: *FAZ*, 24.4.1968.

Tausch, Volker, *Max Güde (1902–1984). Generalbundesanwalt und Rechtspolitiker*, Baden-Baden 2002.

Tenbruck, Friedrich H., *Zur Kritik der planenden Vernunft*, Freiburg 1972.

— , »Alltagsnormen und Lebensgefühle in der Bundesrepublik«, in: Löwenthal, Richard/Schwarz, Hans-Peter (Hg.), *Die zweite Republik*, Stuttgart 1974, S. 289–310.

— , »Der Fortschritt der Wissenschaft als Trivialisierungsprozeß«, in: Stehr, Nico/König, René (Hg.), *Wissenschaftssoziologie. Studien und Materialien, Sonderheft 18 der KZfSS*, Opladen 1975, S. 19–47.

Tersteegen, Wolfgang, Rudolf Wassermann und die Politisierung der Justiz, in: *FAZ*, 25.11.1970.

Teubler, Ernst, *Die Bestellung zum Berufsrichter in Bund und Ländern. Entwicklung, Modelle, Analysen*, Köln 1984.

Teubner, Gunther, »Folgenkontrolle und responsive Dogmatik«, in: *Rechtstheorie* 6, 1975, S. 179–204.

Teufel, Reinhold, »Die Besoldung der Richter«, in: *DRiZ* 31, 1953, S. 37f.

Thierfelder, Hans, »Zur Soziologie der juristischen Berufe in Deutschland«, in: *DRiZ* 43, 1965, S. 41–45.

— , »Einige Überlegungen zur Rolle der Juristen in Ralf Dahrendorfs Werk ›Gesellschaft und Demokratie in Deutschland‹«, in: *DRiZ* 44, 1966, S. 297–300.

Thilenius, Richard, »Die Schlacht um Karlsruhe«, in: *Wort und Wahrheit* 8, 1953, S. 147–151.

Tiedemann, Klaus, »Bemerkungen zur Rechtsprechung in den sog. Demonstrationsprozessen«, in: *JZ* 24, 1969, S. 717–726.

Tohidipur, Mehdi (Hg.), *Verfassung, Verfassungsgerichtsbarkeit, Politik*, Frankfurt a.M. 1976.

Tolomelli, Marica, *»Repressiv getrennt« – »organisch verbündet«. Studenten und Arbeiter 1968 in der Bundesrepublik und in Italien*, Opladen 2001.

Tomkowitz, Gerhard, Die Richter schicken den Teufel zum Psychiater, in: *SZ*, 8.7.1967.

Trappe, Paul, *Zur Situation der Rechtssoziologie*, Tübingen 1968.

Treves, Renato, »Una ricerca sociologica sull'amministrazione della giustizia in Italia«, in: *Rivista di diritto processuale* 20 (2), 1965, S. 231–253, auch in: *Quaderni di sociologia* 14, 1965, S. 354–375.

— (Hg.), *La sociologia del diritto. Problemi e ricerche*, Milano 1966.

Tröndle, Herbert, »Irrungen und Wirrungen der verfassungsrechtlichen Rechtsprechung zu Sitzblockaden«, in: *50 Jahre Bundesgerichtshof*, hg. v. Claus-Wilhelm Canaris u.a., Bd. IV, München 2000, S. 527–549.

Ule, Carl-Hermann, »Die politische Betätigung des Richters«, in: *Justiz und Verfassung. Beiträge und Vorschläge zur Stellung der Rechtspflege im Staat aus Anlass der westdeutschen Verfassungsberatungen*, Hamburg 1948, S. 29–54.

— , »Demokratisierung der Verwaltungsgerichtsbarkeit?«, in: *Demokratie und Verwaltung. 25 Jahre Hochschule für Verwaltungswissenschaft Speyer*, Berlin 1972, S. 663–682.

van Dülmen, Richard, *Theater des Schreckens. Gerichtspraxis und Strafrituale der Frühen Neuzeit*, München 1995[4].

van Husen, Paul, »Die Entfesselung der Dritten Gewalt«, in: *AöR* 78, 1952/53, S. 49–62.

Verhandlungen des ... Deutschen Juristentages (1949ff.), hg. v. der Ständigen Deputation des Deutschen Juristentages, Tübingen 1950–1963/München 1964ff.

Vilmar, Fritz, *Strategien der Demokratisierung*, 2 Bde., Neuwied 1973.

Voegli, Wolfgang, *Einphasige Juristenausbildung. Zur Pathologie der Reform*, Frankfurt a.M. 1979.

Vogel, Friedrich, »Justizpolitik«, in: Rollmann, Dietrich (Hg.), *Die CDU in der Opposition*, Hamburg 1970, S. 99–108.

Vogel, Hans Jochen u.a. (Hg.), *Die Freiheit des Anderen. Fs. f. Martin Hirsch*, Baden-Baden 1981, S. 455–463.

Vogel, Hartmut, »Demonstrationsfreiheit und ihre Grenzen«, in: *APuZg* 18, 1968, B 26, S. 3–23.

Vollkommer, Max, »Empfiehlt es sich, die Bekanntgabe der abweichenden Meinung des überstimmten Richters (dissenting opinion) in den deutschen Verfahrensordnungen zuzulassen«, in: *JR* 1968, S. 241–252.

Vorschläge der Gewerkschaft Öffentlicher Dienst, Transport und Verkehr zur Justizpolitik, Stuttgart 1969.

Vultejus, Ulrich, »Der domestizierte Richter. Rede zur Verleihung des Fritz-Bauer-Preises 1981«, in: *Vorgänge* 20, 1981, Nr. 52, S. 1–5.

— , »Organisieren von Richterinteressen«, in: Fabricius-Brand, Margarete u.a. (Hg.), *Rechtspolitik »mit aufrechtem Gang«. Festschrift für Werner Holtfort*, Baden-Baden 1990, S.126–130.

Wagner, Albrecht, *Der Richter. Geschichte, Aktuelle Fragen, Reformprobleme*, Karlsruhe 1959.

— , »Zur Veröffentlichung des Votums des überstimmten Richters«, in: *DRiZ* 46, 1968, S. 253–258.

Wagner, Helmut, »Verteidiger im Zwielicht?«, in: *Anwaltsblatt* 25, 1975, S. 1.

Wagner, Peter, *Sozialwissenschaften und Staat. Frankreich, Italien, Deutschland 1870–1980*, Frankfurt a.M. 1990.

Wassermann, Rudolf, »Justiz und Public Relations«, in: *DRiZ* 41, 1963, S. 294–298.

— , Unsere konservativen Richter. Justiz zwischen Tradition und Reform, in: *Die Zeit*, 12.3.1964.

— , »Wie demokratisch ist die deutsche Justiz«, in: *Gewerkschaftliche Monatshefte* 15, 1964, S. 714–721.

— , »Justiz und Öffentlichkeit«, in: Reynold, Heinrich (Hg.), *Justiz und Öffentlichkeit. Sieben Beiträge zur Frage der Beziehungen zwischen der Justiz und den Kommunikationsmitteln*, Köln 1966, S. 73–82.

— , »Richter, Gesellschaft, Reform«, in: *RuP* 2, 1966, H. 3, S. 10–17.

— , »Richterakademie und Justizministerkonferenz«, in: *DRiZ* 42, 1966, S. 302–303.

— , »Notwendigkeit und Grenzen der Justizkritik«, in: *DRiZ* 44, 1966, S. 9–13.

— , »Parteiprogramme und Rechtspolitik«, in: *Die Neue Gesellschaft* 19, 1966, S. 43–47.

— , »Die irrationalen Grundlagen der Urteilsfindung«, in: *Justiz in der Demokratie, Loccumer Protokolle 10/1967*, S. 57–70.

— , »Wege und Ziele aktiver Justizpolitik«, in: *DRiZ* 45, 1967, S. 41–45.

— , »Hierarchische Strukturen in der Richterschaft«, in: *DRiZ* 45, 1967, S. 177–181.

— , »Fliegende Richterakademie«, in: *DRiZ* 46, 1968, S. 49.

— , »Minderheitsvotum überstimmter Richter (dissenting opinion)«, in: *RuP* 4, 1968, S. 25–27.

— (Hg.), *Erziehung zum Establishment. Juristenausbildung in kritischer Sicht*, Karlsruhe 1969.

— , »Erziehung zum Establishment? Das Dilemma der Juristenausbildung«, in: Ders.(Hg.), *Erziehung zum Establishment. Juristenausbildung in kritischer Sicht*, Karlsruhe 1969, S. 33–49.

— (Hg.), *Justizreform*, Neuwied/Berlin 1970.

— , »Der neue Richtertyp«, in: Ders. (Hg.), *Justizreform*, Neuwied 1970, S. 11–31.

— , »Sozialklinik oder juristische Messen?«, in: Ders. (Hg.), *Justizreform*, Neuwied 1970, S. 122–128.

— , *Richter, Reform, Gesellschaft*, Neuwied 1970.

— , *Der politische Richter*, München 1972.

— , *Justiz im sozialen Rechtsstaat*, Darmstadt 1974.

— , »Vorwort« zu: Baumann, Jürgen, *Strafrecht im Umbruch*, Neuwied 1977, S. 7–11.

— (Hg.), *Justiz und Medien*, Darmstadt 1980.

— , *Ist Bonn doch Weimar? Zur Entwicklung der Justiz nach 1945*, Neuwied 1983.

— , *Kontinuität oder Wandel? Konsequenzen aus der NS-Herrschaft für die Entwicklung der Justiz nach 1945*, Hannover 1984.

— , *Die richterliche Gewalt*, Heidelberg 1985.

— , »›Offene, freundliche Gerichte und aktive Richter‹ – Bilanz der inneren Justizreform«, in: *RuP* 25, 1989, S. 177–189.

— , »Aktionskomitee Justizreform«, in: *RuP* 31 ,1996, S. 206–209.

Weber, Werner, »Das Richtertum in der Deutschen Verfassungsordnung«, in: *Festschrift für Hans Niedermeyer*, Göttingen 1953, S. 261–277.

— , *Spannungen und Kräfte im westdeutschen Verfassungssystem*, Göttingen 1970^{3} (EA: 1951).

Wehner, Wolfgang, Justiz und Presse kommen ins Gespräch, in: *SZ*, 9.3.1963.

Weidemann, Helmut, »Öffentlichkeitsgrundsatz und ›Justizkampagne‹«, in: *DRiZ* 48, 1970, S. 114–116.

Weigand, Günter, *Der Rechtsstaat wird uns nicht geschenkt! Lehren aus der Münsterschen Mordaffäre und dem Gewalttod des Rechtsanwalt Blomert von 25. August 1961*, Troisdorf (Selbstverlag) 1979.

Weigert, Peter, Streit um die Berufung des Präsidenten für das Oberlandesgericht Braunschweig: Wassermann – Richter oder Chefreformer?, in: *Die Welt* 31.12.1970.

Weinhauer, Klaus, »Eliten, Generationen, Jugenddelinquenz und innere Sicherheit: Die 1960er und frühen 1970er Jahre in der Bundesrepublik«, in: Requate, Jörg (Hg.), *Recht und Justiz im gesellschaftlichen Aufbruch (1960–1975). Bundesrepublik Deutschland, Italien und Frankreich im Vergleich*, Baden-Baden 2003, S. 33–58.

— , *Schutzpolizei in der Bundesrepublik. Zwischen Bürgerkrieg und Innerer Sicherheit: Die turbulenten sechziger Jahre*, Paderborn 2003.

Weinkauff, Herrmann, »Die große Justizreform«, in: *DRiZ* 36, 1958, S. 93–94.

— , »Der Naturrechtsgedanke in der Rechtsprechung des Bundesgerichtshofes«, in: *NJW* 13, 1960, S. 1689–1696.

— , *Die deutsche Justiz und der Nationalsozialismus*, Stuttgart 1968.

Weinke, Anette, »Die Selbstamnestierung der bundesdeutschen Justiz 1957–1965: Der Fall West-Berlin«, in: *ZfG* 46, 1998, S. 622–637.

Weiss, Manfred, *Die Theorie der richterlichen Entscheidungstätigkeit in den Vereinigten Staaten von Amerika*, Frankfurt a.M. 1971.

Welzel, Hans, *Naturrecht und materiale Gerechtigkeit*, Göttingen 1951.

Wenger, Paul Wilhlem, Richter oder Justizbeamte, in: *Rheinischer Merkur*, 27.2.1953.

Wengst, Udo, *Staatsaufbau und Regierungspraxis 1948–1953. Zur Geschichte der Verfassungsorgane der Bundesrepublik Deutschland*, Düsseldorf 1973.

Wennrich, Herrmann, »Abschaffung der Senatspräsidenten und Landgerichtsdirektoren?«, in: *DRiZ* 46, 1968, S. 13f.

Wenzlau, Joachim Reinhold, *Der Wiederaufbau der Justiz in Nordwestdeutschland 1945–1949*, Königstein/Ts. 1979.

Werner, Fritz, *Das Problem des Richterstaates*, Berlin 1966.

Wesel, Uwe: *Die Hüter der Verfassung. Das Bundesverfassungsgericht, seine Geschichte, seine Leistungen und seine Krisen*, Frankfurt a.M., 1996.

— , »Klassenjustiz«, in: Landgrebe, Christiane/Plath, Jörg (Hg.), *'68 und die Folgen. Ein unvollständiges Lexikon*, Berlin 1998, S. 55–59.

— , Wenn die Linken Schlipse tragen. Etliche 68-Juristen nehmen heute höchste Ämter ein, in: *Die Zeit*, 26.11.1998.

Westphalen, Friedrich Graf von, »›Politisierte‹ Richter?«, in: *Die Entscheidung* 17, 1969, S. 11.

— , Volksrichter in Rosa. SPD-Juristen mit bedenklichen »Reform«-Ideen, in: *Rheinischer Merkur*, 10.7.1970.

— , Der Richter als Revolutionär. Wenn das Gesetz zum Diener der Politik wird, in: *Rheinischer Merkur*, 22.1.1971.

— , *Wird die Justiz unterwandert? Der Ruf nach dem politischen Richter*, Zürich 1975.

Weyrauch, Walter O., *The personality of Lawyers. A Comparative Study of Subjective Factors in Law, Based on Interwievs with German Lawyers*, New Haven 1964.

— , *Zum Gesellschaftsbild der Juristen. Eine vergleichende Studie über die subjektiven Faktoren im Recht*, Neuwied 1965.

Wickert, Ulrich, »Von Dreyfus bis Brühne«, in: Sonnemann, Ulrich (Hg.), *Der mißhandelte Rechtsstaat*, Köln 1977, S. 83–93.

Wieacker, Franz, »Rechtsprechung und Sittengesetz«, in: *JZ* 16, 1961, S. 337–345.

— , *Zum heutigen Stand der Naturrechtsdiskussion*, Köln 1965.

— , *Privatrechtsgeschichte der Neuzeit*, Göttingen 1967².

Wieckmann, Hans-Joachim, »Ideologische Hintergründe einer empirischen Untersuchung. Zur Diskussion um die Untersuchung von Karl-Dieter Opp und Rüdiger Peuckert«, in: *Kriminologisches Journal* 2, 1970, S. 186–193.

Wieland, Wolfgang, »Vom ›Holtfort-Verein‹ zum RAV«, in: Fabricius-Brand, Margarete u.a. (Hg.), *Rechtspolitik »mit aufrechtem Gang«. Festschrift für Werner Holtfort*, Baden-Baden 1990, S. 304–311.

Wiethölter, Rudolf, *Rechtswissenschaft*, Frankfurt a.M. 1968.

— , »Anforderungen an den Juristen heute«, in: Wassermann, Rudolf (Hg.), *Erziehung zum Establishment. Juristenausbildung in kritischer Sicht*, Karlsruhe 1969, S. 1–31.

— , »Recht und Politik. Bemerkungen zu Peter Schwerdtners Kritik«, in: *ZRP* 2, 1969, S. 155–158.

Wildt, Michael, *Generation des Unbedingten. Das Führungskorps des Reichssicherheitshauptamtes*, Hamburg 2002.

Willms, G., »Der ›unpolitische‹ Richter«, in: *Frankfurter Hefte* 3, 1948, S. 105–108.

With, Hans de (Hg.), *Deutsche Rechtspolitik. Entwicklungen und Tendenzen in der Bundesrepublik Deutschland seit 1949*, Karlsruhe 1976.

Witte, Leo, »Die Besoldung der Richter und Staatsanwälte 1975«, in: *DRiZ* 53, 1975, S. 107–108.

Wolfhorst, T., »Soziologische Erkenntnisse in der Rechtsprechung aus der Sicht der Sozialgerichtsbarkeit«, in: *Die Sozialgerichtsbarkeit* 18, 1971, S. 293–297, 336–340.

Wrobel, Heinz, *Verurteilt zur Demokratie. Justiz und Justizpolitik in Deutschland 1945–1949*, Heidelberg 1989.

Zancarini-Fournel, Michelle, »Vom Mai 68 zu den ›68er‹ Jahren. Eine Geschichte der vergessenen Orte«, in: Gilcher-Holtey, Ingrid (Hg.), *1968 – Vom Ereignis zum Gegenstand der Geschichtswissenschaft*, Göttingen 1998, S. 101–115.

Ziegler, Gerhard, Die Richter sind unter uns, in: *FR*, 12.7.1962.

— , Das karge Brot des Richters, in: *Die Zeit*, 24.12.1965.

— , Rebellische Richter in Hessen, in: *Die Zeit*, 17.2.1967.

— , Gesucht: Ein Neuer Richter-Typ, in: *Die Zeit*, 28.6.1968.

Ziegler, Hansvolker, »Falsche erste Schritte zur integrierten Juristenausbildung«, in: KJ 4, 1971, S. 101–105.

Zitscher, Wolfram, *Rechtssoziologische und organisationssoziologische Fragen der Justizreform*, Köln 1969.

Zweigert, Konrad, »Empfiehlt es sich, die Bekanntgabe der abweichenden Meinung des überstimmten Richters (Dissenting Opinion) in den deutschen Verfahrensordnungen zuzulassen? Gutachten für den 47. Deutschen Juristentag«, in: *Verhandlungen des 47. Deutschen Juristentages Nürnberg 1968*, hg. v.d. ständigen Deputation des Deutschen Juristentages, Bd. 1, Teil D, München 1968.

— , Vom Rechtsheiligen zum Sozialingenieur, in: *Die Zeit*, 21.2.1969.

Zwingmann, Klaus, *Die Soziologie des Richters in der Bundesrepublik Deutschland*, Berlin 1966.

Danksagung

Dieses Buch basiert auf meiner Habilitationsschrift, die im Jahr 2004 von der Fakultät für Geschichtswissenschaft, Philosophie und Theologie der Universität Bielefeld angenommen wurde. Mein besonderer Dank geht hier zunächst an Heinz-Gerhard Haupt, der die Arbeit von den ersten konzeptionellen Ideen bis zur Fertigstellung durchgehend mit Interesse und Kritik begleitet hat. Neben ihm haben sich Martina Kessel, Klaus Weinhauer und Christoph Gusy den Mühen der Begutachtung im Rahmen des Habilitationsverfahrens unterzogen. Nicht nur dafür, sondern auch für die wertvollen Tipps und Hinweise für die Überarbeitung sei ihnen hier gedankt.

Hervorgegangen ist die Arbeit aus einem im Rahmen eines von der VW-Stiftung geförderten Projektes mit dem Titel »Diskurs und Handeln. Untersuchungen zur Funktion von Justiz und richterlichem Verhalten in der gesellschaftlichen Umbruchperiode der 1960er und frühen 1970er Jahre. Bundesrepublik Deutschland, Italien und Frankreich im Vergleich«. Das bedeutet konkret, dass die hier vorgelegte Studie zu Deutschland in engem Zusammenhang mit zwei weiteren Studien zu Frankreich und zu Italien entstanden ist. Auf diese Weise bestand ein permanenter und intensiver Kontakt mit den beiden anderen Bearbeitern, Elisabeth Bokelmann zu Frankreich und Herbert Reiter zu Italien. Beiden sei an dieser Stelle noch einmal für die intensiven Diskussionen gedankt, die die Arbeit an dem Projekt begleitet haben. Damit schließt sich direkt der Dank an die VW-Stiftung an, die dem von mir durchgeführten Einzelprojekt eine dreijährige Sachbeihilfe gewährt hat.

Der Dank für Anregungen und Kritik, die die Arbeit bei verschiedenen Vorträgen und Tagungen erfahren hat, lässt sich kaum mehr namentlich festmachen. Für Kritik und die Lektüre einzelner Teile in der Endphase der Arbeit sei aber vor allem den (teils aktuellen, teils ehemaligen) Bielefelder Kolleginnen und Kollegen Christina Benninghaus, Kirsten Bönker, Tobias Kies, Cornelius Torp, Klaus Weinhauer und Monika Wienfort gedankt. Ausdrücklich danke ich hier schließlich Cornelius Simons, der sich aus alter Verbundenheit der Mühe unterzogen hat, Teile der Arbeit mit juristischer Expertise zu lesen. Ihm und Christoph Gusy verdanke ich nicht wenige Hinweise für Korrekturen in diesem Bereich, wobei etwaige, noch vorhandene Fehler selbstverständlich die meinen sind. Bei der Fertigstellung der Arbeit für den Druck waren mir Friederike Brühöfener, Christian Damm, Daniel Garisch und Iris Törmer eine unerlässliche Hilfe, für die ich ihnen hier herzlich danke.

Für Expertengespräche standen mir Rüdiger Lautmann, Theo Rasehorn, Hubert Rottleuthner, Helmut Simon und Rudolf Wassermann zur Verfügung. Auch Ihnen gilt hier mein ausdrücklicher Dank.

Als letztes danke ich schließlich der Westfälisch-Lippischen Universitätsgesellschaft und in Person insbesondere dem Geschäftsführer Helmut Steiner dafür, dass der Arbeit im Jahr 2005 der Habilitationspreis der Gesellschaft zuerkannt wurde.

Bielefeld, im Sommer 2008 *Jörg Requate*

Personenregister

Sachregister

s Historische Studien

Simon Teuscher
Erzähltes Recht
Lokale Herrschaft, Verschriftlichung und Traditionsbildung im Spätmittelalter

Band 44, 2007, 359 Seiten
ISBN 978-3-593-38494-8

Kerstin Brückweh
Mordlust
Serienmorde, Gewalt und Emotionen im 20. Jahrhundert
Band 43, 2006, 512 Seiten, ISBN 978-3-593-38202-9

Klaus Weinhauer, Jörg Requate, Heinz-Gerhard Haupt (Hg.)
Terrorismus in der Bundesrepublik
Medien, Staat und Subkulturen in den 1970er Jahren
Band 42, 2006, 408 Seiten, ISBN 978-3-593-38037-7

Daniela Münkel
Willy Brandt und die »Vierte Gewalt«
Politik und Massenmedien in den 50er bis 70er Jahren
Band 41, 2005, 332 Seiten, ISBN 978-3-593-37871-8

Philipp Müller
Auf der Suche nach dem Täter
Die öffentliche Dramatisierung von Verbrechen im Berlin des Kaiserreichs
Band 40, 2005, 424 Seiten, ISBN 978-3-593-37867-1

Mehr Informationen unter
www.campus.de

campus
Frankfurt · New York